ORDRES ÉQUESTRES

DOCUMENTS

SUR LES ORDRES

DU

TEMPLE ET DE SAINT-JEAN-DE-JÉRUSALEM

EN ROUERGUE

SUIVIS D'UNE NOTICE HISTORIQUE SUR LA LÉGION-D'HONNEUR ET DU TABLEAU
RAISONNÉ DE SES MEMBRES DANS LE MÊME PAYS.

RODEZ,
IMPRIMERIE DE N. RATERY, RUE DE L'EMBERGUE, 21.

1861.

DOCUMENTS

SUR LES ORDRES

DU

TEMPLE ET DE SAINT-JEAN-DE-JÉRUSALEM.

ORDRES ÉQUESTRES.

I.

ÉTABLISSEMENTS DES TEMPLIERS EN ROUERGUE.

PREMIÈRES FONDATIONS EN LEUR FAVEUR.

Tandis que les Templiers combattaient en Orient pour défendre la conquête mal affermie des chrétiens, la pieuse libéralité des princes, des seigneurs et des particuliers formait leur patrimoine en Europe, et répandait abondamment sur cette institution des largesses qui en firent bientôt l'ordre le plus riche de la chrétienté.

On trouve dans les anciennes archives du pays une foule de donations faites aux XIIe et XIIIe siècles par les seigneurs en faveur des Templiers.

Raymond-Béranger II, vicomte de Millau et comte de Provence, donne, en 1158, aux chevaliers du Temple, dont Hélie de Montbrun était alors maître en Rouergue, la petite ville de Sainte-Eulalie-du-Larzac, où ils établirent dès-lors une de leurs plus belles commanderies.

Quelques années après, le 5 août 1184, Sanche d'Aragon

fait don aux mêmes chevaliers du péage que lui et ses prédécesseurs avaient accoutumé de lever dans le même lieu.

Etienne et Pierre de Rodez, frères de la milice du Temple, reçoivent la donation que fait, en 1170, d'une église à leur ordre, Bernard, évêque de Béziers.

Le comte Hugues, dans son testament de l'an 1176, lègue au Temple six cents sous, *sex centos solidos, in pignore de Limosa*. (*Martène*, t. I, p. 898).

Ce fut l'origine de leur domaine à Saint-Martin-de-Limouse, près de Rodez.

En 1209, Raymond IV, comte de Toulouse et de Rouergue, lègue dans son testament aux Templiers la moitié du blé et du vin qu'on aura recueilli pendant une année dans ses terres. Il leur donne de plus son cheval de bataille et son armure. (*Histoire du Languedoc*).

Le comte de Rodez, Henri, fait don à l'hôpital de Saint-Jean, en 1222, de sa terre de Canet, des villages et de tout ce qu'il possède *à Fontignano et in Bastida de Larnonea et circa Canabeiras*, etc.

Il lègue aux chevaliers du Temple un de ses chevaux de bataille, *celui qui fut de Guillaume de Roquelaure*, et, pour une contestation qu'il avait eue avec cet ordre *de facto Badalaceo*, il veut qu'on s'en rapporte entièrement à ce que décidera le frère Jean de Fontanes. Il lègue aussi au Temple l'alleu et les pâturages, *allodium et herbagium*, qu'il a près de Limouse. Il veut que son épouse, ses enfants et tous ses successeurs n'oublient jamais les obligations qu'il a aux chevaliers du Temple qui l'ont toujours servi avec zèle, c'est pourquoi il les conjure de *diriger, défendre, protéger et garder* cette maison de tout leur pouvoir.
(*Martène*, t. I, p. 1169).

En 1277, Guillaume de Calmont, chevalier, prescrit dans son testament à son fils Jean d'entrer dans la milice du Temple. (*Cart. de Bonnecombe*, I, 63).

La plupart des maisons centrales des Templiers et de leurs églises furent construites dans le courant du XIIe siècle.

Encore pénétrés des impressions de l'Orient et des formes de l'architecture arabe, ils voulurent que leur demeure de France pût leur rappeler, sous quelques rapports du moins, leur chère Palestine, et ils mêlèrent le style syrien, dont ils rapportaient le modèle d'Asie, au goût gothique qui dominait en Europe. On reconnaît ce mélange, dit un archéologue, à je ne sais quelle alliance d'élégance et de sévérité dans les détails, au fût court des colonnes, à la forme des chapiteaux, à la singulière distribution des croisées en ogive. Les sanctuaires sont remplis de figures étranges et de symbolismes grossiers.

On rencontre encore çà et là dans nos campagnes ces anciens manoirs qui réveillent toujours un mélancolique intérêt. Un saisissement indicible pénètre l'âme quand on contemple ces lieux, jadis animés par le bruit des armes et les pompes solennelles, aujourd'hui silencieux et désolés. Sous ces voûtes, demeurées closes, en quelque sorte, pour l'histoire depuis les Templiers, et où les siècles intermédiaires n'ont jeté aucun fait qui fasse distraction et confusion, l'imagination se représente ces vaillants chevaliers à la figure grave et noircie par le soleil de la Palestine, ces héroïques victimes de Philippe-le-Bel, plus nettement et plus vivement qu'à l'aspect des temples des grandes cités où se pressent tant de souvenirs de toute époque.

PRÉCEPTORERIES OU COMMANDERIES.

Avant la fin du XIIe siècle, la plupart des commanderies étaient formées (1). Il y en avait neuf en Rouergue, savoir :

1° Sainte-Eulalie-du-Larzac ;
2° Millau ;
3° Saint-Félix-de-Sorgues ;
4° Martrin ;
5° La Selve ;
6° Villefranche ;
7° Drulhe ;
8° Espalion ;
9° Laclau.

Elles relevaient du prieuré de Saint-Gilles, sous la direction d'un maître qui était commandeur du Larzac.

Les préceptoreries (2) étaient autant de domaines considérables composés de fiefs et d'alleus, où ils établirent des châteaux-forts, et qu'ils mirent sous la garde d'un frère appelé précepteur, *preceptor*, maître, lequel avait l'entière adminis-

---

(1) La plus ancienne commanderie des Templiers dans le midi fut La Nougarède, située dans l'Ariège, qui leur fut donnée, en 1136, par Roger III, comte de Foix.

(2) Ces divisions territoriales portèrent toujours chez les Templiers le nom de *préceptoreries*. Ce ne fut qu'au XIVe siècle que les chevaliers de Saint-Jean leur donnèrent le nom de commanderies.

tration de la terre, percevait les revenus dont il rendait compte, et avait sous son obéissance les chevaliers stationnés dans la maison et les profès qui se destinaient à entrer dans l'ordre. Il parut convenable aux intérêts bien entendus de la corporation et à la conservation de ses propriétés d'assigner à un chevalier les possessions d'un territoire déterminé pour les gouverner, les améliorer, et employer les revenus à l'avantage de tous.

La *préceptorerie* n'était donc qu'une pure administration dont l'ordre chargeait le *précepteur* sans lui rien transférer du droit de dominité. La propriété résidait toujours dans l'ordre qui, pour la rendre plus productive et plus utile, s'associait, en quelque sorte, ses membres et les admettait à partager avec lui des fruits qui étaient jusqu'à un certain point ceux de leur zèle et de leur industrieuse vigilance.

A la naissance de l'ordre, le conseil disposait immédiatement de tous les biens qui se multiplièrent promptement en Asie et en Europe. Il afferma d'abord, il députa ensuite d'anciens religieux auxquels il assignait un district, un territoire pour l'administrer, faire la perception des revenus et les envoyer en Palestine. Ces économes, auxquels on donnait, comme nous l'avons déjà dit, le nom de *précepteurs*, devaient un compte fidèle et n'étaient autorisés à retenir que leur modeste entretien.

Dans ces différents lieux où les précepteurs faisaient leur résidence, on réunissait les jeunes chevaliers qui, sous la discipline des anciens, se formaient à la vie religieuse et militaire et prenaient de bonne heure l'esprit de leur profession. C'étaient autant de communautés ou de couvents répandus dans toute la chrétienté qui renfermaient le dépôt le plus précieux et les plus chères espérances de l'ordre ; il en sortait des chevaliers instruits à tous les exercices militaires, pleins d'amour pour leur état et brûlant du désir d'aller au-delà des mers signaler leur courage et rivaliser de gloire avec leurs frères.

Ce fut dans ces cloîtres fortifiés de chaque commanderie que les Templiers se réfugièrent après leur retour d'Orient.

I.

COMMANDERIE DE SAINTE-EULALIE-DU-LARZAC.

Le Larzac, immense plateau calcaire de plus de trente lieues carrées, s'unissant au sud-ouest avec les montagnes de La Caune, et au sud avec celles des Cevennes, domine d'un côté le bassin du Tarn, et de l'autre celui de l'Hérault. Limité au nord par le Tarn, au couchant par les deux petites rivières de Cernon et de La Sorgue, à l'orient par la Dourbie, il s'avance au sud de plus de sept lieues dans le département de l'Hérault.

Sa surface est monotone et presque entièrement plane ; on n'y voit que des quartiers de roches calcaires qui ressemblent à des villages où, dans les temps nébuleux, les voyageurs sont tentés d'aller chercher un gîte. Ces grands blocs de pierre, qui ont tous une forme carrée, ne sont couverts ni de mousse, ni d'aucune espèce de lichen ; leur sommet est noir et dur ; leur base friable et blanchâtre.

Ces hautes plaines du Larzac, dont la stérilité continue épouvante, où sous un ciel étincelant on fait des lieues entières sans rencontrer une maison, un arbre, un filet d'eau, nourrissent cependant une grande quantité de bêtes à laine qui font la richesse du pays.

Au milieu de ces plateaux s'élève l'ancien bourg de La Cavalerie, dont l'enceinte carrée, formée de hauts remparts brunis par le temps, dérobe la vue des habitations intérieures.

Un peu plus loin, près du cours du Cernon, est bâtie Sainte-Eulalie, où les Templiers établirent une de leurs plus anciennes résidences, et le centre de leurs possessions sur le Larzac.

En 1158, Raymond-Bérenger II, vicomte de Millau et comte de Provence, donna aux chevaliers du Temple, dont Hélie de Montbrun était alors maître en Rouergue, la petite ville de Sainte-Eulalie-du-Larzac. Ce prince se fit même Templier et mourut à Barcelonne dans l'exercice de sa nouvelle profession.

Quelques années après, le 5 août 1184, Sanche d'Aragon fit don aux mêmes chevaliers du péage que lui et ses prédécesseurs avaient accoutumé de lever à Sainte-Eulalie et sur le Larzac.

Telle fut l'origine de cette commanderie qui devint dans la suite une des plus riches du royaume. Elle avait dans sa dépendance les bourgs de La Couvertoirade et de La Cavalerie que les Templiers firent entourer de fortes murailles qui subsistent encore.

Cet établissement, comme les autres de même nature dans le pays, relevait en foi et hommage des comtes de Rouergue. En 1249, le comte Raymond VII manda au commandeur de Sainte-Eulalie qu'il eût à délivrer à son bailli de Rouergue, en témoignage de la haute seigneurie qui lui appartenait, les forteresses de La Couvertoirade, de Sainte-Eulalie et de La Cavalerie.

(*Trésor des chartes de Toulouse*, sac 9, n° 42).

Les fortifications de Sainte-Eulalie ont disparu depuis longtemps ; mais le vaste château où habitait le commandeur existe encore et sert de logement à plusieurs familles qui l'ont acheté.

Celles de La Cavalerie ne forment plus une enceinte continue ; il en reste cependant des pans de murs assez considérables ainsi que plusieurs tours ou fragments de tours qui doivent dater du XIIe siècle. Il ne paraît pas que les commandeurs y aient possédé de château.

Enfin, à La Couvertoirade les fortifications se sont entièrement conservées. Elles doivent remonter au temps de la puissance des Templiers. Elles se composent d'une enceinte de murs qui enferme tout le village et de six tours carrées. Ces murs sont élevés et ne sont percés que par deux portes. Ce village offre aujourd'hui l'aspect le plus pittoresque. Outre ces fortifications, il y avait encore à La Couvertoirade un château qui appartenait aux commandeurs. Il était situé avec l'église sur un rocher renfermé dans l'enceinte du village. Ce château ne présente plus que des ruines, mais il a été démoli depuis fort peu de temps.

Telles étaient les principales dépendances de la commanderie de Sainte-Eulalie qui s'étendait d'ailleurs sur presque toute la partie du Larzac comprise aujourd'hui dans le département de l'Aveyron. Elle était bornée d'un côté par le diocèse de Lodève, la terre de Cornus et celle de Canals, et s'étendait de l'autre jusqu'au pied des Cevennes et jusqu'au dessus des gorges de la Dourbie et du Tarn. Cependant L'Hospitalet, connu dans les actes sous le nom de L'*Hôpital-Guibert,* ne lui appartenait point, quoique situé entre les deux villages de La Cavalerie et de La Couvertoirade. Les villages de La Blaquarerie, de Cazajourde, du Viala-du-Pas-de-Jaux, de La Blaquière et plusieurs autres en faisaient partie. La forêt de La Salvage, située entre Pierrefiche et La Blaquière, et dont une partie n'a été vendue que depuis la Révolution de Juillet, et le domaine de l'Amaissou lui appartenaient. Presque tous les domaines de cette partie du Larzac en relevaient; il n'y avait là aucune seigneurie particulière. Tous les communaux des communes environnantes proviennent des concessions faites par les Templiers ou les Hospitaliers à diverses époques.

Cette commanderie était, en 1789, une des plus belles que l'ordre de Malte possédât en France. Elle ne produisait guère moins de 80,000 livres de rente. Le projet de l'ordre de Malte, à cette époque, était de la diviser en trois commanderies, et elle pouvait facilement subir cette division, parce qu'elle renfermait trois gros bourgs qui en pouvaient devenir chacun le chef-lieu.

La tradition est muette sur les faits qui pourraient intéresser l'histoire locale pendant la domination des Templiers sur le Larzac. A peine les documents écrits peuvent-ils nous apprendre le nom de quelques membres de cet ordre illustre.

Hélie de Montbrun, vivant en 1158, comme on l'a vu, paraît avoir été le premier précepteur de Sainte-Eulalie.

Un ancien titre des archives du château de Montpaon nous fait connaître que Guillaume d'Arnaud en était précepteur en 1213.

Pierre Raymond gouvernait la même maison en 1259, comme on le voit par un acte d'échange fait cette année entre ce seigneur et Agnès de Claviers, abbesse de Nonenque.

(*Gall. Christ.*).

Dans une sentence arbitrale du 7 octobre 1280, entre les

habitants de Millau et frère Pierre Raymond, celui-ci prend le titre d'*ancien gouverneur* de Sainte-Eulalie.

Il existe une transaction de l'an 1304, passée entre Gui Azemar, commandeur de Sainte-Eulalie et de Montals, et Bernard de Combret au sujet du mas de Cannac, situé dans la juridiction de Combret. (*Tit. de Combret*).

Ce précepteur est sans doute le dernier qu'ait eu l'ordre à Sainte-Eulalie. *Non car Guy d'Adhémar a été appelé à d'autres fonctions avant la chute de l'Ordre des Temple.*

Combe-Roumal.

On voit encore sur le versant méridional du Lévezou et non loin de Saint-Beauzély les restes d'une ancienne maison religieuse qui, d'après la tradition du pays, aurait été jadis une annexe de la commanderie du Larzac. C'est une erreur. Combe-Roumal pouvait relever féodalement des Templiers; mais c'était un prieuré d'hommes, annexe de Saint-Michel de Lodève (1). Voici la description qu'en a donné M. l'abbé Ravailhe.

« Dans l'endroit le plus recueilli d'un sinus de Combe-Roumal, sous un monticule de gros blocs de grès, est bâtie une ancienne et belle demeure, au dehors sévère, à la construction concentrée. De grands châtaigniers, de magnifiques noyers ombragent cet asile. A l'est, sous un mur élevé et fendu à distances égales par de longues et étroites ouvertures, s'étendent une belle prairie et un verger fertile. Le côté nord est couvert par un mur sans ouvertures, qui se plie en demi-cercle et vient rejoindre le mur précédent. L'on approche avec curiosité de cette habitation, dont les dehors trahissent l'origine et la destination.

» Cette ferme, comme on le voit de prime-abord, est un ancien monastère. Sa nouvelle destination a exigé de grands changements dans la disposition des bâtiments; l'on a transformé, détruit et reconstruit; mais il reste encore de précieux fragments de ce qui fut. L'église, qui est une très-jolie basilique, est res-

---

(1) *La France ecclésiastique*, 1768. — Hugues III, comte de Rodez, dans son testament de l'an 1271, légua cent sous Rodanois aux frères de Combe-Roumal.

tée à peu près intacte. Elle sert aujourd'hui de grange à foin. Son élégante porte ogivale a été mûrée; elle a été remplacée par une immense ouverture, qui laisse passer à l'aise les chars à foin. Je ne crois pas qu'il soit possible de voir cet édifice si régulier, si religieux et si frais, sans faire une ardente prière pour qu'on le purge et qu'on y redresse l'autel.

» L'on reconnaît encore sans peine la pièce où furent les cellules des moines, les salles de réunion et d'exercices; mais ces belles voûtes, ces pavés en mosaïque sont devenues des étables à bœufs ou d'immondes loges à cochons. Une cour intérieure, qui possédait un pérystile à plusieurs colonnettes, groupées quatre à quatre, sert de demeure aux oiseaux de basse-cour, bien entendu que le pérystile a été abattu, que les colonnettes ont disparu; c'est à peine si l'on en trouve un groupe qui soutient une crèche.

» Ces constructions étaient magnifiques; toutes ces pierres taillées et liées par un ciment que l'on dirait romain, tant il tient avec force. »

II.

COMMANDERIE DE MILLAU.

Les chevaliers du Temple possédaient à Millau deux maisons, dont une existe encore. Sa noire façade porte des traces de nombreuses restaurations. Il semble même que toute la partie supérieure a été rebâtie. Cette maison, qui n'offre d'ailleurs rien de remarquable, est située dans la rue de la *Peyrolerie*, tout près de l'hôpital, et porte aujourd'hui le numéro 53.

L'autre maison des Templiers était placée sur le boulevard, près du Maudaroux. Elle n'existe plus, mais on a conservé les caves qui passent encore pour les plus belles de la ville. Il paraît que les Templiers du Rouergue ne voulaient point faire mentir le proverbe (1).

---

(1) L'adage, *boire comme un Templier*, n'a été imaginé qu'après l'abolition de l'ordre, et il ne prouve pas davantage contre eux que l'adage plus ancien, *bibere papaliter* (BALUZE).

Le plus beau bien de cette commanderie était un domaine très considérable situé sur le Causse noir et appelé *Servilières*. Il ne paraît pas cependant qu'il y ait jamais eu de château. Quelques autres domaines moins considérables, tels que celui de Catfonds et La Grangette, des terres près de la ville et les censives de quelques villages, complétaient cette commanderie.

On lit dans Bosc qu'en 1156, Pierre de Roveira était maître de la milice du Temple de Millau (T. 3, p. 207).

III.

COMMANDERIE DE SAINT-FÉLIX-DE-SORGUES.

Saint-Félix-de-Sorgues avait moins d'importance que les autres commanderies du voisinage; la plupart de ses biens étaient situés en Languedoc. Il paraît pourtant que la terre et château (1) de Lapeyre, situés un peu plus bas sur la même rivière, en dépendaient, et que c'est là même que les commandeurs faisaient leur résidence. C'est du moins la tradition populaire du pays et les ruines qu'on y voit passent pour être les restes de l'ancien manoir des Templiers. L'édifice était quadrangulaire avec cour ou préau au milieu. La dernière cour a été abattue, il y a peu d'années, pour employer les matériaux. Ce qui restait de l'ancienne église, attenante au château, ne s'est écroulé que depuis une quarantaine d'années. Plusieurs débris de ces édifices qu'on voit encore indiquent une origine romane.

Guillaume de Castries était précepteur de Saint-Félix en 1248. (*Gall. Christ.*).

Vital de Montauroux (de Monte Auroze) l'était en 1307.
(*Titre du 21 juillet 1410*).

---

(1) Après la destruction de l'ordre, Lapeyre fut acquis par l'abbesse de Nonenque, en 1320.

IV.

COMMANDERIE DE MARTRIN.

La maison des Templiers, dont une grande partie existe encore, est attenante au village. Elle se compose de trois corps-de-logis, formant les trois côtés d'une cour carrée et peu spacieuse qui, au couchant, est fermée par un mur élevé. Dans l'aile du nord était l'église contre laquelle s'élevait une tour principale dont on a fait le clocher. Le bâtiment était encore flanqué de deux autres tours rondes, moins considérables, qui sont en partie démolies. Au point de jonction des deux ailes d'habitation, du côté du village, se trouve la porte qui s'ouvre sur un passage voûté par où l'on parvient à la cour (1). Cette porte est à ogive, mais les voûtes et les arceaux des autres portes sont tous en plein ceintre. Les fenêtres sont rares, carrées, à petite ouverture et irrégulièrement placées. Un escalier tournant en pierre sert chaque corps-de-logis. La disposition des pièces à l'intérieur est la même qu'elle était autrefois. A chaque étage sont de vastes salles dont les cheminées à large foyer sont revêtues de boiseries en chêne sculpté. On a seulement agrandi les fenêtres pour donner plus de jour.

L'église a été depuis peu d'années refaite à neuf. Il n'y a plus d'ancien que le clocher ou la grande tour et une chapelle de style ogival dont les arcs croisés sur la voûte se terminent à hauteur d'appui par les figures symboliques des quatre évangélistes.

Les murs du château sont épais, solides et construits en simple moellon noyé dans un ciment fort dur.

L'édifice des Templiers fut restauré vers le commencement

---

(1) Sur un côté de ce passage était la prison, creusée dans le roc, et dans laquelle on ne pouvait descendre que par une petite ouverture de la voûte.

du xvᵉ siècle, par un commandeur des Hospitaliers, *Penan-gra de Salicio*, dont on voit encore le tombeau dans le cimetière du lieu, et les armoiries incrustées, tant à l'intérieur qu'à l'extérieur, sur plusieurs points des murs du clocher et du château.

V.

COMMANDERIE DE LA SELVE.

Quatre corps-de-logis joints ensemble avec une cour au milieu, des tours carrées aux quatre angles extérieurs, une architecture lourde, massive, sans reliefs ni ornements, des murs épais, percés par de petites fenêtres carrées inégalement distribuées, une porte cintrée s'ouvrant sur un sombre vestibule, des escaliers en pierre étroits et tournants, telle était la maison des Templiers à La Selve, une des commanderies de la province, et l'on peut ajouter que ce genre de construction, dépouillée de toute élégance, forme assez généralement le caractère des premiers édifices que les Templiers élevèrent en France. Ce ne fut qu'au retour des Croisades et vers le milieu du xiiᵉ siècle qu'ils embellirent leurs demeures, après que leur goût se fut perfectionné dans l'Orient.

La chapelle (1) était placée dans l'aile septentrionale. Deux écussons, portant les armes de la Religion, se trouvaient incrustés sur les murs extérieurs du clocher (la tour du nord); mais les armoiries ont été grattées pendant la Révolution.

Sur la clef de la voûte était figuré en relief un agneau. On sait que c'était le signe révéré des chrétiens pendant les premiers siècles. Ce ne fut que l'an 680, sous le pontificat d'Agathon, qu'il fut ordonné (au 6ᵉ synode de Constantinople), qu'à la place de cette figure symbolique on représenterait le Christ attaché à la croix.

---

(1) Cette chapelle devint dans la suite l'église paroissiale. Elle a été reconstruite depuis peu d'années sur les anciens fondements.

En démolissant la vieille église, on trouva près de la sacristie, dans l'épaisseur du mur, une niche à siége, dans laquelle était renfermé un squelette. Une ouverture circulaire d'un pouce de diamètre, du côté de la cour, avait été pratiquée pour faire pénétrer l'air dans cette cavité. A côté du squelette et sur le siége se trouvaient deux coques d'œuf. L'entrée de la niche était murée. Etait-ce un sépulcre ou un lieu destiné à consommer un affreux supplice?

Une découverte semblable, qui a eu lieu dans une autre maison de Templiers, rend assez vraisemblable cette dernière conjecture.

En démolissant le château de Sermur sur Viaur, on trouva vers la fin du dernier siècle, dans l'épaisseur d'un mur, un semblable squelette avec un collier de fer autour du cou. Sermur, d'après l'opinion commune, appartenait originairement à l'ordre du Temple, et dépendait très probablement de La Selve. On peut donc croire que ces malheureux avaient été condamnés à être enfermés vivants dans ces tombeaux pour y mourir de faim.

De tout l'ancien édifice de La Selve il ne reste plus que la façade principale et la tour qui sert de clocher. Cette commanderie qui des Templiers passa aux chevaliers de St-Jean, possédait un grand nombre de fiefs et de biens dans la contrée.

Les archives de Bonnecombe et de Landorre contiennent beaucoup de titres où il est fait mention de la commanderie de La Selve et de ses dépendances.

En 1177, Aldebert, précepteur de La Selve, donne au monastère de Bonnecombe le fief de Calviac. Au nombre des témoins figure Pierre Clary, frère de La Selve.

(*Cart. de Bonnecombe*, III, p. 109).

Autre contrat de ladite année par lequel Hugues, abbé de Bonnecombe, donne au même Aldebert le fief d'un mouton, et reçoit en échange la moitié de l'alleu de deux villages.

(*Recueil Doat*).

En 1186, Raymond de Combret, commandeur de La Selve, *preceptor militiæ Silvæ*, donne diverses dîmes des environs de Moncan aux religieux de Bonnecombe.

Donation du Cer (terroir) d'Espinous faite par Richard,

frère du comte de Rodez, en faveur du commandeur de La Selve, le pénultième mars 1206.

Transaction de l'an 1264 entre Guillaume de Rupe-forti (Rochefort), commandeur de La Selve, et noble homme Buisson, et les frères de feu seigneur Pons de Saint-Privat, frère dudit Buisson.

On voit par un acte d'échange de l'an 1274, qu'à cette époque R. de Posqueyres était maître de cette préceptorerie.
(*Papiers de la famille de Barrau*).

En 1280, accord entre Raymond de Plansola, commandeur de la milice du Temple de La Selve, et les seigneurs de Landorre, touchant les droits utiles et honorifiques de certains lieux des environs dont la justice fut laissée en paréage. Le même Raymond baille à cens, en 1283, plusieurs villages.

Les Templiers de La Selve avaient à Cassagnes une maison, peu remarquable d'ailleurs, dont quelques parties existent encore.

VI.

COMMANDERIE DE VILLEFRANCHE.

On sait par quelques anciens titres qu'une commanderie de Templiers fut établie à Villefranche vers l'an 1186 (1), et qu'elle était située sur une terrasse dominant l'ancienne promenade de Villefranche appelée les *Pivolettes* où sont aujourd'hui les nouvelles prisons. Tout le terroir qui environ-

---

(1) Villefranche ne fut fondé qu'en 1252. Mais les Templiers pouvaient avoir dans le pays un établissement avant cette époque, car on prétend que dès 1099, le comte de Toulouse Raymond IV avait fait bâtir un bourg sur la rive gauche de l'Aveyron, et qu'en 1210 on fonda sur la rive droite le couvent des Cordeliers, près duquel plus tard la ville fut bâtie. L'auteur des *Annales Mss de Villefranche* pense que les Templiers s'établirent à Villefranche vers le même temps qu'à Cahors, de 1186 à 1189, et qu'ils furent favorisés par Hugues, évêque de Rodez, et dom Pierre, alors abbé de Locdieu.

ronnait cettle maison porte encore aujourd'hui le nom de Temple.

D'après des actes qui sont rapportés dans les vieilles Annales de Villefranche, le couvent des Templiers était bâti au haut de la promenade des *Pivolettes* et sur le bord d'un canal creusé pour recevoir les eaux qui descendent de la montagne de Macarou.

L'enclos et un bois appartenant à ce couvent dominaient aussi ladite promenade. Ces indications s'appliquent parfaitement à une très vieille maison convertie en jeu de paume dans le XVIe siècle et où, sur une porte en pierre de taille, d'une architecture tout-à-fait gothique, on remarque un bas-relief beaucoup plus moderne représentant François Ier ou son fils Henri ainsi que les raquettes et les balles propres au jeu de paume. Cette maison est sûrement le reste de l'ancien bâtiment des Templiers.

On lit dans les Annales déjà citées que les biens des Templiers des environs de Villefranche furent donnés au commandeur de Drulhe de l'ordre des Hospitaliers, et qu'en 1316, « ce même commandeur fit don aux consuls de Villefranche du pâtus et ayral du Temple qui sont en-delà du pont de l'Aveyron, afin d'en faire un lieu public pour servir de récréation à ses habitants, don confirmé par lettres de Philippe-le-Bel du mois de janvier 1316. C'est le foiral du pont pratiqué sur l'emplacement du couvent des Templiers, où après la destruction de l'ordre on fit planter une croix de pierre à l'endroit où était leur église. »

Jusqu'à l'époque de la Révolution, toutes les propriétés composant cet ancien terroir ont payé des rentes à la commanderie de Drulhe, de l'ordre de Malte.

Les domaines de Ginouillac [1] dans la paroisse de Marin, près de Villefranche, de Lespinassière, du Juge et de Bramalou avec leurs grands bois, provenaient de l'ancien patrimoine des Templiers. Ces terres, devenues la propriété des Hospitaliers, ne formèrent point une commanderie de l'ordre

---

[1] Le château fort délabré de Ginouillac existe encore.

ouergue, mais furent une dépendance de la comman-
de de la Capelle-Livron, laquelle était située dans le
cy, tout près du Rouergue, à un quart de lieue seule-
t de Caylus.

ant au personnel des Templiers, tout ce qu'on sait,
qu'en 1290, frère Dieudé de Béteille était précepteur et
ien du couvent du Temple de Villefranche, et que Hu-
de Toulouse l'était en 1297.

VII.

COMMANDERIE DE DRULHE.

s Templiers avaient très-certainement une maison à
he. On voit dans un ancien titre qu'en 1301, B. d'Adhé- *Bernard*
, chevalier, précepteur de la maison de Drulhe, apparte-
à *la milice du Temple*, fut témoin à un hommage
u à Pierre, évêque de Rodez, par Hugues de Mirabel,
la moitié du château de Séveyrac.

(*Anc. arch. de l'évêché, fond de Moyrazès*).

l'époque de la destruction de l'ordre, Drulhe fut donné
Hospitaliers qui possédaient eux-mêmes dans le voisi-
la commanderie de Lugan, et qui reçurent aussi d'au-
biens des Templiers situés à Villefranche.

n n'en sait pas davantage sur cette commanderie, dont le
-lieu fut changé par les Hospitaliers à Lugan.

VIII.

COMMANDERIE D'ESPALION.

ux portes de la ville, à droite du chemin qui conduit à
t-Côme, s'élève modeste et isolée une antique chapelle,
ue vulgairement sous le nom de *Temple*. Les Templiers,
ffet, dont elle rappelle le nom, la firent bâtir lorsqu'ils
lurent établir dans ce pays une commanderie. On ne sau-

rait dire précisément à quelle époque; mais il est certain que ce fut peu d'années après l'institution de l'ordre lui-même, car elle existait déjà en 1165 (1). Son architecture, d'ailleurs fort simple, offre un mélange de tiers-point et de plein-cintre qui en font un édifice de transition et rattachent évidemment son origine à la seconde moitié du XIIe siècle. Lors de l'anéantissement des Templiers, la commanderie devint la propriété de l'ordre de Saint-Jean-de-Jérusalem. Elle donnait un revenu d'au moins 8,000 livres. L'espace attenant à la partie sud de la chapelle a longtemps servi de cimetière à la ville. Aujourd'hui la bêche du cultivateur le travaille, et de temps à autre, parmi les ossements humains ramenés à la surface, se trouvent des objets d'antiquité (2).

Dès 1194, les Templiers avaient une maison à Rodez (3) qui ne formait qu'une commanderie avec celle d'Espalion.

De cette commanderie dépendaient Saint-Martin-de-Limouse, Saint-Austremoine, Aubignac, le domaine des Landes à Senepjac, des vignobles à Bougaunes (4) et à Salles-Comtaux (5).

Limouse leur avait été donné, en 1176, par le comte de Rodez, Hugues Ier. Peu d'années après, en 1194, les chevaliers du Temple eurent un différend avec l'abbé de Bonnecombe au sujet des dîmes de ce lieu. Il fut terminé par la médiation du comte et de son frère l'évêque. Guillaume de Castan était alors commandeur (*præceptor*) de la maison du Temple de Rodez et d'Espalion.

(*Cart. de Bonnecombe*, t. II, 84).

---

(1) Cart. de Bonneval.

(2) *Simples récits sur Espalion*, par M. H. Affre.

(3) Cette maison, située dans la rue du Bal, ainsi qu'un jardin, devenus la propriété de l'ordre de Malte, fut vendue nationalement, le 9 avril 1793, et achetée par un nommé Bousquet.

(4) Cette vigne de Bougaunes, près de Marcillac, est mentionnée comme appartenant aux Templiers dans une vente consentie, en 1253, par Pierre de Gradelis au monastère de Bonnecombe.

(5) Le vignoble de Salles fut vendu, le 28 mai 1793, à Bousquet, de Bertholène.

Les religieux de Bonnecombe possédaient à la même époque le domaine d'Is, dans le voisinage de Limouse, et leurs démêlés avec les moines guerriers se renouvelèrent plus d'une fois dans la suite. On voit dans leurs archives une transaction de l'an 1299, entre religieux homme Azemar de Porcelet, précepteur de la maison militaire du Temple, d'une part, et le syndic du monastère de Bonnecombe d'autre part, par laquelle il fut convenu que ledit monastère aurait la quatrième partie de la dîme des terres qui étaient entre ses mains, que le surplus appartiendrait audit commandeur, ainsi que le Carnelage, et ce à prendre depuis la fontaine de Saint-Martin jusqu'au chemin de Rodez à l'hôpital de Laleque, et de là au ruisseau de La Calçade, lequel prend son origine à ladite fontaine.

Plusieurs monuments anciens renferment des détails relatifs à cette commanderie.

L'an 1167, Arnaud de *Turre-Rubra* (1), maître du Temple dans la province d'Espagne, Bégon de *Verperiis*, Helias de Montbrun et Déodat de Corbières cèdent à Adhémar, abbé de Bonneval, le territoire de *Felqueriis* et tous les droits qu'y avait la maison du Temple d'Espalion. (*Gall. christ.*).

En 1186, donation faite par Guillemine Guillaumenc à Raymond de Vallon, frère de la milice du Temple et commandeur d'Espalion, de la quatrième partie d'un moulin dit de Mançou, situé dans la paroisse de Palmas.

(*Anc. arch. de l'évêché*).

Pierre, abbé de Bonneval, transigea, en 1264, sur quelque différent, avec Raymond de Folhaquier, précepteur de la maison du Temple d'Espalion.   (*Gall. christ.*).

En 1271, le commandeur du Temple d'Espalion était Aymeric de Carlat, ayant sous lui les chevaliers de l'ordre ci-après : S. de Galhac, prêtre, frère de Pons ; frère Força ; frère Jean de Montmaton (de Monte-Amato).

(*Tit. de la commanderie*).

---

(1) C'est cet Arnaud de Toroge qui, en 1179, fut élu grand maître de l'ordre du Temple, après Odon de Saint-Amand.

Un litige s'étant élevé entre Gaucelin de Saint-Joueri, commandeur de la même maison, et le chapitre de Rodez, il fut terminé, en 1288, par l'évêque Raymond de Calmont.

(*Bosc*, t. II, 228).

Bernard de Revel était précepteur de la maison du Temple d'Espalion, en 1299. Vivian de Moret et Gui d'Adhémar, l'un et l'autre chevaliers du même ordre, furent présents à une transaction passée cette année entre l'abbé de Bonneval et ledit précepteur.

En 1306, Bernard de Guibald (Guilbaldi) est qualifié, dans un acte, chevalier de la milice du Temple et précepteur de Limouse et d'Espalion.

> (*Registre des anciennes archives de l'évêché, contenant transcription d'actes concernant Coussergues et Palmas*).

Les Templiers d'Espalion avaient des biens ou des annexes dans plusieurs autres lieux.

La chapelle du Banc, dans la paroisse d'Anglars du Causse, entre Gabriac et Trébosc, dédiée à Notre-Dame, passe pour leur avoir appartenu.

L'église du Cambon, d'après la commune opinion, a été bâtie par eux. C'est un édifice du commencement du XIIIe siècle, bien caractérisé par ses fenêtres à ogive dont le sommet se termine par un angle peu aigu. Les chapiteaux des piliers sont pour la plupart à feuilles d'acanthe. Quelques autres présentent d'autres ornements en usage pendant la période romane.

A l'époque de l'abolition des Templiers, on eut grand soin de faire disparaître les emblèmes et tout ce qui pouvait rappeler le souvenir de cet ordre proscrit. Cependant plusieurs de ces dessins allégoriques ont échappé au marteau destructeur. On remarque au clocher et dans deux chapelles certains écussons qui très-probablement se rapportent aux Templiers.

A Saint-Geniez, dans la rue du *Lac-Bas*, on voit encore une vieille maison, ornée de deux rangées de gros modillons en pierre calcaire, dont quatre à figures grimaçantes, ce qui lui a fait donner le nom d'*oustal dels Borognaus*. La tradition porte que c'était une maison des Templiers.

M. de Gaujal dit dans ses Annales, d'après Hélyot,

qu'en 1310 Olivier de Penne, commandeur de l'une des maisons du Temple (Espalion), s'adressa au pape Clément V pour obtenir une bulle d'union de l'ordre d'Aubrac à celui du Temple ; mais que la comtesse Cécile et son époux, ainsi que les seigneurs les plus qualifiés du pays, s'adressèrent de leur côté au pape, au roi et aux commissaires apostoliques pour empêcher cette union qui, en effet, n'eut pas lieu.

Il doit à coup sûr y avoir erreur de date dans Hélyot, car dans ce moment tous les Templiers du royaume, sous le coup d'une accusation terrible, étaient dans les fers, leurs biens étaient séquestrés et l'on instruisait contre eux la procédure qui amena peu de temps après la suppression de leur ordre. Cet Olivier de Penne est mentionné dans l'interrogatoire de Géraud de Caus (12 janvier 1311), qui dit qu'avant l'arrestation des Templiers ce chevalier était valet de chambre *du seigneur pape*.

IX.

COMMANDERIE DE LACLAU.

On voit près de Vesins, au sud de la montagne del Pal et dans le village même de Laclau, des restes de l'ancienne maison des chevaliers du Temple. C'est un vieux donjon carré, percé de meurtrières, couronné de machicoulis, près duquel gisent quelques débris de cloître. Une autre tour qui existait dans le même lieu en 1789 a été abattue.

Le seul document qui, à notre connaissance, atteste l'existence de cette ancienne commanderie, est une transaction de l'an 1280 entre le commandeur de La Selve et le seigneur de Landorre, sous la médiation de frère Guillaume Bérard, *précepteur de Laclau*.

Cette maison, après la suppression de l'ordre, fut annexée à la commanderie de Canabières de l'ordre de Saint-Jean.

Le vieux manoir sert aujourd'hui de presbytère.

Il paraît certain, d'après quelques passages de la procédure des Templiers (*Procès des Templiers*, par Michelet, t. II, pages 162 et 169), que cet ordre avait encore en Rouergue des commanderies à Albinhac et à Laguiole. Mais on est dépourvu de tous documents à l'égard de ces deux maisons.

TEMPLIERS DU ROUERGUE.

Quand l'orage fondit sur les Templiers, toutes les archives de l'ordre furent saisies, tous leurs papiers enlevés, et après leur destruction il ne resta dans les dépôts publics aucun document sur leur existence ; l'animadversion excitée contre eux et l'horreur qu'ils inspiraient étaient telles que dans leurs familles on se hâta de faire disparaître toutes les traces qui auraient pu rappeler leur mémoire. Quoique tenant aux plus nobles familles du royaume, partout ils furent désavoués, et un profond oubli scella leur tombe. Dans leurs manoirs on gratta leurs emblèmes, leurs devises, leurs écussons ; on fit disparaître toutes les traces de leur passage.

« On remarque, en lisant les anciens nobiliaires, qu'aucun dignitaire ou chevalier de l'ordre du Temple ne se trouve mentionné dans les filiations généalogiques. Ceci provient, dit Cherin, de l'horreur qu'on avait eu pour ces moines, et de ce que cette disposition subsistait encore dans toute sa force au commencement du XVIe siècle, époque où les anciens généalogistes avaient commencé leurs publications. Quand on y voit : *Il avait eu de sa femme entre autres enfants*, etc., on peut être assuré qu'il se trouve là quelque Templier, qu'on a voulu dissimuler par égard pour sa famille. »

(*Mém. de Mme de Créqui*).

Pour se rendre compte de l'horreur qu'inspirait leur nom et leur mémoire, il ne faut pas oublier qu'ils avaient succombé sous le poids de la plus épouvantable accusation qui pût accabler une créature humaine au moyen-âge, l'accusation de sortilége et de magie.

Dans les titres constitutifs de leurs propriétés transférés aux archives de Malte, on trouve pourtant les noms de la plupart des commandeurs de l'ordre, qui traitaient de toutes les affaires de la communauté. Nous en avons cité quelques-uns pour les maisons de Rouergue, mais il faudrait trop de temps et de peine pour les découvrir tous au milieu des archives d'un ordre qui lui-même fut emporté et dispersé par la tempête révolutionnaire (1).

Quant aux documents saisis chez les Templiers, ils furent mis sous les yeux de la commission papale et des conciles chargés d'instruire cette affaire, et après sa solution ils durent rester dans les archives du royaume.

C'est là en effet qu'ont puisé leurs matériaux les différents auteurs qui ont écrit sur les Templiers, tels que Dupuy, Baluze, Hélyot, etc.

TEMPLIERS DU ROUERGUE.

Hélias de Montbrun (2), maître de la milice du Temple en Rouergue, en 1158.

Déodat de Corbières (3), Templier à Espalion, en 1167.

Guillaume de Levezou (4), précepteur de la milice du Temple, en 1170.

Etienne et Pierre de Rodez (5), frères de la milice du Temple, en 1170.

Raymond de Combret (6), précepteur de la maison de La Selve, en 1186.   (*Cart. de Bonnecombe*).

---

(1) Un grand nombre de chartes et d'autres documents concernant les Templiers du Rouergue se trouvent aujourd'hui dans les archives départementales de la Haute-Garonne, à Toulouse.

(2) Maison du Rouergue, d'après Bosc.

(3) D'anciens titres mentionnent une maison noble de ce nom, à Rodez, dès le XII° siècle.

(4) C'est la maison actuelle de Vesins.

(5) Famille issue des comtes de Rodez et qui existait encore au XVI° siècle à Montalègre.

(6) Maison d'ancienne chevalerie bien connue en Rouergue où elle possédait autrefois le château et seigneurie de Combret, dans le Vabrais.

Guillaume de Castan (1), précepteur d'Espalion en 1194.

Hugues de Montlaur (2), maître de la milice du Temple en Provence et dans les parties d'Espagne.

Guillaume de Saunhac, élu grand maître du Temple, en 1247 (3).

Raymond de Folhaquier (4), précepteur d'Espalion en 1264.

Pierre Raymond (5), gouverneur de la maison de Sainte-Eulalie en 1280.

Gaucelin de Saint-Juery (6), précepteur d'Espalion en 1288, figure aussi au procès.

Vesian de Moret (7), Templier à Espalion en 1299.

Gui d'Adhémar (8), Templier à Espalion en 1299.

Jean de Cassagnes (9), précepteur de La Nougarède, au diocèse de   , dans l'Ariège, interrogé à Carcassonne en novembre 1307.

---

(1) Il y avait dans le principe une famille de Castan au château de Castan, à Ampiac.

(2) Pouvait être issu des seigneurs de Montlaur, dans le Vabrais, mais il y avait d'autres maisons du même nom, l'une dans le diocèse de Maguelonne, l'autre dans le Vivarais.

(3) De la maison de Saunhac-Belcastel, en Rouergue.

(4) Les Folhaquier habitaient au xiv° siècle, d'après plusieurs actes, un château de ce nom situé dans la baronnie de Roquefeuil.

(5) Un ancienne famille de Raymond, en Rouergue, établie plus tard à Montjaux, donna, dans le xvi° siècle, un commandeur à l'ordre de Malte.

(6) Il y avait une famille de ce nom au château de Saint-Juéry, dans le canton de Camarès, et une autre sur les montagnes de Laguiole.

(7) De Moret, famille très considérable du Rouergue, barons de Pagas et de Montarnal.

(8) Plusieurs familles nobles de ce nom existaient en Rouergue dès le xiii° siècle.

(9) De Cassagnes de Beaufort, seigneurs de Miramont. Cette famille, qui habita jusqu'au xvii° siècle le château du Cayla, près de Moyrazès, existe encore à Paris.

Bernard de Salgues (1), précepteur de Saint-Gilles.
Pons Sigueri de Caus (2) de la maison de Sainte-Eulalie.
} Arrêtés dans le ressort de la sénéchaussée de Beaucaire et interrogés en juin 1310, au château d'Alais, par les délégués de l'évêque de Nîmes.

Templiers natifs du diocèse de Rodez qui comparurent à Paris, au nombre de 231, devant les commissaires pontificaux lors de l'instruction de la procédure contre leur ordre et pour servir de témoins. (1ᵉʳ vol. du *Procès des Templiers*, par Michelet).

Géraud de Caus (3), précepteur de la baillie de Bastre, au diocèse de Cahors. Interrogatoires des 22 novembre 1309, 20 février 1310 et 11 janvier 1311.

Géraud de Barasc (4), cité par Géraud de Caus, comme ayant été reçu Templier le même jour que lui, à Cahors, vers 1298. (*Procès des Templiers*, *publié par M. Michelet*, pages 27, 81, 379 et suivantes).

Guillaume Albert, reçu onze jours seulement avant l'arrestation des frères.
Bernard de Castri, détenu à l'abbaye Saint-Magloire de Paris.
Bernard de Revel, détenu dans la maison du comte de Savoie, près la porte Saint-Marcel.
} (5) Amenés du pays toulousain et interrogés le 17 février 1310.

(*Idem*, pages 74 et 75).

Bernard d'Aothéma 1301 cf. ci-dessus p. 17 Commandeur de Drulhe

(1) Le château de Salgues, sur les montagnes d'Aubrac, près d'Aunac, était anciennement occupé par une famille de ce nom. Il y avait aussi en Quercy une famille de Salgues, qui se confondit avec celle des barons de Lescure, en Albigeois.

(2) On n'a d'autres documents sur l'existence de cette famille que ce qui en est dit dans la procédure contre les Templiers, où on la signale comme étant du Rouergue.

(3) L'observation précédente s'applique de même à ce Templier.

(4) Maison du Quercy, dont une branche s'était établie fort anciennement en Rouergue, au Puy des Cars.

(5) On ne connaît ces trois familles que par les actes de la procédure.

Hugues de Calvion (1), chevalier ruthénois, amené de Moissac, diocèse de Cahors. Interrogatoire du 23 février 1310. *(Idem*, p. 82).

Guillaume de Rodez. Interrogatoire du 18 mars 1310. *(Idem*, p. 82).

Bertrand de Gasc (2) [Vasconis]. Interrogatoire du 18 mars 1310. *(Idem*, p. 82).

Raymond Bertrand (3), chevalier ruthénois, amené du diocèse périgourdin. Interrogatoire du 2 mai 1310. *(Id.*, p. 82).

Durand de Prisiac (4), chevalier ruthénois, amené du diocèse périgourdin. Interrogatoire du 2 mai 1310. *(Idem*, p. 82).

Hugues de Gamon. Interrogatoire du 11 janvier 1311. *(Idem*, p. 82).

Hugues de Calmont (5) [de Plancatge]. Interrogatoire du 16 janvier 1311. *(Idem*, p. 402 et suiv.)

Guillaume de Folhaquier (6), cité par Hugues de Calmont, comme ayant assisté à sa réception dans la maison du Temple de Toulouse, en 1296. *(Idem*, p. 402 et suiv.).

Autres Templiers du Rouergue qui se trouvaient, au nombre de 544, rassemblés à Paris, le 28 mars 1310, devant la commission papale, pour entendre la lecture de tous les chefs d'accusation, d'après les extraits de la même procédure, cités par le professseur Moldenhaver.

Guillaume de Cardaillac (7).

---

(1) On ne connaît cette famille que par les actes de la procédure.

(2) Une branche de cette famille, originaire du Quercy, habitait autrefois Rodez. Un moulin sur l'Aveyron porte encore son nom.

(3) Il y avait dans les temps anciens en Rouergue des gentilhommes de ce nom.

(4) Les noms de Prisiac et de Gamon sont inconnus.

(5) Famille d'ancienne chevalerie, éteinte au xv° siècle.

(6) Nom précédemment mentionné.

(7) La maison de Cardaillac était du Quercy; mais une branche s'était fixée en Rouergue dès la fin du xii° siècle, et y possédait les terres de Maleville, de Privezac, de Valady, etc.

Pierre de Malhac (1).
Aymeri de Copiac (2).
Simon de Cornus (3).
Albert d'Entraigues (4).
Jean de Malemort (5).

On voit aussi figurer parmi ces Templiers un *Jean de Barrau*; mais il ne paraît pas qu'il appartînt au Rouergue.

Plusieurs des personnages qu'on vient de nommer reparaîtront bientôt sur la scène à l'occasion du procès fatal qu'on intenta contre leur ordre et dans lequel ils jouèrent un rôle important.

---

(1) De Malhac, seigneurs de Campestre, Beauvoisin et Vessac. Eteints vers l'époque de la Révolution.

(2) Les anciens seigneurs du lieu de Coupiac portaient ce nom au xiiie siècle.

(3) Des anciens seigneurs de Cornus.

(4) Les d'Entraigues possédaient encore au xvie siècle un des quatre châteaux-forts du lieu de Moret.

(5) Villelongue s'appelait autrefois Malemort. Géraud de Malemort était sénéchal pour le roi à Saint-Antonin, en 1249. *Il y a une famille limousine de Malemort*

II.

NOTICE HISTORIQUE SUR L'ORDRE. — SA CONSTITUTION. — SUCCESSION DES GRANDS-MAITRES.

APERÇU HISTORIQUE.

C'est du sein des Croisades que sont sortis les ordres militaires, c'est à la valeur de cette milice guerrière que les chrétiens dûrent de conserver pendant deux siècles leur chancelante conquête en Orient.

Durant trois siècles les chrétiens voyagèrent en Palestine à travers les obstacles que leur opposait la domination des Arabes, vainqueurs de cette contrée comme de toute l'Asie et d'une grande partie de l'Europe.

En 1065 parurent de nouveaux conquérants, dont l'invasion fut aussi brusque et les progrès aussi rapides que ceux des Arabes. C'étaient les Turcomans, qui s'emparèrent de la ville sainte, pillèrent l'hospice des chrétiens et soumirent à d'énormes tributs la visite du Saint-Sépulcre.

Sur la fin du siècle, Jérusalem fut reprise par le calife d'Egypte. En 1099, les princes croisés se présentèrent devant cette capitale, et quarante jours de siége les en rendirent maîtres.

Avant d'arriver à Jérusalem, les Européens étaient obligés de passer à travers les Sarrazins qui environnaient ce petit royaume, et la mort ou les fers devenaient souvent le prix de leur zèle.

Neuf chevaliers français (1), touchés des périls des pèlerins, formèrent entre eux une petite société (1118) pour les protéger et les défendre, promettant en outre de garder les trois vœux de religion (2). Ils s'étaient retirés dans une maison proche du Temple que leur céda Beaudoin II, roi de Jérusalem, ce qui leur fit donner le nom de *Templiers*.

Le patriarche Honorius admit cet ordre naissant dans sa juridiction et lui donna un statut provisoire en 1119.

Hugues de Payens ayant été envoyé en France par le roi de Jérusalem pour exciter les peuples à venir au secours de la Terre Sainte, s'imagine d'appeler cet obscur institut à de plus hautes destinées. Il veut que ses disciples, liés déjà par un premier engagement, se consacrent entièrement à défendre par les armes toute la Terre Sainte. Le concile de Troyes (1128) approuve son projet, et saint Bernard lui-même prescrit la règle de cette milice religieuse et guerrière. Quelque temps après, en 1135, il adressa aux Templiers cette belle exhortation que le temps nous a conservée et qui contient des avis salutaires et des règles admirables de conduite.

Comme un si héroïque dévouement demandait un courage qui se trouvait rarement alors dans les basses sphères de la société, c'est toute la noblesse de l'Europe que le généreux

---

(1) Vertot dit que l'on n'a pu recueillir que les noms de deux des fondateurs de l'ordre, Hugues de Payens, chevalier issu de la maison des comtes de Champagne, et Geoffroy de Saint-Aldemar ou Saint-Omer. Les historiens modernes ont découvert le nom des autres : Roral ou Eral ; Godeffroy Bisol ; Pagan ou Payen de Montdidier ; Archambaud de Saint-Agnan ; André de Montbard ou Montbarry, *oncle maternel* de saint Bernard ; Gondemar ; Hugues de Champagne, prince de la maison comtale de Champagne, lequel fut plus tard le fondateur de l'ordre de Cîteaux.

(*Bulletin du collége archéologique et héraldique de France*, par M. de Magny, 1843).

(2) Chasteté, obéissance et pauvreté.

instituteur invita à se consacrer à ces devoirs. Les rois de Jérusalem et le pape secondèrent Hugues de toute leur autorité. Un mélange d'amour pour la religion et de goût pour les armes, caractère distinctif de ce siècle, amena au Temple de nombreux et d'illustres prosélytes.

Ainsi prit sa dernière forme l'ordre des chevaliers du Temple, où une noblesse florissante, tirée de toutes les parties de l'Europe catholique, se dévoua à la défense de la religion et à la vengeance des outrages que lui faisaient les infidèles.

Hugues, à la tête de sa troupe d'élite, arriva dans la Palestine. Cette nouvelle milice s'accrut considérablement en peu de temps. Des princes des maisons souveraines, des seigneurs des plus illustres familles voulurent combattre sous l'habit et l'enseigne des Templiers. On préféra cette profession à celle des Hospitaliers. Ces princes et ces seigneurs y apportèrent des richesses immenses. Au bruit même de leurs exploits, on leur fit de magnifiques donations, et les auteurs contemporains rapportent que cette société naissante éclipsa toutes ses rivales.

Les Templiers déployèrent un courage héroïque dans les combats, se signalèrent dans toutes les occasions, et devinrent les plus fermes appuis du royaume de Jérusalem.

Ce faible état ne consistait que dans la capitale et quelques villages; les principautés d'Edessa, d'Antioche et quelques autres en étaient distinctes et séparées, ne correspondant que par la religion ou peut-être par les liens de la féodalité.

Il est remarquable que le drapeau du Temple s'éleva presque en même temps que le trône de Jérusalem; l'un fixait la destinée de l'autre, et pour peu qu'on réfléchisse on admirera comment cette puissance se forma à propos pour soutenir un empire chancelant, destitué de toute force intérieure, qui n'aurait été qu'une conquête d'aventuriers, sans le secours prompt et continuel de cette courageuse milice (1) qui se dévoua à sa défense et le fit durer près d'un siècle.

Il serait trop long de suivre pas à pas cet ordre célèbre

---

(1) Puissamment secondée par celle des Hospitaliers.

dans tous les détails de sa carrière glorieuse. Nous allons nous contenter d'en rappeler les principaux traits en les groupant sous chaque magistère.

I.

HUGUES DE PAYENS (DE PAGANIS).
1118 — 1136.

Hugues de Payens, qui prit une si grande part à l'établissement de l'ordre, comme il vient d'être dit, et en fut le premier grand-maître, mourut en 1136, regretté de tout ce qu'il y avait de chrétiens zélés dans la Palestine.

André Duschesne nous apprend que le désespoir d'avoir perdu sa fiancée, Jourelaine de Cabanais et de Cofolant, l'avait conduit en Palestine.

L'année de sa mort est l'époque, suivant D. Vayssette, de la plus ancienne maison de l'ordre en Languedoc. Elle fut fondée dans un lieu appelé La Nougarède et, depuis, Villedieu, au comté de Foix, par le comte Roger III.

II.

ROBERT DE CRAON, *dit le* BOURGUIGNON.
1136 — 1147.

Robert, surnommé le Bourguignon, troisième fils de Renaud II, seigneur de Craon, fut le successeur de Hugues dans le magistère du Temple. Il avait épousé Richéza, sœur unique de saint Anselme. Robert quitta sa femme l'an 1107 et partit pour la Terre Sainte.

En 1139, les chevaliers du Temple, réunis à l'armée de France, montée sur 70 vaisseaux, mirent le siége devant Lisbonne. Ils échouèrent dans cette entreprise et furent mis en déroute. En 1146, commença en Espagne cette fameuse expédition contre les Maures, qui dura l'espace de dix ans,

Les chevaliers du Temple, ainsi que ceux de l'hôpital, y eurent une grande part.

Les premiers s'assemblèrent à Paris, en 1147, pour les affaires de la Terre Sainte. Le roi Louis-le-Jeune honora cette assemblée de sa présence; c'est tout ce qu'on en sait. Robert mourut la même année. Guillaume de Tyr atteste qu'il ne fut pas moins illustre par la pureté de ses mœurs et sa bravoure, que par l'éclat de sa naissance.

III.

EVRARD DES BARRES.
1147—1149.

Evrard des Barres fut élu, par le chapitre de son ordre, pour succéder à Robert le Bourguignon. Il était Français et précepteur ou maître particulier de son ordre en France, dès l'an 1143.

En 1148, Evrard, à la tête des siens, alla au-devant de Louis-le-Jeune, qui venait au secours de la Palestine. Il le joignit en Pamphylie. Louis avait besoin de ce renfort. Son armée, battue au mois de janvier et continuellement harcelée dans un labyrinthe de défilés qu'elle ne connaissait pas, courut risque d'être anéantie par les Turcs. Evrard la tira de tous ces dangers et lui servit de guide pour continuer sa route. Durant le séjour que le roi Louis fit en Syrie, les Templiers lui rendirent d'autres services importants. Les lettres qu'il écrivit de ce pays à Suger, son ministre, en font foi. Dans une de celles-ci, Evrard est expressément nommé *grand maître du Temple*.

En 1149, Evrard accompagna le roi de France à son retour. Etant venu à Clairvaux, il y embrassa la vie monastique, envoya son abdication en Palestine, et persévéra dans sa nouvelle vocation, malgré les instances que lui firent les Templiers pour l'engager à revenir.

IV.

BERNARD DE TREMELAY.
1149—1153.

Bernard de Trémelay, chevalier de la première noblesse de Bugey, fut substitué, sur la fin de 1149, au grand maître des Barres. L'an 1150 il marcha, à la tête de ses chevaliers, sous les ordres du roi Beaudoin, pour s'opposer aux progrès de Noradin. S'étant présentés devant le château de Harenc, ils furent obligés de se retirer après quelques jours d'attaque. En 1152, les chevaliers des deux ordres, secondés par les habitants de Jérusalem, repoussèrent les Musulmans qui s'étaient avancés jusqu'au mont des Oliviers. Ils se rendirent, en 1153, au siége d'Ascalon. Cette place, après une longue résistance, capitula le 12 août de la même année, selon Pagi. Mais l'empressement des Templiers à vouloir y entrer par une brèche faite au hasard leur coûta cher. De quarante qu'ils étaient, il n'en échappa aucun, pas même le grand-maître, à qui on trancha la tête comme aux autres.

V.

BERTRAND DE BLANQUEFORT.
1153—1168.

Bertrand de Blanquefort succéda dans le magistère à Bernard de Trémelay. Il était fils de Godefroy, seigneur de Blanquefort en Guienne (1). Le 19 juin 1156, surpris dans un défilé par Noradin, il fut fait prisonnier avec quatre-vingt-

---

(1) C'est cette maison de Blanquefort qui se confondit au commencement du xve siècle avec celle de Roquefeuil.

sept des siens. Enflé de ce succès, le sultan alla faire le siége du château de Panéas ; mais les Templiers, conduits par le roi Beaudoin, l'obligèrent à le lever. Trois ans après, Bertrand recouvra la liberté avec ses compagnons prisonniers et six mille autres captifs, par les soins de l'empereur de Constantinople. Il mourut en 1168 avec la réputation d'un religieux édifiant et d'un capitaine très versé dans le métier de la guerre.

Sous le magistère de Bertrand vivait André de Montbard, oncle maternel de saint Bernard, que l'abbé Geoffroy qualifie maître du Temple et regarde comme le plus ferme appui du royaume de Jérusalem, dans la vie de ce saint.

VI.

PHILIPPE DE NAPLOUSE.
1168 — 1171.

Philippe, né à Naplouse, en Syrie, fut successeur immédiat du grand-maître Bertrand. Il était originaire de Picardie, fils aîné de Gui de Milli et de Stéphanie, dame flamande. Philippe fut d'abord seigneur de Naplouse et se trouva au siége d'Edesse en 1144. Il avait été marié, et après la mort de sa femme, dont il avait eu deux filles, il se fit Templier. La conduite qu'il tint dans l'ordre, lui en mérita la première place. Il ne la conserva que peu de temps, puisqu'il y avait déjà renoncé avant la Pâque de l'an 1171.

VII.

ODON DE SAINT-AMAND.
1171 — 1179.

Odon de Saint-Amand, chevalier français, né d'une famille distinguée, fut donné pour successeur à Philippe de Naplouse. En 1172, il eut le chagrin de voir apostasier le Templier

Mélier ou Milon, frère du prince d'Arménie. Vers le même temps, Gautier du Ménil, chevalier du même ordre, massacra le député du prince des assassins, ce qui occasionna de fâcheuses altercations. L'an 1177, Saint-Amand se trouva avec quatre-vingts de ses chevaliers à la bataille de Ramlah contre Saladin. Les chrétiens la gagnèrent ; le sultan eut sa revanche l'année suivante.

Tandis que les Templiers sont occupés à construire un fort près de Panéas, il vient les attaquer. Le roi Beaudoin vole inutilement à leur secours. Les Francs sont battus. Le grand-maître et plusieurs de ses chevaliers sont pris dans la mêlée. On envoya les plus distingués à Damas, les autres furent sciés par le milieu du corps sur le champ de bataille. On proposa à Saint-Amand un échange de sa personne contre un émir, prisonnier de l'ordre. Il eut la générosité de le refuser. « Je ne veux point, dit-il, autoriser par mon exemple la lâcheté de ceux de mes religieux qui se laisseraient prendre, dans la vue d'être rachetés. Un Templier doit vaincre ou mourir, et ne peut donner pour sa rançon que son poignard ou sa ceinture (1). » Il mourut dans les fers après quelques mois de captivité, c'est-à-dire en 1179.

VIII.

ALAN ou ARNAUD DE TOROGE (*De Turri-Rubra*).
1179—1184.

Alan de Toroge, après avoir rempli les premières places de l'ordre en deçà des mers, fut élu pour succéder au grand-maître Saint-Amand. L'an 1180, Alan et le grand-maître des Hospitaliers signèrent, par contrainte, une paix déshonorante avec Saladin. Ils s'embarquèrent l'un et l'autre, en

---

(1) C'était une coutume établie chez cet ordre de ne point racheter ceux qui se rendaient prisonniers de guerre et de les regarder comme morts.

1184, avec le patriarche Héraclius pour aller chercher du secours en Occident. Ayant abordé sur les côtes d'Italie, ils se rendirent à Vérone, où le pape était en conférence avec l'empereur. Alan mourut en cette ville et non pas à Paris, comme quelques-uns l'ont prétendu.

IX.

TERRIC (*Terricus*).
1184 — 1188.

Terric ou Thierry, dont le pays et la famille sont inconnus, fut élevé à la dignité de grand-maître après la mort d'Alan de Toroge.

L'an 1187, de concert avec le grand-maître de l'Hôpital, il attaqua le prince Afdhal, fils de Saladin, au retour d'une course qu'il avait faite sur les terres des Francs. La partie n'était pas égale. Cinq cents chrétiens combattirent contre cinq mille musulmans. Presque tous les chevaliers périrent dans le combat, après avoir fait des prodiges de valeur. On admira surtout la bravoure de Jacquelin de Maillé, que les musulmans prirent pour saint Georges, patron des armées chrétiennes.

Cette action est du 1er mai. Le 5 juillet suivant se donna la fameuse bataille de la Tibériade qui dura trois jours.

Les Templiers descendirent les premiers dans la plaine, et chargèrent les Infidèles avec leur valeur ordinaire; ils poussèrent d'abord et culbutèrent tout ce qui se présenta devant eux. Jamais, disent les historiens, ces braves guerriers n'avaient fait paraître tant de courage et d'intrépidité. Mais le traître Raymond, comte de Tripoli, qui commandait le corps qui les devait soutenir les abandonna lâchement et s'enfuit de concert avec Saladin qui le laissa échapper. Les Templiers, demeurés seuls, furent accablés par la multitude des ennemis, et tous furent tués ou demeurèrent prisonniers. Le reste de l'armée se retira en désordre; Saladin la poursuivit et l'écrasa; ce fut moins un combat qu'une boucherie.

Saladin fit dire aux chevaliers prisonniers de guerre qu'il leur accorderait la vie s'ils consentaient à renier Jésus-Christ ; mais ces intrépides guerriers repoussèrent cette proposition avec horreur : ils furent tous égorgés. Le grand-maître seul fut réservé.

La perte de cette bataille fut suivie de celle de toutes les places de la Syrie et de Jérusalem elle-même qui, quatre-vingt-huit ans après la conquête qu'en avaient faite les premiers croisés, tomba au pouvoir de Saladin.

Quelques mois après cet évènement, Terric obtint sa liberté ; mais obligé par le serment qu'il avait fait à Saladin de ne jamais porter les armes contre lui, il donna sa démission, se regardant comme incapable par cet engagement de continuer à gouverner l'ordre.

X.

GÉRARD DE RIDERFORT.
1188 — 1189.

Gérard de Riderfort ou de Béderfort (il y avait en Flandre et en Angleterre plusieurs familles de l'un et de l'autre nom), successeur du grand-maître Terric, commanda le corps de réserve à la bataille qui se donna, le 4 octobre 1189, contre Saladin. L'aile droite des ennemis fut culbutée au premier choc ; mais tandis que les Francs s'amusent au pillage, Saladin revient sur eux et en eût fait un horrible carnage sans la brave résistance des Templiers. Le grand-maître périt dans l'action avec plusieurs des siens, heureux, dit un contemporain, de terminer tant de beaux exploits par une mort aussi glorieuse !

L'histoire ne parle point des autres actions où ce grand capitaine se signala. Corneille Zanfliel place la mort de Riderfort dans une autre circonstance. Ce fut, selon cet historien, au siége d'Acre (1191) qu'il fut tué. Après sa mort, le magistère vaqua pendant dix-huit mois. Durant cette vacance, le roi d'Angleterre s'étant rendu maître de l'île de Chypre l'engagea aux Templiers pour vingt-cinq mille marcs d'argent.

XI.

ROBERT DE SABLÉ.
1191 — 1196.

Robert de Sablé ou de Sabloil fut élu grand-maître du Temple après l'arrivée du roi d'Angleterre en Palestine. Il avait commandé la flotte qui avait amené ce prince, et s'était fait Templier à son arrivée devant Acre. Les grands exploits où il s'était distingué en Espagne, en Sicile et ailleurs, lui tinrent lieu de probation. A peine eut-il été admis, qu'il se vit à la tête de l'ordre. L'an 1191, les Templiers, sous la conduite du roi d'Angleterre, gagnèrent, au mois de juillet, une bataille contre Saladin dans la plaine d'Arsoph. A la faveur de cette victoire, ils se trouvèrent en état de réparer les places maritimes, objet auquel ils donnèrent tous leurs soins.

L'an 1192, le grand-maître remit au roi d'Angleterre l'île de Chypre, sur les difficultés que l'ordre éprouvait à conserver ce dépôt.

Les deux ordres du Temple et de l'Hôpital furent battus en Espagne par le Miramolin d'Afrique, en 1194. Deux ans après au plus tard (1196), Robert de Sablé finit ses jours. Au commencement de son magistère ou sur la fin du précédent, on vit naître en Palestine un nouvel ordre militaire, celui des chevaliers Teutoniques, qui subsiste encore de nos jours dans le nord.

XII.

GILBERT HORAL OU HÉRAIL.
1196 — 1200.

Gilbert Horal, précepteur de France, était pourvu du magistère en 1196. L'an 1197, les chevaliers de Palestine refusèrent de joindre leurs armes à celles des Impériaux contre les musulmans. L'honneur et la religion du serment furent cause de ce refus. Ils avaient signé et juré la trêve conclue par le roi d'Angleterre avec l'ennemi. L'an 1199, grande querelle entre les Templiers et les Hospitaliers. On en vint aux mains. Terric, ci-devant grand-maître du Temple, et Villeplane, son confrère, furent députés au pape Innocent III sur ce démêlé. Le pape, après avoir blâmé les deux partis, renvoya l'affaire aux évêques d'Orient qui condamnèrent les Templiers. On ignore l'année de la mort du grand-maître Horal; mais il ne passa pas l'année 1201.

XIII.

PHILIPPE DU PLESSIEZ.
1201 — 1217.

Philippe du Plessiez, né d'une famille illustre d'Anjou, était en possession du magistère, selon Ducange, en 1201. La même année, le roi d'Arménie enleva aux Templiers le fort Gaston, situé dans ses États. L'an 1202, le grand-maître fit déployer le Beausiant pour obliger ce prince à restituer la place. On convint ensuite d'une suspension d'armes jusqu'à l'arrivée des légats; cette convention était l'effet d'une impuissance réciproque. Le roi, dans l'intervalle, chassa tous les Templiers de son royaume et fit saisir tous les biens qu'ils y possédaient. Ce démêlé fut terminé en 1213 à l'avantage de l'ordre.

L'an 1208, lettre du pape Innocent III aux Templiers sur leur désobéissance envers les évêques et même les légats. Les grandes richesses de l'ordre avaient produit cet esprit d'indocilité. Elles augmentèrent dans la suite et ne rendirent pas ces chevaliers plus souples.

En 1210, le roi d'Aragon fit donation aux Templiers du fort d'Azuda et de la ville de Tortose.

En 1213, fameuse victoire d'Ubéda, remportée sur les Maures d'Espagne. Entre les Templiers qui s'y distinguèrent, on remarque Gomez Ramirez, précepteur de Castille, qu'on a fait mal à propos grand-maître de l'ordre.

L'an 1217, prise d'Alcazar et autre bataille gagnée sur les Maures. On fut redevable, en partie, de ces avantages à la valeur des chevaliers. Du Plessiez mourut cette année.

XIV.

GUILLAUME DE CHARTRES.
1217 — 1219.

Guillaume de Chartres, issu de l'ancienne maison des comtes de Blois, fut le vrai successeur du grand-maître du Plessiez. On le confond mal à propos avec Guillaume de Montredon. Ces deux personnages sont différents, et le dernier ne parvint point à la dignité de grand-maître.

Les Templiers commençaient alors à construire le fameux château des pèlerins sur la pointe d'un rocher, près de la mer, entreprise très-dispendieuse mais également utile. Ce fort seul causa plus de mal aux Infidèles que toute une armée en campagne. En 1218, il fut vainement insulté par l'ennemi, durant l'absence des chevaliers occupés au siège de Damiette. Guillaume de Chartres mourut, en 1219, devant cette dernière place d'une maladie épidémique causée par l'inondation du Nil.

XV.

PIERRE DE MONTAIGU.
1219 — 1233.

Pierre de Montaigu, d'une famille répandue par toute la France, fut donné pour successeur, devant Damiette, à Guillaume de Chartres. La bravoure et l'habileté qu'il fit paraître à ce siége (1) l'ont fait comparer à Gédéon.

---

(1) Ce siége eut lieu pendant la cinquième Croisade, entreprise en 1217. Cette fois les chrétiens voulurent porter la guerre au cœur des

L'an 1224, les Castillans, secondés par les chevaliers du Temple, emportèrent de grands avantages sur les Maures. Les forteresses de l'ordre en Aragon servirent d'asile, en 1225, au jeune roi, don Jayme, que l'ambitieux Moncade avait entrepris de détrôner.

L'an 1227, l'empereur Frédéric les maltraite en Sicile, pour s'être déclarés en faveur du pape, dans ses démêlés avec ce prince. L'année suivante, malgré ce sujet de mécontentement, ils vont au-devant de Frédéric à son arrivée en Palestine, et lui rendent tous les honneurs dus à la majesté impériale. Frédéric veut les obliger à marcher avec lui contre l'ennemi. Le grand-maître le refuse, alléguant la défense du pape qui ne lui permet pas de prendre les ordres d'un prince excommunié. L'an 1229, à l'exemple du patriarche de Jérusalem, il ne veut point souscrire le traité que Frédéric avait fait avec le sultan d'Egypte : nouveau sujet de brouillerie.

L'empereur charge d'injures le grand-maître en quittant la Palestine. De retour en Europe, Frédéric continue de vexer les Templiers en Sicile.

Dans le cours de la même année, ceux d'Aragon font la conquête des îles Baléares, sous les ordres du roi don Jayme. L'an 1233, ce prince ayant déclaré Alfonse, son fils, héritier de ses Etats, lui désigne, pour gouverneurs, les maîtres du Temple et de l'Hôpital en Aragon. Montaigu n'était plus grand-maître, ou du moins cessa de l'être cette année par mort ou par démission.

Etats de l'ennemi, et ils assiégèrent Damiette. Les Templiers y montrèrent leur bravoure accoutumée et la place fut emportée ; mais la présomption du légat, qui s'ingérait du soin de diriger l'entreprise, compromit bientôt ce triomphe. L'armée s'étant imprudemment avancée, par son ordre, dans l'Egypte, se trouva bientôt dans la plus cruelle position. Elle restitua Damiette et se retira.

Après cette époque, la Terre Sainte ne fut plus guère défendue que par les deux ordres guerriers.

XVI.

ARMAND ou HERMAN DE PÉRIGORD.
1233—1244.

Armand de Périgord (1), de l'ancienne maison, à ce qu'on croit, des comtes de Périgord, remplaça, l'an 1233, au plus tard, le grand-maître Montaigu. Armand avait été auparavant précepteur de Calabre et de Sicile. En 1237, vainqueur des Sarrazins dans une affaire près d'Alep, il essuya, peu de temps après, un échec d'où il n'échappa que lui neuvième.

Les affaires des chrétiens étaient alors dans le plus mauvais état en Orient. Pour mettre le comble aux désastres de cet infortuné pays, une race inconnue et plus féroce que toutes celles qui l'avaient précédée, les Corasmins se répandirent tout-à-coup sur les bords de l'Euphrate et du Jourdain, vers l'année 1243.

Les historiens ne parlent qu'avec effroi de ces hommes de carnage et de sang qui, le fer et la flamme à la main, détruisaient et massacraient tout ce qui ne pouvait éviter leur approche. Les chrétiens réunirent leurs forces dont les Templiers étaient la principale.

Les deux armées se rencontrèrent près de Gaza dans le courant de cette fatale année 1243. Le choc fut épouvantable. La bataille dura deux jours. Les chevaliers des deux ordres y firent des prodiges de valeur ; mais enfin, accablés par le nombre, presque tous les chevaliers furent tués. Le Temple seul perdit 312 chevaliers et 324 servants d'armes (2). Les deux grands-maîtres périrent à la tête de leurs troupes.

En attendant qu'on choisît un successeur à celui du Temple, le chapitre général constitua vice-gérant Guillaume de Roquefort.

---

(1) Quelques historiens le font succéder à un Armand de *Peyragrossa* que les savants auteurs de l'*Art de vérifier les dates* regardent comme le même personnage.

(2) Trente-deux Templiers seulement et vingt-six Hospitaliers échappèrent à ce désastre.

GUILLAUME DE SONNAC.
1247 — 1250.

L'ordre paraissait enseveli dans les champs qu'ensanglanta la fatale journée de Gaza. Les relations qui passèrent en Europe font une peinture déchirante des malheurs de la Terre Sainte et de l'héroïque valeur des chevaliers dignes d'un meilleur sort.

Mais la gloire dont se couvraient les Templiers était une semence féconde qui réparait bientôt leurs pertes. On ne tarda pas à les voir reprendre leurs postes dans les siéges et les combats.

Ce fut dans ces conjonctures que saint Louis entreprit de venir relever les affaires des Chrétiens, et que Guillaume de Sonnac, d'une famille distinguée du Rouergue, fut élu, en 1247, pour remplir la dignité de grand-maître. C'était, au rapport de Mathieu-Paris, un vieux chevalier, très versé dans l'art de la guerre et renommé par son courage, sa piété et sa prudence.

Le roi arriva en Chypre, le 28 septembre 1248, suivi de plusieurs Templiers français. Sonnac alla joindre ce prince devant Damiette et se distingua au siége de cette place qui fut emportée par les Croisés.

Saint Louis se mit ensuite en devoir de passer le Nil pour continuer sa marche vers la Palestine, et confia l'avant-garde de son armée aux Templiers, avec ordre à Robert, comte d'Artois, son frère, de les suivre avec le corps de bataille et de ne rien entreprendre sans sa permission.

Le passage s'effectua sans de grandes difficultés (1250). Robert culbuta les ennemis sur le rivage, les poursuivit jusques dans leur camp, força les retranchements et fit main basse sur tout ce qui s'y rencontra. On était près de la Massoure. La vue de cette ville ouverte et abandonnée tenta le comte, jeune homme avide de gloire et vif jusqu'à l'emportement. En vain Sonnac lui fit de sages représentations pour arrêter son imprudent courage. Tout fut inutile. Robert se précipita vers la Massoure à la tête de son armée qui ne trouvant pas de résistance se livra au pillage. Mais pendant ce temps, les Infidèles ralliés sous leur chef Bencdocdar, officier plein de valeur, vinrent fondre sur les Français et en firent un horrible carnage. Le comte d'Artois et la plupart des chevaliers périrent dans cette funeste journée. Il n'en échappa presque que le grand-maître Sonnac qui, après avoir perdu un œil et tout couvert de blessures parvint à regagner le camp.

Trois jours après il fut tué dans une nouvelle action qui entraîna la ruine de l'armée et la captivité du saint roi.

RENAUD DE VICHIERS.
1250 — 1256.

Renaud de Vichiers, grand maréchal de l'ordre et auparavant précepteur de France, champenois de naissance, fut élu, après le retour des chevaliers en Palestine, pour succéder au grand-maître Sonnac. Ce fut lui qui, par ses remontrances, engagea saint Louis à prolonger son séjour en Syrie. Peu de temps après son élection, il apprit la nouvelle de la mort de l'empereur Frédéric II et du testament par lequel il ordonnait la restitution des biens qu'il avait enlevés aux Templiers. De Vichiers mourut en 1256.

THOMAS BÉRAUT ou BÉRAIL.
1256 — 1273.

Thomas Béraut fut investi de la suprême dignité de l'ordre en 1256. Quatre ans après, en 1260, tandis que les Templiers de Castille étaient aux prises avec les Maures d'Andalousie, ceux de Palestine étaient battus et dispersés ou faits prisonniers par Bondochar, sultan d'Egypte.

L'an 1264, le pape Urbain IV, indisposé contre Etienne de Sissi, maréchal de l'ordre, le priva de sa charge, entreprise inouïe jusqu'alors. De Sissi fit à ce sujet des remontrances au pape qui, pour toute réponse, l'excommunia. L'ordre prit le parti du maréchal. Urbain mourut sur ces entrefaites. Clément IV, son successeur, leva l'excommunication, après avoir réprimandé ses supérieurs.

Les Templiers étaient maîtres d'une forteresse appelée Sephet. Bondochar y mit le siège en 1266, et, après une longue défense, le prieur du Temple, qui en était gouverneur, voyant tous ses ouvrages ruinés, fut obligé de capituler.

Il était convenu que les débris de la garnison se retireraient sans être inquiétés. Mais le sultan ne se vit pas plutôt maître de Sephet qu'il fit tous les chrétiens prisonniers et ne leur donna que quelques heures pour se résoudre à mourir ou se faire mahométans. Le prieur du Temple, assisté de deux franciscains, passa la nuit à exhorter la garnison et les habitants au martyre. Dieu bénit les efforts de son zèle. De trois mille qu'ils étaient, huit seulement renièrent le nom chrétien. Tous les autres furent égorgés, et le sultan irrité de la fermeté du prieur le fit écorcher tout vif.

L'an 1268, Bondochar enleva aux Templiers le château de Beaufort et la plupart des places qu'ils avaient sur les confins de l'Arménie. Les succès étonnants de ce prince occasionnèrent, en 1270, une nouvelle Croisade; mais malgré de nombreux renforts, la Terre Sainte se trouvait l'année suivante sans autres secours que celui des chevaliers.

Suivant Bernard le Trésorier, le grand-maître Béraut mourut le 25 mars 1273. Il est qualifié de sage dans une lettre des Orientaux au roi de Navarre. On a prétendu que ce fut sous son magistère que de funestes erreurs commencèrent à se répandre dans l'ordre du Temple.

GUILLAUME DE BEAUJEU.
1273—1291.

Guillaume de Beaujeu, Bourguignon de naissance, d'une famille illustre, commandeur de La Pouille, fut élu grand-maître en son absence, le 13 mai 1273, suivant Bernard le Trésorier. Le nouveau grand-maître assista l'année suivante au concile de Lyon et arriva, le 28 septembre, dans la Palestine qu'il trouva désolée. Les chevaliers, harcelés par les Infidèles, étaient retranchés sur les montagnes avec le roi Hugues de Lusignan.

L'an 1276, don Pédre de Moncade, précepteur d'Aragon,

qualifié mal à propos grand-maître des Hospitaliers, fut fait prisonnier par les Maures.

L'an 1278, Beaujeu, poussé à bout par Boémond VI, prince d'Antioche, chercha à se venger des affronts que lui et son ordre en avaient reçu ; mais sa flotte périt dans un naufrage.

L'année suivante, les Templiers se brouillèrent avec Alfonse, roi de Portugal, et ce prince les dépouilla d'une partie des biens que ses ancêtres leur avaient donné. L'ordre en porta ses plaintes au pape qui excommunia le roi. En 1283, mêmes démêlés des chevaliers avec le roi de Chypre, et même traitement de sa part. Le pape intervint encore dans ce différend et réussit à mettre d'accord les parties.

L'issue de tant de guerres et de dissensions fut la perte de toutes les places que les chrétiens avaient encore dans la Palestine. En 1289, il ne restait aux Templiers que Sayette ou Sidon avec le château des pèlerins. Les Francs eux-mêmes, depuis la perte du fort de Laodicée, n'avaient plus que Tyr, Acre et Baruth. Le roi de Chypre et les chevaliers demandèrent en vain la paix : ils ne purent obtenir qu'une trêve de deux ans ; elle ne dura pas même ce temps. Des aventuriers, nouvellement débarqués au port d'Acre, la violèrent l'année suivante de la manière la plus perfide. Le sultan Kalil irrité sortit alors du Caire, dans la résolution d'exterminer tout ce qui restait de chrétiens en Syrie. Acre fut attaqué par terre, le 5 avril 1291, par le soudan d'Egypte qui en forma le siége avec une puissante armée. La plupart des habitants abandonnèrent la ville et s'éloignèrent sur des navires. Il ne resta dans la place qu'une troupe d'élite qui tirait sa plus grande force des Templiers et des Hospitaliers. Beaujeu fut élu gouverneur de la place. Atteint sous l'aisselle d'une flèche empoisonnée, il périt bientôt après avoir vu succomber le plus grand nombre des siens dans les assauts furieux que livraient les Infidèles.

THIÉBAUD GUYDIN ou *le moine Gaudini*.
1291 — 1298.

Dans ce moment critique, on jeta les yeux sur le moine Gaudini, l'un des plus vaillants de l'ordre. Il remplaça aussitôt Guillaume de Beaujeu, et son inauguration a lieu sur un champ de carnage. Le 18 mai, l'ennemi emporte la ville. Ce qui restait d'Hospitaliers gagne les rivages de la mer et parvient à se sauver sur des embarcations. Trois cents Templiers qui avaient échappé à la fureur des assaillants se jettent avec le grand-maître dans la tour du Temple, résolus de s'y ensevelir. Ils s'y défendent tout le jour suivant, et le lendemain cette tour minée par l'ennemi croule avec un fracas épouvantable et ensevelit dans ses ruines ses généreux défenseurs.

De plus de cinq cents Templiers qui avaient soutenu si courageusement le siége d'Acre, dix seulement, et encore tout mutilés, parvinrent à quitter ces funestes rivages. Gaudini fut du nombre. Il s'embarqua le 20 mai avec les trésors de l'ordre et passa en Chypre ainsi que le grand-maître de l'Hôpital. L'un et l'autre établirent le chef-lieu de leur ordre dans la ville de Limisso, sous la protection du roi Henri II. Gaudini mourut dans cette retraite l'an 1298 au plus tard.

Telle fut l'issue de ces guerres sacrées qui pendant deux siècles attirèrent en Orient toutes les forces de l'Europe chrétienne.

On peut dire que tant qu'avait duré la domination des chrétiens en Palestine, l'épée des chevaliers n'avait pas un instant reposé. Et comment les Latins, mus sans doute par un grand courage mais sans expérience guerrière, et perdus, pour ainsi dire, dans la foule des Infidèles qui les bloquaient de toutes parts, auraient-ils pu faire face et soutenir une lutte si inégale, sans l'assistance de cette milice active qui se multipliait avec le danger et semblait être à la fois sur tous les endroits menacés?

Les Templiers, dans ces temps difficiles, étaient presque tous la proie des combats. Outre ce qu'on a déjà vu dans les actions les plus remarquables, rien ne prouve mieux combien ces généreux soldats étaient prodigues de leur vie, que le sort des grands-maîtres, périssant presque tous, les armes à la main, des suites de leurs blessures ou dans les fers de l'ennemi.

Qu'on juge de l'estime et de l'admiration qui environnaient ces guerriers dans un siècle surtout dont la gloire militaire était l'idole; le monde chrétien retentissait de leurs exploits; les princes et les souverains briguaient l'honneur de porter l'habit de l'ordre ou d'en mourir revêtus.

L'histoire des Templiers pendant leur séjour en Palestine nous a peint leur grandeur et ce haut période de gloire où ils s'étaient élevés; dans ce qui va suivre on les verra en butte aux traits les plus cruels de la fortune et terminer leur existence sous la plus épouvantable des catastrophes.

JACQUES DE MOLAY.
1298 — 1314.

Jacques de Molay paraît pour la première fois, en 1298, en qualité de grand-maître. Il était d'une famille distinguée du comté de Bourgogne. Molay est une terre du doyenné de Neublant au diocèse de Besançon. Jacques de Molay s'était fait connaître à la cour de France, où il avait eu l'honneur de tenir sur les fonds de baptême un des enfants du roi Philippe-le-Bel.

En 1299, le fameux Casan, roi des Tartares Mogols, étant accouru au secours des Arméniens, les Templiers se joignirent à lui, contribuèrent à la défaite des Musulmans, et reprirent plusieurs places, entre autres Jérusalem où ils restèrent en garnison; mais ce ne fut pas pour longtemps. L'année suivante, la Ville Sainte retomba sous la domination des Musulmans, qui achevèrent d'en raser les fortifications.

L'an 1301, le grand-maître, retiré dans l'île d'Orade, les incommoda au point d'obliger le gouverneur de Phénicie à demander du secours pour le repousser. Un émir étant venu l'attaquer en 1302, la victoire se déclara pour les Infidèles. 120 chevaliers furent faits prisonniers et conduits au Caire.

Malgré ces revers, les chevaliers disputaient le terrain pied à pied et faisaient de suprêmes efforts pour ressaisir leur ancienne conquête. L'an 1303, les troupes du Temple et de l'Hôpital réunies pour la seconde fois à celles de Casan, firent de nouvelles tentatives contre les Musulmans; mais elles furent si maltraitées en deux rencontres, que les chevaliers prirent le parti de retourner en Chypre. En 1306, le grand-maître, mandé par le pape, se rendit à la cour d'Avignon avec soixante de ses chevaliers.

Ici commence le drame final qui précéda la destruction de l'ordre et qu'on verra successivement se dérouler dans les chapitres suivants.

CONSTITUTION DE L'ORDRE DU TEMPLE.

La première dignité de l'ordre était celle de grand-maître, dignité élective, à laquelle étaient attachées la plupart des prérogatives de la royauté. Puis venaient :

Le grand-prieur, le sénéchal, le maréchal, le trésorier ;
Les visiteurs généraux ;
Les maîtres provinciaux ;
Les baillis, prieurs ou maîtres ;
Les précepteurs ou commandeurs.

Les divisions territoriales étaient en provinces, bailliages, préceptoreries ou commanderies.

La France comprenait trois provinces correspondant à ce que plus tard l'ordre de Malte appela Langues, savoir :

La Provence ;
L'Aquitaine ;
La France.

Chaque province se divisait en prieurés. Un monument fait voir que le seul prieuré de Saint-Gilles comprenait cinquante-quatre préceptoreries. Le Rouergue appartenait à ce prieuré.

On a fait voir plus haut ce qu'étaient les préceptoreries ou commanderies.

Les affaires de l'ordre se réglaient dans des chapitres généraux assemblés là ou le grand-maître avait sa résidence, et dans des chapitres provinciaux qui se tenaient au grand prieuré de chaque province.

En peu d'années, l'accroissement de richesses et d'hommes chez les Templiers fut prodigieux. On leur connaît, avant l'année 1140, dans tous les pays, des établissements considérables et plusieurs forteresses. Leur commanderie de la Nougarède, dans l'Ariège, avait été fondée en 1136. Avant 1150, ils s'établirent dans le Temple de Paris. En 1158, ils l'étaient sur le Larzac.

Mathieu Paris (1) assure que les Templiers possédaient, avant la fin du XII⁰ siècle, dans les divers États de l'Europe, neuf mille manoirs, termes que les Glossaires expliquent différemment, par rapport aux différents pays où ils étaient situés; mais communément, par le terme de manoir ou de manse, on entendait le labour d'une charrue à deux bœufs. Le même auteur ajoute que chaque Templier est en état de fournir à l'entretien d'un chevalier pour la Terre Sainte.

Le père Honoré de Sainte-Marie, après Guillaume de Tyr, porte à deux millions le revenu total de l'ordre, ce qui donnerait un total de plus de cinquante-quatre millions de notre monnaie, revenu énorme dans un temps où le roi ne tirait de son domaine que quatre-vingt mille livres, équivalentes, d'après le même calcul, à environ deux millions deux cent mille francs actuels.

Dès l'année 1182, cinquante ans après son institution formelle, il n'existait point en Europe de potentats aussi riches que l'ordre du Temple. Ses biens ne cessèrent d'augmenter jusqu'à la fin. Leurs commanderies multipliées par les dons et legs pieux se répandirent sur toute la surface du monde. Aussi, vers la fin, le faste des chevaliers était prodigieux, et

---

(1) Bénédictin Anglais, vivant au XIII⁰ siècle et auteur d'une histoire qui comprend les événements de ce royaume depuis l'an 1066 jusqu'à 1259.

rien n'égalait la magnificence qu'ils déployaient dans leurs églises.

Les pères du Concile de Troyes (1128), en approuvant l'institution des Templiers, remirent à saint Bernard, qui se trouvait à ce concile, le soin de prescrire la règle et l'habit à cet ordre naissant.

Nous avons cette règle divisée en 72 articles, mais dont plusieurs furent ajoutés après la multiplication de l'ordre. Elle enjoint aux chevaliers d'entendre l'office divin tout entier, du jour et de la nuit, leur permettant néanmoins d'y suppléer en récitant un certain nombre de *Pater*, lorsque le service militaire les empêchera d'y assister. Elle leur ordonne de faire abstinence les lundi et mercredi outre les vendredi et samedi, et leur défend la chasse.

Ils prirent l'habit blanc, savoir la robe à chaperon et le manteau, à quoi le pape Eugène III, l'an 1146, ajouta une croix patriarchale rouge à l'endroit du cœur. Cinquante ans après, en 1182, dans un chapitre général tenu à Jérusalem, ils changèrent la croix patriarchale en une noire à huit pointes, pareille à celle des Hospitaliers, bordée de blanc.

Ce costume, comme on voit, avait la plus grande analogie avec celui des Bernardins, et l'on peut dire même qu'il ne les distinguait guère des autres hommes que par sa couleur, parce qu'alors la forme des habits des religieux était peu différente de celle des laïques. Ceux-ci, aussi bien que les religieux, portaient une longue robe serrée par une ceinture, et une espèce de chaperon ou de capuce en place de chapeau. Il n'y avait que les gens du commun qui portassent des habits courts.

Le reste du costume des Templiers se complétait au moyen d'un ceinturon en cuir noir où pendait une forte épée à deux tranchants, dont la poignée était taillée en croix, de bottes retroussées à éperons et d'une longue barbe.

Les dignitaires de l'ordre se distinguaient par une chaîne autour du cou, à laquelle pendait un médaillon.

Tel était le costume des Templiers dans leur intérieur; mais lorsque le devoir les appelait aux combats, ils se revêtissaient de l'armure complète en fer, telles que la portaient les chevaliers de cette époque.

D'après les mêmes statuts, chaque Templier pouvait avoir un écuyer ou servant d'armes et trois chevaux de monture ; mais il leur était interdit d'employer dans leurs équipages toute dorure et ornements superflus.

Les Templiers portaient un étendard, mi-parti de noir et de blanc, surmonté d'une croix de gueule, glorieux gonfanon déposé dans le sanctuaire : on le nommait *Bauceant*, et on y lisait cette légende d'humilité : « *Non nobis, Domine,* » *non nobis, sed nomini tuo da gloriam.* — Seigneur, ce » n'est point à nous qu'il faut attribuer la gloire, mais à ton » saint nom. » (1).

Leur sceau portait cette inscription : *Sigillum militum Christi.*

Leur écusson était d'argent, à la croix pâtée et alaisée de gueules.

Pour devenir chevalier du Temple, il fallait être issu d'une famille de chevaliers et né d'un père qui l'eût été ou bien eût pu l'être.

Nul ne pouvait être Templier sans avoir déjà reçu la chevalerie.

Aux trois vœux d'obéissance, de chasteté et de pauvreté, on ajoutait celui de la défense de la Terre Sainte.

Les obligations des Templiers étaient immenses, et on les rappelait à l'instant des vœux solennels comme la règle mémorable de leur vie (2). Quand un néophyte se présentait, on

---

(1) Jacques de Vitry.

(2) Le postulant était conduit dans une chambre près du lieu où se tenait le chapitre. Là, on lui envoyait trois des plus anciens chevaliers pour l'interroger sur sa vocation et lui faire connaître la gravité de l'engagement qu'il allait contracter. Après cet interrogatoire, les chevaliers rentraient dans l'assemblée pour rendre compte. Alors le maître interpellait à haute voix tous les chevaliers présents de faire connaître les causes d'empêchement qui pouvaient être à leur connaissance et, en cas de non opposition, demandait au chapitre s'il lui plaisait de le mander devant lui. Sur l'assentiment de l'assemblée, le récipiendaire était introduit, et après s'être agenouillé devant le chef et les mains jointes, il faisait sa demande, et la réception s'opérait après de longues interpellations que nous ne reproduisons pas ici, parce que nous les retrouverons plus loin, avec tous leurs détails,

lui demandait quelle était sa province, sa nation et son vœu : « Je veux le pain et l'eau, » devait répondre l'initié, comme dans les antiques mystères. « Mon frère, répliquait le maître du chapitre, vous vous exposez à de grandes peines ; quand vous voudrez dormir, il faudra veiller ; quand la fatigue brisera vos membres, vous n'aurez pas de repos ; il vous faudra quitter votre famille, votre pays, votre manoir dans la campagne fleurie pour les plaines de sable et les horizons du désert sans bornes. » — Si le néophyte persistait, le maître l'interrogeait sur sa vie et ses habitudes : « Es-tu sain de corps ? Es-tu fiancé ? » — Et le récipiendaire, la main haute, faisait vœu de pauvreté, de chasteté et d'obéissance ; puis il jurait de défendre la croyance et les mystères de la foi, à ce point de lutter de toutes ses forces contre le mécréant jusqu'à la mort (1).

Voici le beau portrait que nous a laissé saint Bernard de cette admirable milice :

« Ils vivent sans avoir rien en propre, pas même leur volonté ; ils sont pour l'ordinaire vêtus simplement et couverts de poussière ; ils ont le visage brûlé des ardeurs du soleil, le regard fixe et sévère. A l'approche du combat, ils s'arment de foi au dedans et de fer au-dehors ; leurs armes sont leur unique parure ; ils s'en servent avec courage dans les plus grands périls, sans craindre ni le nombre, ni la force des barbares. Toute leur confiance est dans le Dieu des armées, et en combattant pour sa cause, ils cherchent une victoire certaine ou une mort sainte et honorable.

---

dans les interrogatoires de quelques Templiers, quand il s'agira de leur procès.

(1) « Je jure de consacrer mes discours, mes armes, mes forces et ma vie à la défense des mystères de la foi et à celle de l'unité de Dieu, etc. Je promets aussi d'être soumis et obéissant au grand-maître de l'ordre...... toutes les fois qu'il en sera besoin ; je passerai les mers pour aller combattre ; je donnerai secours contre les rois et princes infidèles, et, en présence de trois ennemis, je ne fuirai point ; mais quoique seul, je les combattrai si ce sont des infidèles. »
(*Archives de l'abbaye d'Alcaboza, en Aragon*).

» Oh! l'heureux genre de vie, dans lequel on peut attendre la mort sans crainte, la désirer avec joie et la recevoir avec assurance! »

(Saint Bernard. *Exhortatio ad milites Templorum*).

Les lois pénales, d'après les statuts, étaient douces. Cependant, il est à croire que dans la suite et à cause du grand relâchement de l'ordre on en accrut la rigueur. Raoul de Presles, premier témoin entendu devant la commission pontificale, dit qu'un chevalier lui avait parlé des terribles prisons qui, dans l'ordre, punissaient la désobéissance, et l'aspect de certains cachots dans les commanderies vient à l'appui de cette assertion.

III.

PROCÈS ET CONDAMNATION DES TEMPLIERS.

I.

Relâchement et conduite imprudente des Templiers après leur retour d'Orient. — Leur perte est résolue par le roi. — Leur arrestation. — Actes de l'information primordiale par les commissaires du roi. — Réclamations et acquiescement du pape. — Ses instructions.

On a vu qu'après la perte de la Terre Sainte et les désastres des chrétiens, les débris de la milice du Temple s'étaient réfugiés, en 1303, dans l'île de Chypre; mais là, rebutés bientôt par les tracasseries du souverain de cette île, la plupart de ces chevaliers regagnèrent les différents Etats de l'Europe et se dispersèrent dans leurs commanderies.

Instruits par leur propre expérience, des fatigues et des dangers de ces campagnes infructueuses d'Orient, les Templiers préférèrent jouir tranquillement en Europe de leur opulence. Ce passage de la vie dure des camps à l'oisiveté au sein des richesses, relâcha bientôt l'austérité de leurs vertus. Tous gens de condition élevée, selon l'usage du temps, sans aucunes connaissances littéraires, ils méprisèrent les occupations ignobles de la vie monastique et se livrèrent totalement aux plaisirs de la table, de la chasse et de la galanterie. L'orgueil qu'inspire une haute naissance, la fierté que leur donnait la valeur et certain esprit de domination que produisent toujours les grandes richesses, les avaient fait passer pour les plus superbes de tous les hommes.

Mais quoique ces causes contribuassent à discréditer cet ordre naguère si célèbre et si respecté, celle qui décida réellement sa perte, fut le caractère vindicatif et cupide de Philippe-le-Bel.

Les chevaliers du Temple l'avaient grièvement offensé lors de sa querelle avec Boniface VIII (1302 et 1303) en prenant ouvertement le parti du pape.

Deux Templiers, en outre, l'un Languedocien, l'autre Florentin, avaient fomenté la fameuse sédition des Parisiens (1306), révoltés par l'édit ayant trait à la refonte des monnaies, ou, pour mieux dire, à une falsification d'espèces grossièrement déguisée. Il est prétendu que Philippe-le-Bel, pour échapper aux fureurs de la populace ameutée, vint se réfugier derrière les épaisses murailles du donjon du Temple, qu'il y devint le captif des nobles chevaliers, et qu'il ne leur échappa, à l'aide de quelques dévoués serviteurs, qu'après quinze jours, pendant lesquels il eut plus d'une fois à trembler pour sa vie. Rendu à la liberté, Philippe donna ordre de rechercher les chefs apparents de l'émeute au milieu de laquelle il avait failli périr, et vingt-huit des plus coupables, condamnés à être pendus, furent exécutés aux portes de la ville. Quelques-uns, dit-on, firent avant de mourir des révélations qui ne laissèrent pas de doute sur la participation des Templiers à cette révolte, ni sur une conspiration plus vaste ourdie dans toutes les provinces par leurs soins et à leur profit.

Dès ce moment leur perte fut jurée, et la vengeance fut en cela d'accord avec la cupidité; car les immenses richesses des Templiers étaient un puissant appas pour un prince avide, et dont toutes les ressources fiscales se trouvaient en ce moment épuisées.

« Leurs grands biens, dit Mézerai, furent leurs grands crimes. »

Une circonstance vint bientôt servir à point les projets de ce prince.

Un bourgeois de Béziers, nommé Squin de Florian, ayant été arrêté pour de grands crimes, et mis dans la même prison avec un Templier apostat, ces deux misérables, désespérant de leur vie, se confessèrent l'un à l'autre (1). Florian, après avoir entendu la confession du Templier, annonça qu'il avait à révéler des secrets importants pour la sûreté du roi, mais qu'il ne pouvait s'ouvrir qu'à ce prince. Le roi, informé de ce fait, le fit venir à Paris pour l'entendre, et celui-ci, qui avait dressé le plan de son accusation, chargea tout le corps des Templiers des crimes les plus énormes.

On assure qu'avant cette époque, le roi était informé des crimes des Templiers et déterminé à en poursuivre la destruction ; qu'il en parla au pape Clément V à Lyon, lorsque ce pontife y fut couronné en 1305, que ce fut même là une des conditions secrètes qu'il avait imposées pour favoriser son élection.

Quoiqu'il en soit, le roi revint à la charge dans l'entrevue qu'ils eurent ensemble à Poitiers en 1307, et voyant que celui-ci ne prenait pas la chose aussi vivement qu'il l'aurait désiré, il résolut d'agir, sans s'embarrasser de l'irrésolution du pape.

---

(1) C'est ici la version de Baluze. Villani attribue ce fait à un Templier, prieur de Montfaucon, des quartiers de Toulouse, et à un autre chevalier, nommé Noffodei, Florentin, condamnés l'un et l'autre pour divers crimes à une prison perpétuelle.

Ce qui rend la première version plus vraisemblable, c'est que la commanderie de Montricoux, dans le Toulousain, qui appartenait, en 1276, aux Templiers, était possédée, en 1313, par *Squin de Florian*, qualifié dans un acte de l'époque qu'a découvert M. Dumège, *balet du roy et seigneur dudit Montricoux*. Le roi, comme on voit, s'était attaché ce dénonciateur et avait récompensé ses services par l'octroi d'une portion des dépouilles enlevées aux victimes.

Le roi étant allé à l'abbaye de Maubuisson, près de Pontoise, y fit expédier, le 14 septembre 1307, des lettres qu'il adressa à tous les sénéchaux et baillis du royaume, avec ordre de n'en rompre le scel qu'à sept heures du soir, le 13 octobre, sous peine d'encourir l'indignation royale. Ces lettres contenaient des instructions pour l'arrestation générale des Templiers.

« C'est la forme comment li commissaires iront en avant en besogne. Premièrement, ils s'informeront aux baillis et sénéchaux de toutes les maisons de l'ordre du Temple, et feindront que ce soit à l'occasion de la dîme ; ils éliront prud'hommes et puissants du pays, chevaliers, échevins, consuls, et seront informés secrètement de la besogne et envoyés en chaque lieu pour saisir les biens et ordonner de les garder, et auront sergents avec eux pour se faire obéir, et ils mettront les personnes sous bonne garde, et examineront diligemment la vérité par *géhène*, s'il est mestier (par torture, s'il est besoin), et si les Templiers confessent la vérité, elle sera écrite par témoins appelés (1). »

Il était ordonné encore dans ces lettres de promettre le pardon à ceux qui avoueraient de bonne foi leurs crimes, et de menacer de faire punir ceux qui ne voudraient pas les confesser. Puis suivaient la manière de s'enquérir et les articles de l'erreur sur lesquels les Templiers devaient être interrogés.

L'ordre du roi fut ponctuellement exécuté, et, dans la soirée du vendredi, treizième jour d'octobre, la plupart des Templiers qui se trouvaient dans le royaume furent arrêtés. Le plan avait été tenu si secret que très-peu de frères purent se soustraire à leur sort par la fuite.

Il y en eut cent quarante d'arrêtés du seul temple de Paris, par Guillaume de Nogaret (2), principal promoteur de

---

(1) Baluze. Rouleau n° 7, à la bibliothèque du roi.

(2) Guillaume de Nogaret, originaire de Saint-Félix-de-Caramau, au diocèse de Toulouse, ennobli par Philippe-le-Bel vers 1300, garde du sceau royal en 1307, l'agent le plus actif du roi dans sa guerre contre Boniface VIII.

cette affaire, et Raynald de Roye, prévôt de Paris, chevaliers, chargés de cette commission. Parmi eux se trouvait le grand maître, Jacques de Molay, revenu depuis peu de jours de Poitiers, où il avait été trouver le pape, apparemment pour détourner le coup dont il savait que son ordre était menacé (1).

Les Templiers furent d'abord renfermés dans les forts royaux et puis dirigés sur les divers points où les commissions inquisitoriales étaient réunies pour les interroger et arracher leurs aveux par la torture. On les tint étroitement enfermés dans des prisons séparées, dont des chevaliers séculiers, choisis par le roi, eurent la garde.

Il ne reste en Rouergue, parmi les monuments écrits, aucune trace de l'exécution de ces ordres, qui dut être confiée à Pierre de Brillac, chevalier, sénéchal de Rouergue. On était alors sous la domination du comte Bernard d'Armagnac, époux de la vertueuse Cécile. L'évêque, Pierre de Pleine-Chassaigne, qui eût été appelé comme ses confrères à jouer un rôle actif dans ce drame lugubre, se trouvait absent, et il le fut même pendant plusieurs années. Clément V l'avait nommé patriarche de Jérusalem et son légat en Orient, et il assista en cette qualité à la conquête de l'île de Rhodes, en 1306 et années suivantes (2).

Il ne put se rendre non plus au concile de Vienne où fut décidé, en 1312, le sort de l'ordre.

Les Templiers des maisons du Rouergue, après leur arrestation, durent être dirigés sur les châteaux royaux les plus à

---

(1) Jacques de Molay était encore dans l'île de Chypre lorsqu'il reçut, dit-on, en 1306, les premiers avis de ce qui se tramait contre les Templiers. C'est ce qui lui fit hâter son retour.

(2) « *Mense septembris 1309, transfetat episcopus Ruthenensis legatus in Terram Sanctam ad partes transmarinas cum magistro Hospitalis.*

» *Et alia multitudine hominum copiosa pro quodam præparatio ad futurum passagium generale concessa à papa transeuntibus indulgentia plena..........* »

(Baluze, t. I. in-4°, p. 70. *Vie de Clément V*, par Guidon, évêque de Lodève).

portée des commissions inquisitoriales chargées de l'instruction de cette affaire.

Mais ils furent jugés, conformément à l'ordre de la procédure (1), par le concile provincial de Bourges, qui était alors la ville métropolitaine du diocèse de Rodez (2).

Avant d'aller plus loin et pour donner une idée précise de cette procédure qui est fort compliquée, établissons chronologiquement les faits principaux qui se rattachent à sa marche :

1° Actes de l'information primordiale, dirigée par l'inquisiteur Guillaume, et qui ne va pas plus loin que l'an 1307. Le pape y fut étranger.

2° Interrogatoires faits par le pape lui-même ou par ses légats, à Poitiers et à Chinon, vers le mois d'août 1308, et négociations et conventions du même temps pour régler les mesures ultérieures.

3° L'information particulière sur le fait de l'ordre entier, ordonnée par le pape et confiée à des commissaires spéciaux nommés par lui. Ces commissaires citèrent tous les Templiers, toutes autres personnes qui auraient quelques lumières à donner sur l'affaire, et de plus, ceux des Templiers qui voudraient se charger de la défense de l'ordre. Cette procédure commença en novembre 1309, fut suspendue en 1310, et ne finit qu'en juin 1311. 544 frères ou chevaliers furent entendus par la commission ; 72 témoins par le pape. Il y eut 231 interrogatoires.

4° Les procès et jugements définitifs contre les individus remis par le pape même à la décision des conciles provinciaux. Celui de Sens, qui siégeait à Paris, commença et finit ses opérations dans le cours de l'année 1310.

5° Suppression de l'ordre au concile de Vienne, par bulle du pape du 3 avril 1312.

6° Le grand-maître et les quatre principaux officiers de

---

(1) Bulle du pape du 5 juillet 1308.

(2) L'évêché de Rodez fut, jusqu'en 1676, suffragant de la métropole de Bourges ; mais il devint, cette année, suffragant d'Albi, dont l'évêché fut alors érigé en archevêché.

l'ordre dont le pape s'était réservé le jugement, interrogés à Paris au Temple en octobre 1307; à Chinon, en août 1308. Lorsqu'en 1310 ils parurent devant la commission papale, ce fut volontairement comme témoins ou comme défenseurs. Enfin, condamnés, ils périrent à Paris par le feu, le 18 mars 1313.

Le frère prêcheur Imbert, plus connu sous le nom de Guillaume de Paris, confesseur du roi, qui prenait le titre d'inquisiteur de la foi, fut chargé d'interroger les Templiers, détenus dans les prisons de Paris, en présence de quelques gentilshommes. Presque tous avouèrent, à ce qu'on assure, les crimes qu'on leur imputait, et ceux qu'on interrogea dans les provinces firent, en général, les mêmes aveux. On cite, entre autres, les Templiers détenus à Troyes, au nombre de cent onze, dont la confession fut semblable à celle de leurs frères de Paris.

La plus curieuse déposition fut celle de Jehan de Cassagnes, précepteur de La Nougarède, au diocèse de Pamiers, originaire d'une maison considérable du Rouergue qui existe encore. Interrogé à Carcassonne, au mois de novembre de la même année, par les commissaires du roi, et mis à la torture, il fit, d'après Dupuy (col. 215), l'aveu suivant des crimes imputés à l'ordre (1).

« Lorsqu'il fut reçu l'on fit cette cérémonie : on lui envoya deux chevaliers qui lui demandèrent s'il voulait entrer dans l'ordre; il répondit que c'était son intention. Apres, deux autres vinrent à lui : ce que tu entreprends est grand; il est difficile d'endurer notre règle, car tu n'en vois que l'extérieur. — Je m'y soumets, répondit Jehan de Cassagnes. Alors on le fit entrer dans le temple sous une voûte à peine éclairée, et il se prosterna devant le précepteur ou supérieur qui tenait un livre, et il y avait environ dix frères autour de lui. On lui dit : que demandes-tu? — Je veux être de votre

---

(1) L'historien ajoute qu'il avait été précédé dans cette confession par les seigneurs de Hargest, de Longueval, de Montmorency et autres portant des noms célèbres.

ordre. Le précepteur lui mit la main sur un gros livre et ainsi le questionna : As-tu des empêchements soit par dettes, mariage ou servitude? — Non. — Il faut que tu promettes à Dieu que tu seras obéissant et garderas nos us et coutumes, et que tu croiras en Dieu, créateur, qui n'est mort et ne mourra point. — Je jure ma foi. — Après, le précepteur mit un manteau sur ledit Jehan, et tandis qu'un prêtre de l'ordre lisait le psaume *Quam bonum et quam jucumdum*, *etc.*, le précepteur se coucha sur un banc couvert de soie, et ledit Jehan le baisa à la bouche et au cul (1) ; il s'assit, et les autres frères le baisèrent au nombril.

» Le précepteur tira d'un grand coffre une idole de figure humaine, et il dit à frère Jehan : « Frère, voici un ami de Dieu, qui cause avec lui quand il veut ; rends lui grâces de ce qu'il t'a conduit dans l'état où tu es, et as rempli tes désirs ! »

» Cela prononcé, tous adorèrent en se prosternant par trois fois, et chaque fois qu'ils fléchissaient le genou, ils crachaient sur le Christ et sa croix. Ledit précepteur, après cela, lui bailla une ceinture de fil, et lui permit, lorsque les aiguillons de la chair se feraient sentir, de se mêler avec ses frères. Cette cérémonie achevée, il fut revêtu des habits de l'ordre et ramené au supérieur qui lui enseigna comment il devait se gouverner dans l'église, dans les batailles et à table. »

Ce malheureux et quatre de ses confrères furent brûlés à Carcassonne, sur la place de la Cité, le 20 juin 1311.

Le pape, mécontent du procédé du roi, s'en plaignit (2) et lui représenta que les Templiers étant un corps religieux, on n'aurait pas dû les arrêter, ni saisir leurs biens sans le consentement du Saint-Siége. Il envoya ensuite au roi deux cardinaux, Béranger de Frédole (3) et Etienne de Suisi, qui

---

(1) Le texte latin dit *in ano*.

(2) Lettre du 27 octobre 1307.

(3) Béranger de Frédole, cardinal et évêque de Béziers, était frère de Pierre de Frédole, seigneur de La Vérune, au diocèse de Maguelonne.

étaient chargés d'engager le roi à faire cesser toute sorte de poursuites contre les Templiers, et à remettre leurs personnes et leurs biens entre les mains du Saint-Siége ; mais nonobstant toutes les remontrances du pape, il paraît que l'on continua toujours la poursuite de cette affaire, sous la direction du frère Imbert et des commissaires qu'il déléguait dans les différentes villes du royaume, ce qui détermina le pape à suspendre les pouvoirs du religieux Dominicain et ceux de tous les évêques et inquisiteurs de France, à l'égard de l'affaire des Templiers dont il se réservait la connaissance et le jugement (1).

Le roi prit alors le parti d'écrire au pape qu'il remettait les chevaliers entre les mains des deux cardinaux, et que leurs biens resteraient en séquestre jusqu'à ce que l'on pût les employer au secours de la Terre-Sainte (2).

Au mois de mai de l'année suivante, 1308, le roi convoqua un nombreux Parlement à Tours, devant lequel il exposa les preuves que l'on avait recueillies contre les Templiers. Il se rendit ensuite à Poitiers où il eut une seconde entrevue avec le pape, et ce fut là que ce dernier, après avoir interrogé lui-même soixante-douze chevaliers, surpris autant de leurs aveux que radouci par la déférence que lui montra le roi, leva par une bulle, du 5 juillet 1308, la suspense qu'il avait fait signifier aux inquisiteurs et aux évêques.

Clément VI réglait en même temps la manière dont il fallait procéder dans cette affaire. Il permettait à chaque évêque et à chacun des inquisiteurs d'examiner les Templiers arrêtés dans leurs diocèses ; mais il en réservait le jugement aux conciles provinciaux qui seraient tenus par les métropolitains ; il défendait à ces conciles de prendre connaissance de l'état général de tout l'ordre, ni de ce qui concernait la personne du grand-maître et des principaux officiers dont il se réservait l'examen et le jugement.

---

(1) *Histoire de France* du P. Daniel. Observations sur le règne de Philippe-le-Bel.

(2) Lettre du 14 décembre 1307.

Dans d'autres lettres (1) explicatives de sa bulle, le pape ordonnait aux évêques de s'associer, dans l'examen des Templiers de leur diocèse, deux chanoines de leur cathédrale, deux frères prêcheurs et deux frères mineurs.

Le conflit étant ainsi terminé et l'orgueil pontifical se trouvant satisfait, l'affaire n'éprouva plus d'autres obstacles que ceux qui naissaient d'une aussi vaste procédure.

II.

Continuation de la procédure sous l'autorité du pape. — Tortures. — Interrogatoire des Templiers d'Alais. — Chefs d'accusation. — Traitements barbares exercés contre les Templiers dans toute la France.

Philippe-le-Bel, avant que de retourner à Paris, fit amener à Poitiers le grand-maître avec quelques-uns des principaux chevaliers, parce que le pape avait déclaré qu'il voulait faire lui-même l'information qui les concernait. Mais la plupart ne purent être transférés, brisés qu'ils étaient par la torture. Le pape commit alors les cardinaux dont nous avons parlé, qui se rendirent à Chinon où ces chevaliers étaient restés, et y firent conduire les commandeurs de Poitou, de Guienne et de Normandie. L'interrogatoire commença le 17 août 1308, et il est prétendu que le grand-maître et les autres Templiers reconnurent véritables les crimes dont on les accusait.

Cependant l'affaire s'instruisait dans toutes les provinces du royaume, et l'intervention du pape n'avait aucunement adouci les mesures de rigueur (2).

Les prisons étaient remplies de ces malheureux qui tous,

---

(1) En date du 13 juillet 1308.
(2) Le pape défendit par une bulle, sous peine d'excommunication, de donner aucune retraite aux Templiers, et ordonna qu'on leur courût sus partout où on les trouverait pour les remettre entre les mains des Inquisiteurs.

excepté ceux qui volontairement se reconnurent pour criminels, furent exposés à la question la plus rude. On n'entendait que cris, que gémissements de ceux qu'on tenaillait, qu'on brisait et qu'on démembrait à la torture (1). Un grand nombre, pour éviter de si cruels tourments, passèrent d'abord toutes les déclarations qu'on exigea d'eux ; mais il se trouva aussi un grand nombre de ces Templiers qui, au milieu des plus affreux supplices, soutinrent avec une fermeté invincible qu'ils étaient innocents.

L'histoire du Languedoc nous fournit de curieux renseignements sur ce qui se passait dans le Midi.

Les Templiers de la sénéchaussée de Beaucaire (2), arrêtés dans le principe au nombre de quatre-vingt-treize, étaient détenus à Aiguemortes, Nîmes et Alais. Ils appartenaient aux maisons de Saint-Gilles, Montpellier, Jallez et Le Puy.

Les prisonniers du château d'Alais, au nombre de trente-trois, furent interrogés, au mois de juin 1310, par les délégués de l'évêque de Nîmes (3). Ils nièrent unanimement tous les chefs d'accusation intentés contre eux, et on les renvoya en prison. Les plus qualifiés d'entre eux étaient : Bernard de Salgues, chevalier, précepteur de Saint-Gilles ; frère Pons Segueri de Caux, chevalier de la maison de Sainte-Eulalie ; frère Pons de Seguin, chevalier de la même maison ; frère Raymond, prêtre ; frère Bertrand de Silva, chevalier de la maison du Puy ; les autres étaient des frères servants.

Dans le courant de l'année, quatre de ces prisonniers moururent en prison.

---

(1) Presque partout il y en eut qui succombèrent à cette première épreuve. A Paris seulement, on en compta trente-six.

(2) Le Languedoc se composait de trois sénéchaussées : Toulouse, Carcassonne et Beaucaire.

La sénéchaussée de Toulouse comprenait sept diocèses, celle de Carcassonne dix, celle de Beaucaire six.

(3) Ces commissaires étaient : Guillaume de Laurens, curé de Durfort, diocèse de Nîmes, assisté de deux chanoines réguliers de la cathédrale, du prieur des Jacobins et de deux religieux du même ordre, de deux frères mineurs du couvent d'Alais.

Au mois d'août 1311, les mêmes commissaires, voulant terminer leur enquête, firent appliquer à la torture tous les Templiers détenus au château d'Alais, réduits à vingt-neuf.

Ils confessèrent tous dans les tourments les crimes qu'on leur imputait.

Bernard de Salgues, commandeur de Saint-Gilles, fut le premier exposé à la question.

« Il avoua qu'il avait assisté plusieurs fois aux chapitres provinciaux des Templiers tenus à Montpellier, et que dans un de ces chapitres, qui était assemblé pendant la nuit, suivant l'usage, on y exposa un chef ou une tête, et que aussitôt le diable apparut sous la forme d'un chat; que cette tête parlait aux uns et aux autres, et qu'elle avait promis aux frères assemblés de leur donner une bonne moisson, avec la possession des richesses et de tous les biens temporels. Il ajouta qu'il avait alors adoré cette tête avec tous les autres Templiers; que dans l'instant divers démons apparurent sous la figure de femmes, dont chacun abusa à son gré, mais qu'il ne fut pas du nombre; que cette tête répondait à toutes les questions du maître de l'ordre qui était présent, etc. Bernard de Salgues déclara pourtant qu'il ignorait la vérité de plusieurs chefs d'accusation, qu'il était très-repentant de ses erreurs, qu'il les abjurait et qu'il en demandait pardon. »

Les réponses faites par les autres Templiers dans cet interrogatoire furent analogues.

La plupart des griefs qu'on alléguait contre les Templiers nous paraîtraient aujourd'hui absurdes, ou simplement l'effet d'une démoralisation qui pouvait nuire à leur considération personnelle, mais nullement les faire regarder comme coupables de crimes qu'il importe à la société de punir. On n'en jugeait pas alors de même.

Charger les Templiers du crime d'hérésie, c'était le moyen le plus sûr de tourner contre eux l'animadversion publique et de révolter le sentiment religieux, dans un siècle tout empreint de fanatisme, et lorsque le sang de divers sectaires, depuis un siècle, coulait par torrents à la voix des Dominicains, ouvriers en chefs de cette persécution. Dès longtemps, ils avaient eu à faire avec les hérétiques Albigeois, Vaudois, Cathares, Patarins, etc., dont le sud de la France était encore rempli et auquel on donnait le nom générique, le nom alors si odieux de *manichéens*. A ce nom se liaient les idées de pacte avec le diable, de renoncement à Dieu, de sorcellerie et de tous les crimes analogues. Rien donc de plus naturel, dès qu'on voulait poursuivre les Templiers comme hérétiques, de leur imputer ces mêmes erreurs, les seules bien connues de leurs ennemis.

Aussi, leurs interrogatoires furent semblables à ceux que subirent dans toute la France méridionale les prétendus *manichéens*, et de tous les aveux recueillis au milieu des tortures, on trouva matière à cent vingt-sept chefs d'accusation qui devinrent la base de toute la procédure. Nous nous contenterons de faire connaître les plus graves :

1° Ce qu'on exigeait d'eux à l'instant de leur réception qui était secrète : abnégation de Dieu et du Christ, crachement sur la croix ;

2° Culte du Démon et sorcellerie, moyen le plus propre, comme nous l'avons déjà dit, à soulever contre eux une multitude ignorante et fanatique ;

3° Adoration d'une tête d'idole ; beaucoup de variantes, à ce sujet, dans les dépositions. D'après celle du frère d'Arteblay, la tête cherchée et apportée du temple de Paris, par ordre de la commission papale, était une tête d'argent, à traits féminins et qui contenait une tête d'homme assez petite (1).

---

(1) Parmi les faits imputés aux Templiers, il en est de tout à fait insensés, par exemple, que les Templiers faisaient rôtir leurs enfants, dont la graisse servait à induire l'idole.

« Car encore faisaient-ils pis : car un enfant nouveau engendré d'un Templier en une pucelle, était cuit et roti au feu, et toute la graisse ôtée, et d'icelle était sacrée et ointe leur idole *(Chronique de Saint-Denis).* »

Un templier déclara devant les délégués de l'évêque de Nîmes qu'après l'adoration de l'idole, parurent des diables avec lesquels les frères se livrèrent à la prostitution.

4° Omission des mots sacramentels de la messe et mépris du sacrement en général ;

5° Hérésie des Templiers quant à la confession. D'après l'accusation, le grand-maître et les autres chefs prétendaient avoir le pouvoir d'absoudre les frères de leurs péchés ;

6° Baisers infames, vices anti-physiques. L'acte d'accusation portait que celui qui était reçu baisait à la bouche celui qui le recevait, puis au nombril, au dos et à l'anus ; qu'on lui défendait d'avoir de commerce criminel avec les femmes, mais qu'en revanche on lui permettait de s'abandonner avec ses confrères aux plus horribles désordres.

Il fut prétendu aussi qu'il y avait dans l'ordre des statuts secrets où toutes ces choses étaient consignées. Mais bien que tous les papiers de l'ordre eussent été saisis le même jour avec les personnes, on ne put découvrir rien de semblable, ce qui prouve évidemment que c'était une fausse allégation.

Le secret que gardaient les Templiers sur ce qui se passait dans leurs assemblées, soit de chapitre, soit de réception, était aussi un des points sur lesquels le pape avait ordonné d'informer. Il était dit dans ces instructions :

« Que les Templiers tiennent secrètement toutes leurs assemblées au commencement de la nuit, que lorsqu'on les tient, on fait sortir tous les domestiques de la maison, et que toutes les portes sont tellement fermées, qu'on ne peut approcher du lieu de l'assemblée ni entendre ou avoir aucune connaissance de ce qui s'y passe, que l'on posait même des sentinelles jusques sur les toits de l'église, pour empêcher que personne n'en approchât lorsqu'on s'y assemblait ; que l'on observait les mêmes précautions et la même clandestinité à la réception des frères, ce qui avait donné de grands soupçons sur ce qui se passait dans des assemblées que l'on cachait avec tant de soin. »

C'est ce qui explique l'acharnement et la passion inouïe qu'on mit à la destruction de cet ordre célèbre.

Partout le procès fut conduit avec une astuce profonde et une révoltante partialité.

Leurs geôliers les volaient (1), leur arrachaient même leurs habits. Il leur fallut subsister d'une pension de douze deniers mal payée. Il leur fut interdit d'assister à l'office divin. Les sacrements leur furent refusés, même à l'heure de la mort. On enterrait dans les prisons ceux qui y mouraient. On les tourmentait quelquefois par la faim ; on employait même les affreux chevalets, et l'effroyable mais trop efficace exemple de tant de frères morts dans les tortures et sur les brasiers ardents. On voulait à tout prix obtenir des aveux et exterminer l'ordre avec une apparence de droit.

La procédure de la commission papale contient des preuves de tous ces faits.

En plusieurs lieux, les seigneurs s'emparèrent à force ouverte des domaines qui se trouvaient à leur convenance.

Ceux de ces personnages auxquels furent consignés les Templiers, se faisaient donner de gros traitements, et ils étaient en grand nombre ; car, comme le clergé fournissait les juges, la noblesse fournit aussi des prisons et des geôliers. De là vient qu'un historien assez ancien charge la noblesse autant que le roi même de cette iniquité (2).

Ponsard de Chisy, prieur de Payens, racontait qu'il avait été pendant une heure entière couché dans une fosse, les mains liées derrière le dos, et si serré que le sang lui sortait par les ongles.

Ayme de Bourbon, camérier du grand-maître, avait été trois fois à la torture, et neuf semaines au pain et à l'eau.

Les tortures, dans Paris seulement, avaient coûté la vie à trente-six frères.

Jacques de Sancy, de Troyes, déposait que vingt-cinq frères étaient morts dans les souffrances de la torture.

Richard de Vado, de la province d'Albi, assurait qu'on

---

(1) Les exactions des geôliers allaient jusqu'à leur faire payer les fers qu'ils portaient, et même le reforgement de ces fers, quand on les leur ôtait.

(*Requête présentée par les prisonniers détenus à l'abbaye de Téron*).

(2) *Meyerus, annales Flandriæ.*

l'avait tenu sur le feu si longtemps, que sa chair en avait été brûlée, et que les os de ses talons étaient sortis, de quoi il offrait des preuves aux commissaires.

Consolin de Saint-Georges n'avait avoué devant l'évêque de Périgueux que par la force des douleurs.

Tayac et seize autres frères, de l'ordre du même évêque, avaient été torturés par la faim.

L'archevêque de Bourges avait torturé Raymond de Vassignac, et l'avait mis plusieurs semaines au pain et à l'eau.

Baudouin de Saint-Just avait subi la question par les Dominicains, à Paris.

Humbert Dupuy fut trois fois torturé par un Jamville et par le bailli de Poitou; il resta trente-six semaines au pain et à l'eau dans la tour de Niort; à Poitiers, on le força de faire serment de ne pas se rétracter.

Jean de Romprey, Jean de Corneilles et Thomas de Pampelune avaient été traités de même.

Le gouverneur de Macon fit tourmenter jusqu'à la mort un frère avec des poids qui étaient attachés à toutes les parties de son corps, et notamment aux parties génitales.

A Saintes, à Nevers surtout, de semblables barbaries avaient été exercées.

Les défenseurs de l'ordre soutinrent que ceux qui n'avaient pas été torturés n'avaient pourtant reconnu qu'à l'aspect d'autres martyrs de la torture tout ce qui leur était prescrit par leurs bourreaux : la souffrance d'un seul faisait l'effroi de plusieurs. Le mensonge devenait pour eux le seul refuge contre le supplice.

III.

Enquête de la commission papale. — Curieuses dépositions de quelques Templiers Ruthénois.

Pendant que les évêques et les inquisiteurs suivaient le cours de leur information et procédaient partiellement dans les provinces à des jugements rigoureux contre les chevaliers du Temple, le pape instituait une commission qu'il chargeait d'une enquête sur les griefs imputés à l'ordre en général et désignait pour cet effet huit commissaires, savoir :

L'archevêque de Narbonne; les évêques de Bayeux, de Mende (1) et de Limoges ; Mathieu de Naples, archidiacre de Rome, notaire apostolique; Jean de Mantoue et Jean de Montlaur, archidiacres de Trente et de Maguelonne; Guillaume Agasin, prévôt d'Aix.

Tous les actes de la procédure de cette commission nous sont restés, et ils ont été publiés récemment par ordre du gouvernement, sous la direction de M. Michelet, membre de l'Institut (2). Dupuy en avait fait, le premier, usage dans son *Histoire de la condamnation des Templiers*. Plus tard, Moldenhawer, professeur danois, y puisa aussi, et traduisit presque en entier un grand nombre d'articles, dont Dupuy n'avait donné que des extraits.

Les pièces du procès sont aujourd'hui sous les yeux de tout le monde, et en les étudiant on pourra peut-être parvenir à percer le mystère qui a, jusqu'à nos jours, enveloppé cette affaire. « L'interrogatoire, dit M. Michelet, dans sa préface, fut conduit lentement et avec beaucoup de ménagement et de douceur par de hauts dignitaires ecclésiastiques : un archevêque, plusieurs évêques, etc. Les dépositions obtenues ainsi méritent plus de confiance que les aveux, d'ailleurs très-brefs, uniformes et peu instructifs, que les inquisiteurs et les gens du roi avaient arrachés par la torture, immédiatement après l'arrestation. »

« Il reste, ajoute M. Michelet, deux manuscrits authentiques de cet interrogatoire. L'un, copié sur vélin, fut envoyé au pape, et il est enfermé sous la triple clé du Vatican; l'autre, sur simple papier, fut déposé au Trésor de Notre-Dame de Paris. Celui-ci, à en juger par les ratures, paraît avoir été

---

(1) Guillaume Duranti, un des plus doctes légistes de son temps et que le roi avait fait entrer au parlement de Paris.

(2) *Procès des Templiers*, publié par M. Michelet, membre de l'Institut; 2 vol in-4° ont déjà paru, le deuxième en 1851.

la minute primitive, faite jour par jour, sur les notes d'audience.

» On ignore à quelle époque le mystérieux registre fut tiré de Notre-Dame. D'après Dupuy, il se trouvait, au XVIᵉ siècle, dans la bibliothèque du président Brisson. De là, il passa dans les mains de M. Servin, avocat-général, enfin dans celles de Harlay. Au milieu du XVIIIᵉ siècle, M. de Harlay le légua avec ses manuscrits aux Bénédictins de Saint-Germain-des-Prés. Ayant heureusement échappé à l'incendie de leur bibliothèque, en 1793, il a été déposé à la bibliothèque royale, fonds *Harlay*, n° 49. »

La commission papale, réunie à Paris le 7 août 1309, dans l'abbaye de Sainte-Geneviève, envoya des commissaires dans toutes les provinces ecclésiastiques du royaume pour citer tous les Templiers à comparaître devant elle à la Saint-Martin suivante. Six notaires étaient attachés à la commission pour rédiger les dépositions en présence des quatre vénérables ecclésiastiques choisis.

La commission entra en séances immédiatement après la Saint-Martin, au commencement de novembre 1309.

Aucun Templier ne comparaissant, la commission ajourna plusieurs fois sa réunion. Enfin, elle se réunit le 22 novembre au palais épiscopal de Paris. Alors plusieurs Templiers commencèrent à comparaître, et elle fit amener devant elle les Templiers détenus dans les prisons de Paris et qui étaient sous la garde de Philippe de Vohel, prévôt de l'église de Poitiers, et de Jean de Jamville, huissier d'armes du roi.

Jacques de Molay, grand-maître, comparut le 26 décembre. Il avait été transféré de Chinon avec les autres officiers de l'ordre, et ils étaient tous dans les fers. Les commissaires lui demandèrent s'il était venu pour défendre l'ordre. Sa réponse est remarquable. « Il dit qu'il lui paraissait étrange que l'église romaine voulût procéder avec tant de promptitude à l'abolition d'un ordre qu'elle avait elle-même établi, confirmé et décoré de plusieurs priviléges, sans se souvenir que la sentence de déposition contre l'empereur Frédéric avait été suspendue pendant trente-deux ans; qu'il n'était pas aussi savant qu'il conviendrait pour défendre l'ordre, mais qu'il le ferait de son mieux ; que du reste il se regarderait et mériterait que tout le monde le regardât comme un misérable et une bête, s'il ne prenait en main la cause d'un ordre dont il avait reçu tant de biens et d'honneurs ; qu'à la vérité, il lui serait bien difficile de le défendre, n'ayant rien, pas même *quatre deniers* à employer dans une occasion si importante ; qu'ainsi il demandait secours et conseil ; son intention étant que la vérité sur les accusations fût connue de toute la terre. »

Les commissaires lui répartirent qu'en matière d'hérésie on n'accordait aux prévenus ni conseil ni secours d'avocat ; qu'il devait se souvenir de tout ce qu'il avait confessé lui-même contre son ordre ; que cependant, s'il en voulait entreprendre la défense on l'écouterait et qu'on lui accorderait même du temps pour se préparer.

On lui fit ensuite la lecture des diverses procédures qui avaient été faites contre les Templiers. Quand il entendit l'interrogatoire qu'il avait prêté à Chinon et qu'il vit par les réponses qu'on lui lisait, qu'il était lui-même convenu de la vérité de toutes les accusations qu'on imputait à l'ordre, il témoigna une extrême surprise ; il fit par deux fois le signe de la croix, et se récria à l'imposture avec la dernière vivacité, jusqu'à dire que si les cardinaux devant lesquels il avait comparu à Chinon, étaient d'une autre qualité, il saurait bien les confondre autrement. « Plût à Dieu, dit-il, que l'on en usât envers des gens aussi pervers, comme les Sarrazins en pareil cas, c'est-à-dire qu'on leur coupât le cou, ou qu'on les fendît en deux ! »

Quelques jours après, le grand-maître comparut de nouveau pour défendre son ordre ; mais il suffit de lire le procès-verbal des huit commissaires pour reconnaître que l'ordre ne pouvait être plus mal défendu qu'il le fut par le grand-maître. Aussi les commissaires ne crurent-ils pas devoir rien décider sur une aussi faible défense. On représenta sans doute qu'il serait odieux de condamner un ordre entier sur des faits si graves sans lui permettre de se justifier et de répondre autrement que par la bouche d'un chevalier ignorant qui n'avait pas la plus légère teinture des affaires.

Le roi fut donc obligé de donner des lettres patentes pour

faire venir à Paris tous ceux des chevaliers détenus dans les provinces qui voudraient entreprendre la défense de l'ordre.

Le 14 mars 1310, 544 Templiers (1) étaient réunis dans les salles de l'évêché, devant la commission papale, les uns pour défendre, les autres pour témoigner.

Parmi les premiers, on comptait 74 chevaliers venus de tous les points du royaume.

On leur lut les chefs d'accusation qui existaient contre eux, au nombre de 108, tels qu'ils étaient formulés dans la Bulle accusatrice du pape. Le 18, nouvelle lecture, puis on les ramena en prison où des notaires leur furent envoyés pour prendre leur défense par écrit. Le frère Pierre de Boulogne, prêtre et procureur-général de l'ordre, dicta une courte apologie, dans laquelle il s'inscrivit en faux contre tous les faits abominables dont on accusait les Templiers, disant que c'était autant de mensonges exécrables, inventés et forgés à plaisir par les ennemis de leur ordre qui était pur et sans tache.

« Nous ne voulons point constituer de procureur, c'est nous-mêmes qui nous offrons pour soutenir le Temple. Tous les articles contenus dans les lettres du roi sont détestables, menteurs, et la sainte milice est pure des vices et des péchés qu'on lui reproche ; nous nous offrons à soutenir cette assertion ; mais pour cela, il faut que nous ayons la liberté de nos personnes devant un concile. Tous ceux des frères qui ont affirmé les crimes ont fait un mensonge, par crainte de la mort et au milieu des horribles tourments, et si d'autres font des aveux sans être dans les tortures, c'est que la peine infligée aux uns a produit la terreur des autres ; que plusieurs ont été corrompus par des promesses, des cajoleries ou des menaces. Ces choses sont tellement notoires qu'il est impossible de les cacher. Nous vous supplions de nous rendre justice et de nous déclarer fidèles à Dieu et à l'Eglise. »

---

(1) Plusieurs chevaliers Ruthénois figuraient dans cette réunion : Guillaume de Rodez ; Pierre de Malhac ; Albert d'Entraigues ; Aymeri de Copiac ; Simon de Cornus ; Jean de Malemort.

Le mardi 7 avril, les commissaires se firent amener les frères Pierre de Boulogne et Renaud de Bruyno, tous deux prêtres, avec sept chevaliers laïques. Ceux-ci présentèrent aux commissaires une apologie plus longue et plus étendue que la première où ils persistaient à nier les faits et à récuser les témoignages et les aveux qu'on leur opposait, comme étant inspirés par la crainte et la séduction. Ils y peignaient des plus noires couleurs la malice de leurs ennemis et demandaient à être remis en honneur et en liberté.

Les commissaires répondirent que leur pouvoir ne s'étendait pas jusques à décider de leur sort, et qu'ils étaient seulement commis par le pape pour faire des informations dont ils rendraient un compte fort exact et fidèle à Sa Sainteté.

Parmi les défenseurs de l'ordre figurèrent successivement plusieurs Templiers du Rouergue amenés à Paris des diverses prisons du royaume où ils se trouvaient détenus :

Le 17 février 1310 :

Guillaume Albert,

Bernard de Castri, détenu à l'abbaye Saint-Magloire de Paris ;

Bernard de Revel, détenu dans la maison du comte de Savoie, près de la Porte-Saint-Marcel ; amenés tous les trois du pays Toulousain.

Le 23 février :

Hugues de Calvion, amené de Moissac, diocèse de Cahors.

Le 2 mai :

Raymond Bertrand ;

Durand de Pisiac, amenés du diocèse Périgourdin.

Interrogés personnellement et chacun à part s'ils voulaient défendre l'ordre :

« Frère Guillaume Albert dit qu'il veut le défendre autant que cela sera en son pouvoir, mais qu'il n'a été reçu que onze jours seulement avant l'arrestation des frères. » Requis de déclarer s'il voulait être absous : « Il répond que non, à moins que le pape l'ordonne ainsi. »

Bernard de Castri et Bernard de Revel déclarent qu'ils ne veulent point de procureurs, mais qu'ils se défendront par eux-mêmes. Ils demandent les sacrements ecclésiastiques et l'allégement des prisons.

Ces deux chevaliers comparaissent avec Bertrand de Vado, prêtre du diocèse d'Albi, qui dit qu'il avait été tellement torturé et tenu si longtemps sur le feu, que les chairs de ses talons avaient été brûlées, et que les os en étaient tombés peu de jours après. Et ce disant, il montrait ces os aux commissaires.

Hugues de Calvion déclare qu'il défendra l'ordre.

Raymond Bertrand et Durand de Pisiac veulent défendre l'ordre comme *bon et légal*, bien qu'ils aient confessé quelques erreurs devant l'évêque de Périgueux, pressés par *la force des tourments et de la faim.*

Le samedi, 11 d'avril, les commissaires commencèrent à entendre les témoins qui furent au nombre de 231. Dupuy, dans son histoire, n'a rapporté qu'une déposition, celle de Raoul de Presle, avocat dans la cour du roi, qui déclara qu'étant à Laon, il y avait connu le prieur des Templiers de cette ville, nommé Gervais de Beauvais, auquel il avait ouï dire qu'il se passait dans l'ordre des choses si secrètes et si singulières, qu'il aimerait mieux qu'on lui coupât la tête que de les révéler. Du reste, il n'articula dans sa déposition aucun des crimes particuliers dont les Templiers étaient accusés.

Aujourd'hui, nous le répétons, grâce à la publication des pièces du procès, toutes les dépositions sont connues, et il n'est plus permis de révoquer en doute la plupart des faits imputés aux Templiers, soit qu'ils fussent avoués de l'ordre, soit qu'on doive les attribuer seulement à une secte ténébreuse engendrée dans son sein.

Nous rapporterons bientôt quelques-unes de ces dépositions, en choisissant de préférence celles des chevaliers Ruthénois, parce que, outre l'intérêt local qui s'y rattache, elles renferment les plus curieux détails sur les mystères de l'ordre.

Le jeudi 7 de mai 1310, les défenseurs de l'ordre présentèrent un nouvel écrit pour se plaindre de la violence des procédures que l'on avait faites contre les Templiers, sans garder presque aucune forme judiciaire. Ils traitent toutes les confessions qui sont à leur charge de témoignages extorqués par les tourments et la crainte du feu. Ils prétendent qu'après avoir menacé les accusés de la plus cruelle question et de les faire brûler vifs s'ils n'avouaient pas, on leur montrait des lettres du roi qui leur promettaient la vie, la liberté et des pensions considérables s'ils faisaient les aveux que l'on désirait.

Le 10 mai, Pierre de Boulogne demanda à parler aux commissaires qui l'admirent à leur audience. Il était accompagné de trois autres chevaliers, et il dit qu'il avait appris que l'archevêque de Sens devait incessamment tenir un concile provincial pour juger quelques-uns de leurs confrères; sur quoi il lut un acte d'appel du concile de Sens au souverain pontife. La commission se déclara incompétente pour recevoir cet acte.

Toutefois, le 12 mai, pendant l'interrogatoire de Bortaldi, frère servant, 15ᵉ témoin, les commissaires furent informés que ce jour même 54 Templiers, parmi lesquels il s'en trouvait plusieurs qui s'étaient engagés à la défense de l'ordre devant eux devaient être brûlés. Ils envoyèrent à l'archevêque de Sens et au concile pour les inviter à réfléchir à ce projet, à en retarder l'exécution, d'autant que les frères dernièrement morts dans les prisons avaient, à leur dernier soupir, juré, sur leur salut, leur innocence et celle de l'ordre.

Les commissaires ajoutèrent que si un tel jugement était exécuté, le cours de leur propre enquête en serait absolument empêché, puisque déjà des témoins, à cette nouvelle, avaient, de terreur, perdu la raison et paraissaient incapables de soutenir les interrogatoires.

Les craintes de la commission n'étaient que trop fondées : le concile de Sens ayant fait exécuter son affreuse sentence, une terreur profonde se répandit parmi les témoins, et la plupart de ceux qui s'étaient engagés à la défense de l'ordre se désistèrent. On peut juger du trouble des malheureux Templiers par la déposition suivante que nous copions textuellement :

« Aymeri de Villars, 16ᵉ témoin, âgé de 50 ans. Il paraît plein d'épouvante, pâle, hors de soi ; il se frappe la poitrine, lève les mains vers l'autel, se précipite à genoux, atteste sur son salut, demandant d'être à l'heure même englouti dans l'enfer, que toutes les accusations sont fausses, quoiqu'il les eût avouées contraint par les tortures. Il avait vu la veille conduire au supplice ses cinquante-quatre frères. Dans ce moment, il aurait avoué même d'avoir tué Jésus-Christ. Il supplie la commission de tenir secrètes ses déclarations pour les gens du roi et pour ses geôliers. »

Revenons maintenant aux dépositions des chevaliers Ruthénois.

CURIEUSES DÉPOSITIONS DE QUELQUES TEMPLIERS RUTHÉNOIS.

Les interrogatoires suivants eurent lieu à Paris devant les commissaires du pape, en 1310 et 1311, dans le couvent des Frères mineurs ou dans la maison de Pierre de Savoie qui en était voisine.

Déposition de Géraud de Caus (1).

Le 12 janvier, on entendit la déposition de Géraud de Caus, chevalier de Rouergue, âgé de 48 ans, déjà jugé et absous par le concile de Sens. Il ne portait plus l'habit de l'ordre et s'était fait raser. Dans cette longue déposition, Géraud de Caus montre une grande connaissance des statuts. Il précise les règles intérieures et les devoirs des Frères ; détaille leur réception, ainsi que les cérémonies licites et illicites qui la suivaient. Nous la rapportons à peu près en entier, parce qu'elle fait connaître à fond la règle et les usages de l'ordre du Temple, son régime intérieur et les graves abus qui s'y étaient introduits. Le déposant ne pense pas que toutes les réceptions fussent uniformes. Les unes, faites par de mauvais frères, imposaient des rites et des engagements abominables ; d'autres étaient irréprochables.

(1) *Procès des Templiers*, t. I, p. 379.

Quant à lui, il avait été reçu aux approches de la fête des saints apôtres Pierre et Paul, vers 1297, dans une chambre de la maison du Temple de Cahors, après la grand'messe, par le frère Guigon d'Adhémar, précepteur de province, en présence des frères Raymond de La Coste, prêtre; Raymond de Robert, alors précepteur de Bazoez; Pierre, précepteur de ladite maison de Cahors, dont il ignore le surnom; quelques frères servants, et en présence aussi de Géraud de Barasc et de Bertrand de Longueval, qui furent reçus chevaliers du Temple en même temps que lui.

Ces deux derniers et lui-même ayant donc été introduits dans une chambre près de la chapelle, Raymond de Robert, accompagné d'un autre chevalier, vint à eux et leur dit: «Vous demandez la société de l'ordre du Temple et la participation de ses biens spirituels et temporels.» Oui, répondirent-ils. — Vous demandez une chose très-grande, reprit le Templier, et vous ne connaissez pas les redoutables préceptes qui nous sont imposés; car vous nous voyez extérieurement bien vêtus, bien montés et dans une grande apparence, mais vous ne pouvez savoir les austérités de l'ordre ni les difficultés qu'on y éprouve; quand vous voudrez dormir, il vous faudra veiller, et endurer la faim quand vous voudrez manger. Pourrez-vous supporter tout cela pour l'honneur de Dieu et le salut de vos âmes? Et ceux-ci répondant: oui, s'il plaît à Dieu. Les frères ajoutèrent: Nous voulons savoir de vous plusieurs choses: si vous croyez bien à la foi catholique, selon l'église romaine; si vous êtes engagés dans les ordres sacrés ou dans le mariage; si vous êtes liés par des vœux à quelque ordre religieux; si vous êtes de race noble et nés de légitime mariage; si vous êtes excommuniés par votre faute ou celle d'autrui; si vous avez promis ou donné quelque chose à des frères de l'ordre du Temple ou à d'autres pour être reçus dans cette religion; si vous avez quelque infirmité cachée qui vous rendrait inhabiles au service de la maison et à l'exercice des armes: si vous êtes impliqués dans des dettes à la libération desquelles vous ne pourriez suffire sans les biens du Temple. — Les récipiendaires ayant répondu convenablement à toutes ces questions, les deux frères leur dirent de se tourner vers la chapelle et de prier Dieu, la bienheureuse Vierge et tous les saints, que si leur réception devait tourner au salut de leurs âmes et à l'honneur de leurs personnes et de leurs amis, Dieu daignât ratifier leur demande et leur vœu. Et lorsqu'ils se furent tournés, les deux frères les quittèrent et allèrent, à ce que croit le témoin, rendre compte au précepteur qui les recevait de leurs réponses et de leur intention. Après quelques moments, ceux-ci, revenant à eux, leur demandèrent s'ils avaient bien réfléchi sur tout ce qui leur avait été dit et s'ils persistaient dans le même projet. Sur leur réponse affirmative, les frères s'éloignèrent encore et rentrèrent bientôt après en leur disant qu'ils ôtassent leurs coiffures et que, les mains jointes, ils vinssent devant ledit frère Guigon d'Adhémar, et que, se tenant à genoux, ils lui dissent :

« Seigneur, nous venons ici à vous et à ces seigneurs frères qui sont avec vous, et nous demandons la société de l'ordre et la participation des biens spirituels et temporels qui s'y font, et nous voulons toujours être les serviteurs et esclaves dudit ordre et renoncer à notre volonté pour suivre celle d'autrui. »

Cette formalité ayant été accomplie, le précepteur leur répéta les paroles qui leur avaient déjà été adressées par les deux frères, dans la première partie de l'initiation, à quoi ils répondirent de même en affirmant leur dire par un serment qu'ils prêtèrent à genoux sur un livre ouvert devant le précepteur. Celui-ci leur dit alors : « Comprenez-bien ce que nous vous disons ; vous jurez et promettez à Dieu et à la bienheureuse Vierge Marie que vous serez toujours obéissants au maître du Temple et à quelque frère que ce soit dudit ordre qui sera mis au-dessus de vous ; que vous garderez la chasteté, les bons usages et les bonnes coutumes de l'ordre ; que vous vivrez sans rien avoir en propre, à moins qu'il ne vous soit accordé par votre supérieur ; que toujours, selon votre pouvoir, vous aiderez à conserver ce qui est acquis du royaume de Jérusalem et à acquérir ce qui n'est pas acquis ; que jamais et en aucun lieu vous ne participerez à la mort injuste d'un chrétien ou d'une chrétienne, ou à l'expoliation de leurs biens ; que si les biens du Temple vous étaient confiés, vous en rendrez un compte bon et loyal pour la Terre-Sainte, et que vous n'abandonnerez pas la religion du Temple pour une meilleure ou pire sans la permission de votre supérieur. » — Tout cela ayant été juré, Guigon d'Adhémar leur dit : « Nous vous recevons vous, vos pères et vos mères et deux ou trois de vos amis que vous jugerez à propos de choisir, à la participation des biens spirituels faits ou à faire dans l'ordre depuis le commencement jusqu'à la fin. » Et aussitôt il les revêtit du manteau, pendant que le frère Raymond de La Coste, prêtre, récitait le psaume : « *Ecce quam bonum et quam jucundum habitare fratres in unum*, etc., » et les versets : « *Mitte eis auxilium de Sancto, et nihil proficiat inimicus in eis;* » avec l'oraison du Saint-Esprit : « *Deus, qui corda fidelium*, etc. » Et alors le maître les relevant par les mains les baisa sur la bouche, et les assistants en firent autant. Après quoi, il s'assit, et les ayant fait asseoir eux-mêmes à ses pieds, il se mit à leur faire connaître la règle intérieure de la maison et les cas où ils pourraient encourir des peines graves. Il leur cita, entre autres, parmi ces cas, les suivants :

S'ils avaient fait une entrée simoniaque dans l'ordre ; s'ils révélaient le secret des assemblées où ils auraient assisté à qui que ce fût des frères de l'ordre qui les ignorerait ; s'ils étaient convaincus du meurtre d'un chrétien ou d'une chrétienne, de brigandage, de sodomie (1) ; de dénonciation calomnieuse contre quelqu'un des frères de l'ordre ; de peu de foi dans la religion catholique ; s'ils passaient aux Sarrazins ; s'ils fuyaient, étant sous les armes, contre les ennemis de la foi ; si, sans la permission des supérieurs, ils entraient dans les ordres sacrés ; le précepteur ajouta qu'ils perdraient l'habit pour désobéissance ou rébellion ; s'ils se portaient à des actes de violence envers leurs frères ou envers des chrétiens quelconques ; s'ils étaient convaincus

---

(1) Prison perpétuelle pour ces trois cas.

d'avoir connu charnellement une femme ou d'avoir été simplement dans un lieu suspect avec elle ; s'ils menaçaient publiquement de passer aux Sarrazins, quand bien même ce ne fût pas leur intention ; s'ils allaient au combat sans l'ordre de leurs chefs, à moins que ce ne fût pour porter du secours à des chrétiens en péril ; s'ils favorisaient la contrebande ; s'ils refusaient le cens féodal à qui de droit ; s'ils manquaient aux devoirs de l'hospitalité envers quelque frère voyageur ; s'ils recevaient quelqu'un comme frère de l'ordre sans l'autorité ou la présence de leurs chapitres, de leurs supérieurs, ou autrement qu'ils ne devaient ; s'ils violaient le secret des lettres du grand-maître ; s'ils donnaient quelque chose des maisons de l'ordre qui ne leur seraient pas confiées, ou s'ils dissipaient les biens de celles dont ils auraient l'administration ; s'ils prêtaient au nom de l'ordre à des personnes insolvables ; si, en chassant, ils perdaient ou détruisaient leurs équipages, ou s'ils causaient quelque autre dommage au-delà de la valeur de quatre deniers, ils seraient tenus au remboursement ; si, dans l'intention d'abandonner l'ordre, ils passaient deux ou plusieurs nuits hors de la maison ; si, poussés par la colère, ils méprisaient leur habit, bien qu'à l'avertissement des assistants ils se rétractassent aussitôt, ils ne pourraient recouvrer leur manteau qu'après un an. Pour les cas moins graves, la remise du manteau, quand on l'avait perdu, était laissée à l'arbitraire du grand-maître ou des dignitaires de l'ordre.

Le précepteur leur expliqua ensuite très-longuement toutes les prières que les Templiers étaient tenus de réciter dans la journée : vingt-huit *Pater* à l'église dès être levés ; quatorze *Pater* pour les heures du jour et autant pour les heures de la Vierge ; silence absolu depuis le lever jusqu'à prime ; dire ou chanter à l'église, autant que cela se pourrait, matines, prime et la messe ; se rendre à table pour le repas au son de la cloche, et attendre, avant de s'asseoir, le prêtre pour assister à sa bénédiction ; réciter un *Pater* ; peu parler pendant le repas, se rendre à l'église, si elle était proche, pour les grâces et y réciter le *Miserere* et un *Pater* ; à none, se rendre à l'église et y dire quatorze *Pater* et à vêpres dix-huit. Tous les jours, avant le repas, trente *Pater* pour les vivants et autant pour les morts ; au souper, qu'on devait prendre avant complies, faire les mêmes choses qu'au dîner, et après complies, parler peu et visiter les chevaux ; quand ils seraient dans une expédition d'armes, visiter aussi soigneusement leurs harnais, ensuite se coucher avec du linge et des chaussures de lin et se ceindre d'un cordon en signe de chasteté ; garder de la lumière dans leurs chambres pour éviter les surprises de l'ennemi, et même, autant que possible, dans les écuries.

Le précepteur leur dit ensuite qu'ils ne devaient pas être compères, ni entrer dans une maison où se trouvait une femme en mal d'enfants ; qu'ils ne pouvaient avoir à leur service personnel aucune femme, à moins dans le cas de maladie, à défaut de serviteurs mâles et avec l'autorisation de leurs supérieurs ; qu'il leur était défendu d'embrasser les personnes de l'autre sexe, même de leurs parentes ; qu'ils ne devaient jamais dire d'injures, ni paroles déshonnêtes, ni jurer le nom de Dieu, parce que toutes les politesses leur étaient permises et toutes les impolitesses défendues.

Il termina en leur disant : Allez, que Dieu vous fasse des hommes probes ! Puis il se retira.

Aussitôt, quatre à cinq frères servants de l'ordre restant avec eux, fermèrent la porte de la chambre au verrou, et leur présentèrent une croix de bois, longue d'environ une palme et demie, sans image du Christ, autant que le témoin pouvait s'en souvenir, et leur dirent qu'il fallait renier Dieu. Et comme ceux-ci stupéfaits refusaient d'obtempérer à leur demande, les frères insistèrent de plus fort et mirent l'épée à la main. Alors le témoin et les deux autres qui venaient d'être reçus, saisis d'épouvante et sans armes, renièrent Dieu, mais ce fut de bouche, ajouta-t-il, et non de cœur. Ensuite les servants leur ordonnèrent de cracher sur la croix, et voyant l'extrême répugnance des témoins, ils leur dirent qu'ils leur faisaient grâce de cette démonstration, mais qu'ils prissent bien garde de divulguer le secret et de jamais les accuser. Puis, un des servants ajouta (1) : *Quod si haberent calorem et motus carnales, poterant ad invicem carnaliter commisceri, si volebant; quia melius erat quod hoc facerent inter se, ne ordo vituperaretur, quam si accederent ad mulieres.*

Cependant, ajouta Géraud de Caus, jamais il ne le fit, ni n'en eut la pensée, ni ne fut porté à le faire, ni n'a entendu dire qu'aucun membre de l'ordre ait commis ce crime, à l'exception seulement de trois frères dont il ignore les noms, et qu'il a appris avoir été pour cela incarcérés dans une prison d'outre-mer *(in castro peregriori)*, au temps où Thomas Beraud était grand-maître du Temple.

Après ce que nous venons de dire, les servants s'étant retirés, le témoin et les deux autres chevaliers reçus avec lui s'habillèrent et allèrent dîner, et le même jour ils furent dispersés en divers lieux.

Requis de déclarer s'il s'était fait d'autres choses illicites dans cette réception, il dit que non. Requis de dire s'il sait ou s'il croit que les servants leur ordonnaient les choses susdites sciemment ou par l'ordre de celui qui les avait reçus, il répond que oui, et que lesdits servants n'auraient pas osé entreprendre de pareilles énormités d'eux-mêmes.

Il déclare aussi qu'un mois environ après cette réception, dans le trouble de sa conscience, il alla trouver le seigneur Sicard, alors évêque de Cahors, dans son château de Mercor, et lui confessa tout ce qui s'était passé; que l'évêque fut stupéfait de cette révélation, et lui donna l'absolution, en lui imposant pour pénitence de porter sur sa chemise pendant quelque temps une cuirasse de fer, de jeûner certains jours au pain et à l'eau, et d'émigrer aussitôt qu'il le pourrait.

Requis de déclarer pourquoi il n'a pas révélé tout cela avant l'arrestation, et pourquoi depuis il s'est laissé torturer plutôt que d'en faire l'aveu, — il répondit que c'était par

---

(1) Un sentiment de pudeur nous empêche de traduire ce honteux passage.

crainte de la mort, parce qu'il ne voyait pas comment il pourrait éviter les mains des Templiers, et que lorsqu'ils furent pris et qu'on le mit à la question, il ne pouvait encore croire qu'ils demeurassent arrêtés si longtemps, et que le procès dût prendre une aussi mauvaise tournure; que s'il avait révélé avant l'arrestation, on n'aurait pas ajouté foi à ses paroles, et qu'on aurait eu plus de mauvais soupçons contre lui que contre un ordre puissant et respecté, et qu'il n'aurait pu, en rentrant dans le monde, passer honorablement sa vie, parce que son frère aîné, d'après son consentement, avait eu tous les biens paternels et maternels de sa maison.

Géraud de Caus dit ensuite qu'il se passait dans l'ordre du Temple certaines choses qui lui paraissaient contraires au droit écrit; que les profès, par exemple, étaient astreints, dès le premier jour, à faire leurs vœux et à s'engager irrévocablement dans l'ordre, ce qui était, selon lui, contraire au premier et au second chapitre de leur règle, dans lesquels il était dit que quand quelque postulant se présentait, on lui devait lire auparavant tous les articles de la règle et l'éprouver préalablement, point qui ne fut point observé dans sa réception, ni dans celle de beaucoup d'autres; il cite aussi quelques usages contraires aux privilèges du Saint-Siége, qu'il avait été accordé notamment à l'ordre d'avoir des frères prêtres et clercs, *ayant l'esprit pour tout bien*, et que nonobstant les prêtres étaient reçus de la même manière et aux mêmes conditions que les autres; qu'aucun frère, quels que fussent ses griefs, ne pouvait en appeler à l'Eglise romaine; que le grand-maître n'était point confirmé par le siége apostolique, mais prétendait acquérir par l'élection la plénitude de ses pouvoirs; que, contrairement aux statuts, la correction des frères d'outre-mer ne se faisait jamais de concert avec le patriarche de Jérusalem; que le maître et les commandeurs provinciaux ne souffraient pas que les frères gardassent devers eux des exemplaires de la règle et des statuts ultérieurs sans leur permission; qu'étant en Orient, il avait vu une ou deux fois le grand-maître actuel se faire remettre tous les écrits ayant trait à la règle ou autres qui se trouvaient entre les mains des frères, en faire brûler une partie et ne rendre le reste qu'aux plus anciens de l'ordre; que pareille chose était arrivée, d'après ce qu'il a ouï dire, sous Guillaume de Beaujeu et Thomas Béraud; que, du reste, suivant l'opinion commune, c'était l'introduction des juristes et des savants dans l'ordre qui l'avait corrompu.

Il raconte qu'il était présent à Toulouse quand le précepteur Guigon d'Adhémar, dans le palais du Temple, reçut comme frère de l'ordre un prêtre, dont il ne se rappelle plus le nom, de la même manière dont il avait été reçu lui-même, et que, cela fait, quelques-uns des assistants entraînèrent le récipiendaire à un coin dudit palais et le forcèrent au reniement.

De plus, le témoin dit qu'il a reçu lui-même Raymond Bornarelli, servant de Gordon, du diocèse de Cahors, environ dix-huit mois avant l'arrestation, dans une chambre de la maison du Temple de Bastrie, dont il était précepteur, en présence des frères Guillaume Fabri, prêtre; de Gaucelin de Saint-Juéry, chevalier, et de Guillaume, abbé, alors camérier de ladite maison, et de quelques autres, et que cette réception fut faite de la manière la plus régulière, sans qu'il songeât même à pratiquer ce qui avait été pratiqué à son égard, par la raison que ces choses sont abominables contre Dieu et contre l'ordre de la nature.

Il parle aussi de la réception de Jean de Pronay, chevalier parisien, faite six mois avant l'emprisonnement, par Hugues de Péralde, visiteur de France, dans la maison du Temple de Paris, où se trouvait alors le roi, en présence de lui, témoin; d'Olivier de Penne, chevalier, alors valet de chambre du pape; de Guillaume d'Arblège, aumônier du roi, de Terric de Reims, servant, et de plusieurs autres.

Elle fut sans reproche. On lui demande si alors on prévoyait le procès; il répondit qu'il ne savait rien des autres; mais que pour lui il n'avait aucun soupçon.

Aux articles 16 et 17 sur les sacrements, il répondit qu'il pensait que les prêtres de l'ordre confessaient dûment et que généralement les frères, comme lui-même, croyaient aux sacrements ecclésiastiques.

Que pourtant, dans les chapitres généraux, et avant de se retirer, le grand-maître ou l'officier qui avait tenu le chapitre employait une formule qui impliquait la prétention d'absoudre certaines fautes, car, se levant et se tenant debout avec le prêtre assistant, il disait : « Nous pouvons bien maintenant nous retirer ; notre règle du chapitre est telle que tout frère qui gérerait les biens de la maison autrement qu'il ne doit ou les dépenserait prodigalement n'aurait aucune participation aux biens spirituels de l'ordre ; cependant, pour toutes les choses que vous omettriez de nous dire par respect de la chair ou par crainte de la justice de l'ordre, nous vous accordons l'indulgence que nous pouvons et devons. »

Le grand-maître récitait ensuite des prières pour la paix, pour le pape et l'Eglise, pour les rois chrétiens, pour la Terre-Sainte, pour les frères de l'ordre et leurs affiliés, vivants ou morts, etc., et cela fait, il leur disait que le prêtre allait donner l'absolution afin que Dieu voulût bien absoudre le prêtre lui-même et eux tous. Après quoi, il se mettait à genoux avec l'assistance, chacun récitait le *Confiteor* en se frappant la poitrine, le prêtre prononçait les paroles : *Misereatur vestri et absolutionem et remissionem peccatorum vestrorum tribuat vobis omnipotens et misericors Dominus*, et ils se retiraient.

Interrogé s'il savait ou pensait que ceux qui étaient présents au chapitre crussent être absous de leurs péchés qu'ils ne confessaient pas par les paroles que prononçait celui qui tenait le chapitre tout laïque qu'il était, il répondit que quelques frères simples étaient dans cette persuasion, mais que pour lui il n'en croyait rien, pas plus à l'égard des paroles du maître du chapitre que de l'absolution générale donnée par le prêtre.

Le témoin ajouta que les supérieurs avaient à se reprocher de n'avoir pas corrigé et dénoncé à l'Eglise les erreurs introduites dans l'ordre ; que pour les inférieurs, ils n'osaient le faire à cause *du danger de mort qui les menaçait* ; que les chapitres se tenaient en secret ; que dans le lieu désigné à cet effet, on fouillait les chambres et qu'on prenait bien garde qu'aucun étranger ne pût entendre ce qui se disait dans ces assemblées ; que quant aux faits graves qu'il a déclarés plus haut, il pense qu'ils étaient connus de quelques-uns des anciens, mais non de tous, et il ne croit pas qu'aucun de ceux qui ont introduit ces coupables abus ou les erreurs dans l'ordre vive encore.

Requis de déclarer s'il avait déposé ainsi par prière, ordre, crainte, amour, haine, ou par quelque intérêt temporel possédé ou espéré, il répondit que non, mais bien pour dire la vérité ; il lui fut défendu de révéler cette déposition avant que les témoignages fussent publiés.

Il faut savoir, bien entendu, qu'elle fut faite verbalement par ledit témoin en présence des seigneurs commissaires, le mardi susdit, mais qu'elle ne fut rédigée par les notaires que les deux jours suivants, le témoin toujours présent et entendant quand elle fut dictée.

Déposition de Hugues de Calmont (1).

Le 16 dudit mois de janvier 1311, on amena devant les seigneurs commissaires, le frère Hugues de Calmont, chevalier du diocèse de Rodez, âgé d'environ 50 ans, qui avait déjà prêté serment pour faire sa déposition en qualité de témoin. Il ne portait pas le manteau de l'ordre qu'il avait quitté naguère, vers la fête de tous les Saints, lorsqu'il fut questionné par le seigneur évêque de Paris et absous et réconcilié par lui ; mais il portait la barbe.

Quand on lui eut exposé tous les articles, il répondit d'abord aux quatre premiers en disant qu'il ignorait si les choses contenues dans ces articles étaient vraies ou non, attendu qu'il n'avait assisté à la réception d'aucun autre frère, mais qu'il croyait pourtant que communément les frères étaient reçus dans l'ordre comme il y fut reçu lui même, vers la fête de la Nativité de saint Jean-Baptiste, il y avait seize ans, par Ponce de Broel, alors commandeur ou maître de pro-

(1) *Procès des Templiers*, t. I, p. 402.

vince, dans la grande salle de la maison du Temple de Toulouse, en présence des frères Guillaume de Folhaquier, de Penebrun de Puni, chevaliers ; de Guillaume de Castro, ancien valet dudit maître ; de Bernard de Lavauderic, précepteur de la maison du Temple de Toulouse, et de plusieurs autres.

Le témoin entre ici dans tous les détails qui ont été déjà rapportés à l'article de Géraud de Caus, et qui sont relatifs aux formalités de la réception, aux engagements pris par le récipiendaire, aux différentes instructions données par le maître du Temple sur la règle, la discipline intérieure et les usages de la maison, après quoi le précepteur se retira, et l'on vit se reproduire la scène mystérieuse et criminelle que nous avons déjà décrite.

« Les quatre frères présents introduisirent le témoin dans une chambre voisine, fort obscure, qu'ils fermèrent aussitôt, et le frère Guillaume de Folhaquier lui dit que depuis qu'il était devenu chevalier du Temple il fallait qu'il reniât Dieu ; le témoin résista et menaça de crier. Or, comme il y avait près de là plusieurs grands personnages, ses parents ou ses amis, entre autres, l'évêque d'Auch, le sénéchal de Toulouse, le seigneur Hugues d'Arpajon, qui l'avait fait chevalier, deux propres frères dudit témoin et beaucoup d'autres nobles hommes, on n'osa pas lui faire violence. Le précepteur se contenta de lui faire jurer que si d'autres frères lui demandaient s'il avait renié Dieu, il répondrait qu'oui. Après cela, Guillaume de Folhaquier tira de dessous ses habits une croix de bois sur laquelle il lui ordonna de cracher ; mais le témoin cracha non sur la croix, mais à côté. Les assistants lui dirent que c'étaient là les secrets de l'ordre. Quant aux autres choses illicites, telles que les baisers impurs, le crime sodomique ou autres, il n'en fut pas question dans sa réception. Hugues de Calmont ajouta, qu'environ trois ans après, il se confessa de tout cela à Raymond de Rigald, de l'ordre des frères mineurs, maître en théologie, de sa parenté, et que ce prêtre lui dit qu'à l'heure de la mort et autrement, plusieurs Templiers lui avaient fait les mêmes aveux auxquels il n'avait rien compris ; mais qu'il lui paraissait que l'objet en était de le mettre à l'épreuve pour savoir si, dans le cas où ils seraient faits prisonniers des Sarrazins, ils se prêteraient à renier le Seigneur.

Le témoin dit ensuite que l'année qu'ils furent arrêtés, il avait formé le dessein d'entrer lui-même dans l'ordre de Cîteaux, après en avoir demandé la permission à son maître, parce que, pour les raisons ci-dessus, l'ordre du Temple lui déplaisait, et que d'ailleurs son père, sa mère et ses frères étaient ensevelis dans une maison dudit ordre de Cîteaux (1).

Ses réponses aux autres questions qui lui furent adressées par les commissaires n'offrent qu'un médiocre intérêt et n'apprennent rien de plus sur les faits illicites reprochés à l'ordre. Que dans la maison du Temple de Brolio, la seule où il fût demeuré, il avait vu faire convenablement les aumônes et observer l'hospitalité, et que le vendredi saint les frères y adoraient la croix avec respect.

Dépositions de quelques autres Templiers du Rouergue.

Frère *Guigo* de Roquetaillade, prêtre, précepteur de la maison du Temple de Drulhe, diocèse de Rodez, âgé de 30 ans, absous et réconcilié par l'évêque de Rodez, déclare dans son interrogatoire du 3 avril 1311, qu'à l'époque où il fut reçu dans la chapelle de la maison du Temple du Puy (*Aniciensis*), on exigea de lui le crachement sur la croix, les baisers immondes, etc.; mais il ajoute qu'il a vu d'autres réceptions où rien ne s'était passé d'illicite (T. II, p. 154).

Le même jour, on amène devant les commissaires du pape (l'évêque de Mende, l'évêque de Limoges et l'archidiacre de Trente) frère Bernard d'Adhémar, chevalier, du diocèse de Rodez, âgé de 50 ans, portant barbe et manteau, qui avait été réconcilié par son évêque. Il déclare que les choses s'é-

---

(1) Les membres de la famille de Calmont (de Plancatge) étaient, en effet, inhumés dans le cloître de Bonnecombe, de l'ordre de Cîteaux, où l'on voyait encore avant la Révolution un très-beau mausolée aux armes de cette ancienne maison.

taient passées comme ci-dessus, lors de sa réception, qui eut lieu, il y a environ 30 ans, dans la chapelle de la maison du Temple de *Vaor*, au diocèse d'Albi; il ajoute, néanmoins, qu'il n'en était pas toujours ainsi, et qu'il peut citer la réception de Déodat de Hugues (*Hugonis*), du diocèse de Rodez, en ce moment fugitif, réception régulière faite, il y a environ huit ans, dans la maison du Temple d'Espalion, par frère Guigon Adhémar, chevalier, aujourd'hui visiteur de la province, en présence de plusieurs témoins (T. II, p. 156).

Pierre de Gotand (*Gotandi*), précepteur de la Cavalerie, en Rouergue, âgé de 50 ans, réconcilié par l'évêque de Rodez, raconte qu'il fut reçu, il y a environ vingt-deux ans, dans la chapelle de Sainte-Eulalie, par Pierre Raymond, chevalier, précepteur de ladite maison, et qu'on exigea de lui le crachement sur la croix et tout le reste; qu'il vit recevoir de la même manière, il y a environ huit ans, Bernand (*Bernandum*) de Bort, chevalier, aujourd'hui fugitif, par Bernard de La Roque, chevalier, et précepteur de la province (*provinciæ*), en présence de Bernard de Ginebaud, précepteur de Sainte-Eulalie; de Guillaume de La Roque, et de Raymond *Penaria*, servants, détenus maintenant au château de Najac (1) [T. II, p. 158].

Frère Durand Passarion, servant, précepteur de la maison de La Clau, âgé de 50 ans, reçu depuis une vingtaine d'années, à Sainte-Eulalie, par Hugues de Sances, aujourd'hui précepteur de ladite maison, en présence de Raymond de Saint-Véran, etc., avoue les mêmes turpitudes. Il dit, en outre, qu'il en fut de même pour Guillaume d'Alaman, détenu dans ce moment en Rouergue, reçu à Sainte-Eulalie, il y a cinq ans, par Guigon d'Adhémar, en présence de Guigon de Roquetaillade, prêtre; de Pierre Gotand; de Guillaume Calador, prêtre; de Béranger de Gérald, détenus à Najac; ainsi que pour Pierre Bastide, servant du diocèse du Rouergue, reçu, il y a quinze ans, dans la même cha-

---

(1) On peut induire de ce passage et de quelques autres, que les Templiers du Rouergue avaient d'abord été renfermés dans le château royal de Najac.

pelle de Sainte-Eulalie, par Hugues de Sances, etc. (T. II, p. 160).

Frère Bernard de Bonhomme (*Boni hominis*), précepteur de la maison du Temple d'Albinhac (1), au diocèse de Rouergue, âgé de 45 ans, fut reçu de la même manière à Montpellier, il y a environ vingt ans (T. II, p. 162).

Frère Pierre d'Amalin (*Amalini*), *serviens et bergerius*, du diocèse de Rodez, âgé de 40 ans, déclare qu'il fut reçu, il y a environ vingt ans, dans la chapelle de Sainte-Eulalie, par Pons de Brohet, chevalier, en présence de Guigon d'Adhémar, précepteur de ladite maison; d'Aymeric Calador, prêtre, l'un et l'autre décédés, et que sa réception fut accompagnée des mêmes formalités illicites; qu'il vit aussi recevoir de même, il y a environ quinze ans, par ledit Guigon, frère Déodat Gavalda, du lieu de Sainte-Eulalie (T. II, p. 165).

Déclaration analogue de la part de Raymond d'Amalvin, servant du diocèse de Rodez, âgé de 40 ans, qui fut reçu, il y a environ treize ans, dans la chapelle de Sainte-Eulalie, par Pons de Brohet, chevalier, en présence des frères *Rancerio de Lemovicino*, chevalier; d'Othon, précepteur de Toulouse, l'un et l'autre vivants; de Guigon d'Adhémar, chevalier, et de Raymond de Bermond, alors camérier dudit lieu, ces derniers décédés (T. II, p. 167).

Frère Girbert de Roger (*Rogerii*), précepteur de la maison du Temple de Laguiole (Glayola) [2], au diocèse de Rodez, avait été reçu, il y a environ dix-huit ans, à Drulhe (commanderie du même diocèse), par Pons de Brohet, chevalier, en présence des frères Guillaume de *Boculis*, prêtre, de Ratier de Saint-Vincent, chevalier, défunts, et de Othon

---

(1) Ce passage de la procédure nous apprend qu'il existait à Albinhac une commanderie, dont l'existence était demeurée ignorée jusqu'ici.

(2) Même observation pour Laguiole que pour Albinhac L'existence de cette commanderie était complètement inconnue.

Samniada, servant du diocèse de Rodez, vivant. Girbert de Roger, dans sa déposition, ne parle que des baisers obscènes et de l'autorisation qui lui fut donnée de vivre charnellement avec ses frères (T. II, p. 169).

13 mai 1311. — Guillaume de Cardaillac (1), 226º témoin, décrit en détail comment, après l'avoir mené en un autre lieu que celui de la réception, un des chevaliers, le poignard à la main, l'avait voulu forcer à renier et à conspuer le Christ; il s'était si bien défendu qu'il n'avait point renié, et seulement craché à côté de la croix.

Même jour. — Bertrand de Gasc (2), de Rodez, 227º témoin, âgé de 50 ans, passa en Orient dans un moment d'embarras qui le forçait de s'adresser à l'ordre. Il fut reçu à Sidon, l'année de la perte d'Acre (1291). Sa réception se fit comme les autres; mais au moment où on le forçait à renier et aux autres points d'ordre, on cria aux armes pour une attaque des Sarrazins. Ceux qui le recevaient n'eurent que le temps de lui faire jurer le secret. On lui dit après que tout cela n'avait été fait que par badinage et pour le mettre à l'épreuve. Au fait, il n'a jamais depuis rien ouï dire de pareil.

Les commissaires continuèrent l'audition des témoins jusqu'au 26 mai 1311. Ayant alors entendu toutes les défenses de l'ordre et ouï 231 témoins, il jugèrent à propos de mettre fin à leur information.

L'évêque de Bayeux fut chargé de se rendre auprès du pape pour lui faire part du résultat de la procédure, après quoi ce prélat vint à Pontoise où le roi tenait son Parlement. Les autres commissaires s'y rendirent aussi, et après une conférence avec le roi, ils chargèrent deux licenciés de porter au pape le registre de leurs procédures, avec une lettre datée de l'abbaye de Pontoise, le 5 juin 1311.

---

(1) *Procès des Templiers*, t. II, p. 256.
(2) *Procès des Templiers*, t. II, p. 258.

IV.

Condamnations partielles par les Conciles provinciaux. — Abolition de l'ordre. — Supplice du grand-maître.

Mais dans le temps qu'on prenait, pour l'extinction de l'ordre, des mesures fondées principalement sur les confessions d'un grand nombre de Templiers, on fut bien surpris d'apprendre que la plus grande partie de ces chevaliers avaient révoqué ces confessions : « Qu'ils soutenaient qu'on les avait arrachés à force de tourments ; qu'ils détestaient hautement l'amnistie que les officiers du roi leur avaient offerte, et qu'ils la regardaient comme le prix de l'infidélité et la honteuse récompense d'une prévarication aussi préjudiciable à leur honneur qu'à leur conscience. »

Cet incident embarrassa les juges ; on tint là-dessus un grand conseil, et après une longue délibération, il fut arrêté qu'on traiterait comme relaps tous ceux qui révoqueraient leur première confession.

Le concile provincial de Sens, réuni le 11 mai 1310, sévit le premier. Il tenait ses séances à Paris, présidé par l'archevêque, un frère du ministre fameux, Enguerrand de Marigny. Là, tous les chevaliers qui n'avaient pas rétracté leurs aveux furent destinés à des pénitences, quelques-uns à finir leurs jours dans des cachots ; mais cinquante-neuf qui étaient revenus sur leurs dires furent dégradés par l'évêque, comme relaps, et condamnés aux flammes. Le 12, ils furent brûlés dans le faubourg Saint-Antoine qui alors n'était qu'une campagne où se trouvait un couvent de ce nom.

Au mois de juin de la même année, l'archevêque de Reims tint son concile provincial à Senlis où neuf Templiers furent aussi condamnés et brûlés vifs.

Il y en eut encore dix de brûlés à Paris dans un champ, près de l'abbaye Saint-Germain, et cinq près de l'abbaye de Saint-Denis.

De pareils bûchers s'allumèrent en Normandie et dans toutes les provinces de France.

Il est à remarquer, dit un historien, que les cinquante-neuf qu'on brûla à Paris, ainsi que les neuf qui furent brûlés à Senlis, rétractèrent en mourant les aveux qu'ils avaient faits comme leur ayant été arrachés par la force des tourments, et qu'ils persistèrent jusqu'au dernier soupir à dire qu'ils mouraient innocents, ce qui fit de grandes impressions en leur faveur sur l'esprit du peuple (1). La plus grande partie des bourgeois admirait leur courage et leur vertu ; un petit nombre déplorait leur opiniâtreté.

Il y en eut un grand nombre en différents autres endroits de la France qui au milieu des flammes firent paraître la même fermeté ; on les brûla, mais on ne put jamais leur arracher l'aveu des crimes qu'on leur imputait. « Chose étonnante, dit l'évêque de Lodève, historien contemporain, que ces infortunés qu'on livrait aux plus cruels supplices ne rendaient point d'autre raison de leur rétractation que la honte et le remords d'avoir par la violence de la question avoué des crimes dont ils se prétendaient très innocents. »

Partout le clergé s'efforçait de frapper l'imagination du peuple pour justifier des supplices qui se multipliaient. On déterrait les ossements des Templiers, on les jetait au vent comme hérétiques ; les clercs voulaient prouver enfin qu'il y avait motif et justice dans ces cruelles exécutions.

Le concile général fut assemblé à Vienne au mois d'octobre 1311, et on y porta l'affaire des Templiers.

Presque tous les chevaliers étaient dispersés ; les uns s'étaient réfugiés dans les terres étrangères, d'autres vivaient dans les montagnes voisines de Lyon et les Cevennes. Les pères venaient de lire l'acte d'accusation laborieusement rédigé par le pontife, lorsque neuf chevaliers, revêtus de la tunique et du long manteau blanc se présentent : — « Que voulez-vous ? leur dit le pape Clément. — Défendre l'ordre. Nous sommes les procureurs de 2,000 chevaliers qui errent

---

(1) Guill. de Nangis ; p. 279.

çà et là et qui veulent également justifier la maison sainte du Temple. » — Au lieu de les entendre, Clément les fit renfermer dans d'étroites prisons. Le pape se hâta de donner avis de cette mesure à Philippe-le-Bel qui vint en personne au concile pour en suivre les délibérations. Il eut plusieurs conférences secrètes avec Clément, à la suite desquelles parut une charte, scellée du roi, qui s'en remettait au pape.

Tous les évêques, excepté ceux de Reims, de Sens et de Rouen, étaient d'avis que l'on devait écouter les accusés dans leur défense. Clément, voyant que les pères, frappés des irrégularités de la procédure, étaient peu disposés à prononcer sur l'ordre, fit traîner encore l'affaire en longueur pendant plusieurs mois, tachant de réunir les esprits dans un même sentiment. Enfin, le mercredi 22 mars de l'année 1312, il appela en conseil secret les cardinaux et plusieurs prélats, et prononça en leur présence une sentence qui cassait par provision plutôt que par voie de condamnation l'ordre des Templiers, réservant leurs personnes et leurs biens à la disposition de l'Eglise.

Il publia ensuite la même sentence à la troisième session du concile où le roi de France fut présent, et qui se tint le 3 avril de la même année. Quoique ce jugement ne fût que provisionnel, il eut tout l'effet d'un jugement définitif, et l'ordre demeura pour jamais proscrit et aboli.

Voici le propre texte de la bulle :

Clément, évêque, serviteur des serviteurs de Dieu en perpétuelle mémoire. Il appartient au vicaire du Christ de peser les nécessités du temps, les mérites des personnes, afin de fructifier le champ du Seigneur et d'en arracher les herbes amères. Comme l'ordre du Temple, ô douleur! remplit le monde de ses erreurs, de sa dépravation et de ses crimes que nous taisons pour en effacer la déplorable mémoire, nous déclarons abolir, non sans amertume de cœur et par simple voie de provision apostolique, ledit ordre, les statuts, l'habit, les insignes, d'une manière irrévocable et définitive, comme le démontrent la procédure et la sentence de l'inquisition. Que personne désormais, sous peine de l'excommunication, ne soit assez hardi pour se revêtir de l'habit des Templiers et en professer la règle. Quant à leurs biens, d'après l'avis de nos vénérables frères du concile, ils seront destinés aux besoins de la Terre-Sainte et réunis au patrimoine des Hospitaliers qui font de si grandes choses pour la foi, excepté cependant les biens possédés hors de France, sur lesquels nous nous réservons de statuer spécialement. Toute cité, corporation qui s'opposera à la main mise des Hospitaliers, sera, par ce seul fait, en état d'interdit.

Donné à Vienne, la cinquième des nones de janvier, la sixième de notre pontificat. »

Cependant le grand-maître vivait encore, et il fut question de décider de son sort et de celui des trois principaux officiers de l'ordre qui étaient avec lui. Le pape s'en était réservé la connaissance ; mais à son retour du concile de Vienne, soit qu'il eût changé de sentiment, ou qu'il ne voulût pas les condamner lui-même, il en remit le soin à deux cardinaux, qui se rendirent aussitôt à Paris et s'adjoignirent l'archevêque de Sens et quelques autres prélats. Voici le récit que fait l'abbé de Vertot, d'après Dupuy, du dernier acte de cette sanglante tragédie :

« Le 18 mars 1313, les commissaires apostoliques se firent amener par le prévôt de Paris ces grands dignitaires de l'ordre. C'était le grand-maître Jacques de Molay, Gui, frère du dauphin d'Auvergne, Hugues de Péralde, grand-prieur ou visiteur du prieuré de France, et le grand-prieur d'Aquitaine qui, avant sa détention, *avait eu* charge aux finances du roi.

» Pour donc publier, dit Dupuy, ce qu'il était de la volonté du pape, ces cardinaux firent dresser un échafaud au parvis de Notre-Dame, sur lequel étant élevés, ils récitèrent le décret et la déposition de ces quatre chevaliers, comme ils avaient reconnu la déposition de leur ordre eux-mêmes au pape et au roi.

» Alors le grand-maître et le frère du dauphin, en présence du peuple, supplièrent les cardinaux d'être ouïs, et dirent qu'ils avaient déposé à faux contre leur ordre, qu'il était tout saint ; qu'ils se désistaient de ce qu'ils avaient dit à Poitiers, et que ce qu'ils en avaient fait, c'était à la persuasion du pape et du roi, et qu'ils étaient prêts de mourir pour soutenir cette vérité. »

Les légats, extrêmement déconcertés, firent descendre le grand-maître et ses compagnons de dessus l'échafaud, et le prévôt de Paris les ramena en prison. Le roi, irrité de la rétractation des chefs de cet ordre, le même jour les fit brûler tout vifs et à petit feu, dans une petite île de la Seine, qui était entre le jardin de ce prince et le couvent des Augustins.

Le grand-maître, au milieu de ce cruel supplice, y montra la même fermeté qu'il avait fait paraître dans le parvis de Notre-Dame, et protesta jusqu'à la fin de l'innocence de son ordre.

Mezerai prétend avoir lu une relation dans laquelle on rapporte que ce grand-maître n'ayant plus que la langue de libre et presque étouffé dans la fumée s'écria à haute voix : « Clément, juge inique et cruel bourreau, je t'ajourne à comparaître dans quarante jours au tribunal du souverain juge ! » Quelques-uns croient qu'il ajourna pareillement le roi à y comparaître dans un an. Peut-être que la mort de ce prince et celle du pape, qui arrivèrent précisément dans les mêmes termes, ont donné lieu depuis à l'histoire de cet ajournement.

Les deux grands prieurs de France et d'Aquitaine finirent leurs jours en prison ; mais selon Paul-Emile, l'un des deux fut brûlé avec le grand-maître.

L'ordre fut pareillement aboli dans tous les Etats de l'Europe ; mais partout ailleurs, on les traita sans rigueur.

Ferreti de Vicence, écrivain du XIVe siècle, dit que quinze mille Templiers furent condamnés. On croit que ce nombre formait à peu près les trois quarts de l'ordre. L'autre quart trouva le moyen de se soustraire par la fuite à la proscription. Leurs biens, d'après le décret du Saint-Siége, avaient été délivrés aux Hospitaliers ; Philippe-le-Bel donna même des lettres patentes, en 1343, pour la remise de ceux qui se trouvaient dans ses Etats ; mais ces dispositions ne furent pas complètement exécutées ; de bonnes commanderies se trouvèrent réunies à la couronne de France (1) ; d'autres au patrimoine de saint Pierre. On ajoutait même que les Hospitaliers achetèrent du pape, moyennant une redevance de sous d'or, cette possession des biens de l'ordre du Temple.

V.

Réflexions.

Telle fut la triste destinée de cet ordre célèbre, dont les derniers débris n'échappèrent à une mort glorieuse que pour venir mourir ignominieusement dans leur patrie sous le glaive d'un prince chrétien. M. de Vertot dit, en parlant de l'affaire des Templiers, que c'est l'énigme la plus impénétrable que la malice des historiens ait laissé à déchiffrer à la postérité ; et c'est en effet un problème historique des plus difficiles à résoudre que de savoir s'ils ont été justement ou injustement condamnés.

L'abbé de Vertot, quoique visiblement porté à reconnaître leur innocence, ne se prononce pas. Le président Hénault

---

(1) Un fait consigné dans la Revue archéologique de Toulouse ne laisse aucun doute à cet égard (T. V, p. 193).

« En faisant des recherches sur les antiquités du département du Tarn-et-Garonne, dit M. Belhomme, j'ai trouvé à Montricoux la preuve que les chevaliers du Temple étaient maîtres de cette bourgade en 1276, et que Squin de Florian fut leur successeur dans la propriété de cette seigneurie, passée en dernier lieu dans la maison de Malartic qui en possède encore le château. Un acte conservé dans les archives du lieu porte que : « L'an 1313, les consuls de Montricoux remettent la décision d'un procès qu'ils ont avec Guillaume Marcoyran, de Caussade, à Squin de Florian, *balet du roi et seigneur dudit Montricoux*. L'on voit que les Hospitaliers n'héritèrent pas de tous les biens des Templiers, mais que peu de temps après la condamnation de l'ordre, l'un de ses dénonciateurs possédait l'une des neuf mille seigneuries qui avaient appartenu à cette milice célèbre. »

garde la même neutralité. Dupuy, le père Daniel, Vely, Hammer croient que ce corps fut coupable des crimes dont on l'accusait.

Le comte de Boulainviliers, Voltaire, le père Lejeune, et, en dernier lieu, Raynouard et Michaud se sont ouvertement prononcés pour leur innocence.

Bossuet penche vers le même avis. « On les accusait, dit-il, de crimes énormes qu'ils avouèrent à la torture et qu'ils nièrent au supplice. Cependant on les brûlait vifs à petit feu, avec une cruauté inouïe, et on ne sait pas s'il n'y eût pas plus d'avarice et de vengeance que de justice dans cette exécution (1). »

La première difficulté qui se présente est le peu de vraisemblance qu'il y aurait à supposer un ordre entier coupable de pareilles abominations. « Mais quelque parti que l'on prenne sur cette affaire, dit un auteur, l'on sera également effrayé par le défaut de vraisemblance. Si l'on dit que les faits rapportés dans les informations ne sont point vraisemblables, on pourrait répondre qu'il n'est pas moins contraire à la vraisemblance de dire que tant de prélats, tant de conciles provinciaux et un concile même général aient jugé un ordre entier coupable sur des dépositions fausses et visiblement extorquées par la crainte des tourments. »

Aussi Napoléon, dont l'attention avait été fortement excitée par ce lugubre et mystérieux épisode de notre histoire, ne pouvait, malgré son étonnante pénétration, en percer les obscurités.

« Comment serait-il possible, à 500 ans de distance, disait-il, de prononcer que les Templiers étaient innocents ou coupables, lorsque les auteurs contemporains sont eux-mêmes partagés, ou plutôt sont en contradiction formelle les uns avec les autres? Tout ce que l'on peut dire, c'est que ce fut une affaire monstrueuse et inexplicable. L'entière innocence des Templiers et l'entière perversité des Templiers est égale-

---

(1) *Abrégé de l'Histoire de France*, année 1311.

ment incroyable. Serait-il donc si pénible de rester dans le doute lorsqu'il est bien évident que toutes les recherches ne pourraient *arranger* un résultat satisfaisant (1)? »

Il y a tout lieu de penser, puisque tous les historiens du temps conviennent assez uniformément que l'ordre des Templiers était tombé dans un grand relâchement, que l'oisiveté, le luxe, la dissipation, la mollesse, les fréquents voyages d'outre-mer et le commerce des chevaliers du Temple avec les infidèles dans le temps de la décadence des Croisades avaient introduit beaucoup de désordres parmi eux. On ne peut nier que les pièces qui nous restent de ce grand procès ne prouvent clairement que l'ordre des Templiers était parvenu à un grand degré de corruption. Les dépositions qui sont innombrables sont presque toutes uniformes sur ce point.

Il s'agit donc de savoir si ces désordres étaient véritablement avoués du corps, s'ils étaient autorisés par les supérieurs de l'ordre, s'ils avaient passé en maximes et en règles de conduite et si même ils avaient reçu une sorte de consécration authentique dans des statuts particuliers. Car il existe une distance infinie entre les vices qui peuvent infecter les membres d'un corps et l'approbation que leur donnerait le corps lui-même. Les désordres peuvent s'y maintenir dans un grand nombre de membres avant que d'y être publiquement autorisés. Les principes établis par les règles des fondateurs restent longtemps les maximes des sociétés où elles sont le moins pratiquées.

C'est, à notre sens, ce qui arriva chez les Templiers. Les jeunes chevaliers, de mœurs dissolues, ou d'autres égarés par les erreurs de l'esprit, avaient formé des associations secrètes dont les coupables tendances furent imputées à l'ordre entier.

Il est probable qu'une partie des chevaliers du Temple ne suivait qu'extérieurement l'Église catholique, et qu'elle avait adopté, pendant le long séjour de l'ordre en Orient, des rites

---

(1) *Mémoires de M. de Bausset.*

secrets, des principes d'hérésie qui se liaient aux mœurs et aux systèmes des gnostiques : trop de témoignages subsistent pour croire qu'ils ne fussent qu'une imputation calomnieuse. Mais ce qui ne paraît pas moins évident, c'est qu'il s'en fallait beaucoup que ces initiés formassent la majeure partie de l'ordre entier, et qu'ainsi la sentence fût aussi complètement injuste que la procédure fut odieuse.

Il faut, en outre, considérer, relativement à la preuve qu'on prétend tirer des actes du procès, que ces actes se rapportent à plusieurs faits improbables et qui sont cependant avoués par les accusés (1), ce qui infirme la force qu'on pourrait tirer de leurs témoignages sur les autres points ; car, si les juges du Languedoc condamnèrent des Templiers pour des crimes évidemment illusoires, d'autres purent les condamner pour des griefs également faux, quoique plus vraisemblables.

Mais ce qui frappe le plus dans toute cette affaire et doit balancer jusqu'aux preuves mêmes les mieux établies de l'accusation, c'est l'attitude de tous les chevaliers à la fin de cet horrible drame, dans ce dernier moment où les hommes n'ont plus rien à espérer, ni à craindre, c'est leur persistance jusqu'au bout à soutenir leur innocence et celle de leur ordre. Certes, s'ils eussent été coupables, quelqu'un se serait trahi dans ce moment suprême.

« Je ne croirai jamais, dit un historien, qu'un grand-maître et tant de chevaliers, parmi lesquels on comptait des

---

(1) On voit ci-dessus le sommaire des dépositions que firent les Templiers du Languedoc. Il y est dit qu'il paraissait un chat dans leurs chapitres, que toute l'assemblée adorait ce chat, que ce chat parlait, etc.; et un des articles proposés par le pape aux commissaires qui devaient interroger les Templiers porte qu'ils adoraient un certain chat qui leur apparaissait dans leurs assemblées. Cette accusation prouve manifestement que l'on voulait faire regarder les principaux chevaliers du Temple comme autant de sorciers, à qui le Démon se montrait sous la figure d'un chat, et leurs assemblées comme une espèce de sabbat ; accusation absurde, mais de nature, dans ce siècle superstitieux, à soulever contre eux l'indignation populaire.

princes, tous vénérables par leur âge et par leurs services, fussent coupables des bassesses absurdes et inutiles dont on les accusait. Je ne croirai jamais qu'un ordre entier de religieux ait renoncé, en Europe, à la religion chrétienne pour laquelle il combattait en Asie, en Afrique, et pour laquelle même encore plusieurs d'entre eux gémissaient dans les fers des Turcs et des Arabes, aimant mieux mourir dans les cachots que de renier la religion. Enfin, je crois sans difficulté plus de quatre-vingts chevaliers qui, en mourant, prennent Dieu à témoin de leur innocence. »

« Le bon sens a fait juger, dit un autre écrivain célèbre en parlant de cette affaire, que dix hommes qui meurent, pouvant ne pas mourir en avouant les crimes dont on les accuse, sont plus croyables que cent qui les avouent et qui, par cet aveu, rachètent leur vie. »

C'est ainsi que s'exprime le grand Arnaud sur l'issue de ce procès, où toutes les formes de la justice furent tellement violées, que lors même que les accusations seraient prouvées, on pourrait regarder les Templiers comme des victimes et leurs juges comme des bourreaux.

Mais faut-il s'étonner de ces excès dans des temps d'ignorance et de barbarie, lorsque de nos jours, à une époque où les peuples s'enorgueillissent d'une civilisation avancée, nous avons vu les pouvoirs politiques professer le même mépris pour l'inviolabilité des personnes et des propriétés, et proscrire non-seulement des individus innocents, mais encore des corps entiers pour s'emparer de leurs dépouilles? Dans tous les temps et dans tous les lieux les mauvaises passions produisent des effets également détestables.

On pourrait encore invoquer le sentiment d'Edouard II, roi d'Angleterre, qui n'eût pas plutôt appris la détention des Templiers en France, qu'il écrivit aussitôt au pape et à la plupart des souverains de l'Europe, pour les prier de fermer l'oreille aux calomnies qu'on répandait contre ces chevaliers, *dont toute l'Angleterre*, dit-il, *révère la pureté de la foi, les bonnes mœurs et le zèle pour la défense de la religion.*

Enfin, un concile nombreux, tenu en Espagne, après avoir longtemps examiné cette affaire, confisqua à la vérité les biens des Templiers, mais les justifia des crimes qu'on leur imputait.

L'abolition des Templiers peut être justifiée par la politique, car leurs immenses richesses, leurs possessions princières, leur orgueil passé en proverbe et leur bravoure dévouée au Saint-Siége établissaient puissance contre puissance et n'étaient pas sans dangers pour l'Etat. Mais ce qu'on n'excusera jamais, c'est l'odieux des moyens employés pour les perdre et la cruauté qu'on exerça contre eux. Tout fut violent, procédures, interrogatoires, supplices.

Quelques chevaliers sont convaincus de vices, de crimes mêmes, si l'on veut. On enveloppe l'ordre entier dans la même accusation. On arrache les premiers aveux à force de tourments, et c'est sur ces preuves que marche toute la procédure !.....

Philippe-le-Bel agit dans toute cette affaire avec la plus grande passion. C'était un prince avide, vindicatif, qui ne ménageait rien quand il était question de se satisfaire, et qui portait la haine jusqu'à la fureur. Il se fait en quelque sorte le dénonciateur de l'ordre des Templiers : il emploie toute son autorité pour les perdre. Il se plaint de ce que le pape a suspendu les pouvoirs des inquisiteurs et des évêques ; il écrit à Clément les lettres les plus vives et les plus pressantes pour faire révoquer cette suspension.

Par des bruits répandus à dessein et par des suggestions perfides, on soulève contre eux l'opinion publique. De tous côtés, quand ils sont arrêtés, prélats, abbés, princes, chapitres, communautés des villes, bourgs et châteaux envoient leur adhésion.

C'est une prévention universelle, un cri général qui étouffe leur défense, qui exerce sur les juges une pression terrible.

Avant que les Templiers soient jugés par les tribunaux, avant qu'ils le soient par le concile de Vienne, le pape lance une bulle d'excommunication contre toutes les personnes qui accorderaient aide, secours, retraite ou conseil à ces infortunés,

Neuf chevaliers se présentent au concile de Vienne pour la défense de leur ordre. Que fait Clément V? Il les fait arrêter et jeter dans les fers. Le concile décide qu'on devait avant tout entendre les Templiers. Le pape, de son autorité privée, prononce l'abolition de l'ordre.

Que conclure de ce qui précède? C'est que l'ordre en général était tombé dans un grand relâchement, mais que les crimes ou les croyances impies pour lesquels on le punit, n'étaient le fait que de quelques membres, la religion d'une minorité qui avait adopté mystérieusement des doctrines et des pratiques condamnables ; qu'en définitive les Templiers furent immolés à un siècle fanatique et barbare, à la politique et aux profondes rancunes d'un prince jaloux, « comme ces victimes que l'antiquité païenne offrait à ses dieux sanguinaires et qu'elle égorgeait sur l'autel de la haine ou aux pieds de la vengeance. »

ADDITION A LA LISTE DES TEMPLIERS DU ROUERGUE.

Templiers du Rouergue interrogés à Paris, comme témoins, par les commissaires du pape, en 1310 et 1311, et mentionnés dans le deuxième volume du Procès des Templiers, par M. Michelet.

	Pages.
Guigon de Roquetaillade, précepteur de Drulhe......	154
Bernard d'Adhémar, chevalier du diocèse de Rodez...	156
Déodat de Hugues, du diocèse de Rodez...........	156
Pierre de Gotand, précepteur de La Cavalerie......	158
Bernand de Bord, chevalier.....................	158
Bernard de La Roque, précepteur de la province.....	158
Bernard de Gimbaud, précepteur de Sainte-Eulalie...	158
Guillaume de La Roque, servant, détenu à Najac....	158
Raymond Penaria, servant, aussi détenu..........	158
Durand Passarion, précepteur de la maison de La Clau.	160
Raymond de Saint-Véran.....................	160

	Pages.
Guillaume d'Alaman, détenu à Najac............	160
Guillaume Calador, détenu à Najac...	160
Béranger de Gérald, détenu à Najac..............	160
Pierre Bastide, servant du Rouergue, détenu à Najac..	160
Hugues de Sances, détenu à Najac................	160
Bernard de Bonhomme, précepteur de la maison du Temple d'Albignac..............	162
Pierre d'Amalin, servant du diocèse de Rodez.......	165
Pons de Brohet, chevalier......................	165
Aymeric Calador, prêtre........................	165
Déodat Gavalda, du lieu de Sainte-Eulalie..........	165
Raymond d'Avalvin, servant, du diocèse de Rodez...	167
Rancerio de Lemovicino, chevalier de la maison de Sainte-Eulalie...............................	167
Raymond de Bermond, camérier de Sainte-Eulalie...	167
Girbert de Roger, précepteur de Laguiole..........	169
Guillaume de *Boculis*, prêtre de la maison de Drulhe.	169
Ratier de Saint-Vincent, chevalier de la même maison.	169
Othon *Samniada*, servant du diocèse de Rodez.....	169

NOUVEAUX TEMPLIERS.

L'abbé Grégoire, ancien évêque constitutionnel de Blois et membre de la Convention nationale, est le premier qui ait révélé (1) l'existence continuée jusqu'à nos jours de l'ordre des Templiers, qui semblait éteint depuis cinq siècles.

D'autres écrivains après lui se sont occupés du même sujet, et les nouveaux Templiers eux-mêmes ont pris soin, surtout depuis 1830, de constater leur existence par des assemblées, des cérémonies publiques et différents actes qui sont connus de tous.

Cadet-Gassicourt, qui écrivait en l'an V, ainsi que l'abbé Barruel (2) et le conventionnel Grégoire font naître les francs-maçons, les rose-croix et autres sectes d'illuminés des Templiers, et tout le monde sait, en effet, que dans les grades élevés se trouve celui de chevalier Kadosch, ou chevalier du Temple, grade où l'initiation aux mystères de l'ordre est complète.

Ce qu'il y a de sûr, c'est que les plus secrets mystères de la franc-maçonnerie sont réputés émaner d'Ecosse, pays où les Templiers, à l'exception de deux, parvinrent tous à se sauver.

Toutefois, avant l'année 1610, on n'aperçoit aucune trace de l'existence des francs-maçons.

Le personnage singulier dont la société des Rose-croix portait le nom, est un Christian *Rosen-Creuz*, né, dit-on, en 1378, qui ayant voyagé en Orient et en Afrique, apprit des secrets importants des Chaldéens et des Arabes, et qui mourut à l'âge de 106 ans, après avoir institué une société secrète destinée à transmettre sa mystérieuse science à la postérité.

---

(1) *Histoire des sectes religieuses*.

(2) *Mémoires pour servir à l'histoire du Jacobinisme*. 1769, 4 v. in-8°.

Prévoyant les malheurs prêts de fondre sur l'ordre, Jacques Molay, du fond de sa prison, aurait créé quatre loges-mères, savoir : pour l'orient, Naples; pour l'occident, Edimbourg ; pour le nord, Stokolm, et pour le midi, Paris.

Il aurait désigné aussi en secret pour son successeur Jean-Marc Laminius, issu d'une noble famille de Marseille et commandeur de Jérusalem.

« Le lendemain de l'exécution de Molay, le chevalier Aumont et sept Templiers, *déguisés en maçons*, vinrent recueillir les cendres du bûcher. Quinze jours après, le nommé Squin de Florian, chevalier apostat, qui avait dénoncé l'ordre, meurt assassiné. Le pape le fait enterrer à Avignon et le béatifie ; mais les Templiers enlèvent son corps de son tombeau et y déposent les cendres de Jacques Molay. Alors les quatres loges de francs-maçons, créées par le grand-maître, s'organisent, et tous les membres y prêtent serment *d'exterminer tous les rois de la race des Capétiens, de détruire la puissance du pape, de prêcher la liberté des peuples, et de fonder une République universelle.* »

Pour n'admettre à leur vaste projet que des hommes sûrs, ils inventèrent les loges ordinaires de maçonnerie, sous le nom de Saint-Jean et de Saint-André. Ce sont celles que l'on connaissait en France, en Allemagne, en Angleterre ; sociétés sans secret, dont les pratiques ne servent qu'à donner le change et à faire connaître aux vrais maçons les hommes qu'ils peuvent associer à la grande conspiration. Ces loges, que je pourrais appeler préparatoires, ont un but d'utilité réelle ; elles sont consacrées à la bienfaisance, et elles ont établi entre les différents peuples des liens de fraternité infiniment estimables.

Les cérémonies usitées dans les simples loges sont des allégories de l'histoire des Templiers ; allégories qu'on n'explique qu'au grade de Kadosch, ou chevalier du Temple, alors que tous les secrets de l'ordre sont révélés à l'initié.

Ceux-ci ne tiennent point loge. Leurs assemblées s'appellent *chapitre*. Il y a quatre chapitres : un dans chaque ville désignée par Jacques Molay, et composé chacun de vingt-sept membres. Leur mot d'ordre est : *Jakin Boos Mac-Benach Adonaï*, *1314*, dont les lettres initiales sont celles de : *Jacobus Burgundus Molay, beatus anno Domini 1314*. Les autres mots sacramentels sont : Kadosch, qui signifie *régénérateur* ; Nekom, *vengeance* ; Paul Kal Pharaskal, *qui met à mort les profanes* (1). »

Toutes les cérémonies des loges ordinaires, quoique conformes au but de l'association, puisqu'il n'y est question que de venger la mort d'un certain *Hiram*, architecte du *Temple de Salomon*, ne servent qu'à masquer la constitution de l'ordre, et à éprouver ceux qu'on appellera plus tard à connaître le grand secret.

Il y a donc en Europe une foule de loges maçonniques ; mais elles ne signifient rien sous le rapport politique ; ce ne sont que de véritables *séminaires*. Les vrais maçons Templiers ne sont que cent huit sur la terre ; ce sont ceux qui par vengeance, par ambition et par système ont juré le massacre des rois et l'indépendance de l'univers.

C'est donc, comme on voit, sous les formes adoptées par une société qui peut se croire innocente, morale et philosophique, qu'on éprouve ceux qui de grade en grade doivent parvenir à la véritable initiation. Déjà, au commencement de sa course, le franc-maçon, en voyant ce qu'on appelle la lumière, aperçoit des glaives étincelants, des emblêmes qui, plus tard, doivent être des symboles de révolution. Bientôt après, on lui parle d'un *maître*, mort depuis 2,300 ans et que cependant il faut venger ; on lui remet un poignard, et l'élu frappe des images humaines, et revient portant d'une main le fer qu'on lui a confié, et de l'autre une tête ensanglantée.

On regarde comme un enfantillage ce meurtre feint ; on ne recule point d'horreur dans ces jeux homicides, à la vue de l'horrible trophée que l'*élu* rapporte de la *caverne* où il est entré. Mais alors qu'il est parvenu au trentième degré, alors qu'il est reçu *chevalier Kadosch* ou Templier le voile se dé-

---

(1) *Le tombeau de Jacques Molay*, par Cadet-Gassicourt.

chire. Ce n'est plus le maître des ouvriers du Temple de Salomon, être imaginaire qu'on doit venger; c'est Jacques de Molay, grand-maître du Temple; le tyran qu'il faut poignarder, c'est Philippe-le-Bel. On dessine deux croix, une tiare et des clefs sur le sol; on y figure un personnage historique, revêtu des emblèmes de la puissance; l'une des croix est celle du pape, d'ailleurs suffisamment désignée par les autres attributs, l'autre était autrefois celle de Saint-Jean ou de Malte. L'initié les foulait aux pieds; il outrageait de même l'image royale. *Haine au pape et au roi!* tels sont les derniers mots prononcés à la fin de la cérémonie.

Avant l'attentat de Philippe-le-Bel, il est vraisemblable que les Templiers n'étaient que de simples théosophistes, c'est-à-dire des hommes religieux qui, par des pratiques mystérieuses et contemplatives, cherchaient une perfection imaginaire et croyaient entretenir un commerce spirituel avec la divinité.

Cette chimère, dont l'origine se perd dans la plus haute antiquité, subsiste encore et forme une secte, dont les zélateurs portent spécialement le nom d'*illuminés*.

Les Templiers persécutés négligèrent quelque temps leurs contemplations pour s'occuper d'assurer leur vengeance, et formèrent l'association secrète et politique dont Jacques Molay fut le fondateur.

Croire donc que les anciens Templiers, dans l'ardeur de leur vengeance, ont donné naissance à une secte anti-sociale qui a traversé les siècles poursuivant avec persévérance ses funestes desseins, n'a rien que de vraisemblable; mais affirmer que l'ordre du Temple lui-même se soit perpétué pendant cinq siècles et ait eu des adeptes dans toutes les parties du monde, sans que les gouvernements ni personne en fussent instruits, c'est ce qu'il est difficile d'admettre (1).

Quant aux croyances religieuses des nouveaux Templiers, on peut douter qu'elles aient toujours été d'une parfaite ortho-

---

(1) La seule chose qui paraisse incontestable, c'est que depuis 1804 il existe en France un ordre qui prétend être le continuateur des anciens Templiers et prend la qualification d'ordre du Temple.

doxie. D'étranges maximes ont eu cours dans le Temple surtout en 1830. On accusait alors les frères de Paris de professer ce que l'on a nommé le christianisme primitif ou johanite, sorte de matérialisme déguisé. Et toujours est-il qu'à cette époque de nombreux écrits dogmatiques et de controverse révélèrent les dissensions intestines qui avaient éclaté au sein du nouveau Temple. Les Templiers du midi donnèrent un éclatant désaveu aux doctrines religieuses de leurs frères du nord, dans une protestation solennelle du 1er février 1833, qui fut insérée dans les journaux de l'époque.

Ils disaient dans cette pièce « qu'une secte de francs-maçons venait de prendre le nom de Templiers; qu'ils ont formé non-seulement un schisme, mais encore une hérésie; qu'ils ont abjuré les règles et les statuts de l'ordre; que rien ne prouve qu'ils ont succédé aux anciens Templiers, et que lors de l'abolition de l'ordre par le Saint-Siége, on n'avait pas le droit de le continuer. »

Aussi, les membres de l'assemblée capitulaire du Languedoc ne prennent dans leur délibération que l'humble titre *d'aspirants à la ceinture de l'ordre*, et ils chargent le proprieur du Languedoc, en l'absence du pro-grand-maître, alors en voyage dans la Palestine, de faire connaître leur protestation aux autres provinces de France.

Mais il paraît qu'on parvint enfin à rétablir la paix et à rentrer dans les voies orthodoxes.

Une circulaire livrée à la publicité porte que le couvent général, dans sa séance du 8 juin 1839, a rendu un décret promulgué par M. le régent et dont les premiers articles sont ainsi conçus :

« L'ordre du Temple est une institution chrétienne, chevaleresque, religieuse, hospitalière et tolérante : sa morale est celle des saints Evangiles, base de toute vérité.

» Le grand-maître et le primat de l'ordre du Temple ne peuvent être choisis que parmi les chevaliers qui professent la religion catholique, apostolique et romaine (1). »

---

(1) Circulaire citée dans l'ouvrage de M. Maillard de Chambure.

Quoiqu'il en soit de ces faits, qui paraissent avoir assez de vraisemblance, du moins en ce qui touche à l'origine des francs-maçons et au but politique de cette société secrète, voici la succession des grands-maîtres de l'ordre du Temple depuis Jacques Molay, telle qu'elle a été publiée par les journaux en 1838 (1).

1° Marc Larménius, en 1314 ;

2° François-Thomas Théobald, commandeur d'Alexandrie, en 1324 ;

3° Arnaud de Braque, chevalier français, qui ramena la grande maîtrise et les archives de l'ordre en France, en 1340 ;

4° Jean de Clermont, en 1349 ;

5° Bertrand Duguesclin, le fameux connétable, en 1357 ;

6° Jean Ier d'Armagnac, en 1381 ;

7° Bernard d'Armagnac, en 1392 ;

8° Jean II d'Armagnac, en 1419 ;

9° Jean de Croy, en 1451 ;

10° Bernard Imbault, lieutenant-général ou vicaire général du grand-maître pour l'Afrique, régent pendant vacance de la grande-maîtrise, en 1472 ;

11° Le cardinal Imbert de Linoncourt, archevêque de Reims, en 1478 ;

12° Galéas de Salazar, en 1497 ;

13° Philippe de Chabot, en 1516 ;

14° Gaspard de Saulx de Tavannes, en 1544 ;

15° Henri de Montmorency, en 1574 ;

16° Charles de Valois, d'une maison qu'il ne faut pas confondre avec la branche de Valois qui régna sur la France, en 1615 ;

17° Jacques Rouxel de Groncey, maréchal de France, en 1651 ;

18° Jacques-Henri de Durfort, duc de Duras, en 1681 ;

19° S. A. R. Philippe, duc d'Orléans, qui fut régent de France, en 1705 ;

20° Louis-Auguste de Bourbon, duc du Maine, en 1724 ;

---

(1) L'*Europe*, 30 avril 1838.

21° Louis-Henri de Bourbon-Condé, en 1737;

22° Louis-François de Bourbon-Conti, en 1741;

23° Louis-Hercule-Timoléon, duc de Cossé-Brissac, gouverneur de Paris, massacré le 10 août 1792, aux Tuileries, en défendant le Trône;

24° Claude-Mathieu-Radix de Chevillon, trésorier de France, régent pendant les temps révolutionnaires, la grande maîtrise vacante :

25° Bernard-Raymond Fabré de Pallaprat (médecin), grand-maître en 1804;

26° Guillaume Sidney (amiral anglais), lieutenant-général ou vicaire-général du grand-maître pour l'Asie, prince magistrat régent, nommé par Bernard-Raymond, son successeur à la grande maîtrise en 1838.

NOTE DES PRINCIPAUX OUVRAGES RELATIFS AUX TEMPLIERS.

1° Il faut d'abord citer les anciens historiens des Croisades, et notamment Guillaume de Tyr, Jacques de Vitry, Guillaume de Nangis et son continuateur, etc. C'est dans ces chroniques où sont rapportés en détail tous les faits et gestes des Templiers dans la Palestine qu'ont puisé les historiens modernes.

2° Villani de Florence, vivant au XIV° siècle, auteur d'une chronique en italien, en douze livres, depuis la Tour de Babel jusqu'à l'an 1364, réimprimé à Milan, 1738, 2 vol. in-fol., livre rare et qui mérite d'être consulté sur les événements des XIII° et XIV° siècles. L'auteur est peu favorable au pape Clément V.

3° Ferreti de Vicence, historien du XIV° siècle, auteur d'une chronique fort curieuse et qui comprend, sous le nom d'*Histoire de son temps*, ce qui s'est passé depuis l'an

1250 jusqu'à l'an 1318. Cette histoire se trouve dans la collection de Muratori.

4° Paul Emile, célèbre historien du xvi° siècle, né à Vérone; on a de lui une *Histoire de France* en latin, traduite en français par Jean Renard, 1645, in-fol. Cette histoire, en vingt livres, commence à Pharamond et finit en 1488.

5° Dupuy, Pierre, né à Paris en 1582, auteur de l'*Histoire véritable de la condamnation de l'ordre des Templiers*, in-4°, Bruxelles, 1751, appuyée de la plus grande partie des pièces du procès et d'un grand nombre de documents relatifs, bulles du pape, lettres patentes du roi, interrogatoires, mémoires des charges, défenses et autres actes, soit dans leur entier, soit par extrait, le tout puisé dans le trésor des chartes de France (à l'inventaire duquel Dupuy travailla fort longtemps), et autres dépôts publics.

5° *bis*. Chronique de Saint-Denis sur les Templiers, remplie d'exagérations et de faussetés.

6° Baluze, savant antiquaire du xvii° siècle; cet historien parle avec détail de la condamnation des Templiers dans la vie du pape Clément V, dont il a donné six relations différentes, toutes écrites par des auteurs contemporains (*Vies des papes d'Avignon depuis 1305 jusqu'en 1376*, 2 vol. in-4°, 1693).

Dans la bibliothèque royale se trouvent des manuscrits du même auteur où il est question des Templiers (voir entre autres le rouleau n° 7).

7° Helyot, religieux picpus, auteur d'une histoire fort étendue des ordres monastiques religieux et militaires, 8 vol. in-4°, 1714.

8° *Histoire de l'abolition des Templiers*, Paris, in-12, 1779. Brochure superficielle et pétrie de petites vues, très-différentes de celles de l'histoire.

9° Nicolaï, Frédéric, académicien de Berlin, auteur d'un *Essai sur le secret des Templiers*, 1783; brochure pleine de recherches curieuses, mais empreinte de partialité et contenant beaucoup d'erreurs. Nicolaï prétend prouver la certitude des crimes les plus révoltants attribués à ces malheureux chevaliers ; mais l'incrédulité religieuse dont l'auteur fait parade, ses violentes injures contre l'Eglise catholique doivent tenir en garde. Il pense que les francs-maçons tirent leur origine des Templiers.

10° Moldenhawer, professeur de théologie à l'Université de Copenhague, en 1783, auteur d'une *Histoire des Templiers*, en allemand, publiée à Hambourg en 1792. Pour faire cet ouvrage, Moldenhawer consulta, dans la bibliothèque de Saint-Germain-des-Près, le registre manuscrit des procès-verbaux dressés par la commission du pape, manuscrit qui venait de la famille de Harlay et reconnu authentique. C'était le même où avait puisé Dupuy ; mais le professeur danois, aidé de son ami l'orientaliste Tychsen, traduisit presque en entier les articles dont Dupuy n'avait donné qu'un extrait.

11° *Histoire critique et apologétique des Templiers*. par Le Jeune, chanoine prémontré, prieur d'Etival, Paris, 1789, 2 vol. in-4°, ouvrage savamment et sagement écrit, favorable aux Templiers, mais ne contenant rien de nouveau.

12° Grégoire (l'abbé), évêque constitutionnel de Blois, *Histoire des sectes religieuses*, 6 vol. in-8°. L'auteur fait naître les francs-maçons des Templiers, et dévoile leur secret qui n'est autre chose qu'une conjuration permanente contre les rois et le pape.

13° Cadet-Gassicourt, *Le Tombeau de Jacques Molay ou Histoire secrète et abrégée des Initiés anciens et modernes, des Templiers, Francs-Maçons, Illuminés*, etc., Paris, in-18°, an V. Même système que l'abbé Grégoire.

14° Münter, Frédéric, professeur de théologie à l'Université de Copenhague, évêque de Zélande, l'un des plus savants antiquaires de son temps, né à Gotha en 1760, mort en 1830. Ayant fait la découverte à Rome, dans la bibliothèque Corsini, du cahier complet des Statuts de l'ordre les plus récents, écrits en roman, il les traduisit en allemand en les accompagnant de notes explicatives. Vers 1801, il composa, en outre, une dissertation fort curieuse sur les principales accusations qui furent élevées contre les Templiers. Münter a communiqué la règle des Templiers à Fabré-Pallaprat, qui, à cette époque, se disait grand-maître de l'ordre à Paris.

15° *Mémoires historiques sur les Templiers* ou *Eclaircissements nouveaux sur leur histoire, leur procès*, etc., par Ph.... G...., puisés en grande partie dans les écrits allemands et particulièrement dans ceux de Münter, dont il était l'ami, in-12°, Paris, 1805.

16° Hammer (de), célèbre orientaliste allemand, auteur d'une histoire des sociétés secrètes de l'Orient et principalement de celle des *Assassins*, sous la conduite du *Vieux de la Montagne (1)*, a tenté d'établir par de nombreux monuments la réalité des crimes imputés aux Templiers. Il a été réfuté dans le journal des savants et dans la bibliothèque universelle.

17° Raynouard, *Monuments historiques relatifs à la condamnation des chevaliers du Temple et à l'abolition*

---

(1) La Société mystique des *Assassins*, née en Perse après la mort de Mahomet, sous un chef nommé Scheik-el-Jebel, ou par corruption le Vieux de la Montagne, avait, dit-on, une grande analogie avec celle des Templiers, formée depuis et qui semblait calquée sur elle.

Les Assassins eurent des relations avec les chrétiens croisés en Palestine. On cite, entre autres, un traité de Hugues de Payens, grand-maître du Temple, avec Aboul Wefa, chef des Assassins, ou Ismaëlites, à Damas, et par lequel celui-ci s'engageait à livrer Damas aux chrétiens à condition qu'il aurait la souveraineté de Tyr.

Vers le milieu du xii° siècle, on voit les Assassins tributaires des Templiers. Le Scheik de la Montagne fit offrir à Alméric, roi de Jérusalem, de se faire chrétien ainsi que son peuple, à condition qu'ils seraient exempts du tribut annuel de 200 ducats que l'ordre du Temple levait sur eux. Cette convention fut brusquement rompue, parce que les Templiers assassinèrent l'envoyé du Scheik à la sortie de Jérusalem. Le roi de Jérusalem furieux, envoya demander l'assassin, le frère Dumesnil, à Odon de Saint-Amand, grand-maître, qui répondit avec hauteur qu'il n'avait aucune satisfaction à donner aux seigneurs de la Palestine, mais qu'il enverrait Dumesnil au pape.

de leur ordre, Paris, 1843, in-8°. Dans ce chaleureux plaidoyer en faveur des Templiers, l'auteur se montre trop prévenu pour se livrer à une équitable appréciation des faits.

18° *Recherches historiques sur les Templiers et sur leurs croyances religieuses*, par S.... L...., élève de l'école polytechnique.

19° Maillard de Chambures, *Règle et Statuts secrets des Templiers*, publiés sur les manuscrits inédits des archives de Dijon.

20° *Histoire du procès des Templiers*, publiée par le professeur Michelet en 1841, aux frais du gouvernement. C'est la reproduction exacte et complète de toutes les pièces de la procédure instruite par la commission papale. Deux volumes in-4° ont paru. On attend le troisième.

Parmi les historiens qui ont parlé accidentellement des Templiers, il faut surtout citer l'abbé de Vertot et le Père Daniel, dont les ouvrages contiennent d'assez longs et curieux détails sur cet ordre.

ORDRE DE SAINT-JEAN-DE JÉRUSALEM OU DE MALTE. — SES COMMANDERIES EN ROUERGUE. — SES CHEVALIERS.

COURTE NOTICE SUR L'ORDRE.

PRÉCIS HISTORIQUE.

Vers le milieu du xie siècle, des négociants napolitains, qui commerçaient en Syrie, obtinrent du calife égyptien la permission de fonder à Jérusalem un petit monastère du rit latin, à côté duquel on bâtit pour les pauvres pèlerins et les malades un hôpital, dont la chapelle fut érigée sous l'invocation de saint Jean-Baptiste. Quelques chrétiens de l'occident que le zèle avait conduits en Palestine se dévouèrent au service de ces infortunés. Ainsi la charité jeta les premiers fondements de cet ordre qui bientôt devait remplir l'univers de sa gloire guerrière et de sa renommée.

Le pieux Gérard, natif de Martigues, ville de Provence, était maître de l'Hôpital, lorsque les chrétiens, conduits par Godefroy de Bouillon, se rendirent maîtres de Jérusalem, en 1099.

Touchés de son généreux dévouement, les généraux croisés s'empressent de répandre leurs bienfaits et leurs largesses sur cette maison et plusieurs gentilshommes se consacrent au même genre de vie.

L'habit qui distinguait les *Hospitaliers* était un manteau noir orné d'une croix blanche. Ils faisaient trois vœux de religion (d'obéissance, de chasteté et de pauvreté), et s'obligeaient encore à recevoir, traiter et défendre les pèlerins. La première règle de leur statut est de l'an 1104, sous le règne de Beaudoin Ier.

Après la mort de Gérard (1118), les Hospitaliers s'assemblèrent pour lui donner un successeur, et frère Raymond Dupuy, gentilhomme, à ce qu'on croit, de la province du Dauphiné, fut élu. Gérard, en engageant les Hospitaliers au service des pauvres, s'était contenté, pour toute règle, de leur inspirer des sentiments de charité et d'humilité; son successeur ajouta aux devoirs de l'hospitalité l'obligation de prendre les armes pour la défense des Saints Lieux, et il résolut de tirer de sa maison un corps militaire, et comme une croisade perpétuelle, soumise aux rois de Jérusalem, et qui fit une profession particulière de combattre les infidèles; ce qui fut approuvé par Calixte II, en 1120.

Dès-lors, les humbles frères de l'Hôpital devinrent de valeureux chevaliers. Les rois de Jérusalem, qui se flattaient de trouver dans ce corps d'intrépides défenseurs de leur couronne, et les papes qui étaient bien sûrs de diriger à leur gré la valeur de ces moines-guerriers, secondèrent Raymond de toute leur autorité. Un mélange d'amour pour la religion et de goût pour les armes, caractère distinctif de ce siècle, amena à l'instituteur de nombreux et d'illustres prosélytes. Ainsi prit sa dernière forme l'ordre des chevaliers de Saint-Jean, où une noblesse florissante, tirée de toutes les parties de l'Europe catholique, se dévoua à la défense de la religion et à la vengeance des outrages que lui faisaient les infidèles.

De cette époque date pour l'ordre une ère de fortune et de gloire.

Les chevaliers de Saint-Jean furent bientôt l'âme des armées, des conseils et des négociations. Pas un combat où ils ne se signalassent; pas une bataille, pas un siége dont ils n'eussent l'honneur et les périls.

Dans le cabinet, ils obtenaient la confiance des rois, traçaient des plans de guerre et de politique; au dehors, ils fournissaient des ambassadeurs, ménageaient les alliances et les traités, et, dirigeant tous les ressorts et tous les mouvements avec autant de bonheur que d'habileté, ils maintinrent durant près d'un siècle le frêle royaume de Jérusalem qui était presque toujours à deux doigts de sa perte.

Forcés de sortir de la Ville Sainte lorsque les affaires des chrétiens furent ruinées dans le Levant, ils se retirèrent à Margat, en 1290, et suivirent Jean de Lusignen, qui leur donna, dans son royaume de Chypre, Limisson, où ils demeurèrent jusqu'en 1310. *Liman*

Cette même année ils s'emparèrent de l'île de Rhodes le 15 d'août, sous la conduite de leur grand-maître François de Villaret, et l'année suivante ils la défendirent contre une armée de Sarrasins avec le secours d'Amé IV, comte de Savoie. Ce fut de là que les Hospitaliers tirèrent le nom de *chevaliers de Rhodes*. Mahomet II assiégea inutilement cette île l'an 1480. Pierre d'Aubusson la défendit courageusement pendant un siége de trois mois. Depuis, Soliman la prit en 1522, après une longue et généreuse défense de la part des chevaliers.

Le grand-maître, Philippe de Villiers-L'Ile-Adam, qui s'était acquis la plus grande réputation pendant le siége qui dura trois ans, capitula avec Soliman, et fit voile avec le peu qui lui restait de chevaliers et quatre mille habitants pour Candie où il passa l'hiver. De là, il alla en Sicile, et trois mois après à Rome. Il y fut favorablement accueilli du pape Adrien IV, qui donna pour retraite à l'ordre la ville de Viterbe.

Six ans après, en 1530, les chevaliers allèrent s'établir dans l'île de Malte, dont ils ont depuis porté le nom. L'empereur Charles V la leur accorda.

L'an 1566, Soliman vint en faire le siége. Elle fut vigoureusement attaquée pendant quatre mois, et encore plus vaillamment défendue par le grand-maître, Jean de La Valette-Parisot, et par ses chevaliers. Les barbares, après y avoir perdu quatre mois de temps, quinze mille soldats et huit mille matelots, se virent contraints d'abandonner leur entreprise et de se retirer.

Depuis ce temps, l'île de Malte n'avait essuyé aucune insulte de la part des ennemis de la religion quand la Révolution française éclata.

Le 19 septembre 1792, sur une motion du député Camus, l'ordre fut détruit en France par l'Assemblée législative et ses biens acquis à la nation.

Bien que l'hostilité de la France privât l'ordre de ses plus puissants auxiliaires et de ses meilleurs revenus, il se soutint encore pendant plusieurs années, jusqu'à ce qu'enfin Bonaparte, faisant voile pour l'Egypte, vint s'emparer de Malte, le 18 juin 1798, après un semblant de résistance qui révéla la faiblesse du grand-maître et la honteuse trahison des habitants.

Ferdinand d'Hompech, Allemand de naissance, occupait alors le magistère, et il a été le dernier grand-maître de l'ordre (1).

Les Français ne surent point garder cette précieuse conquête, et Malte devint bientôt la proie de l'avide Angleterre qui la possède encore (2).

Telle fut la première et fatale conséquence de la destruction d'un ordre indépendant qui, depuis des siècles, protégeait la Méditerranée contre les insultes des pirates, avec un égal profit pour tous les Etats de l'Europe, sans nécessiter de leur part des entreprises ruineuses ou exciter de rivales susceptibilités.

ORGANISATION DE L'ORDRE.

Raymond Dupuy, à qui le nom de fondateur appartient bien plus qu'à celui qui l'avait précédé dans la direction de l'Hôpital, guidé par son génie et par une sorte de pressentiment des destinées de son ordre, jeta les fondements de toutes les divisions élémentaires qui le composaient et conçut ces idées génératrices qui l'ont étendu et propagé dans l'univers chrétien.

Il forma d'abord les trois classes principales auxquelles se rallient tous les religieux. La première, en qui réside proprement l'ordre, est celle des nobles qui avaient porté les

---

(1) Il avait succédé au prince de Rohan, décédé au mois d'août 1797.

(2) Les Anglais s'emparèrent de Malte le 5 septembre 1800.

armes, distingués par la qualité de chevaliers, à qui elle appartient exclusivement. La seconde est celle des ecclésiastiques, prêtres et chapelains, obligés par état de suivre les armées et de remplir l'office d'aumôniers. La troisième comprenait tout ce qui n'était ni noble, ni ecclésiastique, et s'appliquait particulièrement à ceux qui depuis ont été appelés du nom de frères servants; on sait que ces frères servants accompagnaient les chevaliers à la guerre et partageaient avec eux les périls et les fatigues.

Ce fut encore Raymond Dupuy qui créa les divisions secondaires par nations ou par langues et qui en fixa le nombre à sept.

Ces langues originaires, dont trois françaises, étaient celles de Provence, de France, d'Auvergne, d'Italie, d'Arragon, d'Allemagne et d'Angleterre.

Dans la suite et durant le XVe siècle, lorsque le siége de la religion était à Rhodes, pour mettre fin à des rivalités qui s'étaient élevées contre les chevaliers français, on érigea, dans un chapitre général, une huitième langue en faveur des Castillans et des Portugais, connue depuis sous le nom de langue de Castille.

Le partage de l'ordre en différentes langues n'avait pas d'abord produit celui des dignités; dans les premiers siècles, le chapitre conférait ces grandes places au mérite dans quelque nation qu'il fût reconnu, et le concours était ouvert aux chevaliers de toutes les langues. Des vues sages qui tendaient sans doute à prévenir les jalousies entre les sujets des divers royaumes déterminèrent le corps à faire une distribution des hautes places entre les différentes langues. Ce grand changement fut l'ouvrage d'un chapitre général, tenu à Montpellier vers l'année 1331, sous le grand-maître Hélion de Villeneuve.

Voici quelles étaient ces dignités et la nature des fonctions qui y étaient attachées :

La première était celle de grand-commandeur, attachée à la langue de Provence. Elle donnait l'intendance du Trésor, des magasins de blé et de l'arsenal.

La deuxième, celle de grand-maréchal, dévolue à la langue d'Auvergne, donnait le commandement sur tous les chevaliers, à l'exception des grands-croix.

La troisième, celle de grand-hospitalier, attachée à la langue de France, donnait toute l'autorité sur l'Hôpital et le droit de pourvoir à tous les offices qui en dépendaient.

La quatrième était celle d'amiral, attachée à la langue d'Italie ; elle donnait le commandement des soldats de marine et des matelots.

La cinquième, celle de Turcopolier, jadis attachée à la langue d'Angleterre, et depuis l'extinction de cette langue, réunie aux fonctions de sénéchal du grand-maître, conférait les fonctions de colonel-général de l'infanterie.

La sixième était celle de chancelier, attachée à la langue de Castille, dont le nom désigne assez le pouvoir et les fonctions.

La septième était celle de grand-bailli, attachée à la langue d'Allemagne ; elle donnait le droit d'ordonner de tout ce qui concernait les fortifications.

Les règlements de l'assemblée, tenue sous Hélion de Villeneuve, s'étendirent sur biens d'autres objets, tous d'une égale importance.

L'ordre se trouvait dispersé et comme enseveli dans les commanderies de l'Europe ; la résidence si recommandée n'était plus d'un devoir étroit, et l'appas de la liberté, et peut-être d'une vie oisive ou dissipée, tenait les religieux loin de leur capitale.

Pour remédier à ce désordre et rappeler les enfants autour de la mère commune, le chapitre déclara incapables de toutes les dignités de l'ordre ceux qui n'auraient pas un certain nombre d'années de résidence actuelle employée à la guerre ou sur les vaisseaux.

Dans la vue de fixer les grands-croix et les principaux chevaliers à Rhodes, les huit dignitaires furent choisis pour entrer au conseil, sous la présidence du grand-maître, et on leur donna le titre de baillis conventuels, pour marquer l'obligation qui leur était imposée d'habiter le couvent et d'assister aux délibérations. On leur donna encore le nom de *Piliers*, par allusion à la place habituelle qu'ils occupaient dans le conseil, dont ils formaient, en quelque sorte, les huit colonnes.

Toutes les affaires courantes étaient portées devant ce tribunal, qui était dans une constante activité, mais il ne prononçait pas en dernier ressort. L'appel était ouvert du conseil ordinaire au conseil complet. C'était dans ces deux conseils que se rendait la justice distributive aux religieux de l'ordre, et le conseil complet ne différait de l'ordinaire que par l'addition de deux anciens chevaliers de chaque langue.

Le partage des dignités entre les diverses nations conduisit à la répartition même des commanderies qui furent d'abord affectées à chaque langue et ensuite divisées par prieuré dans le sein même de la langue qui les possédait. Chaque prieur fut chargé de visiter les maisons de sa dépendance, d'y exercer une autorité de correction et de discipline, et d'envoyer en troupes ou en argent la contribution des commandeurs.

Les prieurés des trois langues du royaume de France furent ainsi établis.

Dans celle de Provence, il y eut deux grands prieurés, celui de Saint-Gilles et celui de Toulouse (1).

Le grand prieuré de Saint-Gilles comprenait la Provence, le Languedoc, le comté Venaissain, le Quercy, le Rouergue, le Dauphiné, le Gévaudan et l'Albigeois. Il y avait cinquante-une commanderies, y compris les quatre affectées aux chapelains et servants d'armes. Le grand-prieur de Saint-Gilles, en 1788, était le baron de Montigny.

Le grand prieuré de Toulouse s'étendait sur l'Agenais, la Guienne, la Biscaye, le Languedoc, Foix, le Béarn, le Périgord, l'Albigeois, la Bigorre et la Gascogne; il renfermait

---

(1) Les possessions des Templiers à Toulouse ayant été données, en 1314, par le pape, à l'hôpital de Saint-Jean-de-Jérusalem, cette dernière maison fut érigée l'année suivante en grand prieuré (*Histoire de la ville de Toulouse*).

vingt-huit commanderies. Le dernier grand-prieur a été le baron de Sade.

La langue de Provence comptait, à l'époque de la Révolution, environ 400 chevaliers, y compris les dignitaires.

Dans la langue d'Auvergne était le grand prieuré d'Aquitaine, qui comprenait l'Auvergne, une partie du Bourbonnais, la Marche, le Limousin, le Velay, le Vivarais, une partie du Dauphiné, le Forez, le Lyonnais, la Savoie, le Genevois, le comté de Bourgogne, le Maconnais.

Dans la langue de France, il y avait trois grands prieurs : 1° le grand prieur de France ; 2° le grand prieur d'Aquitaine ; 3° le grand prieur de Champagne.

Le grand prieuré de France s'étendait dans l'île de France, la Normandie, l'Orléanais, une partie du Poitou, l'Auxerrois, le Gatinois, le Hurepoix, une partie de la Champagne, la Brie, la Picardie, l'Artois, le Hainaut, la Flandre et le pays de Liége.

Le grand prieuré d'Aquitaine avait ses commanderies tant au Poitou et pays d'Aunis qu'en Bretagne, Anjou, Tourraine et une partie du Bourbonnais.

Le grand prieuré de Champagne tenait les siennes dans une partie de la Champagne, le duché de Bourgogne, la Lorraine, le pays Messin et l'Alsace.

Il y avait dans les trois langues du royaume de France, en 1789, 245 commanderies, et le revenu total de l'ordre y était, à la même époque, de 4,284,654 livres.

L'élection du grand-maître (1) se faisait dans une assemblée générale de l'ordre convoqué en cette seule occasion. On y procédait avec toutes les formalités prescrites par le pape Urbain VIII et insérées dans les statuts. Outre la puissance qu'il exerçait, en qualité de prince, sur les îles soumises à la religion, il était encore chef et premier supérieur de tous les membres de l'ordre et se trouvait revêtu de la plus grande

---

(1) Le premier maître de l'ordre qui reçut le titre de *grand maître* fut Hugues de Revel, en 1267.

autorité. Il présidait le conseil qui ne pouvait s'assembler sans lui ou sans son agrément, non plus que les langues, nommait à une foule de charges, distribuait beaucoup de pensions et de bénéfices, conférait un grand nombre de commanderies, avait droit de faire grâce, etc.

Le premier des tribunaux de l'ordre était le chapitre général, institué pour la réforme des usages, pour régler les points d'administration dans le gouvernement et dans la religion. On le convoquait au couvent. Il était composé du grand-maître et des membres de son conseil, d'un procureur de chaque langue et d'un autre de chaque prieuré.

Les chapitres provinciaux se réunissaient tous les six mois dans chaque prieuré d'après l'ordre et sous la présidence du prieur. Ils se composaient de tous les religieux de la province. Ces tribunaux connaissaient en premier ressort des affaires civiles et criminelles qui concernaient les religieux de leur district; faisaient la révision des comptes des receveurs; nommaient des commissaires pour les preuves des aspirants à l'ordre, pour les visites des commanderies du prieuré, etc.

Nous avons déjà parlé du conseil ordinaire et du conseil complet où se traitent en dernier ressort, sous la présidence du grand-maître ou de son lieutenant, les affaires civiles ou criminelles, les affaires d'État et d'administration.

RÉCEPTION DES CHEVALIERS.

Pour être admis chevalier de Malte, il fallait avoir prouvé huit quartiers de noblesse paternelle et huit de noblesse maternelle, ce qui renfermait quatre générations ascendantes complètes.

Les frères servants d'armes et les servants d'église ne faisaient point de preuves de noblesse; mais ils devaient être issus d'une famille honnête et ancienne dans la bourgeoisie.

Le règlement des preuves fut irrévocablement arrêté sous le magistère d'Aloph de Vignacourt, élu grand-maître en 1601.

Le lieu de la naissance décidait du prieuré dans lequel on devait se faire admettre.

Le chapitre de Saint-Gilles se tenait le 1ᵉʳ du mois de mai à Arles.

Celui de Toulouse, le dernier dimanche de mai, à Toulouse.

Celui d'Auvergne, le 1ᵉʳ juin, à Lyon.

Celui d'Aquitaine, le premier lundi du mois de mai, à Poitiers.

Celui de France, le 11 juin, à Paris.

Celui de Champagne, le premier dimanche après saint Barnabé, à Voulaine.

On pouvait entrer de trois manières dans l'ordre de Malte, de *majorité*, de *page* et de *minorité*.

On ne pouvait être reçu de *majorité* avant l'âge de seize ans accomplis ; mais après cet âge, on pouvait se faire recevoir quand on le jugeait à propos. L'aspirant était obligé de se présenter au chapitre pour se faire recevoir. Lorsque les preuves étaient acceptées pour bonnes, il devait les envoyer à Malte, et du jour de la présentation qui en était faite à la langue, il comptait son ancienneté. Ceux qui avaient vingt-cinq ans accomplis devaient aller eux-mêmes présenter leurs preuves.

Il ne pouvait y avoir que seize pages au service du grand-maître. La famille de l'enfant que l'on voulait faire recevoir page devait, dans le courant de la deuxième année de son âge, obtenir une lettre de page du grand-maître, et pour cet effet on envoyait les titres primordiaux de l'aspirant. Le tout était renvoyé au chapitre du prieuré qui statuait sur les preuves et la réception comme dans les cas ordinaires, mais l'enfant ne pouvait se présenter qu'à l'âge de douze ans pour être admis, et si, dès le moment de la réception de ses preuves en langue, il entrait au service du grand-maître, son ancienneté ne courait qu'à dater de sa treizième année.

La réception de *minorité* concernait les enfants qu'on recevait dans l'ordre de Malte dès le moment de leur naissance. Il fallait pour cela adresser l'extrait de baptistaire à Malte qui demandait à Rome un bref de minorité. L'ancienneté du présenté commençait du jour que le bref était enregistré à la chancellerie de l'ordre, pourvu que les conditions suivantes eussent été rigoureusement remplies :

1° L'acquittement des droits de réception le jour même de l'enregistrement ;

2° La confection et admission des preuves avant d'avoir fini la vingt-cinquième année ;

3° L'arrivée à Malte à vingt-cinq ans pour commencer le noviciat et les caravanes, avant d'être entré dans la vingt-sixième année ;

4° La profession avant d'avoir vingt-six ans accomplis.

On pouvait être reçu de minorité dans l'ordre depuis le berceau jusqu'à l'âge de douze ans.

Les droits de réception, qu'on appelait droits *de passage*, variaient suivant chaque mode d'admission.

Pour minorité...............	7,374 livres.
Pour page...................	3,185
Pour majorité...............	3,155

Ces droits se payaient à la recette du prieuré, avant la réception des preuves en langue et ne se rendaient jamais, quand il s'agissait de réception de minorité, soit que les preuves fussent refusées, soit que le présenté mourût avant de les avoir faites.

Tous les chevaliers étaient obligés, de quelque manière qu'ils eussent été reçus :

1° De prononcer leurs vœux, après un noviciat d'un an révolu ;

2° De faire quatre caravanes sur les bâtiments de la religion, chacune de six mois ;

3° De résider cinq ans à Malte, pour pouvoir atteindre à la commanderie.

A l'expiration du noviciat, on prononçait les vœux, à moins que le grand-maître n'accordât des délais.

Les engagements qu'on contractait en entrant dans l'ordre

étaient renfermés dans les vœux de chasteté, pauvreté et obéissance. Voici quelles étaient les cérémonies de la profession :

Le novice, après avoir entendu la messe et reçu la communion, se mettait à genoux devant un religieux député du grand-maître, qui lui développait en peu de mots l'institut de l'ordre et les devoirs qu'il imposait. Ce religieux ceignait le novice de l'épée et le faisait armer d'un éperon, et après l'avoir revêtu de l'habit de la religion et orné d'une croix de toile blanche à huit pointes, il lui promettait au nom de l'ordre *du pain* seulement, *de l'eau, du sel et un humble vêtement.* On le conduisait ensuite, soit à son auberge (quartier de la langue ou nation), soit au palais, s'il était commensal du grand-maître, et là, il s'asseyait à terre, mangeait le pain et le sel et buvait l'eau qu'on y avait préparés.

Malgré l'austérité renfermée dans ces promesses, la religion jalouse de récompenser et d'encourager le zèle de ses enfants fournissait abondamment à tous leurs besoins, et leur conférait à leur rang d'ancienneté de riches bénéfices.

Les armes de l'ordre sont de gueules, à la croix pleine d'argent, accolées sur une croix à huit pointes entourée d'un chapelet, au bas duquel est encore attachée la croix de l'ordre. Celle-ci est une croix d'or, à huit pointes, émaillée de blanc. Les chevaliers la portaient attachée à la boutonnière de leur habit par un ruban noir moiré.

COMMANDERIES.

Les commanderies étaient des portions plus ou moins considérables du domaine que l'ordre distribuait à ses membres avec obligation à ceux qui en étaient pourvus de les régir avec soin, de les améliorer même, à leur profit, à la vérité, mais à la charge de remettre comptant au trésor la valeur d'une partie des fruits, et c'est ce qu'on appelait *Responsions* et

Impositions, et même de les donner en entier si les besoins de l'ordre l'exigeaient (1).

Comme chez les Templiers, le conseil de l'ordre disposait immédiatement, dès l'origine, de tous les biens qui se multiplièrent promptement dans toute la chrétienté. Bientôt, il délégua d'anciens chevaliers auxquels il assignait un territoire pour le régir et envoyer les revenus en Palestine. Ces économes, nommés *précepteurs* (2) ne retenaient pour eux qu'une portion modique pour leur entretien.

Ces différents hospices ou *préceptoreries* servaient en même temps d'école aux jeunes chevaliers qui s'y instruisaient des règles de leur profession et se préparaient ainsi à remplir dignement tous les devoirs de leur vie militaire et religieuse.

Il fallut d'importants motifs pour faire renoncer à ce régime.

L'ordre, occupé sans cesse à la guerre contre les infidèles, avait besoin d'un revenu fixe et invariable, sur lequel il pût calculer ses dépenses, et qui, en aucun temps, ne trompât son attente. Il arrivait que la recette était casuelle et inégale à raison du plus ou moins d'intelligence et d'activité des préposés à la régie et qui, sans intérêt personnel, manquaient de ce puissant mobile par lequel l'attention est réveillée et soutenue, et dont l'influence anime et fertilise les plus ingrates cultures.

Ces considérations furent balancées dans un chapitre général tenu à Césarée, sous Hugues de Revel, en 1260. Il y fut arrêté que chaque maison de l'ordre serait soumise à une taxe proportionnée à ses revenus et le rôle en fut dressé par l'assemblée capitulaire, qui se hâta de le publier. Voilà la naissance des commanderies dans la forme qui subsistait encore en 1789, avec cette restriction cependant qu'elles n'ont ac-

---

(1) Il y avait des objets que l'ordre s'était réservés en entier, tels que les bois de haute futaie, renfermés dans l'étendue de tous les bénéfices.

(2) Ce ne fut qu'après l'an 1260 que le nom de commandeur remplaça chez les Hospitaliers celui de *précepteur*.

quis qu'à la longue et par succession de temps l'inviolabilité dont elles jouissaient en dernier lieu.

Ce n'était pas tout d'avoir pourvu aux meilleurs moyens de faire fructifier les revenus de l'ordre par l'interposition d'un actif surveillant ; il fallait assurer l'effet de ces sages mesures, en subordonnant les commandeurs à des supérieurs locaux qui étendissent leur inspection à de grandes distances et répondissent de leur conduite. Dans cette vue les prieurés furent établis. Chaque prieur, comme on l'a déjà dit, fut chargé de visiter les maisons de sa dépendance, d'y exercer une autorité disciplinaire et de faire parvenir à l'ordre la part contributive de chaque commandeur.

L'expérience prouva encore l'insuffisance de ces précautions, surtout lorsque le domaine de l'ordre se fût accru, dans une énorme proportion, des dépouilles des Templiers qui lui furent données en 1312.

L'ordre fut convoqué à Rhodes, et Roger de Pins, qui le gouvernait, pour prévenir à jamais l'abus du crédit et empêcher que les prieurs ne détournassent les revenus publics qu'ils étaient chargés de recouvrer, proposa de commettre cette fonction à des receveurs qui, dans chaque prieuré, feraient la levée et n'en seraient comptables qu'au trésor. Cet utile établissement fut agréé par le chapitre qui le sanctionna. On le rapporte à l'année 1365, et les salutaires effets qu'il a produits en ont justifié la sagesse.

Les commanderies réparties dans chaque prieuré étaient ou magistrales, ou de justice, ou de grâce.

Les commanderies magistrales étaient celles annexées à la grande maîtrise. Il y en avait une dans chaque grand prieuré.

Les commanderies de justice, appelées aussi d'*échévissement* et d'*améliorissement* s'obtenaient par rang d'ancienneté ou par améliorissement.

Les commanderies de grâce étaient celles dont le grand-maître ou les grands prieurs avaient droit de disposer.

On ne pouvait posséder aucune commanderie sans être chevalier profès.

COMMANDERIES DE LA PROVINCE DU ROUERGUE.

Les commanderies du Rouergue, au nombre de sept, dépendaient toutes du grand-prieuré de Saint-Gilles, langue de Provence :

1° Canabières, de tout temps à l'ordre ;
2° Millau, d'origine templière ;
3° Sainte-Eulalie-du-Larzac, d'origine templière ;
4° Saint-Félix-de-Sorgues, d'origine templière ;
5° La Selve, d'origine templière ;
6° Espalion, d'origine templière ;
7° Lugan, de tout temps à l'ordre.

Une huitième commanderie, établie à Espinas, près de Verfeil, dans le canton de Saint-Antonin, était affectée aux chapelains conventuels et servants d'armes (1).

CANABIÈRES (*Canton de Salles-Curan*).

A Canabières, village situé sur le versant méridional du Levezou, se trouvait un château, ancienne demeure des commandeurs, et un beau domaine avec droits seigneuriaux.

De cette commanderie dépendaient encore les domaines de Roulhac et de Boultats ; celui de la grange d'Aboul, près de Bozouls ; la seigneurie de la Clau, ancienne commanderie supprimée de l'ordre des Templiers ; une partie de la paroisse de Prades et plusieurs autres fiefs ; les cures de

---

(1) Etienne Prévot, reçu, le 5 décembre 1739, frère profès et prêtre, en était commandeur en 1787. D'Espinas dépendait La Salvetat-des-Cars.

Canabières, de Bouloc, de Tauriac et de Saint-Martial-de-Contensou (1).

Le bail à ferme de tous les biens de la commanderie de Canabières, à l'époque de la Révolution, se portait à 13,000 livres.

Le château, vendu nationalement, est occupé par cinq familles.

En 1236, Pons, Guillaume, commandeur de Sainte-Marie-de-Canabières, de l'ordre de Saint-Jean-de-Jérusalem, donna à l'abbaye de Bonnecombe 10 setiers seigle et un setier avoine de rente qu'il avait sur le masage de Falguières, paroisse de Carcenac (*Archives de Bonnecombe*).

Bringuier Dalor était commandeur de Canabières, en 1414.

Pierre de Gozon, en 1551.

Parmi les autres commandeurs qui se sont ensuite succédés, on cite, mais sans indication de date :

Baroncelli Javon.
Raymond Modène.
Blacas Carros.
Izarn Gaillard.
Izarn Frayssinet.
Castellane Grimaud.
Taré de la Tour.

Et enfin le dernier, Dominique-Gaspard-Balthazar, baron de Gaillard-d'Agoult, né le 12 septembre 1719, reçu chevalier, le 6 mai 1732, grand-croix ou bailli de l'ordre, commandeur de Valence en 1744, et de Canabières en 1781.

MILLAU.

La commanderie de Millau provenait des Templiers. Des

---

(1) L'église de Saint-Jean-le-Frech, dans les mêmes parages, appartenait jadis, à ce qu'on assure, aux Templiers. On voit encore dans le cimetière beaucoup de vieux tombeaux en pierre où sont gravées des croix.

jardins, un vignoble, près de la ville, les domaines de Cat-fonds et de la Grangette étaient affectés à cette commanderie, ainsi que les cures de Castelmus et de Saint-Germain.

Louis-Dominique de Gras-Préville en était commandeur à l'époque de la Révolution. C'était un vieux chevalier, né en 1749, admis dans l'ordre le 31 mars 1724, et pourvu de ce bénéfice en 1776.

Il succédait à MM. de Guiran Labrillane et de Ligondès.

L'ancienne maison que l'ordre avait à Millau, près de la porte de Layrolle, fut abattue au mois d'octobre 1568.

SAINTE-EULALIE (*Canton de Cornus*).

Sainte-Eulalie, sur le Larzac, autrefois à l'ordre du Temple, était la commanderie la plus considérable du Rouergue. Ce qui reste du château annonce son importance et son ancienneté. Elle avait de beaux domaines dans les communes de Roquefort (1), de Saint-Georges (2), de Combret (3), de la Bastide-Pradines (4), de Lapanouse-de-Cernon (5), de Saint-Paul-des-Fonds (6), et sur le territoire même de Sainte-Eulalie (7), sans parler des fiefs nombreux et des églises qui étaient sous sa dépendance. Elle possédait les bourgs fortifiés de La Couvertoirade et de La Cavalerie, la forêt de la Salvage, les villages de La Blaquarerie, de Cazajourde, du Viala-du-Pas-de-Jaux, de La Blaquière et presque tout le Larzac (8).

---

(1) Domaine de Moussac et caves à Roquefort.
(2) Vignoble à Saint-Georges.
(3) Domaine de Carnus, près de Combret.
(4) Moulin et domaine, dans la commune de La Bastide.
(5) Château dans celle de Lapanouse.
(6) Domaines de La Violette et de Mascourbe.
(7) Domaines, maisons, granges, bergeries, etc., à Ste-Eulalie.
(8) Un ancien titre nous apprend qu'en 1410, Sainte-Eulalie était un prieuré de l'ordre de Saint-Jean, d'où relevaient plusieurs commanderies et bailliages. Un titre de 1304 fait voir qu'à cette époque Montels était membre de Sainte-Eulalie (*Archives de Combret*).

Son dernier commandeur a été le baron Jean-Antoine-Joseph-Charles de Riquetti-Mirabeau, né le 8 octobre 1717, reçu chevalier le 31 juillet 1720, grand-croix ou bailli de l'ordre, commandeur de Sainte-Eulalie, de La Couvertoirade et de Vialar en 1768, et de Béziers en 1786.

La commanderie de Sainte-Eulalie rapportait au moins annuellement soixante mille livres.

Peu d'années avant la Révolution et dès 1768, on en avait démembré La Couvertoirade, pour y établir une nouvelle commanderie, qui fut donnée également au baron de Mirabeau.

Le commandeur de Mirabeau était amiral des galères de l'ordre et avait été gouverneur de la Guadeloupe. Il était oncle du fameux Mirabeau. En 1789, il lui écrivit une lettre où on lisait ces mots : *Songez, mon neveu, que les révolutions sont toujours funestes à ceux qui les fomentent.*

INSCRIPTION PLACÉE SUR LA PORTE D'ENTRÉE DU CHATEAU DE SAINTE-EULALIE, AU-DESSOUS DES ARMOIRIES DU COMMANDEUR.

« *Hæc insignia illustrissimi Ant.-Josephi-Caroli-Eleazaris de Riqueti Mirabeau, equitis et baillivi ordinis sancti Johannis Hierosolymi, antea navium regis et insulæ Guadaloupæ præfecti, classiumque dicti ordinis prætoris, nunc commandatoris Sanctæ-Eulaliæ grato animo et ut innotescant presentibus et futuris dicti Domini benefacia ....uere cives Eulalienses.* »

A. Domini MDCC...

SAINT-FÉLIX-DE-SORGUES (*Canton de Camarès*).

La commanderie de Saint-Félix, d'origine templière, avait été dotée d'une partie des biens de celle de Martrin, depuis longtemps supprimée, et dont le château, aujourd'hui tombant en ruines, lui servait d'annexe et était même souvent habité par les commandeurs. On voit encore dans le cimetière de Martrin le tombeau en pierre du commandeur *Penangra de Salicio*, mort avant le milieu du XVe siècle, et qui avait sans doute fait reconstruire ou tout au moins réparer le château, car les armes du tombeau se trouvent reproduites sur certaines parties de l'édifice (1). Le caractère de quelques autres pierres tombales du même cimetière prouve que d'autres chevaliers ou commandeurs de l'ordre reposent dans le même lieu.

Outre les possessions de Martrin et de Saint-Félix, cette commanderie avait encore des biens à Broquiès, ainsi qu'un domaine à Prugnes, commune du Pont-de-Camarès.

Une transaction du 21 juillet 1410, passée à Sainte-Eulalie, entre le commandeur de Saint-Félix et la communauté du lieu, représentée par *houneste personne* Guillaume de Versols, bachelier ès-lois, juge de Saint-Félix, etc., rappelle les noms de quelques chevaliers de l'ordre qui avaient précédemment possédé la commanderie de Saint-Félix :

Frère Bertrand de Gourdon, en 1326 ;

Brenguier de Parronne, en 1366 ;

Pons de Panat, en 1397.

La transaction dont il s'agit fut passée dans un chapitre de l'ordre tenu à Sainte-Eulalie par révérend père en Christ Jean Flotte, prieur de Sainte-Eulalie, célébrant son chapitre avec les commandeurs et personnages dont les noms suivent :

Frère Pierre Theoron, commandeur de Saint-Pierre-de-Beaucaire ;

Rustican, procureur fondé du grand-maître Philibert de Noailhac ;

Frère Pierre de Cilio, commandeur de *Jalezio* et grand commandeur de Rhodes ;

---

(1) Ces armes sont un arbre (sans doute un saule) surmonté d'une croix couchée. L'épitaphe suivante en lettres gothiques est gravée sur le tombeau : « *Hic jacet nobilis frater Penangra de Salicio. Deus propitius esto illi..... sit nomini memoria.* » Voir au sujet de ce tombeau les *Mémoires de la Société*, t. III, p. 107.

Salvanh, Pierre, commandeur de *Petiozio* et de Saint-Nazaire ;

Jean de Maironius, commandeur de Vappicon et procureur général de l'ordre ;

Pierre de *Capite-Laco*, commandeur de Campanholes et de Saint-Maurice ;

Jean de *Vencoirolio*, commandeur de *Menusca* ;

Pierre de *Onilhaco*, commandeur de Rayssac ;

Pons de *Moncairolio*, commandeur de Millau ;

Guillaume de Thézan, commandeur de Saint-Christophe ;

Pierre de *Balma*, commandeur de *Dozenchis* ;

Constans de *Monte-Male*, commandeur de *Clareto* ;

Vincent Saigui, commandeur de Valence ;

Guillaume de Pinneto, commandeur de Canabières ;

Jean de Novellis, commandeur de *Saligis* ;

Duran Malian, commandeur de Drulhe ;

Deodat de Combutis ;

Causane Jaulz ;

Guillaume de Rames de las Pinas ;

Pierre Durand de Saint-Pierre-Danezé.

On voit par d'autres actes que Jean de Gozon était commandeur de Saint-Félix au commencement du XVe siècle, et Etienne d'Arzac en 1570.

Jean-Paul de Lascharis, qui fut grand-maître de l'ordre de Malte, était, en 1678, bailli sénéchal de l'ordre et commandeur de Martrin et de Saint-Félix-de-Sorgues.

Le baron Gaspard François de La Croix-de-Seyve, né en 1714, reçu chevalier le 7 mai 1720, grand-croix de l'ordre et bailli de Manosque en 1784, a été le dernier commandeur de Saint-Félix. Il était pourvu de ce bénéfice depuis 1785.

L'auteur de l'*Etat de la France* porte le revenu de Saint-Félix à 12,000 livres ; mais cette évaluation est évidemment trop basse (1).

---

(1) Il en est de même des suivantes :

Lugan............	2,000 livres.
La Selve...........	4,500
Canabières.........	4,000
Millau............	6,600

Le château de Saint-Félix avait été assiégé et pris par les religionnaires au mois de mai 1577.

LA SELVE (*Canton de Réquista*).

Il y a peu d'années que la plus grande partie des bâtiments de la commanderie existaient encore. L'ancienne chapelle, servant d'église paroissiale, a été reconstruite de nos jours, et deux ailes du vieux édifice avaient été précédemment abattues.

La commanderie de La Selve avec ses dépendances existait sous l'ordre de Malte, telle qu'elle avait été constituée sous les anciens Templiers, et se trouvait dotée de biens ruraux assez considérables à La Selve et d'un grand nombre de rentes.

Le commandeur disposait de la cure du lieu, de celles de Bégon et de Rullac.

Voici les noms des commandeurs dont on a gardé la mémoire :

Raymond de Suéjols, 1334 ;
    (*Registres d'anciens actes de l'évêché de Rodez. Archives*).
Bertrand d'Arpajon, 1396 ;
Arduin de La Plane, qui assista au fameux siège de Rhodes, en 1480, sous le grand-maître d'Aubusson ;
Henri de La Valette-Parisot, 1560 ;
Flotte la Roche, 1568 ;
Laurent de Raymond, 1576 ;
Guitaud Comminges, 1663 ;
De Grille Estoublon ;
Raymond d'Eaux :
D'Isnard de Grasse ;
Belmont-Vachon ;
De Glandevès-Castellet.

Le baron Victor-Nicolas de Belmont-Vachou, né en 1728, reçu à Malte le 1ᵉʳ avril 1731, grand-croix ou bailli de l'ordre, fut commandeur de Condat en 1768, d'Astros en 1780 et de La Selve en 1788. Il occupait par conséquent cette dernière commanderie quand la Révolution vint tout briser.

ESPALION.

La commanderie d'Espalion qu'on appelait aussi *le Temple*, du nom de sa primitive destination, avait dans son apanage le domaine d'Aubignac; celui des Landes à Senepjac; le domaine de Limouse; un vignoble à Salles-Comtaux; des maisons et jardins à Rodez, etc.; biens de nature diverse à Espalion, etc.

Les cures d'Anglars-Bedène, d'Auzits, de Saint-Martin et de Saint-Africain-de-Limouse étaient dans sa dépendance.

La vieille tour de Limouse est encore debout. Près d'Espalion et sur la route de Saint-Côme, on voit une petite église, de style bysantin, qui était la chapelle de la commanderie du temps des Templiers. Elle sert aujourd'hui de grange. Le beau domaine d'Aubignac, acquis d'abord de la nation par le sieur Valat, de Lodève, est possédé par la famille Passelac, qui y a fait élever un château dans le goût moderne.

Frère B. Igol de Gabriac était commandeur d'Espalion en 1541.

Antoine de Rodez-Montalègre en 1559.

Flotte-la-Roche en 1568.

Raymond de Villeneuve en 1672.

Antoine de Sade d'Eyguières en 1721.

Quand la Révolution éclata c'était, depuis 1762, Joseph-Gabriel de Lordat-Bram, né en 1733, et chevalier de Malte depuis le 1ᵉʳ mai 1750.

Commandeurs de l'ordre de Saint-Jean-de-Jérusalem, à Espalion.

1334.— Brenguier de Rotbald.

1407—1423.—Noble Bernard de La Fitte et à la même

époque frère Guillaume Elie, prêtre, attaché à la même maison.

1454—1458. — Noble Jean de Castelnau, chevalier; frère Ramond de Ville; Grangier d'Albinhac.

1470—1471. — Bernard Brenguier ou Bérenger, chevalier.

1489. — Bertrand Coalhac, commandeur d'Albinhac.

1503. — François Blacas.

1513. — Jean Valette, commandeur d'Espalion, Limouse et leurs dépendances.

1526. — Noble Guillot de Castelnau, *aliàs* de Regussa.

1530. — Frère Poncet d'Arna.

1543. — Bégon de Gabriac.

1545. — Noble Guillot de Gabriac.

1551. — Noble Antoine de Roudez, dit de Montalègre.

1583—1589. — Noble Pierre Roux, dit de Belvezet.

1606—1619. — Noble Jean-Jacques de Mauléon La Bastide.

1630—1640. — Jean-Baptiste de Lambert.

1647—1654. — Noble Philippe de Lespine d'Alan.

1654. — Messire François de Villeneuve-Clamensano.

1666—1673. — François-Raymond de Villeneuve-la-Recuquelle.

1676—1677. — Messire Annibal de Castellane d'Alvès.

1689—1714. — Jos.-Félix de La Raynarde, ancien premier capitaine d'une des galères du roi.

1719. — Messire Antoine de Sadeavguières.

1771—1779. — Haut et puissant seigneur Gabriel-Joseph de Lordat, chevalier profès de l'ordre, habitant Toulouse.

LUGAN (*Canton de Montbazens*).

Le chef-lieu de la commanderie de Lugan fut pendant très-longtemps à Auzits (1) et puis à Drulhe, quand les Hospita-

---

(1) On montre encore à Auzits une ruine qui est un débris de l'ancien château de l'ordre.

liers eurent remplacé les Templiers dans cette dernière commanderie.

On trouve dans les *Annales de Villefranche* que l'évêque Vivian bailla, en 1250, au commandeur d'Auzits, de l'ordre de Saint-Jean-de-Jérusalem, les bénéfices d'Alte-Serre, de Rulhe et de Lugan, en échange de ceux de Cabannes, près de Morlhon, et de Veuzac.

Ces mêmes Annales rapportent que les biens des Templiers de Villefranche furent donnés, en 1316, au commandeur de Drulhe, de l'ordre des Hospitaliers.

Au milieu du xve siècle, les commandeurs prenaient encore le nom de commandeurs d'Auzits, mais résidaient au château de Lugan. Dans la suite, Auzits fut distrait de cette commanderie et joint à celle d'Espalion.

Le commandeur de Lugan avait dans sa manse le domaine de Béteille, les bois de Combe-Nègre, diverses possessions à La Vinzelle, à Saint-Julien-de-Pigagnol, etc.

Le château de Lugan était accompagné d'un étang et d'une belle prairie.

M. Randon, curé de la paroisse, a acheté, il y a quelques années, cet édifice encore intact, et l'a donné à des sœurs des écoles de la Sainte-Famille pour l'éducation des jeunes filles et le soin des malades.

Frère de Raymond était commandeur d'Auzits en 1285.
(Gaujal, *Annales du Rouergue*).

Noble Jean-Durand Malhan prenait le titre de commandeur de Drulhe en 1420. (*Archives du château de Bournazel*).

Pierre de Montlezun était commandeur d'Auzits et de Lugan, en Rouergue, et de La Tronquière, en Quercy, en 1436. Le même devint ensuite grand-prieur de Toulouse.
(*Tit. de la famille de Monlauzeur*).

Frère Jean de Castelnau, commandeur de Drulhe en 1479.

Frère Durand de Patras, commandeur de Drulhe en 1499.

Noble Jean de Mars-Liviers, commandeur de Drulhe en 1617. (*Archives du château de Bournazel*).

Gauthier-Valabre, commandeur de Lugan.

D'Isnard, commandeur de Lugan.

Louis-Charles-Régis de Coriolis-Espinouse, né en 1725, reçu chevalier le 29 mai 1737, fut commandeur de Lugan en 1783, et il a été le dernier.

—

Autres biens de l'ordre de Malte, en Rouergue.

Nigresserre, au nord du département et près du Mur-de-Barrez, appartenait à la commanderie de Narbonne, des chapelains conventuels et servants d'armes.

Le commandeur, pourvu de ce bénéfice, était en même temps seigneur de l'endroit; c'est à lui qu'appartenait la nomination du curé.

Commandeurs connus :

Pierre de Monlasur, chevalier de Malte, en 1428.

Frère Jean Campvielh, en 1545.

Frère Antoine Castela, en 1548.

Frère Albert Pinson, en 1609.

N. Blain, frère servant de l'ordre, en 1770.

—

Le domaine et château de Genoullac, les domaines de l'Espinassière, du Juge et de Bramalou, accompagnés de grands bois, le tout dans l'arrondissement de Villefranche, dépendaient de la commanderie de La Capelle-Livron, près de Caylus, en Quercy.

Antoine de Montlezun, commandeur de Pibrac et Ginolhac en 1476, fit rebâtir, en 1481, la tour du château de Ginolhac, où l'on voyait autrefois ses armes.

Bréville, dans le même arrondissement, était membre de la commanderie de La Tronquière, et donnait 2,500 livres,

CHEVALIERS DE L'ORDRE DE SAINT-JEAN-DE-JÉRUSALEM APPARTENANT A DES FAMILLES DU ROUERGUE.

XIVe SIÈCLE.

Dieudonné de Gozon, élu grand-maître de l'ordre en 1346 (*Histoire de Malte*).

Jean de Lévezou, prieur de Villedieu, tué à Crécy, en 1346, où il commandait les chevaliers de son ordre (*Titres de famille*).

Tristan de Lévezou, commandeur de Compeyronat au prieuré de Saint-Gilles en 1349 (*Idem*).

Bertrand d'Arpajon, commandeur de La Selve en 1396, grand-prieur de Saint-Gilles en 1422 (*Tit. de famille. — Arch. de la commanderie*).

Raymond de Lescure, grand-prieur de Toulouse en 1393, envoyé, en 1404, vers le soudan d'Egypte pour traiter la paix avec son ordre, et qui, vivant encore en 1440, présida au chapitre général du même ordre, tenu à Aix (Lafaille, *Ann. de Toulouse*).

XVe SIÈCLE.

Pierre-Raymond de Gozon, chevalier de Rhodes au commencement du XVe siècle (*Titres de famille*).

Jean de Gozon, frère du précédent, chevalier de Rhodes et commandeur de Saint-Félix vers la même époque (*Idem*).

Jourdain de La Valette-Parisot, chevalier de Rhodes, vivant en 1409 (*Idem*).

Déodat Hérail, commandeur en 1420 (Courcelles).

Guillaume d'Alboy-de-Montrozier, commandeur de Massilian, au diocèse d'Agde, en 1424 (*Titres de famille et Tables de Vertot*).

Guillaume de Montels, commandeur de Saint-Maurice, vivant en 1438 (*Titres de famille*).

Vésian de Lévezou, prieur de Villedieu vers 1460 (*Idem*).

Guyot de Castelpers, reçu en 1491 (*Tables de Vertot*).

Guyones de la Propercio, diocèse de Rodez, 4 mai 1491 (D'Aubais, *Pièces fugitives*, t. III.— *Chevaliers de Malte*).

Guillaume de Mostuéjouls, reçu le 3 avril 1492 (*Idem*).

Pierre de Raffin, prieur de Toulouse en 1492 (*Archives de la Raffinie*).

XVIᵉ SIÈCLE.

Marc Azemar, fils de Guillaume et de Sobeyrane de Salignis (Souveraine de Salgues), dame de La Garinie, diocèse de Rodez, reçu le 7 mai 1506 (D'Aubais).

François de Roquefeuil, fils de Bérenger et d'Anne Guerin, 7 mai 1510 (*Idem*).

Begot de Gourdesa, fils de Georges, seigneur de Gabriac, diocèse de Rodez, 7 mars 1511 (*Idem*).

Jean de La Valette-Parisot, reçu en 1515, élu grand-maître le 21 août 1557, mort le 21 août 1568 (*Histoire de l'Ordre*).

Bernard de Castanet, 1515 (*Titres de famille*).

Gilles de Moret, 1515 (*Idem*).

Pierre de Gozon, reçu en 1516, commandeur de Canabières en 1531, grand-prieur de Saint-Gilles en 1559 (*Idem*).

Guillaume de La Roque, *aliàs* de Grun, fils de Jean de La Roque, seigneur de Grun, et de Louise de Pomayrols, 21 avril 1517 (D'Aubais).

André Rauleti, fils d'André Rauleti, seigneur de Montpaon, diocèse de Vabres, 3 mai 1519 (*Idem*).

François de Gozon, frère de Pierre, ci-dessus mentionné, chevalier en 1521, commandeur d'Argentins et de Bordeaux en 1557, bailli de Manosque en 1565 (*Tables de Vertot. — Titres de famille*).

Gabriel de Murat de l'Estang de Pomayrols, prieur de Saint-Jean de Toulouse, connu sous le nom de commandeur de Pomayrols, honorablement mentionné pour sa conduite au siège de Rhodes, par Soliman II, en 1522 (*Titres de famille*).

Guyot de La Valette-Parisot figure sur un rôle des revues passées en 1522, pour se préparer au siège de Rhodes, sous le grand-maître Villiers-de-Lisle-Adam, avec Jean de La Valette, depuis grand-maître, et Pierre de Gozon de Mélac, mentionné plus haut (*Table de Vertot*).

Antoine Rodez de Montalègre, fils de Bernard, 7 mai 1526 (D'Aubais). Cet Antoine, d'après des titres de famille, fut commandeur d'Espalion en 1553.

Jean de Saint-Ferréol, fils de Guillaume de Saint-Ferréol et de Jeanne de Robiac, diocèse de Vabres, 5 mai 1528 (D'Aubais).

Jacques de Roquefeuil-Padiès, commandeur de Rayssac, compris dans le catalogue des chevaliers de la langue de Provence en 1531.

Guyon de Berenguier, fils de Galhard et de Galharde......., seigneur de Bertholène, au diocèse de Rodez, 5 mai 1533 (D'Aubais).

Philippe d'Urre, en 1536 (*Tables de Vertot*).

Hector de Pelegri, de La Roque-Sainte-Marguerite, 1540 (*Idem*).

Guyon de Prunet, fils de Béranger et de Marguerite de Lopiac, du lieu de Verrières, diocèse de Rodez, 8 mai 1542 (D'Aubais).

François de La Framondie, fils de Jean et d'Hélène de Malevieille, seigneur du Bosc, diocèse de Rodez, 5 mai 1544 (*Idem*).

Arnaud Azemar, fils de Guillaume et de Delphine de Verfeuil, seigneur de Mosneys, diocèse de Vabres, 6 mai 1544 (*Idem*).

Anet de Corn, fils de François et de Marguerite de Colombiers, seigneur d'Ampare, diocèse de Rodez, 6 mai 1544 (*Idem*).

Pierre de Gabriac, fils d'Amblard et de Catherine de Valette-Parisot, seigneur de Gabriac, diocèse de Rodez, neveu de Bégon de Gabriac, commandeur de Vahours, 4 mai 1545 (*Idem*).

Bernard Blanc, fils de Jean Blanc et d'Hélips de Rodez-Montalègre, seigneur de Vaillausy et de Montégut, diocèse de Vabres, 3 mai 1546 (*Idem*).

Gui de Moret, neveu de Gilles, mentionné plus haut, commandeur de Bordeaux et de Condat (*Tables de Vertot. — Titres de famille*).

Jean de Mailhac, 1547 (*Tables de Vertot*).

Jean de Corn, frère d'Anet, mentionné plus haut, 1549 (*Titres de famille*).

Clément de La Roque-Bouillac, vers 1550 (*Idem*).

Etienne d'Arzac, chevalier en 1550, puis commandeur de Saint-Félix (*Idem*).

Jacques de Montcalm, vers 1550 (*Idem*).

Guyon de Saunhac, 1550 (*Tables de Vertot*).

Henri de La Valette-Parisot, reçu en 1554, commandeur de La Selve, tué, en 1565, au siège de Malte (*Titres de famille*).

Jean de La Valette, frère du précédent, reçu en 1554 (*Idem*).

Jean de Mostuéjouls, reçu au prieuré de Toulouse en 1554 (*Tables de Vertot*).

André de Lapanouse, reçu le 28 octobre 1559 (*Titres de famille*).

Jean de Gozon-d'Orlhonac, 1559 (*Idem*).

François de La Valette-Parisot, 1565 (*Idem*).

Pierre-Guillaume et François de Tubières de Verfeil, frères, 1570 (*Tables de Vertot*).

Antoine de Vergnette, reçu le 20 décembre 1571 (*Titres de famille*).

Guyot du Cros de Planèses, 1571 (*Tables de Vertot*).

Laurent de Raymond, commandeur de La Selve et de Comps, en 1576 (*Titres de famille*).

Vidal d'Arzac, reçu le 28 mai 1581 (*Idem*).

Joseph de Cassagnes du Cayla, 1581 (*Tables de Vertot*).

Bernard de Penne de La Ferrandie, 1584 (*Idem*).

Béraud de Crucy-Marcillac, reçu le 27 octobre 1587 (*Titres de famille*).

Jean de La Valette-Parisot, reçu en 1588 (*Idem*).

Jean-Jacques d'Izarn, reçu en 1589, commandeur de la chapelle en 1606, tué dans un combat contre les Turcs en 1608 (*Martyrologe de l'Ordre*).

Bernard de Crucy-Marcillac, 1590 (*Tables de Vertot*).

Guyon de Saunhac-Belcastel, 1598 (*Idem*).

XVIIe SIÈCLE.

Antoine de Morlhon de Laumière et Jean, son frère, 1600 (*Titres de famille*).

Samuel de Castelpers, 1603 (*Tables de Vertot*).

Charles d'Estaing et Louis d'Estaing, son frère, reçus le 13 mars 1604, le premier, dans la suite, commandeur de Morlan, et le second de Tortebesse (*Titres de famille*).

Jean d'Arpajon, reçu le 13 mars 1604, grand-prieur de Saint-Gilles en 1664 (*Tables de Vertot*).

François de Solages de Tholet, reçu en la langue de Provence en 1605 (*Idem*).

Jean de La Valette-Parisot, reçu au grand-prieuré de Toulouse en 1606 (*Titres de famille*).

Jean-Raymond de Montvalat-d'Entraygues, reçu au grand-prieuré de Toulouse, le 28 mai 1612 (*Idem*).

Jacques de Roquefeuil du Bousquet, reçu le 6 janvier 1613 (*Idem*).

Jacques de Corneillan, frère de l'évêque Bernardin, reçu en 1614 (*Idem*).

Jean de Solages de Saint-Jean-d'Alzac, reçu au grand-prieuré de Toulouse, le 19 avril 1615 (*Tables de Vertot*).

Pierre Brunet, 1616 (*Idem*).

Jean Du Rieu de Saint-Beauzille, reçu le 4 août 1620 (*Idem*).

Bertrand d'Arpajon, fils de Samuel, reçu en 1621 (*Idem*).

Pierre de Puel (famille de Parlan), reçu en 1622 (*Idem*).

François-Louis de Tubières de Grimoard, 1624 (*Tables de Vertot*).

Jean de Morlhon de Laumière, reçu en 1644, tué plus tard dans un combat naval (*Tables de Vertot. — Titres de famille*).

Jacques de Garceval de La Roque, reçu vers 1650, mort capitaine de galères (*Titres de famille*).

Jean-Antoine de Lauzières de Saint-Beauzille, reçu le 4 décembre 1656 (*Ancien rôle de la langue de Provence*).

Paul de Morlhon de Laumière, frère de Jean, mentionné plus haut, reçu le 4 décembre 1656, tué à Candie en 1669 (*Titres de famille*).

Jean-Georges de Caulet (des seigneurs de Cadars, en Rouergue), 1657 (*Tables de Vertot*).

Marc-Antoine de Morlhon de Laumière, frère des précédents, reçu le 18 novembre 1658 (*Tables de Vertot. — Ancien rôle de la langue de Provence*).

Félix d'Alboy de Montrozier, reçu en 1660 (*Idem*).

Louis de Tubières, reçu de minorité, le 10 septembre 1664 (*Idem*).

Alexandre d'Arpajon, 1664 (*Idem*).

Henri de Buisson-Bournazel, 1666 (*Idem*).

Pierre Izarn de Frayssinet et Antoine Bernardin, son frère, reçus en 1667 (*Idem*).

François Du Rieu, vivant en 1668 (*Idem*).

Jean de Prévinquières-Montjaux et Guillaume, son frère, 1669 (*Idem*).

Claude de Morlhon de Laumière se distingua dans la guerre de la Morée contre les Turcs, 1677 (*Idem*).

Charles de Garceval de La Roque, 1680 (*Tit. de famille*).

Casimir d'Izarn de Frayssinet, 1685 (*idem*).

Louis-François de Crucy-Marcillac, 1689 (*Tab. de Vertot*).

Jacques de Caulet, 1690 (*idem*).

Joseph-Jacques de Caulet, 1698 (*idem*).

XVIIIe SIÈCLE.

Liste extraite des archives de l'ordre (1).

Bérail de Mazerolles (François de), 1700.

Cruzy-Marcillac (Philippe de), 1701.

Boyer de Sorgues (Charles de), 1704.

Montvalat, comte d'Entraygues (Nicolas-Hyacinthe de), 1708.

Viguier (Paul-Antoine de), né le 26 mai 1702. — 26 mai 1714.

---

(1) Les noms des chevaliers portés sur cette liste se trouvent dans les almanachs de l'ordre de 1769 et 1787, et dans l'ouvrage sur l'ordre de Malte, publié en 1839 par M. de Saint-Allais.

Bonald (François-Joseph-Honoré de), né en 1698, tué à la bataille de Parme en 1734. — 1716.

Mostuéjouls (Jean-Charles de), reçu chevalier de justice, le 20 juillet 1717.

Caulet de Grammont (Tristan de). — 1735.

Izarn de Frayssinet (Joseph-Melchior-Louis d'), 12 août 1739.

Izarn-Frayssinet (Antoine-Godefroy d'), né le 24 janvier 1730. — 18 décembre 1742.

Montcalm-Gozon (Gilibert-François-Dieudonné de), né le 25 septembre 1743. — 5 juillet 1744.

Malvin-Montazet (Léon de), né le 26 septembre 1724, commandeur de La Cavalerie en 1768, était aussi receveur de l'ordre au prieuré de Toulouse. Ce vieux chevalier, mort en 1821 au château de Pachins où l'avaient recueilli ses cousins, était sans contredit l'un des hommes les plus distingués de l'ordre par son savoir, son esprit et son activité. Il était frère de l'ancien archevêque de Lyon et appartenait à la branche de Bordeaux. — 10 janvier 1753.

Roquefeuil (François-Jacques de). — 22 juin 1762.

Malvin-Montazet de Pachins (Jean-Baptiste-Claude de), *dit le chevalier de Rayssac*, page. — 17 octobre 1762.

Montcalm (Louis-Barthél.-Dieudonné de). — 19 août 1765.

Roquefeuil (Charles-Balthazar de), né le 19 septembre 1752. — 12 juillet 1766.

Malvin-Montazet de Pachins (Jean-Joseph-Jacques de), né le 19 août 1751, tué à la prise de Malte par Bonaparte, le 18 juin 1798. — 12 juillet 1766.

Roquefeuil (Philippe de), né le 6 janvier 1755. — 31 mai 1767.

Roquefeuil (Casimir de), né le 30 décembre 1757. — 16 avril 1769.

Cruzy-Marcillac (Armand-Mar.-Joseph-Magdalon de). — 12 février 1773.

Bessuéjouls-Roquelaure (Antoine-Marie-Joseph-Catherine de), né le 16 mai 1755. — 20 juin 1773.

Lapanouse du Colombier (René-Joseph-Louis de), né le 23 février 1763, page.— 2 avril 1775.

Genibrouse (Jean-Louis-Marie de), des seigneurs de Lédergues.—29 mars 1775.

Lapanouse du Colombier (Alexandre-César de), page.— 12 octobre 1776.

Solages (Paulin-Guillaume-Auguste).— 28 octobre 1776.

Buisson-Bournazel (Claude-Magdalon-Joseph-Xavier de), né le 11 juillet 1770.—23 décembre 1776.

Buisson-Bournazel (Jean-Alphonse-Xavier de), né le 13 avril 1772.— 23 décembre 1776.

Lapanouse du Colombier (Charles-François de). — 16 juin 1777.

Roquefeuil (Louis-Pierre-Emmanuel de).—24 février 1778.

D'Albignac (Louis-Hector). — 24 février 1778.

Lapanouse du Colombier (Ange-François-Charles), né le 3 octobre 1766.—9 février 1779.

Puel de Parlan (Jean-Joseph-Auguste-César de), né le 18 septembre 1777.— 2 octobre 1779.

Framond (Auguste-Charles-Marie de).— 21 janvier 1781.

Montvalat (Jean-François-Casimir-Magdalon de).—27 mars 1782.

Tauriac (Louis-Jean-Antoine de), né le 29 juin 1765. — 3 juillet 1786.

Tauriac (Antoine), frère du précédent, né le 25 janvier 1767.— 3 juillet 1786.

Montcalm-Gozon (Louis-Marie-André-Dieudonné de).—18 juin 1786.

Izarn-Frayssinet (Louis-Anet d'). —15 juillet 1787.

Izarn-Frayssinet (Gabriel), de La Guépie. —1788.

Montcalm-Gozon (Edouard-Gabriel de). — 18 mars 1788.

Puel de Parlan (Antoine-Joseph-Sylvestre de).—7 janvier 1788..

Lapanouse du Colombier (Joseph-Mercure de). —1789.

Brunet-Panat (Pierre-François-Eugène de).—30 avril 1789.

Cruzy-Marcillac (Pierre-Louis-Alexandre de).—23 octobre 1794.

Lapanouse (Joseph de). —31 mai 1794.

XIXe SIÈCLE.

Montcalm........, bulle du 8 février 1846.

Izarn-Frayssinet (Marie-Alexandre-Joseph d').—30 juillet 1847.

Dupuy de Melgueil (Antoine-Louis), bulle du 19 janvier 1848.

Sambucy (Charles de), bulle du 24 novembre 1848.

Sambucy (Antoine-François-Joseph de), comte palatin, colonel de la 3e légion de la garde nationale parisienne, commandeur de la Légion-d'Honneur, mort en 1856.

LÉGION-D'HONNEUR.

TABLEAU RAISONNÉ DES LÉGIONNAIRES DU DÉPARTEMENT DE L'AVEYRON, PRÉCÉDÉ D'UNE NOTICE SUR L'ORDRE, ET SUIVI D'ARTICLES BIOGRAPHIQUES SUR SES MEMBRES LES PLUS CONNUS.

I.

NOTICE HISTORIQUE SUR L'ORDRE DE LA LÉGION-D'HONNEUR.

L'institution de la Légion-d'Honneur date du 19 mai 1802. Elle fut destinée à récompenser les vertus civiles et militaires, les services éminents rendus à la patrie dans toutes les carrières ouvertes à l'activité humaine.

Elle faisait revivre, en quelque sorte, cette ancienne chevalerie qui avait répandu tant d'éclat sur la troisième époque de la monarchie, et dont le culte se maintint sans altération pendant plusieurs siècles, au milieu d'une société à moitié barbare dont elle contribua si puissamment à polir les mœurs.

La Révolution de 1789 avait trouvé debout devant elle plusieurs ordres établis par nos anciens rois. Ils furent emportés comme tout le reste. Mais à peine quelques années s'étaient écoulées depuis l'abolition de ces ordres, qu'on sentit le besoin de les remplacer par une distinction spéciale. Dans les premières guerres que la France eut à soutenir, nos soldats déployèrent tant de courage, les traits d'héroïsme devinrent si nombreux que la récompense devint difficile, impossible même ; les grades n'y pouvaient suffire, et le gouvernement devait craindre d'encourir le reproche d'ingratitude envers tant de braves qui réclamaient le prix de leurs glorieux services.

Ce fut alors que Bonaparte, parvenu à la direction des affaires, tourna ses pensées vers ses compagnons d'armes et fit insérer, dans la Constitution de l'an VIII, cet article 87 qui reconnaissait une dette sacrée et annonçait que la patrie ne tarderait pas à l'acquitter.

Quelques jours après parut l'arrêté des consuls du 4 nivôse, portant qu'il serait décerné des récompenses nationales aux guerriers qui auraient rendu des services éclatants en combattant pour la République, et que ces récompenses seraient des armes d'honneur.

Cet arrêté, où l'on trouve le germe de la pensée féconde qui devait bientôt recevoir de si grands développements, laissait les récompenses nationales incomplètes.

Les citoyens qui avaient rendu d'éminents services dans l'ordre civil, qui s'étaient fait un nom dans les sciences, se trouvaient exclus des récompenses nationales.

Bonaparte avait reconnu cette injustice, et ce fut alors qu'il médita le plan de l'institution où tous les genres de mérite devaient se grouper en un brillant faisceau ; où les talents, les vertus, le courage, devaient former une seule famille, unie par le même lien de la même devise et d'une commune gloire.

Le projet d'établissement de la Légion-d'Honneur fut lu par Rœderer dans la séance du Conseil d'Etat du 14 floréal an X. Bonaparte en développa ensuite lui-même les motifs.

Mathieu-Dumas combattit le projet en ce qu'il admettait les *citoyens* dans la Légion-d'Honneur. Il voulait qu'elle fût toute militaire, pour soutenir cet esprit dans la nation et dans l'armée. Le premier consul, dans une brillante improvisation, réfuta les objections de Dumas. Les principes qu'il exposa, soutenus avec une force d'éloquence et de raisonnement peu commune, étaient partagés par la grande majorité du Conseil, composée d'hommes civils, et avaient un poids immense dans la bouche du chef du gouvernement, du premier général de l'armée. Dumas ne fut pas tenté de répondre. Personne ne prit la parole.

Mais on n'avait pas touché à la question la plus délicate : l'utilité ou les inconvénients de l'institution. La discussion continua dans la séance du 18. Les adversaires du projet ne rejetaient pas tout système de récompenses et de distinctions. Les assemblées législatives en avaient décerné ; mais ils regardaient le projet comme un ordre, et le trouvaient contraire à l'esprit d'égalité, caractère essentiel de la République française. Il échappa à quelques orateurs de citer les Grecs et les Romains. Berlier tâcha de démontrer que l'ordre proposé conduisait à l'aristocratie. « Les croix et les rubans, dit-il, sont les hochets de la monarchie. »

Le premier consul répondit à Berlier et surtout à ceux qui avaient cité les peuples anciens.

Son discours, qu'on retrouve dans le *Moniteur* et dans les mémoires de l'époque, est empreint d'une véritable éloquence.

On y trouve cette dialectique vigoureuse qui empruntait des formes du style familier toute son énergie, et relevait l'expression vulgaire et commune par des saillies d'une vive originalité. La haute raison, la profondeur de l'homme d'Etat, habile à traiter toutes les questions, et la supériorité de l'esprit se montrent sous ce laisser aller d'une parole négligente qui dédaigne les artifices du rhéteur. Il cause plutôt qu'il ne parle ; mais dans cette causerie, il y a de l'éloquence fécondée, animée par les leçons de l'histoire. Et si l'on compare ses discours à ceux des autres orateurs, on verra que tout l'honneur de la discussion appartient à Bonaparte.

Le second consul appuya le projet et s'attacha principalement à prouver que la Constitution ne réprouvait point les distinctions. Portalis le soutint aussi, et développa les principes de J.-J. Rousseau sur l'influence et la nécessité des signes. Le projet fut discuté dans une autre séance du conseil, où n'était pas le premier consul. Il présida celle du 24. Il dirigea la discussion et la rédaction des objets de détail, comme si le fond eût été adopté ; il ne le mit point aux voix, et proposa tout de suite la question de savoir s'il fallait envoyer le projet au Corps législatif, vu le peu de temps que devait durer encore la session. Le conseiller Thibaudeau fut d'avis d'ajourner ; Portalis, Dumas, Rœderer parlèrent dans un sens contraire. Le premier consul mit la proposition aux voix, et 14 voix contre 10 rejetèrent l'ajournement.

Le projet fut porté le 25 floréal au Corps législatif, et y trouva d'abord des dispositions favorables.

Il n'en fut pas de même au Tribunat où Savoie-Rollin et Chauvelin le combattirent dans des discours empreints do républicanisme qui produisirent une grande sensation.

Il ne fut adopté que par 56 suffrages contre 38. S'il faut en croire Thibaudeau, dont nous suivons le récit dans ce précis historique, l'imprudence de Lucien Bonaparte enleva beaucoup de voix au projet. En effet, l'orateur manqua de mesure en voulant réfuter les objections de ses adversaires ; et son discours fut plutôt une sorte d'accusation contre eux qu'un plaidoyer en faveur du projet de loi qu'il s'était chargé de défendre.

Les paroles violentes de Lucien exercèrent aussi une influence fâcheuse sur le Corps législatif. L'opposition s'abstint dans la discussion et ne se montra qu'au scrutin. Malgré tout ce que les orateurs chargés de défendre le projet purent réunir de moyens et de considérations en sa faveur, malgré tous les efforts de leur éloquence, la Légion-d'Honneur ne fut consacrée, dans la séance du 29 floréal, que par 166 voix contre 110. L'assemblée se composait de 276 votants.

Nul projet, depuis la Constituante, n'avait éprouvé une plus vive opposition.

L'opinion publique, plus juste que la représentation nationale, sanctionna l'institution par ses suffrages et l'expression de sa sympathie.

D'après la loi (1) la Légion-d'Honneur était créée pour récompenser les services et les vertus civils et militaires. Elle était composée de seize cohortes ; chaque cohorte de sept grands officiers au traitement de 5,000 fr. ; de vingt commandeurs à 2,000 fr. ; de trente officiers à 1,000 fr., et de 350 légionnaires à 250 fr. (en tout 6,000). Ces traitements étaient payés par le revenu des biens affectés à la Légion-d'Honneur. Les membres de la Légion l'étaient à vie.

La première formation de la Légion se composait de tous les militaires qui avaient reçu des armes d'honneur (2) ; ceux qui avaient rendu des services majeurs dans la guerre de la liberté pouvaient y être nommés, ainsi que les citoyens qui, par leur savoir, leurs talents, leurs vertus, avaient contribué à établir ou à défendre la République, ou fait aimer et respecter la justice ou l'administration. Les nominations étaient faites par le grand conseil d'administration que présidait le premier consul.

En temps de guerre, il n'était nommé aux places vacantes qu'à la fin de chaque campagne, et les actions d'éclat faisaient titre pour tous les grades.

En temps de paix, il fallait avoir vingt-cinq ans de service militaire pour pouvoir être nommé ; les années de service en temps de guerre comptaient double, et chaque campagne de la dernière guerre comptait pour quatre années. Les grands services rendus à l'Etat dans les fonctions législatives, la diplomatie, l'administration, la justice ou les sciences étaient aussi des titres d'admission, pourvu que celui qui les avait rendus eût fait partie de la garde nationale. La première organisation faite, nul n'était admis qu'après avoir exercé pendant vingt-cinq ans ses fonctions avec distinction. Nul ne pou-

---

(1) Loi proclamée par le premier consul le 29 floréal an X, en suite du décret rendu ledit jour par le Corps législatif, conformément à la proposition faite par le gouvernement, le 25 du même mois, communiqué au Tribunat le 27 suivant. — Arrêté consulaire du 13 messidor an X relatif à l'organisation et à l'administration de la Légion-d'Honneur.

(2) Il y en avait à cette époque 4,000.

vait parvenir au grade supérieur qu'après avoir passé par le plus simple.

Dans chaque chef-lieu de cohorte, il était établi un hospice et des logements, à l'instar des succursales de l'hôtel des Invalides, pour recueillir, soit les membres de la Légion que leur vieillesse, leurs infirmités ou leurs blessures auraient mis dans l'impossibilité de servir l'Etat, soit les militaires qui, après avoir été blessés dans la guerre de la liberté, se trouveraient dans le besoin.

On affecta à chaque cohorte des biens nationaux portant 200,000 fr. de rente (1).

L'organisation devait être faite au 1ᵉʳ vendémiaire an XII.

Le territoire français fut divisé en seize arrondissements de cohortes. Le département de l'Aveyron fit partie du 9ᵉ, qui comprenait en outre le Cantal, le Gard, la Lozère, l'Hérault et le Tarn. Le chef-lieu de cette cohorte fut l'ancien évêché de Béziers. Elle eut 177,837 fr. de dotation. Le maréchal Lannes en eut le commandement. Des règles furent prescrites pour l'organisation du grand conseil d'administration, des conseils d'administration des cohortes, pour l'établissement et l'administration des hospices. Des biens furent affectés aux cohortes avec indication de leur chef-lieu. Les militaires qui avaient obtenu des armes d'honneur furent répartis entre les seize cohortes, et formèrent le premier noyau de la Légion (2).

Avant la fin de l'été de la même année eurent lieu les premières promotions.

Bientôt Napoléon, devenu empereur (18 mai 1804), put déployer dans sa protection plus de magnificence et faire servir la puissance suprême à perfectionner son ouvrage. Il fut lui-même le chef de la Légion et le président du conseil d'administration, composé des princes, ses frères, et des plus hautes notabilités de l'empire. Les seize cohortes furent placées

---

(1) Deux ans après, par arrêté du 13 ventôse an XII, on augmenta cette dotation des domaines du Piémont et des départements de la rive gauche, produisant ensemble un revenu de 1,500,000 fr.

(2) Arrêtés des 13, 23 et 27 messidor an X.

sous le commandement des quatorze maréchaux et de deux vice-amiraux. L'organisation de la Légion-d'Honneur fut complétée.

Le 14 juillet 1804 (26 messidor an XII) fut choisi pour en faire l'inauguration, recevoir le serment des membres et leur en distribuer les décorations. Cette cérémonie, célébrée aux Invalides, fut majestueuse et imposante; la vive émotion qu'elle produisit à plusieurs reprises dans le temple, éclata par de nombreuses acclamations. La messe étant finie, après le serment prêté par tous les Légionnaires, l'Empereur fut décoré le premier par le prince Louis, puis il distribua lui-même les décorations à tous les membres, suivant leurs grades dans l'ordre. La décoration consistait dans une étoile à cinq rayons doubles. Le centre de l'étoile, entourée d'une couronne de chêne et de laurier, présentait la tête de l'empereur avec cette légende : *Napoléon, empereur des Français;* et de l'autre, l'aigle français tenant la foudre avec les mots : *Honneur et patrie.* La décoration était émaillée de blanc, en or pour les grands officiers, commandants et officiers, et en argent pour les simples Légionnaires. Elle était attachée à un ruban moiré rouge (1).

La deuxième distribution des croix eut lieu le 17 août de la même année (28 thermidor an XII) au camp de Boulogne, jour de l'anniversaire de la naissance de Napoléon. Cette cérémonie, une des plus imposantes dont le souvenir nous ait été transmis, eut lieu devant 80,000 hommes rassemblés sous les ordres du maréchal Soult. Là, les nouvelles décorations furent exclusivement le partage des troupes.

Au mois de pluviôse an XIII (1805) la forme de la grande décoration de la Légion-d'Honneur fut fixée, et le nombre des Légionnaires fut augmenté de 2,000, qui devaient être tous choisis cette fois parmi les officiers et soldats qui s'étaient distingués dans la guerre et qui avaient reçu au moins une blessure (2).

---

(1) Décret impérial du 2 messidor an XII.
(2) Décrets des 10, 12 pluviôse, 15 germinal, 8 prairial an XIII.

Le 29 mars 1809 parut le décret portant organisation des maisons d'Ecouen et de Saint-Denis, où 400 demoiselles, filles ou sœurs des Légionnaires, devaient être élevées aux frais de la Légion.

Un autre décret du 15 janvier 1810 créa six maisons ou couvents destinés à recueillir et à élever des orphelins d'officiers et chevaliers de la Légion-d'Honneur.

Après la chute de l'empire, l'ordre de la Légion-d'Honneur fut maintenu par l'article 72 de la Charte constitutionnelle ; mais une ordonnance du roi Louis XVIII, en date du 19 juillet 1814, y apporta de sensibles modifications, en faisant cesser à l'avenir tout droit au traitement et soumettant les titulaires actuels à certaines réductions ; en supprimant le grand conseil et les cohortes ainsi que la maison d'éducation d'Ecouen, qui fut réunie à Saint-Denis. La même ordonnance, article 3, enlevait aux Légionnaires la prérogative qu'ils avaient tous de faire partie des collèges électoraux.

Il faut dire ici qu'une partie des domaines dont se composait le revenu de la Légion-d'Honneur, étant situés dans les pays que la victoire avait soumis à la France, et que les traités rendirent à leurs anciens possesseurs, la dotation de la Légion-d'Honneur se trouva considérablement diminuée, insuffisante même pour acquitter les traitements des Légionnaires.

On changea la face de la croix (1), mais la substitution de l'effigie de Henri IV à celle de Napoléon, sur la décoration de l'ordre, était un anachronisme que la mémoire du bon roi ne pouvait excuser.

Les établissements des orphelins furent maintenus (2). Une ordonnance, en date du 17 février 1815, dont le but était de fixer les bases d'admission et d'avancement dans l'ordre, y introduisit, tout en maintenant les vingt-cinq ans, de fâcheux

---

(1) A l'effigie de l'empereur fut substituée celle de Henri IV, d'un côté ; et de l'autre, l'écusson de France remplaça l'aigle. Même exergue : *Honneur et patrie*. Ordonnance du 21 juin 1814.

(2) Ordonnance du 27 septembre 1814.

changements, en ce qu'elle facilita trop les admissions par les promotions extraordinaires dans l'ordre civil.

Une autre ordonnance du 26 mars 1816 refondit en une seule toutes les lois, statuts et actes relatifs à l'organisation, composition et administration de la Légion-d'Honneur.

Enfin la loi du 6 juillet 1820 répara en partie les injustices qui avaient pesé sur l'ordre. Tous les chevaliers nommés antérieurement au 6 avril 1814, et tous les sous-officiers et soldats nommés depuis la même époque reçurent, à partir du deuxième semestre de 1820, le complément de leur traitement; et les fonds qui devinrent libres par l'effet des extinctions, à compter du 1er janvier de la même année, furent successivement employés à compléter les traitements des officiers, commandeurs et grands officiers.

La loi garda le silence sur la réduction arbitraire dont les Légionnaires avaient été frappés pendant plus de quatre années. La pénurie du trésor ne put permettre une entière réparation.

La situation de la Légion-d'Honneur n'offre plus rien de notable pendant le reste du règne de la branche aînée, sauf une ordonnance du 18 octobre 1829, qui restreignit à vingt ans les vingt-cinq années de services effectifs exigés jusque-là pour être promu dans l'ordre.

Quand Louis-Philippe eut saisi la couronne, par suite de l'insurrection de 1830, il fit beaucoup de promesses, dont aucune ne put être réalisée. Seulement, par ordonnance du 28 novembre 1831, il rétablit dans leurs grades les Légionnaires qui avaient été décorés par Napoléon pendant les Cent jours.

Sur le revers de la croix, l'écusson de France fit place à deux drapeaux tricolores (1).

Sous ce règne, les abus dans la distribution des croix se

---

(1) Un fond d'argent, à deux drapeaux tricolores (ordonnance du 25 août 1830). Un troisième changement s'est opéré en 1848, et le gouvernement républicain a substitué sur la face, à l'effigie d'Henri IV, la tête du premier consul Bonaparte.

multiplièrent tellement que, vers 1838, un cri de réforme éclata au sein même de la Chambre des pairs. Usant de son droit d'initiative, M. Mounier proposa à cette Chambre un projet de loi complet dont le but était de relever la Légion-d'Honneur dans l'estime de tous, en imposant de nouveau au pouvoir les règles dont il s'était affranchi. Adopté par les pairs et par les députés, après plusieurs modifications, ce projet fut écarté par le *veto* de la royauté.

La Révolution de 1848, d'abord menaçante pour l'ordre de la Légion-d'Honneur, comme pour toutes les institutions qui émanaient de la royauté, la conserva pourtant. La Constitution de 1848 déclara que la Légion-d'Honneur était maintenue. Mais la législature, en faisant cette déclaration, proclama que les statuts de l'ordre seraient révisés ; elle voulait qu'il fût replacé dans des conditions qui pussent rendre à l'institution sa grandeur première. C'était aller au-devant du vœu national ; car, il faut le dire, l'institution, environnée à son origine du plus grand prestige, ne se maintint pas longtemps à la hauteur où l'avait placée son illustre fondateur. Les rigides statuts de l'ordre furent presque aussitôt violés que promulgués. Ils avaient fixé le nombre des légionnaires de tous grades, imposé des conditions absolues à l'obtention de la croix, à l'avancement dans la Légion ; toutes ces règles furent mises en oubli et les abus les plus déplorables devinrent la conséquence du mépris de la loi.

Tant que dura l'Empire, ces abus, d'ailleurs peu nombreux, furent noyés dans les flots de notre gloire militaire. Mais, sous la Restauration et sous le gouvernement de Juillet surtout, la croix fut distribuée avec si peu de mesure que la considération qui l'entourait d'abord a été déplorablement amoindrie. L'arbitraire est ainsi fait qu'il ruine jusqu'aux meilleures, jusqu'aux plus solides institutions.

En attendant une révision que tout le monde juge nécessaire, l'assemblée nationale a, dans sa séance du 14 novembre 1849, sur le rapport de la commission chargée d'examiner une proposition de M. Charras tendant à restreindre les abus des nominations, adopté la proposition suivante :

« Toutes les nominations et toutes les promotions qui

auront lieu dans l'ordre de la Légion-d'Honneur seront individuelles et elles seront publiées au *Bulletin des Lois* et au *Moniteur Universel*, avec l'exposé détaillé des services militaires ou civils qui les auront motivées.

Enfin, un décret organique sur la Légion-d'Honneur a été rendu par le prince-président de la République, le 17 mars 1852. Ce décret semble n'avoir d'autre but que de réunir et de coordonner ensemble les lois, ordonnances et décrets qui, à différentes époques, et notamment en 1816 et depuis 1848, ont réglementé l'institution de l'ordre.

En temps de paix, pour être admis dans la Légion-d'Honneur, il faut avoir exercé pendant vingt ans, avec distinction, des fonctions civiles ou militaires. En temps de guerre, les actions d'éclat et les blessures graves ; en temps de paix comme en temps de guerre, les services extraordinaires dans les fonctions civiles ou militaires, les sciences et les arts peuvent dispenser des conditions exigées pour l'admission dans l'ordre.

Le nombre des chevaliers n'est pas limité : néanmoins, comme ce nombre est aujourd'hui trop considérable, il ne sera fait dans le civil qu'une promotion sur deux extinctions jusqu'en 1856.

Le nombre des officiers est fixé à 4,000 ; celui des commandeurs, à 1,000 ; celui des grands-officiers, à 200 ; celui des grands-croix, à 80. Un décret précédent avait réglé ce qui concerne la solde des nouveaux chevaliers.

Une disposition de la nouvelle loi rétablit d'une manière spéciale l'obligation du serment que tout chevalier devra prêter en ces termes au moment de sa réception :

« Je jure fidélité au président de la République, à l'honneur et à la patrie. Je jure de me consacrer tout entier au bien de l'Etat et de remplir les devoirs d'un brave et loyal chevalier de la Légion-d'Honneur. »

La décoration est la même que sous l'Empire.

Après ce résumé historique de l'histoire de l'ordre, il nous reste à nous occuper de ceux de nos concitoyens qui y ont trouvé place. Nous les rangerons chronologiquement dans quatre tableaux raisonnés, comprenant les nominations faites sous le premier empire, sous la Restauration, sous le gouvernement de Louis-Philippe et depuis l'établissement de 1848.

Ces tableaux seront suivis d'un assez grand nombre de notices sur les membres de l'ordre les plus connus.

Malgré tous les soins que nous avons pris pour connaître et réunir les noms des légionnaires Aveyronnais, il est bien possible que plusieurs aient échappé à nos recherches. Les dates des nominations ne sont pas non plus toujours précises. Mais nous n'avons pu mieux faire. Pour avoir un tableau complet et exact, il aurait fallu puiser aux archives de la chancellerie, et la chose n'a pas été possible. Nous avons employé tous les autres moyens qui étaient à notre portée.

L'administration voulut bien, en 1847 (11 septembre), provoquer de la part de MM. les maires l'envoi de documents concernant les légionnaires originaires de leurs communes. Cet appel fut entendu par beaucoup d'entre eux et négligé par quelques-uns. Nous essayâmes alors de combler les lacunes, soit en nous adressant nous-même directement à un grand nombre de familles qui comptaient des légionnaires dans leur sein, soit en compulsant attentivement divers journaux et publications périodiques où se trouvent enregistrées la plupart de ces promotions.

Voilà toutes les sources où nous avons puisé dans le travail que nous publions aujourd'hui.

GRANDS CHANCELIERS DE L'ORDRE DE LA LÉGION-D'HONNEUR.

Le comte Lacepède, membre de l'Institut, grand chancelier depuis l'origine jusqu'en 1813.

M. de Pradt, ancien archevêque de Malines, en 1814.

Le maréchal Macdonald, duc de Tarente, depuis 1815 jusqu'en 1830.

Le maréchal Mortier, duc de Trévise, 1830.

Le maréchal Oudinot, duc de Reggio, 1840.

Le maréchal Gérard, 1843.

Le général comte Excelmans, 1848.

Le général comte d'Ornano, 1853.

Le général Lebrun, duc de Plaisance, 1854.

Le maréchal Pélissier, duc de Malakoff, 1859.

L'amiral Hamelin, 1860.

II.

LÉGIONNAIRES DU DÉPARTEMENT DE L'AVEYRON.

PREMIER EMPIRE.

Cette période commence à l'année 1803, la dernière du Consulat, et comprend ensuite toute la durée de l'Empire, depuis son établissement, le 19 mai 1804, jusqu'à son renversement définitif, le 8 juillet 1815. La Légion-d'Honneur avait été instituée le 19 mai 1802 (29 floréal an X), mais les premières promotions dans l'ordre, pour le département de l'Aveyron, ne datent que de l'année suivante.

1803.

BIRON (JEAN-AM.), du Monastère, près de Rodez, dragon, puis gendarme. ✳ 24 janvier. Avait fait la campagne d'Egypte. Distingué par sa bravoure. A Marengo, il enleva un chef d'escadrons autrichien à la tête de sa troupe et le ramena prisonnier. Mort en 1841.

BERNAT (LÉONARD), capitaine en retraite, domicilié à Rodez. ✳ le 24 septembre.

CARRIÉ-BOISSY (Jean-Augustin), né à Entraygues le 24 juillet 1764, colonel du 22ᵉ de dragons, ✻ le 11 décembre; O ✻ le 14 juin 1804; C ✻ le 29 juin 1819. Maréchal-de-camp en retraite; décédé le 9 juillet 1848 (Voir sa biographie).

COSTES (Jean-Raym.), né à Coubisou le 24 septembre 1767, capitaine au 2ᵉ bataillon de sapeurs du génie; ✻ 1803; O ✻ le 11 mars 1811. Avait obtenu, le 13 frimaire an VII, un sabre d'honneur (Voir sa biographie).

TARAYRE (Joseph), né à Solsac le 21 mai 1770, colonel du 21ᵉ léger, ✻ le 11 décembre; O ✻ le 14 juin 1804; C ✻ le 10 août 1813. Devenu plus tard général de division. Mort à Rodez en 1855 (Voir sa biographie).

1804.

ROGERY (Mar.-Jos.-Ber.), né à Saint-Geniez le 16 août 1775, capitaine dans la garde impériale, ✻ le 6 mai; O ✻ le 14 mars 1806. Chef de bataillon en 1809. Décédé le 17 novembre 1823 (Voir sa biographie).

MATHIEU (Maurice), comte de La Redorte, né à Saint-Affrique en 1768; G O ✻ le 14 juin; G C ✻ le 24 août 1820. Lieutenant-général, etc., décédé en 1833 (Voir sa biographie).

PASSELAC (Joseph), d'Aubignac, chef d'escadrons, ✻ le 4 juin; O ✻ le 1ᵉʳ janvier 1855. Devenu général de brigade. Mort le 20 septembre 1856 (Voir sa biographie).

VIALA (Sébastien), né le 11 mars 1763 à La Mouline, sous Rodez, colonel du 85ᵉ de ligne, O ✻ le 15 juin. Devenu général de brigade, décédé en 1849 (Voir sa biographie).

NOGARET (Barthélemi), de Saint-Laurent-d'Olt, préfet de l'Hérault, C ✶ le 14 juin. Décédé le 21 août 1841 (Voir sa biographie).

GARABUAU (Jean-Antoine), de Millau, général de brigade, O ✶ 14 juin. Mort à Besançon en 1832 (Voir sa biographie).

ROZIÈS (Charles), né à Villefranche, le 14 juillet 1770, capitaine d'infanterie, ✶ le 14 juin. Décédé.

VIGOUROUX (Jean-Amans), né à La Selve, le 21 mars 1774, capitaine au 4e bataillon de sapeurs, ✶ le 15 juin ; parti à l'âge de 20 ans. Avait servi dans l'armée d'Italie et s'était retiré, couvert de blessures, en 1805. Décédé, le 8 août 1826, notaire et maire de La Selve.

HIGONET (Joseph), de Saint-Geniez, colonel du 108e de ligne, C ✶ le 16 juin. Tué à Iéna en 1806 (Voir sa biographie).

MONESTIER (André-Laurent-Philippe), né à Sévérac, le 10 novembre 1772, capitaine au 17e dragons, ✶ le 22 juin. Avait servi dans le régiment de Schomberg. Plusieurs fois blessé pendant les guerres de l'Empire. Maire de Sévérac de 1812 au 16 mars 1841, époque de sa mort.

BROS (Jean), né à Villefranche, le 15 mars 1772, dragon, puis gendarme, ✶ le 30 juin. Décédé le 22 juillet 1844.

BESSUÉJOULS-ROQUELAURE (Jean-Armand de), archevêque de Malines, ✶ le 14 juillet (Voir sa biographie aux *Documens historiques*, t. II, p. 476).

OLLIÉ (Jean-Antoine), né à Villefranche, le 25 août 1755, capitaine d'infanterie, ✶ le 5 novembre. Décédé le 23 septembre 1833.

LAVABRE (Jean), né à Durenque, le 1er février 1771, sergent au 11e régiment de ligne, ✶ le 5 novembre. Décédé le 16 décembre 1845.

GENIEYS (Michel), né à Lapanouse-de-Cernon, le 17 mai 1768, sergent, ✻ le 5 novembre. Etait entré au service comme volontaire dans le 1er bataillon de l'Union. Décédé en 1842.

VAYSSETTES (François), né à La Palmerie, près de Luc, le 15 juin 1738, conseiller à la cour royale de Montpellier, décoré au couronnement de l'Empereur, le 2 décembre. Décédé le 17 juin 1817 (Voir sa biographie).

SOLIGNAC (Jean-Baptiste), né à Millau, le 22 novembre 1773, général de division, baron de l'Empire, C ✻ le 14 juin; G O ✻ postérieurement (Voir sa biographie).

AUZOUY (Hippolyte), né à Rignac en 1774, capitaine aux grenadiers de la garde impériale, ✻ en juin. Tué à Eylau en 1807 (Voir sa biographie).

MARCILLAC (Guillaume), de Verlac, canton de Saint-Geniez, soldat de la garde impériale, ✻ le 6 février. Engagé dans le 2e bataillon de l'Aveyron en 92, dans la garde le 19 messidor an X. Campagnes de 92 et 93 à l'armée des Alpes; les suivantes, jusqu'à l'an VI, à l'armée d'Italie; celles de 1806 et 1807 en Prusse et en Pologne. Retraité le 1er janvier 1809.

1805.

BERNARD (Ignace-Blesmont), né à Souillac, près de Saint-Côme, le 3 juillet 1763, ✻ le 17 janvier; O ✻ en 1814. Décédé le 7 janvier 1843, étant maréchal-de-camp en retraite (Voir sa biographie).

CHAPT DE RASTIGNAC (Antoine), né à Vigroux (Cantal), le 19 juin 1776, maréchal-de-camp en retraite, domicilié à Castelnoël, commune de Brommat, ✻ le 17 janvier, O ✻ .....

JALABERT (Louis-Delphin), né à Cadour, le 2 février 1777, retiré à Albi, ✻ le 19 mars. Entré au service au 2ᵉ bataillon de l'Hérault, le 14 mai 1793, fait sous-lieutenant sur le champ de bataille à Pietri (Italie), le 22 mai 1794 ; lieutenant au 69ᵉ de ligne en 1796 ; capitaine le 30 juin 1803 ; chef de bataillon à Gênes, le 31 mai 1808, de l'ordre royal des Deux-Siciles, le 22 mai 1810 ; major de la place de Gênes, le 4 février 1812 ; chevalier de Saint-Louis, le 13 janvier 1815 ; lieutenant de roi, à Montreuil, en 1815 ; retraité en mars 1817. Avait fait les campagnes de la Révolution et de l'Empire aux armées des Alpes, d'Orient, de l'Ouest, du Rhin et d'Italie. Blessé plusieurs fois, il laissa un bras à la bataille d'Austerlitz ; s'était particulièrement distingué au siège de Gênes, en avril 1814.

DUR (Pierre), né le 9 février 1769 à Palmas, maréchal-des-logis de cuirassiers, ✻ le 28 juin. Décédé en retraite, le 26 mai 1821.

CLAUSEL (l'abbé Michel), de Coussergues, ✻ en 1805, O ✻ le 11 novembre 1827. Grand-vicaire d'Amiens., membre du conseil royal de l'instruction publique sous la Restauration, décédé, à Paris, en 1835.

DELAURO-DU-BEZ (Jean-Joseph), né à Rodez, le 9 septembre 1748, ✻ en 1805. Conseiller à la cour royale de Montpellier, décédé le 30 août 1829 (Voir sa biographie).

QUERBES (Antoine), né à Millau en 1777. Grenadier de la garde impériale. ✻ en 1805.

GRANDSAIGNE (Gilles-Antoine), de Millau, membre du Corps législatif, ✻ en 1805. Avait été procureur-syndic du district de Millau en 1790, était le père du colonel Grandsaigne.

1806.

ESCUDIER (Joseph), de Puech-Ventoux, près de Salars, capitaine dans la garde impériale, ✵ le 1er mars. Mort en 1850 (Voir sa biographie).

NELLESSEN (François), Alsacien d'origine, capitaine d'infanterie, ✵ le 14 mars. Retraité et décédé à Rodez en 1830.

HIGONET (Philippe), de Saint-Geniez, ✵ en mars, O✵ en 1816, C✵ le 8 juin 1825. Maréchal-de-camp en retraite, décédé dans le Cantal, où il s'était marié, le 13 février 1859 (Voir sa biographie, *Documents historiques*, t. IV, p. 381).

LAFONT (Jean), natif d'Artenay, sergent, ✵ 13 novembre. Retraité à Rodez, où il est mort en 1842.

GLAIROSE (Louis), né à Peyrusse en 1787, sergent-major. ✵ en 1806. Décédé en retraite.

1807.

ARNAL (Joseph), de Broquiès, sergent au 57e régiment de ligne, ✵ 1er octobre. Retraité et mort dans ses foyers.

BEZ (Antoine), né le 14 octobre 1771 à Villefranche, ✵ 1er octobre. Capitaine au 39e régiment de ligne, décédé le 14 janvier 1853. Avait servi dans la Légion de l'Aveyron.

VIGUIER (Jean-Antoine), de Cornelache, commune de Salles-la-Source, ✵ 30 octobre, O✵ en .... Lieutenant-colonel au 7e régiment de dragons, décédé en retraite,

OZIL (Jean-Louis), né en 1782 à Millau, caporal au 63ᵉ régiment de ligne, ✻ en 1807.

COMBES (Joseph), de Crespin, ✻ dès 1807. Avait servi longtemps avant la Révolution, et se trouvait chef d'escadrons de gendarmerie à Rodez au commencement de l'an V, et en 1809 à Saintes. Retiré et mort à Cahors.

VILLARET (Jean-Chrysostôme de), né à Rodez le 27 janvier 1739, ancien député du clergé à l'Assemblée constituante, sacré, le 23 mai 1802, évêque de Cazal, ✻ dès 1807. Successivement chancelier de l'Université, premier aumônier du roi des Espagnes, etc., mort retiré à Paris en 1824 (Voir sa biographie).

1808.

MEUNIER (Antoine), de Saint-Côme, sergent d'infanterie légère, ✻ 4 septembre. Décédé le 11 novembre 1836. Avait été blessé en Egypte, en Italie, devant Ulm et à Friedland.

1809.

CELLES (Bernard), de Saint-Georges, chef de bataillon au 13ᵉ léger, ✻ 22 mai. Fut décoré à la bataille d'Essling et mourut à Beiruth, dans les dernières années de l'empire.

SÉGURET (Jean-Baptiste), né en 1775 à Saint-Geniez, ✻ 5 juin. D'abord soldat au 3ᵉ bataillon de la Drôme, passé ensuite dans le corps de grenadiers de la Convention, plus tard dans les chasseurs à pied de la garde impériale où il devint lieutenant, et enfin capitaine au 11ᵉ régiment de voltigeurs. Décédé le 30 mars 1835.

JUERY (Jean-Pierre), de Broquiès, caporal au 62ᵉ régiment de ligne. ✻ 1ᵉʳ juillet. Décédé.

VIGOUROUS (Antoine). né le 16 juillet 1773 au mas de Jacquet, commune de Saint-Izaire, soldat au 1ᵉʳ de chasseurs à pied de la garde impériale. ✻ 6 juillet. Parti volontaire en 1792 dans le 2ᵉ bataillon de l'Aveyron. Campagnes d'Italie, d'Egypte, d'Allemagne et de Russie. Entré dans la garde consulaire à son retour d'Egypte ; décoré sur le champ de bataille à Wagram, pour avoir enlevé le drapeau du 114ᵉ régiment autrichien.

PALMIER (Louis-Cyrille-Martin), de Rodez, ✻ 17 juillet. Capitaine en retraite, retiré à Toulouse.

REY (Antoine-Gabriel-Venance), de Millau, général de division. O ✻ le 23 juillet ; C ✻ le 28 août 1814 (Voir sa biographie).

BESSET (Hugues-Hector), né à Millau le 13 mai 1782, sous-lieutenant au 24ᵉ régiment d'infanterie légère, ✻ le 24 juillet ; O ✻ le 17 décembre 1850. Capitaine de gendarmerie dans la Haute-Loire en 1830 ; chef d'escadrons dans la même arme à Grenoble, le 1ᵉʳ juillet 1841. Quarante-quatre ans de services, treize campagnes, cinq blessures. En retraite.

CAPELLE (Guillaume-Antoine-Benoit baron), né à Salles-Curan le 3 septembre 1775, préfet du Liman, ✻ en juillet ; O ✻ le 23 octobre 1814, C ✻ en 1820. Ministre des travaux publics au moment de la Révolution de 1830 ; décédé à Montpellier le 25 octobre 1843 (Voir sa biographie).

HOT (Bernard), né le 12 janvier 1777 à Villefranche, capitaine d'infanterie, ✻ en 1809. Entreposeur des tabacs à Florac (Lozère), où il est mort.

BERGON (comte), né à Villefranche, conseiller-d'Etat et directeur-général des eaux-et-forêts, ✻ en 1809 ; C ✻ le 1ᵉʳ février 1815 ; G O ✻ le 17 mai 1817. Décédé en octobre 1824 (Voir sa biographie).

1810.

MONSEIGNAT (Félix-Hippolyte de), né à Rodez, député au Corps législatif, ✻ le 29 janvier. Décédé en 1840 (Voir sa biographie).

CLAUSEL DE COUSSERGUES (Jean-François-Amable-Claude), député au Corps législatif, ✻ le 22 avril; O ✻ le 15 octobre 1814. Conseiller à la cour de cassation sous la Restauration. Décédé en 1846 (Voir sa biographie. *Documens historiques*, etc., t. IV, p. 304).

CAVALIER (Gabriel), né à Millau, le 1er mai 1766, officier d'infanterie, ✻ le 29 mai. S'était engagé dans le 82e régiment en 1784, capitaine de grenadiers, au 15e régiment de ligne, le 8 février 1813. Vingt-trois campagnes, sept coups de sabre sur la figure et une balle à la cuisse au blocus de Mayence, le 11 avril 1792.

GLEYROSE (André), né en 1789, à Peyrusse, sergent, ✻ le 3 août.

AUBRIOT (Joseph-Charles), originaire de la Lorraine, capitaine au 6e de cuirassiers, ✻ en 1810; O ✻ le 25 avril 1821. Mort en 1842, à Calsins, près de Clairvaux, où il s'était retiré avec le grade de lieutenant-colonel de gendarmerie en retraite (Voir sa biographie).

1811.

CUSSAC (Guillaume), né le 1er juin 1783, à Marcillac, canonnier au 2e régiment d'artillerie légère, ✻ le 6 août.

BAUDEMONT (Antoine-Pierre), né à Troyes, le 1er septembre 1770, adjudant-sous-officier au 23e régiment de chasseurs à cheval, ✯ le 29 octobre. Retiré et mort à Villefranche.

1812.

RICARD (François), né à Villefranche, le 5 janvier 1785, grenadier de la garde impériale, ✯ le 5 juin. Dans la suite, concierge du tribunal de Villefranche.

BESSIÈRE (Louis-Antoine), né à Marcillac, le 23 novembre 1793, adjudant-sous-officier au 63e régiment de ligne, ✯ le 6 août. Dans la suite, percepteur à Cassagnes, puis à Marcillac.

CARLES (Jean-Baptiste), né le 22 mai 1773, à Lapeyre, sergent, ✯ le 20 août. Décédé en 1845.

PAS DE BEAULIEU, né le 16 juin 1787, à Saint-Affrique, ✯ le 20 août ; O ✯ en 1833. Lieutenant-colonel en retraite, chevalier de Saint-Louis et ancien député de Valenciennes (Voir sa biographie).

CALVET (Jean-Joseph), né le 22 août 1777, à Labastide-Pradines, officier d'infanterie, ✯ le 20 août.

CARCENAC (Régis), de Rodez, capitaine d'infanterie, ✯ le 7 septembre ; O ✯ le 25 avril 1821 ; C ✯ en mai 1838. Etait parti simple vélite en 1805, fut décoré sur le champ de bataille de la Moscowa. Il s'est retiré étant colonel du 17e régiment de ligne, et a fini ses jours à Toulouse en 1857 (Voir sa biographie).

AYMÉ (Marie), né le 2 août 1785, à Réquista, capitaine retraité, ✯ le 18 octobre. Fut décoré à Moscou sur la place du Kremlin ; est aujourd'hui greffier de la justice de paix de Réquista.

THILORIER (Justin-Henri-Philippe de) de Millau, ✶ le 3 décembre; O ✶ le 17 mars 1815 ; C ✶ le 16 octobre 1823 ; G O ✶ le 19 avril 1843. Maréchal-de-camp en retraite (Voir sa biographie).

ENJALRAN (Edouard), du Périer, commune de Colombiès, adjudant-major au 1er régiment d'infanterie de la garde impériale, ✶ en août. Fut décoré à Smolensk ; a été dans la suite percepteur à Naucelle et à Marcillac, décédé.

COLLIÈRE (Jacques), de Carbassas, commune de Paulhe, ✶ en 1812. Servait dans la garde impériale, décédé en 1830.

TRÉMOLIÈRES, de La Titalie, dans l'arrondissement de Saint-Affrique, capitaine au 62e régiment de ligne, ✶ en 1812. Retraité.

1813.

COMBES (Jean-Pierre), né à Soulages-Bonneval, le 13 août 1783, lieutenant au 34e régiment de ligne, ✶ le 12 janvier.

LAVALETTE (Jean-François), né le 28 mars 1784, à Lauras, commune de Roquefort, capitaine d'infanterie, ✶ le 12 février. Retraité.

VIALARD (Jean-Pierre), né le 23 mars 1788, à Villefranche, sergent des sapeurs du génie, ✶ 12 février.

VIGNASSE (Joseph-Dominique), de Marenglio, en Piémont, sous-lieutenant au 18e léger, ✶ le 12 février. Retraité, puis commissaire de police à Rodez où il est mort.

VERGNES (François-Charles), né le 5 novembre 1769, à Castelpers, intendant militaire, ✶ le 25 février ; O ✶ le 20 novembre; C ✶ le 18 avril 1834. Ancien député de l'Aveyron, décédé à Rodez en 1852 (Voir sa biographie).

CARCENAC (Jean-Baptiste-François), de Bourran, près de Rodez, officier d'infanterie, ✳ le 2 avril. Parti comme vélite en 1804; fit les guerres d'Espagne où il reçut plusieurs blessures; fut nommé capitaine, le 29 mai 1813, en Allemagne, et, après avoir servi au 5ᵉ et 16ᵉ de ligne, était employé au recrutement dans les Pyrénées-Orientales en 1831. Avait reçu sous la Restauration la croix de Saint-Louis.

BRASSAT (Antoine), né le 16 janvier 1768, à Firmi, chef d'escadrons, ✳ le 12 juin (Voir sa biographie).

PECHVERTY (Pierre), né le 1ᵉʳ mars 1787, à Mirabel, sergent major de grenadiers, ✳ le 14 juin.

ROUSSET (Jean-Baptiste), lieutenant d'artillerie de marine, ✳ le 14 juin. Né le 10 août 1779, à Toulon, domicilié à Villefranche.

VIANY (Joseph), officier d'infanterie, ✳ le 22 juin. Retraité et décédé à Rodez en 1832.

VIGUIER (Antoine), né à Rodez, le 13 octobre 1780, capitaine au 4ᵉ léger, ✳ le 19 septembre. Parti soldat dans le 85ᵉ régiment, le 22 mars 1802; sous-lieutenant, le 12 août 1809; capitaine, le 1ᵉʳ mars 1813; passé dans la légion de l'Aveyron, le 17 décembre 1815; chevalier de Saint-Louis, le 25 avril 1821. Avait fait toutes les campagnes de la grande armée et assisté à la bataille de Waterloo, le 18 juin 1815. Nombreuses blessures. Ayant obtenu sa retraite, il fut pendant quelque temps lieutenant-colonel de la garde nationale de Rodez. Il est mort le 2 juillet 1848.

NICOULEAU (Etienne), né à Vabre, le 18 août 1774, porte-drapeau au 25ᵉ régiment de ligne, ✳ le 19 septembre.

GIRBAL (David), né le 18 février 1776, à Saint-Affrique, officier d'infanterie, ✳ le 19 septembre. Avait fait la campagne de Russie.

MONTJAUX (Antoine), né le 17 mars 1783 à Bozouls, adjudant-major au 132ᵉ régiment de ligne, ✱ le 12 octobre. Retraité.

BONHOMME (Gabriel), de Rodez, lieutenant au 21ᵉ léger, ✱ le 10 novembre. Décédé à Rodez.

MALAVAL (Joseph), né à Villefranche, le 27 février 1776, capitaine d'infanterie, ✱ le 19 novembre. Décédé le 5 septembre 1847.

CAZES (Jean-Antoine), de Millau, sous-lieutenant au 42ᵉ de ligne, ✱ le 19 novembre. Retraité et décédé à Rodez en 1840.

MARTIN (Jean-Baptiste), né à Paris, le 2 mars 1788, lieutenant d'infanterie, ✱ le 19 novembre. Retiré à Villefranche où il a été commissaire de police.

ROUVELLAT DE CUSSAC (Joseph-Henri), né à La Selve, le 21 février 1787, capitaine au 10ᵉ régiment d'infanterie légère, ✱ le 25 novembre ; O ✱ le 16 octobre 1823. Chef de bataillon en retraite (Voir sa biographie).

ORCIBAL (Jean-Baptiste), né le 6 octobre 1788, à Villefranche, adjudant dans les flanqueurs, ✱ le 28 novembre.

FILHOL (Jean-Pierre), né à Rieupeyroux, le 21 février 1787, sergent-major, ✱ le 28 novembre.

FABRE (Jean-Jacques), né à Nîmes, le 22 novembre 1767, capitaine au 64ᵉ de ligne, ✱ le 3 décembre. Etabli à Sévérac.

DELMAS (Jean), de Lavergne, dans l'arrondissement de Villefranche, lieutenant de carabiniers, ✱ le 13 décembre. Décédé le 20 mars 1819.

LACOUR (Louis), né le 18 août 1770, à Sainte-Croix, près de Villefranche, capitaine dans le corps des pupilles, ✱ en 1813. Décédé le 24 septembre 1824.

MONTET (André), né à Millau en 1787, sergent-major, ✶ en 1813.

RECOULES ......, de Sers, commune de Montclar, lieutenant au 4ᵉ régiment de tirailleurs de la garde, ✶ en 1813.

FOUCRAS (Jean-Victor), de Segonzac, sous-lieutenant au 62ᵉ de ligne, ✶ en 1813. Fut décoré en Italie. Est mort à Rodez.

1814.

Du 1ᵉʳ janvier au 12 avril, jour de l'entrée de M. le comte d'Artois à Paris.

PELLÉGONON (Amans), né à Rodez en 1788, caporal au 2ᵉ régiment de la garde impériale, ✶ le 2 mai 1813 à la bataille de Lutzen ; décret rapporté le 7 janvier 1814. Gendarme retraité à Rodez.

SAINCRIC (Pierre-Thadée de), fils de Jean et de Jeanne de Graffard, né à Blois, le 26 mai 1786, lieutenant de grenadiers de la vieille garde, ✶ le 21 février ; O ✶ en ..... ; C ✶ en ..... Chef de bataillon au 56ᵉ de ligne en 1824, lieutenant-colonel du 29ᵉ, colonel du 72ᵉ, le 11 octobre 1840 ; chevalier de Saint-Louis. En retraite et établi à Villefranche où il est mort le 5 février 1854.

BANNES (David-Paul), né le 6 février 1783, à Saint-Affrique, capitaine, ✶ le 17 mars. Retraité. Avait fait treize campagnes sous l'Empire.

DAUCHÉ (Pierre), né le 17 mars 1788, à Espalion, grenadier au 2ᵉ régiment de la garde impériale, ✶ le 2 avril.

COMMEYRAS (Hercule), de Nant, capitaine, ✶ 3 avril. Avait été promu capitaine, le 1ᵉʳ avril ; chef de bataillon au 5ᵉ de ligne, le 30 septembre 1830. Retraité.

SOURIS, de Villefranche, ✻ en 1814. Avait suivi l'Empereur à l'île d'Elbe.

BOUDÈNE (Joseph), né à Peoux, canton de Camarès, en 1787, capitaine au 10ᵉ de chasseurs à cheval, ✻ en 1814.

COLLIÈRE (Jean-Baptiste), né à Aguessac, en 1787, lieutenant au 26ᵉ de ligne, ✻ en 1814.

ARTIÈRES (Joseph), né en 1785, à La Cavalerie, voltigeur au 15ᵉ de ligne, ✻ en 1814.

TRÉMOLET (Laurent), de Bellas, commune de Saint-Dalmazy, près de Sévérac, chef de bataillon, ✻ en 1814. Parti volontaire avant la Révolution dans les gardes valonnes d'Espagne, rentré bientôt au service de France sous Louis XVI. Fit les campagnes de la Révolution sous Kellermann, Custine et Moreau, décoré en 1814 pour sa belle conduite pendant le blocus de Strasbourg. Marié à Besson, en Franche-Comté. N'a plus reparu dans le pays.

1815 (CENT JOURS).

Du 1ᵉʳ mars au 22 juin, jour de la deuxième abdication de Napoléon.

VIALA (Pierre), de Reibate, près de Saint-Jean-du-Bruel, brigadier de chasseurs à cheval, ✻ le 17 mars.

DONAT (Jean-Louis), du département de l'Ariège, adjudant sous-officier au 15ᵉ de ligne, ✻ le 17 mars. Parti soldat en 1808 dans le 15ᵉ de ligne. A servi en Espagne et en Portugal jusqu'en 1814. Adjudant sous-officier le 9 décembre 1813. Plusieurs blessures. Etabli à Rodez.

LOUBIÈRE (David), né en 1784 à Millau, lieutenant au 62ᵉ de ligne, ✻ le   avril.

ALMERAS (Antoine), né en 1777 à Millau, grenadier de la garde impériale, ✻ en mai.

TURC (Pierre), né en 1789 à Millau, sergent-major au 7ᵉ de ligne, ✣ en mai.

CAYRE (Etienne), né le 27 octobre 1787 à Réquista, officier d'artillerie, ✣ le 10 juin. Capitaine le 20 janvier 1819. Chevalier de l'ordre royal de Charles III d'Espagne, le 23 mars 1829. Chef d'escadrons d'artillerie en retraite. Fut confirmé comme chevalier de la Légion-d'Honneur le 21 mars 1831.

BRIOUDES (François), né en 1772 à Saint-Chély. Tambour aux grenadiers de la vieille garde, ✣ pendant les Cent jours. Confirmé par Louis XVIII. Décédé en 1845.

SUITE DES LÉGIONNAIRES DU PREMIER EMPIRE, MAIS DONT LA NOMINATION EST DE DATE INCONNUE.

DORNES (Joseph-Philippe-Marie), de Camboulas, général de brigade, baron de l'empire, officier de la Légion-d'Honneur en 1807; mort à Wilna pendant la campagne de Russie (Voir sa biographie).

BÉTEILLE (Alexis), de Rodez, général de brigade, commandeur le 23 août 1814. Mort à Paris en 1847 (Voir sa biographie).

CUC (Alexis), né à Rodez, le 15 mars 1773, colonel d'artillerie, chevalier de l'ordre de la couronne de fer.

DIJOLS (Etienne), de Rodez, colonel de cavalerie, officier de la Légion-d'Honneur le 3 septembre 1823. Mort en 1836 (Voir sa biographie).

ESCUDIER (Baptiste), de Puech-Ventoux, près de Salars, chef de bataillon, tué à Wagram en 1810.

GLANDINES (Amans), de Rodez, capitaine au 30ᵉ de ligne. Avait fait la campagne d'Egypte.

FLOTTES (Antoine), de Rodez, capitaine au 29ᵉ régiment de dragons, était chevalier de l'ordre de la couronne de fer. Décédé vers 1840.

BOYER (André-Louis-Anne), de Rodez, frère de l'ancien directeur de la poste, capitaine de cavalerie, tué le 20 janvier 1807.

ROZIER (Claude-Joseph), capitaine retraité, vivant encore à Rodez en 1837, âgé de 60 ans.

VIGUIER (François), du faubourg Saint-Cyrice de Rodez, frère aîné de Viguier, Antoine, dont la notice précède, p. 179. Était né le 11 juillet 1774. Partit le 12 août 1792 comme soldat dans le 2ᵉ bataillon de l'Aveyron. Fit les campagnes d'Italie et d'Orient. Mourut capitaine de recrutement à Châlons en 1807.

MIQUEL-D'ALTON (Jean-Antoine), de Lanhac, d'abord émigré en Espagne puis au service du roi Joseph. Rentré en France, il devint lieutenant-colonel de cavalerie, et fut nommé ensuite directeur du haras de Tarbes, où il est mort en 1838.

MARTIN (Régis-Antoine-François), connu sous le nom de Martin-Saint-Ange, né à Rodez d'une famille d'artisans, s'engagea avant la Révolution dans le régiment de Cambraisis, passa, en 1792, comme sergent, dans le 2ᵉ bataillon de l'Aveyron, et devint plus tard chef de bataillon. Un de ses fils occupe un rang distingué parmi les naturalistes de la capitale.

BAUREZ (Victor), de Rodez, mort d'une blessure reçue à Dresde en 1813; était chef de bataillon au 24ᵉ léger, avait fait les campagnes de 1806 et 1807 en Allemagne, et puis celles d'Espagne.

CABROL DU MOTET, natif de Nimes, lieutenant-colonel de cavalerie, retiré à Rodez et acquéreur du domaine d'Is où il est mort. Était officier de la Légion-d'Honneur.

PATRIS (Paul de), de Rodez, capitaine du génie. Tué devant Tarragone, en 1811.

ASTORG (Guillaume-Alexis), né à Marcillac le 4 septembre 1779, parti pendant la Révolution ; devenu chef d'escadrons d'artillerie, se retira sous la Restauration et s'établit à Conche, près d'Evreux.

BONNET, de Rodez, capitaine, qui périt à Moscou.

LAPARRA DE SALGUES (Philibert), ancien colonel d'artillerie, chevalier de la Légion-d'Honneur et de Saint-Louis, avait été juge à la cour spéciale militaire de Rodez en 1815, et commandant des gardes nationales de l'arrondissement d'Espalion, par ordonnance du 23 avril 1816.

RICHARD, d'Espalion, capitaine de dragons à l'armée d'Italie.

MARTIN (Amans), d'Estaing, ancien lieutenant de chasseurs à cheval, maire d'Estaing, mort le 2 février 1844, âgé de 74 ans ; était parti volontaire, avait fait les guerres de la République et de l'Empire, et s'était retiré en 1809, par suite de la perte d'un bras emporté par un boulet.

CASTEL (Alexandre), né le 25 février 1780 au Mur-de-Barrez, capitaine de dragons en retraite, maire du Mur-de-Barrez en 1830, décédé le 25 février 1842.

LALO (Victor-Jean-Antoine), né à Espalion, résidant à Estaing, officier d'infanterie, avait fait les campagnes de 1806 à 1811 en Italie, et celles de 1813 et de 1814 en Allemagne.

BOUSQUET (Pierre), natif d'Estaing, résidant à Paris, ancien chirurgien-major, avait fait la campagne d'Egypte, fut Légionnaire dans les premiers temps et promu plus tard au grade d'officier.

CONQUET (Antoine), né le 28 décembre 1773 à Espalion, caporal dans l'artillerie de marine, puis officier instructeur au lycée de Rodez à l'époque de sa création ; décédé le 19 mai 1845.

SASMAYOUS, du Mur-de-Barrez, chef d'escadrons au 4e régiment de hussards dans les derniers temps de l'empire, réformé à la deuxième restauration.

BONIFACE (Joseph), né à Saint-Côme le 17 mars 1757, engagé dans le 22e régiment de cavalerie le 15 décembre 1777, maréchal-des-logis le 1er avril 1788, sous-lieutenant le 25 avril 1793, capitaine au 7e régiment de cuirassiers sous l'empire. Décédé à Saint-Côme le 8 février 1814.

RICARD (Et.-Pierre-Sylvestre, comte), né le 13 décembre 1771, à Castres, domicilié et décédé au château de Varès, le 6 novembre 1843, lieutenant-général, pair de France, commandeur de la Légion-d'Honneur, le 7 juillet 1807, grand officier le 10 août 1813, grand'croix le 2 octobre 1823 (Voir sa biographie).

D'ALBIGNAC (Philippe-François-Maurice, comte), de Millau, lieutenant-général, commandant de l'école militaire de Saint-Cyr, commandeur le 29 novembre 1814. Mort le 31 janvier 1824 au Pont-Saint-Esprit (Voir sa biographie).

D'ALBIGNAC (Jean-Pierre-Aymar, baron), maréchal-de-camp, grand officier de la Légion-d'Honneur, mort en Espagne en 1823 (Voir sa biographie).

GRANDSAIGNES (Etienne-Hippolyte-Gilles), né à Millau en 1776, colonel du 110e régiment de ligne, premier aide-de-camp du général Junot, duc d'Abrantès, tué le 10 mai 1812 au combat de Célada, près de Burgos, à l'âge de 36 ans, après des prodiges de valeur (Voir sa biographie).

VESIN (Jean-François), né en 1764 à Gaillac-du-Causse, ancien membre du tribunat et de plusieurs législatures, conseiller à la cour impériale de Montpellier. Légionnaire et membre de l'ordre de la réunion ; décédé le 18 février 1824 (Voir sa biographie).

BESSODES (Jean-Joseph), de Gagnac, lieutenant-colonel de cavalerie, chevalier de Saint-Louis, décédé à Gagnac le 13 février 1822. Etait officier de la Légion-d'Honneur.

GACHES, de Sévérac, chef de bataillon retraité en 1815, mort maire de Sévérac le 18 novembre 1825.

DARNAL (Louis), né à Millau le 7 mars 1774, chef de bataillon retraité, chevalier de l'ordre de la couronne de fer, mort le 15 novembre 1843.

GUIEYSSE (Pierre), de Nant, ancien capitaine de frégate, établi en Bretagne.

SAMBUCY DE LUZENÇON (Charles de), membre de plusieurs académies et ingénieur en chef sous l'empire, chargé de la direction générale des ponts-et-chaussées en Italie.

AGUSSOL (Jacques), de Nant, domicilié au Caylar, capitaine au 16e régiment de ligne.

VIALA, né à Saint-Jean-du-Bruel, capitaine de grenadiers au 57e régiment de ligne, surnommé *le Terrible* à cause de son éclatante valeur, chevalier de la Toison d'or, officier de la Légion-d'Honneur, tué à la bataille de Wagram.

ALMES, de la Peyrade, canton de Nant, brigadier de gendarmerie.

COMEYRAS, né dans la commune de La Couvertoirade, maréchal-des-logis vaguemestre dans un régiment de chasseurs à cheval.

FAGES (Joseph-Charles), de Saint-Chély, près de Sévérac, capitaine d'infanterie, s'était engagé en 1792, avait fait les campagnes d'Italie et d'Egypte. Mort dans la Drôme en 1833.

CAUSSE (Antoine-Victor), de Sourbettes, commune de Saint-André-de-Vezines, simple soldat, avait fait la campagne de 1811 et 1812 aux îles d'Hyères, celle de 1813 en Allemagne où il fut fait prisonnier. Réformé pour blessures.

TEISSIER (Louis), de Veyreau, soldat dans un régiment d'infanterie.

BAGOU (Louis), né le 15 juin 1766. Capitaine retraité à Millau.

ARMAND père, entreposeur des tabacs à Millau sous la Restauration, ancien lieutenant de cavalerie sous l'empire.

BOUTONNET, capitaine au 57e de ligne, décédé à Millau.

SALVAT (Frédéric), de Millau, capitaine au 1er régiment de hussards, retiré vers l'époque de la Restauration, officier de la Légion-d'Honneur en 1813, établi à Paris.

DELMAS (Etienne), de Paulhe, près de Millau, lieutenant-colonel du génie, était chef de bataillon, directeur des fortifications, lorsqu'il fut promu au grade supérieur le 8 avril 1828. Fait officier de la Légion-d'Honneur, le 8 juillet 1813. Décédé à Dijon.

BERNARD, de Saint-Affrique, fils de l'ancien conventionnel, commissaire-ordonnateur, officier de la Légion-d'Honneur le 23 mai 1825. Devenu aveugle et depuis longtemps domicilié à Bordeaux.

LE RAT (l'abbé), chanoine du chapitre de Saint Affrique avant la Révolution, maire de cette ville en 1791, conseiller de préfecture à Toulouse dans les premières années de l'empire, préfet en Espagne sous le roi Joseph, rentré en 1814, décédé à Paris vers 1844 au séminaire de Saint-Sulpice où il s'était retiré.

BASTIDE, originaire de Faveyroles, conseiller de préfecture à Toulouse (Père de l'ancien sous-préfet de Rodez).

DARDIÉ, de Saint-Affrique, capitaine retraité, établi à Mazamet (Tarn).

DELMAS, de Cornus, carabinier au 7e léger, décédé.

DELMAS (Jean-Antoine), né le 16 janvier 1773 à Labouysse, commune de Saint-Izaire, capitaine d'infanterie en retraite depuis 1817 ; fait officier de la Légion-d'Honneur le 13 juillet 1813. Décédé à Rodez.

PRESTAT (Charles), né à Villefranche le 22 octobre 1760, général de brigade, retiré et mort à Sedan (Voir sa biographie).

PRESTAT (Cyprien), né à Villefranche le 20 août 1774, capitaine quartier-maître décédé au camp de Boulogne.

ROZIÈS (Armand), de Villefranche, colonel du génie, décédé à Madrid, âgé de 30 ans.

THÉRONDEL, de Villefranche, chef d'escadrons, aide-de-camp du général Latour-Maubourg, mort à l'âge de 36 ans.

MILHET (Armand), né le 19 octobre 1789 à Villefranche, chef de bataillon, retraité en 1846, retiré dans le département du Cher.

FOURNOLS (Jean-Joseph-Louis), né le 14 août 1784 à Aubin, capitaine, le 14 mars 1815, au 5e régiment d'infanterie, fait officier de la Légion-d'Honneur, le 24 décembre 1832, au siége d'Anvers où il fut blessé.

FICAT (Antoine), né en 1784 à La Capelle-Bleys, grenadier de la garde impériale, retiré à Labastide-l'Evêque.

BESSIÈRE (Joseph), de Villefranche, capitaine quartier-maître, décédé à Toulon, âgé de 72 ans.

COUZY (Guillaume), né le 9 avril 1772, à Villefranche, capitaine d'infanterie retraité.

DRULHE (Jean-Calixte), né le 16 avril 1759 à Villefranche, lieutenant de gendarmerie, décédé le 10 juillet 1840.

PONS (Joseph), né le 12 juillet 1771, capitaine retraité à Peyrusse.

ARDOUREL (Antoine), de Villefranche, chef d'escadrons, nommé officier de la Légion-d'Honneur le 16 août 1813. Décédé dans l'année.

RESTAURATION.

Du 12 avril 1814 au 30 juillet 1830.

1814.

BALSAC (Marie-Auguste de), né le 8 août 1788 au Mazel, commune de Colombiès, sous-préfet à Carpentras, ✻ le 28 septembre; O ✻ le 8 juin 1825; C ✻ le 12 décembre 1827. Successivement préfet de Montauban, de Metz et de Beauvais, conseiller d'Etat, directeur de l'administration générale des départements, député de l'Aveyron.

SOLANET, de Rodez, inspecteur-général des haras, ✻ en octobre. Décédé.

CAMBOULAS (Victor), du Grandmas, garde du corps du roi, ✻ le 28 octobre. Ancien grenadier à cheval de la garde impériale, puis capitaine au 17e de chasseurs à cheval. Décédé en retraite.

DEVIC (Joseph-Pierre), né à Villefranche le 11 octobre 1787, lieutenant de chasseurs, ✻ 1er novembre. Décédé le 20 mars 1819.

CASENEUVE, garde du corps du roi, ✻ le 25 novembre. Domicilié à Rodez.

ROQUEFEUIL (Frédéric, marquis de), né au Bousquet, près de Laguiole, le 8 septembre 1772, officier supérieur dans l'émigration, ✻ dans l'année. Décédé le 12 février 1839.

MERCIER (Amans), né à Saint-Geniez le 30 mars 1780. Hérault d'armes, ✻ dans l'année. Etait, à la première entrée du roi, capitaine dans la garde nationale de Paris.

BOUTET (François), de Rodez, capitaine d'infanterie, ✻ dans l'année. Engagé volontaire; fait prisonnier pendant la campagne de Russie; rentré avec les alliés, aide-de-camp de M. Jules de Polignac; chevalier de Saint-Louis, de Saint-Lazare et de Saint-Maurice; mort directeur de la maison centrale de détention de Riom, en 1844.

PLANARD (Amédée), de Millau, maréchal-des logis des gardes de Monsieur, ✻ en 1814. Etait officier de dragons sous l'empire. Décédé.

FLAUGERGUES (Pierre), des environs de Saint-Cyprien, député de l'Aveyron, ✻ en 1814 (Voir sa biographie).

DUBRUEL (Pierre-Jean-Joseph), de Rignac, député de l'Aveyron, ✻ en 1814; O ✻ le 1er mai 1821; C ✻ le mai 1825. Décédé (Voir sa biographie aux *Documents historiques*, t. IV, p. 372).

CHAZELLES (comte de), de Lunac, préfet du Morbihan, ✻ en 1814; O ✻ le 27 février 1816; C ✻ le 12 décembre 1827. Gentilhomme de la chambre du roi. Avait été sous-préfet de Muret (Haute-Garonne) en 1812.

ROQUEFEUIL (Edouard), du Bousquet, lieutenant adjudant-major, ✻ en 1814; O ✻ le 1er mai 1851. Capitaine au 33e de ligne le 17 juin 1817; chef de bataillon au 28e et employé au recrutement jusqu'à l'époque de sa retraite.

1815.

Du 1er janvier au 20 mars. — Du 8 juillet au 31 décembre.

CARRIÉ-CANCÉ (BERNARD), d'Entraygues, sous-préfet d'Espalion, ✣ le 18 janvier. Chevalier de l'ordre de la Réunion depuis 1812. Décédé le 20 septembre 1827.

BONNEFOUS (ALBERT-ANTOINE-ALEXANDRE-FRÉDÉRIC), né à Randan en 1788, lieutenant au 131e de ligne, ✣ le 27 janvier. Parti pour les vélites en 1804; sous-lieutenant au 56e de ligne en 1809; lieutenant au 131e en 1811; capitaine au 33e en 1820. Chevalier de Saint-Louis, en Espagne, en 1823. Décédé.

MONTEIL (ALEXIS), de Rodez, homme de lettres à Paris, ✣ en février. Auteur de l'*Histoire des Français de divers états*, de la *Description du département de l'Aveyron*, etc. Décédé à Cely, près de Paris, en 1850 (Voir sa biographie).

COURTOIS (PIERRE-MARIE-JÉRÔME-LÉON de), officier au 1er de hussards, ✣ dans l'année; O ✣ le 1er mai 1846. Pendant la campagne d'Espagne en 1823, reçut dix blessures, fut laissé pour mort et nommé chevalier de Saint-Louis. Capitaine le 26 février 1823. Plus tard chef d'escadron et retraité. Député de l'Aveyron en 1846. Aujourd'hui maire de Vabres.

D'ALBIS DE GISSAC (MARIE-HENRI-ALEXANDRE), capitaine de cuirassiers, ✣ dans l'année. Retiré en 1830. Décédé à Gissac en 1855.

SERRES, comte de Saint-Roman, propriétaire à Combret et habitant Paris, ✻ dans l'année ; O ✻ le 19 août 1823. Ancien émigré, officier de mousquetaires et chevalier de Saint-Louis, pair de France en 1815, colonel de la 8ᵉ légion de la garde nationale de Paris. Publiciste connu par un grand nombre de bons écrits. Décédé à Paris le 24 avril 1843.

PÉGUAYROLLES (LÉOPOLD-JULIEN, marquis de), de Millau, mousquetaire, ✻ en mars. Fut décoré à Armentières par Louis XVIII au moment du licenciement de sa maison.

1816.

MOSTUÉJOULS (CHARLES-FRANÇOIS-ALEX., comte de), né à Mostuéjouls le 16 janvier 1767, ✻ le 14 août. Chevalier de Saint-Louis ; pair de France le 5 novembre 1827. Décédé le 10 avril 1849 (Voir sa biographie aux *Documents historiques*, t. II, p. 745).

VAISSIÈRE-SAINT-MARTIN-VALOGNE, de Millau, receveur-général à Blois, ✻ en 1816. Avait été membre de la convention nationale. Décédé le 24 février 1834.

1819.

ROGÉRY (SIMON), né à Saint-Geniez, le 19 juillet 1773, docteur-médecin, maire de Saint-Geniez et membre du Conseil général sous l'Empire, la Restauration et le règne de Louis-Philippe, ✻ dans l'année. Etait membre correspondant de l'académie royale de médecine depuis le 5 avril 1825. Décédé le 14 décembre 1843, âgé de 69 ans.

FRAYSSINOUS (DENIS-ANTOINE-LUC), né au Puech, commune de Curières, grand-vicaire de l'archevêque de Paris, ✵ le 1er septembre. Plus tard grand-maître de l'Université, ministre de l'instruction publique et pair de France. Décédé à Saint-Geniez le 12 décembre 1841 (Voir sa biographie aux *Documents historiques*, t. IV, p. 391).

1821.

GALAT (NICOLAS), de Saint-Jean-du-Bruel, sergent du génie, ✵ le 2 février.

CABROLIER (JEAN-FRANÇOIS), né à Rodez le 22 février 1784, lieutenant d'infanterie, ✵ le 1er mars. Retraité.

DELAURO (JOSEPH-GUILLAUME-ANDRÉ-RÉGIS), né à Rodez le 15 janvier 1778, député de l'Aveyron et maire de Rodez, ✵ le 1er mai. Conseiller de préfecture le 9 juin 1824. Décédé le 17 janvier 1846 (Voir sa biographie).

PASSELAC (JEAN-ANTOINE), né à Peyroles le 14 septembre 1767, conseiller de préfecture, ✵ le 1er mai. Décédé.

CABRIÈRES (GASPARD de), né en 1769 à Rodez, secrétaire-général de la préfecture, ✵ le 1er mai. Etait secrétaire perpétuel de la société d'agriculture de l'Aveyron. Décédé en 1836 (Voir sa biographie).

BONALD (LOUIS-GABRIEL-AMBROISE, vicomte de), né à Millau le 2 octobre 1754, député de l'Aveyron, ✵ le 1er mai. Ministre-d'Etat et membre du conseil privé en 1822 ; pair de France le 23 décembre 1823 ; auteur de la *Législation primitive;* membre de l'Académie française. Décédé au château du Monna le 23 novembre 1840 (Voir sa biographie aux *Documents historiques*, t. II, p. 514).

MAYNIER (Louis de), de Rodez, procureur du roi, ✶ le 1er mai. Décédé le 25 janvier 1844.

DAUGNAC (Dominique), né à Villefranche le 19 novembre 1778, lieutenant de gendarmerie à Rodez, ✶ le 1er mai. Capitaine à Toulouse en juillet 1828, chef d'escadron dans la même arme à Montpellier en 1835. Décédé en 1840.

GIRARD (l'abbé), proviseur du collége, ✶ le 8 mai. Décédé le 23 avril 1822 (Voir sa biographie).

MIRABEL (Alexandre), de Saint-Côme, sous-officier de cuirassiers, ✶ le 8 mai. Sous-lieutenant aux cuirassiers de Bordeaux le 9 janvier 1822. Etait parti soldat sous l'empire. Décédé à Sedan le 27 février 1827.

CELLES (Alexandre), de Saint-Georges, lieutenant d'infanterie, ✶ le 14 juin. Plus tard capitaine dans la légion étrangère. En retraite.

LAUR (Thomas), né à Gaillac-du-Causse, le 19 décembre 1780 ; sergent, ✶ le 14 juin. Décédé le 9 novembre 1823.

BONALD (René de), de Rodez, conseiller de préfecture, ✶ en juin. Etait chevalier de Saint-Louis. Décédé en 1823.

1822.

DELSESCAUX (Jean-François), né à Villeneuve le 24 juillet 1771, grenadier, ✶ le 17 octobre.

ADHÉMAR-PANAT (comte d'), lieutenant de gendarmerie, ✶ dans l'année. Ancien officier de dragons sous l'empire. Décédé à Rodez en 1823.

1823.

GAUJAL (Marc-Antoine-François, baron de), né à Millau le 22 janvier 1772, ancien émigré et chevalier de Saint-Louis, historien du Rouergue, correspondant de l'Institut, premier président de la cour royale de Limoges, ✻ le 8 août ; O ✻ le 2 octobre 1852. Député de la Corrèze en 1830 ; conseiller à la cour de cassation en 1837 ; premier président de la cour impériale de Montpellier le 3 octobre 1849. Décédé le 16 février 1856.

SALSÈS (Joseph-Guillaume), né à Saint-Geniez le 6 janvier 1793, capitaine d'infanterie, ✻ le 4 octobre ; O ✻ le 24 avril 1842. Promu au grade de chef de bataillon le 27 avril 1838. Mort à Saint-Geniez dans les premiers jours de décembre 1859 (Voir sa biographie).

BONENFANT (Louis), de Rodez, lieutenant au 5ᵉ de ligne, ✻ le 16 octobre. Fait capitaine au même corps le 24 mars 1825.

CHATELET (Denis-Pierre-Antoine), de Rodez, capitaine au 5ᵉ de ligne, ✻ le 19 novembre.

SAUVAIRE (Pierre-Luc), de Saint-Jean-du-Bruel, prêtre, aumônier de la légion des Landes, décoré en Espagne, ✻ en 1823. Plus tard chanoine du chapitre de Saint-Denis.

CONSTANS (Edouard), de Rodez, lieutenant d'infanterie, ✻ en 1823. Il fut décoré en Espagne, étant officier d'ordonnance du général Marengonné. Depuis capitaine et employé au recrutement.

1824.

PONS (François-Mathieu), né à Rignac le 6 mai 1795, caporal au 6ᵉ régiment d'artillerie, ✻ le 1ᵉʳ septembre.

VERNHETTE (Blaise-Joseph-Louis-Amédée de), né à Montjaux le 14 avril 1795, sous-préfet de Rambouillet, ✻ vers le mois de septembre. Préfet des Vosges le 25 septembre 1829, d'où il passa à la préfecture des Hautes-Pyrénées. Démissionnaire en 1830. Député de l'Hérault à l'Assemblée législative en 1849. Conseiller à la cour impériale de Toulouse en 1858.

CAPELLE (Victor), de Salles-Curan, directeur des contributions directes dans le Loiret, ✻ en 1824. Décédé à Paris le 23 mai 1840, étant inspecteur général des finances.

PLANARD (François-Antoine-Eugène de), né à Millau le 4 février 1784, secrétaire de la section de législation au Conseil d'Etat, ✻ en 1824. Auteur dramatique. Décédé à Paris le 13 novembre 1853 (Voir sa biographie).

1825.

CURE (Pierre), né à Millau le 19 novembre 1789, sergent-major au 7ᵉ de ligne, ✻ le 11 mars.

BRASSAT-MURAT (François-Louis), né à Aubin le 19 septembre 1750, docteur-médecin, ✻ le 19 mai. Décédé en mars 1829 (Voir sa biographie).

VERDIER, de Chaniez, avocat, l'un des anciens compagnons d'armes de Charrier, en 1793, ✻ le 19 mai. Décédé à Rodez le 6 février 1851.

MARTY (Antoine), né à Labastide-l'Evêque le 27 mai 1757, prêtre, vicaire-général du diocèse de Rodez, ✻ le 19 mai. Décédé en 1835 (Voir sa biographie).

FRANCE DE LORNE (André-Phil.-Augustin), né à Paris le 5 mai 1771, directeur des contributions directes à Rodez, ✻ le 22 mai.

BONALD (Victor de), du Monna, recteur de l'Académie de Montpellier, ✻ le 22 mai.

FRAYSSINOUS (Clément), né à Bonnefont le 8 novembre 1787, sous-préfet de Commercy, ✻ le 22 mai.

GAYRARD (Raymond), né à Rodez le 25 octobre 1777, graveur et sculpteur, ✻ le 22 mai. Mort à Paris en 1858 (Voir sa biographie).

SÉGURET (Henri de), de Rodez, président du tribunal civil et député de l'Aveyron, ✻ en mai. Décédé le 5 octobre 1835 (Voir sa biographie).

TAURIAC (Auguste de), né à Millau, officier aux grenadiers à cheval de la garde, ✻ le 29 mai. Fut décoré au sacre de Charles X. Avait fait les campagnes de l'Empire.

POUJADE-LA-DEVÈSE, de Saint-Beauzély, vicaire-général de Cahors, ✻ le 29 mai. Décoré au sacre de Charles X.

PERRIN-LASFARGUES (Valentin), de Viviers, près d'Aubin, juge de paix, ✻ en juin. Ancien député au conseil des Cinq-Cents (Voir sa biographie).

1826.

FRAYSSINOUS (Amable), de Curières, sous-préfet de Saint-Flour, ✻ en 1826. Décédé le 5 octobre 1836.

DULAC (Melchior, comte), né à Villefranche le 16 avril 1780, sous-préfet de Villefranche, ✻ en 1826. Préfet de la Nièvre en 1830 et bientôt après des Basses-Alpes.

1827.

D'URRE (baron), de Millau, secrétaire-général de la préfecture de Marseille, ✻ en 1827.

CHALRET-DURIEU (Victor), de Villeneuve, avocat général à la cour royale de Toulouse, ✻ en 1827. Président de chambre en 1828, puis conseiller à la cour d'appel de Paris.

1828.

VESINS (François-Amé-Dieudonné de Lévezou, comte de), né à Vesins le 5 avril 1789, sous-préfet de Saint-Affrique, ✻ en 1828.

JOULIÉ (Louis), de Peyrusse, lieutenant au 5e de ligne, ✻ en 1828. Fut promu au grade de capitaine le 24 septembre 1830.

1829.

BENOIT (Joseph-Raymond), né à Saint-Geniez le 8 juillet 1773, député de l'Aveyron, ✻ le 19 octobre.

MOLY (Guillaume-Antoine), né à Rodez le 24 février 1780, président du tribunal civil de Toulouse, ✻ le 28 octobre.

MONTVALLAT (Gilles-Antoine), prêtre, curé de Laguiole, ✻ le 28 octobre.

MOSTUÉJOULS (Antoine-Hippolyte-Amédée), né à Mostuéjouls en 1788, député de l'Aveyron, élu en 1827, ✻ en 1829. Etabli à l'Arcade, près de Gignac.

1830.

LAFONT (Georges), des environs de Saint-Affrique, lieutenant au 5e de ligne, ✻ premiers mois de 1830. Capitaine adjudant-major le 28 janvier 1836.

SUITE DES LÉGIONNAIRES DE LA RESTAURATION, MAIS DONT LA NOMINATION EST DE DATE INCERTAINE.

MÉJANÈS-PUELLOR (Louis de), brigadier des gardes du corps du roi, chevalier de Saint-Louis, retiré et mort à Rodez à la fin du mois d'août 1847.

CARCENAC-BOURRAN (Jean-Antoine), garde-du-corps, chevalier de Saint-Louis, adjudant de place à Saint-Sébastien en 1828. Décédé à Bourran.

LAPANOUSE (Alexandre-César, comte de), né au Colombier, près de Mondalazac, banquier à Paris, chevalier de Malte et de Saint-Louis, député du département de la Seine, pair de France le 5 novembre 1827. Décédé en 1836.

GÉRALDY, de Rodez, commissaire des guerres de première classe, en 1816, décoré vers cette époque.

PONS, de Rodez, commissaire des guerres de deuxième classe, en 1816, décoré vers cette époque. Mort peu de temps après.

FOULQUIER (J.-A.), des Besses, sous Rodez, lieutenant au 5ᵉ de ligne le 31 mars 1825, capitaine au 66ᵉ le 5 novembre 1830; décoré vers 1820, fait officier de l'ordre en 1832, à Lyon, où il rendit un service signalé en noyant les poudres dont allaient s'emparer les insurgés. Retraité à Lyon.

CABROL (François-Gracchus), de Rodez, capitaine d'artillerie légère, décoré dans les premiers temps de la Restauration ; O ✻ en mai 1841. Directeur des usines de Decazeville et créateur de toutes les constructions de ce magnifique établissement. Député de l'Aveyron en 1846.

DU VERDIER DE SUZE, du Mur-de-Barrez, porte-étendard des gardes du corps, compagnie de Luxembourg, lieutenant-colonel de cavalerie (brevet du 11 août 1827), chevalier de Saint-Louis. Retraité.

MARTIN (VALENTIN), d'Estaing, décoré dans les premières années de la Restauration, était sous-officier dans la légion de l'Aveyron en 1815, sous-lieutenant au 5ᵉ de ligne le 26 septembre 1830 ; lieutenant le 28 janvier 1836. Décédé.

D'ALBIS (FRANÇOIS), maire de Millau, décédé en 1832.

SAMBUCY (ANTOINE-FRANÇOIS-JOSEPH, vicomte de), de Saint-Georges, chef de bataillon, plus tard chef de légion de la garde nationale de Paris ; O ✶ le 19 mai 1825 ; C ✶ le 20 juillet 1854. Comte palatin, le 22 mars 1816 ; chevalier de Malte, le 19 novembre 1816. Décédé à Paris en 1856.

JULIEN DE ROQUETAILLADE (JEAN-FRANÇOIS), brigadier des gardes de Monsieur, chevalier de Saint-Louis, chef de bataillon dans la légion du Lot en 1816, décédé à Roquetaillade, étant en retraite, en 1843.

LIQUIER (ANTOINE), négociant à Marseille, retiré à Nonenque.

GRANDSAIGNE-D'HAUTERIVE (J.-P.-C.), de Loupiac, officier d'infanterie, décoré vers 1816, sous-lieutenant au 1ᵉʳ régiment à pied de la garde royale, en 1817, capitaine au 38ᵉ régiment de ligne en 1827, établi à Neufbrisach.

GRANDSAIGNE-D'HAUTERIVE (L.-J.-G.-E.), frère du précédent, successivement garde-du-corps du roi, lieutenant de gendarmerie en 1819 et décoré à cette époque, capitaine dans la même arme à Niort en 1827, puis en retraite et établi dans le département des Deux-Sèvres.

JAMES (Joseph-Luc), de Pousthomy, capitaine de gendarmerie dans la Creuse le 6 juin 1823, et dans l'Aveyron le 31 août 1826, chevalier de Saint-Louis et de l'ordre de Saint-Ferdinand d'Espagne; retraité chef d'escadron.

REYNES (Félix-Louis), de Lapeyre, capitaine de cavalerie le 8 septembre 1819, successivement employé dans les 11e et 16e régiments de chasseurs, chevalier de Saint-Louis, officier de la Légion-d'Honneur, chef d'escadron au 4e régiment de hussards, le 31 décembre 1836, nommé commandant de place à Port-Louis (Morbihan) en avril 1846.

MONTCALM (Charles, marquis de), deuxième secrétaire d'ambassade près la cour de Sardaigne en 1828, chevalier des ordres de Saint-Jean-de-Jérusalem, de Saint-Maurice, de Saint-Lazare et de la Légion-d'Honneur, domicilié à Camarès.

DESCLAUX, procureur général à Colmar; avait rempli les mêmes fonctions dans les provinces Illyriennes à Leybach, sous l'Empire; était décoré dès 1823. Mort en retraite à Toulouse.

DISSEZ (Charles), de Villefranche, chef de bureau au ministère des finances et décoré vers 1820; postérieurement directeur des contributions directes à Melun (Seine-et-Marne). Retiré à Valogne.

CRUZY-MARCILLAC (marquis de), né en 1769, sous-préfet de Villefranche en 1812; colonel d'état-major, mort en 1824 (Voir sa biographie, *Documens historiques*, t. II, p. 549).

CRUZY-MARCILLAC (chevalier de), capitaine de gendarmerie à Rodez en 1815, décoré vers cette époque; chevalier de Malte et de Saint-Louis; passé à Périgueux le 30 novembre 1817. Décédé.

DARDENNE (Charles-Jean-Joseph), né à Villefranche le 15 septembre 1769, chevalier de Saint-Louis; chef d'escadron de gendarmerie à Rodez, en 1814. Décédé en 1845.

RAYNALDY (Louis), né le 23 octobre 1751, ancien maréchal-des-logis des gardes du corps ; retraité chef d'escadron. Décédé.

LA ROMIGUIÈRE, de Livignac, célèbre professeur de philosophie, officier de la Légion-d'Honneur en juin 1837 (Voir sa biographie).

ROUZIÈS, de Villefranche, receveur-général à Dijon ; décoré vers 1815.

ALIBERT (Jean-Louis), né le 2 mai 1768, à Villefranche, professeur à la faculté de médecine de Paris ; officier de la Légion-d'Honneur le 25 avril 1821. Décédé le 4 novembre 1837 (Voir sa biographie).

TAURIAC (Antoine-Guillaume-Louis, baron de), né à Millau le 18 mars 1766, ancien officier au régiment de Vivarais, chevalier de Saint-Louis et de Malte, établi à Lyon, où il fut, sous la Restauration, chef d'état-major des gardes nationales du département du Rhône ; gentilhomme ordinaire de la chambre du roi Charles X. Mort en 1840.

III.

RÈGNE DE LOUIS-PHILIPPE.

Du 8 août 1830 au 24 février 1848, époque de l'expulsion de la dynastie d'Orléans.

1830.

CARRIER (Amans), de Rodez, conseiller de préfecture, ✻ le 27 août. Décédé.

1831.

BENAZET (François), né à Villefranche le 19 janvier 1784, gendarme, ✻ le 26 avril. Ancien grenadier à cheval de la garde impériale. Décédé à Rodez.

GERVAIS, maréchal-des-logis de gendarmerie à Rodez, ✻ le 26 avril. Décédé.

COUFFINHAL (Jean-François), né à Villefranche le 18 avril 1790, capitaine d'infanterie, ✻ le 4 juin. Décédé le 30 janvier 1837.

MERLIN (Jean-Pierre-Raymond), né à Sauveterre le 22 janvier 1767, député de l'Aveyron, ✳ en octobre (Voir sa biographie).

DELMAS (Jean-Baptiste), né à Foissac le 13 avril 1806, matelot, ✳ le 30 octobre.

GIROU (Louis-François-Charles), né à Buzareingues le 1er mai 1773, membre correspondant de l'Institut, ✳ en octobre. Avait reçu la croix des mains de l'Empereur, à Paris, pendant les Cent-Jours. Décédé le 25 juillet 1856 (Voir sa biographie).

LAUTARD (Pierre-Jean-Antoine), né à Saint-Chély, domicilié à Cruéjouls, capitaine au 5e régiment de ligne, ✳ en octobre.

DIÈCHE (Jean-Louis-François), de Rodez, capitaine au 5e de ligne, ✳ en octobre. Capitaine le 4 mai 1813 ; chevalier de Saint-Louis, le 16 octobre 1823, pour sa belle conduite dans les affaires du 15 et du 16 septembre de la même année, en Espagne. Nommé chef de bataillon en janvier 1836. Mort en retraite à Toulouse.

TOULOUSE (M.-A.-J.-A.), de Saint-Beaulize, canton de Cornus, capitaine au 5e de ligne, ✳ en octobre.

GAYRARD (J.-J.), de Rodez, lieutenant au 5e de ligne, ✳ en octobre. Capitaine le 28 janvier 1836.

VAYSSIÈRE-SAINT-MARTIN (Hugues-Paulin), de Millau, capitaine adjudant-major au 19e léger, ✳ en 1831 ; O ✳ en.... Avait été nommé capitaine au 55e de ligne, le 19 février 1823 ; chef de bataillon au 58e de ligne, le 13 février 1839. Décédé le 11 janvier 1859, à l'âge de 63 ans.

BRONDEL DE ROQUEVAIRE, de Saint-Jean-du-Bruel, chef de bataillon au 7e régiment de ligne depuis le 31 octobre 1830, ✳ en 1831 ; O ✳ en 1838. Retraité en février 1840.

VALETTE-DESHERMEAUX (M.-J.-B.-M.), de Saint-Laurent-d'Olt, capitaine au 14e régiment d'artillerie, ✳ en 1831. Colonel du 15e en 1860.

ROUANET (Louis-Joseph-Gaspard), né le 5 janvier 1779 à Mézières (Ardennes), domicilié à Saint-Sernin, ancien grenadier à cheval de la garde impériale, ✳ le 28 novembre. Entré au service le 21 vendémiaire an XIII, dans le 21e régiment de chasseurs à cheval; appelé dans la garde le 23 juillet 1812. Décédé le 28 novembre 1845.

1832.

WAISS (Charles), né à Schlestat (Bas-Rhin), le 5 août 1791, percepteur à Rignac, ✳ le 17 mai. Ancien capitaine au 6e de dragons et au 8e de cuirassiers. Retiré le 1er mars 1830.

SOULIÉ (Charles), né à Vaureilles le 18 décembre 1788, capitaine au 5e de ligne, ✳ le 18 mai.

BRASSAT-SAINT-PARTHEM (Louis-François), né à Aubin le 23 septembre 1779, maire d'Aubin, ✳ le 9 octobre. Membre du conseil général.

RICARD (Pierre-Jean), de Rodez, sergent au 5e de ligne, ✳ le 13 novembre.

DAUDE (Claude-Victor), né à Chaudesaigues, domicilié à l'Albaret, juge de paix du canton de Sainte-Geneviève et député de l'Aveyron, ✳ le 13 novembre. Décédé le 31 août 1835.

VAYSSIÈRE-SAINT-MARTIN-VALOGNE (Euclide), sous-intendant militaire attaché à l'armée d'Afrique, ✳ le 13 novembre; O ✳ en avril 1842.

CLERC (Marie-Léon), de Conques, capitaine au 20ᵉ léger, ✳ le 13 novembre; O ✳ en 1844. Capitaine le 9 juillet 1823; commandant du 9ᵉ bataillon de chasseurs à pied (depuis chasseurs d'Orléans) le 27 août 1840, par suite du rapport du maréchal Vallée qui le signala comme s'étant distingué en Afrique au combat du 20 mai 1840 et à celui de Teniah.

VILLENEUVE (J.-P.), de Pousthomy, lieutenant au 5ᵉ de ligne, ✳ le 13 novembre. Sous-lieutenant le 26 octobre 1825; lieutenant le 12 février 1831; capitaine le 19 février 1839.

DIANOUX (Jacques-Victor), de Millau, capitaine de recrutement, ✳ le 13 novembre.

1833.

BOURZÈS (Alphonse-Joseph de), de Millau, lieutenant au 19ᵉ de ligne, ✳ le 9 janvier. Décoré pour sa vaillante conduite au siége d'Anvers.

COUDERC (François), né à Coudernac le 1ᵉʳ mars 1792, voltigeur au 102ᵉ de ligne, ✳ le 12 janvier.

CHATEAU (Guillaume), de Rodez, lieutenant au 5ᵉ de ligne, ✳ en janvier. Sous-lieutenant le 9 avril 1823; lieutenant le 26 juin 1830; capitaine le 27 avril 1838. Fut décoré au passage du roi à Lille pour la bravoure qu'il avait déployée devant Anvers où il fut blessé.

GUIZARD (Louis de), né à La Guizardie le 17 août 1797, préfet de l'Aveyron, ✳ en janvier; O ✳ en mai 1842.

MARTIN (Louis), né à Réquista le 16 mars 1787, capitaine au 52ᵉ de ligne, ✳ le 9 février.

GRANIER (Louis), né à Villefranche le 12 septembre 1786. Lieutenant au 5ᵉ de ligne, ✳ le 1ᵉʳ mai. Décédé capitaine le 19 décembre 1846.

BARASCUD (Raymond), de Tiergues, membre du conseil général, ✻ le 1er mai. Décédé en 1860.

BARRAU (Jean-Auguste de), né à Carcenac le 13 mars 1792, capitaine d'artillerie, ✻ le 5 mai. Lieutenant le 1er juillet 1813 ; capitaine le 27 juillet 1823 ; chef d'escadron le 26 novembre 1843 ; chevalier de l'ordre de Saint-Ferdinand d'Espagne. Décédé le 28 août 1848, à Cette, où il commandait la citadelle.

ENJALBERT (François), des Bastries, commune de Flavin, maréchal-des-logis au 2e de chasseurs, ✻ le 18 septembre. Décédé le 30 novembre 1850.

PUECH (Charles-Joseph), de Brasc, capitaine au 7e d'artillerie, ✻ en 1833. Chef d'escadron au 13e le 27 novembre 1843. Retraité.

1834.

DELRIEU, de Rodez, poète tragique, demeurant à Paris, ✻ en mai (Voir sa biographie).

CONSTANS-SAINT-ESTÈVE, de Saint-Affrique, membre du Conseil général, ✻ en mai. Sous-préfet de Saint-Affrique en 1835. Décédé le 21 décembre 1836.

RODAT (Amans), d'Olemps, conseiller de préfecture à Rodez, ✻ en août. Décédé le 10 février 1846 (Voir sa biographie).

CABANTOUS (Pierre), né à Rodez le 7 février 1771, professeur de belles lettres à Toulouse, ✻ en 1834. Décédé le 8 décembre 1840 (Voir sa biographie).

1835.

PERSÉGOL (Louis-Africain), né à Saint-Geniez le 26 novembre 1794, ancien président de la cour royale de Cayenne, maire de Coussergues, ✻ le 17 février. Décédé.

BOUTET (André), de Rodez, capitaine de voltigeurs au 57e de ligne, ✻ en avril. S'était engagé volontaire dans la garde royale en 1817. Décédé.

1836.

CIBIEL (Louis) père, né à Sauveterre le 19 octobre 1766, membre du Conseil général et maire de Villefranche, ✻ en janvier. Décédé le 3 mai 1837.

CABANTOUS (Michel), né à Saint-Cyprien le 28 décembre 1789, capitaine au 22e de ligne, ✻ le 10 avril. Retraité le 16 février 1840.

BOULOUD (Jean-Baptiste-Auguste), né à Espalion le 27 mars 1798, capitaine au 8e régiment de dragons, ✻ le 25 avril.

GAUJAL-SAINT-MAUR (Philippe-Louis), membre du Conseil général et maire de Millau, ✻ en avril; O ✻ en avril 1844. Décédé.

MONESTIER (Simon-Jean-Jacques-Joseph), né à Laissac en 1776, maire de Laissac, ✻ en avril. Plus tard membre du Conseil général. Décédé.

FLEYS (l'abbé), du Mur-de-Barrez, chanoine et archiprêtre de la cathédrale de Montauban, ✻ en mai.

LIQUIER (Paul-Casimir), de Nant, avocat général près la cour royale de Nîmes, ✻ en mai.

BOUSIN (Louis), de Nantes, domicilié à Millau, ex-sergent au 23ᵉ de ligne; ✻ en mai.

MAURY (Pierre), né à Millau en 1811, sergent au 66ᵉ de ligne, ✻ en mai.

COURET DU TERRAIL (Marie-Casimir-Onuphre), né à Saint-Geniez le 10 septembre 1796, capitaine au 5ᵉ de cuirassiers depuis le 26 février 1823, ✻ dans l'année. Chef d'escadron au 7ᵉ, le 1ᵉʳ octobre 1839.

1837.

MASSABIAU, de Villefranche, conservateur de la bibliothèque de l'arsenal à Paris, ✻ en janvier. Décédé en septembre 1837.

RECCOULES (Pierre-Paul), né à Saint-Georges en 1792, maréchal-des-logis d'artillerie, ✻ le 30 mai.

CABROL (Pierre), de Rodez, ingénieur en chef des ponts et chaussées à Nantes, ✻ en juin. Décédé à Paris le 29 août 1856.

BONALD (Louis-Jacques-Maurice), né au Monna le 30 octobre 1787, évêque du Puy, ✻ en juillet; O ✻ en 1846; C ✻ le 5 novembre 1853. Depuis archevêque de Lyon, cardinal et sénateur.

ALAUX (Antoine-Jean), né à Bessuéjouls le 13 mars 1805, chasseur au 1ᵉʳ régiment d'Afrique, ✻ le 11 novembre.

1838.

GAUJAL (Victor de), de Millau, vice-président du tribunal de Tulle, ✻ le 1er mai.

ROUVELET (Aristide), sous-préfet de Millau, ✻ en juin.

1839.

BASTIDE (Jean-François-Sylvain), né à Villefranche le 20 juin 1796, procureur du roi à Villefranche, ✻ le 10 février.

FARAMOND, de Melvieu, consul de France au Mexique, ✻ le 1er mai.

ANNAT (l'abbé), d'Espalion, curé de Saint-Méry à Paris, ✻ le 1er mai.

PALANGIER (Jean-Antoine-Henri), né à Rodez le 12 octobre 1814, maréchal-des-logis au 3e régiment de chasseurs d'Afrique, ✻ le 29 novembre.

VAYSSE (Fortuné-Victor), de Rodez, capitaine de recrutement, ✻ dans l'année. Capitaine le 18 mai 1830; chef de bataillon au 26e de ligne le 16 février 1845. Avait servi comme sergent dans les gardes-du-corps à pied, sous la Restauration. Décédé en retraite.

1840.

TEISSIER (Eugène de), né à Trémouilles le 15 mars 1808, officier de marine, ✻ le 27 février. Décoré en raison du courage qu'il déploya devant Cherchell où il commandait les embarcations du *Sphynx* et où il fut blessé. Capitaine de frégate en novembre 1855.

BOISSONNADE (Etienne-Joseph), né à Saint-Geniez le 29 décembre 1796, architecte du département depuis 1820, ✻ le 30 avril. Inspecteur des monumens historiques; constructeur du grand séminaire, du palais de justice et de l'asile des aliénés de Rodez; restaurateur de l'église de Conques et de la cathédrale de Rodez.

BOSCARY (François-Marie), né à Saint-Côme le 21 février 1796, capitaine au 67ᵉ régiment de ligne depuis le 5 mai 1816, ✻ le 30 avril. Retraité.

SARRUS, de Saint-Affrique, doyen de la faculté des sciences de Strasbourg, ✻ le 30 avril.

SABDE (Jacques-Maurice), né à Millau en 1793, conducteur des ponts et chaussées et membre du conseil d'arrondissement de Millau, ✻ le 7 mai.

SANGUINETTI, d'une famille originaire d'Italie et établie à Rodez, capitaine au 1ᵉʳ régiment de ligne, ✻ le 21 juin ; O ✻ en août 1853. Etait, à cette époque, chef de bataillon au 23ᵉ régiment.

NOEL (Jean-Napoléon), d'Huparlac, capitaine du génie, ✻ en août; O ✻ le 14 décembre 1855. Décoré en récompense de sa belle conduite en Algérie, surtout dans les affaires du mois d'août 1840. Chef de bataillon commandant le génie de la 9ᵉ division en Orient; se distingua à la prise de la tour Malakoff.

LAURENS, brigadier de gendarmerie à Rieupeyroux, ✻ le 10 septembre. Dangereusement blessé dans une révolte de prisonniers le 29 juillet 1840.

ROULIÉ (Jean), né à Villecomtal le 3 mars 1803, gendarme à Cassagnes, ✻ le 25 décembre.

1841.

AFFRE (Denis-Auguste), né à Saint-Rome-de-Tarn le 18 septembre 1793, archevêque de Paris depuis le 26 mai 1840, ✻ en avril. Tué par les insurgés sur les barricades de Paris en juin 1848 (Voir sa biographie).

CANIVENC (Alexis-François), des Averdiès, commune de Gozon, maréchal-des-logis au 7ᵉ régiment d'artillerie, ✻ le 28 avril. Vingt-sept ans de service.

DURAND (Charles), de Sévérac, avocat et secrétaire général de la préfecture de l'Hérault, ✻ en mai.

MIQUEL (Jean-Louis), de Rodez, sergent-major au 5ᵉ de ligne, ✻ en mai.

JOANNY (Jean-Baptiste-Raymond), né à Aubin le 8 brumaire an IX, ✻ en mai; O ✻ en .... Parti soldat en 1818; capitaine adjudant-major au 58ᵉ de ligne le 16 mars 1838; chef de bataillon au 43ᵉ le 8 novembre 1846; lieutenant-colonel du même régiment; colonel du 7ᵉ de ligne en novembre 1854.

DUCHESNE (Jean-Claude), né à Vetel (Haute-Saône), le 27 juillet 1797, domicilié à Villefranche, ex-sergent au 12ᵉ léger, ✻ le 3 mai. Décédé.

BALSAC (Marie-Auguste-Isidore de), de Rodez, maréchal-des-logis-chef aux chasseurs d'Afrique, ✻ le 17 août; O ✻ le 15 août 1860. Entré au service le 26 septembre 1832; sous-lieutenant le 15 novembre 1842; lieutenant le 7 août 1847. Mis deux fois à l'ordre du jour de l'armée d'Afrique pour de beaux faits d'armes : la première fois à l'époque où il fut décoré; la deuxième fois, à l'occasion de la bataille d'Isly. Chef d'escadron au 9ᵉ de dragons. Vingt-sept ans de services et dix-huit campagnes.

1842.

VERNHET DE LAUMIÈRE (Clément), né à Roquefort le 28 octobre 1812, capitaine au 14ᵉ régiment d'artillerie, ✳ le 29 mars; O ✳ en août 1859. Chef d'escadron en janvier 1851 ; puis colonel du régiment d'artillerie de la garde impériale et aide-de-camp de l'Empereur. Nommé officier de l'ordre de Saint-Maurice et Lazare, par le roi Victor-Emmanuel, le 16 janvier 1860.

BUTERIN (Alphonse), chef de bataillon retraité à Rodez, ✳ le 18 avril.

DELPECH (Charles-Chrysostôme), de Sauveterre, capitaine de gendarmerie, ✳ le 24 avril; O ✳ le 13 juin 1850. Avait d'abord servi dans les lanciers rouges sous l'Empire, et puis dans les gardes de Monsieur en 1814. Lieutenant de gendarmerie à Villefranche en 1824 ; capitaine dans la même arme à Toulouse et à Aurillac; chef d'escadron à Arras le 3 décembre 1846, puis à Agen. En retraite à Montauban.

CAMBIAIRE (Jean-Joseph-Alexis-Amédée de), né à Vabre le 25 avril 1800, major de cuirassiers, ✳ le 24 avril; O ✳ le 10 août 1853. Avait été nommé capitaine au 12ᵉ de dragons le 4 juillet 1830 ; major au 12ᵉ de cuirassiers le 25 avril 1840 ; lieutenant-colonel au 1ᵉʳ de cuirassiers le 27 avril 1846; colonel du même corps le 3 janvier 1853 ; général de brigade le 31 décembre 1857; commandant le département du Gard le 14 avril 1860. Mort, vers le 20 avril de la même année, d'une chute de cheval survenue à Nîmes pendant une revue (Voir sa biographie).

GARDET (Claude), né en Savoie le 29 août 1789, maréchal-des-logis de gendarmerie à Millau, ✳ le 24 avril.

MONSEIGNAT (Félix-Hippolyte de), né à Rodez le 11 décembre 1805, conseiller de préfecture, ✻ en juillet. Député de l'Aveyron le 5 janvier 1839 ; conseiller de préfecture à la place de son père démissionnaire le 17 novembre 1839 ; démissionnaire lui-même en 1849 ; président de la société d'agriculture depuis 1855.

MAZUC (Henri), né à Sauveterre en 1800, président du tribunal civil de Rodez et membre du Conseil général, ✻ le 16 septembre. Décédé le 3 janvier 1848.

VERNHETTE (Antoine-Auguste-Marie), né à Montjaux en 1797, chef de bataillon au 16e léger, ✻ dans l'année. Avait été nommé capitaine au 7e de ligne le 12 avril 1823 ; chef de bataillon le 19 mars 1841. En retraite.

LAGRIFFOUL (Jean), né à Entraygues le 5 vendémiaire an IV, capitaine au 9e de dragons, ✻ dans l'année.

1843.

DURIOL (Jean-Baptiste), né à Rodez en 1797, brigadier de gendarmerie, ✻ le 19 avril. Dans la suite commissaire de police à Villefranche et puis à Rodez.

DARDENNE (Siméon), de Villefranche, maire de Labastide-l'Evêque et membre du Conseil général, ✻ en avril. Avait servi sous l'Empire dans le 22e régiment de dragons. Décédé.

BALAT (Louis), né à Saint-Geniez le 3 août 1796, capitaine retraité, ✻ le 1er mai. Avait été nommé capitaine au 6e léger le 20 avril 1831.

ROUVELLAT DE CUSSAC, de La Selve, conseiller à la cour royale de la Martinique, ✻ le 4 août.

SAINPAUL (Guillaume), de Coudournac, âgé de 36 ans, chasseur d'Afrique, ✶ dans l'année. La décoration lui fut accordée pour avoir enlevé un drapeau aux Arabes. Passa depuis dans la gendarmerie.

AUZOUY (Pierre-François-Henri) de Rignac, capitaine au 64ᵉ de ligne, ✶ dans l'année; O ✶ le 26 avril 1852; C ✶ le 24 juin 1859, à la suite de la bataille de Solferino. Avait été nommé capitaine le 26 mars 1838 ; chef de bataillon au 5ᵉ de chasseurs de Vincennes en juillet 1848 ; colonel du 23ᵉ de ligne. Comptait à l'époque où il fut décoré 24 ans de services, 12 campagnes, une blessure.

GALTIER (Pierre-Louis), du Cambon, près de Nant, lieutenant de hussards, ✶ le 1ᵉʳ septembre. Fut fait capitaine au 5ᵉ de hussards le 13 décembre 1844, et avait été décoré en Afrique.

PONS (Justin), de Peyrusse, capitaine d'infanterie, ✶ dans l'année. Sous-lieutenant au 5ᵉ de ligne le 28 avril 1824 ; capitaine au 4ᵉ léger, le 8 décembre 1833. Décédé en retraite.

1844.

MÉJANÈS DE VEILLAC (Casimir), né à Veillac en 1792, capitaine au 14ᵉ léger, ✶ le 14 avril. Retraité.

BENOIT, de Millau, capitaine au 2ᵉ régiment de carabiniers, ✶ en mai.

SOULIÉ (Louis), né à Peyrusse en 1786, capitaine, ✶ dans l'année. Retiré à Valence (Drôme).

CIBIEL (Vincent), né à Villefranche en 1798, député de l'Aveyron, ✶ dans l'année.

BONNEFOUS (Jean-Bernard), de Combret, lieutenant au 3ᵉ léger, ✶ dans l'année.

1845.

COSTES (Joseph-Marie-Adolphe), de Rodez, chef de bataillon au 65ᵉ de ligne, ✻ en avril. Avait été garde-du-corps du roi en 1814, puis capitaine au 33ᵉ de ligne; son grade de commandant datait du 15 novembre 1841. Décédé à Decazeville en octobre 1849.

GINESTET (Alphonse), de Rignac, adjudant en 1ᵉʳ dans les hospices militaires d'Algérie, ✻ en avril.

GALTIER (Jean-Pierre-Antoine), né à Villefranche le 18 mai 1800, président du tribunal de Villefranche et membre du Conseil général, ✻ le 24 avril. Décédé en 1860.

LOMBARD (Hercule), né à Villefranche le 7 février 1796, principal du collége de Bédarieux, ✻ le 27 avril. Puis principal à Carcassonne.

VESIN (François-Emile), de Monrepos, près de Gaillac-du-Causse, procureur du roi à Rodez, ✻ en mai.

BERNARD (Pierre-Jean), de Drulhe, commune de Sainte-Juliette, brigadier de gendarmerie, ✻ en mai.

ALLIEZ (Joseph-Jacques), né à Belmont en 1795, capitaine au 45ᵉ de ligne, ✻ en mai. Etait parti volontaire en 1815.

LACROIX (François), né à Entraygues le 16 novembre 1793, évêque de Bayonne, ✻ en septembre. Avait été nommé évêque le 10 août 1837, et sacré le 12 avril 1838.

1846.

YENCE (Denis), de Rodez, 76 ans, maire de Rodez, ✱ en février.

SERIEYS (Thomas), né à Sauclières en 1792, garde d'artillerie de 1re classe à Calais, ✱ le 15 avril.

LESCURE (Jean-Philippe-Marguerite), de Lavernhe, près de Sévérac, membre du Conseil général et maire de Lavernhe, ✱ en mai. Décédé le 16 décembre 1853, juge de paix du canton de Sévérac.

DUBRUEL (Ferdinand-Joseph-Charles), né à Villefranche le 9 février 1797, sous-préfet de Villefranche, ✱ en mai.

DESMAZES, de Saint-Affrique, maire de Saint-Affrique, ✱ en mai.

GIRELS (de), sous-préfet de Lavaur, ✱ en mai.

SAUNHAC (Eugène de), de Rodez, directeur du haras de Tarbes, ✱ en mai.

FAUDET (l'abbé), de Saint-Geniez, curé de Saint-Etienne-du-Mont à Paris, ✱ en mai.

GUIRAUD (Jean-Pierre-Gaétan), de Saint-Affrique, juge d'instruction à Saint-Affrique, ✱ vers le même temps.

GRÉGOIRE, d'Entraygues, économe au collège d'Henri IV à Paris, ✱ en mai.

TAURINES (Pierre), capitaine au 5e léger, ✱ en mai. Sous-lieutenant au 5e de ligne le 14 juillet 1823; capitaine au 5e léger le 8 décembre 1833.

PEYRE (Antoine-Gabriel-Maurice), né à Millau le 18 juillet 1800, sergent-major au 5ᵉ de ligne, ✻ le 19 juillet. Engagé volontaire en 1820, distingué au siège d'Anvers et mis à l'ordre du jour de l'armée. Retraité le 6 février 1853, ayant 33 ans de services.

ROLLAND (Guillaume), né à Buffières, près de Lacalm, en 1821, clairon au 8ᵉ bataillon de chasseurs à pied, ✻ le 10 octobre. Echappé, lui troisième, du combat de Sidi-Brahim où tout son corps périt massacré. Garde-forestier à Aubrac.

1847.

LACOSTE (Joseph), né à Toulouse le 12 août 1786, caporal au 7ᵉ de ligne, ✻ le 19 mars. Domicilié à Villefranche.

THOMAS DE CABANOUS, de Saint-Affrique, chef de bureau au ministère des travaux publics, ✻ le 18 avril.

UNAL (Etienne-Jean-Baptiste), né à Vesins en 1811, lieutenant au 48ᵉ de ligne, ✻ le 20 avril. Capitaine au 39ᵉ le 29 avril 1848.

BONALD (Gustave de), de Rodez, payeur du département de l'Aveyron, ✻ le 28 avril. Ancien officier de cavalerie.

VALENTIN (Michel), né à Gaillac-du-Causse le 14 mars 1800, officier d'infanterie, ✻ le 28 avril. Engagé volontaire en 1828; capitaine au 2ᵉ régiment d'infanterie de marine en 1832. Retraité en 1853. Dix-huit campagnes aux colonies.

BARASCUD, de Tiergues, avocat, ancien maire de Saint-Affrique, ✻ le 30 avril.

D'ALBIS (Antoine-Léon-Gabriel), de Millau, président du tribunal de Millau, ✻ le 30 avril.

POUGET, de Rodez, procureur du roi à Montpellier, ✻ le 30 avril.

D'HOMBRES (Eugène-Félix-Louis), né à Alais, maire de de Saint-Jean-du-Bruel, ✻ le 30 avril. Onze ans de services militaires comme officier au 2ᵉ de hussards; onze ans de services civils comme maire.

MATHIEU, maréchal-des-logis de gendarmerie à Millau, ✻ le 30 avril.

SOULIÉ-LAGRÉZIE (Jean-Baptiste-Joseph), capitaine au 6ᵉ de ligne, ✻ le 30 avril.

LACROIX (Louis-Pierre), de Saint-Michel, canton de Nant, adjudant dans les tirailleurs indigènes en Algérie, ✻ le 7 août. Sous-lieutenant au 66ᵉ de ligne en 1848.

PAGÈS (François), né à Bars, commune de Lacroix, le 24 juillet 1794, capitaine au 15ᵉ régiment de ligne, ✻ en septembre.

LACAM (Jean-Pierre), né à Villefranche le 26 mars 1802, sergent au 58ᵉ de ligne, ✻ en septembre.

VASSAS (Paul-Louis-Hector), né à Saint-Jean-du-Bruel, le 4 novembre 1818, voltigeur au 1ᵉʳ régiment de marine, ✻ le 19 décembre. Mis à l'ordre du jour de la colonie des Marquises par le contre-amiral Bruat, le 7 janvier 1847, pour avoir, avec un courageux dévouement, à l'attaque de Natahun (Haïti), escaladé une montagne de 800 mètres, à l'effet de tourner l'ennemi et de le surprendre dans un ouvrage avancé.

GAUJAL (J.-M.-M.-Hipᵗᵉ), de Millau, capitaine d'état-major, ✻ dans l'année; O ✻ en ....; capitaine le 10 septembre 1837; chef d'escadron le 14 juin 1850; colonel le 1ᵉʳ juillet 1859. Nommé commandeur de l'ordre de Saint-Maurice et Lazare, par le roi Victor-Emmanuel, le 16 janvier 1860.

BOSC (Alexis-Et.-Isidore), de Saint-Affrique, capitaine au 71° de ligne, ✣ dans l'année. Etait capitaine du 30 octobre 1842.

SUITE DES LÉGIONNAIRES DU RÈGNE DE LOUIS-PHILIPPE, MAIS DONT LA NOMINATION EST DE DATE INCERTAINE.

MONSEIGNAT (Félix), originaire de Rodez, chef de division et secrétaire-général à la caisse d'amortissement, promu au grade d'officier en mai 1844.

MARTIN-SAINT-ANGE, originaire de Rodez, naturaliste à Paris, plusieurs fois couronné par l'Institut, O ✣ le 25 avril 1847.

CASSAN (Louis), de Rodez, directeur des contributions directes du département des Basses-Pyrénées. Décédé.

DAUSSE, de Rodez, chef de division du personnel des douanes sous la Restauration; à l'époque de la révolution de Juillet 1830, passé à l'entrepôt des sels; conseiller référendaire à la cour des comptes dès 1834; décoré vers 1842; conseiller référendaire de 1re classe par décret impérial du 7 juin 1859.

DELRIEU (Antoine), fils d'un médecin du Mur-de-Barrez, ancien capitaine dans le 2e régiment d'artillerie de marine où il était entré soldat en 1808. Retiré à Orléans en 1816. Mort en février 1848.

BASTIDE (Joseph-Gabriel), né à Saint-Geniez le 17 vendémiaire an VII; volontaire dans la légion de l'Aveyron en 1815; sous-lieutenant au 5e de ligne le 24 septembre 1830; lieutenant le 7 février 1833; capitaine au 74e le 11 décembre 1840. Mort au camp de La Vilette, près de Paris, en 1849.

ROQUEPLO (Amable-Honoré), de Palmas, sous-officier de hussards.

ROQUETAILLADE (François-Antoine-Raymond de), âgé de 44 ans, capitaine au 48° de ligne, domicilié à La Cresse.

ROQUEVAIRE (Sylvain de), de Saint-Jean-du-Bruel, conseiller à la cour royale de Montpellier.

ROZIER, ancien avocat du Parlement de Paris, né à Vérières, président de chambre à la cour royale de Montpellier.

VIGNOLES (Louis de), de Saint-Jean-du-Bruel, président de chambre à la cour royale de Nîmes. Décédé le 8 février 1847, âgé de 82 ans.

GRAND-PRADEILHES, sous-préfet de Saint-Affrique. Décédé en 1835, âgé de 71 ans.

CAMBIAIRE (Jean-Baptiste), d'Esplas, près de Saint-Sernin, docteur de Sorbonne, chanoine de Montpellier. Décédé le 21 février 1846.

GRAND (Charles), de Saint-Affrique, mort en octobre 1838, à Villarlong (Aude), âgé de 61 ans, père de deux fils morts au service.

GRAND (Emile), fils du précédent, capitaine du génie, tué, à 26 ans, devant Constantine, dans l'une des deux attaques dirigées contre cette ville en 1836. Ses camarades lui firent élever un monument au centre de la plaine de la Mitidja, dans le camp de Bouffarick qu'il avait fait construire. Etait capitaine du 20 mai 1834, et avait été décoré depuis peu.

SOUYRI (Louis), de Villefranche, vétéran.

BERGON, de Villefranche, frère de l'ancien président, directeur des contributions directes dans les Vosges. Se trouvait décoré en 1836. Retiré à Saint-Germain.

DELMAS (Léon), de Villefranche, commissaire de marine de 1re classe. Décédé à Vannes en 1846. Neveu du célèbre Lapeyrouse.

IV.

DEUXIÈME EMPIRE.

Cette période commence au 24 février 1848, époque de l'installation de la nouvelle République, et comprend :

1° Le règne de la première Assemblée, *dite Constituante;*

2° La présidence du prince Louis-Napoléon, votée par le peuple le 10 décembre 1848;

3° Enfin, l'Empire, proclamé le 5 décembre 1852.

1848.

ARNAL (Régis), de Rodez, soldat de la garde mobile, ✻ en juillet. Ouvrier tondeur, mort à Paris, au mois d'octobre, des suites d'une blessure reçue aux journées de juin en combattant contre l'anarchie.

MAZERAND (Pierre-Cyprien), de Millau, soldat dans la garde mobile, ✻ en juillet. Décoré pour sa belle conduite aux journées de juin où il fut blessé à la main droite et rapporta au général Lamoricière un drapeau pris aux insurgés sur une barricade.

1849.

DELPECH (Edouard), de Sauveterre, professeur et doyen de la faculté de droit de Toulouse, ✶ dans les premiers mois de l'année.

PORTIER, de Rodez, juge au tribunal civil de Rodez, ✶ le 30 mai. Décédé le 29 décembre 1849.

DURAND (Charles), de Saint-Affrique, prêtre, aumônier de la Salpétrière, ✶ en juillet. Pour services rendus à l'occasion du choléra qui sévit avec tant de force dans cet établissement. Décédé en mai 1855.

AUGELOU (Jean-Bernard), de Villefranche, caporal au 20º de ligne, ✶ en juillet. Nommé après le siége de Rome où il fut blessé dans les assauts du mois de juin 1849.

BASTIDÉ (Jean-Antoine), né à Saint-Geniez en 1800, capitaine au 44º de ligne, ✶ en août.

BOSCUS (Pierre-Hippolyte), de La Mouline, sous Rodez, capitaine adjudant-major au 5º léger, ✶ en août. Décoré dans l'armée d'Afrique. Mort du choléra, à Gallipoli, en août 1854.

PUECH (Laurent-Joseph), de Rodez, sergent dans la 8º compagnie d'ouvriers d'artillerie, ✶ le 10 décembre.

AYRIGNAC (Joseph), né à Saint-Léons le 15 mai 1794; maréchal-des-logis de gendarmerie à Rodez, ✶ le 10 décembre. Trente-six ans de service. Décédé.

POURQUIÉ (Joseph-Louis), de Saint-Laurent, capitaine au 73º de ligne, ✶ dans l'année.

LYSSORGUES (Jean-Baptiste), de Villefranche, capitaine au 5º de ligne, ✶ dans l'année.

ROUCH (Jean-Baptiste), de La Moulinie, près de Vaureilles, capitaine adjudant-major au 7ᵉ de lanciers, ✽ dans l'année.

1850.

PRADIÉ (Jean-Guillaume), de Marcillac, major au 5ᵉ de lanciers, ✽ le 11 avril. Retraité.

PAL (Louis), de Rodez, ancien adjudant-sous-officier au 3ᵉ régiment de tirailleurs, ✽ le 16 août. Avait été proposé pour cette distinction, par son colonel, sur le champ de bataille, à raison d'une action d'éclat dans la campagne de 1812, en Espagne, servant alors dans le 118ᵉ régiment de ligne.

PISTRES (Jacques), de Belmont, ancien soldat de l'expédition d'Egypte, ✽ le 6 août.

BOUDET, de l'Aveyron, maréchal-des-logis de gendarmerie dans le département de Lot-et-Garonne, ✽ le 10 décembre.

BARRAU (Justin-Hippolyte de), né à Rodez le 23 mars 1794, conseiller de préfecture, ✽ le 10 décembre. Douze ans de services militaires comme officier de cavalerie; dix-sept ans de services civils comme membre du Conseil général, maire, ou conseiller de préfecture; président et l'un des principaux fondateurs de la Société des Lettres, Sciences et Arts de l'Aveyron; auteur de plusieurs écrits scientifiques ou d'intérêt local.

ROUVELLAT DE CUSSAC (Jean-Baptiste-Marie-Alphonse), originaire de La Selve, capitaine au 2ᵉ régiment d'infanterie de marine, ✽ dans l'année. Major au même corps, par décret du 8 septembre 1851.

1851.

BIGNON, de Villefranche, ancien officier de cavalerie sous l'Empire, ✻ en janvier.

CELLES, de Saint-Georges, domicilié à Réquista, ancien officier d'infanterie, ✻ le 4 janvier. Avait été décoré dans les Cent Jours.

COSTES (ADRIEN), de Millau, capitaine-adjudant-major au 1er de cuirassiers, ✻ le 23 mars.

BLONDEL, de Villefranche, capitaine de gendarmerie, ✻ le 1er mai.

CABRIÈRES (THÉODORE de), ancien aspirant de marine, ✻ le 26 mai. Secrétaire général de la préfecture de l'Aveyron dans les dernières années de la Restauration.

SANHES (JEAN-BAPTISTE), de Marcillac, gendarme à Saint-Affrique, ✻ le 29 octobre.

1852.

COLOMB (JEAN-BAPTISTE-ADRIEN), maire de Rignac, ✻ le 4 janvier, pour la résistance courageuse qu'il opposa à la bande d'insurgés qui attaqua la maison commune de Rignac, dans la nuit du 5 décembre 1851. Décédé en avril 1852.

COULY (PIERRE), de Conques, maréchal-des-logis de gendarmerie à Rodez, ✻ le 13 janvier, en récompense de ses services pendant les troubles de décembre 1851. Promu depuis au grade d'officier.

PRIVAT (Jean-Louis), de Palmas, gendarme à Rodez, ✻ le 13 janvier. Mêmes motifs.

ROUQUETTE, de l'arrondissement d'Espalion, procureur de la république à Montpellier, ✻ le 13 mars.

VIALA, de Rodez, lieutenant au 4ᵉ régiment de cuirassiers, ✻ le 10 mai.

MOYSSET, brigadier de gendarmerie à Marcillac, ✻ le 10 mai.

BOURGADE (l'abbé), de Pomayrols, aumônier du vaisseau le *Henri IV*, ✻ le 28 septembre. Ancien curé à l'île Bourbon. Décoré au passage du prince-président à Toulon.

VESINS (Aimé de), évêque d'Agen, ✻ le 5 novembre.

BÉTEILLE, adjudant-sous-officier au 3ᵉ régiment d'artillerie, ✻ le 23 décembre. Sa valeur à la prise de Laghouat, en Algérie, lui avait déjà mérité d'être cité à l'ordre du jour de l'armée.

SAHUT, de Millau, sergent-major vaguemestre au 2ᵉ bataillon de chasseurs à pied, ✻ fin de décembre.

ANDRIEU, brigadier de gendarmerie à Saint-Sernin, ✻ fin de décembre.

1853.

FABRY (Henri), de Cornus, notaire à Millau, et membre du Conseil général, ✻ le 1ᵉʳ janvier.

VASILIÈRE, payeur du Var, ✻ le 17 janvier. Décédé en 1853.

GAYRARD (Paul-Raymond-Joseph), domicilié à Paris, sculpteur, ✻ en juillet. Décoré à la suite de l'exposition de 1853, en raison de ses beaux travaux d'art. Fils de l'habile graveur du même nom, originaire de Rodez. Décédé en 1855.

MARCILLAC, gendarme de la brigade d'Espalion, ✻ le 10 août. Trente-quatre années révolues de service.

SOLIGNAC (Napoléon), de Millau, capitaine d'artillerie, ✻ le 12 août. Sous-inspecteur adjoint des forges du Midi. Fils du général Solignac. Depuis chef d'escadron.

RÉGIS (l'abbé), de Rodez, aumônier de l'hôpital militaire du Fort-de-France (Martinique), ✻ en août, en récompense du courageux dévoûment dont il a fait preuve pendant l'invasion de la fièvre jaune qui a désolé cette colonie.

GIROU DE BUZAREINGUES, député de l'Aveyron au Corps législatif, ✻ le 12 août.

CALVET-ROGNIAT, de Salles-Curan, député de l'Aveyron au Corps législatif, ✻ le 12 août.

CONSTANT (l'abbé), de Rodez, curé de Millau, ✻ le 17 septembre.

TAYRAC (Jules), de La Salvetat, capitaine adjudant de place à Lille, ✻ en septembre.

MASSABIAU (Léon), de Villefranche, médecin à Toulouse et député de la Haute-Garonne au Corps législatif, ✻ en septembre.

PUECH (Fortuné), de Millau, médecin aide-major aux hôpitaux de la division d'Alger, ✻ le 24 décembre.

1854.

GAUJAL (Charles de), de Millau, avocat général à la cour impériale de Paris, ✷ le 9 août. Nommé président de chambre à la même cour en août 1860.

RICHARD (Théodore), de Millau, peintre paysagiste, ✷ en août (Voir sa biograhie).

MAZARIN, maire de Saint-Affrique, ✷ en août.

FOULQUIER, des environs de Valady, évêque de Mende, ✷ en août.

CARDONNEL (César-Armand-Honoré), de Villefranche, directeur des contributions directes à Toulouse, ✷ en décembre. En fonctions depuis trente ans.

PASSELAC (Zéphirin), d'Aubignac, sous-préfet d'Espalion, ✷ en décembre. Décédé.

CABANEL, de Belmont, capitaine au 22ᵉ léger, ✷ le 30 décembre. Décoré pour sa brillante conduite aux batailles d'Alma et d'Inkermann. Jambe emportée devant Sébastopol le 5 avril 1855. Mort à suite de cette blessure.

1855.

MORLHON (Auguste de), de Villefranche-de-Panat, évêque du Puy, ✷ le 1ᵉʳ janvier.

ROLS, de Belmont, médecin et membre du Conseil général, ✷ le 29 janvier. Décoré en récompense de son dévouement pendant l'invasion du choléra, à Saint-Afrique, en 1854.

VIGOUROUX, de Rodez, capitaine au 39ᵉ de ligne, ✷ le 12 mai. Blessé pendant la campagne de Crimée.

PEYTAVIN, originaire de Saint-Jean-du-Bruel, conseiller à la cour impériale de Montpellier, ✻ en août.

ROYER (Amans-Acolyte), officier d'administration comptable, ✻ en août. Cet officier, chef de service de campement de l'armée française en Orient, est un enfant trouvé, né à Rodez le 11 mai 1814. Il s'est élevé de lui-même par son mérite et sa bonne conduite.

VIGUIER (Emile), de Millau, capitaine d'artillerie, ✻ en octobre, pour sa belle conduite au siége de Sébastopol.

VERDIER (Victor), de Decazeville, sapeur au 1er régiment du génie, ✻ en novembre. Mutilé sous les murs de Sébastopol.

MAYRAN, d'Espalion, ex-négociant à Paris et membre du Conseil général de l'Aveyron, ✻ fin de décembre.

1856.

BOSC, de Millau, chef du personnel à la direction générale de l'enregistrement et des domaines, ✻ le 1er janvier.

CASTAN (Antoine-Adèle), de Sévérac, lieutenant au 1er de zouaves, ✻ le 12 janvier. 12 ans de services, 12 campagnes. S'est particulièrement distingué à l'assaut du 8 septembre (tour Malakoff); n'est pas encore guéri de ses blessures. » (*Moniteur*).

GUIBAL (Baptiste), né à Combret le 5 décembre 1812, caporal au 1er régiment des voltigeurs de la garde impériale, ✻ le 1er février.

DELSHENS (Edmond), d'Aubin, lieutenant au 1er de grenadiers de la garde impériale, ✻ le 21 février. Blessé devant Sébastopol. Décoré de la main de l'Empereur à Neuilly.

JOULIÉ (Victor), de Montbazens, caporal au 1er de voltigeurs de la garde impériale, ✻ le 24 février. Décoré pour sa belle conduite pendant l'expédition de Crimée.

SELVES, du Bourg, près de Salles-la-Source, lieutenant au 6e bataillon de chasseurs à pied, ✻ en avril. Pour sa valeur devant Sébastopol.

COUDERC (Adolphe), de Valady, aide-major chirurgien, ✻ en mai. Services à l'armée d'Orient.

MARTY (Auguste-Charles), de Rodez, sous-lieutenant au 45e de ligne, ✻ le 19 novembre. Dix ans et demi de services effectifs; cinq campagnes, une blessure reçue à la dernière expédition de Kabylie.

SERMENSAN, fils du receveur particulier des finances de l'arrondissement d'Espalion. Capitaine au 6e bataillon de chasseurs à pied. Vaillante conduite devant Sébastopol.

1857.

COMBES (Jean-Pierre), lieutenant de gendarmerie à Saint-Affrique, ✻ le 14 mars. 32 ans de services et une campagne.

DELORT, de Rodez, capitaine au 97e de ligne, ✻ en avril. Campagne de Crimée.

MONTETY (Paulin-Jean-Charles de), né le 28 janvier 1820 à Saint-Georges-de-Luzançon, ingénieur dans le corps du génie maritime, ✻ le 12 août 1857. Avait été admis à l'école polytechnique en 1839. En retraite, par suite de graves blessures reçues le 24 septembre 1858, lors de l'explosion de la machine à vapeur du vaisseau le *Rolland*.

VESINS (de), sous-préfet de Lodève, ✻ en août.

GOMBERT, de Rodez, capitaine d'habillement au 5e de ligne, ✻ le 30 décembre.

1858.

ROZIER (Adrien), docteur-médecin et maire de Rodez, ✳ en janvier. C'est sous son administration qu'ont eu lieu les beaux et grands travaux qui ont amené des eaux potables à Rodez.

COMEYRAS, de Nant, chirurgien principal de la marine, O ✳ le 27 février, en récompense de sa belle conduite à l'attaque et à la prise de Canton, en Chine.

LAQUEILHE (Alphonse), capitaine de remonte à la succursale d'Agen, ✳ le 2 août. Décédé en décembre suivant.

POUX (Jacques-François-Flavien), né à Verfeil le 13 juin 1813, capitaine de gendarmerie à Villefranche, ✳ le 2 août.

1859.

PUECH, de Rodez, lieutenant de gendarmerie à Gourdon (Lot), ✳ en février.

COURNET (Emile), de Millau, capitaine au 65ᵉ de ligne, ✳ le 4 juin. Décoré sur le champ de bataille de Magenta. Mort peu de jours après de ses blessures.

LAVERGNE, de La Vayssière, commune de Flavin, né le 5 septembre 1830, voltigeur au 90ᵉ de ligne, ✳ le 17 juin, à suite de la bataille de Magenta où il s'est distingué par sa valeur.

SANGUINETTI, de Rodez, capitaine au 23ᵉ de ligne, ✳ le 24 juin. Actes d'un brillant courage à la bataille de Solferino, le 24 juin.

BAUMELOU, de Lapanouse, lieutenant au 15ᵉ d'artillerie, ✸ le 24 juin. Mêmes motifs que le précédent.

ORSAL (Antoine), de Rodez, sergent au 94ᵉ de ligne, ✸ le 25 juin. Mêmes motifs que le précédent. Etait déjà décoré de la médaille militaire.

ROZIER (Pierre-Antoine-Auguste), d'Espalion, lieutenant dans les équipages militaires, ✸ le 25 juin (idem).

CASSES (Alexandre), de Couvignou, commune de Florentin, chirurgien aide-major de 1ʳᵉ classe attaché à l'ambulance du 3ᵉ corps de l'armée d'Italie, ✸ le 25 juin. Services signalés à Magenta. Promu chirurgien-major au 11ᵉ régiment de chasseurs à cheval en août suivant.

JOLY DE CABANOUS, de Saint-Affrique, capitaine au 1ᵉʳ de voltigeurs de la garde impériale, ✸ en juillet. Preuves d'une brillante valeur à Magenta et à Solferino.

LOUSSERT-DUGROLÈS, président du tribunal de 1ʳᵉ instance d'Espalion, ✸ le 3 août. Services judiciaires.

BOUTONNET, curé de Saint-Affrique, ✸ le 15 août. Récompense de son zèle charitable et de son dévoûment pendant l'invasion du choléra.

ROMAIN, de Nîmes, agent-voyer en chef de l'Aveyron, ✸ le 15 août. Directeur des travaux opérés pour amener les eaux de Vors à Rodez.

ALAUZET, chef de bureau au ministère de la justice, ✸ le 15 août. Services publics. Lauréat de l'Institut.

ROQUEFEUIL (Auguste de), ✸ en août. Nommé capitaine et légionnaire après l'affaire du Maroc, sur le rapport du général Martimprey.

BESSIÈRE (Pierre-Am.-Antoine), de Rodez, médecin-major du 82ᵉ de ligne, ✣ le 18 septembre. Dix-huit ans de services effectifs ; onze campagnes.

MOULS (Xavier), de Belmont, curé d'Arcachon, près de Bordeaux, ✣ le 10 octobre. Décoré par l'Empereur à son passage à Arcachon, le 10 octobre.

ROUQUETTE (Etienne-Antoine), d'Espalion, enseigne de vaisseau, ✣ le 19 novembre. Décoré pour sa belle conduite à l'attaque des lignes cochinchinoises.

ARLABOSSE, de Rodez, capitaine d'habillement au 101ᵉ de ligne, ✣ le 28 décembre.

1860.

SOLIGNAC, de Millau, colonel du 80ᵉ de ligne, O ✣ le 19 avril. A été nommé vers la même époque, par le roi Victor-Emmanuel, officier de l'ordre de Saint-Maurice et Lazare.

OLIER, de Saint-Georges, conseiller à la cour impériale de Montpellier, ✣ le 15 août.

BRAS, docteur-médecin, maire de Villefranche, ✣ le 18 août.

ESCUDIER (Eugène), du Pont-de-Salars, capitaine au 32ᵉ de ligne, ✣ en août.

VAYSSE, originaire de Salles-la-Source, professeur à l'Institut impérial des sourds-muets de Paris, ✣ en août.

SAUNHAC (Casimir de), enseigne de vaisseau, ✹ le 13 novembre. Décoré pour sa belle conduite dans l'expédition de Chine.

1861.

DEJEAN (Alphonse-Hyacinthe-Achille), de Saint-Rome-de-Tarn, capitaine au 3e régiment de chasseurs à cheval, ✹ le 13 mars. Attaché au dépôt de remonte de Tarbes. Vingt-cinq ans de services.

ROQUEFEUIL (Jules-Auguste-François-Marie de), né au Brusquet, lieutenant au 2e bataillon des chasseurs à pied, décédé, en Chine, le 23 janvier 1861. Avait été blessé devant Sébastopol à l'assaut du 20 septembre. Charles, son frère aîné, avait été tué à celui du 18 juin.

LISTE DES LÉGIONNAIRES PORTÉS, POUR LA SOLDE, SUR LES REGISTRES DE LA RECETTE GÉNÉRALE, APPARTENANT, POUR LA PLUPART, A LA CLASSE DES SOUS-OFFICIERS ET DES SOLDATS, ET DATANT DU DEUXIÈME EMPIRE (1).

1855.

Ginestet, à Rodez.
Duval, à Rodez.

1849.

Wartel (Henri), sergent, établi à Millau.
Pons, caporal, à Decazeville.

---

(1) Ces registres ne contiennent que les noms des légionnaires et l'indication des arrondissements où ils sont domiciliés. Quelques-uns sont évidemment étrangers au pays.

1855.

Combelles (Jean-Joseph), à Rignac.

Friocourt, (Adrien-Eloi), à Taussac.

Seinil (François-Marie), à Nant.

Olier (Augustin), ex-sergent au 3ᵉ de ligne, retraité le 21 juillet 1852, à Marzials, commune de Montjaux.

Montrozier (Hyacinthe), à Millau.

Cassard, à Millau.

Lavayssière (Jean), à Puy-Labory.

1860.

Conte, ✳, arrondissement de Rodez.

Magre, idem.

Landois, idem.

Crozes, idem.

Roux, idem.

Girardin, idem.

Blanc, idem.

Duriès, ✳, arrondissement de Villefranche.

Veziès, idem.

Pourcel, idem.

Fraisse, idem.

Cibers, idem.

Verdier, idem.

Cayragues, idem.

PINCEUX, ✠, arrondissement de Villefranche.

ROQUELAURE, idem.

LABRUNIE, idem.

MERCIÉ, idem.

LAURENS, idem.

LAURIÉ, idem.

ROUX, ✠, arrondissement de Millau.

ROUCOULES, idem.

ALDEBERT, idem.

BAJOLET, idem.

LECLERC, idem.

CARRIÈRE, idem.

CERNIER, idem.

FRAYSSINHES, ✠, arrondissement de Saint-Affrique.

LAURENS, ✠, arrondissement d'Espalion.

BONAFÉ, idem.

—

NOMBRE TOTAL DES LÉGIONNAIRES INSCRITS CI-DESSUS.

Premier empire (12 ans)...................	182
Restauration (15 ans)	100
Règne de Louis-Philippe (17 ans)..............	156
Deuxième empire (13 ans)....................	107
Registres du receveur général................	41
	586

—

DIGNITAIRES, COMMANDEURS ET OFFICIERS DE LA LÉGION-D'HONNEUR DANS LE DÉPARTEMENT DE L'AVEYRON.

GRANDS-CROIX.

MATHIEU (MAURICE), comte de La Redorte, lieutenant-général, pair de France, grand-officier le 14 juin 1804 ; grand-croix le 24 août 1820.

RICARD (ETIENNE-PIERRE-SYLVESTRE, comte), lieutenant-général, pair de France, grand-officier le 10 août 1813, grand-croix le 2 octobre 1823.

GRANDS-OFFICIERS.

BERGON (comte), de Villefranche, conseiller d'Etat, directeur général des eaux et forêts sous l'Empire, grand-officier le 17 mai 1817.

D'ALBIGNAC (JEAN-PIERRE-AYMARD, baron d'), maréchal-de-camp, grand-officier en septembre 1823.

SOLIGNAC (JEAN-BAPTISTE, baron), lieutenant-général, commandeur le 14 juin 1804 ; grand-officier le 20 avril 1831.

THILORIER (JUSTIN-HENRI-PHILIPPE de), de Millau, maréchal-de-camp, commandeur le 16 octobre 1823 ; grand-officier le 19 avril 1843.

COMMANDEURS.

NOGARET (PIERRE-BARTH.-JOSEPH, baron de), de Saint-Laurent, préfet de l'Hérault, commandeur le 14 juin 1804.

HIGONET (Joseph), de Saint-Geniez, colonel du 108ᵉ de ligne, tué à Iéna, commandeur en 1804.

CARRIÉ DE BOISSY (Jean-Auguste, baron), d'Entraygues, général de brigade, commandeur le 25 décembre 1805.

TARAYRE (Joseph), de Solsac, près de Rodez, général de division, commandeur le 10 août 1813.

D'ALBIGNAC (Maurice-François, comte), de Triadou, canton de Peyreleau, lieutenant-général, commandeur le 29 novembre 1814.

BÉTEILLE (Alexis), de Rodez, maréchal-de-camp, commandeur le 23 août 1814.

REY (Antoine-Gabriel-Venance), de Millau, lieutenant-général, commandeur le 28 août 1814.

CAPELLE (Guillaume-Antoine-Benoît, baron), de Salles-Curan, ancien préfet du Léman, ministre secrétaire d'Etat sous la Restauration, commandeur le 10 mai 1820.

HIGONET (Philippe, baron), de Saint-Geniez, maréchal-de-camp, commandeur le 8 juin 1825.

DUBRUEL (Pierre-Jean-Joseph), de Rignac, questeur de la Chambre des députés, commandeur le 19 mai 1825.

BALSAC (Auguste, baron de), du Mazet, près de Colombiès, ancien préfet, conseiller d'Etat et secrétaire général du ministre de l'intérieur, commandeur le 12 décembre 1827.

CHAZELLES (comte de), de Lunac, préfet du Morbihan, commandeur le 12 décembre 1827.

VERGNES (François-Charles), de Castelpers, intendant-militaire et député de l'Aveyron; commandeur le 18 avril 1834.

CARCENAC (Régis), de Rodez, colonel du 17e de ligne, commandeur le 27 avril 1838.

BONALD (Louis-Jacques-Maurice de), du Monna, près de Millau, cardinal-archevêque de Lyon, commandeur le 5 novembre 1852.

SAMBUCY (Antoine-François-Joseph-Victor de), de Saint-Georges-de-Luzençon, colonel de la 3e légion de la garde nationale de Paris, comte Palatin et chevalier de Malte, commandeur le 20 juillet 1854. Décédé en 1856.

AUZOUY (Pierre-François-Henri), de Rignac, colonel du 23e de ligne, commandeur le 24 juin 1859, à la suite de la bataille de Solferino.

OFFICIERS.

VIALA (Sébastien), de Rodez, général de brigade, officier le 14 juin 1804.

GARABUAU (Jean-Antoine), de Millau, général de brigade, officier le 14 juin 1804.

VILLARET (Jean-Chrysostôme), évêque de Cazal, baron de l'Empire, officier.

ROGÉRY (Marie-Joseph-Bernard), de Saint-Geniez, lieutenant-colonel, officier le 14 mars 1806.

DORNES (Joseph Phil.-Marie, baron), de Camboulas, général de brigade, officier en 1807.

COSTES (Jean-Raymond), de Coubisou, capitaine des sapeurs du génie, officier le 11 mars 1844.

DELMAS (Etienne), de Paulhe, lieutenant-colonel du génie, officier le 8 juillet 1813.

BERNARD (Ignace), de Saint-Côme, colonel d'état-major, officier le 11 juillet 1813.

DELMAS (Jean-Antoine), de La Bouysse, commune de Saint-Izaire, capitaine d'infanterie, officier le 13 juillet 1813.

ARDOUREL (Antoine), de Villefranche, chef de bataillon, officier le 16 août 1813.

CHAPT DE RASTIGNAC (Antoine), général de brigade en retraite, établi à Castelnoël, commune de Brommat, officier de l'Empire.

VIGUIER (Jean-Antoine), de Cornelats, commune de Salles-la-Source, lieutenant-colonel en retraite à Toulouse, officier de l'Empire.

BESSODES (Jean-Joseph), de Gagnac, lieutenant-colonel de cavalerie, officier de l'Empire.

CABROL DU MOTET, établi à Is, près de Rodez, lieutenant-colonel de cavalerie en retraite, officier de l'Empire.

VIALA, de Saint-Jean-du-Bruel, capitaine de grenadiers au 57ᵉ de ligne, tué pendant la retraite de Moscou, officier de l'Empire.

BOUSQUET (Pierre), d'Estaing, ancien chirurgien-major de l'armée d'Egypte, établi à Paris, officier de l'Empire.

FOULQUIER, du faubourg Saint-Cyrice de Rodez, capitaine d'infanterie, officier de l'Empire.

CLAUZEL DE COUSSERGUES (Jean-François-Amable-Claude), conseiller à la cour de cassation et député de l'Aveyron, officier le 19 octobre 1814.

ALIBERT (Jean-Louis), de Villefranche, membre de l'Académie royale de médecine et premier médecin du roi, officier le 25 avril 1821.

AUBRIOT (Joseph-Charles), lieutenant-colonel de gendarmerie en retraite, officier le 25 avril 1821.

SERRES, comte de Saint-Roman, pair de France, officier le 19 août 1823.

DIJOLS (Etienne), de Rodez, colonel de cavalerie, officier le 3 septembre 1823.

ROUVELLAT DE CUSSAC (Joseph-Henri), de la Selve, chef de bataillon, officier le 16 octobre 1823.

BERNARD-SAINT-AFFRIQUE, fils de l'ancien conventionnel, commissaire ordonnateur, officier le 23 mai 1825.

CLAUSEL DE COUSSERGUES (Michel), prêtre, officier de l'Université, officier le 11 novembre 1827.

FOURNOLS, d'Aubin, capitaine retraité, officier le 24 décembre 1832.

PAS DE BEAULIEU (Pierre-Jean-Baptiste), de Saint-Affrique, lieutenant-colonel, ancien député du département du Nord, officier en 1833.

LA ROMIGUIÈRE, de Livignac, professeur de philosophie à Paris, officier en juin 1837.

BRONDEL DE ROQUEVAIRE, de Saint-Jean-du-Bruel, chef de bataillon au 7e de ligne, officier en 1838.

CABROL (François-Gracchus), ancien capitaine d'artillerie, directeur des usines de Decazeville, officier en mai 1841.

GUIZARD (Louis de), préfet de l'Aveyron, officier en mai 1842.

SALZÈS (Joseph-Guillaume), de Saint-Geniez, chef de bataillon, officier le 24 avril 1842.

VAYSSIÈRE-SAINT-MARTIN-VALOGNE (Euclide), de Millau, sous-intendant militaire, officier en avril 1842.

MONSEIGNAT (Félix), chef de division et secrétaire-général de la caisse d'amortissement, officier en mai 1844.

GAUJAL-SAINT-MAUR (Philippe-Louis de), maire de Millau et député, officier en avril 1844.

CLERC (Marie-Léon), de Conques, chef de bataillon aux chasseurs d'Orléans, officier en 1844.

COURTOIS (Pierre-Marie-Jérôme-Léon de), de Vabre, chef d'escadron en retraite, député de l'Aveyron, officier le 1er mai 1846.

MARTIN-SAINT-ANGE, de Rodez, naturaliste, résidant à Paris, officier le 25 avril 1847.

DELPECH (Charles), de Sauveterre, chef d'escadron de gendarmerie, officier le 13 juin 1850.

ROQUEFEUIL (Edouard de), du Bousquet, chef de bataillon, commandant le dépôt de recrutement du Puy-de-Dôme, officier le 1er mai 1851.

SANGUINETTI, de Rodez, chef de bataillon au 23e de ligne, officier en août 1853.

CAMBIAIRE (Amédée de), colonel du 1er de cuirassiers, mort général de brigade en 1860, officier le 10 août 1853.

NOEL (Jean-Napoléon), d'Huparlac, lieutenant-colonel du génie, officier le 14 décembre 1855.

JOANNY (Jean-Baptiste-Raymond), d'Aubin, colonel du 7ᵉ de ligne, officier en ......

VAYSSIÈRE-SAINT-MARTIN (Hugues-Paulin), de Millau, chef de bataillon au 58ᵉ de ligne, officier en .....

COMEYRAS, de Nant, chirurgien principal de la marine, officier le 27 février 1858.

VERNHET DE LAUMIÈRE (Clément-Alexis), de Roquefort, colonel d'artillerie, officier en août 1859.

SOLIGNAC, de Millau, colonel du 80ᵉ de ligne, officier le 19 avril 1859.

GAUJAL (Hippolyte), de Millau, colonel d'état-major, officier en 1859.

BALSAC (Marie-Auguste-Isidore de), de Rodez, chef d'escadron au 9ᵉ de dragons, officier le 15 août 1860.

BIOGRAPHIES AVEYRONNAISES.

—

La Société, tout en prenant sous son patronage la publication de cet ouvrage, n'entend, en aucune manière, se prononcer sur les appréciations qu'il contient, et l'auteur de chaque article en garde pour lui l'entière responsabilité.

Denis-Auguste AFFRE,

Archevêque de Paris.

Denis-Auguste Affre naquit à Saint-Rome-de-Tarn, dans le Rouergue, le 28 septembre 1793, d'une honorable famille de ce pays. Son enfance n'offre rien de saillant. Elevé dans le calme et la douce retraite de la vie de famille, il apprit de bonne heure à aimer et à vénérer la religion si cruellement persécutée dans ces temps d'anarchie ; à pratiquer cette divine charité qu'elle enseigne, et pour laquelle il devait mourir. Dès que son âge le permit, on le plaça au collége de Saint-Affrique où il fit toutes ses classes, à l'exception de la rhétorique. Il aimait à rappeler ce souvenir, et aux éloges qu'on lui adressait sur ses ouvrages, il répondait finement : je n'ai pourtant pas fait ma rhétorique.

M. Affre ne resta pas longtemps dans ce modeste collége. A quatorze ans il entra au séminaire de Saint-Sulpice, qui venait de se rouvrir. Il y eut pour professeurs MM. Boyer et Frayssinous, tous deux enfants comme lui de notre province, et tous deux ses parents.

Dans ce sanctuaire de religion et de savoir, sous la direction d'hommes éminents, honoré de la bienveillance particulière du supérieur, le vénérable abbé Emery, M. Affre sentit se développer en lui le désir de se consacrer au sacerdoce. Ce désir se changea bientôt en vocation sincère et réelle, et dès-lors il s'adonna à la théologie, et approfondit au plus haut point cette science si nécessaire et en apparence si abstraite.

Mais tout en s'y consacrant presqu'entier, il ne négligea pas pour cela les travaux littéraires, et étudia avec soin les grands maîtres. La forme n'est qu'un accessoire, sans doute ; mais souvent, auprès des gens du monde, elle fait passer la gravité et le sérieux du fond. L'on doit applaudir M. Affre de s'en être préoccupé ; une belle et bonne pensée ne perd rien, ce nous semble, à être formulée en bon et beau style. M. Emery mourut, et M. Affre fut chargé de prononcer son oraison funèbre. Ce discours, début du jeune homme, obtint l'assentiment général, et le nouveau supérieur lui accorda la distinction flatteuse d'être lu devant la communauté entière. Cette tâche, du reste, était facile à remplir, et en exprimant son admiration personnelle M. Affre ne fut que l'écho de l'admiration de tous pour le prêtre qui avait montré tant de courage pour défendre la religion, tant de vertus pour la faire chérir.

Victime d'un aveuglement fatal, Napoléon, qui avait rétabli le culte catholique en France, fit enlever le pape Pie VII de Rome et le retint prisonnier à Fontainebleau. Le dévouement au saint pontife était considéré alors comme une offense pour l'empereur. Aussi la congrégation de Saint-Sulpice fut-elle supprimée par ordre. M. Affre se retira au séminaire de Clermont, où il termina ses études.

En 1816 il fut nommé professeur de philosophie à Nantes, et y fit preuve de l'aptitude toute spéciale de son esprit pour les études philosophiques qu'il devait pousser si loin.

Il ne resta que deux ans à Nantes ; il revint à Paris, et le 16 mai 1818 reçut les ordres sacrés. Par reconnaissance le jeune prêtre résolut de faire partie de la compagnie de Saint-Sulpice et entra dans la maison d'Issy, où il enseigna la théologie pendant deux ans.

Ce fut là que le connut l'évêque de Luçon, M. Soyer, et découvrant en lui les qualités que les évènements devaient plus tard mettre en évidence, il lui offrit le titre de vicaire-général. M. Affre accepta. Sa santé était chancelante, et ne pouvant plus offrir un utile concours à Issy, il renonça à l'enseignement.

En 1822 il fut nommé grand-vicaire d'Amiens, sur la demande de M. de Chalons, évêque de cette ville. Pliant sous le poids des ans et des infirmités, le prélat ne suffisait plus aux nombreux devoirs de sa charge. M. Affre le remplaça et partagea avec M. l'abbé Cremery le gouvernement de ce diocèse.

L'action de M. Affre fut féconde en heureux résultats. Il rétablit les conférences ecclésiastiques, les retraites pastorales; il visita les églises, fonda une caisse de secours pour les prêtres pauvres, et s'attira par son zèle éclairé et infatigable le suffrage et les bénédictions universelles de ce vaste diocèse presque abandonné depuis de longues années. Ce ne fut pas seulement par ses actions qu'il servit la religion à cette époque de sa vie. Dans les courts instants de repos que lui laissait l'exercice de son ministère, il composa et fit paraître des livres mûrement pensés et sagement écrits : le *Manuel des instituteurs*, qu'ils ne suivent que trop peu ; le *Traité de l'administration des paroisses*, ouvrage considéré à juste titre comme l'une des publications qui a le mieux mis en lumière toutes les questions d'administration religieuse, si pleines d'incertitudes et d'obscurités.

Son double talent comme écrivain et comme administrateur fixa l'attention du gouvernement et on lui proposa des fonctions importantes au Conseil-d'Etat et au ministère des cultes. M. Affre refusa. Persuadé que l'homme reçoit du ciel une mission qui doit s'accomplir nécessairement, il sentit que là n'était pas le chemin qu'il avait à parcourir.

En 1834 il quitta le diocèse d'Amiens, qu'il avait si bien administré pendant onze années. M. de Quélen venait de le nommer chanoine avec le titre de vicaire-général, et M. Affre se rendit au vœu du vénérable archevêque de Paris, dont il devint bientôt le confident et l'ami.

Peu après M. de Frevern, évêque de Strasbourg, le demanda pour coadjuteur. Cette demande fut longtemps sans résultat. La cour des Tuileries s'opposait à cette nomination, et ce fut seulement en 1839 que M. Affre reçut ses titres de coadjuteur, avec le titre d'évêque de Pompeiopolis, *in partibus infidelium*. Au moment où le nouveau coadjuteur se disposait à aller prendre possession de son poste, la mort frappa le respectable M. de Quélen. C'était le 31 décembre.

Le chapitre métropolitain se rassembla aussitôt pour nommer un premier vicaire capitulaire, et son choix tomba sur M. Affre. Un honneur plus grand lui était réservé. Il fut proposé pour le siége de Paris par ce même gouvernement qui l'avait repoussé pour coadjuteur de Strasbourg : bizarrerie que M. Thiers pourrait fort bien expliquer.

Ce fut le 6 août 1840 que M. Affre fut sacré archevêque de Paris par le cardinal de Latour-d'Auvergne, évêque d'Arras, assisté des évêques de Versailles et de Meaux. Huit autres prélats prirent part à la cérémonie.

La même année il reçut la croix de la Légion-d'Honneur.

M. Affre remplaça sur le trône archiépiscopal de Paris un prélat qui avait été longtemps le but de toutes les attaques, de tous les outrages, mais qui en avait triomphé par les hautes qualités de son esprit, la douceur évangélique de son caractère, son inépuisable charité, et en mourant il emporta les regrets et l'admiration de tous. C'était donc un lourd et difficile héritage à accepter que celui de Mgr de Quélen ; mais M. Affre, par sa fin glorieuse, prouva qu'il était digne de succéder à celui qui avait tant de fois bravé la mort en portant secours aux malheureuses victimes du choléra.

M. Affre suivit ces nobles traditions, et comme son prédécesseur il eut à cœur d'améliorer autant que possible le sort des classes indigentes qui ont droit à toutes les sollicitudes. Il donna son puissant concours aux frères des écoles chrétiennes, ces modestes instituteurs voués à la belle et obscure mission d'instruire le peuple, et de jeter dans son âme ces salutaires principes qui, en assurant son bonheur personnel, assurent en même temps la sécurité du pays. La société de Saint-Vincent-de-Paul, qui va chercher le pauvre jusque dans sa mansarde, et met en contact direct la misère et la richesse; la société de Saint-François-Régis, qui a purifié tant de liens, noués par le libertinage, en les rendant légitimes; l'œuvre de la Sainte-Famille, instituée pour venir au secours des ménages abandonnés, furent protégés par lui et abrités de son appui. Il encouragea aussi la société de Saint-François-Xavier, vaste association qui unit entre eux, par la véritable fraternité, des milliers d'ouvriers, et ce fut, grâce à sa persistance, qu'elle parvint à surmonter les difficultés qui entravèrent sa naissance.

Il rétablit ou pour mieux dire il fonda la maison des Carmes, que les sinistres souvenirs de 93 rendent chère à toute âme chrétienne. Il peupla cet asile de nombreux jeunes prêtres qui, dans ces murs arrosés du sang de tant de martyrs, vinrent s'instruire et se préparer à leur saint ministère. Il y adjoignit aussi un asile pour les prêtres âgés et infirmes et sans ressources.

Nous n'entrerons pas dans plus de détails sur les actes de M. Affre, archevêque de Paris. Le plan de cette notice et l'espace étroit qui nous est accordé ne nous le permettent pas. Il est d'ailleurs un évènement qui domine toute la vie de Mgr Affre, c'est sa mort, et il nous tarde d'y arriver. Mais avant de le faire, nous avons à envisager M. Affre sous un point de vue que nous n'avons encore qu'effleuré. Nous avons à parler de M. Affre comme écrivain, et il est remarquable autant par l'élévation de la pensée que par l'élégance de la forme.

Mgr Affre fut longtemps attaché à la rédaction de l'un des principaux journaux de la presse religieuse : l'*Ami de la religion*. Il y traita les sujets les plus divers avec une facilité surprenante et un véritable talent. Ce n'était là que des avant-gardes, bientôt devait venir le corps d'armée. Outre les ouvrages cités plus haut, en 1829 il publia le *Traité de la suprématie temporelle du pape*; en 1837, le *Traité de la propriété ecclésiastique*, livres tous deux de haute valeur.

Mais, à notre avis, l'œuvre capitale de Mgr Affre, par son but utile et son côté pratique, c'est son *Introduction philosophique à l'étude du christianisme*. Elle eut un grand retentissement et servit beaucoup à instruire la jeunesse et à la pénétrer de la beauté et de la nécessité de la religion, qu'ils ne sont que trop tentés d'oublier ou de méconnaître.

Mgr Affre ne resta pas non plus étranger à aucune des questions politiques qui, par un point quelconque, se rattachent à la religion. La liberté d'enseignement trouva en lui un de ses plus ardents défenseurs, et il se rangea sans hésiter sous la bannière si éloquemment arborée par MMgrs de Langres et de Chartres. M. Affre avait dans son caractère une fermeté inébranlable. Il concevait lentement, mais une idée une fois conçue il la défendait à outrance. On se rappelle sa vive opposition au gouvernement qui l'avait nommé archevêque. L'affaire du chapitre de Saint-Denis vint l'augmenter encore et la rendre plus nette et plus tranchée. Cette question n'a plus d'intérêt aujourd'hui, et il vaut mieux la laisser dans l'oubli. Des évènements d'une toute autre importance réclament notre attention.

La Révolution de Février éclata, et une monarchie que dix-huit ans de paix semblaient avoir consolidée à jamais tomba sous le souffle qui l'avait élevée.

Au milieu de ce bouleversement social, Mgr Affre comprit que l'Église est placée au-dessus des choses de ce monde, et que rien ne doit l'arrêter dans son œuvre de miséricorde et de consolation. Paris était encore hérissé de barricades et de baïonnettes, que l'archevêque réclamait des prières et des secours pour les morts et pour les blessés. Son zèle alla plus loin : lui-même il visita les hôpitaux et apporta de douces paroles aux combattants blessés.

Le clergé suivit ce noble exemple : il faut le dire. Dans ces jours de troubles et de tourmentes, sa mission fut facile. Aucune église ne fut profanée, aucun prêtre insulté. Partout la vénération les entoura ; partout les barricades s'ouvrirent devant les ministres de l'Évangile.

Ce respect du peuple pour le clergé le vengea de toutes les railleries, de toutes les calomnies dont on l'avait abreuvé ! A ces attaques, il avait répondu par le silence, le pardon, les bonnes œuvres ; il devait faire une réponse plus sublime encore, la réponse de la mort et du martyre.

Au calme qui suivit février, succédèrent des orages. Le peuple, dans sa victoire, avait été magnifique de modération. La liberté de la presse, le vote universel étaient conquis, et l'on pouvait croire que le livre des révolutions était à jamais fermé. L'on comptait sans les ambitieux, triste cortège que mène inévitablement à sa suite tout gouvernement nouvellement éclos. Des hommes, avides de pouvoir, voraces de dictature, prêchèrent aux ouvriers des doctrines pernicieuses, et les entraînèrent dans une voie funeste. Le 13 mai fut la préface de ce complot. Les journées de juin 1848 arrivèrent, et, avec elles, ces terribles combats sans exemple dans l'histoire.

Ces sanglantes journées navrèrent de douleur la belle âme de Mgr Affre. Combattants de l'ordre et du désordre étaient à ses yeux tous enfants de l'Eglise, et si l'un des deux partis avait droit à ses vœux et à ses sympathies, l'autre réclamait sa pitié. Pendant deux jours il implora le Dieu des batailles, qui est aussi le Dieu de paix, de mettre fin à cette horrible lutte. Le troisième jour, le dimanche, 25, inspiré par le Seigneur, Mgr Affre résolut d'aller lui-même trouver les insurgés et les conjurer de déposer leurs armes.

Cette résolution si courageuse n'était pas née d'un sentiment enthousiaste, ou de l'ignorance du danger. Mgr Affre savait tous les crimes déjà commis par ces modernes barbares; l'odieux assassinat du général de Bréa et du capitaine de Mangin; il savait qu'au mépris de toutes les lois de l'honneur les parlementaires avaient été fusillés; il savait tous ces périls, ils ne l'arrêtèrent pas. « *Ma vie est bien peu de chose*, disait-il.....

Accompagné de MM. Jacquemet et Ravinet, deux de ses vicaires généraux, Mgr Affre se rendit auprès du général Cavaignac, et obtint de lui, pour parvenir jusqu'aux barricades, l'autorisation de traverser les rangs de l'armée et de la garde nationale. Le chef du pouvoir exécutif lui témoigna toute son admiration pour cette courageuse démarche, et lui exprima avec une vive émotion le vœu qu'elle amenât d'heureux résultats.

Mgr Affre avait fait à pied le trajet de l'archevêché à l'assemblée nationale. Il était malade depuis plusieurs mois. Ce long trajet, par une chaleur suffocante, le fatigua beaucoup. Il eut besoin de revenir à l'archevêché prendre quelques aliments et d'autres vêtements.

Après ce court repos, il se dirigea vers le quartier de la Bastille où l'insurrection s'était concentrée. Partout, sur son passage, les gardes nationaux, les soldats, les gardes mobiles lui présentèrent les armes et lui demandèrent sa bénédiction ; partout la population témoigna de son attendrissement. Chacun comprenait la généreuse pensée qui l'inspirait ; chacun voyait l'espérance qui marchait avec lui.

C'est au milieu de ces marques universelles de vénération qu'il arriva au faubourg Saint-Antoine. Une barricade très-forte se dressait à l'entrée, et força le prélat à s'arrêter. Mgr Affre s'adressa alors au général qui dirigeait l'attaque et, lui exposant sa résolution, l'assentiment du général Cavaignac, le pria de faire cesser la fusillade pendant une heure. « Je m'avancerai seul, dit-il, avec mes prêtres, vers ce peuple qu'on a trompé : j'espère qu'ils reconnaîtront ma soutane violette et la croix que je porte sur ma poitrine. »

Le général donna aussitôt l'ordre d'arrêter le feu, et l'archevêque marcha vers la barricade. Un jeune homme, Théodore Albert, le précédait agitant un rameau de feuilles vertes en signe de conciliation et de paix. Les insurgés mettent bas les armes. Quelques voix s'écrient : Que vient faire ici l'archevêque ? Il eut mieux fait de rester chez lui. Mgr Affre les entend et ne s'en effraie pas. Il traverse la place de la Bastille et se trouve bientôt entouré d'insurgés, descendus sur la place. Mais les troupes se sont rapprochées. Des collisions s'engagent; un coup de feu part..... Chacun reprend ses armes ; le combat recommence.

L'archevêque avait pénétré dans le faubourg par une maison à double issue. Monté sur la barricade, il adressait aux rebelles des paroles pleines d'onction et étendait ses mains vers eux, lorsqu'une balle vient le frapper dans les reins. Il chancèle et tombe en disant : je suis blessé.....

La consternation du faubourg est au comble. Les insurgés se pressent autour de lui, et s'écrient avec rage : Ce n'est pas nous qui vous avons blessé. Nous vous vengerons. « *Non, non, mes amis, dit l'archevêque, ne me vengez pas. Je ne veux pas être vengé ! Il y a assez de sang répandu, je désire que le mien soit le dernier.*

Un brancard est formé à l'instant avec des fusils, et on transporte péniblement le prélat dans la maison du curé de Saint-Antoine, proche de l'hospice des Quinze-Vingt. La douleur, le respect sont sur tous les visages. Insurgés et gardes nationaux oublient en ce moment leurs dissentions pour ne penser qu'au martyr, et ces mains, qui dirigeaient naguère des instruments de mort, s'unissent pour porter secours « au bon pasteur qui venait de donner sa vie pour son troupeau. » La balle avait pénétré de haut en bas dans les reins ; malgré des souffrances atroces, Mgr Affre conservait une sérénité parfaite ; il s'informait des représentants retenus prisonniers ; il envoyait des exhortations de paix aux insurgés, et lorsqu'on lui apprit que depuis son noble sacrifice la lutte était presque finie, sa figure rayonna d'une joie céleste.

La blessure était mortelle. Sur ses instances on ne le cacha pas au prélat. Cette nouvelle ne troubla pas sa grande âme. « *Mon Dieu, je vous offre ma vie*, s'écria-t-il ; *acceptez-la en expiation de mes péchés et pour arrêter l'effusion du sang qui coule.* »

Lorsque son ami et médecin, M. Cayol, se rendit auprès de lui : *Je vous remercie*, lui dit-il, *mais vous prenez une peine inutile. Je vais m'endormir dans l'éternité.*

Il répétait sans cesse : *Que mon sang soit le dernier versé....... Dites bien aux ouvriers que je les conjure de déposer les armes et de se soumettre aux dépositaires du pouvoir.*

Vers minuit on le confessa et il reçut les derniers sacrements. Le matin on voulut le transporter à l'archevêché ; les barricades étaient encore debout et rendaient ce projet impraticable. Les insurgés d'ailleurs s'opposèrent à le laisser partir dans l'intention de s'en faire un ôtage.

Le lendemain la trêve accordée aux rebelles expira ; l'attaque recommença ; les barricades furent enlevées ; l'insurrection comprimée et vaincue. Dès que la troupe se fut rendue maîtresse du faubourg, on s'occupa de suite de transporter l'archevêque dans son palais. On recouvrit de linges blancs le brancard tout ensanglanté de l'hospice, et on plaça l'archevêque sur cette couche funèbre.

Accompagné d'une escorte militaire, le triste cortége s'avança à travers des rues ensanglantées où tout portait la trace de l'affreuse mêlée qui venait d'avoir lieu. Le peuple se mettait à genoux, pénétré de respect et d'admiration. La troupe ouvrait ses rangs et présentait les armes. On arriva enfin à l'archevêché, et l'on déposa le mourant sur son lit. Les soldats de l'escorte avant de se retirer voulurent le voir une fois encore, et lui demandèrent d'être bénis par lui.

La blessure offrait une double lésion de la moëlle épinière et des reins. Les secours de l'art étaient impuissants, et c'est à peine si l'on put calmer les horribles douleurs du prélat. Entouré de ses parents, de ses prêtres, de ses amis, après une longue et pénible agonie, il rendit le dernier soupir le mardi 27 juin 1848. Il avait 54 ans 9 mois moins deux jours.

Son corps fut exposé pendant huit jours dans une chapelle ardente. Il avait la mître d'argent et les habits pontificaux de couleur blanche. Sa figure et ses mains étaient à découvert.

Plus de cent mille personnes vinrent visiter l'illustre victime et rendre un dernier hommage à celui qui avait eu la *double gloire d'être mort en bon citoyen et en martyr de la religion* (1). Le recueillement, le respect, la douleur de la foule étaient admirables. Chacun pleurait et priait. On faisait toucher à la main droite de l'archevêque des anneaux, des chapelets, des médailles. Les gardes nationaux, les soldats, les mobiles faisaient toucher leur sabre et leur baïonnette; les officiers leur épée.

Les funérailles eurent lieu le 7 juillet avec une pompe solennelle.

Nous nous arrêtons ici. Une telle mort n'a pas besoin de commentaires.

Et nous terminerons ce récit imparfait par ces paroles de M. l'abbé Cœur *(Oraison funèbre de Mgr Affre)* :

« Il a été utile et grand pendant sa vie ; il a été plus utile
» et plus grand dans sa mort. Dans sa vie il a resserré l'al-
» liance de la patrie et de la religion ; dans sa mort il a con-
» sommé l'alliance de la patrie et de la religion..... »

---

(1) Lettre du général Cavaignac à M. Jacquemet.

Mort utile en effet! Elle a montré ce que peuvent ces prêtres tant calomniés ; ce qu'est cette religion qui inspire de pareils dévouements !

Alfred CABANIS de COURTOIS.

Nous allons maintenant revenir en arrière pour entrer dans quelques détails peu connus de la vie de M. Affre et parler un peu de ses ouvrages. Nous n'avons pour cela qu'à ouvrir la biographie que lui a consacrée M. Cruice (1). Ce livre est riche en documents de tout genre. Institutions religieuses créées ; beaux et savants travaux, publiés par M. Affre depuis sa jeunesse, souvent textuellement cités et toujours bien analysés ; détails de vie intime ; traits de caractère ; événements sagement appréciés ; rien ne manque de ce qui peut instruire et charmer le lecteur. Du rôle de modeste biographe, M. Cruice s'est presque élevé au rang d'historien, et nous connaissons peu d'écrits contemporains dont la lecture serait plus utile au clergé que celle de ces quelques feuilles détachées de nos annales.

« Si quelquefois la conduite de M. Affre fut diversement appréciée, c'est, sans contredit, surtout en ce qui concerne ses relations avec la cour. Ce sera précisément le côté que nous choisirons.

M. Cruice nous livre de curieuses révélations au sujet des circonstances qui précédèrent la nomination. Alors ministre, M. Thiers, pressé de l'appuyer par le comte de Montalembert qui vantait les opinions gallicanes de son protégé, répond sèchement : « Le gallicanisme est un protestantisme bâtard. »

Des amis s'entretiennent avec le futur archevêque des espérances que l'on conçoit de le voir arriver bientôt au siége de Paris. « Vous laisserez-vous faire? lui demande l'un d'entre

---

(1) Vie de Denis-Auguste Affre, archevêque de Paris, par l'abbé M.-P. Cruice, directeur de l'école des Carmes, Paris, 1849, in-8°.

eux. — Je crois que oui : je ne connais pas Strasbourg (1) ; je connais Paris, j'aime autant y rester.

« On me prendra pour un partisan du juste-milieu, confiait M. Affre à ses intimes ; n'importe, je ne tiendrai pas compte des discours des hommes. Je ne suis pas envoyé pour servir un parti mais pour servir l'Eglise ; je ferai mon devoir quels que soient les dangers qui l'accompagnent, et l'on aura plus tôt fait de me couper la tête que de me faire reculer dans la voie du bien. »

Tout à l'heure nous voyions l'homme, maintenant se dresse le prêtre.

Et, devant sa biographie, le lecteur attentif acquiert promptement la conviction que les prétendues avances au pouvoir, formulées, lui reprochait-on, dans ses premiers discours d'apparat, n'étaient que le langage plein de modération d'un homme qui place les devoirs spirituels de l'épiscopat avant toute affection politique.

Vienne l'instant où le gouvernement attentera aux prérogatives ecclésiastiques, et, malgré les caresses de la cour, malgré les avertissements aigres-doux de M. Thiers lui annonçant « que dorénavant on ne recourrait pas à la violence dans les difficultés qui pourraient s'élever, mais qu'on s'adresserait à la cour de Rome, et que Rome règlerait toutes choses avec le roi, » le prélat soutiendra la lutte.

Hélas ! elle ne tarda pas à s'engager. Esquissons les faits :

L'anéantissement de l'Université catholique, la disparition des écoles bénédictines et oratoriennes ; le besoin de prêtres pour remplacer ceux qu'avait fauchés le tribunal révolutionnaire, besoin si urgent dans certains diocèses qu'on avait été obligé d'abréger le temps nécessaire aux grandes études de la théologie ; les diverses méthodes employées par des professeurs presque improvisés, avaient porté un rude coup à l'éducation cléricale en France. C'est même une merveille que la promptitude avec laquelle le clergé releva du milieu des rui-

---

(1) Il venait d'être accepté pour coadjuteur de l'évêque de Strasbourg.

nes les débris du magnifique enseignement d'autrefois, que ce qu'il sut créer, non-seulement sans ressources, mais en luttant contre de nombreux obstacles.

M. Frayssinous, entre autres, s'occupa sérieusement de rendre au sacerdoce français son ancienne illustration scientifique. Nous n'avons point à raconter ici comment échouèrent des projets repris par M. Affre dès le commencement de son épiscopat. Il s'agissait d'élever une maison de hautes études ecclésiastiques. Louis-Philippe, aux aguets de tout ce qui pouvait lui donner influence sur le clergé, découvrit là une superbe occasion qu'on devait s'empresser de saisir, et d'abord il dépêcha M. Cousin, ministre de l'instruction publique, afin de sonder le gué et de tendre le piége.

« Le gouvernement, dit l'ambassadeur, ne reculerait devant aucun sacrifice, il ferait tout, absolument tout. Fallait-il un bref du Saint-Père? On aurait un bref du Saint-Père. Fallait-il fonder des bourses? Le gouvernement fonderait des bourses. Puis, l'école de hautes études pourrait être dirigée par un conseil d'évêques; cette assemblée vénérable, composée de dix ou douze prélats, se réunirait tous les ans, et n'était-ce pas là un concile? Quelle force donnée à l'église! quelles concessions de la part d'un roi! A propos de sciences théologiques on parlerait d'autres choses. On ferait des déclarations, par exemple, sur l'union de la philosophie et de la théologie, sur l'esprit qui doit animer cet enseignement. »

L'archevêque sentit que le roi ne se montrait si généreux qu'afin de tenir sous sa main l'élite du clergé.

« Prétendez-vous, dit-il au ministre, que je fasse prêcher dans cette école le philippisme?—Non, répondit celui-ci qui se vit percé à jour, mais nous ne voulons pas non plus qu'on y prêche l'anti-philippisme. — Cependant l'Etat voudra sans doute se réserver certains droits dans la nomination des professeurs, ainsi que la haute direction de l'établissement, et nous ne pouvons accepter cette intervention de l'autorité civile dans les affaires ecclésiastiques. »

Tels furent les motifs qui, en 1841, arrêtèrent cette utile fondation. Toutefois, M. Affre ne renonça pas à un dessein qu'il savait de si grande importance pour le catholicisme. Il rétablit d'abord la faculté de Théologie, et quelques années plus tard, avec l'appui de l'élite chrétienne des riches de Paris, il ouvrit dans l'ancien couvent des Carmes, ce glorieux tombeau du clergé aux terribles journées de septembre, un séminaire de saints et savants prêtres, une école de hautes études indépendante.

Cette tentative échouée, on en fit une autre.

« Le roi songea, dit M. Cruice, à reconstituer le chapitre de St-Denis. Les desseins de sa politique le portaient à la centralisation de tout pouvoir civil et religieux ; cette centralisation ne paraissait possible qu'autant qu'il aurait à ses ordres un prélat qu'il investirait de toutes les dignités ecclésiastiques ; il l'élèverait aux honneurs et aux plus hautes charges de l'Etat, et il l'emploierait comme un instrument souple et docile pour gouverner toute l'église de France.

Le primicier du chapitre, évêque, cardinal, grand aumônier, pair de France, et peut-être ministre de l'instruction publique, appellerait autour de lui les ecclésiastiques les plus heureusement doués, et formerait, auprès de la cour et sous sa chaleur bienfaisante, une pépinière d'esprits complaisants dont les talents serviraient mieux le trône que l'autel. » La pensée d'élever à cette dignité l'archevêque de Paris avait paru occuper quelque temps l'esprit de Louis-Philippe ; on croyait M. Affre timide, craintif, obséquieux, prêt à céder aux volontés du pouvoir.

L'excellente biographie du prélat raconte comment celui-ci essaya de déjouer un projet aussi funeste à l'indépendance du sacerdoce français, comment il résista à l'offre du chapeau de cardinal, comment enfin il vit se tourner contre lui jusqu'au souverain pontife, contraint d'accéder aux vœux d'un gouvernement qui pouvait influer puissamment sur les intérêts les plus chers de la catholicité.

Cette vigoureuse et intraitable opposition irrita le roi. « Qu'ai-je fait, s'écria-t-il parfois avec amertume. Où ai-je été prendre ce M. Affre ? C'est une pierre brute des montagnes ! je la briserais, si je n'en craignais les éclats. » Le monde est bien vieux ; pourtant la voix des siècles sert, il paraît, à peu de chose, puisque, comme le préfet impérial Mo-

dessus, Louis-Philippe s'étonnait de la fermeté d'un évêque. Dans sa colère, le prince en vint jusqu'à oublier les plus simples égards du code de la politesse, jusqu'à d'extravagantes taquineries.

Qu'on en juge :

« Avec vos mémoires, vos journaux, vous portez le trouble partout, lui objectait-il un jour; je sais aussi qu'il y a peu de temps vous avez tenu un concile à Saint-Germain.

» Sire, nous n'avons point tenu un concile ; mes suffragants sont venus me voir, et nous avons traité de différents points de discipline ecclésiastique.

» — Vous avez tenu un concile, je le savais bien ; vous n'en aviez pas le droit, monsieur l'archevêque.

« Le prélat racontant lui-même cette scène disait qu'il avait d'abord répondu au roi avec beaucoup de déférence, qu'il évitait presque de le regarder ; mais, qu'à ces mots il éleva les yeux, et les fixant sur le roi, il dit avec fermeté : Sire, nous en avions le droit : toujours l'Eglise a eu le droit d'assembler les évêques pour régler ce qui pouvait être utile à leurs diocèses. — Ce sont là vos prétentions.... mais je m'y opposerai. L'on m'a dit aussi que vous aviez envoyé un ambassadeur au pape ; je sais que vous lui demandez la permission de faire gras le samedi, et *en cela je vous approuve.* — Sire, nous avons envoyé, en effet, un ecclésiastique présenter quelques demandes au souverain pontife ; cela est dans le droit de tous les fidèles, et à plus forte raison des évêques. — Et *que lui avez-vous demandé encore ? je veux le savoir.* — Si c'était mon secret, je pourrais le confier au roi ; mais c'est aussi celui de mes suffragants, et le roi trouvera bon que je le garde. » A ces mots, le monarque s'emporta, prit le prélat par le bras et dit d'une voix très haute : Monsieur l'archevêque, prenez garde, on brisera votre mître sur votre tête.

Moins humble que le saint archevêque de Paris, l'évêque d'Ajaccio, à qui Louis-Philippe adressait la même menace, répondit hardiment : « Sire, que Dieu conserve votre couronne, car l'on a vu briser aussi bien des couronnes.

La part prise par M. Affre dans les discussions sur la liberté d'enseignement acheva de lui aliéner la cour. Certes, pour le politique aussi bien que pour le chrétien, une grande faute dans l'administration du gouvernement de Juillet fut sa persistance à soutenir un monopole odieux. On crut que l'Université, en soustrayant la jeunesse à l'empire puissant des doctrines religieuses, le rendait plus fidèle à un pouvoir d'origine fausse. Dans un moment de franchise, le roi lui-même l'avoua à l'archevêque : « Tenez, dit-il, je ne veux pas de votre liberté d'enseignement ; je n'aime pas les collèges ecclésiastiques : on y enseigne trop aux enfants le verset du *Magnificat : Deposuit potentes de sede.* »

Ah ! sire, voilà donc le sujet d'épouvante de vos nuits, votre *mane, thecel, pharès ?* Et parce qu'on ne la proclamera pas, la suprême justice en existera-t-elle moins ? Elle se jouera cruellement de vos précautions et, pour employer le mot des livres sacrés, elle s'en moquera. Cette université, la plus pure représentation de la classe bourgeoise par laquelle et au profit de laquelle vous régnez, cette université minera votre pouvoir. Aux doctrines catholiques elle substituera les utopies communistes, et, au jour de votre chute, ses élèves parcourront à cheval les boulevards et les quais de la grande cité pour y jeter des encouragements à l'insurrection, pour l'inviter à s'endurcir contre les larmes d'une femme, contre l'innocence d'un enfant. »

Mgr Affre a publié, comme on l'a vu, plusieurs ouvrages.

Dès 1827, parut son traité de l'*Administration temporelle des paroisses*, Paris, in-8°.

Ce livre est divisé en quatre parties : la première fait connaître l'organisation des fabriques et les biens qui sont confiés à leur tutelle ; la seconde expose les droits et les obligations des pasteurs ; la troisième traite de la discipline extérieure de l'Eglise, des quêtes, processions, sépultures et autres dépendances du culte ; la quatrième a pour objet les délits commis dans l'exercice des cérémonies religieuses et les peines infligées par les lois.

Cet ouvrage, accueilli avec faveur à son apparition et

placé par l'opinion publique au premier rang parmi les travaux d'administration législative, conserva toujours cette autorité que lui valut une grande érudition unie à une parfaite sagesse. Dans l'intervalle de dix-huit ans, il parvint à sa cinquième édition.

Le livre de M. Affre, écrit avec méthode et clarté, présente la solution d'un grand nombre de difficultés qui arrêtent souvent les administrateurs des biens des fabriques; il offre la réunion de toutes les dispositions légales dont la connaissance est indispensable à MM. les curés pour se fixer sur l'étendue de leurs obligations et la limite de leurs droits; pour prévenir des conflits avec l'autorité administrative, des empiétements d'attributions qui, le plus souvent, troublent ou altèrent l'union entre les autorités civiles et religieuses; entre les paroissiens et leur curé.

Essai historique et critique sur la suprématie temporelle des papes et de l'Eglise (Paris, 1829, in-8°).

Voici les réflexions que publia sur cet ouvrage à l'époque de son apparition un de nos compatriotes (1). Les évènements politiques du moment donnent à ce compte-rendu un piquant intérêt.

« M. l'abbé de La Mennais, par l'éclat de son style, la hardiesse de ses opinions, la bizarrerie de ses paradoxes, a séduit quelques partisans et provoqué beaucoup de contradicteurs : au nombre de ces derniers figurent aux premiers rangs ceux que les défenseurs des doctrines ultramontaines appellent *les coalisés du Rouergue*. Ce sont MM. les évêques d'Hermopolis, de Chartres; les abbés Boyer et Michel Clausel qui, dans des brochures écrites avec vigueur et dialectique contre le champion de l'omnipotence romaine, ont soutenu la séparation des pouvoirs spirituels et temporels, leur réciproque indépendance, les principes de l'église galli-

---

(1) M. H. de Monseignat, dans le *Bulletin de l'Aveyron* du 6 juin 1829.

cane proclamés dans l'assemblée du clergé de 1682, développés dans celle de 1765.

» Un autre de nos compatriotes, M. l'abbé Affre, de Saint-Affrique, vicaire-général du diocèse d'Amiens, vient encore de renforcer cette ligue aveyronnaise et de donner plus de développements à la réfutation des partisans de la souveraineté du pape sur le gouvernement des rois.

» L'on pourrait, dans cette matière, appliquer à notre département ce que Mirabeau disait en 1789, à l'occasion des coalisés de Vizille, des écrits des Mounier, des Servan et autres Dauphinois : « La vérité est descendue des Montagnes. »

» M. l'abbé Affre, sous le titre modeste d'*Essai historique et critique sur la suprématie temporelle des papes et de l'Eglise*, a approfondi l'origine, les progrès, la décadence des opinions concernant les rapports de l'autorité religieuse avec les gouvernements civils ; il a fait voir que jusqu'à Louis-le-Débonnaire la suprématie temporelle des papes non-seulement n'avait pas été admise, mais qu'elle avait été repoussée par les docteurs les plus célèbres, comme en opposition avec l'esprit du christianisme et les préceptes de l'Evangile.

» Que si, dans les 8e et 9e siècles, la puissance politique du clergé le conduisit à exercer une autorité parfois contraire à l'indépendance des souverains, la grande influence des papes dans l'ordre politique ne fut qu'un pouvoir purement moral jusqu'à l'époque où Hildebrand, connu sous le nom de Grégoire VII, essaya de le convertir en suprématie temporelle, suprématie que les pontifes romains n'ont jamais pu réaliser sans de nombreuses et violentes oppositions, et que, dans les derniers siècles, ils avaient volontairement abandonnée.

» M. l'abbé de La Mennais a voulu réchauffer des querelles éteintes, ressusciter des prétentions aussi surannées que contraires à nos mœurs. Comment retremper de nos jours les armes rouillées des dépositions et des interdits des rois, invoquer sérieusement le droit pontifical de distribuer des couronnes, de délier les sujets du serment de fidélité à leur souverain légitime ? Ces prétentions ridicules ou anarchiques, que personne ne songerait aujourd'hui à réduire en pratique, ont, comme l'observe judicieusement M. Affre, l'inconvénient d'exciter des préventions contre le clergé, si l'on pouvait croire qu'il ne repousse pas de pareils systèmes. Ce sont des amis maladroits ou d'adroits ennemis du Saint-Siége, qui essaient de le doter malgré lui de pouvoirs qu'il n'ambitionne pas et dont l'exercice ne répugne pas moins aux lumières du Vatican qu'à l'esprit de conciliation et de paix qui l'anime et le dirige.

» Notre auteur réfute M. de La Mennais par l'autorité de l'histoire, celle des Pères, des docteurs de l'église, et fréquemment par les propres assertions de cet adversaire, en l'opposant à lui-même et relevant les contradictions nombreuses et manifestes dans lesquelles il est tombé.

» Il ne m'appartient pas, à moi profane, d'avoir un avis sur des matières auxquelles je suis étranger. Je ne décide pas entre Paris et Rome. Mais il ne faut pas être fort versé dans les sciences canoniques, pour ne pas croire, avec notre hardi novateur, que le premier article de la déclaration du clergé de 1682 est « une protestation contre le principe fondamen-
» tal de la société chrétienne et de toute société; qu'en sépa-
» rant l'ordre temporel de l'ordre spirituel, il consacre tou-
» tes les tyrannies et fonde au sein du christianisme une ser-
» vitude éternelle; » pour se méfier d'un auteur qui a prodigué à tous les partisans de cette distinction, à Bossuet et aux évêques de France, les qualifications d'hérétiques, de professeurs de doctrines athées, de flatteurs courtisans.

» M. Affre ne venge pas seulement l'église gallicane des traits amers, injurieux et violens de son fougueux adversaire; il prouve que, dans l'intérêt bien entendu de la religion, son empire est d'autant plus assuré qu'il ne dépasse pas les limites tracées par son divin auteur.

» L'ouvrage de M. Affre plaira aux hommes du monde par un style clair, une méthode soutenue, une conviction de bonne foi qui séduit et persuade ; il satisfera les théologiens par la vigueur de la dialectique, la force des raisonnements, l'enchaînement des preuves et les sources élevées où l'auteur a grand soin de les puiser. Il doit réunir les suffrages de toutes les classes de lecteurs, et ne peut qu'ajouter à la haute opi-

Traité sur la propriété des biens ecclésiastiques (1837).

C'était une éloquente protestation contre l'envahissement du terrain de l'archevêché (1) contre la violation des droits de l'Eglise et les spoliations haineuses du gouvernement. Quelques amis de l'abbé Affre furent attristés de ce qu'ils appelèrent une sainte imprudence ; d'autres le louèrent d'avoir sacrifié la mître à l'amour de la vérité et à la cause d'un prélat persécuté. Au milieu de l'étonnement et des éloges qui accueillaient ce dévouement, l'abbé Affre, insensible et comme surpris d'avoir excité l'admiration, disait naïvement : « J'ai brisé ma mître à Amiens ; je viens de la mettre en poudre. Peu m'importe ! Fais toujours ce que dois, advienne que pourra ! »

L'ouvrage de l'abbé Affre est à la fois le fruit de longues études et l'inspiration spontanée d'une noble indignation ; il atteste une vaste érudition historique, un esprit éminemment dialecticien, une âme courageuse et éloquente. Le feu de la lutte, au milieu de laquelle il composa à la hâte ce livre, a donné de la chaleur et de la vie à ces masses inertes de connaissances théologiques et historiques qui reposaient depuis longtemps dans sa mémoire. Il examine depuis l'établissement du christianisme les divers états par lesquels ont passé les fondations ecclésiastiques, les principes qui en ont consacré la propriété, les lois et les évènements qui l'ont maintenue et confirmée dans la suite des âges, les envahissements de la convention si contraires à la justice et si funestes à la société.

Venant enfin à l'ordonnance rendue le 21 mai 1837 contre

---

(1) Opéré en mai 1837, par suite d'une ordonnance royale, au préjudice de M. de Quélen, alors archevêque de Paris.

l'archevêque de Paris, il rappelle les discours de la chambre des pairs et termine par d'éloquentes paroles.

Le traité de M. Affre est non-seulement une œuvre d'érudition et de logique, mais encore une œuvre de courage et de dévouement.

Traité de l'appel comme d'abus (1845).

L'appel comme d'abus avait été institué (1) comme un recours à l'autorité civile contre les empiétements de l'autorité ecclésiastique et contre l'irrégularité de ses procédures dans les causes civiles soumises à son tribunal. Mais sous les funestes influences du jansénisme qui avait envahi les parlements, l'appel comme d'abus favorisa les prétentions de la puissance civile dans les matières religieuses, et devint une arme toujours menaçante opposée au libre exercice de la juridiction spirituelle. Un tribunal séculier s'arrogea le droit d'examiner et de condamner les décisions de l'Eglise. Le Conseil d'Etat, comme le disait M. de Cormenin, se transforma en officialité métropolitaine, le ministre devint évêque, et les conseillers se firent grands-vicaires.

Cette arme rouillée des anciens parlements reparut lorsque M. l'évêque de Clermont refusa les prières de la sépulture aux restes de M. de Montlosier. Le Conseil d'Etat se constitua juge de l'autorité épiscopale, examina ses décisions et les condamna par une sentence d'abus.

Quelques années plus tard, les condamnations portées par plusieurs évêques contre le *Manuel* de M. Dupin irritèrent de nouveau le Conseil d'Etat et provoquèrent ses appellations comme d'abus.

A l'époque où le Conseil d'Etat prononça que M. de Bonald

---

(1) Ce fut le roi François Ier qui restreignit les droits et la puissance des officialités par la fameuse ordonnance de Villers-Coterets, rendue en 1539, laquelle consacra les appellations comme d'abus, nommées pour la première fois sous cette désignation.

avait abusé de son autorité, M. Affre publia son traité sur la matière.

Cet ouvrage se divise en deux parties ; il présente dans la première l'histoire de ces appellations du pouvoir temporel, et dans la seconde un examen critique des règles suivies autrefois en cette matière et de celles contenues dans les articles 6 et 7 de la loi du 18 germinal an X.

Après avoir exposé les faits qui parlent assez haut en défense de sa cause, le savant prélat passe à l'examen des raisons qui ont autorisé les sentences d'abus et réfute les diverses allégations des parlements ; il montre combien l'accusation, portée contre le clergé, d'aspirer à une entière indépendance est étrange dans la bouche de ces magistrats qui voulaient concentrer dans leurs mains tous les pouvoirs publics et ne respectaient ni le trône ni l'autel. Il fait voir combien il est injuste et dérisoire d'exhumer, au XIXe siècle, les faits du moyen-âge, de les invoquer en témoignage, comme si leur renouvellement était possible, et de refuser aux évêques de notre époque le droit de juger sur l'orthodoxie, parce que les prélats du XIIIe siècle se sont trompés en jugeant plusieurs causes civiles ; enfin il condamne, comme l'abus le plus grave d'autorité et la source de nouveaux conflits, cette absurde intervention d'un tribunal séculier dans les décisions de la juridiction ecclésiastique.

Après avoir mis à nu tout ce qu'il y avait d'impie, d'inconséquent et de dérisoire dans les prétentions des anciens parlements, le prélat arrive à notre époque et montre que les recours qui étaient une source de désordres sous l'ancienne monarchie sont devenus une institution étrange sous l'empire de nos lois actuelles. En effet, ils sont en opposition avec le principe de la liberté des cultes, ils produisent des résultats absurdes ; et notamment celui de nous donner pour interprètes et gardiens des règles de l'église catholique des hommes qui ne peuvent point appartenir à l'église catholique et dont plusieurs, par le fait même, ne lui appartiennent pas.

Le prélat termine son ouvrage en exposant les funestes résultats de ces empiètements du pouvoir civil sur la juridiction épiscopale. Il montre que des recours qui sont sujets à tant d'abus, et qui n'existent dans aucun pays où règne une liberté sincère, ne sauraient devenir pour nous une fatale nécessité; la seule disposition raisonnable à conserver serait d'accorder au clergé les garanties établies pour les fonctionnaires publics. A une jurisprudence qui est partagée sur la question de savoir si ces priviléges peuvent s'étendre aux ecclésiastiques, il faudrait substituer une disposition législative qui levât tous les doutes.

Cet ouvrage, considéré dans l'ensemble des travaux de M. Affre, n'est pas une page isolée qui puisse se détacher des autres. Des liens puissants l'unissent à toutes les œuvres de son sacerdoce et de son épiscopat. Ces liens sont l'amour de l'indépendance de l'Eglise et le zèle de son affranchissement. Il serait difficile de citer un exemple d'un dévouement plus persévérant aux intérêts de la religion et de rencontrer ailleurs des efforts plus constants pour rendre à la puissance spirituelle son entière indépendance. Ces efforts avaient, en outre, ce caractère remarquable que, dans un homme attaché aux doctrines gallicanes, ils étaient une protestation continuelle contre ce qu'il y a d'erroné dans ces mêmes doctrines.

Introduction philosophique à l'étude du christianisme. (1845).

De tous les livres de M. Affre, l'*Introduction philosophique*, etc., fut sans contredit celui qui lui acquit le plus de réputation comme penseur et comme écrivain. Aux erreurs que le rationalisme moderne répandait au sein de la jeunesse, l'archevêque de Paris voulut opposer les salutaires influences d'une philosophie chrétienne.

Répandu en France à plusieurs milliers d'exemplaires, ce livre passa en Angleterre, en Italie et en Allemagne et eut partout du succès.

M. Cruice retrace le plan suivi par l'auteur, et il indique ainsi la méthode et les caractères distinctifs de sa philosophie.

Les philosophes ont toujours adopté comme point de départ, dans l'exposition de leurs doctrines, des vérités évidentes à tous les hommes. Ainsi Descartes déblayant le terrain de nos connaissances pour reconstruire un édifice solide, pose comme premier fondement l'évidence même de la pensée ; la révoquer en doute serait impossible : car douter, c'est penser. Le point de départ de Pascal est différent : esprit observateur aussi bien que philosophe, conduisant l'homme à la foi par les faits et par le raisonnnement, il commence par constater les désordres qui se manifestent dans la nature humaine et au sein de la société. Les raisonneurs peuvent nier cette dégradation, mais le sens commun l'avoue ; et ce que le sens commun reconnaît est un fondement assez solide pour servir d'appui à toute une doctrine.

L'archevêque de Paris ne suivit pas les traces de ses devanciers, mais il se fraya une route nouvelle. Les principes sur lesquels il élève tout l'édifice de sa philosophie sont les lois premières de la morale qui ont été admises dans tous les temps et chez tous les peuples. Ce fondement n'est pas moins ferme que ceux que nous venons de considérer, et l'étendue qu'il embrasse me paraît plus large. Descartes, en adoptant la pensée comme point de départ, révèle les inclinations de son âme vers le monde des abstractions et des idéalités ; il demeure toujours dans ces hautes régions, et sa philosophie ne donne à ses adeptes que la démonstration des vérités métaphysiques. Pascal, toujours appuyé sur les faits qui apparaissent aux yeux, cherche la cause des désordres de ce monde, constate la chute de l'homme, la nécessité d'un réparateur, et mène ainsi ses disciples en la foi à Jésus-Christ.

L'archevêque de Paris, choisissant comme principes de ses controverses les lois de la morale que tous les peuples respectent et défendent comme règles éternelles et immuables de l'ordre, cherchera le principe, l'autorité et la sanction de ces lois, et montrera qu'elles n'ont été conservées qu'au sein du christianisme et qu'elles sont dépendantes de ses dogmes.... Ainsi le néophyte qui est entré dans les voies tracées par le docte prélat arrivera non-seulement à la foi au Rédempteur, mais encore à la pratique de ses commandements.

Après avoir déterminé le champ de la controverse, l'archevêque démontre que les lois et les vérités fondamentales de la religion naturelle, quoique intelligibles à la raison, avaient perdu leur pureté et leur intégrité au sein du monde païen et dans les écoles mêmes des puissants génies de la philosophie ancienne. Il fait voir ensuite que tous les efforts du rationalisme moderne ne peuvent ni formuler le symbole de cette religion naturelle, ni restaurer son empire, ni révéler ses sanctions. En tout temps les erreurs morales et dogmatiques, contraires à une raison droite et condamnées par une conscience éclairée, ont été le partage de ceux qui ont refusé de croire à la révélation et aux mystères chrétiens. Et, au contraire, les vérités morales et dogmatiques que la raison et la conscience approuvent, comme les seules vraies, les seules fécondes en vertus, les seules dignes d'un être immortel, ont été toujours chères à ceux qui croient à la révélation et à ses enseignements. L'auteur est naturellement conduit à expliquer l'alliance de la foi et de la morale. Ici les témoignages de l'histoire sont invoqués pour prouver que les dogmes chrétiens ont été le soutien le plus ferme de la raison, les sources vivifiantes de la morale, les motifs les plus puissants pour la pratiquer. A mesure que les vérités évangéliques entrent dans les sociétés, dans les gouvernements, dans les écoles, l'idolâtrie et le naturalisme disparaissent. La perversité des mœurs cesse d'avoir une sanction dans les lois; tous les droits sont réformés et un nouveau monde arrive à l'existence. Ce ne fut pas un développement ni un progrès, mais un changement complet et radical ; le christianisme vint remplacer les cultes, les idées, les mœurs qui dominaient chez tous les peuples.

Cette puissance d'une religion révélée qui renouvelle et perpétue les vérités et les lois de la religion naturelle n'est pas seulement prouvée par l'expérience, mais par la nature même de la morale et des dogmes annoncés dans l'Evangile. L'Eglise nous enseigne d'abord un Dieu créateur, souverainement puissant, juste et aimable, vengeur du crime et rémunérateur de la vertu ; elle nous apprend que Dieu envoie son Fils pour nous sauver ; ce Fils, nous aimant d'un amour infini, envoie l'Esprit saint pour nous éclairer et nous sanctifier, et ces trois personnes divines sont, dans leur éternelle charité pour l'homme, le motif et le modèle de cette charité qui nous anime à l'égard de nos frères. A ces dogmes est essentiellement lié tout l'enseignement du christianisme, la chute de l'homme, sa réhabilitation, la doctrine sur la grâce, sur les sacrements, sur la prière, sur la vie à venir. Toutes ces vérités ont un lien essentiel avec les mystères de notre foi, dont on ne peut les isoler, et tous ensemble deviennent le principe de la morale et des vertus évangéliques.

Il en résulte que la philosophie de notre auteur ne demeure pas, comme celle de Descartes, dans les spéculations de la métaphysique; le prélat est observateur et moraliste, et semble parfois se rapprocher de l'école écossaise. Cependant un immense intervalle les sépare. Livrez la thèse de M. Affre à un disciple de Reid; il commencera par constater un fait individuel, ensuite la puissance productive de ce fait, et enfin la loi par laquelle cette puissance agit. L'archevêque de Paris ne s'arrête pas devant un individu, mais devant la société entière. Il considère en elle non des phénomènes isolés, mais des phénomènes constants et universels, à savoir les lois de l'ordre moral qui gouvernent le monde; puis il examine la religion, cette puissance qui maintient et développe ces faits, et en dernier lieu les lois diverses qui règlent l'action toujours uniforme de cette puissance. De ces deux méthodes, l'une procède par l'analyse, l'autre par la synthèse; l'une commence par l'individu, l'autre par la société; c'est le protestantisme d'une part, c'est le catholicisme de l'autre. Ce dernier mot révèle toute la méthode et les tendances philosophiques du docte prélat; on ne saurait trop remarquer l'influence de la doctrine catholique sur cet esprit plein de foi.

Le système philosophique de M. Affre souleva néanmoins de vives réclamations. On en peut juger par l'extrait suivant d'un recueil où des écrivains qui ont une certaine autorité dans le monde savant déposent parfois le fruit de leurs appréciations et de leurs critiques (1).

« Ce livre (l'*Introduction philosophique*) est écrit d'un style modéré qui ne sent ni l'aigreur ni la violence qu'il est ordinaire de trouver dans les écrivains du parti ecclésiasti-

---

(1) *Revue de Paris*, 1845.

que. Il est à regretter qu'un tel livre n'ait point paru au commencement des débats de l'Université et du clergé : peut-être la polémique religieuse serait-elle entrée dans une voie plus convenable que celle qui a été suivie par l'abbé Desgarets et ses imitateurs. Ceux-ci, dédaignant de prouver ce qu'ils avancent, sont obligés de suppléer au défaut des preuves par une vivacité de ton poussée jusqu'à l'injure, et par des insinuations calomnieuses qui font souvent plus d'effet sur la foule que les bonnes raisons. Il faut espérer que l'exemple de M. l'archevêque de Paris, qui ne se sert pas de ces moyens d'éloquence, les rendra eux-mêmes plus retenus à les employer.

» On voudrait voir dans la pensée de ce livre le même esprit de conciliation qu'on est heureux d'y louer dans la forme; mais il est douteux que les philosophes se puissent contenter des concessions qui leur sont faites. M. l'archevêque de Paris leur accorde toute liberté de penser, pourvu qu'ils règlent leur pensée sur la doctrine de l'église. Les esprits les plus dociles trouveront que cette liberté ne diffère point de l'esclavage.

» M. l'archevêque semble embarrassé des exemples qu'on lui a cités d'hommes éminents dans l'église, tels que Bossuet et Fénelon, qui ont paru approuver un plus libre exercice de la raison, puisqu'ils ont écrit des ouvrages comme le *Traité de l'existence de Dieu*, le *Traité de la connaissance de Dieu et de soi-même*, où la vérité de l'existence de Dieu, celle de ses attributs, celle de l'immortalité de l'âme, et toutes les vérités de la morale, sont démontrées par les seules preuves de la raison. M. l'archevêque de Paris croit répondre à ces exemples en accordant que la raison peut connaître et exposer les vérités essentielles du christianisme, mais qu'elle ne peut ni les trouver ni les conserver, sans les lumières surnaturelles de la foi. Cette distinction sera peut-être approuvée des théologiens, mais il paraîtra aux gens de bon sens qu'elle est peu solide, et que la raison qui peut et ne peut pas ressemble à la grâce suffisante qui ne suffit pas.

» La grande preuve que M. Affre apporte de son opinion, c'est le dérèglement naturel de la raison humaine, qui, laissée à elle-même, arrive nécessairement au déisme, au panthéisme, au naturalisme ou à l'athéisme. Or, il a commencé par dire que la raison est, comme la révélation, une lumière qui nous est donnée de Dieu pour que nous puissions le connaître. Ainsi, en cherchant Dieu avec les lumières qu'il nous a données pour cela, on arrive à croire qu'il n'y a pas de Dieu, ou à se croire Dieu soi-même, ou à croire que tout est Dieu, ou enfin à croire un Dieu sans providence.

» Je ne me permets point ici d'interprétation arbitraire. C'est d'après cette idée que M. l'archevêque de Paris explique comment les philosophes anciens perdirent la connaissance de Dieu. Dans les premiers temps du monde, Dieu s'était fait connaître aux hommes par les lumières de la religion naturelle ; mais les passions, et surtout l'orgueil philosophique, obscurcirent dans les esprits ces idées pures de la divinité. M. Affre entend par orgueil philosophique la confiance qu'eurent dans les lumières de leur raison les hommes qui recherchaient la nature de Dieu. Ainsi le désir de connaître Dieu fut cause qu'on cessa de le bien connaître, et l'auteur s'avance jusqu'à faire entendre que les philosophes entraînés par ce désir, un Thalès, un Pythagore, un Socrate, un Platon, malgré la beauté de leurs maximes, malgré la pureté de leur vie, s'éloignèrent plus de la connaissance de Dieu que le vulgaire, qui, dans sa vie sensuelle et dans les folies de ses fêtes, conservait mieux les traditions de la vie primitive. Il est sans doute dans l'intérêt de l'église de montrer l'impuissance de la raison humaine ; mais je ne sais pas jusqu'à quel point il est d'une religion bien entendue de le faire en avilissant le prix de la raison dans ceux en qui Dieu a le plus fait briller cette lumière. Non-seulement l'idée de préférer la religion du vulgaire des païens à la philosophie de Socrate et de Platon est contraire au respect dû à ces grands hommes; mais c'est une nouveauté, et par conséquent une erreur dans la tradition catholique. Ce n'est pas ainsi que Bossuet, dans son *Histoire universelle*, a entendu la suite de la religion. Il appelle le culte de la religion populaire, dont M. l'archevêque de Paris préfère la pureté à la croyance des philosophes, « une conti-
» nuelle profanation » ou plutôt « une dérision du nom de
» Dieu. » Il rend justice aux philosophes qui avaient à la fin

reconnu qu'il « y avait un autre Dieu que ceux que le vulgai-
» re adorait, » qui « osaient enseigner que les statues n'é-
taient pas des dieux, comme l'entendait le vulgaire. » Il rend
un admirable témoignage de la beauté de la morale platoni-
cienne. Après avoir expliqué l'idée que Platon se fait de la
vertu : « Ne semble-t-il pas, dit-il, que Dieu n'ait mis cette
» merveilleuse idée de vertu dans l'esprit d'un philosophe que
» pour la rendre efficace en la personne de Jésus-Christ ? »
Enfin, parlant des temps qui ont précédé la venue de Jésus-
Christ, il dit « que ce qui se passait parmi les Grecs était une
» espèce de préparation à la connaissance de la vérité ; que
» leurs philosophes connurent un Dieu bien différent de ceux
» que le vulgaire adorait ; qu'une vérité si importante, répan-
» due parmi les gentils, commençait à réveiller le genre hu-
» main. »

» On pourrait, en suivant cette idée de Bossuet, faire voir la
tradition des philosophes anciens et leur persévérance divine
à se succéder dans le travail de détruire l'idôlatrie et d'éclaircir
la vraie connaissance de Dieu, de ses attributs, de ses rapports avec le monde. Il suffit de citer l'endroit des Confessions
de saint Augustin où il avoue « qu'ayant eu entre les mains
» quelques-uns des livres des platoniciens, il y a trouvé, non
» pas dans les mêmes termes, mais dans un sens absolument
» semblable, les paroles de l'évangile de saint Jean : Dès le
» commencement était le Verbe ; le Verbe était en Dieu, et
» le Verbe était Dieu ; ainsi, dès le commencement, le Verbe
» était en Dieu, et toutes choses ont été faites par lui, et rien
» n'a été fait sans lui.... Le Verbe de Dieu, qui est en Dieu,
» est la lumière qui éclaire tout homme venant au monde. »

» Voilà M. l'archevêque de Paris en opposition avec Bossuet et saint Augustin. Auquel croirons-nous ? Dire que toutes les recherches des philosophes, toutes leurs doctrines,
leurs efforts vers la vertu, les exemples de leur vie, leur enseignement partout divulgué, ont été en pure perte, c'est
parler contre l'évidence des faits. Il est sûr, au contraire, que
leur philosophie fut dans le monde païen un commencement
de la religion nouvelle. Les semences de la connaissance de
Dieu et de la charité humaine, répandues dans les âmes, y
germaient secrètement jusqu'au temps de la maturité qui al-

lait faire lever ces semences et les produire à la lumière. Tout était entrevu, pressenti, préparé ; le christianisme vint pour tout accomplir. C'est ce que veulent dire ces paroles de Jésus-Christ, qui ne regardent pas seulement les prophètes d'entre les juifs, mais encore les sages d'entre les gentils : « je ne
» suis pas venu détruire mais achever ; » et celles qu'il adresse à ses apôtres : « Ne me dites-vous pas vous mêmes que dans
» quatre mois la moisson viendra? Moi je vous dis: levez vos
» yeux et considérez les campagnes déjà blanches et prêtes
» à moissonner. Ce que l'on dit d'ordinaire est vrai en cette
» rencontre, que l'un sème et que l'autre moissonne. Je vous
» ai envoyés moissonner ce qui n'est pas venu par votre tra-
» vail ; d'autres ont travaillé, et vous êtes entrés dans leurs
» travaux. »

» C'est une erreur trop commune, dans l'histoire des faits moraux comme dans celle de la nature, de ne pas remonter la suite des causes qui amènent peu à peu, par le progrès insensible des temps, les grands changements. On fixe leur origine au moment même où ils sont produits, de sorte qu'ils semblent avoir quelque chose de merveilleux. On croit que cette origine soudaine donnée aux faits y marque mieux l'action de Dieu, qui n'a pas besoin du progrès des causes ni de la succession des temps pour faire ce qu'il fait; mais on devrait réfléchir que le calcul que nous faisons du temps n'est rien de réel à l'égard de Dieu, et que les causes dont il se sert ne lui sont pas un secours, de sorte qu'il n'est pas moins puissant quand il agit avec lenteur et par des causes physiques ou humaines, que quand il agit seul et immédiatement. Depuis qu'il est admis non-seulement dans la science, mais aussi dans la théologie, que les six jours dont parle la Genèse ne sont pas six journées de vingt-quatre heures, mais six époques, six espaces de temps pendant lesquels Dieu a produit successivement, à des intervalles éloignés, les différentes parties de l'ordre du monde ; l'ouvrage de la création en semble-t-il moins admirable, la sagesse, la puissance du créateur paraissent-elles avec moins d'éclat ? Il n'est pas davantage contraire à la religion d'admettre que le christianisme, cette seconde institution du genre humain, est la suite d'un progrès naturel et d'un dessein de perfection formé et soutenu pendant des siècles : cette opinion conserve les droits de la liberté et de la raison humaine sans diminuer l'idée de l'action de Dieu dans le gouvernement des hommes. On sait bien que l'usage de la raison et de la liberté est un don qu'il nous a fait, et qu'il nous conserve par une influence toujours présente. Au lieu de voir le miracle instantané de la Providence à l'avènement même du christianisme, on voit la perpétuité de ce miracle dans toute la suite du genre humain, depuis ses commencements jusqu'à ses derniers progrès. Dans cette suite, tout est naturel et tout est divin. Dieu, en effet, n'est pas dans la condition d'un ouvrier ordinaire qui n'est pas maître de son ouvrage, qui l'abandonne et qui est obligé ensuite d'y retoucher, de le réparer; par l'imperfection de l'industrie humaine, la machine qu'il vient d'achever échappe à son pouvoir pour exister et agir toute seule sous les lois de ses élémens et de sa composition. Les ouvrages de Dieu n'échappent jamais de ses mains: il les fait sans cesse d'une action continue où il n'y a ni repos, ni reprise. Les lois sous lesquelles ils existent ne sont en effet que ses volontés constantes et toujours tendues à leurs effets.

» Si la raison humaine n'avait pas pu trouver et ne pouvait pas conserver les vérités du christianisme, comment pourrait-elle les connaître ? C'est ce que M. Affre avoue avec M. de Bonald. Il est, en effet, bien forcé d'avouer ce qu'on ne serait pas reçu à nier. Le fait de la découverte de ces vérités est ancien, et l'obscurité des temps peut empêcher de le bien découvrir ; celui de les conserver est dans les choses futures au sujet desquelles on se permet de prédire dans un sens ou dans un autre ; la connaissance des mêmes vérités, si exacte dans les ouvrages de Descartes, si claire dans toutes les consciences, est un fait actuel qu'on essaierait en vain de contester. Mais comme ces trois faits n'en forment qu'un, et tiennent ensemble comme les parties d'une même suite ; en admettant l'un, en rejetant les autres, on s'oppose à soi-même. Découvrir la vérité, qu'est-ce autre chose que la connaître une première fois? la conserver, qu'est-ce autre chose que retenir et éclaircir de plus en plus la connaissance qu'on en a acquise ? Il ne sert de rien de dire qu'il y a des livres où elle est écrite et fixée. Ces livres constatent seulement qu'elle a été déjà connue dans des temps très reculés et ne nous dispensent pas de la retrouver, car ils ne nous en donnent que la lettre. Si nous ne comprenons pas la lettre, ce n'est qu'un son qui frappe notre oreille ; si nous la comprenons, c'est que nous avons la vérité dans notre esprit, où nous la voyons par la lumière naturelle.

» Le livre de M. Affre présente un nouvel exemple de la difficulté qu'il y a de concilier l'intérêt de sa cause avec la vérité. Après avoir dit qu'il faut distinguer la raison humaine, qui est divine et toujours vraie, de la raison individuelle, qui est sujette à errer, la nécessité d'établir l'autorité de l'église l'obligeant de dire que la raison humaine ne peut ni trouver ni conserver les vérités nécessaires, il a confondu la raison humaine dans la critique de la raison individuelle des philosophes, et les a condamnées ensemble sans plus se souvenir de la distinction juste qu'il en avait faite.

» Cette critique des philosophes est-elle du moins impartiale ? Tous les grands philosphes y sont-ils comptés ? Les systèmes y sont-ils vus à leur point de perfection et dans leurs parties fortes ainsi que dans leurs parties faibles ? Voit-on qu'elle est prise des sources, fondée sur les textes ? C'est ce qu'on attend d'une critique faite par un homme aussi grave que M. Affre. On est trompé. Il ne nomme pas Socrate. Il parle à peine de Descartes. Il examine les systèmes dans l'exagération de leurs principes, c'est-à-dire à leur décadence. Au sujet de Platon et des philosophes anciens, il cite les *Études* de M. Martin, et l'*Histoire du Panthéisme* de l'abbé Maret, comme faisant autorité. Mais supposons que sa critique soit complète, éclairée, impartiale : que s'ensuit-il ? Rien qui ne tourne contre son dessein. Il veut prouver la faiblesse de la raison humaine par les erreurs de la raison individuelle, qui, au contraire, prouvent sa puissance. De même que les hérésies n'ont servi qu'à faire briller l'infaillibilité de l'église, de même on peut dire que les erreurs particulières des philosophes montrent la force de la raison humaine qui n'en a pas été ébranlée, mais qui s'est toujours tenue au bon sens. L'histoire des faux systèmes prouve que, dans l'esprit humain, l'erreur ne peut pas prévaloir sur la vérité. M. Affre ôte cette prérogative à la raison pour la donner à l'église, gardienne de toute vérité, mais on a contre son opinion l'expérience de tous les siècles, qui témoigne assez que la raison humaine se règle par sa propre sagesse. On ne veut pas prétendre par là qu'elle est indépendante de Dieu. On croit avec Platon, avec Cicéron, avec Descartes, avec les plus grands sages, que toutes ses connaissances vraies lui viennent de Dieu, qui les lui donne pour se faire connaître à elle. Si l'on demande comment il la rend certaine de ces connaissances, c'est une question résolue depuis Descartes. Il vaut autant demander comment il nous rend certains des objets des sens.

» Cette doctrine de la faiblesse de la raison nous ramènerait à la simplicité et à l'ignorance des temps primitifs. M. l'archevêque de Paris nous vante en effet la naïveté, la foi tranquille, l'humble soumission des premiers âges comme l'état parfait de l'esprit humain. C'est là qu'il nous faut revenir. Pourquoi nous tourmenter l'esprit de doutes et des soins d'une recherche qui passe notre portée? Ce serait de l'orgueil d'espérer d'y réussir, après que tant de grands hommes, dans tous les temps, y ont perdu leur peine. Laissons ce travail à ceux que Dieu en a chargés. Pour nous tenons-nous l'esprit en repos. C'est à eux de nous instruire de tout ce qu'il est important que nous croyions sur Dieu, sur l'homme et sur les autres grands objets. N'ayons soin que d'écouter leurs paroles et d'en charger notre mémoire. On est obligé d'avouer que c'est là une manière aisée de connaître la religion, qui est, comme la dévotion aisée des pères jésuites, d'une grande commodité. Toutefois, avant de nous la recommander, il fallait voir la différence des temps, et réfléchir que ce qui convenait au moyen-âge ne peut pas nous convenir aujourd'hui. Les guerres, les désordres intérieurs, les besoins de la vie matérielle, les arts nécessaires inconnus, l'ignorance générale dans une société naissante qui n'est pas encore réglée, empêchent la plupart du monde de penser. Il est nécessaire qu'il y ait une classe d'hommes chargés de penser pour tous les autres. C'est le bienfait de la civilisation d'étendre à la plupart des hommes la jouissance propre du bien de la raison. L'ordre établi dans la société, les arts utiles trouvés et perfectionnés, les traditions de la sagesse ancienne continuées par nos écrivains, tous les progrès dans tous les ordres de l'activité humaine ont concouru à nous procurer cet avantage : laisserons-nous se perdre le fruit des travaux des âges précédents ? Voici plus d'un siècle qu'il y a dans les esprits comme une fermentation de raison universelle qui tend à se développer, qu'il serait malheureux de laisser se dissiper, au lieu qu'on peut la diriger, en hâter les progrès par une éducation bien entendue.

» Dans les premiers temps du christianisme, ceux qui contribuèrent le plus à répandre le goût des lettres humaines furent un saint Paul, l'un des hommes les plus lettrés d'alors, un saint Grégoire de Nazianze, un saint Jean-Chrysostôme, un saint Augustin, aussi instruit dans la connaissance des poètes de l'antiquité que dans celle de ses philosophes. A la fin du moyen-âge, ce fut la lumière renaissante des lettres grecques et latines qui fit reparaître celle des lettres sacrées, et la retira des ténèbres de la superstition. Enfin, faut-il rappeler qu'au xviie siècle Bossuet et Fénelon et bien d'autres hommes, qui donnèrent tant d'éclat à l'église de France, n'étaient pas moins versés dans les lettres anciennes et dans la philosophie que dans la théologie ? Le clergé de nos jours aurait dû suivre ces exemples et retenir le goût d'étudier les anciens en vue de la clarté de la religion ?

» On regrette d'être obligé de dire qu'il y a traces du défaut de cette étude dans le livre de M. l'archevêque de Paris. On n'y trouve pas la forte érudition des textes originaux, ni la connaissance de l'antiquité, qui pouvaient seules rendre solide un livre qui contient la réfutation des philosophes anciens et modernes. La légèreté de cette critique, qui n'est pas appuyée sur les véritables autorités, donne à penser que M. l'archevêque de Paris a, par sa haute position, le dangereux avantage de trouver rarement autour de lui d'utiles contradicteurs. Platon dit, dans un de ses dialogues, que la conséquence d'être avec des gens qui nous contredisent toujours et réfutent toutes nos raisons est de nous jeter dans le doute, et de nous faire croire qu'il n'y a rien de certain. Un danger non moins à craindre est d'en venir à se contenter trop facilement des premières raisons qui se présentent à notre esprit, parce qu'on est entouré de gens qui sont toujours de notre avis. »

M. Affre a laissé quelques autres ouvrages demeurés inédits :

1° *Traité sur les établissements ecclésiastiques et religieux (1825).*

2° *Traité de l'indépendance de l'Eglise, de la tolérance civile et religieuse et des rapports de l'Eglise et de l'Etat (1845).*

NOTE SUR LA FAMILLE AFFRE.

I. JEAN AFFRE, né à Saint-Rome-de-Tarn, au commencement du xviii° siècle, homme intelligent et actif, exerça le commerce et se créa une assez belle fortune. Il eut entre autres enfants :

1° JACQUES, qui suit ;
2° JEAN-PIERRE, auteur d'une branche établie depuis à Espalion.

II. JACQUES AFFRE, après avoir fait ses études à Toulouse, où il obtint le grade de bachelier, continua l'industrie de son père, mais sur une plus grande échelle, et devint fort riche. Ce fut lui qui acquit de la maison de Caylus, en 1770, la terre de Saint-Rome-de-Tarn qui était en paréage avec le roi. Dès les premiers temps de la Révolution, menacé par le peuple de ce bourg, dont l'exaspération devenait de jour en jour plus vive contre les *seigneurs*, il se réfugia à la *Boric-Blanque*, qu'il venait d'acheter à l'abbé de Morlhon de Laumière.

Il avait épousé Rose Arnal, du Truel, dont il eut :

1° JEAN-LOUIS, qui suit ;
2° JEANNE-ROSE, femme, en 1786, de Charles-François Thomas, homme de loi et plus tard administrateur du district de Saint-Affrique, fils de N. Thomas, aussi avocat, et de Marie-Françoise Joly ; ledit Thomas père, frère de François Thomas, curé de Saint-Rome.

III. JEAN-LOUIS AFFRE étudia en droit à Toulouse, fut nommé ensuite magistrat de sûreté à Saint-Affrique, puis substitut à Espalion, et enfin juge de paix à Saint-Affrique, où il exerça ses fonctions jusqu'au mois de mai 1831.

Il avait épousé, le 19 mai 1791, Christine Boyer, fille de Bernard Boyer, de Paume, administrateur du département, et de

Marguerite Ricard. Elle était sœur du savant et vénérable abbé Boyer, l'une des lumières du séminaire Saint-Sulpice. Il en eut, entre autres enfants :

1° Henri Affre, ci-après ;

2° Denis-Auguste, né à Saint-Rome, le 27 septembre 1793, ordonné prêtre en 1819, après avoir fait ses études au séminaire de Saint-Sulpice ; vicaire-général de l'évêque de Luçon en 1820 ; appelé en la même qualité à Amiens en 1822 ; chanoine et grand-vicaire de M. de Quélen, archevêque de Paris, en 1834 ; coadjuteur de Strasbourg en 1839 ; premier vicaire-général capitulaire à Paris, le 1ᵉʳ janvier 1840, après la mort de M. de Quélen (survenue le 31 décembre 1839) ; sacré archevêque de Paris le 6 août 1840 ; tué sur une barricade du faubourg Saint-Antoine, par les insurgés, le 25 juin 1848.

IV. HENRI AFFRE, substitut à Espalion en 1815, peu après procureur du roi et ensuite sous-préfet, représentant du peuple en 1848, conseiller de préfecture en 1854, décédé à Rodez le 7 janvier 1858, avait épousé Marie-Fanny de Monseignat, dont il a eu :

1° Henri Affre, docteur en droit, marié, en août 1855, à Paris, avec Marie Javon ; auditeur au Conseil-d'Etat en octobre 1856 ; décédé le 27 octobre 1857, quatre ans après son retour d'un voyage à la Terre-Sainte, dont il a laissé un intéressant récit ;

2° Auguste Affre, marié à Paris avec la sœur de Marie Javon ;

3° Virginie Affre, femme, en septembre 1855, du baron Gabriel de Nogaret ;

4° Mathilde Affre.

Jacques Affre avait acquis, avant la Révolution, comme il a été dit, la seigneurie directe du lieu de Saint-Rome des derniers comtes de Caylus, et voilà pourquoi ses descendants ont ajouté depuis à leur nom celui de Saint-Rome.

La vente de la terre et seigneurie directe de Saint-Rome-de-Tarn fut consentie, le 28 mai 1770, à Montauban, devant Durey, notaire, audit Jacques Affre, par Achille Robert de Lignerac, duc de Caylus, héritier universel du dernier Tubières, comte de Caylus, au prix de trente mille livres ; et par autre acte du 14 mai 1774, reçu Duchêne, notaire de Millau, le même Affre acquit les droits de Gabriel-Antoine de Benoit sur Auriac.

On voit dans une transaction du 9 mars 1786 avec les consuls de Saint-Rome que ledit Jacques Affre reconnaissait n'avoir aucun droit sur la justice, mais qu'il pouvait prendre pendant sa vie, comme il l'avait fait par le passé, *le nom et la qualité de Saint-Rome.*

Le général comte D'ALBIGNAC.

Philippe-François-Maurice comte d'Albignac-Triadou était issu d'une famille vouée dès-longtemps au service militaire et qui a produit plusieurs officiers généraux. Page de l'infortuné Louis XVI, d'Albignac fut nommé officier à l'époque de la Révolution. En 1792 il émigra et rejoignit avec son père l'armée des princes où il servit comme aide-de-camp de son grand oncle maternel, le comte de Montboissier, commandant des compagnies rouges. Il resta ensuite attaché au service de l'Autriche. Revenu en France après le 18 brumaire, il entra, en 1806, en qualité de simple soldat dans les gendarmes d'ordonnance, commandés par le comte de Laval-Montmorency. Il fit la campagne de Tilsitt dans ce corps où il devint successivement maréchal-des-logis et officier.

Les gendarmes d'ordonnance ayant été licenciés après la campagne de 1807, d'Albignac passa au service de Jérôme Bonaparte, roi de Westphalie, qui le prit pour un de ses aides-de-camp, et le nomma bientôt lieutenant-général, grand écuyer et ministre de la guerre. Il reçut de plus le titre de comte de Ride, avec le fief du même nom. En 1809, il fut employé sur les bords de l'Elbe, poursuivit Schill jusqu'à Stralsund, et mit en déroute la troupe de ce partisan, qui, pour ne pas tomber entre les mains de Napoléon, fut réduit à se donner la mort. Le général d'Albignac resta quatre ans à la cour de Westphalie, et s'y fit beaucoup d'ennemis par son langage franc et sévère. Au milieu d'exemples dangereux et d'attrayantes séductions, il conserva une conduite irréprochable. Craint, haï même des courtisans, dont il blâmait hautement les désordres, il était estimé de tous; et lorsque, cédant à un transport d'indignation, il offrit au roi sa démission, celui-ci, qu'il n'épargnait pourtant pas plus que les autres, ne voulut point la recevoir, l'accusa d'ingratitude et lui fit violence, en quelque sorte, pour qu'il consentît à ne pas le quitter. Le général retira sa démission ; mais les courtisans, qui voyaient à regret s'échapper l'occasion de se débarrasser d'un censeur plus qu'incommode, mirent tout en œuvre pour faire revenir le roi sur ce qui avait été convenu entre lui et le général ; ils lui représentèrent que sa bonté ne serait considérée que comme une extrême faiblesse s'il ne punissait pas d'une manière éclatante l'insolence de d'Albignac, et ils réussirent à le persuader. Aussi le général fut-il très-étonné, le lendemain même de sa dernière entrevue avec Jérôme, lorsqu'il lut dans le *Moniteur Wetsphalien* : « Le roi vient d'accepter la démission de M. le comte d'Albignac, pour cause de mauvaise santé ; il part pour le midi de la France. Le roi, par reconnaissance de ses services, lui conserve son traitement en entier. »

Le général d'Albignac quitta aussitôt Casel et refusa le traitement qui lui était accordé. Il emportait la réputation d'un homme de bien, d'un administrateur expérimenté et d'un militaire habile et courageux. Rentré en France, il fut nommé chef d'état-major du 6e corps de la grande armée et fit la campagne de Russie, où il se distingua, d'abord sous les ordres du maréchal Gouvion-Saint-Cyr, et ensuite sous ceux du vice-roi d'Italie. Appelé en 1813 au commandement du Gard, il fut chargé en même temps de l'organisation de la 4e division de réserve. Il était encore à Nîmes au retour du roi en 1814, et c'est à son zèle et à sa prudence que les habitants de cette ville dûrent d'être préservés de toute espèce de trouble. Mis à la demi-solde, il se trouvait à Paris, en 1815, au moment où Bonaparte débarquait sur les côtes de Provence. Il suivit alors le maréchal Gouvion-Saint-Cyr à Orléans comme son chef d'état-major, et, après la défection générale des troupes dans cette ville, il se rendit dans le Midi auprès de M. le duc d'Angoulême. Il arriva auprès du prince à Valence lorsqu'il ne restait plus à S. A. R. d'autre parti à prendre que celui de la retraite. Se trouvant alors dans sa famille au Pont-Saint-Esprit, le général parvint à voir le prince dans sa prison, et il en reçut de pleins pouvoirs avec lesquels il partit pour Lyon, d'où il se rendit ensuite auprès du roi dans les

Pays-Bas. Revenu en France avec les Bourbons, il fut nommé secrétaire général du département de la guerre, sous le premier ministère du maréchal Gouvion-Saint-Cyr, en juillet 1815. Lorsque ce ministre se retira, le général d'Albignac se retira aussi. C'est à cette époque que le roi lui donna le commandement de l'école militaire de Saint-Cyr, qui venait d'être reformée sur de nouvelles bases.

« Le général d'Albignac, dit un de ses anciens élèves qui a écrit sa vie, n'avait pas plus de quarante ans, et déjà sa santé était des plus chancelantes ; mais chez lui la force morale était telle, que, sans l'excessive pâleur de son visage, sans la contraction nerveuse que la souffrance imprimait souvent à ses traits fins et délicats, il n'eût pas été possible de soupçonner sa faiblesse physique. D'une étonnante activité, il ne perdait pas de vue les élèves un seul instant de la journée. Aux heures du travail, des repas, de la récréation, il était toujours là, étendant sa surveillance jusqu'aux moindres détails, et accablant des reproches les plus énergiques quiconque se rendait coupable de négligence dans le service. Sévère, mais juste, il n'épargnait personne dans ses mécontentements, depuis les plus hauts fonctionnaires jusqu'aux derniers domestiques. Sa voix, d'une douceur angélique quand il était satisfait, devenait, lorsqu'il s'emportait, dure et terrible.

» Le général se levait en même temps que les élèves, et ne se mettait au lit que quand il était assuré que l'ordre le plus parfait régnait dans toute l'école, et plus d'une fois il lui est arrivé de parcourir les dortoirs au milieu de la nuit pour voir s'il n'y avait point d'élèves malades, et si les *garçons*, chargés de veiller, n'avaient point cédé au sommeil. Le général s'approchait doucement de chaque lit, rebordait celui-ci, recouvrait celui-là et renfonçait jusque sur les deux oreilles le bonnet de coton qui lui paraissait sur le point de tomber. Toutes les attentions que la plus tendre mère a pour ses enfants, le général d'Albignac les avait pour nous, malgré les injures qu'il nous distribuait dans ses accès de mauvaise humeur.

» Tel fut le général d'Albignac, le premier commandant

de l'école militaire de Saint-Cyr, sous la Restauration. Si je suis entré dans ces détails, c'est que je sais combien nous l'aimions, malgré ses défauts, combien nous rendions justice à ses heureuses qualités ; à son loyal caractère, à ses nobles manières et à son dévoûment sans bornes. J'aurais voulu le montrer encore chez lui, lorsqu'il nous réunissait cinq ou six à sa table, servie avec une modeste recherche, et qu'il s'abandonnait à des causeries pleines d'esprit et de bonhomie. Ce n'était plus alors le général sévère et emporté ; c'était un homme du monde, un père doux, indulgent et heureux au milieu de sa famille. »

Le mauvais état de sa santé l'obligea enfin de prendre sa retraite après six ans de service à Saint-Cyr, et il mourut le 31 janvier 1824, au Pont-Saint-Esprit, après avoir reçu les consolations puissantes de la religion, à l'âge de 68 ans.

Le général baron D'ALBIGNAC.

Jean-Pierre-Aymar baron d'Albignac, maréchal-de-camp, né à Bayeux en 1782, entra au service comme simple cavalier, et arriva par tous les grades à celui d'officier dans la campagne de 1805.

Sa bravoure l'avait déjà fait distinguer par le maréchal Ney, qui se l'attacha comme aide-de-camp. Il fit avec ce général les campagnes d'Espagne de 1808 à 1812, le suivit dans l'expédition de Russie, et partagea, pendant la retraite qui mit fin à cette gigantesque entreprise, les périls et la gloire du maréchal. Il eut les pieds et les mains gelés, et se trouvait du nombre des cent-vingt hommes qui, seuls du troisième corps d'armée, repassèrent le Niémen les armes à la main. A l'ouverture de la campagne suivante, il fut nommé colonel du 138e régiment d'infanterie ; il se trouvait avec ce régiment à la bataille de Leipsick et prit part à la mémorable campagne entre la Seine et la Marne. Lorsqu'il vit que tout espoir était perdu pour la cause de Napoléon, il fit sa soumission au roi, et son régiment n'ayant pas été conservé dans la nouvelle organisation de l'armée, il fut promu au grade de maréchal-de-camp. Au mois de mars 1815, le baron d'Albignac fut du nombre des officiers généraux désignés par le roi pour commander les volontaires qui se réunissaient à Vincennes. Les événements ayant rendu inutile toute résistance en faveur de la cause royale, il se retira dans sa province où il fut nommé membre de la Chambre des représentants. Il se rendit à son poste, ne s'y fit nullement remarquer, et resta dévoué au parti royaliste. Louis XVIII, après son retour, le nomma président du collége électoral de Bayeux ; mais il ne fut pas appelé à la députation. Il a fait depuis partie de différents comités militaires établis par les ministres de la guerre ; en 1820, il fut nommé inspecteur général d'infanterie ; devint, en 1821, gentilhomme ordinaire de la chambre du roi ; il fut désigné, en 1823, pour commander une brigade du premier corps de l'armée qui, sous les ordres du duc d'Angoulême, se rendait en Espagne. Cette brigade, après avoir pris part au siége de Saint-Sébastien, fut dirigée sur les Asturies ; elle défit à Fuentes de Tieras le général espagnol Palarea. D'Albignac contribua encore à la prise de la Corogne, et, après avoir soumis la Galice, il reçut ordre de conduire sa brigade en Castille ; mais atteint dès-lors d'une maladie inflammatoire, causée par les fatigues de la marche dans un pays montagneux, il n'arriva à Madrid que pour y mourir, le 29 octobre 1823. Un mois auparavant, il avait été promu au grade de grand-officier de la Légion-d'Honneur.

Aymar d'Albignac était fils de Pierre-Jean-Lévi comte d'Albignac-de-Montal, lieutenant-général, grand-croix de l'ordre de Saint-Louis, major des gardes-du-corps sous Louis XVIII, dont il est parlé dans les *Documents historiques*, etc. Les d'Albignac-de-Montal et les d'Albignac-Triadou, originaires des environs de Millau, étaient deux branches de la même famille.

Le lieutenant-colonel AUBRIOT.

Aubriot, Joseph-Charles, lieutenant-colonel de gendarmerie en retraite, chevalier de Saint-Louis, officier de la Légion-d'Honneur, mort à Calzins, près de Clairvaux, au commencement du mois d'août 1842.

M. Aubriot, originaire de la Lorraine, embrassa jeune encore la carrière des armes et servit d'abord dans la petite gendarmerie de Lunéville.

On ne sait s'il était encore dans ce corps en 1791, mais à l'époque de la fuite de Varennes (juin), il se trouvait de service auprès de l'infortuné Louis XVI, et il fut chargé d'aller porter des ordres importants à M. de Bouillé. Malheureusement ce général arriva trop tard pour délivrer le monarque prisonnier. Le zèle de M. Aubriot ne fut pas oublié ; il en fut récompensé par une pension que le roi lui accorda sur sa cassette. Pendant les temps orageux de la Révolution, on lui fit subir une détention rigoureuse, et il ne parvint à sauver sa vie qu'à travers mille périls.

Plus tard, quand Napoléon vint saisir le timon des affaires et mettre un terme à l'anarchie, M. Aubriot obtint du service comme officier de cavalerie. Il était capitaine au 6e régiment de cuirassiers pendant les campagnes de Prusse, de Pologne et d'Allemagne, où son courage fut récompensé par la décoration des braves.

Après l'affaire de Wagram, en 1810, il demanda à rentrer en France, et ce fut alors qu'on lui confia le commandement de la gendarmerie de l'Aveyron. Sa conduite dans ces temps difficiles y fut toujours celle d'un ami de l'ordre et d'un homme d'honneur.

Après la Restauration, promu au grade de chef d'escadron dans la même arme, il alla dans le Gers, et, bientôt après, dans le Gard (1816). C'est là qu'il obtint sa retraite, en 1829, avec le grade de lieutenant-colonel. M. Aubriot rentra aussitôt dans l'Aveyron, qui était devenu son pays d'adoption par son mariage (1). Retiré à la campagne, s'occupant journellement d'agriculture, il était parvenu, presque sans infirmités, à l'âge de 80 ans, quand la mort est venu le frapper.

Le capitaine AUZOUY.

Auzouy, Hippolyte, né à Rignac en 1774, étudia d'abord la médecine à Montpellier, et entra dans les armées de la République en qualité de chirurgien sous-aide. Après la bataille de Marengo, il quitta le corps des officiers de santé pour devenir sous-lieutenant, et peu après la première campagne d'Italie, lieutenant dans la garde des consuls.

Il fut fait, l'un des premiers, chevalier de la Légion-d'Honneur, à l'époque de la création de cet ordre, par le premier consul Bonaparte.

Passé avec son grade dans les grenadiers à cheval de la garde impériale, Auzouy assistait à la bataille d'Austerlitz, où sa conduite lui valut le titre de capitaine.

A Eylau, il commandait l'escadron de service auprès de la personne de l'Empereur, et, dans ce poste périlleux, il trouva une mort prématurée, mais glorieuse. Criblé de dix-sept blessures, il gisait sur le champ de bataille, lorsque ses camarades vinrent pour l'enlever et le porter à l'ambulance. « Laissez-moi, mes amis, leur dit-il, dites à l'Empereur que » je meurs content, environné de canons pris à l'ennemi et » des débris de sa défaite, et que je n'ai qu'un regret, c'est » de ne pouvoir plus rien pour le service de la France..... » A elle mon dernier soupir! » Il expira quelques instants après.

(1) M. Aubriot avait épousé, pendant sa résidence à Rodez, Mlle Marie Battut, dont il a eu une fille unique, mariée à M. Cabrol, docteur-médecin, maire de Clairvaux.

Cette mort glorieuse fut signalée dans l'ordre du jour de l'armée, daté d'Astérode, 8 février 1807, où sont textuellement rapportées les dernières paroles du mourant (1).

Elle a été reproduite dans des milliers de gravures qui ont rendu le nom du capitaine Auzouy célèbre et populaire dans toute la France.

Le comte BERGON.

Le comte Bergon, conseiller d'Etat, directeur général des eaux-et-forêts, sous l'Empire, grand-officier de la Légion-d'Honneur, quitta Villefranche, sa ville natale, en 1757, et remplit de bonne heure les fonctions de secrétaire général de l'intendance de Montauban. Il s'y fit remarquer par l'étendue et la maturité de ses vues; il se montra laborieux, intègre, judicieux dans ses fonctions, obligeant dans la société, et sa réputation était tellement établie, que, lorsque après les orages révolutionnaires on voulut ressusciter la régie des eaux-et-forêts, le gouvernement lui en confia le soin. M. Bergon vit dans cette grande mesure plutôt un moyen d'amélioration qu'un instrument de fiscalité. Il rendit la vie aux anciens règlements, et sut si bien approprier leurs dispositions à ses vues, que, par son activité et sa surveillance, il peut être considéré comme le restaurateur des grandes forêts du royaume.

Chargé de présider le collége électoral du département, en 1812, ses compatriotes lui donnèrent un éclatant témoignage de l'estime qu'ils lui portaient en le nommant candidat au Sénat (2).

---

(1) Cet ordre du jour se trouve dans le *Moniteur* de l'époque.

(2) Le comte Bergon vint présider une seconde fois le collége électoral de l'Aveyron, le 4 août 1816.

La Restauration le nomma grand-officier de la Légion-d'Honneur et lui conserva ses fonctions au conseil d'Etat (1), où il ne cessa jusqu'à la fin de rendre des services signalés à son pays.

Il mourut, à Paris, le 20 octobre 1824. Sa fille avait épousé le général comte Dupont.

Le général BERNARD.

Bernard (Ignace-Blesmont), né à Sonillac, près de Saint-Côme, le 3 juillet 1768, maréchal-de-camp honoraire en retraite, officier de la Légion-d'Honneur et chevalier de Saint-Louis, mort en janvier 1843.

Le général Bernard avait complété à Bordeaux des études accompagnées de brillants succès, et se destinait à l'état ecclésiastique quand vint la Révolution de 89. Il adopta avec ferveur les opinions royalistes, fut un des fauteurs de l'insurrection de Lapanouse, le 21 mars 1793, et, deux mois après, seconda vaillamment Charrié dans ses éphémères succès de Chanac (2). Par sa participation à ces troubles, Bernard encourut la peine capitale, et n'y échappa qu'en allant rejoindre, en Piémont, le 2e bataillon de l'Aveyron. Le général Tarayre, alors capitaine, devint son protecteur et son ami.

Bernard fit les compagnes d'Italie et d'Egypte, y conquit ses premiers grades, et, devenu aide-de-camp du général La Grange, il n'a cessé depuis de faire partie du corps d'état-

---

(1) Il fut attaché au comité des finances en service ordinaire, par ordonnance royale du 1er mai 1817.

(2) Le combat de Chanac où les royalistes, commandés par Charrié, battirent et mirent en fuite les troupes révolutionnaires, eut lieu le 30 mai 1793.

major. Eu égard à ses nombreuses campagnes (1), au courage et à la capacité dont il avait fréquemment donné des preuves, l'avancement de cet officier fut peu rapide.

Son grade de chef de bataillon d'état-major ne datait que du 28 juin 1814. Il était alors officier de la Légion-d'Honneur. Il fut nommé colonel le 9 janvier 1831. Enfin, après quarante ans de services, il revint à Saint-Côme, son pays natal, et retrouva dans le foyer domestique ce calme heureux, si nécessaire au déclin de la vie, et cette considération qui est la plus douce récompense du mérite.

« La douceur de ses mœurs, dit son biographe, la délicatesse de ses sentiments, son indulgente bonté, non moins que l'élégance de ses manières et le charme de sa conversation avaient fait de sa modeste habitation le rendez-vous de tout ce qui pouvait apprécier ses éminentes qualités. »

Le général Bernard est mort dans les bras de la religion.

Le major BESSODES.

Le major Bessodes, officier de la Légion-d'Honneur, chevalier de Saint-Louis, né à Gagnac, canton de Laissac, le 10 juillet 1763, retraité en 1817, mort le 18 janvier 1822.

Entré avant la Révolution dans le régiment de royal-Navarre (cavalerie), sans autre appui que son mérite et sa bravoure, il fut l'enfant de ses œuvres, et ne dut qu'à sa bonne conduite l'avancement lent et successif qui le porta de grade en grade à celui de major (lieutenant-colonel) de cavalerie, et lui mérita la récompense des braves.

---

(1) Ses états de services portent :
De 1804, à l'armée du Nord ;
De 1806 et 1807, à la grande armée ;
De 1808, 1809 et 1810, en Espagne ;
De 1812 et 1813, avec la grande armée. — Cinq blessures.

Le général BÉTEILLE.

Béteille, Alexis (1), naquit au foubourg Saint-Cyrice de Rodez, le 7 août 1763.

A l'âge de dix-neuf ans et après avoir terminé ses études, il s'enrôla dans le régiment de Berry (chevau-légers), et rentra dans ses foyers le 28 septembre 1787.

Il resta dans le sein de sa famille jusqu'au 23 janvier 1792, époque à laquelle il reprit du service comme lieutenant dans le 2e bataillon de l'Aveyron, qui devint plus tard d'abord 56e, puis 85e demi-brigade, et enfin, 85e régiment d'infanterie de ligne. Ce grade lui fut conféré par l'élection, chaque bataillon ayant eu le droit de se choisir ses officiers.

Le 28 juin de la même année, il fut promu au grade de capitaine. Ce fut en cette qualité qu'il fit les campagnes d'Italie, prit part au siège de Toulon et se trouva à l'assaut de la montagne de Pharaon. Il passa deux ans sur les Alpes, sans solde, exposé aux intempéries de l'hiver et en butte à toute sorte de privations.

Pendant ce temps, il y avait journellement des attaques de poste dans lesquelles il déploya beaucoup de fermeté et de courage. Il combattit à la bataille de Louano. Le général Bonaparte étant venu prendre le commandement de l'armée, les opérations militaires eurent les plus brillants résultats.

Béteille assista à la bataille de Mondovi, aux deux batailles de Rivoli et à la conquête du Tyrol italien jusqu'au dessus de Trente. Il fut fait prisonnier dans la vallée de La Vis, au combat de la Piaça. Chargé de garder une position, il s'y défendit vigoureusement ; mais attaqué par des forces supé-

---

(1) Cet article a été fourni par M. le lieutenant-général Tarayre, compagnon d'armes du général Béteille.

rieures, il dut céder au nombre, après avoir perdu une partie de ses soldats.

Rentré dans l'armée française, à la suite d'un échange de prisonniers qui eut lieu après le traité de Campo-Formio, il rejoignit la 85e demi-brigade et partit avec elle pour l'Egypte.

Il se trouva à la bataille de Chebreis, à la bataille des Pyramides, au combat de Salagé, à la bataille d'Héliopolis et à celle de Canopes. Sa belle conduite dans cette dernière affaire lui valut le grade de chef de bataillon.

C'est à cette époque que le général Menou lui donna le commandement du fort du Marabout, poste important qui laissait une communication des Arabes avec Alexandrie, assiégée par les Anglais.

On donna au commandant Béteille quelques marins, quelques artilleurs, une centaine de fantassins et trois ou quatre officiers.

Ce groupe de braves alla prendre possession du Marabout, s'y fortifia le mieux qu'il put, puis attendit l'ennemi. Celui-ci ne tarda pas à paraître. L'attaque fut vive, la défense opiniâtre. A la fin de la journée, un officier Anglais fut envoyé pour engager les Français à se rendre, la défense du fort étant évidemment désespérée.

Le commandant Béteille fit approcher l'officier anglais, lui montra les murs du fort intacts, après quoi il lui demanda si à sa place il capitulerait. — Non, répondit le parlementaire. — Je ne capitulerai donc pas, répliqua le commandant Béteille.

Le lendemain, l'attaque et la défense recommencèrent de plus belle. Au bout de la journée, il se présente encore un parlementaire pour sommer la garnison de se rendre.

Le commandant Béteille se présente, montre à l'officier anglais sont fort encore debout, lui répète la question de la veille : — A ma place, vous rendriez-vous ? — Non. — Ni moi non plus, répartit Béteille.

Le lendemain, nouveau combat, et ce misérable fort que le général Menou avait cru pouvoir résister tout au plus vingt-quatre heures, se défendit pendant huit jours consécutifs.

Au bout de ce temps, le fort, incessamment battu par les

bâtiments anglais, s'écroula en partie et ensevelit sous ses décombres les vivres et les munitions. Pas une batterie qui ne fût démontée. Tous les artilleurs étaient morts ou blessés.

Une nouvelle sommation de se rendre ayant été faite par l'officier commandant les forces britanniques, le commandant Béteille ouvrit cette fois l'oreille. Il convoqua un conseil de guerre qui délibéra qu'il y avait lieu de capituler. Cela se passait le 3 fructidor an IX. Le même jour, la capitulation fut signée. La garnison obtint la faveur de sortir du Marabout avec les honneurs de la guerre. Il fut convenu qu'elle serait transportée en France sur un vaisseau anglais, et qu'elle ne pourrait servir qu'après avoir été échangée.

Le commandant Béteille eut à se louer des procédés de l'officier anglais, sous lequel il fit une très-agréable traversée et visita les principaux ports anglais de la Méditerranée.

Il arriva au port de Marseille le jour où la 85e demi-brigade, partie près de deux mois après la capitulation du Marabout, y débarquait elle-même, à la suite des revers qui nous chassèrent d'Egypte.

La défense du Marabout fut signalée au ministre de la guerre par la lettre suivante que lui écrivit le général Menou, lettre qui est un titre de gloire pour le général Béteille :

« Mon cher général, je ne saurais trop recommander à votre intérêt le brave Béteille, chef de bataillon à la suite de la 85e demi-brigade. C'est lui qui a défendu, avec une intrépidité au-dessus de tout éloge, le fort du Marabout, contre les Anglo-Turcs qui l'attaquaient avec une immense quantité de bouches à feu. L'île et le fort ont été réduits en poudre. La tour avait été jetée à bas par les bombes. Il y a peu d'exemples d'une défense aussi vigoureuse. Si tout le monde avait fait son devoir comme Béteille, nous serions encore en Egypte. Cet officier est plein de moralité, de modestie et d'instruction : je ne puis trop vous le recommander. »

Le commandant Béteille fut nommé, le 9 ventôse an X, chef d'escadron de la 11e légion de gendarmerie.

Le 5 janvier 1810, il fut envoyé en Espagne, à la tête du 4e escadron de ce corps. Il s'y comporta à sa manière, c'est-à-dire en brave, et fut nommé, un an après, colonel de la première légion.

L'année suivante, fut livrée en Espagne, près de Burgos, la bataille de Villadrigo contre les Anglais. Le colonel Béteille y prit une part des plus honorables, à la tête de sa légion.

Neuf escadrons anglais étaient aux prises avec cinq escadrons français qui, pris à l'improviste, combattaient en désespérés, lorsque parut le colonel Béteille, qui se jeta sur le flanc droit de l'ennemi, à la tête de ses deux escadrons, le défit et le chassa jusqu'à Villadrigo. Le colonel Béteille reçut dans cette affaire douze blessures presque toutes graves, et fut tellement abîmé qu'il resta pour mort sur le champ de bataille. Des soldats traînèrent son corps pour s'emparer de ses bottes et l'abandonnèrent. Un maréchal-des-logis nommé Lefèvre, qui était à sa recherche parmi les morts, le reconnut. Ayant reconnu en lui quelque reste de chaleur vitale, il le fit emporter, et peu à peu Béteille revint à la vie. On jugera de la gravité de ses blessures quand on saura qu'une partie de son cerveau avait été mise à nu.

Le colonel Béteille rentra en France et passa quelque temps à Rodez. Dès qu'il fut guéri de ses blessures, il reprit le commandement de sa légion, qui fut appelée à Paris en 1813.

L'Empereur passait successivement en revue tous les corps de cette importante garnison. Le colonel Béteille attendait impatiemment son tour qui n'arrivait jamais. Enfin, sa légion reçut ordre de se préparer pour le 25 février.

L'Empereur fit au colonel et à sa troupe le plus bienveillant accueil. Quelque temps après, les journaux [1] annonçaient que Napoléon, pour prouver la satisfaction que lui avait fait éprouver la conduite de la 1re légion de gendarmerie contre les Anglais, avait décidé que tous les sous-officiers seraient nommés sous-lieutenants; les sous-lieutenants lieutenants, et ceux-ci capitaines. Les deux chefs d'escadron furent nommés colonels, plus de quatre-vingts croix d'honneur furent distribuées; tous les officiers reçurent des dota-

---

[1] *Bulletin de l'administration de l'Aveyron* du 6 mars 1813.

tions. Le colonel Béteille fut nommé général de brigade, baron de l'Empire (2 mars 1813) et reçut une dotation à l'étranger.

Le général Béteille continua de servir sous la Restauration qui le promut, en 1814, au grade de commandeur de la Légion-d'Honneur. Il obtint sa retraite en 1818, et fixa sa résidence à Paris où il est mort, le 13 février 1847, dans un âge très-avancé.

Le général Béteille, enfant de la Révolution, s'était toujours montré dévoué à sa cause, mais ce fut sans exagération et sans violence. Chez lui l'homme politique s'effaçait devant le soldat. Son buste en marbre est conservé au musée de Rodez. On le voit aussi au faîte d'une colonne que ses concitoyens lui ont élevée au bas du faubourg Saint-Cyrice.

BOYER-PEYRELEAU,

Membre de la chambre des députés, colonel en retraite.

La famille Boyer était originaire de la ville de Millau ; voilà pourquoi nous inscrivons le nom du colonel Boyer dans ce recueil (1).

Cet officier supérieur, dont le nom a eu quelque retentissement à la chambre des députés, où il siégeait dans les rangs de l'opposition en 1831, était né à Alais (Gard) en 1774.

Fils d'un avocat au parlement, il n'avait pas encore fini ses

---

(1) Auguste-Jean-Maure Boyer-Peyreleau est porté sur le registre officiel des émigrés de l'Aveyron avec ces mots : « Fils de Jacques-Pierre, domicilié à Rodez en l'an IV, mais originaire de Millau, où il possédait plusieurs maisons et autres biens ; neveu du prieur consistorial de Millau, mort en 1789. »

études, lorsque la Révolution l'entraîna sous ses drapeaux. Il fit toutes les campagnes d'Italie dans le 9ᵉ régiment de dragons, et y conquit ses premiers grades sur le champ de bataille.

En 1802, il suivit à la Martinique le capitaine-général Villaret de Joyeuse en qualité d'aide-de-camp. Il fit pendant sept ans la guerre contre les Anglais dans cette colonie, et y fut chargé de plusieurs missions importantes tant en Amérique qu'en France.

En 1805, à la tête de 200 hommes, il enleva en cinquante-six heures le fort du Diamant aux Anglais, qui l'avaient fortifié au point de le nommer le *Gibraltar des Antilles*, et contre lequel on avait fait jusques-là des tentatives infructueuses.

A la prise de la Martinique par les Anglais, en 1809, il se distingua dans la défense de la colonie et fut cité avec éloge.

De retour en France, il était employé à l'armée du Nord lorsqu'il sacrifia ses espérances d'avancement pour venir défendre à Paris son chef et son ami, l'amiral Villaret, dont la conduite avait été soumise à une enquête. Il le suivit en 1811 dans le gouvernement général de Venise, d'où il partit pour marcher dans les rangs de la grande armée de Russie. Il fit toute cette mémorable campagne en qualité de colonel chef d'état-major de la vieille garde impériale, sous les ordres du maréchal duc de Dantzic, qui trouva plus d'une occasion de lui décerner des éloges. En 1813, Boyer servit en Allemagne dans la cavalerie légère du général Latour-Maubourg, et protégea, sous les ordres du lieutenant-général Chastel, la fameuse retraite de Leipsik.

En 1814, il passa dans le corps d'armée du duc de Bellune, et prit avec le brave général Duhesme une part honorable aux batailles sanglantes et multipliées des mois de janvier, de février et de mars. Le 26 mars, à la journée de Saint-Dizier, l'empereur lui conféra le grade de général de brigade, mais les circonstances critiques de cette époque le privèrent de son brevet. Envoyé, à la fin de 1814, à la Guadeloupe, en qualité de commandant en second de la colonie, il la gouverna pendant les deux premiers mois, et les débats du terrible procès qui lui fut intenté en 1816, ont fait connaître la part qu'il prit aux événements de la colonie. Il fut condamné à mort pour avoir arboré le drapeau tricolore à la Guadeloupe. Rendu à la liberté en 1848, il refusa de reprendre du service, et plus tard, en 1834, il ne voulut pas accepter le gouvernement de cette île. Marié depuis 1829, il vivait retiré à la campagne en Normandie, lorsque ses compatriotes d'Alais l'appelèrent à l'honneur de les représenter à la chambre de 1831.

Il y a constamment siégé dans les rangs de l'opposition jusqu'à ce que le délabrement de sa santé l'a forcé de se retirer.

Le commandant BRASSAT.

Brassat, Antoine, ancien chef d'escadron en retraite, chevalier de la Légion-d'Honneur, né à Firmi le 16 janvier 1768, partit à l'âge de 18 ans comme volontaire, et entra, en 1786, dans le 1er régiment de dragons. Il y resta simple soldat jusqu'à ce que les guerres de la Révolution donnèrent à tous des chances d'avancement. Il fit successivement les campagnes de 1792 et des neuf premières années de la République, se distingua à la bataille de Fleurus, au premier passage du Rhin et au déblocus de Landau, reçut des blessures à l'affaire d'Arnheim, à Landau et à Guissen ; en l'an VIII, il fut nommé lieutenant et aide-de-camp du général d'Arnaud, auprès duquel il servit dans les armées de Batavie et de l'ouest, où il remplit avec succès plusieurs missions importantes et périlleuses.

Mis à la réforme en l'an XIII pour cause de blessures, il rentra momentanément dans ses foyers, mais ne resta pas longtemps inactif. Il sut se rendre utile à son pays en détruisant, de concert avec le brave lieutenant Pourquery, qui fut massacré dans une embuscade, deux bandes nombreuses de brigands, qui infestaient les frontières respectives des départements de la Lozère, de l'Hérault et de l'Aveyron.

M. Brassat reprit du service à l'époque de la guerre d'Espagne, et fit dans ce dernier pays les campagnes de 1808 à

1811. Nommé, en 1809, commandant de la place de Valdestillas, il sut mériter l'estime et la reconnaissance des autorités espagnoles, en maintenant la tranquillité publique par la sagesse de son administration. En 1811, il reçut le grade de capitaine, et peu de temps après il fut obligé de quitter pendant quelques mois le service actif pour guérir de ses blessures.

L'année suivante il suivit Napoléon avec sa grande armée dans les glaces de la Russie, et fit partie, en 1813, de la garnison qui soutint avec tant de gloire le siége de Dantzic. Il y conquit sa part d'honneur par un beau fait d'armes, en faisant prisonnier de guerre, à la sortie du 27 avril, un bataillon de grenadiers russes, avec une compagnie de dragons. Lui-même fut fait prisonnier en 1814 et ne rentra en France qu'à la paix. On l'éleva, en 1815, au grade de chef d'escadron, et chargé pendant les Cent Jours des opérations du recrutement, il remplit ces fonctions délicates avec honneur et désintéressement.

Mis à la retraite en 1820, il rentra dans son pays natal et se livra avec ardeur aux travaux de l'agriculture.

Dès 1823, M. Brassat avait éprouvé les premières atteintes de la maladie de cœur qui l'a conduit lentement au tombeau. Il est mort dans la nuit du 28 décembre 1831, à l'âge de 64 ans.

Le professeur CABANTOUS.

Cabantous, Pierre, naquit à Rodez, le 7 février 1771, d'un propriétaire, fermier général du clergé de l'Aveyron. Il fit ses premières études chez un prêtre, le prieur de Quins, et les termina au collége de Rodez, à l'âge de 15 ans, époque à laquelle il soutint une thèse qui le fit recevoir maître ès-arts.

Il se rendit à Paris et obtint au concours une bourse dans

deux établissements différents ; il fit son choix pour la maison appelée *Séminaire des Trente-Trois*. Il était déjà reçu licencié en théologie et nommé maître des conférences à l'âge de 18 ans, quand éclata la Révolution. En 1791, de retour à Rodez, il prit part, en qualité de volontaire de l'Aveyron, à la répression des insurgés de la Lozère. Vers la fin de 1792, il partit avec la levée en masse et fut incorporé aux *compagnies franches de l'Aveyron*. L'élection de ses compatriotes le fit nommer quartier-maître. Son corps d'armée, envoyé dans les Pyrénées-Orientales, partit bientôt pour la guerre d'Espagne de 1793. Le grade qu'il avait dans l'administration le dispensait d'aller au feu ; mais il ne s'éloigna jamais de ses camarades, et prit part à tous leurs dangers aux siéges de Rosas et de Figuières, enfin à Bellegarde où il fut fait prisonnier avec plusieurs de ses compatriotes.

Ils furent embarqués ensemble à Alicante pour l'île de Ténériffe. Dans la traversée, leurs vaisseaux furent atteints de la peste. P. Cabantous fut atteint des derniers et fit partie du petit nombre de ceux qui se relevèrent de cette cruelle maladie. Aux îles, il était comme la providence de ses compagnons de captivité, parce que seul d'entre eux, il avait les connaissances acquises et la facilité à parler latin, qui lui permettaient de les représenter auprès des autorités espagnoles. Longtemps après, il recevait de plusieurs personnes influentes du pays, notamment de l'évêque, des témoignages d'estime et d'affection.

Dans le cours de l'année 1795, la paix ayant été conclue avec l'Espagne, il rentra en France et fut bientôt appelé par les membres de l'administration centrale de l'Aveyron pour remplir à l'école centrale de Rodez les fonctions de professeur de *belles-lettres*.

Pressé par les plus vives instances de son père, il quitta l'état militaire, et, comme il aimait à le dire, il devint professeur malgré lui.

Il avait alors vingt-cinq ans ; il fut successivement professeur de belles-lettres, professeur d'histoire, professeur de langues anciennes à l'école centrale, au lycée provisoire et au lycée définitif de l'Aveyron.

Le 14 décembre 1809, il fut envoyé au lycée de Limoges en qualité de professeur de rhétorique. Peu après, il fut nommé professeur de littérature française à la faculté de la même ville, et bientôt chargé en même temps du cours de littérature latine et même du cours d'histoire. Il mit un zèle infatigable pour occuper simultanément toutes ces chaires, soit au collège, soit à la faculté.

La faculté de Limoges fut dissoute, ainsi que plusieurs autres à cause du déficit de la caisse de l'instruction publique. Par un arrêté de 1816, tout en conservant son titre de professeur de faculté, P. Cabantous fut envoyé professeur de rhétorique au collège royal de Cahors, et, une année plus tard, avec la même qualité à Bordeaux.

Enfin, au mois de mai 1824, sous le ministère de M. de Frayssinous, son compatriote, il vit, par sa nomination dans une faculté, se réaliser d'anciennes promesses. Il alla occuper la chaire de littérature française à la faculté des lettres de Toulouse. En 1834, il fut fait doyen de cette même faculté et nommé chevalier de la Légion-d'Honneur.

Le 8 novembre 1840, presque le lendemain d'un cours d'ouverture, il succomba à de longues souffrances et aux fatigues de son zèle.

Sa carrière de professeur avait duré quarante-cinq ans.

M. Cabantous faisait partie de l'Académie des jeux floraux. M. Gratien-Arnoult, un des quarante mainteneurs, prononça son éloge dans la séance publique du 27 juin 1841. Il faut lire ce discours pour savoir tous les titres qu'avait à l'estime de ses concitoyens le savant professeur, pour sentir combien fut vive sa perte chez tous ceux qui l'avaient connu. « De tous côtés, dit M. Arnoult, la voix publique s'est élevée, formant une sorte de concert populaire, pour célébrer les qualités publiques de M. Cabantous, les seules qu'il pût montrer à tous ceux qui ne connaissaient en lui que le professeur, mais les moindres peut-être de toutes celles qu'il dévoilait aux yeux de ses amis. Oui, quelque grand que fut le professeur en notre confrère, peut-être que l'homme y était plus grand encore. Sans doute, ce qu'il communiquait des trésors de son esprit aux auditeurs pressés autour de sa chaire avait une valeur inappréciable ; mais peut-être qu'il y avait une valeur plus haute encore dans les trésors du cœur qu'il prodiguait aux compagnons de sa vie intime et privée. Ce qu'il mettait de son âme en ses discours, ne valait pas ce qu'il en mettait dans ses actions. A l'entendre parler, si l'on était ravi d'admiration pour son talent, à le voir agir, on se sentait pénétré d'un saint respect pour sa vertu. Digne et excellent homme, dont je ne sais ce qu'il faut le plus louer, ou de ses leçons dont chacune était une bonne action, ou de ses actions dont chacune était une si belle leçon ! »

M. Cabantous n'avait pas laissé de moins précieux souvenirs à Limoges. Ses anciens élèves y firent célébrer un service funèbre à la mémoire de cet excellent maître. Dans le temple sacré, au milieu des sombres tentures et des images de mort, était placée, surmontée d'une couronne d'immortelles, une plaque en cuivre qui devait être scellée sur le mur de la chapelle de la Sainte-Vierge, et sur laquelle on lisait ces mots :

« A la mémoire de M. Pierre Cabantous, professeur de
» rhétorique au lycée de Rodez, de 1809 à 1816; professeur
» d'histoire ou de littérature française à la faculté de Limo-
» ges, de 1810 à 1814; né à Rodez en 1772 ; décédé doyen
» de la faculté des lettres de Toulouse, le 8 décembre 1840;
» ses élèves reconnaissants. Le 27 mai 1841. »

Après la messe, M. l'abbé Berteaud, élève de M. Cabantous, fit l'éloge funèbre du savant professeur. Il rappela tout ce qu'il y avait eu de glorieux dans sa carrière ; mais ce n'est pas seulement comme professeur que M. Cabantous fut loué, c'est encore et principalement comme homme de bien et chrétien fidèle. Car dans les temps même les plus orageux, il ne craignit point de montrer la foi par les pratiques de la religion auxquelles il se soumettait sans respect humain comme sans ostentation. Aussi avait-il le droit de parler bien haut de vertu, de devoir ; et sa vie, bien mieux encore que ses paroles, redisait ce précepte : *Que l'homme vertueux est seul habile à bien dire.*

De CABRIÈRES.

Cabrières (Jean-François-Gaspard de), ancien secrétaire-général de la préfecture de l'Aveyron, chevalier de la Légion-d'Honneur, secrétaire perpétuel de la société d'agriculture, mort à Rodez le 18 juillet 1836.

« Fils d'un administrateur distingué, dit son biographe (1), M. de Cabrières avait dignement remplacé son père au conseil de préfecture dans les dernières années de l'empire. Nommé secrétaire-général à la Restauration, il fut pendant vingt ans associé à l'administration qu'il connaissait parfaitement.

» Membre (2) et toujours secrétaire du Conseil général du département tant que ses fonctions ne furent pas jugées incompatibles avec celles qu'il remplissait à la préfecture, il se distingua dans cette réunion des hommes éminents de la province. C'est d'après leur conviction de ses connaissances en matière d'impôt et d'économie politique, qu'il fut choisi pour solliciter à Paris un dégrèvement de la contribution foncière qui écrasait notre pays; c'est dans un mémoire imprimé, riche de faits, de recherches savantes, de raisonnements péremptoires, et qui seul assurerait la réputation de son auteur, comme écrivain et administrateur, que M. de Cabrières discuta les éléments de notre surcharge et porta jusqu'à l'évidence la démonstration que, dans la proportion générale, l'Aveyron payait de trop annuellement environ un million.

---

(1) Article publié par feu M de Monseignat dans le *Journal de l'Aveyron* du 20 juillet 1836.

(2) Ce fut en cette qualité que, de concert avec MM. de Mostuéjouls et de Suze, il fut chargé d'aller porter, en 1814, à Louis XVIII l'adresse du Conseil général de l'Aveyron.

» M. de Cabrières passa à Paris l'hiver de 1820 ; il employa au but de son voyage toute l'activité, la puissance de moyens et de volonté qui le distinguaient, toute la persistance et la tenacité qu'on rencontre souvent dans les Aveyronnais.

» Il mit en mouvement les pairs, les députés, les conseillers d'Etat, les citoyens notables que le département comptait alors dans la capitale ; il stimula tous ces organes en crédit auprès de l'autorité, en leur imprimant une direction unique et forte ; il prépara par de fréquentes et lumineuses discussions avec les chefs de division et les inspecteurs l'acte réparateur qu'il obtint de la rigide équité du comte Roy. Ce ministre des finances présenta aux chambres le projet de loi qui consacra pour l'Aveyron un dégrèvement de 800,000 fr. annuellement à compter de 1821. Quel résultat immense pour le présent ! Quel bienfait incalculable pour l'avenir !

» Sans doute M. de Cabrières fut secondé par les autorités locales, par le concours de nos compatriotes influents à Paris ; mais on peut assurer qu'il est le principal instigateur, le plus puissant instrument de ce grand acte réparateur dont l'objet n'a plus occupé depuis la puissance législative, et que sans lui, probablement, nous attendrions en vain, nous solliciterions inutilement encore aujourd'hui.

» En mesurant l'étendue de la reconnaissance à la grandeur du service, il est certain que nul n'a plus de droits que M. de Cabrières aux regrets et à la gratitude des contribuables de l'Aveyron. Nous devons d'autant plus la sentir et la proclamer sur sa tombe, cette reconnaissance, que nous en avons été avares pendant sa vie : si les yeux pour lui ont été ingrats ou jaloux, que la mémoire au moins soit reconnaissante.

» Mieux apprécié, mieux jugé à Paris qu'à Rodez, peu d'années après (1821), M. de Cabrières obtint la croix de la Légion-d'Honneur, distinction bien méritée et sanctionnée cette fois par l'opinion publique.

» M. de Cabrières a rédigé et fait imprimer l'*Almanach du cultivateur*, qui contient d'excellents préceptes clairement présentés. Il est un de ceux qui, par leurs écrits, par leurs conseils et leurs exemples, ont le plus contribué aux progrès de l'art agricole dans le département. Il a déposé dans la *Feuille villageoise* de l'Aveyron beaucoup d'articles intéressants et bien faits, un grand nombre de rapports qu'il rédigeait en sa qualité de secrétaire perpétuel (1) de la société d'agriculture, dont il était un des fondateurs, un des membres les plus zélés, les plus utiles et les plus marquants.

» Nulle branche de l'art agricole, nulle partie des sciences physiques et économiques ne lui étaient étrangères ; il parlait de tout et bien sur tous les sujets. Nul ne rendait avec plus de clarté et de relief le résultat de beaucoup de travail et de connaissances acquises ; nul n'avait dans la conversation plus d'amabilité, de trait et de saillie. Il portait habituellement dans le monde une gaîté constante, une mémoire riche de souvenirs piquants, un esprit toujours présent, incisif sans déchirer, caustique plutôt que méchant. Doué de toutes les qualités qu'on aime à trouver dans la société, il y était recherché et méritait de l'être. »

A cet éloge si vivement senti et si bien exprimé, nous ajouterons pour notre part ce que ne pouvait dire son biographe et qui pourtant honore par-dessus tout la mémoire de notre digne compatriote : c'est au sujet de sa vie politique. M. de Cabrières, dévoué à la dynastie qui venait d'être emportée par la tempête, demeura fidèle jusqu'à la fin au culte du malheur. Nous pouvons le proclamer aujourd'hui, nous qui vécûmes dans sa précieuse intimité et dont il aida avec tant de chaleur et de persévérance les faibles efforts dans la polémique ardente élevée à la tribune de l'opinion publique. M. de Cabrières, malgré les douleurs qui l'obsédaient dans les dernières années de sa vie, trouvait toujours des forces nouvelles pour combattre ce qui lui semblait le triomphe de la force sur le droit ; il défendit dans un bon nombre d'articles étincelants d'esprit et forts de raison les principes éternels de l'ordre contre des doctrines de circonstance. Il ne s'est point effacé comme tant

---

(1) Jacques-François-Gaspard, son fils aîné, lui a succédé dans cet emploi. Il est en outre correspondant de la société impériale et centrale d'agriculture de France, et fut l'un des fondateurs de la société des Lettres, Sciences et Arts de l'Aveyron.

d'autres devant les grandeurs déchues ; il n'a point courbé son front devant la puissance nouvelle. Constant dans la ligne politique qu'il avait adoptée, il est mort fidèle à ses convictions et à sa foi.

Le général CAMBIAIRE.

Cambiaire (Jean-Joseph-Alexandre-Amédée de) naquit à Vabre, canton et arrondissement de Saint-Affrique, le 25 avril 1800. Il commença ses études au collége de Saint-Affrique et les termina à celui d'Albi. A l'âge de 17 ans, il fut reçu garde-du-corps du roi, dans la compagnie de Grammont. En 1823, il fit la campagne d'Espagne. Devenu plus tard lieutenant aux cuirassiers du *Dauphin*, il entra à l'école de cavalerie de Saumur et, au sortir de cette école, il fut, dans le mois de juillet 1830, promu au grade de capitaine et, bientôt après, employé comme capitaine instructeur au 12e de dragons où il demeura oublié pendant dix ans. La nuée des officiers d'ordonnance des princes d'Orléans lui passa sur le corps.

En 1839, le lieutenant-général Oudinot, duc de Reggio, ayant passé l'inspection générale du 12e de dragons, fut très surpris de trouver encore au grade de capitaine M. de Cambiaire qu'il avait connu à Saumur, alors qu'il en commandait l'école, sous la Restauration. Sa surprise augmenta lorsqu'il se convainquit que l'instruction du 12e de dragons était portée au plus haut point de perfection possible. Il déclara, devant tout le corps des officiers, que M. de Cambiaire *était le capitaine instructeur tel qu'il l'avait rêvé à Saumur, et qu'il y avait peu de justice qu'il eût été oublié pendant dix ans dans son grade.*

Sur les notes et après une démarche directe du duc de Reggio auprès du ministre, Amédée de Cambiaire fut nommé, le 25 avril 1840, major au 10e de cuirassiers.

Peu après sa promotion il s'unit par les liens du mariage avec Mademoiselle de Cabiron, de la ville d'Uzès (1).

Le 24 avril 1842, il reçut l'étoile de la Légion-d'Honneur. En avril 1846, il fut nommé lieutenant-colonel du 1er de cuirassiers, et promu au grade de colonel du même régiment le 3 janvier 1851.

Deux ans après, et le 10 août 1853, il était nommé officier de la Légion-d'Honneur.

Enfin le grade de général de brigade lui fut conféré le 31 décembre 1857.

C'est le cas de donner ici copie d'une lettre adressée au maréchal Vaillant, alors ministre de la guerre, par le général de division Reibell, peu de jours avant cette nomination, à laquelle elle dut probablement contribuer.

« Monsieur le maréchal,

» Au moment où vous allez être appelé à fixer le choix de S. M. l'Empereur sur les colonels de cavalerie susceptibles d'être promus au grade de général de brigade, permettez-moi de remplir un devoir en appelant votre attention sur les titres à cette faveur de M. de Cambiaire, colonel du 1er de cuirassiers.

» M. de Cambiaire est un de ces officiers qui joignent à toutes les qualités militaires d'un parfait chef de corps toutes celles qui distinguent l'homme de bien et l'homme bien élevé.

» Homme de cœur avant tout, il a su résoudre dans tous les grades, le plus difficile des problèmes, celui d'obtenir de ses subordonnés tout ce qu'il était en droit d'en exiger, tout en faisant aimer le service de l'Empereur. Le 1er de cuirassiers est un de ces régiments de cavalerie que les officiers recherchent avec autant d'ardeur qu'ils en mettent à éviter d'être placés dans d'autres.

---

(1) Jeanne-Isaline-Eugénie de Cabiron, fille de Simon-François-Auguste, baron de Cabiron, et de Seline-Julie Ricard de Vilarel.

» M. de Cambiaire fait le bien pour le bien, et n'est pas de ceux qui ne voient dans ce bien qu'un moyen d'avancement à leur seul profit. Son seul défaut est une extrême modestie qui le fait toujours s'effacer lui-même pour faire valoir les autres.

» Jamais comme tant d'autres il n'a fait de réclames. C'est pourquoi je me fais un devoir, moi, son ancien inspecteur-général, d'éclairer votre religion et de vous le dépeindre ce qu'il est, c'est-à-dire digne sous tous les rapports d'être désigné par vous à l'Empereur pour le grade de général de brigade. Je suis garant qu'un pareil choix n'aura jamais été mieux justifié. »

Cette lettre explique comment cet officier a pu, avec deux campagnes seulement, par son seul mérite, s'élever au grade d'officier général.

En mars 1858, le général de Cambiaire fut chargé du commandement des subdivisions de l'Aude et de l'Ariège. Il le quitta en juin 1859, au grand regret des populations, pour prendre le commandement d'une brigade de cuirassiers à l'armée d'observation dans la division de cavalerie, commandée par le général Reibbell.

Lorsque l'armée d'observation fut dissoute, après la paix de Villafranca, il fut envoyé dans le département de Vaucluse où il ne resta que cinq mois.

Le 14 avril 1860, on lui donnait le commandement des subdivisions du Gard, de la Lozère et de l'Aveyron, et trois jours après, il trouvait à Nîmes une mort prématurée dans une revue où son cheval se renversa sur lui.

Pendant les cinq jours que dura son agonie, un grand nombre d'habitants d'Avignon se rendirent près de son lit de mort pour lui donner d'affectueux témoignages de leurs regrets et des sympathies qu'il avait su leur inspirer pendant les cinq mois de son séjour au milieu d'eux.

Le général de Cambiaire laisse deux filles : Marguerite, âgée de 15 ans, et Jeanne qui a atteint sa onzième année.

Le baron CAPELLE.

Capelle (Guillaume-Antoine-Benoît, baron) naquit à Salles-Curan le 3 septembre 1775. Son père était avocat en parlement, et sa mère appartenait à une ancienne et honorable famille du pays (1).

Fils unique, il devint orphelin de bonne heure, et possesseur d'une fortune considérable pour l'époque et pour la contrée.

Ses études furent rapides et brillantes ; il les avait terminées dès l'âge de treize ans. Aussi fut-il mêlé de bonne heure aux mouvements politiques dont la France était alors agitée.

Le jeune Capelle avait reçu de la nature un physique agréable et distingué et une précocité d'esprit qui fixèrent sur lui l'attention de ses concitoyens. En 1790, le district de Millau le choisit pour un de ses députés à la fédération ; il n'avait alors que seize ans.

En 1792, M. Capelle fut élu lieutenant de grenadiers au 2e bataillon des Pyrénées-Orientales ; mais, destitué bientôt après comme neveu d'émigré, il rentra dans ses foyers, s'allia à l'une des familles honorables (2) de la ville de Millau, qu'il habita et dont il commanda la garde nationale pendant quelques années.

Dans la tranquillité de cette vie intime, M. Capelle se livra avec abandon à son goût prononcé pour l'étude et la poésie ; plusieurs de ses essais inédits dénotent une grande facilité de style, une élégante simplicité et beaucoup de finesse d'esprit.

---

(1) Marie-Jeanne-Joséphine Julien de Roquetaillade.
(2) Cartaillac.

Immédiatement après le 18 brumaire an VIII, M. Capelle fut chargé par la ville de Millau d'une mission auprès du gouvernement consulaire pour solliciter des établissements qu'elle désirait obtenir, et bientôt après son arrivée à Paris, il embrassa la carrière administrative. Particulièrement connu de M. le ministre de l'intérieur Chaptal, M. Capelle entra dans ses bureaux au commencement de l'an IX.

Nommé par M. Chaptal, à la fin de la même année, secrétaire-général du département des Alpes-Maritimes, et ensuite de la Stura (Coni), il fut envoyé, en 1807, à Livourne, en qualité de préfet du département de la Méditerranée. La grande aptitude et le zèle qu'il déploya dans les fonctions administratives qui lui étaient confiées fixèrent sur lui l'attention du gouvernement. Au mois de juillet 1809, il reçut des mains de la princesse Elisa la décoration de la Légion-d'Honneur que l'Empereur venait de lui accorder; le titre de baron de l'Empire lui fut conféré au mois de février 1810, et le 30 novembre de la même année, il passa à la préfecture importante du Léman (Genève). Là, comme partout, M. Capelle se distingua par une administration habile et consciencieuse. Les habitants de l'Italie et de la Suisse ont gardé longtemps le souvenir de la droiture de leur ancien préfet, de son esprit d'ordre, de justice, de modération dans l'exécution des ordres rigoureux qu'il recevait de France, et surtout de sa constante sollicitude pour leurs intérêts publics et privés.

Cependant l'étoile de Napoléon avait pâli; le mouvement progressif des armées coalisées faisait pressentir un prochain envahissement du territoire français; la ville de Genève, que l'on avait laissée sans garnison et sans défense, malgré les fréquents avis du préfet, fut forcée de capituler, le 30 décembre 1813, devant les troupes autrichiennes. Quoique la défense de cette place fût exclusivement confiée au général qui y commandait, et que le baron Capelle eût pris toutes les précautions commandées par les circonstances, la colère de l'empereur tomba sur le préfet qu'il voulut rendre responsable de ce revers.

M. Capelle fut en conséquence, par décret du 20 janvier

1814, suspendu de ses fonctions et traduit devant une commission d'enquête, composée des conseillers d'Etat Lacuée, Réal et Faure, qui se prononcèrent honorablement en sa faveur en déclarant qu'il n'y avait pas lieu à suivre (1). Cet arrêt fut accueilli avec faveur par l'opinion publique, mais une entière réparation se faisait encore attendre lorsque l'empire s'écroula.

Le 10 juin 1814, S. M. Louis XVIII nomma M. Capelle préfet du département de l'Ain, et dans le mois d'octobre suivant, M. le comte d'Artois, passant à Bourg, lui donna la croix d'officier de la Légion-d'Honneur. Ce prince, qui avait apprécié le mérite et les talents administratifs du préfet, l'entoura constamment depuis de sa confiance et de sa protection.

M. le baron Capelle administrait depuis dix mois ce département, lorsque Napoléon reparut sur les côtes de France. Cet évènement amena, les 12 et 13 mars 1815, la défection des troupes qui formaient la garnison de la ville de Bourg, et le soulèvement d'une partie de la population contre l'autorité royale. Le préfet employa son pouvoir et son influence pour ramener les soldats et ses administrés dans la ligne du devoir, mais il lutta en vain contre l'incendie allumé par le passage de l'empereur; dans ces graves circonstances, il prit le parti d'aller joindre le maréchal Ney, qui commandait à Lons-le-Saulnier une armée en marche contre Napoléon.

M. Capelle arriva le 14, à quatre heures du matin, auprès du maréchal, qui protestait encore de sa fidélité au gouvernement des Bourbons. Cependant, quelques heures après, celui-ci avait abandonné la cause royale, reconnu et proclamé l'empereur. Le maréchal fit mander près de lui M. le baron Capelle et ne négligea rien pour l'amener à imiter son exemple; mais fidèle au serment prêté à Louis XVIII, le préfet de l'Ain se refusa aux instances et aux ordres du maréchal Ney, et partit aussitôt pour Gand où il arriva peu de jours après le roi.

---

(1) M. Capelle qui s'était dès le premier moment constitué prisonnier, ne recouvra sa liberté qu'à la Restauration.

Accueilli avec distinction par Sa Majesté et admis dans son conseil, M. le baron Capelle fut chargé d'un travail relatif à la création de commissaires extraordinaires dont la mission devait être de suivre les grands corps d'armée dans l'invasion qui se préparait, afin d'atténuer les maux de la guerre, secourir les Français frappés par les désastres qu'elle entraîne toujours après elle, et rétablir le retour de l'ordre public et de l'autorité royale ; lui-même fut nommé commissaire auprès de l'armée du duc de Wellington ; mais ces sages mesures n'ayant point été agréées par plusieurs cabinets, elles restèrent sans exécution.

A cette époque, Louis XVIII créa M. Capelle vicomte, titre qu'il ne porta jamais. Chargé d'une mission de confiance par le roi, il se rendit alors dans la capitale, au péril de sa vie.

Le zèle et la fidélité que M. le baron Capelle avait montrés dans les évènements difficiles de 1815 lui valurent, à la seconde Restauration, le titre de conseiller d'Etat en service extraordinaire ainsi que la préfecture du département du Doubs.

Dans le mois de décembre de la même année, il vint de Besançon à Paris pour déposer, comme témoin, dans le procès du maréchal Ney ; sa déposition, fort étendue, fut l'une de celles qui parurent les plus importantes à la cour des pairs. Nous n'entrerons dans aucun détail sur ce grand drame politique si connu, dont M. le baron Capelle, moins que personne peut-être, ne prévoyait la fin si déplorable.

Par suite de l'ordonnance du 13 juillet 1815, il eut l'honneur d'être présenté avec son illustre compatriote, M. le vicomte de Bonald, comme candidat à la députation, par le collège électoral de Millau.

Le 1er janvier 1816, le baron Capelle entra au service ordinaire du conseil d'Etat, comité de l'intérieur et du commerce, où il se fit remarquer par ses connaissances solides et variées, par son zèle et sa laborieuse activité. Par ordonnance du roi du 24 août suivant, il fut nommé pour examiner, de concert avec les délégués des puissances alliées : 1° le montant des paiements à faire en vertu de la convention du 20 novembre, à partir du 1er décembre 1815 jusqu'au 1er juin 1816; 2° pour vérifier les paiements faits pendant le même espace de temps; 3° pour constater la libération de la France envers les puissances étrangères pour les six premiers mois de l'exécution de la convention.

Nommé secrétaire-général du ministère de l'intérieur (1), sous l'administration de M. le comte Siméon, M. le baron Capelle fut d'abord spécialement chargé de l'administration des hospices et établissements de bienfaisance, et ensuite de l'administration départementale et communale. En récompense des services qu'il rendit dans ce poste important, il fut créé commandeur de la Légion-d'Honneur en 1820.

Il remplit avec une haute distinction et pendant neuf années ces fonctions délicates, et la France doit, en partie, à son administration habile et éclairée, les améliorations qui ont signalé cette époque de la Restauration; mais de pénibles travaux et des veilles prolongées finirent par altérer gravement sa santé.

A l'avènement du ministère Martignac, il demanda et obtint, malgré les instances du nouveau ministre pour le retenir au département de l'intérieur, la préfecture de Seine-et-Oise, à Versailles.

M. le baron Capelle était dans cette position, lorsque le roi Charles X, qui l'avait toujours honoré de sa confiance et de son amitié, lui conféra, le 19 mai 1830, le nouveau département ministériel des travaux publics. Il résista longtemps, et sa trop grande modestie fut sur le point de lui faire refuser cette haute dignité; mais un touchant appel avait été fait à son dévouement, et il dût céder au désir du roi.

La Révolution de 1830 ne trouva pas M. le baron Capelle personnellement en butte aux injustices des partis et aux haines de la multitude déchaînée. Plus heureux que quelques-uns des ministres, ses collègues, il sut conserver sa liberté. Ce fut au sein du département naguère administré par lui qu'il trouva, chez le vénérable curé de Longjumeau, un in-

---

(1) Ordonnance du 6 février 1820.

violable asile. Rentré ensuite à Paris, il traversa (1), sous la conduite de M. le baron de Balsac, son compatriote et son ami, une partie de la France pour sortir par la frontière de Prusse, et bientôt il joignit à Edimbourg l'auguste famille dont il devait partager l'exil.

« Son administration du département de Seine-et-Oise, dit le journal qui a consacré en 1843 un article à sa mémoire, avait été un modèle d'équité, de légalité, d'intelligence des grandes affaires et de rapide expédition des autres. Indulgent pour les personnes, inflexible pour les principes, sans prévention contre les dissidences politiques, conciliant, modéré, bienveillant, il se distingua toujours par l'impartiale sagesse de ses choix, comme par l'habile direction des intérêts des communes. Son hôtel, à Versailles comme à Paris, était devenu un véritable terrain neutre, où les adversaires les moins réconciliables venaient se tendre la main. A sa table, on voyait s'asseoir ensemble les hommes éminents des époques les plus opposées. Il n'avait pas oublié un service reçu : des services rendus, il ne se souvenait pas. Tout le personnel de l'administration qu'il avait dirigée était connu de lui. Ses bons offices n'attendaient pas une sollicitation pour faire valoir le mérite oublié, les services méconnus, ou les circonstances intéressantes dont sans lui on n'aurait pas tenu compte.

» Il vivait dans l'intimité des Frayssinous et des Cuvier, des Bassano et des Bonald, des Vaublanc et des Mounier et de tant d'autres hommes éminents, pris dans les opinions et les fortunes diverses, car il avait traversé toutes les révolutions sans perdre un ami, comme sans se faire un ennemi.

» Aussi, quand sa liberté fut en danger, de toutes parts des offres d'asile furent-elles apportées aux hommes qui devaient connaître le secret de sa retraite, et ce n'étaient pas seulement les maisons des vaincus qui allaient s'ouvrir au ministre proscrit, c'étaient surtout celles des vainqueurs.

---

(1) M. Capelle quitta Paris, avec M. de Balsac, le 11 octobre 1830.

» Désintéressé comme les magistrats d'un autre temps, M. le baron Capelle avait passé par les hauts emplois et par les honneurs sans aucun souci de sa fortune. Généreux, charitable, hospitalier, esclave des devoirs de son rang, il ne comprenait pas qu'on pût sortir des affaires publiques aussi riche qu'on y était entré. Quand il fallut pourvoir aux premières nécessités de l'exil, ce fut aux dépens d'un patrimoine entamé depuis longtemps. Trois mois à peine auparavant, le nouveau ministre des travaux publics avait refusé l'indemnité, pour frais de premier établissement, qui lui était due.

» Dévoué aux royales infortunes, M. le baron Capelle eut l'honneur de consacrer ses dernières années au service intime de la branche aînée des Bourbons.

» Quand sa santé, éprouvée par tant de vicissitudes, exigea un climat plus doux, il fut à Montpellier, non loin de son pays natal, recevoir les soins d'une famille digne de lui.

» Mais le terme de son honorable carrière était marqué. Entouré d'affections et de tendres sollicitudes, il rendit son âme à Dieu, le 25 octobre 1843, consolé par la religion, résigné, faisant des vœux pour son pays, courageux devant la mort et regretté de quiconque sait apprécier les nobles caractères, les hautes intelligences et les véritables convictions.

» Peu de jours avant sa mort, il eut la satisfaction de voir son digne et excellent ami M. le comte de Montbel, qui retournait à Goritz. Ce fut une dernière consolation que lui avait ménagé la Providence.

» Après cinquante années de travaux et de services publics, après avoir été élevé aux plus hautes dignités, M. le baron Capelle ne laisse à ses enfants que de précieux exemples et un nom sans tache !....

» Les regrets, on ne peut plus touchants, donnés à cet homme de bien et d'honneur par l'auguste famille dont il avait partagé les malheurs et l'exil, aussi bien que les témoignages si flatteurs d'estime et d'intérêt qu'elle a bien voulu accorder à ses enfants, disent assez combien ses services, son noble désintéressement et son dévouement avaient été appréciés !...... »

Le colonel CARCENAC.

Carcenac (Régis), né à Rodez d'une famille honorable, le 28 avril 1786, partit, à peine âgé de dix-huit ans, en qualité de vélite, en 1804. Il fit avec distinction toutes les campagnes de cette héroïque époque et conquit tous ses grades et la croix des braves sur le champ de bataille. Il prit part à presque toutes les grandes affaires ; il était à Austerlitz, à Iéna, à Pultusk, à Eylau, où il fut fait sous-lieutenant; à Friedland, à Ratisbonne, à Wagram où il reçut le grade de capitaine.

Il fit la campagne d'Espagne et celle de Russie, pendant laquelle il fut fait prisonnier et envoyé à Saratoff sur le Volga.

Rentré en 1814, il fut, quelque temps après, incorporé dans la légion de l'Aveyron qui devint plus tard le 5ᵉ de ligne.

Il prit part, en 1823, à la campagne d'Espagne, en qualité de chef de bataillon (1), et en 1830 à l'expédition d'Alger. Sa vaillante conduite devant Bone où, à la tête de sa troupe, il mit en fuite une bande nombreuse d'Arabes qui, dans la nuit du 11 au 12 août, avaient surpris deux compagnies du 29ᵉ de ligne et déjà s'apprêtaient à les massacrer, lui valut la distinction flatteuse d'être porté à l'ordre du jour de l'armée (2), et peu de jours après (octobre 1830) le grade de lieutenant-colonel du 29ᵉ régiment. Ajoutons que les deux compagnies sauvées par le commandant Carcenac étaient sous les ordres du colonel Magnan, depuis maréchal de France, et que depuis ce moment le maréchal conçut pour le

---

(1) Il avait été promu au grade de chef de bataillon au 6ᵉ régiment de ligne, le 19 mai 1819.

(2) Ordre du 12 août 1830 du maréchal-de-camp comte Damremont, commandant la brigade d'expédition de Bone.

libérateur de ses soldats une estime et une amitié qui ne se sont point démenties.

M. Carcenac a été nommé colonel du 17e régiment de ligne, le 25 février 1835, et commandeur de la Légion-d'Honneur au mois de mai 1838 (1).

Admis à la retraite à l'âge de 62 ans, après quarante-trois ans d'honorables services, le colonel Carcenac avait choisi la ville de Toulouse pour y passer ses dernières années. Son caractère à la fois bon, ferme et droit, et sa loyauté lui concilièrent bientôt l'estime et l'affection des habitants de cette ville qui l'appelèrent spontanément, en 1848, au sein du conseil municipal.

A cette époque de sa vie se rattache un trait qui n'honore pas moins son caractère que les plus belles actions du courage.

Dans les premiers moments de l'effervescence politique qui éclata alors si vivement sur tous les points de la France, des agents de l'autorité nouvelle vinrent lui offrir le grade de général de brigade avec le commandement du département de la Haute-Garonne, à la seule condition qu'il irait prendre de suite possession de son poste *et signifier au général Poincillon son remplacement*. A cette proposition, le colonel Carcenac sentit le rouge lui monter au front : « Quoi, leur » dit-il, vous avez pu penser que je me présenterais chez un » frère d'armes, chez un brave général que j'honore et que » j'estime, pour l'expulser et me mettre à sa place ? Vous » m'avez mal jugé, citoyens, jamais je ne souillerai ma vie » et quarante-trois ans de loyaux services par une pareille » infamie. »

A une époque où tant d'austères républicains se ruaient sur les places, nous aimons à citer ce noble désintéressement d'un honnête homme et d'un compatriote.

Le colonel Carcenac est décédé à Toulouse dans la nuit du 10 au 11 avril 1857, à l'âge de 71 ans. Il avait épousé la nièce du général Collaud, pair de France.

---

(1) Régis Carcenac avait obtenu la croix sur le champ de bataille de la Moskowa, en 1812, et le grade d'officier du même ordre le 1er mai 1821. Il était de plus chevalier de Saint-Louis et de l'ordre royal et militaire de Saint-Ferdinand d'Espagne.

Le général CARRIÉ.

Carrié de Boissy (Jean-Auguste), maréchal-de-camp, commandeur de la Légion-d'Honneur, baron de l'empire, naquit à Entraygues le 7 juillet 1764. Après d'assez bonnes études faites au collége de Rodez, il entra au service dans la petite gendarmerie de Lunéville, le 16 juin 1782, et s'y fit remarquer par son zèle et sa bonne tenue jusqu'au licenciement de ce corps, en 1788. Il rentra alors dans sa famille et la Révolution ayant éclaté bientôt après, il en embrassa la cause avec chaleur. Elu par le choix de ses camarades, le 1er mai 1790, capitaine dans le premier bataillon de volontaires de l'Aveyron, il renonça aux avantages de son grade pour servir dans l'arme qu'il avait choisie au début de sa carrière militaire, et passa, le 31 mai 1792, en qualité de sous-lieutenant, dans la cavalerie de la légion dite *du centre*, devenue, quelques années plus tard, 20e régiment de chasseurs à cheval. Il fit dans ce corps les campagnes de 1793 et 1794, à l'armée des Ardennes, s'y fit remarquer par son courage, notamment le 20 avril 1794 à la glorieuse défense de Bouillon, où il reçut deux blessures.

Nommé chef d'escadron le 12 mars 1795, il suivit son régiment à l'armée de Sambre-et-Meuse, et fut blessé de nouveau le 14 juin 1796 d'un coup de sabre à l'épaule droite, au combat de Mutterstatt.

Prisonnier de guerre le 8 août suivant, à l'affaire de Forscheim, il fut échangé quelque temps après, et fit avec une grande distinction les campagnes de l'armée du Rhin (1797 à 1800).

Sa brillante conduite au combat de Frankenstein, où il fut blessé, lui valut, le 5 mai 1800, le grade de chef de brigade (colonel) du 1ᵉʳ régiment de chasseurs à cheval.

Un arrêté du premier consul, du 4 décembre 1800, lui confia le commandement du 13ᵉ régiment de grosse cavalerie, devenu, en 1804, le 22ᵉ de dragons.

Décoré de l'ordre de la Légion-d'Honneur, le 11 décembre 1803, le colonel Carrié de Boissy se trouva pourtant enveloppé peu de temps après dans la disgrace de Moreau, son général en chef.

Mais sa conduite dans une affaire tristement célèbre (1) fit bientôt évanouir tous les soupçons, et la croix d'officier de la Légion-d'Honneur qui lui fut accordée le 14 juin 1804, prouva que le nouvel empereur était content de ses services et lui avait rendu sa confiance.

La rupture de la paix entre la France et l'Autriche allait bientôt fournir au colonel Carrié de meilleures occasions de se signaler. Son régiment ayant été désigné, à la fin de 1804, pour faire partie de la 2ᵉ division de dragons de la réserve de cavalerie de la grande armée, il le conduisit en Autriche et prit à sa tête une part des plus brillantes aux campagnes de 1805, 1806 et 1807, dans les états héréditaires de l'empire d'Allemagne, en Prusse et en Pologne. Sa bravoure éclatante dans cette lutte si glorieuse pour les armes françaises, lui mérita dès le début, le 25 décembre 1805, le brevet de commandeur de la Légion-d'Honneur.

Il devint, en 1807, membre du collége électoral du département de l'Aveyron.

---

(1) L'arrestation du duc d'Enghien, 14 mars 1804. Le 22ᵉ régiment de dragons, alors en garnison à Schelestadt, fut employé dans cet odieux guet-à-pens.

Siméon Dardenne, de Villefranche, vivant encore naguère et membre du Conseil général, était officier dans le même corps. Il donna sa démission à Strasbourg en apprenant la capture du prince.

Un décret impérial du 4 avril 1807 le nomma général de brigade ; il fut attaché sous ce titre à la division dans laquelle il servait déjà, et s'y fit particulièrement remarquer à la bataille de Friedland, où il fut blessé à la joue droite.

Napoléon, satisfait des services du général Carrié, l'investit, en 1808, du titre de baron de l'empire avec dotation, et le désigna, la même année, pour faire partie de l'armée qui allait entrer en Espagne.

Malgré les revers que l'armée française, peu habituée au nouveau système de défense adopté par les peuples de la Péninsule, eut à essuyer dans cette guerre fatale, elle y fit des prodiges de valeur, et le général Carrié de Boissy donna de nouvelles preuves de sa bravoure et de ses talents militaires, dans les luttes sanglantes qui se succédèrent en Espagne et en Portugal, jusqu'en 1814, époque de la retraite de nos troupes. Il se signala surtout au combat d'Alba de Tormès, le 28 novembre 1809, où il reçut un coup de feu en pleine poitrine, ce qui ne l'empêcha pas de contribuer puissamment au succès de cette journée, dans laquelle l'ennemi perdit quinze bouches à feu, ses caissons, six drapeaux, dix mille fusils et cinq mille hommes, dont trois mille tués ou blessés.

Trois ans plus tard, le 22 juillet 1812, le duc de Raguse, commandant l'armée de Portugal, avait passé le Duéro à Tordesillas, et après plusieurs combats favorables à nos armes, avait forcé l'ennemi à se replier sur Salamanque où les deux armées se trouvèrent en présence. La canonnade s'engagea aussitôt des deux côtés et l'on se préparait à livrer bataille. Mais au moment où le chef de l'armée française faisait ses dernières dispositions, un boulet creux l'atteignit, lui fracassa le bras droit et l'obligea de quitter le champ de bataille. Cependant le combat s'était engagé sur toute la ligne avec une grande impétuosité. Le général Clauzel venait de prendre le commandement et les deux armées déployaient toute leur valeur. Les Français et leurs ennemis tantôt vainqueurs, tantôt repoussés, revenaient à la charge avec acharnement, mais enfin la victoire, longtemps incertaine, resta à Wellington. Le général Carrié, épuisé par le sang qui sortait de cinq blessures, tomba dans cette journée au pouvoir des Espagnols et resta prisonnier de guerre jusqu'au mois de juin 1814 (1).

Rentré en France, après le retour des Bourbons, il demeura en non-activité et reçut néanmoins la même année le brevet de chevalier de Saint-Louis.

A peine Napoléon fut-il de retour dans la capitale en 1815, que le général Carrié, dont le dévouement à la cause impériale éclatait avec enthousiasme, reçut des lettres de service (29 mars) pour commander le département de l'Aveyron.

Le 14 mai suivant les suffrages de ses concitoyens dans l'arrondissement d'Espalion lui ouvrirent les portes de la chambre élective; mais le maréchal Davoust, ministre de la guerre, jugea que sa présence était plus utile dans son département qu'à Paris, et l'engagea de la manière la plus pressante à ne pas quitter son poste (2). Il y resta jusqu'à la seconde rentrée des Bourbons.

La conduite politique du général Carrié n'empêcha pas le gouvernement royal de tenir compte du sang qu'il avait versé pour sa patrie et de reconnaître ses services. Il demanda sa retraite, l'obtint le 6 octobre 1815 avec un titre de pension de 4,000 fr., et rentra dans la vie privée qu'il n'a plus quittée depuis.

Il vint alors chercher un asile sous le toit paternel et jouir

---

(1) M. Carrié de Boissy avait été fait prisonnier une première fois sur le Danube, à la défense d'un défilé. Conduit au quartier général de l'archiduc Charles, il y fut l'objet des soins les plus empressés. Dans une lettre qu'il écrivit à ce prince, le général faisait observer que plusieurs officiers de l'armée autrichienne avaient été renvoyés sur parole et demandait à être traité avec la même faveur. La réponse ne se fit point attendre : elle contenait en outre cette apostille aussi honorable pour la main qui venait de la tracer que pour celle qui devait la recevoir : « Accordé avec d'autant plus de plaisir, que l'armée autrichienne fait grand cas des braves partout où ils se trouvent. »

(2) Les lettres du maréchal Davoust portent la date des 27 mai et 17 juin.

du repos au milieu d'une famille chérie dont tous les membres devaient le devancer dans la tombe (1)!......

Là, il vécut longtemps, entouré de la considération publique et béni des malheureux dont il soulageait l'infortune.

On s'étonne seulement qu'en 1830 le parti vainqueur ait laissé dans l'oubli cet officier général, l'un des vétérans de notre ancienne armée, et qui avait tant de droits à un légitime avancement.

Le peuple, moins oublieux, lui témoigna sa confiance et sa sympathie, en l'appelant au Conseil général du département, lorsqu'on lui eut rendu le droit (1833) de choisir lui-même les membres de ces assemblées.

Ces honorables et paisibles fonctions ont couronné sa longue carrière.

Le général Carrié est décédé à Crozafond, près d'Entraygues, le 9 juillet 1848.

Le capitaine COSTES.

Soldat de la République, officier de l'empire, Jean-Raymond Costes fit toutes les campagnes qui ont illustré cette glorieuse période de nos annales militaires. L'Italie, l'Autriche, la Prusse, la Pologne, l'Espagne, enfin notre territoire envahi, ont été tour à tour le théâtre de son brillant courage et de ses exploits. Ses grades, ses décorations furent gagnés sur les champs de bataille.

---

(1) Le baron Carrié de Boissy, fils de Joseph-Raymond Carrié, président du tribunal criminel en 1791, avait pour frère Bernard Carrié-Cancé, né le 29 juin 1763, avocat, conseiller au grand bailliage de Villefranche, au moment de la Révolution, puis successivement administrateur du département, président de l'administration centrale, sous-préfet d'Espalion, chevalier de la Légion-d'Honneur.

Le simple exposé de ses états de service dira mieux sa vie que tout ce que nous pourrions ajouter :

Né à Coubisou, canton d'Estaing, le 24 septembre 1767 ;

Entré au service dans le 1er bataillon du Cantal le 28 février 1793 ;

Passé au 2e bataillon de sapeurs du génie le 26 juin de la même année ;

Sergent le 7 messidor an I ;

Sergent-major le 8 pluviose an II ;

Sous-lieutenant le 1er janvier 1806 ;

Lieutenant le 6 juillet 1807 ;

Capitaine le 22 décembre 1809 ;

Décoré d'un sabre d'honneur le 4 germinal an II ;

Officier de la Légion-d'Honneur le 20 mai 1811 ;

A fait les campagnes des années 1793, 1794 et 1795 à l'armée des Pyrénées-Orientales ; celles des ans IV, V et VIII à l'armée d'Italie ; VI et VII aux îles Vénitiennes ; IX et X à l'armée de Naples ; XII et XIII au camp de Boulogne ; 1805 et 1806 à la grande armée ; 1807, Prusse et Pologne ; 1808, 1809, 1810, 1811, 1812 et 1813 en Espagne ; enfin la campagne de 1814 à l'armée du midi.

Blessé quatre fois : la première, à la cuisse gauche ; la seconde, à la jambe du même côté ; la troisième, à la tête ; la quatrième, à l'épaule droite et de fortes brûlures par l'explosion d'un caisson.

Voici la formule littérale du brevet d'honneur qui lui fut accordé le 19 avril 1803 :

BONAPARTE, 1er CONSUL DE LA RÉPUBLIQUE.

AU NOM DU PEUPLE FRANÇAIS.

Brevet d'honneur

Pour le citoyen JEAN-RAYMOND COSTES, *sergent-major au 2e bataillon de sapeurs.*

« Bonaparte, premier consul de la République, d'après le compte qui lui a été rendu de la conduite distinguée et de la bravoure éclatante du citoyen Jean-Raymond Costes, sergent-major au 2e bataillon de sapeurs à l'affaire du 13 frimaire an VII, dans l'île de Corfou, où, accompagné seulement de vingt sapeurs, il défendit Saint-Salvador contre deux mille Turcs, y affronta les plus grands dangers et fut assez heureux pour arracher son capitaine, grièvement blessé, à une mort inévitable ; à celles du 11 brumaire et du 1er pluviôse, où il fit presque seul vingt prisonniers russes et s'empara de plusieurs pièces de canon, lui décerne à titre de récompense un sabre d'honneur. Il jouira des prérogatives attachées à ladite récompense par l'arrêté du 4 nivôse an VIII.

» Donné à Paris le 29 germinal an XI de la République. »

Le ministre de la guerre,
Signé : BERTHIÉ.

Le premier consul,
Signé : BONAPARTE.
Pour le premier consul :
Le secrétaire d'Etat,
Signé : Hugues MARET.

Ce valeureux guerrier, retiré à La Planque, commune d'Espalion, vivait encore, en 1850, âgé de 82 ans.

Le commandant CUSSAC.

Le nom de ce brave officier est inscrit glorieusement sur les champs de bataille de l'Empire. Nous allons présenter ici ses états de service qui suffiront malgré leur laconisme pour donner une juste idée de son mérite militaire.

Cussac (Joseph-Henri, Rouvellat de), né le 21 février 1787, à La Selve, s'engagea comme vélite aux chasseurs à pied de la garde impériale, le 30 novembre 1806 ; fut promu au grade de sous-lieutenant au 10e régiment d'infanterie légère, le 11 avril 1807 ; au grade de lieutenant, le 20 août 1809, et enfin à celui de capitaine dans le même corps, le 28 janvier 1813.

Il passa avec son grade au 5e régiment d'infanterie de la garde royale, le 21 août 1825 ; fut breveté chef de bataillon, le 11 août 1830 ; employé la même année en cette qualité au 44e régiment de ligne ; puis au 27e ; commanda la place de Perpignan en 1834, et celle de Saint-Jean-Pied-de-Port en 1835.

Les états de service énumèrent les campagnes de cet officier :

De 1806 à 1810, campagnes d'Allemagne.

1811, 1812 et 1813, en Espagne.

1814, grande armée.

1815, campagne de France.

1823, Espagne.

Viennent ensuite les blessures qu'il a reçues :

Coup de feu à la jambe gauche à Taun, le 19 avril 1809.

Coup de feu au bras droit en Espagne, le 28 janvier 1813.

Coup de feu qui lui a traversé la poitrine à la Bidassoa, le 7 octobre 1813.

Coup de feu au bas-ventre au combat de Llado, le 15 septembre 1823.

Ce fut à la suite de cette dernière affaire que le prince généralissime de l'armée française en Espagne, par une ordonnance du 16 octobre 1823, datée de Cordoue, promut au grade d'officier de la Légion-d'Honneur M. le capitaine Cussac, déjà chevalier du même ordre depuis le 25 novembre 1813.

« C'est en témoignage, dit l'ordonnance, du dévouement et du courage dont il a donné des preuves éclatantes en présence de l'ennemi, dans la journée du 15. »

Cet officier, à la tête de la compagnie de voltigeurs qu'il commandait, avait été envoyé en reconnaissance, lorsque rencontrant un fort détachement de troupes composé de transfuges français et piémontais qui l'accueillirent aux cris de : *Vive l'empereur !* Il ordonna à ses voltigeurs de répondre par le cri de : *Vive le roi !* en les chargeant en même temps à la baïonnette. C'est ainsi que fut engagée à Llado la brillante affaire du 15, dont les conséquences furent la destruction entière du corps ennemi, le lendemain, devant Llers, et plus tard la reddition du fort de Figuières. Le capitaine Cussac fut grièvement blessé le 15, et pendant plusieurs jours on désespéra même de conserver sa vie.

Nous terminons cet article par une lettre que, plusieurs

années après (1), M. le lieutenant-général baron Fleury adressa au ministre de la guerre pour signaler à sa bienveillance ou plutôt à sa justice ce brave officier.

« Je demande qu'il me soit permis de recommander avec le plus vif intérêt à la bienveillance éclairée de M. le ministre de la guerre, M. le commandant Cussac, dont j'ai été à même d'apprécier l'honorable caractère et la brillante conduite pendant les événements de 1834 à Lyon. Il faisait alors partie du 27e régiment de ligne que j'avais sous mon commandement à la Croix-Rousse : il s'est montré, pendant ces six jours d'épreuves, ce qu'il a été partout, admirable de dévouement, d'énergie et d'intelligence. J'ajouterai que les blessures graves qu'il a reçues à diverses époques n'ont altéré ni sa vigueur, ni sa santé, et lui permettent la plus grande activité, et que je ne connais pas d'officier qui réunisse mieux et plus complètement que M. de Cussac toutes les conditions voulues pour un bon commandement de place dans les circonstances les plus périlleuses et les plus difficiles. »

M. Rouvellat de Cussac commandait à la fin de sa carrière militaire la place de Grandville, dans le département de la Manche.

DELAURO-DUBEZ.

Delauro-Dubez (Jean-Joseph), né le 29 septembre 1748 d'une famille ancienne et honorable de Rodez (2), fut destiné de bonne heure par son père à entrer dans la magistrature. Il fit ses études de droit à Toulouse, y suivit pendant quelques

---

(1) Février 1835.

(2) Thomas Delauro fut nommé à l'évêché de Vabre en 1585.
Etienne Delauro fut pourvu, en 1595, de l'office de juge-mage, ou lieutenant-général de la sénéchaussée de Rodez.

années le barreau et donna une haute idée de son instruction et de la solidité de son esprit. Son père, qui était lieutenant principal au siége présidial et sénéchal de Rodez, le rappela près de lui en 1786. Dès-lors le jeune Dubez partagea son temps entre les soins de ses propres affaires et les devoirs de sa profession.

Une nouvelle organisation judiciaire ayant eu lieu en 1790, il fut appelé à remplir les fonctions de juge au tribunal du district de Rodez. Il exerça ensuite successivement celles de président du tribunal criminel en 1795, de commissaire du gouvernement en 1796, et de procureur-général près la cour de justice criminelle du département de l'Aveyron depuis 1800 jusqu'à 1811, époque à laquelle il quitta son pays pour aller siéger comme conseiller à la cour impériale de Montpellier.

Dès 1805, le gouvernement lui avait donné un glorieux témoignage de son estime, en lui accordant la croix de la Légion-d'Honneur.

M. Delauro-Dubez n'avait jamais eu de l'exaltation politique; mais essentiellement homme d'honneur et bon citoyen, il regardait le serment comme sacré et ne concevait pas qu'on pût transiger avec un devoir de conscience. Aussi, lorsque Napoléon, rompant son ban, vint, en 1815, substituer au droit l'empire de la force, il refusa de le reconnaître et se retira de la cour. Rendu à ses fonctions par Louis XVIII, il les continua paisiblement jusqu'à sa mort, arrivée le 30 août 1829.

M. Delauro joignait à une grande modestie un esprit pénétrant, un jugement sûr, une probité rigoureuse. Entré dans la magistrature à une époque où les passions révolutionnaires fermentaient avec violence, il donna de fréquentes preuves de courage civique et de cette droiture qui, dans les temps difficiles, devient la plus belle gloire du magistrat.

La considération dont il était environné ne fit que s'accroître à mesure qu'il avançait en âge et en fonctions. A Montpellier, la confiance en son intégrité et en ses lumières était telle qu'on le nommait toujours rapporteur dans les affaires importantes et difficiles.

Les belles qualités de ce magistrat reposaient sur la plus solide des bases : la religion. Ce n'est pas qu'il n'eût payé comme tant d'autres son tribut aux funestes erreurs du siècle. M. Delauro avait longtemps vécu dans le doute. Il raconte lui-même au commencement d'un livre qu'il a publié, comment la simple réflexion et le souvenir d'une mère pieuse opérèrent un complet changement dans ses idées. Dès ce moment, il remplit constamment ses devoirs de chrétien avec le zèle et la soumission du plus humble des fidèles. Sa piété, sévère pour lui seul, n'altérait point la douceur de ses mœurs ni de son caractère. La plus aimable confraternité le rendait cher à ses collègues. Dans l'intimité, il ne craignait pas de se livrer avec abandon à une douce gaieté ; il se faisait remarquer par ses bons mots et par des couplets empreints de verve que n'aurait pas désavoués la muse des meilleurs poètes.

C'est dans les derniers temps de sa vie qu'il mit en ordre les matériaux qu'il avait élaborés pour démontrer la vérité du christianisme, matériaux qui ont été recueillis et publiés après sa mort par les soins d'un savant ami qui a enrichi l'ouvrage de notes précieuses (1).

« C'est un précis très bien fait, disait alors M. l'abbé Foulquier, aujourd'hui évêque de Mende, des preuves de la religion, dans lequel, quoique resserrées dans un cadre restreint, elles sont présentées avec une force et une lucidité vraiment remarquables. On peut dire que toutes les questions de quelque importance, qui appartiennent à la philosophie religieuse, y sont résolues et même approfondies. Dieu, l'homme, et les rapports de l'homme avec Dieu, ces trois mots résument cette partie de la science, tout à la fois la plus élevée et la plus digne des méditations du philosophe. Le nouvel ouvrage expose dans leur ensemble les hautes vérités qui y sont relatives. On peut s'en convaincre par cet aperçu du plan, qui nous a paru, dans sa simplicité, très-sagement conçu.

---

(1) Son ouvrage, publié en 1838, porte pour titre : *Aux incrédules et aux croyants. L'athée redevenu chrétien*. Vol. in-8° de 510 pages. A Rodez, chez Carrère, imprimeur.

» L'auteur établit d'abord, comme fondement de sa théorie religieuse, l'existence d'un Dieu créateur et conservateur de l'univers. Ses preuves sont : l'ordre universel, le spectacle des cieux, les merveilles des infiniments petits, l'homme et les animaux, la production du moi ou principe pensant, l'existence nécessaire d'un premier être, principe et dernière raison de toute existence.

» Abaissant ensuite ses regards sur l'homme, il démontre qu'il est immatériel, libre et immortel dans ce qu'il a de plus noble. Après avoir ainsi étudié les deux termes du culte religieux, Dieu qui en est l'objet, et l'âme humaine qui en est le siége, il prouve successivement que Dieu exige de nous un culte et des hommages ;

» Qu'il a pu révéler le christianisme comme expression des hommages qu'il exige de nous (et ici se présente un magnifique éloge de son divin fondateur, des dogmes et de la morale de l'Evangile, de l'heureuse influence qu'il a exercée sur l'homme et sur le monde, sur la vie privée et sur la vie sociale) ;

» Que Dieu a révélé le christianisme et manifesté la vérité de cette révélation par des faits incontestables, par des prophéties qui ont annoncé la venue de Jésus-Christ et l'état du peuple juif après sa venue, faits *divins* qui ont précédé sa mission ; par les miracles et par la doctrine surhumaine de Jésus-Christ, faits *divins* qui ont accompagné cette mission ; par le miracle de sa résurrection, par ceux des apôtres et de leurs disciples, par la conversion miraculeuse de saint Paul, par l'établissement miraculeux de la religion, par la constance et la mort merveilleuse des martyrs, par la perpétuité miraculeuse de l'église : faits *divins* qui ont suivi cette mission ;

» Enfin que Dieu a confié le dépôt de cette révélation à une autorité infaillible.

» Quant au style et à la manière de l'auteur, elle est, comme il convient aux ouvrages de ce genre, éminemment philosophique. Ce qui la caractérise, c'est une clarté parfaite et un enchaînement merveilleux dans les idées ; une méthode rigoureuse dans l'ensemble et les détails ; une dialectique serrée, vive, irrésistible. En abordant une question, M. Dubez prouve, par la manière dont il la présente dès le principe, qu'il a sondé toutes les profondeurs, qu'il l'a suivie dans toutes ses branches. Il va, pour ainsi dire, au-devant de tous les subterfuges de l'esprit d'erreur et de sophisme ; il n'ignore aucune des vaines difficultés que la demi-science du xviiie siècle s'était plu à amasser comme d'épais nuages autour de la vérité, et il les dissipe par un rayon du jour. Sa preuve, exposée avec précision, mais claire, lumineuse, complète, ne laisse rien à désirer, et satisfait pleinement l'intelligence. »

DELAURO, maire de Rodez.

Delauro (Joseph-André-Guillaume-Régis), neveu du précédent, naquit le 13 janvier 1778. Il fut élevé dans des principes d'honneur, de religion et de probité qui ont toujours dirigé sa conduite dans le cours de sa vie. Aussi, mêlé de bonne heure et jeune encore à tous les événements qui ont agité notre pays, il sut se maintenir, malgré la difficulté des temps, dans une ligne de modération qui est le propre de la vertu, et qui est toujours le meilleur gage de la sincérité et de la sûreté des convictions.

Appelé aux fonctions de maire, dès le 3 avril 1813, il les remplit avec la fidélité que lui imposaient ses serments, et le zèle que lui inspiraient son amour du bien public et son dévoûment à ses concitoyens.

L'avènement des Bourbons, s'il eût été mu par l'ambition, aurait pu la satisfaire ; mais il refusa plusieurs positions honorables qui lui furent offertes et se contenta des modestes fonctions qu'il exerçait au gré de tous.

Son administration fut marquée par un grand nombre d'améliorations et par ces premiers embellissements dont il dota notre cité, si arriérée encore dans le mouvement que le progrès des arts et du goût imprimait à toutes les villes.

Ses compatriotes, qui savaient apprécier tout ce qu'il avait d'élévation dans le caractère, lui donnèrent une marque éclatante de sympathie, en lui ouvrant, dès 1815, les portes de la Chambre des députés, où il fut successivement rappelé à siéger en 1821, 1824, 1827, 1828, 1830 et 1831.

Il se montra à la chambre fidèle à la ligne de modération qu'il s'était tracée. Il appuya le gouvernement sur la plupart des questions fondamentales, mais sans aliéner sa parfaite liberté d'action. Indépendant par goût, par sentiment de sa dignité personnelle, il ne voulut relever que de sa conscience ; et, pour qu'une mesure quelconque obtînt l'adhésion matérielle de son vote, il fallait avant tout qu'elle fût sanctionnée par l'adhésion morale de sa raison.

Il rendit justice et prêta assistance au ministère si loyal, si conciliant, dirigé par M. de Martignac, et si plus tard il vota avec les cent-quatre-vingt-un contre l'adresse où la majorité, par l'organe de la commission, déclarait son refus de tout concours au cabinet du 8 août, ce fut moins par sympathie pour ce cabinet, que M. le prince de Polignac personnifiait d'une manière trop significative, que par respect pour la prérogative royale.

Pénétré de l'importance de ses devoirs, M. Delauro, pendant tout le cours de sa carrière parlementaire, n'en déserta aucun ; ainsi, on le vit assidu aux séances publiques, exact aux réunions dans les bureaux, actif au sein des commissions dont il fut nommé plusieurs fois membre, et où il apportait le tribut de son sens droit et de ses connaissances pratiques.

M. Delauro a siégé jusqu'en 1831, époque du fameux procès des ministres de Charles X, auxquels il donna son vote d'absolution, les regardant comme irresponsables, dès le moment que la Révolution avait appesanti ses colères sur la royauté elle-même. Il rentra ensuite dans la vie privée.

Ses concitoyens, après l'avoir honoré longtemps de leurs suffrages, l'environnèrent toujours de leur estime. Sa longue popularité, les témoignages répétés de cette confiance flatteuse n'émurent jamais son ambition et le succès ne l'égara point dans ces voies dangereuses.

Il est impossible de l'avoir connu sans avoir été touché des sentiments de modeste abnégation qui l'animaient. Ne cherchant jamais à prévaloir, aimant la vérité et la justice pour elles-mêmes, bienveillant pour tous, dévoué à ses compatriotes, aux plus modestes comme aux plus haut placés, il a laissé des souvenirs précieux dans bien des cœurs.

Premier magistrat de la ville, il portait à ses administrés une de ces sollicitudes qui donnent aux fonctions consulaires le caractère de paternelle protection qui devrait toujours les distinguer. A cette bonté, il joignait une gravité de mœurs non moins indispensable ; enfin, mêlé à toutes les fonctions honorifiques de sa province, à toutes les grandes affaires de son pays, après avoir laissé partout le renom de son intégrité, il a pu, lorsque les événements ont amené sa retraite, déposer le pouvoir sans crainte du passé et sans autre inquiétude pour l'avenir que celle du bonheur de son pays.

Et ceci nous amène à la dernière des fonctions dont fut revêtu M. Delauro. Si elle fut la plus modeste aux yeux du monde, elle est la plus consolante aux jours d'angoisse où la mort apparaît.

C'est aux pauvres qu'il voulut vouer sa dernière magistrature. Président de l'œuvre de Saint-Vincent-de-Paul, il fit revivre pour les malheureux le souvenir d'une mère dont la mémoire est restée longtemps gravée dans le cœur des indigents.

Cet homme recommandable est mort à Rodez en janvier 1846, à l'âge de 69 ans.

M. Delauro avait reçu la croix d'honneur en 1821, noble distinction qui, dans une carrière si pleine de droiture et de probité, ne pouvait manquer d'obtenir comme elle obtint en effet la sanction publique.

DELRIEU, poète tragique.

Delrieu, né à Rodez, chevalier de la Légion-d'Honneur, poète dramatique, mort à Paris, au mois de novembre 1836, à l'âge de 76 ans, était l'auteur d'*Artaxerce*, de *Léonice* ou la *France en 420*, pièce représentée en 1836 au Théâtre

Français où elle obtint de justes applaudissements et fut la digne conclusion d'une carrière si glorieusement commencée.

Delrieu était encore l'auteur de la tragédie de *Démétrius*, de deux comédies en un acte et en vers, la *Jeune veuve* et le *Jaloux malgré lui*, de l'opéra-comique de *Michel-Ange*, mis en musique par Nicolo, et de deux autres pièces de théâtre.

C'est en 1808 que parut pour la première fois *Artaxerce*, dont le Théâtre Français a donné plusieurs fois depuis la reprise. Cette tragédie obtint alors un succès assez brillant pour être représentée à Saint-Cloud devant Leurs Majestés Impériales, et pour valoir une pension à son auteur. Ce succès était mérité, beaucoup mieux mérité, selon nous, que celui des *Templiers*, dont le retentissement fut néanmoins beaucoup plus grand encore.

Le fond du sujet d'*Artaxerce*, imité de Métastase, est une conspiration contre la vie de Xerxès, dans laquelle un père, coupable de l'assassinat de son roi, est appelé à juger son fils accusé d'être le meurtrier. La marche de l'action est claire et rapide ; il y a beaucoup de mouvement, des situations fortes, des effets habilement ménagés, des coups de théâtre disposés avec art, un dénouement dont la suspension et le moyen imprévu intéressent et attachent ; le rôle principal, celui du conspirateur, est bien tracé et bien soutenu. Quant au style, s'il est trop dépourvu de passion, on ne peut lui contester le mérite de la richesse, de la correction et de l'élégance. La critique peut sans doute s'exercer sur l'invraisemblance des moyens et la multiplicité des ressorts employés par l'auteur ; mais l'ouvrage est de nature à répondre aux critiques de cette sorte, par un succès soutenu à la représentation.

M. Delrieu avait débuté dans la carrière poétique au plus fort de l'orage révolutionnaire par des *chants patriotiques*, empreints de cet enthousiasme et de cette verve désordonnée qui caractérisent à un si haut degré la plupart des productions de cette funeste époque (1).

---

(1) *Nouveau recueil de poésies patriotiques*, par le citoyen Delrieu, avec les airs notés, à la fin, de la composition du citoyen Géroust.— Versailles, l'an II de la République, broch. de 24 pages.

Le colonel DIJOLS.

Dijols (Etienne), colonel de cavalerie, officier de la Légion-d'Honneur, chevalier de Saint-Louis, né à Rodez, mort en 1836, à Champigny, près de Sens, entra comme simple soldat au service sous l'empire, et se fit bientôt remarquer et par son courage et par la rare loyauté de son caractère. Aussi son avancement fut-il le prix de ses glorieuses actions. Il traversa les guerres de l'Empire, fut au nombre de ceux qui purent échapper au grand désastre de la campagne de Russie, et, rentré dans sa patrie, il se dévoua franchement au service du souverain que des évènements récents venaient de placer sur le trône. Depuis le 27 juin 1819, il était lieutenant-colonel du 16º régiment de chasseurs à cheval, lorsque au mois d'octobre 1828 il passa dans le même grade aux dragons de la garde. La révolution de 1830 le trouva ce qu'il avait toujours été. Le colonel Dijols, jeune encore, puisqu'il n'avait pas atteint l'âge de 45 ans, déposa son épée et se retira dans le village de Champigny, près de Sens. C'est là que ce brave, que la mort avait épargné dans vingt batailles, a succombé à une attaque d'apoplexie foudroyante dans les premiers jours de mars 1836.

Il a laissé trois jeunes fils sous la tutelle d'une mère (1), bien digne par ses vertus d'élever les enfants du noble guerrier, et de leur apprendre à marcher comme leur père dans les voies de l'honneur et de la fidélité.

---

(1) Mᵐᵉ Dijols est née Esmangard de Bournonville.

Le général DORNES.

Dornes (Joseph-Philippe-Marie), général de brigade, officier de la Légion-d'Honneur, baron de l'empire, né à Camboulas, d'une famille bourgeoise, s'engagea à la sortie du collége dans le régiment de Royal-Navarre, cavalerie, où il se trouvait lieutenant au commencement de la Révolution. Nommé chef d'escadron en l'an II, il fut fait major à la création de ce grade dans l'armée, colonel du 12ᵉ régiment de cuirassiers à l'entrée de la campagne de Pologne en 1807, officier de la Légion-d'Honneur la même année, et général de brigade à la bataille d'Essling. Cet officier général n'avait dû qu'à lui-même, qu'à ses talents et à sa bravoure son avancement.

Il mourut à Wilna à la suite de la campagne de 1812 en Russie, laissant un fils qui, après avoir exercé avec distinction la profession d'avocat au barreau de Metz, devint collaborateur du journal *Le National*, fut élu représentant du peuple à l'assemblée constituante et périt, victime des anarchistes, dans les néfastes journées de juin 1848.

Marie-Louise-Marguerite Prohst, veuve du général Dornes, a obtenu, comme récompense nationale, une pension de 3,000 fr. reversible sur Elvire Dornes, sa fille.

ESCUDIER.

Escudier (Baptiste), chef de bataillon, chevalier de La Légion-d'Honneur, natif de Puech-Ventous, près de Salars, partit soldat au commencement de la Révolution, fit toutes les campagnes de la République et de l'Empire, conquit tous ses grades par sa valeur, et périt glorieusement à la bataille de Wagram, en 1810, emporté par un boulet de canon.

—

Escudier (Joseph), frère cadet du précédent, chef de bataillon en retraite, chevalier de la Légion-d'Honneur, né le 3 janvier 1778, s'enrôla à l'âge de 13 ans, et alla joindre son frère à Montpellier, dans le 2e bataillon des Pyrénées, en 1791. Ce corps ayant été envoyé en Italie, il l'y suivit et fit avec lui les campagnes de l'an III, de l'an IV, de l'an V et de l'an VI, sous les ordres de Bonaparte. Il passa ensuite dans l'armée du Rhin incorporé dans le 57e régiment de ligne et prit part aux beaux faits d'armes du général Moreau pendant les campagnes de l'an VII et de l'an VIII. Le 13 septembre 1804, étant au camp de Boulogne, on l'admit dans le 1er régiment de chasseurs de la nouvelle garde impériale, et ce fut dans ce corps qu'il fit la mémorable campagne d'Autriche et combattit à Austerlitz. Le 1er mars 1806, il monta le premier à l'assaut à Nougartin, en Prusse, et seul pendant quelques instants sur le rempart, il lutta corps à corps avec l'ennemi. Ce trait d'audace et de courage lui valut la croix de la Légion-d'Honneur et le grade d'officier dans la garde de l'empereur. Le 18 janvier 1813, il obtint le grade de capitaine dans le 6e régiment de voltigeurs de cette même garde, si célèbre par son héroïque valeur, et bientôt après une dotation sur les fonds de la Légion-d'Honneur.

M. Escudier, criblé de blessures, quitta le service à la chute de l'empire et fut admis à la retraite. Il comptait alors 24 campagnes.

Cet officier s'était acquis un grand renom dans l'escrime ; il avait eu pour élèves le prince Eugène, Murat, Lannes, Duroc, auxquels il donnait des leçons pendant les loisirs que lui laissait la garnison de Paris.

Eugène Escudier, son fils, est capitaine au 32e régiment de ligne.

FLAUGERGUES.

La biographie qu'on va lire embrasse un assez court espace de temps, mais elle tient sa place dans l'époque la plus difficile peut-être et la plus agitée de notre histoire contemporaine.

Pierre-François Flaugergues naquit en 1767, à la Parrachie, paroisse de Saint-Cyprien, canton de Conques. Quand la Révolution de 89 éclata, il avait vingt-deux ans, et s'était déjà fait un nom dans le barreau. Une conviction forte lui fit adopter les idées régénératrices et il en devint le zélé prosélyte. C'est aux généreux efforts qu'il faisait dans la lutte aussi bien qu'à ses talens qu'il dut la popularité qui l'entoura dès ses premiers pas dans la carrière politique et le porta, le 11 novembre 1792, à la présidence de l'administration du département. M. Flaugergues justifia pleinement la confiance publique, et, malgré les difficultés de la position et le conflit des passions devenues de jour en jour plus ardentes, il administrait depuis quelques mois avec cette modération ferme et calme qu'inspire l'amour de la justice uni à l'amour de la liberté, lorsque, sur un rapport de Chabot, la Convention rendit contre lui, le 12 juillet 1793, un décret qui l'obligeait de paraître à la barre pour rendre compte de sa conduite. A quelques jours de là (le 16 juillet), M. Flaugergues présidait l'assemblée, lorsqu'un adjudant-général se présenta pour lui signifier le décret et s'assurer de sa personne. Ce fut un coup de foudre pour tous les assistants.

M. Flaugergues, idole du peuple, n'était pas moins aimé de ses confrères. Tous les membres de l'assemblée, tous les corps constitués accoururent spontanément chez le représentant Châteauneuf-Randon, qui avait ordonné la mesure, et s'offrirent pour caution de la liberté provisoire du prisonnier.

Celui-ci ne resta pas longtemps toutefois sous le poids de ce terrible décret, qui fut rapporté le 22 du même mois; mais déchu de ses espérances, révolté contre l'injustice du pouvoir, effrayé aussi sans doute de la marche des événements, il se retira des affaires pour attendre des jours meilleurs.

Le gouvernement impérial vint rendre M. Flaugergues à la vie publique. Sous-préfet de Villefranche dès 1805, il devint, en 1813, membre du corps législatif, et ce fut là que commença sa lutte avec Napoléon, lutte du courage contre la force, du patriotisme contre le génie; lutte d'un homme de talent contre un joûteur qui ne pouvait être vaincu que par lui-même.

M. Flaugergues fut un des principaux membres de cette opposition animée qui comptait dans ses rangs MM. Raynouard, Lainé, Gallois, Maine de Biran.

Le moment était-il bien choisi, à la fin de 1813, pour demander compte à Napoléon de cette dictature militaire qu'il avait fait pendant si longtemps peser sur la nation? Le sang français venait de couler à flots dans les campagnes de Leipsick; après ce grand et irréparable désastre, ajouté au désastre de Moscou, Paris avait vu, pour la seconde fois, l'Empereur rentrer dans ses murs vaincu et fugitif. Etait-il convenable d'attaquer, lorsqu'elle était déjà croulante, cette haute fortune devant laquelle on s'était jusqu'alors si humblement incliné? La coalition menaçait la France d'un envahissement complet, d'un morcellement peut-être; était-il convenable de compliquer de tous les embarras et de toutes les haines d'une lutte intérieure cette grande lutte où la nationalité française semblait servir d'enjeu?

Cette question a partagé les esprits; quelques-uns même sont allés jusques à voir dans les attaques du corps législatif, contre un pouvoir qui commençait à pâlir, un manque de courage. Cette accusation nous paraît injuste. Un homme comme Napoléon ne pouvait jamais devenir assez faible pour qu'il n'y eût pas toujours du courage à l'attaquer. Tout ce qu'il est permis de dire de la résistance que M. Flaugergues et ses amis opposèrent à l'Empereur, c'est que cette résistance manqua peut-être d'à-propos et fut une erreur politique, mais il est des erreurs qu'on ne peut se refuser à absoudre.

Il est aussi des répugnances d'organisation dont il faut tenir compte dans l'appréciation historique d'un homme.

M. Flaugergues n'aurait pu pactiser avec le gouvernement impérial sans cesser d'être lui-même. Il était essentiellement homme d'étude ; comment aurait-il compris tout ce qu'exige le rôle d'un homme d'action ? Il était de la classe des penseurs systématiques ; comment se serait-il aveuglément courbé devant le détracteur couronné des *Idéologues* ? Pénétré d'un respect profond pour la légalité, et peu porté à admettre une distinction entre les époques normales et les époques anormales, comment aurait-il obéi complaisamment à une volonté qui s'était audacieusement placée au-dessus des lois ?

Aussi, le duc de Massa s'étant un jour avisé de reprocher à M. Flaugergues l'inconstitutionnalité des ses motions, M. Flaugergues lui répondit vivement : « Monsieur, je ne connais ici rien de plus inconstitutionnel que vous-même. » On sait que par l'effet d'un sénatus-consulte et sur le rapport de M. Molé, le duc de Massa avait été arbitrairement porté à la présidence du corps législatif, et cela en violation de la loi qui bornait la prérogative impériale au choix d'un des cinq candidats présentés par l'assemblée.

Cependant l'Empereur ne méprisait pas assez la législature pour oser tout-à-fait se passer d'elle. Des négociations ayant été entamées par lui avec les puissances coalisées, il ordonna que le corps législatif prît connaissance des pièces originales, par l'intermédiaire d'une commission qui serait composée de cinq membres. M. Flaugergues fut du nombre des commissaires élus (1), et concourut à la rédaction de ce fameux rapport qui, en même temps qu'il déclarait la guerre nationale, sommait presque l'Empereur de rendre à la nation l'exercice de ses droits politiques. Deux cent trois boules

---

(1) La commission fut nommée le 22 janvier.

tombèrent dans l'urne en faveur de ce rapport. Le despotisme impérial n'en avait obtenu que cinquante-une.

Les épreuves détruites, les exemplaires saisis, le corps législatif ajourné, après avoir été réprimandé dans une allocution menaçante, les contributions doublées par simple décret, de nouvelles levées en masse ordonnées, la dictature proclamée, tout cela fut pour Napoléon l'œuvre de quelques jours. On fit même courir le bruit que la motion avait été faite au conseil d'Etat de ravir la liberté et plus que la liberté aux auteurs d'un rapport regardé à la cour comme séditieux. Ce bruit empruntait aux circonstances un tel caractère de vérité, que M. Flaugergues crut devoir abandonner momentanément ses foyers, et dit à sa famille en la quittant : « Si je meurs, c'est qu'on aura exigé de moi quelque chose de contraire à mon opinion et à mon honneur. »

On conçoit qu'après les événements du mois de mars 1814, M. Flaugergues ait été des premiers à voter, dans la séance du 3 avril, la déchéance de l'Empereur.

Son opposition, du reste, n'avait rien de haineux, et il n'hésitait pas à saluer son ennemi avant de le combattre. Napoléon qui se connaissait en hommes, avait cherché à s'attacher M. Flaugergues. Il lui dit un jour : « Je sais que vous n'êtes pas de mes amis, je sais aussi que vous n'êtes pas riche ; je ferai quelque chose pour votre famille. — Sire, répondit M. Flaugergues, je ne suis pas ami de votre système, mais je suis dévoué à votre personne. » Et les choses en restèrent là. Une semblable distinction ne pouvait pas être du goût de Napoléon.

La première Restauration ne trouva pas M. Flaugergues moins rebelle à l'arbitraire et moins fortement lié à ses principes que ne l'avait trouvé l'Empire. Elu membre de la Chambre qui avait été convoquée par le roi pour le mois de juin, il crut entrevoir des arrière-pensées à la royauté et il la combattit sans aigreur, mais aussi sans réticence. Il s'opposa successivement à la cumulation des exercices, à la création des bons royaux, au projet qui tendait à enlever le droit de cité aux départements réunis à la France, enfin à l'extension qu'on voulait donner à la prérogative royale. Mais de tous ces discours remarquables par l'abondance des idées et la fermeté de l'expression, aucun ne fit une impression plus profonde que celui qu'il prononça, le 5 août 1814, en faveur de la liberté de la presse.

Pendant les Cent-Jours, il fut encore une fois appelé à faire partie de la Chambre des députés. Les voix pour la présidence se partagèrent entre lui et M. Lanjuinais; mais M. Lanjuinais l'ayant emporté, il fut élu, le 7 juin, vice-président.

M. Flaugergues avait tout ce qu'il fallait pour gouverner les délibérations d'une assemblée orageuse; une taille élevée, un front noble, une fierté à la fois calme et douce et une grande dignité dans les manières. Son attitude à la Chambre des députés répondit à la solennité des circonstances. On n'a pas oublié les belles paroles qui lui furent inspirées par l'agitation que communiquaient à l'assemblée les nouvelles du dehors : « Après la bataille de Cannes, la tranquillité était dans le Sénat, et cependant le tumulte était dans Rome. »

Le 24 juin, il reçut mission, ainsi que MM. Boissy-d'Anglas, de Valence et Andréossy, d'aller trouver lord Wellington pour négocier un armistice. Il demanda avec beaucoup d'énergie que la réinstallation du gouvernement royal ne fût pas prise pour point de départ des négociations. C'était la conséquence naturelle de l'opinion qu'il avait manifestée lorsqu'il avait voté pour que la guerre fût déclarée *nationale*.

A la seconde Restauration, il fut élu une quatrième fois par le collége électoral de l'Aveyron, mais il ne parut pas à la Chambre.

Nommé maître des requêtes en 1816, cette place, d'ailleurs bien au-dessous de son mérite, ne tarda pas à lui être enlevée. M. Flaugergues n'ayant pas voulu faire à la Restauration le sacrifice de ses idées, il était tout simple que sous M. de Corbières, son nom fût oublié sur le tableau du conseil d'Etat. M. Flaugergues pourtant aimait la monarchie, mais plus raisonnablement et surtout plus prudemment que M. de Corbières qui le destituait au nom du principe monarchique.

Au surplus, les loisirs politiques de M. Flaugergues ne furent pas tout-à-fait perdus. En 1820, époque à laquelle la question électorale fut jetée sur le tapis, M. Flaugergues publia une brochure qui fit alors grand scandale parmi les *libéraux*. Or, cette brochure parlait du fractionnement de la société en classes, pour demander la représentation égale de chaque fraction une fois qu'elles auraient été exactement délimitées. Le suffrage universel était au fond de cette idée. Le libéralisme n'y vit que la résurrection de trois ordres comme dans l'assemblée des états-généraux. C'était là une singulière préoccupation. Si la division en trois ordres était mauvaise dans l'assemblée des états-généraux, c'est que deux de ces ordres qui ne représentaient qu'une petite partie de la nation se confondaient naturellement pour opprimer le troisième, qui seul représentait la masse. Le rapprochement n'était donc pas exact. Et la brochure de M. Flaugergues était cent fois plus libérale que le libéralisme. Au reste, en fait de réformes électorales, nous savons tous ce qu'a produit cette terrible opposition des Quinze ans !

La Révolution de juillet rendit à M. Flaugergues sa place de maître des requêtes, et nous devons à ce gouvernement cette justice, qu'il n'a pas cherché dans les convictions de M. Flaugergues ce qu'y avait cherché M. de Corbières.

La vie de cet homme remarquable se divise en deux périodes. La première mit ses talens en relief; la seconde les laissa sans emploi; de sorte qu'il trouva plus facilement à déployer son activité sous le régime du despotisme que sous le régime du représentatif. Il advint de là que l'oubli pesa bientôt sur lui de tout son poids, et tout ce qui pouvait sortir d'éclairs de cette organisation d'élite se trouva perdu pour le pays. C'est pour nous justice de relever, après leur mort, ceux qu'on n'a su mesurer à leur juste valeur pendant leur vie.

M. Flaugergues réunissait assurément toutes les qualités de l'orateur. Sa pensée était nette, sa parole facile, élégante et quelquefois pleine de force; son geste était imposant et sa voix sonore. Mais ce qu'il y avait de plus remarquable en lui peut-être, c'était une rectitude d'esprit que peu d'hommes possèdent. Les intelligences médiocres lui auraient volontiers reproché d'avoir l'esprit faux, parce qu'il maniait très-bien l'arme du paradoxe, et qu'un principe une fois posé, il ne reculait jamais devant les conséquences. Ainsi, de la combinaison de ces deux qualités chez lui, une grande nouveauté d'aperçus et une dialectique très-serrée, il pouvait résulter qu'on lui contestât précisément ce qui constituait son principal mérite. Il n'en est pas moins vrai que M. Flaugergues était éminemment propre à la discussion parlementaire, et d'autant plus qu'il improvisait avec une extrême facilité.

Eh bien! il est arrivé qu'avec tous ces avantages M. Flaugergues a passé vingt ans de sa vie dans une obscurité profonde. Pourquoi? Demandez-le à ces institutions qui ne laissent passer le talent qu'avec le passeport de la fortune. Demandez-le à ces pouvoirs qui, pour s'entourer de supériorités factices, laissent s'éteindre sans emploi les supériorités naturelles les moins contestables, et repoussent impitoyablement les hommes probes et incorruptibles, les hommes aux convictions fortes qui ne cèdent point aveuglément à leurs exigeances.

M. Flaugergues est mort triste et découragé (1). Il a dû regretter amèrement, ainsi que M. Laffite, d'avoir salué les révolutions comme l'ère exclusive du bonheur social, de l'indépendance des peuples et de la liberté.

M. Flaugergues, marié avec Mlle Sophie de Patris, de Rodez, a laissé plusieurs enfants qui ne démentent pas leur belle origine. Mlle Pauline, l'aînée, s'est fait un nom dans le monde littéraire par des poésies pleines de charmes et les publications de divers petits ouvrages consacrés à l'éducation des jeunes personnes. M. Paul Flaugergues occupait avec distinction la chaire de professeur à l'école navale de Toulon lorsque la mort (décembre 1844) est venue le ravir aux espérances de sa famille et de ses amis.

---

(1) A Bie (Seine-et-Marne), dans les premiers jours de novembre 1836.

Le commandant GACHES.

Gaches (Antoine), de Sévérac, né d'un pauvre tisserand et d'une fileuse, tisserand lui-même après avoir été berger, était, par son travail et son économie, le soutien de sa famille. Entré au service deux ans avant la levée en masse, il fit les campagnes d'Italie et celles d'Espagne. Il assista à la bataille de Wagram et eut un commandement dans l'île de Ré. Il résulte d'une pièce trouvée à la mairie de Sévérac qu'il fut nommé chef de bataillon le 12 avril 1813, et qu'il fut attaché en cette qualité au 75e régiment de ligne.

Retiré du service après la chute de l'empire, il fut nommé maire de Sévérac le 3 février 1824, et mourut le 18 novembre 1825. M. Gaches s'était montré, pendant cette dernière et trop courte période, administrateur sage, éclairé, consciencieux. Les regrets de tous ses concitoyens l'accompagnèrent dans la tombe.

Le général GARABUAU.

Garabuau (Jean-Antoine), général de brigade, officier de la Légion-d'Honneur, né à Vabre d'une famille d'artisans (1), le 16 mai 1760, s'engagea, à l'âge de 17 ans, en 1777. En l'an VI, il était adjudant-général. On l'employa comme chef d'état-major à l'armée du Rhin. Devenu général de brigade et envoyé en Italie sous le général Miollis, il dut prendre part

---

(1) Fils de Jean Garabuau, maître maçon, et de Thérèse Arnal.

aux violences exercées en 1808 et 1809 contre le gouvernement pontifical, il fut même commandant de Rome. Rentré en France, on lui donna le commandement de la place de Metz. Il se retira bientôt après et alla s'établir à Délémont (Suisse), pays de sa femme, Henriette de Verger.

L'empereur voulut le rappeler en 1813, mais il refusa ses offres. A l'époque de l'invasion de 1814, il fixa sa résidence à Besançon, où il est mort le 15 janvier 1832, âgé de 82 ans.

On s'accorde à le considérer comme un homme modeste et recommandable par ses qualités.

GAYRARD, graveur et sculpteur.

Gayrard (Raymond) naquit à Rodez le 25 octobre 1777. Il y a, dès le début de cette existence, une chose qui charme et plaide en sa faveur : c'est cette persévérance admirable qui ne quitta jamais Gayrard et qui le fit arriver peu à peu, après le plus opiniâtre labeur, à cette position depuis longtemps acquise, et dont la mort seule a pu le déposséder. Il ne faudrait pas croire que la vocation embrassée par lui fût une marque de respect donnée au culte des traditions dans la famille; non, il n'appartenait pas à une race d'artistes. Son père faisait le commerce des étoffes qu'il fabriquait. Aussi Gayrard ne vit-il pas, comme tant d'autres, les pénibles débuts de sa carrière aplanis par le consentement paternel. Ce fut à grand'peine qu'après avoir lutté contre une volonté opposée à la sienne, il parvint à se faire mettre en apprentissage chez un orfèvre de ses parents. Ce n'était pas là ce qu'il désirait; mais enfin c'était un acheminement vers le but de ses rêves.

Il y resta peu. Ses vingt ans sonnaient avec l'année 1797. Il songea à partir. Ce fut une joie pour lui. Sa ville natale lui paraissait trop étroite : il s'enrôla. C'était le seul moyen qu'il eût de venir à Paris. Là, ses chefs s'étant intéressés à lui, il put travailler et étudier l'art qu'il aimait. Mais bientôt la guerre eut besoin de lui. Il fit les campagnes de Suisse et d'Italie en l'an VII, en l'an VIII et en l'an IX, et fut blessé aux batailles de Zurich et de Marengo.

A la paix d'Amiens, il quitta le service militaire, alla à Paris, et entra comme praticien dans les ateliers de M. Odiot. Ce fût dans cette maison qu'il connut M. Boizot, dont il reçut des conseils et des leçons. Il avait eu, à cette époque, le projet de partir pour la Russie : sa santé le força d'y renoncer. Il retourna à Rodez et, pendant cinq années, travailla pour les orfèvres.

Cette position obscure et secondaire désolait le jeune artiste. Il se sentait capable d'autre chose que de ciseler des bijoux. A la mort de son père, il revint à Paris et entra dans l'atelier de Taunay, où il se livra assidûment à l'étude.

Ses premiers essais furent pénibles quoique mêlés de quelques succès imprévus. La vente d'un médaillon de Napoléon Ier et de Joséphine, improvisé, pour ainsi dire, une collection de jetons pour la princesse Pauline, lui assurèrent quelques ressources. Plus tard, il obtint la protection de M. Denon.

Elève de M. Geoffroy, pour la gravure en médailles et en pierres fines, les premiers travaux de Raymond Gayrard furent des médailles, des médaillons, quelques bustes. Le statuaire ne se révéla pas tout de suite.

Ce fut après avoir étudié presque seul le dessin, la ciselure, la gravure, qu'il arriva enfin, après avoir acquis dans ces diverses branches de l'art une juste réputation, à se faire connaître comme sculpteur. Il avait quarante ans. On le voit, quoi de plus inouï que cette persévérance! Ceci dit, c'est dans ses œuvres qu'il faut chercher son histoire ; elle est là avec ses groupes, ses médailles et ses statues.

Le catalogue de ses médailles s'élève à plus de deux cents. On peut citer celles de la naissance du duc de Bordeaux (1820) ; de la prise d'Alger, présentée en 1830 à Charles X; de la protestation des journalistes en 1830, très-rare aujourd'hui ; du vote de l'assemblée nationale, sur les évènements du 13 juin 1849 ; de la rentrée du pape à Rome, de la fête de l'hôtel-de-ville, après l'exposition de Londres, etc., etc. (1).

Parmi les bustes, je rappellerai ceux destinés à conserver les traits des souverains et d'hommes célèbres de notre époque, Louis XVIII ; le dauphin ; Louis-Philippe, plusieurs fois ; Napoléon III ; Berthollet, — pour la bibliothèque de l'Institut ; Auger ; Ancelot ; Chaptal ; l'évêque d'Hermopolis ; l'archevêque de Paris, Affre ; Pariset, — pour l'académie de médecine ; Raynal, pour la bibliothèque de Rodez, etc.

Les statues, les groupes exécutés par cet artiste sont également nombreux. Raymond Gayrard a exposé, en 1819, la statue en marbre de l'*Amour* ; en 1822, un *Samson* colossal ; en 1835, la *Madeleine*, *Diane surprise au bain*, *Lucrèce* ; en 1836, *Eve* ; en 1842, la *Vierge Immaculée* ; en 1846, une *Vierge*, l'*Hiver* ; en 1848, la *Vierge présentant l'Enfant-Jésus*, l'*Amour endormi*, le *Deuil* ; en 1852, *la France déposant son vote dans l'urne*, statue en marbre, etc., etc. Il est également l'auteur de deux statues commandées en 1829 pour la décoration de la cour d'honneur du Palais-Bourbon, statues qui n'ont point encore été placées. Elles devaient représenter d'abord l'*Hérédité* et la *Restauration*. Après 1830, et à l'aide de quelques changements, elles devinrent la *France* et la *Liberté*. On connaît encore de Raymond Gayrard une *Madeleine repentante*, statue en marbre accordée à l'église Notre-Dame du Hâvre, un bénitier pour la cathédrale de Rodez, groupe colossal en pierre ; le fronton du palais de justice de Rodez, bas-relief en pierre ; deux bas-reliefs pour la statue de Fourrier à Auxerre ; un Christ à la colonne ; plusieurs groupes d'enfants se livrant à leurs jeux ; une statue de la *Peinture* et des bas-reliefs pour le monument que la ville de Montpellier consacre à la mémoire

---

(1) M. Gayrard présenta au roi, en août 1814, son portrait modelé en cire. Un de nos peintres les plus célèbres, consulté sur ce portrait, dit : « C'est aussi beau que l'antique que nous admirons. Je cherche des défauts dans votre ouvrage et je n'y trouve que des perfections. »
La première épreuve de ce portrait existe à Rodez.

de Fabre, fondateur du musée et de la bibliothèque de cette ville, et tant d'autres compositions pleines d'imagination, de grâce et de distinction et d'une exécution presque irréprochable.

Parmi ses nombreuses relations, il en est qui, par les résultats qu'elles eurent, exercèrent sur lui une grande influence. Nous voulons parler de celles qui le mirent en rapport avec M. Frayssinous, évêque d'Hermopolis. Ce fut l'éminent prélat qui noua son mariage avec Mlle Camboulas, de Saint-Geniez. Plus tard il traduisit la reconnaissance qu'il garda toujours pour Mgr d'Hermopolis et les regrets que lui inspirèrent la mort du prélat par un magnifique buste (1), et une statue tombale, son œuvre la plus irréprochable, exécuté d'après les ordres de M. le comte de Chambord.

Avant de mourir, il a eu le bonheur de terminer le dernier groupe de son fils, les deux charmantes figures de *Daphnis et Chloé* qui vont orner l'un des jardins du Louvre. Tout ce que nous avons dit indique l'artiste ; mais qui dira l'amabilité, l'exquise politesse, l'esprit, le sens juste et droit de l'homme ?

Poëte par instinct, Raymond Gayrard a décrit en vers presque tous les sujets qu'il a traités. Il a composé des fables, d'excellentes instructions pour ses petits enfants, mais il n'a jamais consenti à les publier. Il n'y a pas longtemps, il venait d'entrer dans sa quatre-vingtième année, il adressait à un de ses amis ce résumé poétique de sa longue et laborieuse carrière :

« Quelques flatteurs m'ont dit que j'animais l'argile,
» Que l'acier fut toujours à mon burin docile,
» Et que sous mon ciseau, le marbre froid vivait !
» Sans croire à ces discours, mon cœur s'en délectait.
» Dois-je vous l'avouer ? La louange m'enflamme...
» C'est elle qui séduit, qui subjugue mon âme !
» Pour elle, jeune encor, j'ai quitté le repos,
» Et, dès la paix d'Amiens, laissé là les drapeaux...
» Aux arts, avec ardeur, j'ai demandé la gloire.
» Le talent vient du ciel et non de la mémoire...

(1) Ce buste en marbre, exécuté en 1844, a été donné au musée de Rodez.

» Invente, me disais-je, invente et tu vivras.
» Je l'ai fait. Parfois j'ai réussi, mais hélas !
» Tout s'use, tout s'éteint, et la froide vieillesse
» Vient blanchir mes cheveux et calmer mon ivresse.
» Je suis un vieux lutteur fatigué de combats ;
» Sur ce qu'il est, pour Dieu, ne jugez pas mon bras...
» A quiconque voudrait me faire cet outrage,
» Je cite mes travaux et j'indique mon âge ! »

M. Gayrard est mort à Paris, le 4 mai 1858, à l'âge de 84 ans. Ses dernières années avaient été attristées par la mort de son fils Paul, qui promettait à la France un éminent artiste ; par celle de sa femme, qui ne l'a précédé que de deux ou trois mois dans la tombe. Ces deux épreuves avaient brisé le courage du vénérable octogénaire. Deux fils lui ont survécu, et l'un d'eux, prêtre, occupe un poste dans le diocèse de Paris.

M. Gayrard était chevalier de la Légion-d'Honneur et de plusieurs ordres étrangers.

On peut consulter, pour plus de détails, sur la vie et les ouvrages de cet artiste, une excellente biographie publiée par M. Jules Duval, en 1859. Paris, in-8°, 165 pages.

L'abbé GIRARD.

M. l'abbé Girard, proviseur du collége royal de Rodez, inspecteur d'Académie et chevalier de la Légion-d'Honneur, était originaire de la Franche-Comté. A l'âge de 23 ans, il fut appelé à Rodez par M. l'évêque Champion de Cicé qui, voulant ajouter un pensionnat au collége, le nomma sous-principal d'un établissement dont il fut d'abord l'un des fondateurs, dont il a été dans la suite le restaurateur et le soutien.

L'abbé Girard sortait de la maison de Louis-le-Grand, où, dans un concours de l'élite des élèves de tous les colléges de Paris, il avait obtenu en rhétorique le prix de discours latin, connu sous le nom de *prix d'honneur.*

Il a soutenu la réputation de connaissances et de talents oratoires dont une si haute distinction présentait le germe et la garantie. Son traité de rhétorique, adopté dans un grand nombre de colléges et qui a eu sept éditions, a justifié ses premiers succès dans un art dont il possédait parfaitement la partie technique, dont il a habilement décomposé tous les ressorts, dévoilé tous les secrets et développé toutes les règles.

M. Girard enseignait la rhétorique à Rodez depuis plus de seize ans, lorsque, mettant la conservation de sa place en opposition avec ses principes, par l'exigence d'un serment que sa conscience repoussait, la Révolution lui fit quitter son poste, mais non son pays adoptif. Des hommes recommandables, dignes appréciateurs de la vertu persécutée, lui offrirent à l'envi la plus honorable hospitalité. Il traversa dans l'obscurité et la retraite, sous l'égide de l'estime et de l'amitié, les années les plus orageuses de cette mémorable époque.

La tempête apaisée, porté par son goût et plus encore par le désir de se rendre utile à rentrer dans la carrière de l'instruction, il consentit à créer à Figeac un établissement qui fut redevable à son fondateur de son éclat et de sa prospérité. Ce fut là qu'il conçut le projet de donner au public sa rhétorique, dont la première édition parut en 1810.

Il ne s'était point dissimulé qu'il existait plusieurs ouvrages de ce genre, où l'on trouvait des choses excellentes; mais les uns lui paraissaient trop volumineux, les autres trop savants, la plupart informes et tronqués. « Un abrégé de préceptes clair, précis, méthodique, où le langage de l'art aurait de la noblesse et de la simplicité, où les vrais principes de la composition seraient présentés avec intérêt, et cependant mis à la portée des esprits ordinaires, » voilà ce que cherchait M. Girard pour l'avantage des maîtres comme des élèves, et ce qu'il cherchait en vain. Ce livre élémentaire, il forma le dessein de le composer lui-même, et nous osons penser qu'il a rempli sa tâche de la manière la plus heureuse et la plus honorable. Elève de l'ancienne université de Paris, où il termina ses humanités par le succès le plus éclatant; nourri de tout ce que peut avoir de meilleur la littérature ancienne et moderne; éclairé par l'habitude d'enseigner; dirigé par l'expérience, le plus sûr des guides pour un bon esprit, M. l'abbé

Girard a porté dans la composition de son ouvrage une grande maturité de jugement et une connaissance profonde de sa matière. Une diction sage, noble, élégante, pure, s'y trouve jointe à la justesse des pensées : en la lisant nous nous sommes rappelés ces paroles de Fénélon : « Celui qui entreprendrait une rhétorique, devrait y rassembler tous les plus beaux préceptes d'Aristote, de Cicéron, de Quintilien, de Longin, de Lucien et d'autres célèbres auteurs. Leurs textes, qu'il citerait, feraient les ornements du sien. En ne prenant que la fleur de la plus belle antiquité, il ferait un ouvrage court, exquis et délicieux. »

Le collége de Rodez devait revendiquer l'abbé Girard comme sa propriété.

Depuis longtemps l'opinion publique y avait marqué sa place à la tête de l'instruction : après plusieurs refus, il consentit à céder au vœu général et aux instances de l'autorité qui le nomma proviseur (1).

Le conseil de l'instruction publique eut constamment à se féliciter de son choix ; le proviseur fut nommé par lui inspecteur d'Académie, et ne croyant pas avoir assez fait pour un tel collaborateur, le président sollicita et obtint de Sa Majesté la décoration, récompense des services civils et militaires ; chacun applaudit à cette distinction bien acquise et vit avec plaisir l'étoile de l'honneur placée à côté des palmes de l'Université.

Bon orateur et bon prêtre, M. Girard associait aux études littéraires les connaissances théologiques ; réunissant la pratique à la théorie, il s'est essayé sur plusieurs questions intéressant la discipline ou le dogme, et ses dissertations de circonstance sur la constitution civile du clergé et autres matières aujourd'hui non controversées, survivront aux temps qui les ont vu naître.

Nous l'avons souvent entendu dans les occasions périodiques et solennelles, qui terminent et couronnent l'année clas-

---

(1) M. Girard occupa la chaire de rhétorique du lycée de Rodez, en remplacement de M. Cabantous, dès 1809; il fut nommé proviseur du même établissement en 18....., et inspecteur d'Académie, le 31 décembre 1820.

sique, prononcer devant ses élèves, d'un ton noble et paternel, des discours où l'austérité des préceptes et la sévérité du sujet étaient adoucies par l'élégance des formes, le charme de l'expression et l'effusion du sentiment; l'émotion de l'orateur, ses accents graves et harmonieux, et je ne sais quel parfum de vertu attaché à ses paroles, rehaussaient et le prix et le poids de ses conseils dictés par la sagesse, mûris par l'expérience et inspirés par le plus pur attachement pour ses jeunes et intéressants auditeurs.

Dans une période de cinquante années, presque toutes consacrées au milieu de nous à l'instruction de la jeunesse ou à la direction de l'enseignement, que de bien n'a-t-il pas fait? que de services n'a-t-il pas rendus? Quel est le père ou le fils de famille, appelé à jouer un rôle dans la société, qui ne lui doive le plus précieux des bienfaits, celui de l'éducation et des impressions du premier âge, si entraînantes, si décisives pour la carrière de la vie.

Dans l'abbé Girard, l'homme privé n'était pas moins recommandable que le fonctionnaire public. La gravité de son extérieur, l'austérité apparente de ses manières, qui lui convenaient si bien quand il avait besoin d'en imposer, semblaient, quand elles ne lui étaient plus nécessaires, disparaître et s'effacer dans la société. Il était goûté, suivi, recherché; son affabilité, sa candeur ne permettaient de s'apercevoir de sa supériorité que par les charmes qu'on trouvait dans sa conversation amusante, instructive et variée d'anecdotes et de critique, de plaisanteries toujours fines, piquantes et de bon goût.

M. l'abbé Girard n'était pas seulement instruit, agréable et bon, il était éminemment vertueux, religieux, charitable, modèle d'édification comme de savoir. Il aima pendant sa vie les pauvres, il secourut les infortunés, il aida les établissements d'utilité publique. Il est mort (1) comme il avait vécu, et a remis à des mains pures et amies la plus grande partie de sa fortune, pour être distribuée aux pauvres, aux églises, aux hospices, aux séminaires, aux frères de l'école chrétienne.

---

(1) Le 22 avril 1822.

GIROU DE BUZAREINGUES.

Girou de Buzareingues (Charles), correspondant de l'Institut (Académie des sciences) et de l'Académie de Montpellier, associé honoraire de la Société Impériale et centrale d'agriculture, de la Société d'agriculture et de la Société des Lettres, Sciences et Arts de l'Aveyron, chevalier de la Légion-d'Honneur, a terminé sa longue carrière le 25 juillet 1856, dans sa 84e année.

Fils d'Alexandre Girou de Buzareingues et de Catherine Séguret, il était né le 1er mai 1773 dans la ville de Saint-Geniez.

Elevé avec sévérité par des parents d'une probité irréprochable, son enfance fut entourée de bons exemples.

Dès son jeune âge, il montra de l'aptitude pour les études sérieuses; envoyé de bonne heure au collége de Clermont, à peine âgé de onze ans, il était déjà en philosophie. M. l'abbé Marty, ex-grand-vicaire de Rodez, était son professeur. Le maître et l'élève contractèrent l'un pour l'autre une sincère et durable affection qu'ils conservèrent pendant toute leur vie.

De Clermont, M. Girou de Buzareingues passa au collége du Plessis, à Paris, où il redoubla ses hautes classes.

A quatorze ans, il concourut pour entrer dans le génie de la marine, soutint à cet effet des thèses de calcul différentiel et fut reçu. Il attendait d'avoir l'âge voulu pour entrer dans ce corps lorsque la Révolution éclata. Il assista à la prise de la Bastille; quelques scènes de cruauté dont il fut témoin laissèrent dans son esprit une triste et profonde impression dont l'effet répulsif ne s'effaça jamais.

Pendant son retour chez ses parents, la Terreur, qui fut alors répandue dans toute la France, le précéda de peu d'heures et sema quelques périls sur sa route. Les plus mauvais jours de la Révolution furent passés au milieu des siens. Le dégoût du désordre qu'il voyait régner dans son pays lui inspira le désir de partir pour l'armée.

Il fit comme volontaire la première campagne d'Italie, sous le général Bonaparte.

Peut-être ne serait-il pas sans intérêt de montrer ce jeune homme refusant tous les grades pour rester simple soldat, s'occupant à défendre gratuitement les accusés traduits devant les conseils de guerre, faisant bénévolement le travail des quartiers-maîtres et de divers agents comptables, et rapportant seulement de cette glorieuse campagne la satisfaction d'avoir servi son pays; mais ces détails nous entraîneraient trop loin.

Choisi dans son régiment comme apte à concourir pour entrer à l'école polytechnique, le jeune soldat eut seulement cinq jours pour préparer ses examens, et il fut admis. Mais la fatigue de la campagne qu'il venait de faire et les fièvres contractées en Lombardie le forcèrent à rentrer chez ses parents.

Séduit par les charmes de la vie de famille, M. Girou résolut de fixer ses jours à Buzareingues, dont son père lui avait abandonné la propriété. Il se maria; son choix fut moins dicté par des calculs d'intérêt que par les sentiments élevés et la rectitude d'esprit de celle qui devint sa compagne.

Dès-lors il se livra avec zèle à la pratique de l'agriculture; il introduisit dans son domaine les chevaux arabes, les vaches suisses, les vaches d'Asie et les brebis mérinos; fit construire une belle bergerie d'un nouveau modèle, dont il a donné le plan dans son *Essai sur les mérinos*, publié en 1812, et il inventa un micromètre, exécuté par Lerebours, qui lui servait à mesurer d'une manière précise la finesse de ses laines.

Mais bientôt commença dans l'existence de M. Girou de Buzareingues une phase nouvelle, qui devait puissamment influer sur son avenir. C'est au milieu des préoccupations que toute innovation entraîne après elle, qu'il avait vu naître sa jeune famille, composée d'une fille et de deux garçons. N'ayant pas été heureux dans le choix d'un instituteur qui devait élever ses enfants sous ses yeux, il résolut de faire lui-même leur éducation.

Ce projet étant arrêté, il se mit avec zèle à l'œuvre ; pour rectifier ce que ses études pouvaient avoir d'incomplet, il refit sa propre éducation, reprit l'étude du latin, se perfectionna dans l'art d'écrire sa langue. Puis, pour bien connaître la terre qu'il allait ensemencer, il étudia l'homme moral et l'homme physique, se livra tour-à-tour à l'étude des sciences métaphysiques et des sciences physiologiques ; enfin, l'anatomie, la physique et la chimie lui parurent nécessaires pour embrasser son sujet.

Se levant tous les jours à trois heures du matin, il avait fait déjà une ample moisson de recherches avant que personne fût éveillé dans sa maison.

Cependant les travaux agricoles n'étaient point négligés ; après l'*Essai sur les mérinos*, parurent, en 1814, les *Etudes de physiologie appliquées aux chevaux arabes*, qui furent insérées dans les *Annales de l'agriculture française*. Dans ce travail, l'auteur se sert de calcul pour démontrer quelles sont chez le cheval les formes les plus propres à la course. Un tirage à part de ce mémoire avait eu lieu. Carnot, dans les Cent Jours, fit acheter l'édition entière pour la distribuer aux haras.

M. Girou de Buzareingues, épris d'une grande admiration et d'un profond attachement pour celui qui avait rétabli l'ordre en France, et qui avait été son général dans l'armée d'Italie, avait prêté serment de fidélité à l'Empereur dans les modestes fonctions de maire de village. Il donna sa démission à l'avènement des Bourbons, et pour ce fait refusa de s'engager dans les fonctions publiques, ne voulant pas prêter un nouveau serment.

N'ayant caché ni ses regrets, ni sa douleur à la chute du grand homme, on le mit sous la surveillance de la haute police. Précaution inutile, car les hommes de cette trempe sont rarement conspirateurs !

Son écrit sur Napoléon et les Bourbons avait eu du retentissement dans le pays, et les opinions de l'auteur y étaient fort connues ; aussi fut-il choisi par le corps électoral pour aller, dans les Cent Jours, porter à Napoléon Ier l'adresse du département de l'Aveyron, et la rédaction lui en fut confiée. A la même époque, M. Girou avait envoyé à l'Empereur un mémoire sur le recrutement, dont plusieurs passages ont été reproduits presque littéralement dans les écrits de Sainte-Hélène.

En recevant de ses mains l'adresse du département, Napoléon lui donna la croix. On sait que les décorations données dans les Cent Jours ne furent pas confirmées au retour des Bourbons ; mais M. Girou de Buzareingues comptait au pouvoir des amis puissants qui lui offrirent de lui faire obtenir un nouveau brevet ; il ne voulut point l'accepter, disant que ce serait mettre en doute le droit de celui qui l'avait décoré. Ce n'est qu'après la révolution de juillet, lorsqu'il y fut autorisé par une loi, qu'il reprit sa décoration que rien n'avait pu le décider à changer.

Ce sincère attachement pour Napoléon Ier était devenu un véritable culte dans l'esprit de M. Girou de Buzareingues ; aussi ses sympathies pour Napoléon III n'attendirent pas, pour se manifester, que le second empereur eût commencé à gravir les degrés du pouvoir. Ses regrets et ses vœux suivirent le neveu de l'Empereur dans la prison de Ham aussi bien que sur les rives étrangères.

Nous avons dit que l'éducation de ses enfants était devenue une de ses principales occupations. M. Girou de Buzareingues ne les perdait presque jamais de vue, se mêlait à leurs jeux, pour trouver encore l'occasion de les instruire, leur parlait souvent latin et, en jouant avec eux, faisait naître une conversation instructive et attachante. Bientôt les jeux étaient oubliés et l'attention de ses élèves était tout entière à ses paroles. C'est ainsi que commencèrent leurs études botaniques. Puis, en guise de vacances, il les conduisait tous les ans à Montpellier, pour leur faire suivre les cours de la faculté des sciences. Il s'asseyait avec eux sur les bancs, prenait assidûment des notes, leur faisait ensuite une analyse succincte de ce qu'ils avaient entendu, les interrogeait avec soin, s'assurant ainsi qu'ils ne restaient pas en arrière, et, comme il faut aux jeunes intelligences des moments de repos ou de distraction, M. Girou profitait de ce temps pour aller chez un artiste assez habile prendre des leçons de peinture, afin de les transmettre à sa fille.

Il envoya son fils aîné en Suisse pour y étudier l'agriculture dans l'établissement de M. Fellemberg. Son second fils, après avoir terminé ses études à Montpellier, avait commencé celle de la médecine dans cette ville. Quoique séparé de ses deux enfants, M. Girou de Buzareingues ne cessait, par de fréquentes lettres, de les instruire et de les entourer de ses sages conseils. Ainsi, pendant plus de trente-cinq ans, il a eu avec son jeune fils, qui était à Montpellier ou à Paris, une correspondance hebdomadaire. En dehors de la tendre sollicitude du père, de la douce morale qu'il cherche à inspirer à son élève, on pourrait voir traitées, dans cette correspondance, une foule de hautes questions qui ne seraient pas sans intérêt pour la science.

M. Girou savait se multiplier sans qu'une de ses occupations nuisît à l'autre. Ayant été conduit à Paris pour faire admettre un pourvoi en cassation dans une affaire qui intéressait son beau-père, il amena avec lui sa fille pour lui faire prendre des leçons de peinture de Mme Hersent. Les soins donnés au procès, un Mémoire de lui qui détermina le succès de cette affaire, ne l'empêchèrent pas de communiquer en même temps à la Société centrale d'agriculture, dont il était le correspondant, ses recherches sur l'influence de l'état physique du père et de la mère pour déterminer le sexe du produit. Ses idées parurent intéressantes à cette société. On l'engagea à en faire part à l'Académie des sciences. Là, il faut le dire, ses observations, entièrement neuves, furent accueillies par des sourires d'incrédulité. M. Girou de Buzareingues, qui avait déjà plusieurs années d'observations faites avec soin sur son troupeau, étant sûr de son fait, s'occupa de donner la preuve de ce qu'il avait avancé. Il envoya à M. Dumas, aujourd'hui sénateur, alors un des trois rédacteurs des *Annales des sciences naturelles*, une série d'observations sur ce sujet; non-seulement cet habile physiologiste les inséra dans son journal, mais encore il les appuya par de savantes considérations qui lui étaient propres. Peu de temps après, Laplace, Fournier, Ampère, Arago, Cuvier avaient confirmé, par leurs propres recherches, les observations de l'agriculteur aveyronnais. Aussi la réparation fut complète, et, en 1826, M. Girou de Buzareingues, alors absent de Paris, fut surpris d'apprendre qu'il avait été nommé correspondant de l'Institut presque à l'unanimité des suffrages.

L'éducation de ses enfants était terminée : son fils aîné (Charles) pouvait l'aider dans son exploitation agricole ; le second (Louis) poursuivait à Paris ses études médicales ; bientôt il eut la douleur de perdre sa fille. Pour remplir désormais le vide qui s'était fait autour de lui, il se consacra à la science ; le titre seul de ses nombreuses publications, formant environ dix forts volumes, donnera une idée du zèle avec lequel il s'y livra.

AGRICULTURE.

Expériences s'il est avantageux ou nuisible de tondre les agneaux (*Annales de l'agriculture*, 1811).

Essai sur les Mérinos (Paris, 1812).

Observations sur la Carie du blé (*Feuille villageoise*, 1821).

Mémoires sur le Tournis, deux Mémoires (*Feuille villageoise*, 1822).

De l'utilité des Théories rurales (*Feuille villageoise*, 1823).

Essai sur la Division indéfinie des propriétés (*Ibid*).

Moyen de détruire la Cocrète, *Rhinantus Christagalli* (*Ibid*., 1824).

Réponses à des questions sur le Dépiquage des grains (*Mémoires de la Société d'agriculture*, 1826).

Questions pour les Maîtres-Valets (*Comices agricoles*, Millau, 1827).

Mémoires sur la préparation des Terres destinées à recevoir les blés d'hiver et sur l'emblavement (*Annales de l'agriculture*, 1828).

Mémoire sur Roquefort, ses caves, ses fromages et l'agriculture de ses environs (*Ibid.*, 1830).

Mémoire sur l'Amélioration des moutons, des bœufs et des agneaux (*Ibid.*, 1831).

Expérience sur l'utilité de semer du blé gros et bien développé (*Ibid.*, 1831).

Expérience sur le Labourage (*Ibid.*, 1851).

Expérience sur le vignoble de Marcillac, trois Mémoires (*Ibid.*, 3e série, t. XII).

Mémoires statistiques sur les Montagnes d'Aubrac, sur la manipulation du lait dans ces montagnes (*Ibid.*, 3e série, t. XII).

Examen critique du cultivateur aveyronnais (*Propagateur aveyronnais*).

Observations sur la dégradation des Pommes de terre (une série de Mémoires (*Annales de l'agriculture*, 1846).

Observations sur les Vaches laitières (*Ibid.*).

Physiologie agricole (Un vol., Paris, 1849).

ANATOMIE. — PHYSIOLOGIE ANIMALE.

Etudes de Physiologie appliquée aux chevaux (*Annales de l'agriculture*, 1814).

Mémoire sur les Poils et le Duvet (*Feuille villageoise*, 1822, et *Répertoire de l'Hôtel-Dieu*, 1828).

Essai sur la Génération, précédé de Considérations sur la vie dans l'organisation des animaux (*Feuille villageoise*, 1825).

Expériences authentiques sur la Reproduction des animaux domestiques (*Ibid.*, 1825).

Mémoire sur la Distribution et les Rapports des deux sexes en France (Paris, chez Mme Huzard, 1828).

De la Génération (un vol. in-8°, chez Mme Huzard, Paris, 1828).

Sur les Rapports des Sexes dans les naissances de l'espèce humaine (plusieurs Mémoires] [*Revue médicale*, 1836, 1837, 1838 et années suivantes jusqu'en 1846).

Observations sur l'origine des Circonvolutions du Cerveau et du Cervelet (*Journal de Physiologie* de M. Magendie, 1828).

Mémoire sur les Attributions des principaux Organes cérébraux, lu à l'Académie des sciences (*Annales des Sciences naturelles*, Paris, 1828).

Suite des Observations sur la Reproduction des Animaux domestiques (*Annales des Sciences naturelles*, 1828).

Mémoire sur le Rapport de volume des Sexes dans le règne animal (*Ibid.*, 1830).

Sur la Distribution naturelle des Mariages, des Naissances et des Sexes (*Revue encyclopédique*, 1835).

Nota. Ce dernier mémoire était accompagné d'un tableau inédit, contenant le relevé mensuel, par département et par sexe, de toutes les naissances de la France pendant dix années, et comprenant un peu plus de dix millions de naissances. Ce tableau est dans ce moment au bureau de statistique du ministère de l'agriculture, auquel il a été communiqué.

De la Nature des Êtres (Rodez, 1840).

ANATOMIE ET PHYSIOLOGIE VÉGÉTALE.

Expériences sur la Génération des Plantes, deux Mémoires (*Annales des Sciences naturelles*, 1830 et 1831).

Mémoire sur le Rapport des Sexes dans le règne végétal (*Ibid.*, 1831).

Mémoires sur l'Evolution des Plantes et sur l'Accroissement en grosseur des Exogènes, deux Mémoires (Paris, 1831, *Journal de Médecine et de Chirurgie*).

Sur l'Evolution des Plantes (*Annales des Sciences naturelles*, 1833).

Sur l'Ordre de Distribution des fibres dans le Corps central de la tige (*Ibid.*, 1833).

Sur l'Origine de la formation de l'Ecorce, avec planches (*Ibid.*, 1834).

Sur la Distribution et le Mouvement des fluides dans les Plantes, avec planches (*Ibid.*, 1836).

Analogies entre les Plantes et les Animaux (*Annales de l'Agriculture*, 1836).

Sur l'accroissement en grosseur des Exogènes, avec planches (*Annales des Sciences naturelles*, 1837).

PHILOSOPHIE, MORALE, ÉDUCATION.

Philosophie physiologique, politique et morale (1 volume in-8°, Paris, 1828, chez Didot).

Essai sur l'Enchaînement et les Rapports de diverses modifications de la Sensibilité (*Journal* de M. Magendie, 1831).

Morale physiologique (Rodez, 1837).

Marie, ou l'Education des Filles, suivie d'un Précis de Morale (Rodez, 1841).

De l'Education des Garçons (Rodez, 1845).

Sur le Mécanisme des Sensations, des Idées et des Sentiments, par Charles et Louis Girou de Buzareingues (Paris, 1848).

Précis de Morale, composé pour ses petits enfants (Paris, 1852).

On lit encore dans le *Bulletin de l'Aveyron* et le *Ruthénois* plusieurs articles de morale et une prière.

POLITIQUE, ÉCONOMIE SOCIALE.

Du Recrutement (Rodez, 1815).

Sur l'Empereur Napoléon et les Bourbons (26 mars 1815).

Adresse du Département de l'Aveyron à l'Empereur (*Moniteur* de 1815).

Profession de foi politique (Millau, 1830).

De l'Hérédité de la Pairie (Millau, 1830).

Mémoire sur l'Utilité de l'Indivision dans quelques Fermes (*Annales de l'Agriculture*, 1836).

Observations sur les Récompenses qu'il est essentiel d'accorder à quelques branches de l'Economie rurale (*Ibid.*).

Du Divorce (*Journal de l'Aveyron*, 1836).

De l'Utilité d'abolir la Peine de Mort (*Ibid.*, 1836).

Devons-nous désirer un gouvernement à bon marché (*Ib.*, 1836).

Projet de Constitution française (Rodez, 1850).

Divers articles de politique dans le *Bulletin de l'Aveyron*.

PHYSIQUE ET MÉTÉOROLOGIE.

Manière de déterminer par approximation, à la fin de septembre, le nombre de jours de pluie du mois d'octobre suivant (*Annales de l'Agriculture*, 1823).

Notes sur le même sujet (*Ibid.*, 1837).

Mémoire en réponse à des questions relatives à l'influence météorologique du département de l'Aveyron (*Feuille villageoise*).

Essai sur le son (*Annales de la Société Linnéenne*, 1826).

Mémoire sur les divers états atmosphériques de l'Eau (*Annales de l'Agriculture*, 1846).

Observations barométriques et thermométriques quotidiennes, avec d'excellents instruments, continuées pendant près de quarante années.

A cette longue nomenclature il faudrait ajouter une quantité à peu près égale de travaux manuscrits inédits.

M. Girou de Buzareingues a fondé le comice agricole de Sévérac, un des plus anciens qui soit en France ; les Statuts qu'il lui a donnés ont servi de modèle à plusieurs de ces institutions agricoles.

Nommé membre du Conseil général de l'Aveyron au commencement du règne de Louis-Philippe, il cessa d'en faire partie lorsque le nombre des membres de cette assemblée fut réduit.

Sous la présidence du prince Louis-Napoléon, il eut la satisfaction d'apprendre combien son nom était honoré dans la science ; en 1850, l'ordre se raffermissait déjà et la fête du 4 mai fut célébrée dans cet esprit. On érigea, sur la place de la Concorde, quatre arcs de triomphe dédiés aux sciences, aux lettres, aux arts et à l'agriculture ; le nom de M. Girou de Buzareingues se trouva du très-petit nombre des auteurs vivants qui furent inscrits au milieu des plus grandes illustrations de la France.

Doué d'un naturel ferme et bienveillant, esprit droit, intelligence d'élite, sévère pour lui, indulgent pour les autres; de mœurs pures, inflexible dans son devoir, M. Girou de Buzareingues ne permit jamais qu'on attaquât en sa présence un de ses amis absent, et son noble cœur était blessé par la médisance, dont il ne toléra jamais l'usage autour de lui. Constant dans toutes ses affections, on a vu que sa tendresse pour ses enfants avait été le stimulant qui l'avait poussé vers l'étude; c'est pour eux qu'il écrivit ses plus importants ouvrages. Sa *Philosophie physiologique, politique et morale*, travail remarquable par son style et sa haute portée, n'était point destiné à être publié. Il écrivit sur l'éducation pour ses petits-enfants, et pour eux il publia, presque à 80 ans, un volume sur la morale. Plusieurs fois il fut porté pour être membre résidant de l'Académie des sciences, et il approcha fort près du but; on opposait à sa candidature la non résidence à Paris. Une année de séjour dans cette ville eût suffi pour lever toute objection; mais il aurait fallu passer ce temps sans voir sa mère, âgée et souffrante; il ne voulut pas y consentir.

Doué d'une grande pénétration et d'une force d'attention incroyable, il aimait à approfondir les problèmes difficiles et se trouvait porté vers les idées abstraites. Il écrivait souvent entouré de personnes qui causaient sans être distrait par leur conversation de ses pensées les plus sérieuses. Pendant la veille, le repos lui était inconnu : il fallait que son esprit ou son corps travaillât. Naturellement grave, il aimait de voir autour de lui l'expression de la gaîté. Peu d'hommes ont écrit d'une manière aussi sérieuse sur un aussi grand nombre de sujets. Son style concis ne dit jamais un mot de trop pour rendre sa pensée; aussi le lecteur n'est pas toujours dispensé d'attention s'il veut le suivre.

Ayant vécu entièrement isolé, privé de toute communication avec le monde savant, tous ses écrits, qui ont été composés dans la solitude, portent l'empreinte d'un grand esprit de méditation et de profonde investigation.

Novateur hardi, on l'a vu créer à l'observation des routes nouvelles et aborder avec succès des sujets que l'on croyait inaccessibles. Dans sa modeste simplicité, cette laborieuse existence était presque ignorée de ses voisins, tandis qu'au loin ses ouvrages étaient traduits dans plusieurs langues étrangères. Sa méthode d'observation révolutionnait le monde médical, en créant la méthode numérique aujourd'hui généralement adoptée.

Ses travaux de physiologie et d'anatomie végétale, accompagnés d'observations microscopiques et de planches d'une grande finesse, dessinées par lui-même, passionnaient les botanistes, et ses doctrines de physiologie animale retentissaient plus ou moins dans toutes les chaires de physiologie de l'Europe. Ici, on reconnaissait en lui un agronome habile; là, un botaniste éminent; ailleurs, un physiologiste ou un métaphysicien de premier ordre, et son nom devenait de plus en plus vénéré dans le monde savant, tandis que sa réputation d'homme de bien et de citoyen intègre se répandait autour de lui. Aussi, lorsque, aux dernières élections pour la députation, il recommanda son fils Louis à ses compatriotes, son appel fut entendu, et celui qui portait son nom obtint 25,000 suffrages.

Enfin, M. Girou de Buzareingues a terminé sa longue carrière avec la sérénité de l'homme de bien, entouré de ceux qu'il a tant aimés, sans éprouver une douleur et sans proférer une plainte. On peut dire qu'il est mort comme il a vécu (1).

(*Extrait du journal l'*Aigle).

Le colonel GRANDSAIGNES.

Grandsaignes (Etienne-Hippolyte-Gilles de), général de brigade, chevalier de la Légion-d'Honneur, né à Millau en 1776,

---

(1) M. Jules Duval a publié, sur ce savant compatriote, une biographie fort détaillée, Paris, 1858, chez Ennuyer, rue du Boulevard-des-Batignoles, 7, 155 p. in-8°.

d'une famille dont plusieurs membres s'étaient distingués dans les armes.

En 1792, Grandsaignes, qui était alors élève à l'école royale militaire d'Effiat, partit avec un détachement de gardes nationaux de la ville de Riom, pour s'opposer à une insurrection qui venait d'éclater dans le département de la Lozère. A son retour, il fut licencié et entra peu de temps après en qualité de volontaire dans les canonniers du bataillon du Tarn *Le Vengeur*. Il se distingua pendant la dernière campagne des Pyrénées et à l'armée des côtes de l'Océan. Le 11 octobre 1798, il fit partie de l'expédition d'Irlande, sortie de l'île d'Aix, et déploya une rare intrépidité dans le combat naval que la division Savary soutint contre la division anglaise. Ayant été promu au grade de chef de bataillon, en récompense de sa conduite glorieuse à l'armée de l'ouest et pendant l'expédition des côtes d'Egypte sur l'escadre du contre-amiral Gantheaume, cet officier fut nommé aide-de-camp du général Bonnet; il s'embarqua avec lui pour Saint-Domingue où il signala sa valeur dans diverses actions, et notamment à l'attaque du bourg de Bombarde, où il fut dangereusement blessé. Quoique cette position fût défendue par 1,500 hommes d'infanterie et quatre pièces de campagne, le brave Grandsaignes, qui n'avait à ses ordres que cent soixante hommes, tourna la position avec habileté, escalada les retranchements à la faveur de la nuit, passa la garnison au fil de l'épée et rejoignit la division Bonnet, de laquelle il avait été détaché, amenant avec lui l'artillerie ennemie. Le succès de cet assaut sauva la ville du Mole dont les noirs étaient sur le point de s'emparer. A la prise du fort de la Paix, ce chef de bataillon, qui commandait la troisième brigade de la division Bonnet, entra le premier dans le petit fort; son exemple donna l'élan à la troupe, qui emporta la position à la baïonnette. Cette affaire fit élever Grandsaignes au grade d'adjudant-commandant, et bientôt après à celui de colonel du 110e régiment d'infanterie de ligne.

De retour en France, il fut employé en 1805 et en 1806 à l'armée d'Italie, comme chef d'état-major des grenadiers réunis; il passa ensuite en Portugal où il fit les campagnes de

1807 et 1808, en qualité de premier aide-de-camp du maréchal Junot, duc d'Abrantès, et se distingua à la bataille de Vimeiro, où, à la tête d'un faible détachement de cavalerie, il chargea un escadron ennemi, le culbuta et le fit périr sous les coups de sabre de ses soldats. A cette même bataille, le général Junot avait couru quelques dangers au commencement de l'action, en se portant trop avant pour rallier l'infanterie ; il allait être enveloppé par la cavalerie ennemie, lorsque son premier aide-de-camp, le colonel Grandsaignes, accourut avec quelques officiers et quelques cavaliers d'ordonnance et parvint à le dégager.

En 1809, l'Espagne et l'Allemagne devinrent alternativement le théâtre où brilla la valeur de Grandsaignes ; mais elle ne se montra nulle part avec plus d'éclat qu'au siège de Sarragosse, où il mérita les éloges de toute l'armée. Les campagnes de 1810, 1811 et 1812 dans la Péninsule ne firent qu'ajouter à sa réputation militaire.

Au combat de Celada, près de Burgos, le 10 mai 1812, il rendit les services les plus signalés ; on le vit dans plusieurs charges successives, à la tête de cinquante cavaliers, culbuter l'ennemi et lui faire un grand nombre de prisonniers. Cependant l'ardeur de combattre l'ayant entraîné trop loin, il fut entouré par 1,500 soldats de l'armée de Mina ; il se défendit longtemps et fit des efforts incroyables pour réussir à se frayer un passage. Quarante-sept hommes de son escorte furent tués à ses côtés ; debout au milieu des cadavres de ses guerriers, il portait encore des coups mortels et ne semblait leur survivre que pour les venger. Mais l'heure fatale du héros était sonnée ! Ce bras si redoutable à l'ennemi se leva pour la dernière fois. Une balle frappa au cœur celui à qui l'amour de la gloire avait fait affronter tant de dangers ; il périt à 36 ans et le jour même où il devait se rendre en Allemagne pour poursuivre sa belle carrière militaire, en qualité de général de brigade, grade que sa bravoure et ses services lui avaient fait donner par l'empereur.

(*Extrait des fastes de la gloire*, t. I. *Victoires et conquêtes*, vol. 18).

Le colonel HIGONET.

Higonet (Joseph), colonel du 108ᵉ régiment de ligne, commandeur de la Légion-d'Honneur, né le 1ᵉʳ janvier 1772, à Saint-Geniez, dans les rangs de la bourgeoisie, reçut une bonne éducation, et, après avoir terminé ses études au collége Sainte-Barbe, à Paris, rentra dans ses foyers au moment où l'enthousiasme révolutionnaire, électrisant les masses, créait des milliers de défenseurs à la patrie. Higonet s'engagea comme volontaire dans le 2ᵉ bataillon de l'Aveyron au mois de juillet 1792, et dut à son instruction et à ses avantages physiques le grade de capitaine qui lui fut donné presque au début. Il justifia noblement cette faveur.

Successivement attaché à la 56ᵉ et à la 85ᵉ demi-brigades, il combattit avec ces corps en 1792 et 1793 sur le Rhin, se trouva au siége de Toulon (19 décembre 1793), et y reçut un coup de feu, fit ensuite toutes les campagnes d'Italie où dans maintes occasions il déploya le plus brillant courage.

On cite entre autres la bataille de Rivoli (14 janvier 1797), où le capitaine Higonet se précipita, à la tête de sa compagnie, sur l'ennemi qui pressait l'avant-garde de l'armée française, lui fit cinquante prisonniers et lui enleva trois pièces de canon.

Mais bientôt, le général Bonaparte, faisant voile vers l'Egypte, va tenter contre la puissance ottomane une de ces luttes gigantesques que l'Europe, depuis les Croisades, n'avait plus osé renouveler.

Le capitaine Higonet fut au nombre des hommes d'élite qui l'accompagnèrent; et les blessures qu'il reçut à Alexandrie, à Saint-Jean-d'Acre et à Héliopolis (1), témoignent de la part active qu'il prit à cette expédition.

Aux Pyramides (21 juillet 1798), il tenait la droite de la face du carré qui repoussa la charge des Mamelucks. Au siège d'Acre (mars et avril 1799), que l'armée française fut obligé de lever après soixante jours de tranchée ouverte et huit assauts, il reprit la première parallèle de gauche dont l'ennemi s'était emparé à sa première sortie, et, dans une autre sortie, vers la fin, étant de tranchée au *cavalier* de droite, il força les Turcs, l'épée aux reins, à rentrer dans leurs ouvrages.

La victoire d'Héliopolis fut peut-être le plus étonnant fait d'armes de toute cette guerre. On sait les causes qui l'amenèrent. Kléber, général en chef de l'armée d'Orient, se confiant au traité d'El-Arisch, du 24 janvier, avait remis au grand-visir les places de Salahich, Catieh, Belbeis, Damiette, lorsqu'il reçut une lettre de lord Keith, commandant en chef de la flotte anglaise, qui sommait l'armée de mettre bas les armes et de se rendre à discrétion.

Kléber indigné distribua cette lettre dans les rangs et dit pour toute harangue :

« Soldats, on ne répond à de telles insolences que par la victoire ; marchons ! »

On rencontre l'avant-garde ottomane à une lieue nord-est du Caire, sur les ruines de l'ancienne Héliopolis. Cette armée de soixante mille Turcs, Arabes, Mamelucks est mise en fuite par dix mille Français.

Le capitaine Higonet fut nommé chef de bataillon sur le champ de bataille.

---

(1) Blessé d'un coup de feu au bras gauche à la bataille d'Alexandrie, le 3 juillet 1798.

Blessé deux fois au siège de Saint-Jean-d'Acre au mois d'avril 1799.

Blessé d'un coup de pistolet à la tête à la bataille d'Héliopolis, le 20 février 1800.

(Etats de services).

Au mois de mars 1800, pendant le siége du Caire, ayant été chargé d'attacher à une porte un pétard qui n'eut aucun effet, il escalada les murs avec les grenadiers, se jeta dans la ville et ouvrit le passage.

A l'attaque qui suivit la reddition de cette place, il commandait une des compagnies de grenadiers qui pénétrèrent dans la ville et forcèrent la mosquée où s'étaient retranchés un grand nombre d'ennemis.

Après la campagne, le général en chef Menou rendit un parfait hommage à son mérite en disant « qu'il n'y avait pas eu dans son armée d'officier plus brave ni plus instruit », et sur sa proposition, Higonet fut nommé, le 27 mars 1801, adjudant commandant à l'état-major général.

L'attention de ses chefs était fixée sur lui ; rien ne pouvait plus désormais entraver sa carrière. Aussi, dans le cours de la seule année 1804, il se vit successivement élevé au grade de colonel-major des grenadiers de la garde consulaire (1), de membre et bientôt après de commandeur de la Légion-d'Honneur (2), et enfin de colonel du 108ᵉ régiment de ligne (3).

Il inaugura ce dernier grade, le 8 novembre 1805, au combat de Mariazell, en Allemagne, en forçant avec un seul bataillon six bataillons autrichiens à mettre bas les armes, s'emparant de trois drapeaux et de quatorze pièces de canon.

Sa conduite ne fut pas moins admirable à Austerlitz (2 décembre 1805). A la tête de son régiment, il enleva le village de Telnitz, défendu par trois régiments russes, leur prit cinq pièces de campagne et deux drapeaux.

Heureux temps, où la valeur française se déployant sur les champs de bataille rendait notre nom respectable et glorieux dans l'univers entier ! où les forces vives de la nation ne s'é-

---

(1) 21 janvier 1804.

(2) 16 juin 1804.

(3) 22 décembre 1804.

puisaient pas en vains discours de tribune, en ruses diplomatiques, en funestes luttes intestines (1) !

Higonet faisait partie de cette immortelle division Friand qui, pendant vingt ans, moissonna tant de lauriers. C'est dans ce corps qu'il fit la campagne de 1806, terminée le 14 octobre, à Iéna, par une des plus éclatantes victoires qui aient signalé le règne de Napoléon. Là, comme toujours, intrépide à braver le danger, le colonel Higonet, à la tête d'un bataillon, se précipite sur une batterie de huit pièces de canon, s'en rend maître après un combat acharné, fait huit cents hommes prisonniers, enlève trois drapeaux, et au moment où le succès couronnait ses efforts, il tombe atteint d'un coup mortel et expire au milieu du triomphe.

Son frère Philippe, adjudant-major dans le même régiment, se trouvait dans cette sanglante mêlée. Le maréchal prince d'Eckmul écrivit à son père désolé :

« Vos inquiétudes, Monsieur, sur le sort du capitaine Higonet n'étaient pas fondées ; il a échappé aux dangers, et, dans la bataille du 14 octobre comme dans les précédentes, il a mérité l'estime de ses chefs et de ses camarades.

» J'ai beaucoup regretté la perte du colonel Higonet. C'était un de nos meilleurs officiers, et il promettait d'être un très bon général. La seule chose qui puisse affaiblir les regrets de ses amis et de sa famille, c'est qu'il est mort de la manière la plus glorieuse en préparant par l'élan qu'il a donné à son régiment un succès auquel était attachée la gloire des armées françaises.

» J'ai l'honneur, etc.

» Le maréchal DAVOUST. »

L'Empereur voulant honorer la mémoire de ce vaillant officier, décréta que son nom serait donné à un monument de la capitale. Le nom de Joseph Higonet a également été placé sur l'arc-de-triomphe de l'Etoile. Il n'y a eu que trois

---

(1) L'auteur écrivait ces lignes en 1847.

autres colonels, Marion, Sulkowski et Lainé, aides-de-camp de Napoléon, auxquels le même honneur ait été rendu.

La ville de Saint-Geniez, à son tour, jalouse de perpétuer la glorieuse mémoire de ce vaillant officier, a pareillement donné son nom à la rue qui l'avait vu naître.

Il reste du colonel Higonet une lettre, datée d'Egypte, le 23 vendémiaire an IX, qui nous révèle sa grande âme et nous donne une idée du brillant avenir qui l'attendait si la mort ne l'avait enlevé à la fleur de son âge. Nous croyons devoir léguer à l'histoire cette lettre, adressée au général en chef Menou, et qui fut mise à l'ordre du jour :

« A la bataille d'Héliopolis, au siége du Caire, plusieurs grenadiers du corps où je sers furent blessés et transférés à l'hôpital. A cette époque, cet établissement était dénué de tout. Le linge même pour les pansements manquait souvent ; enfin les maisons offraient le spectale le plus digne de pitié. L'âme des grenadiers, qui, chacun à leur tour, allaient soigner leurs camarades blessés, en fut vivement émue, et, quoique sans solde depuis huit mois, tous, d'un mouvement spontané, d'un accord unanime, pourvurent aux moyens de faire à ces malheureux une solde de dix sous par jour. Ceux que les hasards des combats n'avaient pas respectés, ne ressentirent pas seuls les effets de la généreuse amitié de leurs compagnons d'armes : deux d'entre eux, privés de la vue, par suite d'une ophtalmie opiniâtre, ont été aussi l'objet de leur sollicitude fraternelle; les grenadiers instruits que ces deux hommes devaient retourner en France, leur ont fait passer, à chacun, cinquante livres, afin qu'ils pussent se procurer quelques douceurs durant la traversée. Mon général, je me serais dispensé de vous instruire de ces particularités, si je ne savais avec quel plaisir vous apprenez les traits qui font l'éloge des soldats que vous commandez, traits qui, sous tous les rapports, sont plus intéressants pour l'espèce humaine que tous ces brillants riens dont retentissent sans cesse tous les journaux de l'Europe. »

LA ROMIGUIÈRE.

La Romiguière (Pierre), né à Livignac en 1756, après avoir étudié au collège de Villefranche, entra dans la congrégation de la doctrine chrétienne, cette corporation enseignante qui, avec celle de l'oratoire, a donné tant d'illustres professeurs à l'enseignement. Dès 1773, il commença à parcourir les degrés les plus humbles et à s'élever par son mérite. Il fut successivement régent de cinquième, de quatrième, de seconde, dans les colléges que possédait la doctrine à Moissac et à Lavaur. Régent de troisième au collège de Toulouse en 1776, il y devint, l'année suivante, répétiteur de philosophie, et s'essaya, pour la première fois, dans une chaire que devait honorer son nom. Puis professeur titulaire de philosophie, en 1778 à Carcassonne, en 1779 à Tarbes, en 1781 à La Flèche, en 1784 à Toulouse, il partagea ainsi entre les villes, où ses supérieurs l'envoyaient, ces fécondes méditations de la jeunesse, ces pensées claires et pénétrantes, cette parole vraie et persuasive, qui devaient un jour, sur un plus grand théâtre, lui assurer l'éclatant succès dont tous les amis de la science philosophique se souviennent encore.

Dans cette première partie de sa carrière, M. La Romiguière fut tel qu'on le vit toujours depuis, affectueux et bon, mais ferme et inébranlable dans ce qu'il croyait la vérité. A l'occasion d'une thèse que voulait interdire le parlement de Toulouse, il ne céda pas, et montra dès-lors que sa bonté n'était point faiblesse et qu'elle lui servait seulement à donner à son indépendance de la modération et de la dignité.

Après les grands orages révolutionnaires, lorsque tous les hommes éminents furent appelés dans toutes les routes de l'intelligence pour réparer les maux cruels que la France venait de subir, M. La Romiguière alla à Paris, mais pour n'accepter ou ne garder que la simple mission d'instruire, comme il avait fait jusques-là, ses concitoyens. Deux de ses modestes cahiers de métaphysique, publiés sans nom d'auteur à Toulouse, en 1793, après la suppression des corporations enseignantes, avaient fixé sur lui les regards de ceux qui cherchaient de toutes parts, dans tous les rangs, les hommes dont la France avait besoin. Dès la création des écoles centrales, il fut professeur de logique et ensuite professeur d'histoire.

En vain Sieyes, qui connaissait son mérite, voulut qu'il l'accompagnât dans son ambassade à Berlin, La Romiguière refusa, et on le vit depuis refuser aussi le titre de sénateur. Il fut un instant membre du Tribunat ; mais il cessa bientôt d'être tribun et resta philosophe. Un jour Garat, professant aux écoles normales, débuta par ces paroles : « Il y a ici quelqu'un qui devrait être à ma place, » et il lut les observations d'un anonyme sur la précédente leçon. L'auteur était M. La Romiguière, dont Garat, depuis ce jour, s'honora d'être l'ami.

Le moment approchait en effet où il allait monter, lui aussi, dans une chaire publique. Attaché au Prytanée français, d'abord comme examinateur des boursiers, puis comme professeur de morale, plus tard commé conservateur de la bibliothèque, qui est aujourd'hui la bibliothèque de l'Université, on vit enfin, peu de temps après l'institution de la faculté des lettres de Paris, le professeur de philosophie, La Romiguière, ouvrir, le 26 avril 1811, cette série de Leçons sur les principes de l'intelligence et l'origine des idées qui, bientôt imprimées, sur le vœu réitéré de M. de Fontanes, ont été depuis traduites dans les principales langues de l'Europe.

Jamais professeur ne fut plus cher à ses confrères et à ses élèves que M. La Romiguière. L'entière faculté des lettres, qui n'aurait pas eu d'autre doyen s'il avait consenti à l'être, l'environna toujours de respect et d'amour. On admirait en lui, surtout dans les derniers temps, avec une tendresse inquiète, cette touchante sérénité d'âme, cette constante égalité de caractère et de langage, cette joie paisible du cœur au milieu des plus cruelles souffrances. Il était impossible à cet aspect d'un sage, à cette voix calme et résignée, de ne point reconnaître l'esprit vraiment religieux de cet homme naïf et sublime qui a écrit ces mots :

« Oui, ne craignons pas de le dire, Dieu a le sentiment de lui-même, il a le sentiment de la plénitude de son être, ou, si ces expressions pouvaient faire quelque peine à ceux qu'une fausse philosophie a accoutumés à ne voir le sentiment que dans les sensations, nous dirions en changeant le langage, mais non la pensée, que Dieu jouit d'une félicité suprême, et qu'il est une source infinie de bonheur, comme il est une source infinie de puissance et de gloire. »

Quant aux autres vertus de ce vieillard, à son inépuisable bienfaisance, aux prodigalités charitables de cet homme compatissant et bon qui, en cela seul, ne connaissait point de mesure, on pourrait interroger l'immense foule de malheureux qu'il a secourus; ou bien encore l'interroger lui-même dans ce livre où il a répandu son âme tout entière et que nous citions tout-à-l'heure : « Les plaisirs de l'esprit ont toujours un nouvel attrait ; l'âme, pour les goûter, est toujours jeune, et le temps, loin de les affaiblir, leur donne chaque jour plus de vivacité. Est-il de jouissance qui les surpasse ? Oui, Messieurs, il en est de plus grandes. Quels que soient les ravissements que fait éprouver la découverte de la vérité, il se peut que Newton, rassasié d'années et de gloire, se soit dit, en jetant un regard en arrière, vanité ! Tandis que le souvenir d'une bonne action suffit pour embellir les derniers jours de la plus extrême vieillesse, et nous accompagne jusque dans la tombe. »

On pourra dire, en parlant d'un tel homme : celui-là enseigna la philosophie pendant près d'un demi-siècle ; et ce qui est mieux encore, il la pratiqua, et la fit aimer.

La Romiguière fut sans contredit le plus célèbre professeur de philophie de France. Ses leçons ne sont pas une réminiscence, ni un obscur commentaire de la métaphysique souvent plus vague que profonde d'outre-Rhin ; c'est une étude sérieuse de l'âme, ou du *moi humain* et de ses facultés ; il est impossible d'employer, en traitant ce sujet difficile, un style plus convenable et plus noble, une méthode plus simple et plus claire. Si son explication du sentiment, d'où il fait tout dériver, le rapproche des sensualistes, ses déductions l'en éloignent et le conduisent à l'unité du moi humain ou à la spiritualité de l'âme.

Un écrivain spirituel (1) l'a peint au naturel dans les lignes suivantes :

« En ce temps-là, à la fin de la Restauration, il y avait un honnête et savant contemplateur, retiré dans un coin de la Sorbonne, dont la science philosophique se souviendra toujours avec reconnaissance et respect. Cet homme, heureux et vénéré entre tous, a été un grand écrivain quand il a voulu écrire; un grand orateur quand il a voulu parler; un professeur accompli toutes les fois qu'il a daigné monter dans sa chaire. Il a laissé un livre qui est un chef-d'œuvre; il est le meilleur élève de Condillac, disciple supérieur à son maître. J'ai nommé M. La Romiguière. Si quelqu'un, pour la grâce, pour l'esprit, pour le talent, pour la bonne humeur, pour le grand art d'aimer ses amis et de s'en faire aimer, se peut comparer à M. Monteil, c'est M. La Romiguière. Seulement, M. La Romiguière avait sur M. Monteil cet avantage, il était un admirable paresseux : du reste, aussi bon, aussi simple, aussi honnête homme que son ami et compatriote Monteil. »

Les plus illustres personnages honorèrent M. La Romiguière de leur estime et de leur amitié. L'empereur Alexandre, amené à Paris par les événements de 1814, voulut le voir et se rendit dès les premiers jours de son arrivée dans sa modeste demeure.

La Romiguière était membre de l'Institut et officier de la Légion-d'Honneur. Il n'avait point dédaigné de s'associer à l'entreprise que formèrent, en 1837, quelques-uns de ses jeunes compatriotes de l'Aveyron, pour exciter le goût des études locales et contribuer au progrès des sciences dans leur pays. Voici la lettre bienveillante qu'il leur adressa dans cette occasion par l'entremise du secrétaire de la société :

(1) M. Jules Janin.

Paris, le 14 juin 1837.

« Monsieur,

» Je serais impardonnable et en même temps bien ennemi de moi-même, si des infirmités aggravées par l'âge ne m'avaient empêché, pendant quelques mois, de prendre la plume et de vous remercier de l'honneur insigne que me fait votre société. Croyez, Monsieur, que de toutes les distinctions littéraires, aucune ne saurait être à mes yeux plus flatteuse que celle de me voir inscrit sur la liste des esprits les plus éminents de notre Aveyron. Ce pauvre Aveyron vient un peu tard sur la scène du monde savant ; mais il en sera de lui comme des convives de l'Evangile : Les derniers arrivés furent placés au haut de la table.

» Je vous prie de faire agréer mes sentiments pleins d'estime et de reconnaissance à tous nos confrères, à ceux qui font de l'archéologie, de l'histoire moderne, de la métaphysique la plus profonde, et à ceux qui font de jolis petits vers.

» Recevez aussi, Monsieur le secrétaire, mes remerciments du plaisir que me donne votre rédaction élégante.

» Votre dévoué compatriote et confrère,

» LA ROMIGUIÈRE. »

Peu de jours après, la tombe dévorait cette précieuse existence. La Romiguière succomba à la maladie qui le minait depuis longtemps, le 14 août de la même année, à l'âge de 84 ans.

Cet article serait incomplet si nous ne faisions connaître à nos lecteurs par une rapide analyse le système de notre illustre compatriote sur les facultés de l'âme, système qu'il a développé avec tant de précision et une si admirable clarté dans ses leçons de philosophie.

Les sensations sont produites par l'action des objets extérieurs. Par elles nous ne faisons pas, mais il se fait en nous. Or, dès que l'âme sent, elle est bien ou mal, elle éprouve du plaisir ou de la douleur et alors elle agit. Elle fait effort pour retenir le sentiment plaisir ou pour repousser le sentiment douleur. — Deux séries de faits en sens inverse : 1.° Action de l'objet sur l'organe, de l'organe sur le cerveau, et du cerveau sur l'âme ; 2° Action ou réaction de l'âme sur le cerveau; communication du mouvement reçu par le cerveau, à l'organe qui fuit l'objet ou qui se dirige vers lui.

Les organes et l'âme peuvent être donc considérés dans deux états entièrement opposés. Dans le premier, l'organe et le cerveau reçoivent le mouvement ou l'impression et l'âme reçoit la sensation ; l'impulsion est du dehors au-dedans et l'âme est passive. Dans le second état, l'action est du dedans au dehors, et l'âme est active. Le principe du mouvement est dans l'âme qui agit sur le cerveau ; le cerveau remue l'organe, et l'organe cherche à atteindre l'objet ou à l'éviter. On voit et l'on regarde. On entend et l'on écoute, etc., sensibilité passive, activité ; voilà deux attributs que l'expérience nous force à reconnaître dans l'âme. Par la sensibilité, l'âme est susceptible d'être modifiée ; par l'activité, elle peut se modifier elle-même. L'activité est donc puissance, pouvoir, *faculté*. La sensibilité est simple *capacité*, une propriété de notre âme. Ceci est démontré ; mais comment un mouvement déterminé du cerveau produit un sentiment dans l'âme, on n'en sait rien. Comment il se fait que l'action de l'âme remue le cerveau, on n'en sait rien (1). L'âme reconnue passive et active, il est facile d'expliquer le système de ses facultés.

L'entendement se compose de toutes les facultés qui nous servent à acquérir des connaissances. Leur nombre est connu. Trois conditions sont indispensables et elles suffisent à toutes nos connaissances.

Il faut d'abord se faire des idées très-exactes de toutes les parties de l'objet qu'on étudie ; et c'est l'*attention* qui nous les donne.

Mais comment ces idées formeront-elles le corps d'une science si elles ne tiennent pas les unes aux autres? Il faut donc reconnaître leurs rapports ; et c'est la *comparaison* qui les découvre.

---

(1) Il y a quatre principales hypothèses pour expliquer l'influence réciproque du corps sur l'âme : 1° de Descartes et Mallebranche ; 2° de Leibnitz ; 3° de Cudasort ; 4° d'Euler.

Mais de rapport en rapport l'esprit s'élève au rapport fondamental par où tout commence : et c'est le *raisonnement* qui nous porte ainsi jusqu'aux principes ; comme de ces principes il nous fait descendre jusques aux conséquences les plus éloignées. Attention, comparaison, raisonnement : voilà toutes les facultés qui ont été départies à la plus intelligente des créatures.

Par l'attention nous découvrons les faits ; par la comparaison, nous saisissons leurs rapports ; par le raisonnement, nous les réduisons en système. Ainsi l'âme, être intelligent, est une puissance qui se compose de trois puissances, trois pouvoirs, trois facultés.

La différence des esprits ne provient pas du plus ou moins de sensations, elle ne peut provenir que de l'activité des uns et de l'inertie des autres. Car, dans l'esprit humain, tout peut se ramener à trois choses : aux sensations, au travail de l'esprit sur ces sensations, et aux idées ou connaissances résultant de ce travail.

L'homme n'est pas seulement fait pour connaître. L'homme est né pour être heureux. Il veut l'être. Il lui est impossible de ne pas le vouloir et il tend vers le bonheur de toutes les puissances de son être.

Cette direction de toutes les facultés de l'entendement vers l'objet dont nous sentons le besoin, c'est *le désir*.

Lorsque l'âme désire, elle juge qu'un seul objet peut satisfaire ses besoins ; ou bien elle juge que plusieurs objets sont propres à les satisfaire. Dans ce derniers cas, il arrive souvent qu'elle prend une détermination, c'est-à-dire que l'action des facultés qui se partageait entre deux ou plusieurs objets, cesse de se partager ainsi pour se porter tout entière vers un seul : l'âme le choisit ; elle le veut ; c'est la *préférence*.

Cette préférence qui naît du désir, va elle-même donner naissance à une nouvelle faculté, sans laquelle il n'y aurait ni bien ni mal moral sur la terre, la *liberté*.

Sacrifier le présent à l'avenir ; se priver d'un plaisir actuel par la considération des suites fâcheuses qu'il peut entraîner après lui, et par l'expérience du repentir ; préférer ou vouloir, ou se déterminer après délibération, est une manière de préférer ou de vouloir qui prend le nom de liberté.

La *liberté* est donc le pouvoir de vouloir ou de ne pas vouloir après délibération. Et comme l'expérience nous atteste que dans beaucoup d'occasions nous voulons en effet ou nous refusons notre volonté après avoir délibéré, il faut bien que nous ayons le pouvoir d'agir ainsi ; et par conséquent il est prouvé que nous sommes libres.

Comme la volonté modifiée par l'expérience donne naissance à la liberté, la liberté produit elle-même la *moralité*; et ce nouveau caractère fait prendre à la liberté, telle que nous venons d'en déterminer l'idée, le nom de liberté morale, c'est-à-dire la liberté qui engendre la moralité. Ce qui constitue proprement la moralité, c'est la fin que se propose l'agent libre, c'est-à-dire le bonheur de ses semblables ; et quelquefois aussi d'autres motifs, comme celui de ne pas blesser la dignité de notre nature, de nous conformer à l'ordre, de nous soumettre à la volonté du créateur ; en un mot un motif que la raison approuve, et qui soit étranger à notre intérêt personnel.

Mais pour en revenir au système de notre auteur, nous réunirons sous le nom de *volonté*, le désir, la préférence et la liberté, comme sous le mot d'*entendement* nous avons réuni l'attention, la comparaison et le raisonnement.

Et si nous réunissons l'entendement à la volonté, nous aurons la *pensée* ou faculté de penser. L'entendement comprend l'attention, la comparaison et le raisonnement. La volonté comprend le désir, la préférence et la liberté.

La liberté naît de la préférence ; la préférence du désir ; le désir est la direction des facultés de l'entendement qui naissent les unes des autres, le raisonnement de la comparaison, et la comparaison de l'attention.

Par conséquent, il est prouvé que la pensée ou la faculté de penser, qui embrasse toutes les facultés de l'âme, dérive de l'attention, c'est-à-dire du pouvoir que nous avons de concentrer notre activité et notre sensibilité sur un seul objet, pour les distribuer ensuite sur plusieurs.

Les trois premières facultés de l'âme, qu'on réunit sous le

nom d'entendement, nous servent à acquérir des connaissances : les trois secondes représentées par le mot volonté, sont relatives à la recherche du bonheur.

Les bornes de cet écrit nous empêchent de pousser plus loin l'examen des théories de notre philosophe, mais ce que nous venons de dire suffira pour donner une idée de son système, de sa méthode claire et lumineuse, et surtout de la rectitude de ses idées.

L'abbé MARTY.

Marty (Antoine), fils d'un propriétaire honnête et aisé, naquit à Labastide-Capdenac, dans le canton de Villefranche-de-Rouergue, le 27 mai 1757. Il montra, dès l'enfance, des dispositions heureuses pour les sciences et pour la piété, qu'il porta dans la suite à un degré éminent.

A huit ans, il fut envoyé, avec ses deux frères, plus âgés que lui, au collége de Villefranche que dirigeaient les Pères de la Doctrine chrétienne. Le jeune Marty s'y fit remarquer par des talents précoces ; il y remporta le prix de rhétorique. Il fut attiré au collége de Rodez par un frère consanguin qui était vicaire de chœur à la cathédrale. Après deux années de philosophie, il soutint une thèse avec Chabot, de triste mémoire, et Thédenat, le mathématicien. Il n'était âgé que de quinze ans.

Ses succès, sa piété et les marques d'une vocation ecclésiastique fixèrent l'attention de M. Laquerbe, son professeur, et celle de Mgr de Cicé, évêque de Rodez.

On l'envoya en Sorbonne pour faire ses hautes études. Arrivé à Paris en 1772, il se présenta au concours des dix colléges de l'Université de cette ville pour obtenir une bourse; mais il échoua. Ce premier échec, au lieu d'abattre son courage, ne servit qu'à l'augmenter. Il recommença son cours de philosophie, qui dura deux ans pendant lesquels il se livra avec une ardeur incroyable à l'étude de la langue latine et de la littérature. Ses auteurs de prédilection furent Cicéron et Virgile, qu'il apprit par cœur et qu'il n'oublia jamais ; ce qui lui donna une facilité prodigieuse de s'exprimer et d'écrire en latin avec le goût du grand poète et du grand orateur.

A la fin de sa première année de philosophie, il se présenta une seconde fois au concours ; mais il échoua de nouveau. La deuxième année, dans une troisième lutte, il obtint un triomphe complet. Il fit sa théologie au séminaire des Trente-Trois, et, en 1783, à l'âge de 26 ans, il fut licencié avec distinction et associé de Sorbonne. Nommé à la chaire de philosophie, au collége du Plessis, le 26 juin 1785, il professa cette science avec éclat jusqu'au moment où la tempête révolutionnaire bouleversa la France. Mes ses succès brillants ne lui firent jamais perdre de vue sa vocation ecclésiastique. Il fut ordonné sous-diacre le 10 mars 1779, diacre le 9 septembre de la même année, et prêtre à la Trinité, en 1781.

Le serment prescrit par la Constitution civile du clergé en 1790 le chassa de la Sorbonne. Il se retira dans des maisons particulières. Arrêté en 1792, il fut conduit avec d'autres prêtres devant le comité révolutionnaire. Ayant été reconnu par quelques membres, ses anciens amis, il fut mis en liberté après avoir subi un interrogatoire.

Laissons parler l'abbé Marty.

« En 1792, j'étais aux Eudistes ; c'était le fort de la révo-
» lution. Le roi était enfermé dans la tour du Temple. Sa-
» chant que les visites domiciliaires s'exécutaient avec ri-
» gueur, et qu'on devait même venir chez nous, je crus
» prudent de quitter la maison. Je m'adressai au supérieur
» des Anglais, maison voisine de la nôtre, et je le priai de
» me recevoir en pension. Il le fit avec bonté. Deux ou trois
» jours après, les brigands allèrent aux Eudistes. Deux prê-
» tres s'échappèrent en sautant par-dessus une très-haute
» muraille qui séparait leur maison de celle des Anglais.
» Tout allait donc bien pour eux ; mais ils eurent une curio-
» sité dont ils ne furent pas seuls à souffrir ; ils s'avisèrent
» de regarder par-dessus la muraille qu'ils venaient de fran-
» chir dans la maison où étaient les assassins ; ils furent

» aperçus, les assassins poussèrent des hurlements affreux,
» en criant qu'ils sauraient bien retrouver leurs victimes.
» Les deux pauvres prêtres épouvantés courent à travers le
» jardin vers une fenêtre garnie de barres de fer, et donnant
» dans un salon où étaient dans ce moment M. le supérieur
» et les autres prêtres Anglais ; j'y étais avec eux ainsi que
» deux autres Français. Les deux fugitifs demandent qu'on
» ouvre par charité. Si nous ne les recevons pas, disent ces
» Messieurs, ils vont être sabrés. Arrive ce que Dieu voudra !
» Les portes leur sont ouvertes. Cependant les assassins
» entrent aussi ; ils pénètrent dans le salon et demandent le
» maître de la maison. Le supérieur se présente. On l'in-
» terpelle : *Qui est-tu ?* — Il répond avec douceur : *Je
» suis Anglais.* L'un des nouveaux arrivés lui parle en cette
» langue pour voir s'il mentait. Le supérieur ne fut pas en
» peine. Les brigands se contentèrent de sa réponse. Ces
» Messieurs sont chez eux, dirent-ils, il faut respecter la
» propriété. Toutefois ils s'étendaient en reproches sur ce
» qu'on avait reçu des fugitifs. On répondit qu'ils s'étaient
» présentés et qu'on n'avait pas cru mal faire en leur ou-
» vrant. On m'interrogea à mon tour ; je répondis que j'étais
» Français et chez les Anglais depuis quelques jours seule-
» ment. — Tu marcheras avec les autres, me dit-on.

» M. Godescard, chanoine de Sainte-Opportune, traducteur
» de la Vie des Saints, prêtre savant et zélé, était de ceux
» qui devaient marcher. Il dit aux brigands : Que ferez-vous
» de moi ? Je suis cassé de vieillesse ; je suis venu dans cette
» maison pour y finir mes jours, qui ne seront pas longs ;
» laissez-moi, je vous prie. Ils eurent égard à sa prière et
» le laissèrent. Pour nous, on nous mena devant un comité
» qu'ils nommaient *permanent*. Il y avait là beaucoup de
» figures sinistres. Ces prétendus juges nous firent question
» sur question ; on nous interrogea chacun séparément. Je
» ne me rappelle pas les questions qu'on me fit ; ce que je
» sais, c'est que nous attendions tous la mort. A la fin, les
» juges dirent : Ils peuvent rentrer chez eux. Ils n'eurent
» pas besoin de répéter leur arrêt. Dieu ne voulut pas qu'ils
» prononçassent le mot fatal : aux Carmes ! comme ils en

» avaient l'habitude. Ils aimaient à être laconiques dans
» leurs sentences.

» Je revins chez les Anglais. Je ne savais trop à quoi me
» déterminer. J'étais en danger en restant, et je n'avais pas
» de papiers pour m'en aller. Arrive le 2 septembre, jour à
» jamais affreux. Les brigands soudoyés pour massacrer les
» prêtres et tous les Français détenus en prison, passèrent
» en chantant devant notre porte, plus ivres encore de sang
» que de vin. Chacun de nous songea à la mort, et nous
» pensions la voir arriver avec ces hommes. Cependant, soit
» qu'ils fussent las de tuer ou qu'ils n'eussent point d'ordre,
» ce qui est plus vraisemblable, ils n'entrèrent pas, et j'en
» fus quitte encore une fois pour la peur. »

L'abbé Marty songea sérieusement à sortir de Paris. Il avait obtenu un passeport pour l'Angleterre par le canal d'un de ses amis. Il était difficile de quitter la ville qui était fermée avec soin. Une porte était ouverte; il en fut prévenu. Il sortit de Paris le 4 septembre. « Nous partîmes, dit-il, deux prê-
» tres et moi. Nous nous hâtions autant que les Juifs sortant
» de l'Egypte. Je ne me rappelle pas bien si nous avions des
» malles; mais j'emportai mon bréviaire. Nous étions en
» habit séculier. En sortant de Paris, nous trouvons un
» homme revenant de vendre une charretée d'œufs. Il y avait
» de la paille dans sa charrette; nous nous mettons dessus
» et arrivons ainsi à Saint-Denis. Nous gagnons ensuite Beau-
» vais où nous entrons comme si, étant de la ville, nous
» revenions de la promenade. Quelques personnes nous
» firent donner un passeport pour l'Allemagne. En deux
» jours nous étions hors de France. En traversant la Belgi-
» que, nous songions à nous délasser un peu, mais les
» Français ne nous en donnaient pas le temps. Les armées
» républicaines arrivaient. Je restai cependant quelques jours
» à Bruxelles. Dans le pays que nous traversions, les Capu-
» cins et d'autres couvents de religieux, entre autres les
» Oratoriens, nous nourrissaient. J'étais chez les Oratoriens
» lorsqu'on vint donner ordre au supérieur, de la part du
» roi de Prusse, de ne point garder de Français chez lui. Ce
» bon supérieur vint nous annoncer cette triste nouvelle les

» larmes aux yeux ; il paraissait plus affecté que nous-mê-
» mes. Il nous rappela ce passage de l'Ecriture : *Priez Dieu*
» *que votre fuite n'arrive pas en hiver.* Il nous exhorta à
» la résignation, et nous montra par toutes sortes d'égards
» combien il lui en coûtait d'obéir à un édit qui était pour
» tous les États du roi de Prusse. »

L'abbé Marty changea plusieurs fois de résidence. Il passa deux ans à Menden, où, pour se procurer des moyens d'existence, il donna des leçons de langue française à deux demoiselles. A son tour, il étudia l'allemand. Un de ses amis l'engagea à aller à Hildesheim où se trouvaient des prêtres d'élite et des évêques savants et pieux que la révolution avait chassés du sol de la France. Au nombre de ces évêques était Mgr de Talleyrand-Périgord, archevêque de Reims, qui fut plus tard grand-aumônier de France sous Louis XVIII. Ils choisirent l'abbé Marty pour la rédaction des conférences ecclésiastiques auxquelles ils consacraient les loisirs de l'exil. L'abbé Marty fut bien accueilli à Hildesheim par le grand-vicaire du prince-évêque, et reçu dans la maison du doyen du chapitre.

Il continua dans cette ville l'étude de la langue allemande, qu'il parlait si bien, que l'évêque d'Hildesheim disait qu'il en sentait plus l'énergie que les Allemands eux-mêmes.

Les choses s'arrangèrent un peu en France.

« J'eus le désir, raconte-t-il, de revoir notre chère patrie.
» Je quittai donc M. le chanoine, qui me plaignait et qui
» aurait voulu me garder encore.

» Nous étions plusieurs à vouloir rentrer en France. Arri-
» vés dans une ville nouvellement conquise, nous nous pré-
» sentons chez le préfet pour lui demander un passeport. Il
» nous répond qu'avant tout il faut faire un serment que le
» gouvernement exige ; en même temps il nous montre la
» pancarte contenant les articles dont il s'agissait de jurer
» l'observation. Notre conscience, répondons-nous, ne nous
» permet pas de faire une telle promesse. Le préfet reprit
» qu'il ne pouvait pas donner de passeport sans cette forma-
» lité. — A ce prix, nous ne l'achèterons pas ; nous connais-

» sons le chemin de l'Allemagne, nous le reprendrons. Nous
» voilà dans la rue ; nous ne pouvons pas même rester dans
» la ville sans risquer notre liberté et peut-être notre vie. Je
» tournai mes vues du côté de Paris. Je savais que le cardi-
» nal Caprara y était en qualité de légat ; je connaissais son
» secrétaire. Je dressai un mémoire dans lequel je deman-
» dais de rentrer dans l'intérieur de la France. Son Éminence
» me répondit qu'il venait de demander au gouvernement
» des choses qu'on lui avait refusées, qu'il nous fallait pa-
» tienter encore ou nous adresser à quelque autre qui serait
» plus heureux que lui. J'envoyai mon mémoire à l'archevê-
» que de Malines. Il ne me répondit pas. Que faire ? Il me
» vint en pensée de tourner mes pas vers Bruges dont on
» nous avait dit que le préfet allait à la messe. Nous pensions
» qu'il serait plus facile ou plus juste. Nous partons et nous
» tenons des chemins détournés.

» Arrivés à Bruges, nous entrons comme nous pouvons
» dans la ville. Nous nous présentons à la préfecture. Le pré-
» fet n'y était pas ; il aurait peut-être fait des difficultés.
» Nous nous adressons au secrétaire : c'était un brave hom-
» me. Nous lui demandons des passeports. Très-volontiers,
» nous dit-il ; je vais vous lire les décrets du gouvernement ;
» vous ferez ensuite ce que vous voudrez. Il prend la pan-
» carte, lit tout gracieusement, ne demande point de ser-
» ment, nous donne un sauf-conduit et nous souhaite un
» bon voyage. Nous le remercions à peine, et nous nous
» hâtons de partir ; nous redoutons un contre-ordre. Nous
» trouvons une diligence qui nous semble envoyée par la
» Providence ; nous montons en voiture. En deux jours,
» nous étions à Paris ; j'en passai six dans cette ville : c'é-
» tait en 1802. »

Ce fut à cette époque que Mgr de Talleyrand-Périgord pressa vivement l'abbé Marty d'accepter dans son diocèse la place de grand-vicaire ; mais il refusa cet honneur, et partit pour Labastide, où il arriva le 16 août 1802. Il était âgé de quarante-cinq ans.

De retour dans son pays, malgré les sollicitations les plus pressantes, l'abbé Marty ne voulut accepter aucun poste pour lequel on exigeait un serment. Il refusa même la chaire de philosophie au collège de Villefranche.

Nous respectons la délicatesse de conscience de l'abbé Marty en matière de serment. Son culte politique commandait ; il croyait obéir à l'honneur. Mais, quand le serment n'avait rien de contraire à l'Eglise, pourquoi s'arrêter aux regrets ?

> Numen abire jubet, prohibent discedere leges.

C'est au bruit des chants de mort, des hurlements sinistres de l'impiété, de la hache qui frappait les victimes, qu'étaient tombés le trône et les autels ; que la société française avait manqué de périr dans un immense naufrage. Un homme avait paru ; il avait saisi le gouvernail, et la société avait respiré. Expliquer le rôle de cet homme par l'ambition, ce n'est rien dire. Bonaparte rêvait sans doute une couronne, mais un mobile plus fort le faisait agir : il voulait opérer une restauration sociale. Pouvait-on refuser de lui venir en aide ? « Lorsque l'homme, dit de Maistre, travaille pour rétablir l'ordre, il s'associe avec l'auteur de l'ordre..... Son action a quelque chose de divin (1). »

L'abbé Marty, malgré ses répugnances, sortit de sa retraite ; il quitta sa modeste campagne, où il avait passé un an à donner des leçons de latin à ses neveux, et consentit à être, à Villefranche, vicaire de la succursale de Saint-Joseph, dont M. Daures, de pieuse mémoire, était le curé, et dont les fidèles se réunissaient dans une église d'emprunt, celle des Pénitents-Noirs. Jaloux du salut des âmes, l'abbé Marty était un puissant auxiliaire pour l'abbé Daures. Que de ruines il fallait relever ! que d'intelligences il fallait éclairer ! L'humilité du pieux vicaire lui ouvrit les cœurs ; sa science y ralluma le flambeau de la foi ; sa charité y fit briller le dévouement.

Quelques religieuses, débris des couvents que la Révolution avait détruits, s'associèrent pour distribuer aux jeunes

---

(1) *Considérations sur la France.*

filles l'instruction et l'éducation dont elles étaient privées. Madame de Saint-Cyr fut la directrice de la maison qui fut fondée ; M. Marty en fut l'aumônier. C'est là qu'il vit la jeune Emilie Rodat, qu'il lui fit goûter les douceurs de la vie spirituelle, qu'il la détacha du monde, pour en former plus tard cette âme d'élite que devaient consumer l'amour de Dieu et l'amour des pauvres.

Le goût des belles-lettres renaissait avec le calme de la société. Villefranche voyait refleurir son collége qui, dans le siècle dernier, avait eu un si grand renom. Mais les études philosophiques y étaient négligées. Quel homme était plus propre que le vicaire de Saint-Joseph pour enseigner la philosophie ? Pendant son séjour en Allemagne, il avait augmenté la somme de ses connaissances; il avait étudié les différents systèmes de l'école germanique, il en avait découvert la profondeur ou l'inanité. Que de philosophes français qui lui doivent (et ils n'en disent rien) le vernis d'érudition dont ils font parade!

L'abbé Marty avait beau cacher les trésors de sa science, son humilité leur donnait un relief de plus. Bien des jeunes gens, avides de s'instruire, s'adressèrent à lui. L'ancien professeur en Sorbonne dut condescendre à leurs désirs ; il les initia à une science qu'on ne cultivait plus depuis la Révolution.

A son retour de l'exil, il avait revu ses nombreux amis à Paris, entre autres Mgr de Grainville qui venait d'être nommé évêque de Cahors, et qui se trouvait pour son sacre dans la capitale de la France.

Mgr de Grainville connaissait le mérite de l'abbé Marty. L'évêque du diocèse de Cahors, auquel avait été réuni par le concordat l'évêché de Rodez, le chargea, en 1806, de fonder à Villefranche une école ecclésiastique et de la diriger. Il dispensa ses élèves d'aller au grand séminaire. Ceux-ci étudiaient la théologie sous la direction de l'abbé Marty, et étaient admis aux ordres. La réputation du directeur rendit l'école nombreuse malgré l'exiguité du local ; le collége de Villefranche en souffrit. L'autorité fit fermer en 1811 la maison ecclésiastique, qui fut rouverte en 1814, sous la Restauration. Le collége devint une seconde fois désert. Mgr de Frayssinous, alors président de la commission de l'instruction publique, imagina, pour éteindre la concurrence, de nommer l'abbé Marty principal du collége de Villefranche. Celui-ci en prit la direction le 1er janvier 1816, et l'établissement redevint nombreux et retrouva son ancienne splendeur.

M. de Frayssinous songea à appeler à la Sorbonne l'abbé Marty, quand le gouvernement entreprit de reconstituer ce corps célèbre. M. Marty refusa cet honneur.

La Restauration ayant rétabli le siége de Rodez, Mgr de Lalande en fut nommé évêque. Il avait connu l'abbé Marty à Paris ; il était son ami. Il le choisit pour grand-vicaire.

M. Marty avait aidé à fonder l'Institut de la Sainte-Famille ; il avait eu part à toutes les tribulations des premiers jours ; il était le directeur et le supérieur de la Communauté. La dignité à laquelle l'élevait Mgr de Lalande allait le séparer de ses filles bien aimées, de celle surtout qu'il avait poussée si loin dans les voies de la spiritualité. Il ressentit une vive douleur de les quitter ; mais son âme, unie à Dieu, se résigna et ne perdit rien de sa sérénité.

Il resta supérieur général de la communauté. Il travailla à donner des constitutions à la Sainte-Famille. Il procéda à ce travail avec prudence. Ces constitutions sont d'un maître de la vie spirituelle : c'est l'attendrissement et la reconnaissance, la joie et l'humilité, la douceur et l'amour.

En 1829, la volonté royale appela Mgr de Lalande à l'archevêché de Sens. Mgr Giraud fut promu évêque de Rodez. Ce prélat distingué conserva les vicaires-généraux de son prédécesseur.

La révolution de 1830 put inspirer un instant des craintes à l'abbé Marty. Il donna des regrets à une famille que la tempête populaire emportait encore une fois sur le sol étranger ; mais sa raison parla plus haut que son cœur. Il imposa silence à ses affections politiques. Il aida puissamment Mgr Giraud à opérer le bien et s'occupa d'une manière spéciale à faire fleurir l'Institut de la Sainte-Famille.

M. Marty était mûr pour le ciel.

A la fin d'octobre 1835, il était à Aubin, composant le règlement des sœurs vouées aux œuvres extérieures de miséri-

corde; « il passa une partie de la nuit à ce travail et l'envoya
» à la mère Emilie, l'autorisant à faire les changements
» qu'elle jugerait nécessaires. Ce fut là, on peut le dire, sa
» dernière préoccupation. Il était déjà souffrant au moment
» de quitter Aubin. Il se trouva si fatigué, qu'il n'eut pas la
» force de parler aux sœurs réunies à la chapelle. Il se con-
» tenta de leur dire : *Je vous laisse la grâce de Dieu*, et
» de les bénir (1). »

Rentré à Rodez, il s'alita et mourut d'une fluxion de poitrine le 15 novembre 1835, âgé de 79 ans, recommandant à Dieu la Mère Emilie et l'ordre de la Sainte-Famille. Mgr Giraud perdait en lui un *coopérateur docte et saint dont il chérissait la personne autant qu'il vénérait les vertus* (2). Dans une lettre où respire l'affection et la tristesse, il annonça la nouvelle de sa mort à la Mère Emilie.

Il y a dans la vie de la Mère Emilie, par M. Aubineau, un chapitre intitulé : *Cœur de la Mère Emilie*.

« L'amour de Dieu et du prochain ont occupé toute sa
» vie, » dit l'historien de la fondatrice de la Sainte-Famille.
« Ces deux amours se confondent ; ils naissent l'un de l'au-
» tre. C'est par amour de Dieu que la Mère Emilie se dé-
» vouait aux hommes ; elle voulait travailler au salut des
» âmes ; elle connaissait cette soif mystérieuse qui tourmen-
» tait Jésus-Christ attaché sur la croix ; elle eût voulu l'é-
» tancher, et rien ne lui semblait rebutant ou impossible
» lorsque la gloire de son maître était intéressée (3). »

C'était le cœur de l'abbé Marty.

Mais ce double amour de Dieu et des hommes emporte nécessairement la pratique de toutes les vertus. La Mère Emilie était détachée des choses de la terre ; l'abbé Marty l'était aussi. Il n'a rien laissé en mourant, sa famille a été obligée de pourvoir à ses funérailles.

La Mère Emilie aimait les pauvres ; l'abbé Marty les aimait comme elle.

---

(1) *Vie de la Mère Emilie*, par Aubineau.
(2) Lettre de Mgr Giraud à la Mère Emilie.
(3) *Vie de la Mère Emilie*, p. 314.

La Mère Emilie avait une prédilection singulière pour la simplicité ; l'abbé Marty était simple comme la colombe.

La Mère Emilie s'explique par l'abbé Marty ; celui-ci grandit par la sainteté de celle qu'il dirigea dans les voies spirituelles.

La première est sainte Jeanne de Chantal ; le second est saint François-de-Sales.

Ils avaient la tendresse de ces deux saints ; ils en avaient aussi l'humilité.

La Mère Emilie redoutait et fuyait l'éloge ; l'abbé Marty repoussait les honneurs.

Un jour, c'était le 11 mai 1825, le pouvoir songea à récompenser le mérite de l'abbé Marty. Il le nomma chevalier de la Légion-d'Honneur. L'humble prêtre reçut avec une modestie et une naïveté charmantes une distinction dont il était si digne. Il était surpris que la faveur royale fût venue le chercher au milieu de tant d'autres ecclésiastiques. C'est son plus bel éloge.

Il est facile de comprendre comment il a si bien écrit, dans les constitutions données à la Sainte-Famille, sur l'orgueil, la vanité et l'humilité.

« L'orgueil, dit-il, est une erreur, la vanité est un mensonge.

» L'un et l'autre naît d'un amour-propre aveugle et désordonné.

» L'erreur de l'orgueil est dans l'estime que nous faisons
» de nous-mêmes en nous séparant de Dieu, en nous appro-
» priant ses dons ; erreur très-coupable, puisqu'elle est une
» injustice, une ingratitude et une trahison.

» La vanité est un mensonge, parce qu'elle est une osten-
» tation ou de qualités apparentes qu'on n'a pas réellement,
» ou de qualités réelles dont on s'attribue la propriété ou
» l'honneur.

» Par l'orgueil on se croit grand, digne d'admiration ou
» d'honneur ; par la vanité on cherche à le faire croire.

» L'humilité, qui est opposée à ces vices, consiste dans
» la connaissance et le mépris de soi-même......

» L'humilité est le sol dans lequel les vertus sont plantées,
» poussent leurs racines, croissent, se consolident et portent des fruits; tandis que l'orgueil est un sol aride dans
» lequel rien ne croît, ou dans lequel, du moins, les plantes sèchent bientôt parce qu'elles n'ont point de sève.

» L'humilité vraie ne demande ni ne désire aucune prérogative : elle aime, selon la maxime de l'Imitation de Jésus-Christ, à être ignorée et comptée pour rien dans le monde. Elle se supporte elle-même en se méprisant, et considère avec paix, quoique avec conviction, ses propres défauts. Pour ceux des autres, semblable à la charité dont elle est la compagne inséparable, elle n'a garde de s'en occuper ; si elle les voit, elle les souffre sans blâme, sans critique, sans mésestime et sans se comparer au prochain pour s'en prévaloir ; elle se résigne, non-seulement à l'oubli, mais à toutes les préférences que d'autres peuvent obtenir sur elle, au mépris, à l'humiliation, à la censure, à l'outrage, se sentant même honorée et joyeuse de porter l'opprobre de Jésus-Christ. »

En écrivant ce fragment et tant d'autres que nous pourrions citer, M. Marty, comme le dit M. Aubineau, ne songeait à aucune prétention littéraire. « Trouverait-on cependant rien
» de plus achevé dans nos plus célèbres moralistes ? Tout ici
» s'accorde et se fond dans une grâce charmante. La vérité
» luit et reluit au milieu de ce langage, et la parfaite appropriation des termes la montre et la découvre dans son
» exquise délicatesse. C'est dans la méditation de l'Evangile,
» dans la contemplation des mystères de Dieu et de la correspondance des âmes, que M. Marty avait acquis cette limpidité de style, ces allures franches et de bon goût, cette
» pénétration de regard saisissant pour ainsi dire les fibres
» les plus tenues du cœur humain. »

L'abbé Marty parlait et écrivait, ainsi que nous l'avons dit, la langue de Cicéron et de Virgile avec le goût de ces grands modèles. Il avait approfondi la langue hébraïque ; il s'exprimait avec beaucoup de facilité dans la langue allemande dont il connaissait l'énergie et la beauté ; il possédait à fond la langue de Pascal, de Bossuet et de Racine ; celle d'Homère, de Démosthène et de Thucydide lui était familière.

Il n'était étranger à aucune science. En Sorbonne il avait enseigné les mathématiques ; mais la philosophie était surtout son domaine. Sa dialectique était forte et serrée ; il démêlait promptement la vérité de l'erreur, réduisait à néant le sophisme, et, par la force de son raisonnement, il jetait la plus vive lumière sur les questions les plus ardues.

Il est à regretter que l'abbé Marty se soit borné à faire imprimer sa Logique. Quelques-uns de ses élèves ont religieusement conservé les cahiers de philosophie qu'il dictait en latin, sur de simples notes, dans un style qui rappelle celui de Cicéron, mais plus clair, plus net et plus franc ; car le Christianisme avait fait luire aux yeux de l'abbé Marty les splendeurs de la vérité, tandis que Tullius doutait, cherchait et demandait aux caprices d'une raison vacillante une sécurité qu'elle ne pouvait pas même lui promettre.

L'abbé Marty a laissé des manuscrits précieux : un traité sur le Pentateuque, un autre sur l'Evangile de Saint-Jean, un troisième sur la théorie du pouvoir d'après saint Paul. Nous n'avons à nous occuper que de ce dernier, puisque nous le connaissons, grâce aux articles brillants et solides de M. Henri Marty, ayant pour titre : *Le Contrat social combattu sous ses deux faces*, ou *Deux Adversaires de J.-J. Rousseau : M. Saint-Marc-Girardin et l'abbé Marty* (1).

Mais, avant de passer à l'examen de la *Théorie du Pouvoir*, nous parlerons de la Logique que l'abbé Marty fit im-

---

(1) M. Henri Marty est le petit neveu de l'abbé Marty. A peine âgé de vingt-un ans, il s'est fait remarquer dans l'*Ami des Lettres*, de Paris, revue mensuelle, par des articles d'une haute philosophie. La profondeur de sa pensée et la beauté de son style promettent un écrivain distingué. Il appartient à l'école de de Maistre ; mais il est moins exclusif et moins âpre. Nous avons lu dans l'*Ami des Lettres* son magnifique article sur le dernier ouvrage de Simon. Celui du Contrat social, considéré sous ses deux faces, lui est encore supérieur. Nous espérons qu'il mettra au jour un remarquable opuscule qui a pour titre : *Etude comparée de la philosophie, de la poésie et de l'éloquence*.

primer à Villefranche, en 1819, chez M. Vedeilhié, sous le titre de : *Novum de philosophicâ institutione tentamen.*

La Logique de M. Marty s'ouvre par une magnifique introduction dont le style est ample et majestueux. L'auteur y invite à entrer dans le sanctuaire de la philosophie, car pour lui la philosophie n'est pas un vain mot. Elle est la connaissance de l'homme *sensible*, de l'homme *intellectuel* et de l'homme *moral*, sous le triple aspect du beau, du vrai et du bien.

Mais la raison seule est insuffisante pour parvenir à cette connaissance. Si l'homme est un roseau pensant, selon l'expression de Pascal, il n'est pourtant qu'un roseau. Le moindre vent l'agite et lui fait courber la tête. L'homme qui ne prend conseil que de sa raison orgueilleuse, marche souvent sous un ciel sans étoiles ; heureux quand la foudre sillonne la nue, et quand de ses lueurs sinistres elle lui découvre l'abime où il allait tomber. Pour bien connaître l'homme, il faut l'accord de la raison et de la foi. Avec la première seule, la vérité serait incertaine ; elle serait livrée aux disputes des philosophes, et nous aurions la philosophie antique avec ses sophismes et ses contradictions, si bien dépeints par M. de Riambourg dans l'*Ecole d'Athènes*; l'homme marcherait entouré d'un chaos ténébreux ; aux systèmes succèderaient les systèmes ; de la déification de la raison on arriverait à celle de la matière, et tout serait Dieu excepté Dieu lui-même. Avec la seconde seule, on anéantirait la liberté de l'homme, on se perdrait dans un mysticisme effrayant et dans les rêveries de l'illuminisme. La vérité serait comme ce nuage qu'Ixion cherchait à saisir et qui lui échappait sans cesse. L'homme, fatigué de ne voir devant lui qu'un océan sans rivage, aurait à craindre de tomber dans le système contraire.

Il y a dans l'homme le *naturel* et le *surnaturel* ; on ne peut le tronquer ; il faut le prendre avec ce double élément.

C'est ce que fait l'abbé Marty. L'homme ainsi étudié, bien des questions mystérieuses reçoivent une solution satisfaisante; l'esprit est content, le cœur s'épanouit, l'harmonie s'établit entre les facultés de l'homme, et une chaîne d'or va relier le ciel à la terre, le créateur à la créature, l'infini au fini.

L'abbé Marty n'appartient à aucune secte, à aucune école proprement dite ; il appartient à la raison et à la foi marchant d'accord et se prêtant un mutuel secours. Sans doute il se sent attiré par le génie profondément catholique de M. de Bonald, mais il craint, peut-être à tort, que l'illustre philosophe, dont il fait un brillant éloge, ne donne pas assez à la raison de l'homme. Ainsi, dans la question du langage, il déclare, tout en admettant que l'homme n'a pu inventer le langage, qu'il ne saurait admettre l'axiôme de quelques nouveaux philosophes : *Nous ne pensons que parce que nous parlons*. On pense, dit-il, avant de parler. Un homme qui toujours aurait vécu solitaire, loin du commerce des hommes, ne serait pas sans pensée, s'il n'est point dépourvu du sens de la vue, de celui de l'ouïe et des autres sens.

L'hypothèse de l'homme qui aurait *toujours* vécu loin du commerce des hommes n'est-elle point gratuite? Prenez donc un enfant qui vient de naître. Vivra-t-il, grandira-t-il, se développera-t-il dans la solitude, sans aucun secours humain? Et si vous supposez qu'il puisse même vivre avec ce secours humain, celui qui le secourra lui parlera, et alors l'intelligence de l'enfant verra tomber les langes dans lesquelles elle est enveloppée, et cette intelligence, rayon de Dieu, mais emprisonnée dans des organes, s'éclairera aux splendeurs du Verbe ; les mots seront reçus dans un vase d'or, ils s'y caseront, et l'homme parlera intérieurement sa pensée avant de l'extérioriser. C'est l'expérience de tous les jours. L'enfant, sur les genoux de sa mère, en apprend le langage sans étude et sans effort. « Lumière du monde mo-
» ral, lien de la société, vie des intelligences, dépôt de
» toutes les vérités, de toutes les lois, de tous les événe-
» ments, la parole règle l'homme, ordonne la société, expli-
» que l'univers. Tous les jours, elle tire l'esprit de l'homme
» du néant, comme, aux premiers jours du monde, une
» parole féconde tira l'univers du chaos (1). »

---

(1) DE BONALD. — Recherches philosophiques sur les premiers objets des connaissances morales.

L'auteur de la *Législation primitive* a dit que l'homme est *une intelligence servie par des organes* : belle définition qui grandit l'homme, mais qui ne peut s'appliquer qu'à celui de l'Eden. Descuret, dans sa *Médecine des passions*, le définit *une intelligence déchue, luttant contre des organes*. C'est plus près de la vérité, mais ce n'est pas complet; il fallait ajouter : *L'homme est un être enseigné.*

Nous ne dirons que quelques mots de la méthode de M. Marty. Sans doute, ce sont les règles de la scolastique qu'il donne ; mais sa méthode n'est point hérissée d'un latin barbare ; il ne s'arrête pas aux arguments puérils. Avec la logique de M. Marty, on apprend à faire une exposition claire, à réfuter un sophisme, à raisonner d'une manière juste, enfin, à aimer le beau, le vrai et le bien.

Le philosophe qui traçait d'une manière si ferme les règles du raisonnement, devait posséder un coup d'œil philosophique peu ordinaire.

Quand parut le premier volume de l'*Essai sur l'indifférence*, de Lamennais, les catholiques poussèrent un cri de triomphe, le journalisme se tut : le titre était si grave, le sujet si austère. Malgré ce silence, le succès du livre fut éclatant. Les *indifférents* eux-mêmes le lurent ; ils furent forcés de rendre hommage à l'élévation des pensées de l'auteur, à la vigueur et à l'éclat de son style, à sa dialectique vive et serrée. D'un seul bond, Lamennais, qui avait gardé l'anonyme, se plaça à côté des hommes les plus célèbres de l'époque.

Cependant quelques intelligences d'élite éprouvèrent de vagues inquiétudes. L'abbé Marty fut de ce nombre. Il se prémunit contre les séductions du génie ; il étudia l'*Essai sur l'indifférence*, et y découvrit le germe d'une philosophie désastreuse que l'Eglise devait plus tard frapper de ses anathèmes, d'une doctrine funeste qui, à l'apparition du deuxième volume de l'*Essai*, arracha du cœur de M. de Bonald cette parole adressée à Lamennais : M. l'abbé, si je ne connaissais votre piété, je croirais qu'il y a en vous l'étoffe d'un Luther. » Oui, il y avait dans l'ardent controversiste l'orgueil et la fougue de Luther. M. Marty l'avait deviné avant l'auteur de la *Législation primitive*.

Malgré son mérite, l'abbé Marty ne fut point à l'abri d'une sotte critique. De Jouy et Jay firent paraître sous la Restauration de nombreux *Ermites* : l'*Ermite de la Chaussée-d'Antin*, l'*Ermite en province*, etc., *Ermites* dont on ne parle plus.

En 1830, quand, à seize ans, je partis pour la terre étrangère afin d'obéir à la volonté paternelle, j'emportai avec moi toute la terre natale. En face d'une nature imposante et sublime, je pensais aux sites gracieux de mon pays. Quel fut mon bonheur de lire dans l'*Ermite en province* un article sur Villefranche ! Cet Ermite en disait tant de bien ! Mais j'éprouvai un serrement de cœur d'y trouver une attaque contre l'abbé Marty que l'on représentait comme un homme ennemi des lumières et comme un philosophe si profond qu'on ne pouvait le comprendre. Mes professeurs m'en avaient parlé avec tant de respect, que je fermai le livre et je m'écriai avec le Psalmiste : *Seigneur, ne livrez point aux bêtes les âmes de ceux qui confessent votre nom : ne tradas bestiis animas confitentes tibi.*

L. GUIRONDET.

Le général MAURICE MATHIEU.

Mathieu de La Redorte (Maurice-David-Joseph), comte de l'Empire, lieutenant-général et pair de France, grand'croix de la Légion-d'Honneur, grand'croix de l'ordre de la Réunion, etc., naquit à Saint-Affrique, en 1768, d'une famille de bonne bourgeoisie. Entré au sortir de ses études comme cadet dans le régiment suisse de Muralt, qu'il suivit au cap de Bonne-Espérance, en 1783, il obtint, le 23 décembre 1786, une sous-lieutenance dans la légion de Luxembourg et passa aux Indes-Orientales. A son retour en France, en 1789, il entra dans le régiment royal-dragons, que commandait en second M. de Barrau-Muratel, son oncle. Lorsque ce dernier fut promu au grade de général, il s'attacha son jeune neveu comme l'un de ses aides-de-camp. Le 5 août 1792, Maurice Mathieu se trouva au combat d'Arnheim, près de Landau. Il marcha avec la brigade que M. de Barrau-Muratel conduisit à l'armée du centre, lors de l'invasion des Prussiens en Champagne, et assista à la bataille livrée, le 20 septembre, près de Sainte-Menehould.

Adjoint à l'état-major général de l'armée de la Moselle, il prit part à toutes les affaires de la campagne de 1793, et devint aide-de-camp du général Chapsal, puis adjudant-général le 13 juin 1793. Passé à l'armée du nord, au mois de novembre de cette année, il commanda l'avant-garde du corps d'armée chargé du blocus de Mayence, qui fut levé par suite des préliminaires de paix signés à Léoben.

M. Mathieu fut ensuite attaché au corps de troupes qui marcha sur Rome.

Chargé de réduire la ville de Terracine, dont les habitants avaient égorgé le commandant français et arboré l'étendard de la révolte, il investit les nombreux insurgés qui s'étaient réfugiés dans cette place; et, après huit heures d'un combat sanglant, il s'empara de la ville, passa les rebelles au fil de la baïonnette, et s'empara de leurs armes et de leur artillerie. Il eut un cheval tué sous lui dans cette affaire, à la suite de laquelle il fut promu au grade de général de brigade, par arrêté du gouvernement du 28 septembre 1798.

Après beaucoup d'hésitations, Mack étant sorti de Rome à la tête de quarante mille hommes, se décida à s'avancer contre la droite de l'armée française commandée par Macdonald qui défendait le Tibre. Macdonald, quoique inférieur en nombre, manœuvra si habilement qu'il déconcerta les projets de l'ennemi. Dès qu'il s'aperçut des mouvements de celui-ci, il donna l'ordre au général Maurice Mathieu de se porter en toute diligence sur le village de Vignanello, afin d'y occuper la colonne ennemie qui se dirigeait sur ce point pour gagner la position d'Orte et passer le Tibre. Maurice Mathieu rencontra effectivement les Napolitains (5 décembre), et malgré la lassitude des soldats de la 11ᵉ demi-brigade qu'il avait sous ses ordres, il les attaqua si vigoureusement qu'il les obligea de se jeter dans Vignanello, village situé sur une hauteur et ceint d'une bonne muraille. Les habitants se joignirent aux soldats ennemis pour défendre ce poste ; mais un feu vif et la menace que fit le général français de passer au fil de l'épée tous ceux qui seraient pris les armes à la main, forcèrent les Napolitains à sortir du village. Les cinq colonnes de Mack furent également repoussées dans cette journée, et le général Macdonald eut la gloire de faire échouer avec 6,000 hommes toutes les attaques dirigées contre lui par un général qui en commandait 40,000.

De là, Mack se replia sur les hauteurs de Calvi où il se retrancha. Le général Mathieu ayant eu la commission d'attaquer Magliano et d'en débusquer un détachement ennemi, s'en acquitta avec le même succès. Il battit les Napolitains, leur fit 400 prisonniers, s'empara de leur camp muni de beaucoup de bagages et occupa Magliano.

Le général Mœsck, à la tête de 10,000 Napolitains, s'était emparé, le 6 décembre, de la ville d'Ottricoli, poste fort important qui compromettait la sûreté des communications de l'armée française. Championnet ne voulait pas faire attaquer le corps du général Mœsck par la division Macdonald avant de l'avoir renforcée ; mais celui-ci, plein de confiance dans la valeur de ses troupes, ordonna l'attaque. Le général Mathieu, à la tête de quatre compagnies de la 30ᵉ demi-brigade, de quatre compagnies de la légion polonaise, d'un bataillon de la 12ᵉ et d'un escadron du 16ᵉ dragons, forma cette troupe en petites colonnes et dirigeant son artillerie et sa principale attaque sur la grande route, il chassa l'ennemi de toutes ses positions, s'empara d'Ottricoli, fit plus de 2,000 prisonniers, enleva huit pièces de canon, trois drapeaux, plus de 500 chevaux et tout l'état-major du régiment de la *Principessa*, cavalerie ; il culbutta le reste dans les ravins, où les Polonais, placés en tirailleurs, tuèrent encore beaucoup de monde.

Restaient les positions de Calvi. Macdonald ne voulant point donner de relâche les fit attaquer avec vigueur, et le brave général Mathieu fut encore chargé de cette expédition. Il se mit en marche à la tête d'une colonne, pendant la nuit, par un temps affreux et des chemins impraticables. A la pointe du jour (13 décembre), il aperçut les avant-postes napolitains. Les Français les attaquent avec vigueur, les culbutent, forcent le camp retranché, font de nombreux prisonniers et poursuivent les Napolitains jusques sous les murs de Calvi. Le général Mathieu fit occuper par de petits détachements les hauteurs qui dominent la ville et envoya sommer le général de se rendre. Celui-ci fit des propositions qu'on ne pouvait pas admettre. Alors Maurice Mathieu fit battre en brèche la muraille du jardin d'un couvent. Effrayés du danger, les généraux ennemis se rendirent à discrétion, et livrèrent la place avec 7,000 hommes, douze pièces de canon et dix-sept drapeaux. Ce dernier succès, dû presque tout entier à l'audace du général Mathieu, contribua à déterminer la retraite de Mack et l'occupation de Rome par Championnet, le 15 décembre.

Dès le 9, le général Mathieu était entré dans cette ville, après avoir remporté, près de la Storta, un avantage sur la colonne napolitaine du comte de Damas. Attaqué le même jour, en avant de Saint-Jean-de-Latran, par une seconde colonne de 6,000 Napolitains qui voulait protéger la retraite de M. de Damas, cette seconde colonne ennemie fut également battue, avec perte d'environ 2,000 hommes et six pièces de canon.

L'armée française, après un court séjour à Rome, en repartit le 20 décembre et se dirigea vers les frontières du royaume de Naples.

Dans ce mouvement, le général Mathieu se distingua encore le 27 du même mois à l'attaque de Coprano qu'il prit à la baïonnette.

Au mois de janvier suivant, Macdonald reçut l'ordre de Championnet de reconnaître la place de Capoue pour en faire le siége. Macdonald prit pour cette opération le général Maurice Mathieu et sa brigade, et, marchant sur trois colonnes, il s'approcha de Capoue le 3 janvier. L'attaque fut des plus vives. La colonne principale, formée d'une partie de la 30e et de la 97e demi-brigade et dirigée par Maurice Mathieu, après avoir enlevé quelques pièces d'artillerie mises en batterie sur la route, marcha au pas de charge sur le retranchement qui la défendait et en chassa l'ennemi. Quelque temps après (14 janvier), à l'attaque de la ville, Mathieu, chargeant avec vigueur, eut le bras fracassé d'un biscaïen, ce qui priva l'armée pendant le reste de la campagne de ce brave général.

Sur ces entrefaites, le roi de Naples et le pape lui envoyèrent simultanément leur portrait en reconnaissance de la discipline qu'il avait maintenue parmi les troupes.

Le 17 avril 1799, à peine âgé de 30 ans, Mathieu fut promu au grade de général de division et nommé, dans le mois de mars de l'année suivante, au commandement de la 11e division militaire. Là, il eut l'occasion de repousser plusieurs tentatives faites par les Anglais sur les côtes du Finistère, et il mit le port de Brest à l'abri de toute insulte.

Vers la fin de septembre 1800, le général Mathieu de la Redorte passa au commandement de la 20e division militaire à Périgueux, et de là, il se rendit, au mois de décembre, à Dijon, pour commander une division de l'armée d'observation aux ordres du général Murat. Cette armée ayant été mobilisée, passa le petit Saint-Bernard, envahit le Piémont et se dirigea vers Ancône pour en former le siége. L'armistice conclu à la suite de la bataille de Marengo ayant changé la destination de cette armée, elle marcha en Toscane, puis dans le royaume de Naples, où la division du général Mathieu resta jusqu'au mois de mai 1802, époque de l'évacuation.

Le 4 juillet 1804, le général Maurice Mathieu vint présider à Rodez le collége électoral de l'Aveyron, convoqué pour nommer deux candidats au Sénat, et, à la tête du bureau de cette assemblée, il alla complimenter l'Empereur Napoléon sur son avènement au Trône. Il avait été créé grand-officier de la Légion-d'Honneur le 14 juin de la même année.

Employé à la grande armée d'Allemagne en 1805, dans le corps du maréchal Augereau, il servit dans le Brisgaw, et conclut avec le général Jellachich une capitulation par laquelle le corps d'armée de ce général autrichien fut fait prisonnier de guerre.

Il fit avec non moins de distinction en 1806 et 1807 les campagnes de Prusse et de Pologne.

Tout couvert de blessures, le général Maurice Mathieu prit, en 1808, le commandement d'une division à l'armée d'Espagne, à la tête de laquelle il se distingua plusieurs fois durant le cours de cette longue et sanglante guerre.

D'abord à la bataille de Tudéla (23 novembre 1808), gagnée par le maréchal Lannes sur Castanos et Palafox réunis. L'ardeur des troupes françaises leur fit précipiter le moment de l'attaque. Maurice Mathieu s'avança le premier à la tête de sa division sur le centre de l'armée espagnole qu'il enfonça. Après la victoire, il marcha sur Borja et ramassa encore un grand nombre de fuyards.

Au mois de mars 1811, pendant que le gros du 7e corps d'armée était stationné dans les plaines de Lérida, il se tramait un complot pour livrer aux Espagnols la forteresse de Montjouy qui domine Barcelone et son port. Maurice Mathieu, gouverneur de Barcelone, averti à temps de ces machinations, résolut de les faire tourner à la perte de l'ennemi. Il laissa le marquis de Campo-Verde réunir huit mille hommes sous les murs de cette place. Dans la nuit du 19 au 20 mars, diverses embuscades avaient été placées à l'extérieur et la garnison était sous les armes. Huit cents grenadiers espagnols étaient déjà descendus dans les fossés, lorsqu'un feu terrible de mousqueterie devint le signal de leur destruction. A peine quelques-uns d'entre eux échappèrent à la mort pour porter au marquis l'affreuse nouvelle de l'issue de son expédition. Campo-Verde n'eut plus qu'à chercher son salut dans une fuite précipitée; mais alors les embuscades placées dans la campagne fondirent sur lui et lui firent éprouver de nouvelles pertes. Huit cents hommes tués et douze cents prisonniers furent le résultat de sa tentative si habilement déjouée par le gouverneur de Barcelone.

Le 24 juillet suivant, le général Mathieu, avec un détachement des troupes sous ses ordres, concourut à la prise du Mont-Sarrat, position importante, fortifiée par l'art et la nature et qui était l'unique dépôt d'armes qui restât aux insurgés Catalans.

22 janvier 1812. — *Combat d'Alta-Fulla.* — Les Anglais et les Catalans voulant obtenir une diversion du maréchal Suchet qui pressait le siége de Valence firent un mouvement sur Tarragonne. Maurice Mathieu fut chargé de défendre la place. Sorti de Barcelone, il campa le 22 janvier à Villafranca, et sut cacher ses forces à l'ennemi de manière à ne lui inspirer aucune défiance. Ayant marché toute la nuit, il déboucha, le 23 au point du jour, sur la ligne ennemie qui occupait une forte position et fit sur le champ ses dispositions pour l'attaquer. La résistance fut longue et opiniâtre ; mais enfin, cédant à l'impétuosité française, les Catalans et les Anglais furent successivement chassés de leurs positions, mis en fuite et poursuivis par notre cavalerie qui en sabra un grand nombre. Deux mille hommes tués, blessés ou pris, l'artillerie tombée au pouvoir du vainqueur, Tarragonne dégagée, les vaisseaux anglais éloignés du port, les derrières de l'armée d'Arragon garantis, tels furent les résultats du combat d'Alta-Fulla, où le général Mathieu montra autant d'habileté que ses troupes de courage.

Dans les premiers jours du mois de juin suivant, lord Murray, à la tête de vingt-huit mille Anglais et soutenu par douze mille Espagnols, forma le siége de Tarragonne. Cette place était dépourvue de tout. Le général Bertoletti la défendait avec douze cents braves tous décidés à mourir plutôt que de se rendre. Le général Mathieu, alors gouverneur de la Basse-Catalogne, instruit de la position dans laquelle se trouvait cette malheureuse garnison, conçut le hardi projet de la délivrer. Il partit de Barcelonne, le 17 juin, avec sept mille hommes, seules troupes dont il pût disposer. Après avoir manœuvré pendant trois jours de manière à faire croire à l'ennemi qu'il en avait un plus grand nombre, il donna l'ordre à son avant-garde de tomber vigoureusement sur les postes ennemis. Cette audace en imposa à lord Murray au point qu'il leva le siége avec précipitation et regagna ses vaisseaux laissant en notre pouvoir tout le matériel de son armée.

Tarragonne fut ravitaillée le lendemain par les soins du général en chef Decan.

Pendant toute la durée de cette lutte terrible dont le principal théâtre fut en Catalogne, le général Maurice Mathieu ne cessa de donner des preuves de sa valeur et de ses talents militaires.

Rentré en France en 1814, il fut créé chevalier de l'ordre de Saint-Louis le 1er juin, et nommé inspecteur général chargé de l'organisation de l'infanterie dans les 12e et 20e divisions militaires.

Pendant les *Cent Jours*, il commanda la 10e division militaire à Toulouse, et se retira, au mois de juillet de la même année, dans sa terre de la Redorte, département de l'Aude.

Le roi l'appela au commandement de la 19e division militaire, au mois de septembre 1817, et le créa pair de France, au titre héréditaire de baron, le 9 mars 1819.

C'était le plus ancien général de division de l'armée française ; couvert de blessures ; comte et grand-officier de la Légion-d'Honneur depuis 1804 ; grand-croix de l'ordre de la Réunion ; commandeur de l'ordre de l'Epée de Suède ; il était d'ailleurs décoré de presque tous les ordres militaires de l'Europe.

Il est mort le 1er mars 1833, laissant de Mlle Clary, sa femme, belle-sœur du roi d'Espagne Joseph, un fils qui, après avoir siégé à la chambre des députés, a été promu à la pairie le 20 juillet 1841, et a rempli diverses missions diplomatiques.

MERLIN.

Merlin (Jean-Pierre-Raymond), jurisconsulte, chevalier de la Légion-d'Honneur, député de l'Aveyron, juge au tribunal de Rodez, né le 22 janvier 1767, à Sauveterre, décédé à Rodez le 29 novembre 1839.

M. Merlin, élevé par les doctrinaires, se destina d'abord à l'enseignement, prit les ordres sacrés, obtint une chaire d'humanités au collége de l'Esquille à Toulouse, et puis de rhétorique au collége royal de La Flèche. La Révolution, dont les secousses ébranlaient déjà le monde, vint changer le cours de ces idées et lui ouvrir une nouvelle carrière. Il entra dans l'administration publique et présida, à son début, le conseil du département de la Sarthe. Mais devenu bientôt suspect par sa modération au gouvernement révolutionnaire, il se réfugia dans son pays natal où, plus heureux qu'au Mans, il exerça paisiblement les obscures fonctions de secrétaire du club.

Après le 9 thermidor, il devint secrétaire-général de l'administration centrale du département de l'Aveyron, et ce fut à cette époque, qu'en concurrence de Capelle et de plusieurs autres, il remporta le prix du département dans une ode sur les victoires de la République.

Quelques années après, il embrassa la carrière du barreau, plaida surtout comme défenseur dans les causes criminelles et obtint des succès.

M. Merlin, par son caractère, ses habitudes, ses idées, n'était rien moins qu'un homme politique. Il pouvait obéir à une impulsion donnée, mais jamais l'imprimer. Cependant, les évènements ne cessèrent de le mettre en relief et l'opinion de l'élever sur une sorte de piédestal. Quand les Cent Jours arrivèrent, on le tira de son cabinet pour le faire maire de Rodez, et bientôt après de nombreux suffrages l'envoyèrent siéger à la chambre des représentants. L'ouragan passé, il reprit ses fonctions modestes qu'il exerça paisiblement jusqu'aux événements de 1830 qui le jetèrent de nouveau sur la scène politique.

Elu à cette époque membre de la chambre des députés et du conseil général de son département, il a siégé dans la première de ces deux assemblées et a constamment présidé la seconde jusqu'à sa mort.

M. Merlin avait débuté à la Chambre de 1831 par une proposition malencontreuse devant laquelle les centres eux-mêmes reculèrent. Il voulait une liste civile de quinze millions accompagnée d'une immense dotation mobilière et immobilière. C'était prendre une position nette parmi les féaux du pouvoir, et il a rarement démenti ce rôle. Plus tard, pourtant, il s'éleva avec force contre le rétablissement de la loi du divorce qu'il regardait avec juste raison comme immorale, impolitique, contraire à l'opinion religieuse, pouvant porter une grande perturbation dans l'ordre social, par le bouleversement de la société domestique dont le principal appui est le lien conjugal.

On a de lui quelques autres discours prononcés à diverses époques, sur la rectification de plusieurs dispositions du Code pénal, sur l'amélioration de l'administration départementale et contre la loi pénale proposée en 1834 sur les détenteurs, les fabricateurs et distributeurs d'armes et poudres de guerre et les attroupements séditieux.

On rencontre dans ses écrits quelques bonnes idées pratiques, mais absence complète d'aperçus neufs et de ces pensées lumineuses qui, relevées par un heureux choix d'expressions, éclairent le sujet, commandent l'attention et captivent les suffrages.

M. Merlin, par son habitude des affaires et son aptitude au travail, avait pris une certaine position à la chambre, et il a plusieurs fois présidé les bureaux auxquels il était appelé.

A la fin de 1834, le gouvernement récompensa son dévoûment par une place de juge à Rodez.

M. Merlin, dans sa longue carrière, n'avait provoqué les antipathies de personne; ses facultés, peu éclatantes, il faut le dire, le mettaient à l'abri de cette envie qui excite des ombrages et s'acharne malheureusement trop souvent contre les hommes supérieurs. On ne voyait en lui que l'homme obligeant, toujours disposé à être utile, toujours prêt à donner son appui à ceux qui le réclamaient, et tout cela explique la participation qu'à deux reprises différentes les légitimistes prirent à son élection.

MONSEIGNAT.

Félix-Hippolyte de Monseignat, né à Rodez le 7 juin 1764, jurisconsulte, membre de plusieurs législatures, chevalier de la Légion-d'Honneur, fit avec distinction ses études au collége de Rodez. Jeune encore quand la Révolution éclata, il en devint enthousiaste et embrassa sa cause avec chaleur. Il y avait alors une certaine gloire à signaler les abus, à provoquer de salutaires réformes dans l'administration publique. Mais il était bien difficile, une fois engagé dans cette voie, de ne pas dépasser les limites au-delà desquelles le droit cesse et la révolte commence. C'est ce que les événements ne prouvèrent que trop. Né d'une famille riche et bien posée, M. de Monseignat n'avait pas, comme tant d'autres, à chercher sa fortune dans un bouleversement social. Cédant à ses convictions ou à la force du courant, quand il pouvait être honorable d'être révolutionnaire, il le demeura pourtant lorsque ce rôle n'était plus avouable chez le bon citoyen.

Le premier acte qui le fit connaître avec avantage fut une lettre qu'il écrivit, le 17 septembre 1790, à Alexandre Lameth, pour qu'il demandât à l'assemblée nationale la publicité des séances en faveur des corps administratifs des départements.

Quand les théories du gouvernement constitutionnel furent abandonnées par les artisans de la révolution et que les idées républicaines prévalurent, M. de Monseignat se fit républicain. Il se rangea toutefois du côté de ceux que les apparences du patriotisme et l'éclat des talents semblaient rendre plus propres à conduire les affaires (les Girondins). Il s'associa à tous leurs actes, qui furent souvent, il ne faut pas se le dissimuler, empreints de beaucoup de violence. On connaît l'existence éphémère de cette faction et l'aveuglement dont elle demeura frappée jusqu'à la fin. La tête était abattue au sein de la convention nationale que, dans plusieurs départements, les adeptes s'agitaient encore pour venger une défaite trop méritée. A Rodez, où cette cause avait excité de vives sympathies, l'attitude des corps administratifs fut menaçante. Le conseil du département exprima sa pensée sur les événements du 31 mai avec une liberté et une rudesse de langage que peut seule expliquer l'illusion puérile dont se berçaient quelques départements méridionaux sur l'issue de cette lutte célèbre. Il était sans doute honorable, dans cette circonstance, de protester contre les violences d'une minorité factieuse, qui, pour saisir le pouvoir, abattait et proscrivait ses rivaux jusques dans le lieu qui aurait dû être pour eux un asile inviolable.

Mais on regrette que les vaincus n'eussent éprouvé aucun scrupule de ce genre lorsque, peu de temps auparavant, maîtres de la situation, ils avaient fait si bon marché de tout ce qui était garanti par la constitution et de la royauté elle-même.

Monseignat et Cambes furent chargés de porter cette adresse à Paris. Les dispositions qu'ils rencontrèrent dans cette capitale empêchèrent l'accomplissement de leur mission. Ils se renfermèrent dans un discret silence et s'en retournèrent à petit bruit.

M. Monseignat, de retour, crut ne pouvoir mieux faire, pour faire oublier son erreur, que de mettre son patriotisme au service des montagnards vainqueurs, et telles étaient les ressources fécondes de son esprit et la résignation de son caractère qu'il resta presque seul debout au milieu de la déroute de ses amis politiques, expulsés, proscrits, emprisonnés, et qu'on put croire qu'il avait trouvé grâce pleine et entière auprès des vainqueurs. Ceux-ci mettaient son intelligence et son instruction à profit dans les affaires épineuses.

Au club, on confiait la rédaction des adresses, des lettres, des procès-verbaux de quelque importance à sa plume élégante et facile; on lui donnait de fréquents témoignages de confiance, et quand il fut assez compromis par sa participation aux actes du parti Jacobin, voilà qu'un beau jour, sur un ordre du comité de sûreté générale, il est arrêté et conduit à Paris.

Il fit le voyage côte à côte avec un royaliste prononcé, M. Le Normand de Bussy, ancien receveur particulier des finances, qui dut être fort étonné que des routes si différentes menassent au même terme. Celui-ci se montra fort abattu pendant le trajet, tandis que le jeune républicain charmait les ennuis du voyage par l'enjouement de son caractère et les saillies de son esprit. Il aurait eu pourtant quelque droit de ressentir de l'humeur contre cette révolution ingrate, cette mère dénaturée qui, pour nous servir de l'expression de Vergniaud « semblable à Saturne, dévorait ses propres enfants. »

Cependant, la société populaire de Rodez où il comptait beaucoup d'amis s'émut du danger qui menaçait sa tête. Dans une séance du 6 thermidor, elle reconnut et déclara « que le citoyen Monseignat, après son retour de Paris, avait franchement avoué son erreur; qu'il avait reconnu que l'insurrection du 2 juin était légitime et que le côté gauche de la montagne voulait sincèrement et voulait seul la République une et indivisible; qu'à son arrivée, il s'était empressé de provoquer des autorités constituées le rapport des arrêtés liberticides qu'elles avaient déjà pris. »

Nonobstant cette intervention protectrice des montagnards de Rodez, il est fort incertain que l'ancien girondin eût échappé à la hache révolutionnaire, si le dictateur Robespierre, par un revirement inattendu, n'eût été précipité lui-même du pouvoir.

M. Monseignat revit donc sa ville natale, ses parents, ses amis. Les affreux montagnards furent détrônés à leur tour. Des voix vengeresses s'élevèrent contre ces hommes teints de sang. La société populaire de Rodez, affranchie de leur joug, voulut constater dans un monument authentique tous les faits qui se rattachaient à leur domination sauvage, et chargea principalement M. de Monseignat de ce rapport. Dans cette pièce, que nous avons sous les yeux, on fait, en effet, le tableau le plus sombre de tous les excès, de toutes les vexations, de tous les crimes enfin commis par les montagnards de Rodez, à partir de l'irruption de l'armée révolutionnaire qui ouvrit, d'après certaines gens, dans nos murs, l'ère de la terreur. Mais le mémoire est muet sur ce qui s'était passé antérieurement à cette époque, quoique des violences sans nombre eussent été commises; c'est que la Terreur ne s'étendait alors que sur les anciens partis monarchiques, et que les girondins n'avaient garde de récriminer contre une tyrannie dont ils avaient été eux-mêmes les fauteurs. Leurs yeux ne se dessillèrent, leurs cœurs ne s'amollirent que lorsque le vent de l'adversité souffla sur eux.

M. de Monseignat fut ensuite député au conseil des Cinq Cents et y siégea jusqu'au 18 brumaire.

Tout le monde connaît la situation désespérée que les révolutionnaires du directoire avaient faite à la France quand l'heureuse audace d'un guerrier couronné par la victoire vint l'arracher de leurs mains. M. de Monseignat était à Saint-Cloud lorsqu'il fallut céder à la force et abandonner précipitamment sa chaise curule. Un secret instinct lui faisait entrevoir l'avenir, un rayon du soleil levant avait illuminé sa conscience. Il ne prit donc pas les choses au vif comme son collègue Aréna, et subit sans murmure sa destinée.

Cette modération intelligente lui ouvrit les portes du Corps législatif le 4 nivôse an VIII.

La même faveur lui fut accordée deux ans après (22 ventôse an X) par le Sénat, appelé par la Constitution consulaire à choisir sur l'assemblée précédente les quatre cinquièmes de ce corps.

M. de Monseignat, homme d'élite, méritait sans doute d'occuper une place parmi nos législateurs; mais ce qui fit décidément pencher la balance de son côté, ce fut l'influence du général de Beurnonville, fortement exercée en sa faveur, à la prière d'un ami commun (1).

---

(1) M. de Solanet.

Le consulat avait été la transition naturelle du gouvernement démagogique au gouvernement absolu. Pendant cette période, l'autorité publique avait repris son auréole, les esprits les plus récalcitrants étaient rentrés dans l'obéissance. Aussi, lorsque l'Empire s'éleva, ce fut un curieux spectacle de voir les anciens membres de nos assemblées souveraines, tous ces démocrates et fougueux tribuns, courber silencieusement la tête et former près du nouveau maître une cour nombreuse, qui se trouva heureuse d'accepter les emplois, les honneurs, les dignités, les titres même de noblesse qu'il plut à Sa Majesté Impériale de répandre autour d'elle.

Grâce à la double faveur de ses concitoyens et du gouvernement, M. de Monseignat se perpétua dans les législatures pendant presque toute la durée du régime impérial. Le métier n'était plus périlleux, et il était bien temps que les assemblées législatives, après de si longs et de si dangereux ébats, rentrassent dans le calme et jouissent de quelque repos.

Bien des républicains qui en faisaient partie durent reconnaître que le despotisme impérial valait mille fois mieux pour eux que la république, objet de leur rêves passés. Du moins alors on ne les envoyait pas à la mort pour de bons avis, et on les payait même quelquefois pour de mauvais.

Nommé membre de la commission de législation civile et criminelle au corps législatif, le 9 décembre 1809, M. de Monseignat fut d'abord rapporteur et puis président de cette commission. C'est ainsi qu'il prit une part active à l'élaboration du Code dont l'empereur Napoléon dota la France.

La croix de la Légion-d'Honneur fut la récompense honorifique de ses travaux en 1810, et, l'année suivante, il fut nommé conseiller de préfecture.

Quand la dernière heure de l'Empire sonna, M. de Monseignat exerçait paisiblement ces dernières fonctions au chef-lieu de son département. Le gouvernement royal l'y maintint, ce qui n'empêcha pas qu'après le retour de l'île d'Elbe il acceptât de ses concitoyens le mandat d'aller au champ de mai cimenter l'alliance du second empire avec la vieille république. Cette mission, comme on le sait, fut courte et malheureuse. L'Empire fut une seconde fois brisé et la Restauration bouda un peu le député du Champ de Mai ; mais, en définitive, comme elle avait un faible pour les hommes de talent de tous les régimes, elle oublia bientôt le passé, et une ordonnance royale du 21 juillet 1821 réintégra M. de Monseignat dans sa place de conseiller de préfecture qu'il a conservée jusqu'au moment où, vers la fin de sa vie, il l'a faite passer sur la tête de son fils.

Les allures d'un gouvernement monarchique convenaient mieux, il faut l'avouer, au caractère de M. de Monseignat que les agitations d'une turbulente démocratie. Possesseur d'une fortune considérable, essentiellement homme du monde, recherché autant par l'aménité de son caractère que par les agréments de son esprit, sa place était marquée plutôt dans les salons aristocratiques que dans les conventicules d'une populace déguenillée.

Malheureusement ou heureusement, M. de Monseignat avait une excessive répugnance à renoncer à toute participation aux affaires publiques. Il n'a jamais compris, nous en sommes certain, un patriotisme qui se condamne à l'inaction et à l'oubli, plutôt que de servir sous un pouvoir antipathique. On pourrait bien soupçonner aussi, mais ceci n'est qu'un doute, que le patriote de 89 n'avait pas vu sans un secret plaisir l'abaissement de cette orgueilleuse aristocratie dont il venait à peine de toucher le seuil (1), lorsque les décrets nationaux la firent disparaître.

Quant à la résistance active, à l'opposition ardente, il n'en faut point parler. Depuis la terrible épreuve du mois de mai 93, il ne pouvait venir à l'esprit de l'ancien girondin de se heurter contre le plus fort. L'homme paisible du cabinet ne pouvait bonnement compromettre sa sûreté, son repos, son simple bien-être dans un rôle si dangereux. Il se contentait de se laisser aller tout doucement au courant, en concentrant toutes les forces de son intelligence et de son adresse pour ne pas sombrer.

---

(1) M. de Monseignat, père de celui qui fait l'objet de cet article, avait été ennobli par charge en 1782.

Quand les ordonnances de juillet précipitèrent la crise que l'opposition libérale préparait à la France, le conseiller de préfecture traversa la tourmente sans encombre et son crédit ne perdit point au change. Du reste, si sa conduite fut habile, elle fut modérée ; et, sur ses vieux ans, il sut se préserver de cette politique violente qui trouve tant de promoteurs aux temps de révolution et dont une longue expérience lui avait appris le danger.

M. de Monseignat est mort fort chrétiennement à Rodez au sein de sa famille, le 4 décembre 1840.

MONTEIL.

« M. Amans-Alexis Monteil était né à Rodez d'un père conseiller au présidial, dans une famille d'antique bourgeoisie, où il avait puisé, enfant, cet amour de l'indépendance et de l'ordre, ce ferme courage, cette volonté inébranlable, cette patience dans le malheur, cette modération et cette modestie qui ne se pouvaient comparer qu'à son bon sens et à son orgueil. Son premier livre fut publié en 1799 ; il a pour titre : *De l'existence des hommes célèbres dans les Républiques*, et ce beau travail indiquait déjà l'historien qui allait venir. Sa *Description de l'Aveyron*, qui est restée un livre excellent et toujours consulté, contenait en germe l'*Histoire des divers états ;* la division est la même : agriculture, arts mécaniques, finances, commerce, grandes routes, instruction publique. La France manquait alors de statistiques (elle en a trop aujourd'hui), et cette *description de l'Aveyron* fut accueillie avec reconnaissance, comme un modèle que M. Monteil devait seul imiter et surpasser.

La terreur, intelligente cette fois, dont il ne parlait jamais qu'avec l'épouvante des honnêtes cœurs, et qu'il a flétrie avec toute l'énergie et toute l'indignation que son âme pouvait contenir, avait fait du *citoyen* Monteil un secrétaire de district, et voilà comment il apprit jour par jour le mécanisme de cette administration qu'il a expliquée d'une façon si habile. Il fut plus tard professeur d'histoire à l'école centrale de Rodez, et bientôt aux écoles militaires de Fontainebleau, de Saint-Germain et de Saint-Cyr. Il a appris l'histoire à plus d'un maréchal de France, et par quels sentiers lumineux on arrive à la gloire.

Ce fut en 1827, grâce aux bons soins et, disons-le, à la louange des deux amis, grâce à l'argent de M. La Romiguière qui l'aimait d'une tendresse toute filiale (deux belles et honnêtes âmes, en effet, bien faites pour s'entendre et pour s'aimer) que parurent les deux premiers volumes de son *Histoire des divers états*, en dix tomes in-8°, qui ne fut terminée qu'en 1844. Le succès fut grand ; l'attention publique se trouva vivement excitée ; on parla de la nouvelle histoire avec enthousiasme ; les familles l'adoptèrent comme un livre écrit pour le foyer domestique ; l'illustre M. Guizot, ce bon juge d'un pareil travail, le cita plusieurs fois avec honneur dans sa chaire et dans ses livres ; l'Académie décerna à M. Monteil une partie du prix Gobert, plaçant ainsi dans sa reconnaissance les *divers états* à côté des livres mêmes de M. Augustin Thierry ! M. Monteil a donc recueilli de son vivant une partie de la gloire qui lui devait revenir.

Alors enfin, se sentant vieillir, et voyant son œuvre accomplie, le noble vieillard prit congé de l'humble mansarde qu'il habitait à Passy même, non loin d'un poëte, comme lui ami du peuple et de ses douces joies ; M. Monteil vivait dans cette retraite studieuse, de méditation, de promenade et de silence, à peine connu de quelques voisins, bon à tous, importun à personne, et répandant çà et là l'ineffable bienveillance de son cœur.

Il fut longtemps à choisir un autre abri, à renoncer aux derniers bruits de ce monde qu'il aimait sans y être jamais entré. Il se réfugia dans une humble maison qu'il avait achetée à Céli, petit village du département de Seine-et-Marne, un village inconnu qu'il eût rendu célèbre, car il avait entrepris l'*Histoire de Céli*, afin de laisser le modèle et l'exemple d'une histoire villageoise. Nous avons lu les premiers feuillets de cette histoire ; cela commençait par la description des lieux, et dans cet étroit espace, l'historien de la France féodale, devenu le garde-note d'un hameau, avait retrouvé une foule de cérémonies oubliées, d'anciens usages, de vieux noms éteints sous ces chaumes, d'antiques familles disparues dans ces sillons! C'eût été une chose charmante, cette *histoire de Céli.*

Il avait aussi entrepris ses *mémoires*, et naturellement ces mémoires auraient représenté une dernière histoire des divers états de sa province nationale, avant 1789. Quelques chapitres seront sauvés, nous l'espérons, de ce livre que la mort nous envie et nous enlève (1). Voici le titre de ces chapitres, s'il nous en souvient :

Mon père, — *ma mère,* — *ma sœur Joséphine,* sans oublier le *frère Joachim,* avocat pacificateur; son seul rôle en ce monde c'était d'arrêter les procès commencés! Et à l'occasion de chaque héros de sa jeunesse, M. Monteil faisait l'histoire de quelque magistrature ou de quelque industrie. Hélas! au milieu de ce travail sans fin de la nuit et du jour, après ces efforts incroyables de la patience, de l'imagination, de la mémoire, de la science, on ne pouvait guère espérer qu'il mènerait à bonne fin ces dernières entreprises dans lesquelles se complaisait cet aimable génie.

Un grand affaiblissement, une immense fatigue, une lente et calme agonie où se retrouvaient cette grâce, cette bonne humeur, ce vif sentiment de l'amitié qui était sa seconde vie, annoncèrent bien avant l'heure fatale le moment suprême. Il se sentait mourir, il ne luttait pas contre la mort, mais il la voulait calme et souriante comme sa vie. Il espérait aller jusqu'au printemps ; au moins est-il mort par un beau jour.

Il n'appartenait à aucune académie ! Il s'était présenté en 1832 à l'académie des sciences morales et politiques, il manqua son élection de deux voix, et, fier comme il était, il se promit à lui-même de ne plus se présenter ; il s'est tenu parole, et voilà comment il n'a pas encore obtenu de louange

---

(1) Ce livre est en la possession de la Société des Lettres, Sciences et Arts de Rodez. Il lui a été envoyé avec d'autres manuscrits précieux par les héritiers de M. Monteil.

publique; comment il a disparu, incognito, dans le cimetière de son village adoptif, qui ne sait pas peut-être quelle gloire est enfermée dans cette tombe silencieuse; voilà comment nous donnons aujourd'hui seulement la première nouvelle de sa mort! »

Ici l'auteur de l'article que nous empruntons au *Journal des Débats*, et qui n'est autre que M. Jules Janin, se livre à une appréciation fort remarquable de l'œuvre capitale de M. Monteil :

« Quand pour la première fois la France du dix-neuvième siècle se vit ainsi revivre non plus dans ses batailles, non plus dans ses conquêtes, mais dans ses usages, dans ses mœurs privées, dans ses arts, dans ses métiers; non plus dans ses soldats, dans ses rois et dans ses capitaines, mais dans ses ouvriers, ses laboureurs et ses plus humbles artisans, la France entière se mit à applaudir cette révélation inattendue, cette douce lueur jetée avec tant de bonhommie et de simplicité sur les drames sanglants du moyen-âge.

Le quatorzième siècle fut naturellement le point de départ de l'illustre entreprise qui devait employer cette longue vie si noblement remplie. Les lettres de frère Ychan, cordelier de Tours, à frère André, cordelier de Toulouse, reproduisaient, avec plus de vérité dans le fond, la grâce et le charme d'un roman de Walter-Scott. Le quinzième siècle devint le sujet d'une longue complainte. Les *divers états*, convoqués au tribunal de l'histoire, se plaignent, en leur patois, de l'oppression, de la misère, des obstacles, et ces gémissements de la sueur humaine laissent dans l'âme une impression salutaire, un enseignement dont le siècle suivant devait profiter.

Le seizième siècle, éblouissant de toutes ses gloires naissantes, est représenté par un *voyage en France ;* la scène se passe après les cruautés de la ligue, en un moment de paix et d'espérance. Le voyageur est un gentilhomme espagnol, qui raconte tour à tour les hésitations et les merveilles de cette société de travailleurs qui se complète et qui marche d'un pas régulier à l'accomplissement des plus imposantes destinées.

Le dix-septième siècle est raconté par un jeune enseigne,

réformé à la paix de Riswick. Notre enseigne en est réduit à se faire gouverneur d'enfants, et, placé dans une famille de haute bourgeoisie, intermédiaire entre la noblesse et la petite bourgeoisie, il apprend facilement à distinguer, à reconnaître, à décrire toutes les nuances de la nation qui travaille, qui produit, qui vend, qui achète, qui paie l'impôt. Par un tour de force incroyable, Louis XIV était absent du grand siècle auquel il a donné son nom comme le plus beau présent qu'il lui pût imposer..... On en fit ici même le reproche à M. Monteil, avec tout le respect qui était dû à un homme de son talent, et, docile aux bons avis, il ajouta à l'édition suivante le chapitre du roi, qui est devenu un de ses meilleurs chapitres.

Au dix-huitième siècle enfin, ce sont trois amis d'opinions différentes, l'un qui penche vers la monarchie constitutionnelle, l'autre qui est franchement républicain, le troisième qui est un royaliste de la vieille roche, bonnes gens et honnêtes gens. Tous les trois se réunissent une fois par décade (car à chaque époque la forme du drame historique change et varie à l'infini) pour s'instruire l'un l'autre, en se communiquant les divers chapitres de chaque partie de l'histoire présente qu'ils ont étudiée avec le plus de soin.

Certes on a fait de nombreuses et éloquentes histoires de ce dix-huitième siècle qui devait enfanter la Révolution de 1789, mais personne n'avait expliqué d'une façon plus complète et plus claire ces trois périodes distinctes : Avant la Révolution,—pendant la Révolution,—après la Révolution. Aussi, quand le livre fut achevé, comme le digne couronnement de ce labeur, les amis et les disciples de M. Monteil eurent-ils bien de la peine à l'empêcher d'intituler cet immense résumé de tant de faits inaperçus : *Histoire de la Révolution française.*

Ces dix volumes, dignes d'une réunion de Bénédictins, ont soulevé à leur apparition bien des louanges et bien des critiques ; plusieurs partis se formèrent pour accuser et pour soutenir cette protestation habile et savante contre l'ancienne histoire. Pour la première fois, en effet, se montrait le peuple de France dans un livre historique ; mais il s'y montrait seul, avec ses propres forces, abandonné à son génie, à ses instincts, à ses défauts, à ses vertus, pendant que cette fois les guides et les chefs des nations, les rois, les capitaines, les magistrats, les évêques, tous les héros du premier plan, habitués depuis Hérodote à jouer le grand rôle et, pour ainsi dire, le rôle unique dans le drame de l'humanité, restent dans l'ombre, leur nom même n'étant pas prononcé, et comme s'ils n'avaient jamais vécu. A cette grande objection, M. Monteil répondait qu'il avait voulu faire justement l'*histoire* des métiers, des études, des travaux, des beaux-arts, des sciences, des mœurs et des habitudes de la nation qui gagne sa vie à la sueur de son front ; que c'était bien, en effet, son art et sa prétention de faire uniquement l'histoire des travailleurs et, une fois lancé dans cette arène qu'il a ouverte et qu'il a fermée, il accablait de ses dédains, de ses colères, de ses épigrammes sans fiel, non pas sans malice, ce qu'il appelait l'*histoire-bataille*.

Il a écrit à ce propos un petit livre charmant : *Poétique de l'histoire*, où il démontrait bel et bien qu'il avait eu l'honneur lui, Monteil, d'introduire le premier les Français dans l'histoire de France. Déjà son *Traité des matériaux*, publié en 1835, à l'occasion d'une vente de ses manuscrits, avait servi de magnifique exposition à sa *poétique*. On trouverait difficilement un catalogue mieux fait, plus vif et plus instructif que ce *traité des matériaux*. Dans ces pages, écrites avec un goût exquis, un naturel charmant, une bonne grâce infinie, se révèle un antiquaire de premier ordre, un habile chercheur de vieux mondes, un lecteur infatigable des antiques parchemins de la vieille nation.

M. Monteil excellait, en effet, dans la découverte des chartes, des manuscrits, des énigmes, des feuilles éparses de l'histoire, et en ceci consistait surtout l'originalité de cet incroyable travail, dont la base n'existait que dans sa bibliothèque et dans sa tête. Que de précieux et introuvables documents ramassés, mis en ordre, éclaircis, sauvés par cet infatigable athlète de la vérité vraie et sérieuse, cherchée avec obstination et recueillie avec amour! Pendante soixante ans d'une vie innocente et calme, il n'a pas eu d'autre fête, d'autre passion, d'autre bonheur que de démontrer, par son exemple, le grand parti qui se pouvait tirer du moindre fragment ramassé dans la poussière des siècles écoulés, et que pas un indice n'est inutile au talent qui sait s'en servir. Puis, comme il n'était rien moins que riche, comme, au contraire, il vivait de pauvreté, d'abnégation, de retranchement, il revendait les matériaux dont il n'avait plus besoin, non plus certes pour remplacer son habit du siècle passé, mais pour acheter souvent au prix de son dîner de huit jours, d'autres livres, d'autres reliques, d'autres témoignages ; c'est ainsi que les archives nationales, le ministère des finances, le ministère du commerce, le dépôt de la guerre, le ministère de l'intérieur et la bibliothèque royale se sont enrichis, à tour de rôle, des précieuses découvertes de M. Monteil. »

M. Monteil a laissé beaucoup de travaux inédits. Le plus précieux de tous, à coup sûr, est celui qui porte pour titre : *Etapes d'un volontaire en l'an II de la République*. Dans les marches et contre-marches à travers le territoire de la République et jusqu'aux frontières de ce jeune réquisitionnaire, qui n'est autre que lui-même, l'auteur fait assister le lecteur à mille scènes, à mille évènements palpitants d'intérêt, et qui peignent avec une poignante vérité le régime de fer qui pesait alors sur la France.

Les *Etapes d'un volontaire* joignent à l'attrait d'un roman tout le prix de récits malheureusement trop vrais. Le style en est vif, clair, énergique, correct, et ne laisse rien à désirer, et malgré quelques détails, parfois un peu longs, on ne peut cesser de dévorer ce livre une fois qu'on en a commencé la lecture (1).

Ce savant historien est mort à Céli, le 20 février 1850, à l'âge de quatre-vingt-un ans.

« C'est une perte très-grande, ajoute le spirituel écrivain des *Débats*, et qui sera vivement sentie par tous les hommes restés fidèles à l'ancien culte des belles œuvres courageusement entreprises et dignement accomplies. M. Monteil a laissé

---

(1) Le manuscrit original est aux archives de la Société des Lettres, Sciences et Arts de Rodez. Quelques journaux l'ont reproduit en entier dans leurs feuilletons.

et laissera dans l'avenir, comme une trace impérissable de son passage sur cette terre, un de ces livres qui ne peuvent que grandir dans la reconnaissance d'un peuple : L'*Histoire des Français des divers états*. »

Le docteur MURAT.

Brassat-Murat (François), docteur en médecine, était né à Aubin en 1754, d'une ancienne et honorable famille du pays. Son caractère, naturellement grave et réfléchi, dut le porter de préférence vers l'étude des sciences physiques et naturelles, parmi lesquelles la médecine tient le premier rang. Les progrès rapides qu'il y fit prouvèrent qu'il n'avait pas méconnu sa vocation.

Son début fut marqué par de nombreux et de brillants succès. La confiance qu'il inspira d'abord s'étendit rapidement et les occasions de déployer les immenses ressources de son érudition ne lui manquèrent pas. Plus heureux que beaucoup de ses confrères, il eut le rare bonheur d'être apprécié, dès ses premiers pas, dans une carrière qu'il devait parcourir avec tant de distinction. Il y a peu de célébrités médicales en France qui puissent se flatter d'avoir obtenu une confiance aussi illimitée que celle dont a joui notre savant compatriote pendant un demi-siècle. Aubin était devenu comme un centre où se rendaient, non-seulement de tous les points du département, mais encore des départements voisins, une foule d'individus, affligés de maladies chroniques, qui venaient invoquer les soins et se soumettre à l'expérimentation de l'habile docteur d'Aubin, et il a été bien reconnu qu'ils y trouvaient, dans la plupart des cas, la guérison ou le soulagement de leurs maux.

M. Murat ne négligeait rien pour justifier une aussi haute confiance : vivant seul, retiré, uniquement occupé de ses malades ou de ses livres, on l'a vu, malgré les soins et les fatigues d'une immense pratique, recueillir avec soin les acquisitions dont chaque jour s'enrichissait la médecine et consacrer à l'étude tous les moments qu'il ne donnait pas à ses malades.

Aussi, était-on assuré de trouver près de lui, au fond d'une province ignorée, toutes les ressources médicales qu'offrent seules les capitales. Il était rare qu'on appelât de ses décisions, et lorsqu'il était lui-même appelé en consultation avec d'autres confrères, c'était toujours son opinion qui prévalait, le plus souvent sans discussion.

Mais ce qui le distinguait surtout, ce qui lui a assuré la supériorité dont il a joui, c'était une justesse rare dans le diagnostic, c'était une connaissance approfondie des ressources de la thérapeutique, cette partie importante de la médecine dont l'étude est si généralement négligée aujourd'hui.

Nous ne chercherons pas à le justifier du reproche d'empirisme qui lui a été quelquefois adressé; s'il s'est montré quelquefois tel, c'est à la manière des grands praticiens, qui comptent plus sur le résultat d'une solide expérience, que sur les inductions d'une théorie souvent plus ingénieuse que vraie.

Il employait, il est vrai, plusieurs médicaments tombés en désuétude ; mais une longue pratique lui en avait démontré l'utilité, et les succès qu'il obtenait dans plusieurs cas graves, où les moyens ordinaires échouent complètement, justifient assez sa préférence. Sa matière médicale était d'ailleurs remarquable par le nombre et l'activité des substances médicamenteuses dont il avait fait choix. Cet homme habile ne se faisait pas moins remarquer par l'heureuse hardiesse avec laquelle il maniait ces médicaments énergiques, que l'on est convenu d'appeler *héroïques*, dont il faisait un fréquent usage ; et ce qui prouve à la fois sa prudence et la sûreté de son tact, c'est qu'aucun accident grave n'est venu troubler le cours de ses longs succès.

Quoique doué d'une constitution robuste, des études opiniâtres, les fatigues inséparables de sa profession avaient insensiblement altéré sa santé ; une maladie de poitrine qui, depuis quelques années, était devenue menaçante, prit un caractère alarmant pendant le rigoureux hiver de 1829. Tous les secours de l'art furent inutiles, et cet homme vénérable termina sa carrière au mois de mars, âgé de 79 ans.

Le docteur Murat avait été reçu membre, presque au début de sa carrière, des sociétés savantes les plus célèbres. Il fut admis dans la société médicale de Paris, le 2 avril 1797; dans celle de Montpellier, le 16 février 1802; dans celles de Toulouse et de Lyon, en 1807, et, enfin, associé à l'Académie royale de médecine de Paris, le 30 décembre 1820.

Il avait remporté, le 25 mars 1801, la première couronne académique sur une question proposée par la société médicale de Marseille, relativement aux fièvres malignes, ce qui lui valut une lettre flatteuse du docteur Fodéré.

La croix de la Légion-d'Honneur, qu'il obtint le 19 mai 1825, fut la dernière et tardive distinction accordée à une vie si utilement remplie.

Le docteur Murat possédait des connaissances aussi étendues que variées dans toutes les branches des connaissances humaines, et il ne pouvait en être autrement d'un homme doué d'une vive intelligence, d'une mémoire heureuse et qui était sans cesse plongé dans l'étude.

Sa bibliothèque était une des plus vastes et des plus riches du département.

Il a laissé de volumineux manuscrits où sont consignées les précieuses observations qu'il avait faites sur l'application de son art durant le cours de sa longue vie.

Terminons par un trait qui honore sa mémoire. C'est qu'il traita toujours gratuitement et avec un zèle soutenu, non-seulement les pauvres, mais encore tous les habitants de sa localité.

M. Brassat-Saint-Parthem, chevalier de la Légion-d'Honneur, ancien maire d'Aubin, ancien membre du conseil-général, est le neveu et le successeur de cet homme distingué.

Le comte NAJAC.

Le comte Najac, conseiller d'Etat, n'était point né dans l'Aveyron, mais sa famille en était originaire, et c'est à ce titre que nous lui donnons place dans ces tablettes historiques.

Son père quitta de bonne heure Najac, son pays, pour aller chercher fortune à Paris, et comme cela se pratiquait souvent alors et se pratique encore, il échangea le nom obscur qu'il portait contre celui de sa ville natale. La fortune lui sourit. Après avoir été *officier de bouche* du roi à Versailles et avoir acquis par son savoir faire une honnête aisance, il fit élever soigneusement son fils dont les talents ne tardèrent pas à se faire jour quand la révolution eut éclaté. Voici ce qu'en disent les biographes :

Najac (Benoît-Georges, comte de), commandeur de la Légion-d'Honneur, est né en 1748, le 22 novembre. Il suivit la carrière des officiers civils de l'armée, et était commissaire-ordonnateur à l'époque de la Revolution. Le ministre d'Albarade, qui appréciait ses talents, se le donna pour adjoint en 1793, et puis l'envoya, en qualité d'ordonnateur, à Brest et à Toulon. Il fut chargé, en partie, des préparatifs de l'expédition d'Egypte, ce qui lui valut l'estime et la bienveillance du général Bonaparte, excellent appréciateur des hommes. Il l'appela au conseil d'Etat après le 18 brumaire, et, le 21 août 1801, lui donna la préfecture du Rhône. Le comte Najac rentra au conseil d'Etat le 30 juillet 1802 ; il eut la commission, en 1807, de présenter au Corps législatif quelques dispositions supplémentaires au Code législatif ; en 1811, l'Empereur le nomma intendant général de la marine et conseiller d'Etat honoraire. Il rentra dans ses fonctions en 1815, et signa, le 25 mars, la délibération du conseil d'Etat. On le destitua après les *Cent Jours* ; mais, en 1817, il rentra en fonctions, et est mort depuis cette époque.

Le baron DE NOGARET.

Nogaret (Pierre-Barthélemi-Joseph de), baron de l'Empire, commandeur de la Légion-d'Honneur, député de l'Aveyron, naquit à Marvéjols, département de la Lozère, le 28 juin 1762. Son père, conseiller à la cour des aides de Montpellier, l'envoya de bonne heure à Paris pour y terminer ses études classiques au collége de Plessy, où l'abbé Thédenat, de Saint-Geniez, qui depuis est devenu membre de l'Institut, remplissait alors de très-modestes fonctions. Sorti du collége, le jeune Nogaret s'adonna à l'étude du droit et aspira à succéder un jour à son père.

Le *Courrier du Gard* a publié dernièrement que M. de Nogaret fut même nommé conseiller auditeur à Montpellier, et qu'il eut pour collègue Cambacérès.

Quoi qu'il en soit, M. de Nogaret embrassa avec ardeur les principes de la Révolution de 1789, et il fut en 1790 nommé, par ses concitoyens du département de l'Aveyron, résidence ordinaire de sa famille, à la place d'administrateur du département qu'il occupa sous la présidence de M. de Bonald.

Il fut nommé, peu de temps après, procureur général syndic.

En 1791, il fit partie de l'assemblée législative où il se distingua par sa modération. Cette conduite lui attira la haine de ceux qui devaient bientôt inonder la France de sang. Il savait les dangers auxquels il était exposé, et il fut sur le point de marcher à la frontière perdu dans les rangs d'un régiment, commandé par l'un de ses amis qui avait été son collègue à la législative et qui l'engagea vivement à prendre ce parti.

Rentré dans le département, les dangers qu'il n'avait que trop bien prévus éclatèrent, et il fut arrêté par ordre des représentants en mission. Il eut cependant le bonheur d'être bientôt rendu à la liberté, sous caution.

Dès que le calme fut un peu rétabli, M. de Nogaret fut nommé simultanément administrateur de chacun des trois districts qui avoisinent Saint-Laurent-d'Olt, lieu de son domicile.

Il fut appelé de nouveau, en l'an VI, à l'administration centrale du département de l'Aveyron, et bientôt après au conseil des Cinq Cents. Il siégea dans cette assemblée jusqu'au 18 brumaire an VIII.

A cette époque, le premier consul le nomma préfet du département de l'Hérault, place qu'il a occupée avec la plus grande distinction pendant quatorze années. Il déploya en remplissant ces fonctions une si grande habileté que Napoléon lui offrit spontanément la préfecture du Rhône, pendant une audience où il s'était plu à lui témoigner combien il était satisfait de son administration. Des raisons particulières, dit le *Journal du Gard*, auquel nous empruntons ce fait, empêchèrent le préfet de l'Hérault d'accepter une proposition moins honorable encore par son objet que par les termes dans lesquels elle était faite et par l'homme qui la faisait.

M. de Nogaret cessa d'être préfet de l'Hérault au commencement de 1814, après avoir sollicité pendant plusieurs années la permission de se retirer. Il reçut dans sa retraite les témoignages les plus flatteurs de l'estime du gouvernement impérial, par plusieurs lettres écrites de la main même de M. de Montalivet, alors ministre de l'intérieur. Voici un passage d'une de ces lettres qui annonce à M. le baron de Nagaret qu'enfin on a cédé à ses instances en lui donnant un successeur : « Sa Majesté, en vous donnant un successeur, a cédé au vœu qu'elle a su que vous aviez émis ; elle a dit avec bonté qu'elle était satisfaite de vos services ; elle a montré des regrets de ce que vous ne croyez pas pouvoir les continuer ; elle n'a point ignoré que dans les circonstances où nous sommes, vous aviez renoncé à tout projet de retraite, et que vous aviez préféré vous dévouer, mais elle n'a pas voulu qu'il en fût ainsi. Je suis autorisé à penser que vous recevrez incessamment des marques de contentement de l'Empereur. »

Effectivement, M. de Nogaret fut nommé, très-peu de

temps après, maître des requêtes en service ordinaire. Il avait été nommé commandeur de la Légion-d'Honneur, le 25 prairial an XII, lors de l'organisation de cet ordre, et quelque temps après baron, titre qui lui a été confirmé par le roi Louis XVIII.

Pendant la durée de ses fonctions, il a été présenté trois fois comme candidat pour le Sénat conservateur, deux fois par le département de l'Aveyron et une fois par celui de la Lozère.

A partir de 1814, M. le baron de Nogaret vécut pendant quelques années dans la retraite, étranger aux affaires publiques et uniquement occupé des travaux de l'agriculture. Il fut ensuite nommé maire de la commune de Saint-Laurent-d'Olt, modeste place qu'il a occupée jusqu'à sa mort. En 1827, après la dissolution de la Chambre des députés, il fut porté à la députation par les électeurs constitutionnels de l'arrondissement de Millau; son compétiteur, appuyé de toute l'influence du parti qui dominait alors, l'emporta sur lui. L'élection fut annulée, parce qu'il ne put pas prouver qu'il payait le cens voulu par la loi, et le collége électoral ayant été réuni de nouveau, M. de Nogaret fut élu à une assez grande majorité. Jusqu'à sa mort, il n'a pas cessé de représenter cet arrondissement, votant constamment à la Chambre avec les amis de l'ordre et de la paix et avec ceux qui veulent le maintien des institutions sorties de la révolution de Juillet.

Il fut réélu en 1830, 1831, 1833, 1837 et 1839, et presque toujours à de très-fortes majorités. Il a été membre du Conseil général du département depuis 1830 jusqu'en 1837; il a eu l'honneur de présider plusieurs fois cette assemblée qui a depuis regretté ses lumières et son expérience.

Devenu doyen d'âge de la Chambre des députés, il l'a présidée quatre fois en cette qualité. Pendant la durée de ses fonctions législatives, si une extrême timidité ne lui a pas permis de monter à la tribune, il s'est plu à composer quelquefois, sur des questions intéressantes, des discours qui auraient pu être fort utiles à la cause qu'il défendait. Estimé et honoré par tous les partis, il a été, durant ces dernières années, porté presque continuellement, par les suffrages de ses collègues, à la présidence de son bureau. M. le baron de Nogaret était à la Chambre le seul représentant des trois premières assemblées. Il avait une connaissance complète de tous les faits relatifs à notre première révolution, ayant été acteur ou témoin de plusieurs.

Ce qui a distingué M. le baron de Nogaret pendant sa longue carrière, c'est la probité politique, vertu si rare de nos jours. Son caractère était un heureux alliage de bonté et d'énergie. Il fut doué d'une rectitude d'esprit remarquable; son cœur était noble et élevé.

Il racontait avec esprit un grand nombre d'anecdotes pleines d'intérêt; il avait beaucoup vu et beaucoup retenu. Il avait à peu près connu tous les hommes politiques qui ont joué un rôle depuis la première révolution.

Arrivé au terme d'une carrière si bien remplie, M. le baron de Nogaret ne demandait ou plutôt ne désirait qu'une récompense pour ses services, sa promotion à la pairie; et cette récompense, souvent promise à ses nombreux amis, il est mort sans l'avoir obtenue......

M. de Nogaret est mort à Saint-Laurent-d'Olt, à la suite d'une longue et douloureuse maladie, le 1er septembre 1841...

LUNET.

PAS DE BEAULIEU.

Pierre-Jean-Baptiste de Pas, baron de Beaulieu, naquit, le 16 juin 1787, à Saint-Affrique, fit ses études classiques à l'école centrale de Rodez, puis entra, le 6 avril 1805, à l'école militaire de Fontainebleau, d'où il sortit, le 10 octobre 1806, en qualité de sous-lieutenant au 12e régiment d'infanterie de ligne. Peu de jours après, il traversait le Rhin, qu'il ne devait repasser que le 1er octobre 1814. Pendant un intervalle de près de huit années, il prit la part la plus active aux luttes immortelles des armées françaises, dirigées si longtemps au-delà de ce fleuve par le génie de la victoire.

En 1809, le 12ᵉ de ligne souffrit beaucoup à la bataille de Wagram et surtout devant Presbourg, un mois avant ce nouveau triomphe du grand capitaine. Il emporta trois redoutes défendues sur la rive droite du Danube par les Autrichiens, qui voulaient empêcher la jonction de l'armée d'Italie avec la grande armée. En un quart-d'heure, il avait perdu plus de six cents hommes ; plus, vingt-deux officiers, et le général Petit lui-même était tombé victime de son impétueuse bravoure.

A la revue passée à Znaëm par l'Empereur, peu de jours après Wagram, cet intrépide régiment se trouva avoir beaucoup de places d'officiers vacantes. Au nombre des lieutenants présentés pour celles de capitaine étaient plusieurs élèves de l'école militaire, âgés de 20 à 21 ans.

Parmi ceux qui existaient encore naguère, nous mentionnerons MM. de Beaufort, ancien député ; de Rumigny, lieutenant-général ; Thierry, maréchal-de-camp ; Petit-Jean, lieutenant-colonel, et enfin le baron Pas de Beaulieu, qui fut le premier appelé. En apercevant des officiers aussi jeunes, l'Empereur dit au colonel, avec sa brusquerie habituelle : « Vous me présentez là des enfans ! » Mais voyant le sako du lieutenant Pas de Beaulieu percé par un biscaïen et la plaque brisée, il y porta le doigt et demanda à son possesseur d'où il sortait, combien il comptait d'années de grade de lieutenant, combien il avait fait de campagnes...... Il ajouta en élevant la voix : *Tu peux dire : vive la guerre ! je te fais capitaine.*

En 1811, le 12ᵉ de ligne était à Magdebourg, en Prusse. Le comte de Saint-Marsau, ambassadeur de France à Berlin, reçut l'ordre de célébrer la naissance du roi de Rome, et le maréchal Davoust celui d'envoyer douze officiers de son corps d'armée pour assister aux fêtes qui devaient être données à cette occasion. Cette députation se composait du colonel du 5ᵉ régiment polonais, prince de Radziwil, et de deux de ses capitaines, de trois officiers du 33ᵉ régiment d'infanterie légère, de trois officiers du 57ᵉ régiment de ligne, et de trois du 12ᵉ : MM. de Beaufort, capitaine ; de Barzun, lieutenant (tué à la bataille de la Moscowa), et de Pas de Beaulieu, capitaine.

En 1812, quoique absent, par suite d'une blessure grave, reçue le 17 août sous les murs de Smolensk, de la revue passé par l'Empereur sur le champ de bataille de Valontina, le 20 août, le capitaine Pas de Beaulieu y fut décoré de l'ordre de la Légion-d'Honneur.

Ce fut là, d'après M. de Ségur (1) « que l'on vit l'Empereur s'entourer de chaque régiment comme d'une famille. Là, il interpellait à haute voix les officiers, les sous-officiers, les soldats, demandant les plus braves entre tous ces braves, ou les plus heureux, et les récompensant aussitôt. Les officiers désignaient, les soldats confirmaient, l'Empereur approuvait. »

Pendant la désastreuse campagne de Moscou, le soir de la bataille de Krasnoë, le général Gérard, depuis maréchal, confia au capitaine Pas de Beaulieu le commandement de tous les grenadiers de sa division, réduits alors au nombre de deux cents au plus, et, se reposant sur sa valeur, il le plaça à l'arrière-garde. Pendant trois heures consécutives, l'infatigable capitaine, animant par son exemple la poignée d'hommes placés sous ses ordres, repoussa les Cosaques qui revenaient sans cesse à la charge en tourbillons épais, ainsi que les canons montés sur les traîneaux qu'ils approchaient jusqu'à demi-portée de fusil des débris de l'armée française. Dans une de ses charges, il eut le bonheur de sauver le maréchal Davoust, qui, accablé de fatigue, se chauffait aux débris d'une maison incendiée, sans s'apercevoir qu'il était sur le point de tomber aux mains des Russes, entourant déjà la position où il se trouvait. Le même jour, à huit heures du soir, le capitaine Pas de Beaulieu fut relevé par un bataillon de la vieille garde ; il était blessé ainsi que la plupart de ses hommes.

A la fin de janvier 1813, à Posen, le prince Eugène prit le

---

(1) Campagne de Russie, t. 1ᵉʳ, chap. 8, p. 308.

commandement de l'armée qu'il tenta de réorganiser. Les cadres de tous les régiments du premier corps (celui du maréchal Davoust) furent renvoyés en France pour concourir à la formation de nouveaux régiments. Mais tout ce qu'il y avait de valide en officiers, sous-officiers et soldats fut retenu. D'un corps composé six mois auparavant de cinq divisions fortes de 70,000 hommes pleins d'ardeur et de vie, il ne restait que cinq bataillons, et de chaque régiment qu'une compagnie de cent-vingt à cent-cinquante hommes au plus. Le capitaine Pas de Beaulieu dut demeurer pour prendre le commandement de la compagnie du 12e régiment; tous ces débris furent dirigés sur Stettin. Une heure après leur entrée dans cette place, ils se trouvèrent bloqués par les Russes et par les Prussiens réunis. Stettin fut assiégé pendant neuf mois par ces derniers, et se rendit le 5 décembre 1813; la garnison, considérée comme prisonnière de guerre, fut conduite à Insterburg (vieille Prusse).

Durant ce siége mémorable, les débris du premier corps occupaient tous les postes extérieurs de la place, le fort de *Dam*, situé à deux lieues de Stettin, et la digue qui joignait ce fort à la ville. Sur cette digue furent construits cinq blokaus, très-souvent attaqués par les Prussiens du côté de la terre, et par les chaloupes canonnières suédoises du côté du Lac. Le capitaine Pas de Beaulieu eut à soutenir plusieurs assauts et conserva toujours son poste. Dans une sortie faite par les troupes du fort de *Dam*, les compagnies du 12e de ligne et du 7e léger, dont il avait le commandement, emportèrent rapidement un retranchement prussien et prirent une pièce de canon qu'elles ramenèrent dans Stettin. Leur brave chef fut blessé de nouveau près du pont-levis en rentrant dans le fort.

En apprenant qu'on songeait à une capitulation, les cinq mille soldats composant la garnison furent consternés; ils vinrent supplier leurs officiers de les sauver de la Sibérie, promettant de défendre encore la place, et, s'il n'était plus possible d'y vivre, de faire une sortie désespérée, de traverser le pays les armes à la main et d'aller joindre à Hambourg le maréchal Davoust. Trois ou quatre cents officiers subalternes délibérèrent et résolurent de porter ces propositions au gouverneur. Arrivés près de son hôtel, les camarades du capitaine Pas de Beaulieu lui demandèrent unanimement de porter la parole; il le fit avec cette éloquence du cœur qui devait le caractériser aux principales époques de sa vie. Mais les généraux l'ayant menacé, pour toute réponse, de le traiter en chef de révolte, il n'y eut qu'un cri : *Ce n'est pas lui seul qui vous parle, c'est nous tous et la garnison entière!* Ces paroles d'honneur et de patriotisme ne furent pas comprises. La place fut rendue peu de jours après.

Rentré en France le 1er octobre 1814, le baron de Beaulieu trouva la place de capitaine de la 1re compagnie de grenadiers prise au 12e régiment de ligne, et fut mis à la demi-solde. Il était dans le Midi au 1er mars 1815. L'Empereur avait dégagé à Fontainebleau l'armée de ses serments; le baron de Beaulieu crut remplir un impérieux devoir en marchant sous les ordres du duc d'Angoulême. Ce prince, à sa rentrée en France, le nomma chef de bataillon le 25 juillet 1815.

Placé, à la formation de la garde, dans le 1er régiment d'infanterie comme capitaine de grenadiers, il fut nommé, peu de temps après, chef de bataillon dans ce même régiment, puis, breveté lieutenant-colonel en 1819.

En 1824, ses blessures et les douleurs contractées dans les bivouacs de ses nombreuses campagnes le forcèrent à prendre sa retraite au moment où de l'avancement lui était offert.

Mais bientôt s'ouvrit pour lui une nouvelle carrière où il devait se consacrer aux intérêts, au bonheur, à la dignité de la patrie, comme s'il n'avait pas déjà largement payé sa dette.

En 1827, ses amis, c'est-à-dire presque tous les principaux habitants de Valenciennes où il s'était fixé, le portèrent candidat pour la députation. Elu à une forte majorité, M. de Beaulieu justifia la confiance de ses commettants. Royaliste dévoué, mais intelligent, il fit partie dans la Chambre du petit nombre des amis sincères de la monarchie qui prévirent l'avenir, et dont la fidélité désintéressée s'inclina la première, après la tempête de juillet, devant la majesté d'une immense infortune.

Dès son début dans le Parlement, M. Pas de Beaulieu se posa franchement en défenseur de toutes les gloires de la France. En 1828, il appuya fortement la pétition des officiers en non-activité qui, n'ayant pu entrer dans l'organisation de l'armée en 1814 et 1815, demandaient que la demi-solde leur fût continuée, contrairement aux dispositions de l'ordonnance du 21 mars 1828, jusqu'à leur retraite. Le discours qu'il prononça en faveur de la réclamation relative à l'arriéré des membres de la Légion-d'Honneur lui valut également des félicitations unanimes.

Durant la même session, M. Pas de Beaulieu parla de nouveau avec toute l'autorité de son talent et de son caractère dans les discussions concernant un amendement de M. Laffitte à l'article 1er du projet relatif à l'inscription de quatre millions de rentes au grand livre de la dette publique, le règlement définitif des comptes de 1826 et la loi des finances; il proposa une réduction sur le chapitre du comité des fortifications (budget de la guerre), et un amendement au chapitre des droits de douanes (budget des recettes). Il fut, en outre, nommé membre de la commission chargée de l'examen du projet sur les écoles secondaires ecclésiastiques.

A son retour à Valenciennes, ses commettants s'empressèrent de lui témoigner leur gratitude dans une réunion solennelle.

En 1829, M. Pas de Beaulieu fut élu un des quatre secrétaires de la Chambre. Il éleva une voix indépendante dans les principales discussions, telles que celles relatives aux budgets des affaires étrangères et de la guerre, à une augmentation de solde de l'infanterie, etc. Il fut appelé à faire partie de la commission chargée de l'examen des réclamations renvoyées par la Chambre des députés au ministère de la guerre.

Au mois de mars 1830, dans la discussion de l'adresse des deux cent vingt-un, il prononça un discours qu'on regarda, à juste titre, comme un modèle de patriotisme et de véritable éloquence parlementaire.

La première phrase de M. Berryer, qui remplaçait dans cette séance M. Pas de Beaulieu à la tribune, où le célèbre avocat montait pour la première fois, fut celle-ci « Messieurs, après le noble et courageux discours que vous venez d'entendre, ma tâche serait facile, si je ne devais combattre à la fois le paragraphe et l'amendement. »

En juin 1830, M. le baron Pas de Beaulieu fut nommé président du collége électoral de Valenciennes. Aux élections, M. de Vatimesnil, l'ex-ministre, l'emporta sur lui de quelques voix. Peu de jours après, le grand collége de Lille le choisissait pour son représentant à une grande majorité.

Le 9 août 1830, il crut devoir donner sa démission de député, pensant que la révolution de juillet avait violemment déchiré son mandat, et il est rentré, depuis cette époque, dans la vie privée.

M. de Beaulieu était chevalier de Saint-Louis et officier de la Légion-d'Honneur.

Le général PASSELAC.

Passelac (Jean-Joseph), maréchal-de-camp honoraire, chevalier de Saint-Louis et officier de la Légion-d'Honneur, né à Peyroles, près de Bozouls, le 19 novembre 1773, débuta dans la carrière des armes le 1er avril 1792, en qualité de sous-lieutenant au 24e régiment d'infanterie, qui fut incorporé en l'an IV à la 48e demi-brigade de ligne.

Lieutenant le 5 messidor an III, il passa, le 17 vendémiaire an IV, comme adjoint, à l'état-major du général Vandame, et fut nommé au grade de capitaine le 5 nivôse an V. Rentré dans la 48e demi-brigade le 15 frimaire an VI, il fut appelé le 1er floréal suivant aux fonctions d'aide-de-camp auprès du général Barbou.

Passelac fit avec distinction les campagnes de 1792 à 1806 aux armées du Nord, du Rhin, de Batavie, d'Helvétie et de Hanovre.

Fait prisonnier de guerre par les Anglais le troisième jour complémentaire an VII, et rendu à la liberté le 15 vendémiaire au VIII, il fut promu, le 18 du même mois, au grade de chef d'escadron provisoire par le général en chef Augereau, nomination qui fut confirmée par arrêté du premier consul, du 14 thermidor an IX.

Passelac fut cité dans le rapport du général Andréossy, chef d'état-major de l'armée Gallo-Batave, pour son zèle et sa bravoure à la bataille de Nuremberg, le 27 frimaire an IX. Il reçut la croix de la Légion-d'Honneur le 25 prairial an XII (14 juin 1804).

Passé en 1808 à l'armée d'Espagne, Passelac se fit particulièrement remarquer à la prise de Tarragone. A la bataille de Sagonte, à la tête d'un bataillon du 117e, il enfonça la réserve anglaise, commandée par le général Black et fut deux fois cité à l'ordre de l'armée. Il se signala de nouveau au passage de Guadalaviar, lors de l'investissement de Valence, à la tête de l'avant-garde, composée de troupes d'élite.

Adjudant-commandant le 11 janvier 1812, il se fit remarquer aux combats de Xucar et du col d'Ordal. Le général Harispe, qui lui avait confié le commandement d'une brigade de sa division, le proposa à plusieurs reprises pour le grade de général de brigade. En 1814, il acquit de nouveaux titres à cette récompense, à l'armée de Lyon. Mais la paix était faite et le colonel Passelac fut renvoyé dans ses foyers avec le traitement de demi-solde, le 1er mai 1814. Le 29 octobre de la même année, il reçut la croix de chevalier de Saint-Louis.

Remis en activité, le 11 juin 1816, comme chef d'état-major de la 8e division, il passa aux mêmes fonctions dans la 7e, le 30 juillet 1817, fut mis en non-activité le 6 mai 1818, et retraité le 24 avril 1822. Une ordonnance royale du 29 mai suivant l'éleva au grade honorifique de maréchal-de-camp.

Il a été nommé officier de la Légion-d'Honneur par décret impérial du 1er janvier 1855, et est mort à Aubignac, le 20 septembre 1856, âgé de 83 ans.

PERRIN DE VIVIERS.

Valentin Perrin-Lasfargues, né à Viviers, près d'Aubin, est un des hommes de la génération qui nous a précédés qui méritèrent le plus, soit par leurs services, soit par leur droiture et leur instruction, une place distinguée dans l'estime de leurs concitoyens.

M. Perrin-Lasfargues n'était pas seulement un profond jurisconsulte : aucune branche des connaissances humaines ne lui était étrangère ; cependant les sciences morales et politiques paraissaient l'avoir spécialement occupé.

Son caractère honorable autant que ses talents lui valurent, après la Terreur, les suffrages presque unanimes de ses concitoyens, et il fut successivement élu, pour le conseil des Cinq Cents, aux législatures de l'an IV et de l'an VI.

Cette épreuve lui suffit pour apprécier et juger les hommes qui donnaient alors l'impulsion aux affaires ; convaincu de son impuissance à lutter contre les passions révolutionnaires qui, quoique devenues moins ardentes, n'en continuaient pas moins à miner sourdement tous les principes sociaux, il se retira résolu de ne plus reparaître sur la scène politique. Depuis ce temps, il s'est constamment dérobé aux vœux de ses compatriotes qui ont voulu plusieurs fois le porter à la Chambre des députés.

On ne peut que déplorer le funeste penchant qu'ont en général les hommes d'un caractère indépendant et d'une vertu austère à s'éloigner ainsi des affaires et à laisser le champ libre aux ambitieux, toujours prêts à bouleverser les institutions de leur pays au nom du peuple et dans leur seul intérêt. C'est surtout lorsque l'on voit les principes de l'ordre social tout entier chaque jour remis en question, que l'on sent la haute sagesse de la loi de Solon qui, dans les temps de crise, faisait un devoir à chaque citoyen vertueux de se jeter dans la mêlée pour sauver la société du naufrage.

M. Perrin-Lasfargues, dans sa retraite, se rendit éminemment utile à ses compatriotes. Son cabinet était toujours ouvert aux pauvres plaideurs qui venaient de loin le consulter, persuadés de trouver près de lui des avis salutaires et toujours désintéressés.

Arraché plus tard à sa vie paisible par le choix qu'on fit de lui pour être juge de paix de son canton (1), il en remplit pendant plus de trente ans les fonctions avec un admirable zèle et une équité parfaite.

Ce fut vers la fin de sa carrière, au mois de juin 1825, que la décoration de la Légion-d'Honneur vint tardivement récompenser une vie si dignement remplie.

M. Perrin de Roziers, frère cadet du précédent, avait été appelé, comme député du tiers-État, à la fameuse assemblée constituante de 1789. Il demeura fidèle à son mandat qui lui enjoignait de servir les intérêts du peuple, tout en soutenant les droits de la couronne, sans le maintien desquels, dans toute monarchie, l'ordre et la sécurité publique deviennent impossibles. Cet homme de bien mourut pendant sa mission.

On trouve dans la même famille un François Perrin, jésuite, né à Viviers en 1636, professeur de théologie dans l'Université de Toulouse, puis dans celle de Strasbourg, mort à Toulouse le 14 décembre 1716, auteur d'un ouvrage de théologie publié sous ce titre : *Manuale theologicum*, Paris, 1714, 2 vol. in-8°.

Eugène de PLANARD.

François-Antoine-Eugène de Planard, né à Millau, le 4 février 1784, resta en France, quand son père émigra et fut emprisonné, ainsi que sa mère, pendant la Terreur. Le 9 thermidor lui rendit la liberté, et le rétablissement de l'instruc-

---

(1) Un décret du 15 février 1807 le confirma dans cet emploi qu'il exerçait déjà.

tion publique, qui suivit la chute de Robespierre, lui procura l'occasion de demander à son intelligence l'aisance dont la Révolution l'avait dépouillé.

Bien jeune encore, Planard arriva à Paris (1805) sans protection, sans appui, et presque sans argent. Il allait y faire son droit. Animé par l'amour du travail et par l'ardent désir d'être le soutien de sa mère et de quatre frères plus jeunes que lui, il fit tant qu'il réussit enfin, après mille efforts et mille démarches, à obtenir une place au Conseil d'Etat, place fort modique d'abord; mais il ne tarda pas à s'élever par degrés dans la carrière administrative (1).

Accablé de travaux bureaucratiques, il allait de temps à autre à la Comédie française ou au théâtre Favart, grâce aux billets de faveur que lui procurait un ami. Les acteurs excellents qui jouaient l'ancien répertoire et les nouveaux ouvrages lui révélèrent sa nouvelle vocation. Il ne put résister à l'envie d'écrire à son tour pour ces artistes dont le talent le transportait. Les travaux du Conseil d'Etat prenaient ses jours et une grande partie de ses soirées : il travaillait la nuit pour le théâtre. Ne pouvant faire du feu dans sa mansarde, car ses appointements étaient minimes et il avait une famille à secourir, il passait la nuit entière à son bureau, et lorsqu'il se sentait tomber de sommeil et de fatigue, il s'étendait sur une banquette et dormait une heure ou deux. Ses premiers pas au théâtre furent encouragés. Il se lia bientôt avec *Talma*, avec Mlle Mars, avec Elleviou, qui apprécièrent son talent modeste et les éminentes qualités de son cœur. Des littérateurs très-influents alors, Bouilly et Dupaty, entre autres, l'appuyèrent de leur crédit et de leurs conseils. Planard avait le grand instinct de la scène et des effets dramatiques. Seul il avait conservé les traditions de mise en scène des anciens maîtres, et tout récemment, disaient les journaux, quand on a remonté l'*Epreuve villageoise*, il a dirigé en quelque sorte les répé-

---

(1) Dès 1806, il fut employé aux archives du Conseil d'Etat; il devint ensuite secrétaire de la section de législation, fonctions qu'il a remplies pendant de longues années. Il reçut la croix de la Légion-d'Honneur en 1824.

titions de ce charmant ouvrage, se faisant tout à tous, et donnant de précieux conseils aux acteurs, à l'orchestre et jusques aux machinistes. En fait de charpente dramatique, toute complication lui était odieuse. Il n'aimait que le naturel et le simple. Son genre procédait de celui du bon Sedaine qu'il venait de mettre en scène dans son dernier opéra, comme pour acquitter par cette ovation la dette de la reconnaissance qu'il avait, disait-il, contractée depuis l'aurore de sa carrière avec son modèle bien aimé. « Cet auteur de mérite, disait au sujet d'un de ses opéras (l'*Eclair*) l'un de nos meilleurs feuilletonnistes, M. Théodore Anne, cet auteur a hérité de la science dramatique de Sedaine. Nul ne fait manœuvrer ses personnages avec plus d'art que lui, nul ne les fait parler avec plus de franchise et de naturel. Il conduit bien son idée : il fait progresser l'intérêt jusqu'à ce que la péripétie arrive et saisisse le public, et avec lui le dénouement ne laisse rien à désirer. »

M. de Planard était un guide sûr pour les acteurs qui l'écoutaient avec une grande déférence.

Les jeunes compositeurs trouvaient en lui le plus cordial accueil et l'appui le plus bienveillant. C'était vers la scène de l'Opéra-Comique qu'il avait concentré tous ses travaux comme toutes ses affections. Son œuvre y est considérable, et il est peu de compositeurs illustres qu'il n'ait comptés pour collaborateurs. Deux fois il a sauvé l'Opéra-Comique : en 1822, avec *Le Solitaire*, et en 1832 avec le *Pré aux Clers*, deux succès éclatants.

En dehors du théâtre, esprit positif et sensé, travailleur infatigable, rompu aux affaires les plus graves, il était consulté par les plus éminents personnages, et sous l'Empire les vieux conseillers d'Etat avaient souvent recours à ses lumières. Ouvert et franc dans ses discours et dans ses manières, cette simplicité qu'il aimait dans les ouvrages, il la pratiquait dans sa vie, et lorsque ses confrères lui montraient avec orgueil leurs riches reliures et leurs précieux objets d'art, il se plaisait à opposer à tout ce luxe et cet étalage ses auteurs favoris vêtus d'un simple parchemin, et pour serre-papiers, sur sa table de chêne, des fragments de roche de ses montagnes chéries de l'Aveyron.

Planard avait toutes les vertus de la famille, ces vertus antiques et héréditaires dont la plupart de ses ouvrages ont reçu le reflet.

Il est parvenu avec sa plume et par un travail incessant de plus de cinquante années à se reconstituer une certaine fortune. Un mois à peine avant sa mort, dans une de ces conversations intimes où son caractère et son esprit se révélaient avec un charme extrême, il disait : « Maintenant ma tâche est accomplie ; tous les miens sont heureux autour de moi, et je puis dire comme le serviteur de Dieu : *Nunc dimittis servum tuum, Domine.* »

M. de Planard n'avait pu assister à la première représentation de *Colette*, son dernier ouvrage ; il était déjà souffrant du mal qui devait l'emporter. Le lendemain, dès qu'il fut jour chez lui, le directeur et les artistes s'empressèrent de lui annoncer la bonne nouvelle, et, faisant des vœux pour son prompt rétablissement, lui demandèrent s'il se portait mieux et s'il comptait bientôt venir au théâtre. M. de Planard secoua doucement la tête : « Pourvu, dit-il, que ma goutte ne remonte pas. » C'était comme un pressentiment de sa mort, qui n'arriva que trop tôt. Il mourut à Paris le 13 novembre 1853, âgé de 70 ans.

Un de ses biographes nous apprend qu'il avait : « La taille haute et droite, les cheveux gris, l'œil vif et perçant, l'air un peu grondeur, mais la douceur et la bienveillance mêmes sous une apparence de sévérité. Il marchait avec peine et boîtait souvent par suite de douleurs fort vives de la goutte qui le tourmentait depuis nombre d'années. C'était un esprit juste et droit, d'une simplicité extrême, d'un commerce agréable et sûr, d'une conduite et d'un ordre exemplaires, grand homme d'honneur et de bien. »

M. Eugène Planard avait épousé la plus jeune des filles de Mme Saint-Aubin.

Il laisse un fils héritier de son nom et une fille, modèle d'esprit, de grâces et de vertus, mariée à M. de Leuven, un de nos auteurs les plus distingués.

Voici la liste authentique et complète des ouvrages dramatiques de M. de Planard. Elle n'a été publiée nulle part, « et nous la copions, dit M. A. de Rovray, l'un de ses biographes, d'un registre que tenait l'auteur de tous ses travaux et de tous ses succès. En marge de ce livre, M. de Planard a noté ce que chaque ouvrage a produit. Ainsi, par exemple, à côté du *Pré aux clercs*, je lis cette remarque : *Jusqu'à ce jour cette pièce m'a rapporté 51,000 fr.* »

Transcrivons maintenant les feuillets de ce volumineux catalogue :

COMÉDIES.

1. *Alcibiade et Lasthénie*, comédie en un acte, en vers libres, non représentée, 1807.

2. *Le Parleur contrarié*, comédie en un acte, en vers libres, représentée au Théâtre-Français, le 3 janvier 1807.

3. *Le Curieux*, comédie en un acte, en vers, représentée au Théâtre-Louvois, le 4 juin 1807. Mme Masson, éditeur.

4. *Le Paravent*, comédie en un acte, en vers, représentée au Théâtre-Français, le 12 décembre 1807. Mme Masson, éditeur.

5. *L'Epouseur de vieilles femmes*, comédie en trois actes, en prose, représentée à l'Odéon, le 17 octobre 1808. Mme Masson, éditeur.

6. *Le Portrait de Famille*, comédie en un acte, en vers libres, représentée à l'Odéon, le 26 juin 1809. Mme Masson, éditeur. Transformée plus tard en opéra. Musique de M. Kreube.

7. Prologue en vers, ajouté au *Marché aux Fleurs*, comédie en un acte, de M. Dumersan, pour le mariage de l'Empereur, le 29 mars 1810. Mme Masson, éditeur.

8. *Les Pères Créanciers*, comédie en un acte, en vers, représentée au Théâtre Français, le 3 octobre 1811. Mme Masson, éditeur.

9. *Le Faux Paysan*, 3 actes en vers libres, représentée à l'Odéon, le 10 décembre 1811. Mme Masson, éditeur.

10. *La Nièce supposée*, trois actes en vers, représentée au Théâtre-Français, le 22 septembre 1813. Vente, éditeur.

11. *Les Deux Seigneurs*, en trois actes, en vers, représentée au Théâtre-Français, le 5 décembre 1816.

12. *La Pacotille* ou *l'Ambition subalterne*, en 3 actes, en prose, représentée au Théâtre-Favart, le 5 février 1819. Barba, éditeur.

13. *L'Heureuse Rencontre* ou *les Deux Valises*, en 3 actes, en vers, représentée au Théâtre-Français, le 1er juin 1821.

OPÉRAS COMIQUES.

1. *Annina*, opéra comique en 1 acte, non représenté.

2. *L'Echelle de Soie*, en 1 acte, en vers libres, musique de Gaveaux, représenté le 22 août 1808. Mme Masson, éditeur.

3. *L'Emprunt secret* ou *le Prêteur sans le vouloir*, en 1 acte, musique de Pradher, représenté le 25 juillet 1812. Mme Masson, éditeur.

4. *Le Mari de circonstance*, en 1 acte, musique de Plantade, représenté le 18 mars 1813. Mme Masson, éditeur.

5. *Les Héritiers Michaud* ou *le Moulin de Lieursaint*, en 1 acte, musique de Boscha, représenté le 30 avril 1814. Vente, éditeur.

6. *Le Règne de Douze heures*, en 2 actes (d'après un conte de Mme de Genlis), musique de Bruni, représenté le 8 décembre 1814. Vente, éditeur.

7. *Le Premier venu*, d'après Vial, 1814.

8. *Les Noces de Gamache*, en 3 actes, musique de Boscha, représenté le 18 septembre 1815.

9. *La Lettre de change*, en 1 acte, musique de Boscha, le 11 décembre 1815. Barba, éditeur.

10. *Le Testament et le Billet doux*, en 1 acte, musique d'Auber, 18 septembre 1819.

11. *La Bergère châtelaine*, en 3 actes, musique d'Auber, 27 janvier 1820. Vente, éditeur.

12. *L'Auteur mort et vivant*, en 1 acte, musique d'Hérold, 18 décembre 1820. Vente, éditeur.

13. *Emma* ou *la Promesse imprudente*, en 3 actes, musique d'Auber, 7 juillet 1824. Barba, éditeur.

14. *Le Solitaire*, en 3 actes, musique de Caraffa, 17 août 1822. Barba, éditeur.

15. *Les Sœurs jumelles*, en 1 acte, musique de Félis, 5 juillet 1823. Barba, éditeur.

16. *Marie Stuart en Ecosse* (avec Roger) ou *le Château de Douglas*, drame lyrique en 3 actes, musique de Félis, 30 août 1823. Lelièvre, éditeur.

17. *Les Deux contrats de mariage*, en 2 actes, musique de Garcia, 6 mars 1824. Lelièvre, éditeur.

18. *L'Auberge supposée*, en 3 actes, musique de Caraffa, 1824.

19. *Les Enlèvements par hasard*, en 2 actes, musique de Pradher, 1824.

20. *La Belle au bois dormant*, opéra en 3 actes, musique de Caraffa, 2 mars 1825. Roullet, éditeur.

21. *Marie*, en 3 actes, musique d'Hérold, 12 août 1826. Bezon, éditeur.

22. *Sangarido* (avec Laqueyrie), en 1 acte, musique de Caraffa, 19 mai 1827. Duvernois, éditeur.

23. *Le Colporteur* ou *l'Enfant du bûcheron*, en 3 actes, musique d'Onslow, 22 novembre 1827. Barba, éditeur.

24. *La Violette*, en 3 actes, musique de Caraffa, 7 octobre 1828. Barba, éditeur.

25. *Emmeline*, en 3 actes, musique d'Hérold, 29 novembre 1829. Bezon, éditeur.

26. *Les Deux familles*, en 3 actes, musique de Théodore Labarre, 11 janvier 1831. V. Porthmann, éditeur.

27. *Le Livre de l'Ermite* (avec P. Duport), en 1 acte, musique de Caraffa, 11 août 1831.

28. *Le Mannequin de Bergame* (avec P. Duport), en 1 acte, musique de Félis, 1er mars 1832.

29. *Le Pré aux Clercs*, en 3 actes, musique d'Hérold, 15 décembre 1832. Barba, éditeur.

30. *La Prison d'Edimbourg* (avec Scribe), en 3 actes, musique de Caraffa, 20 juillet 1833. Barba, éditeur.

31. *Le Marchand forain* (avec P. Duport), en 3 actes, musique de Marliani, 31 octobre 1834. Barba, éditeur.

32. *L'Eclair* (avec M. de Saint-Georges), en 3 actes, musique de d'Halevy, 16 décembre 1835. Barba, éditeur.

33. *La Double Echelle*, en 1 acte, musique d'Ambroise Thomas, 23 août 1837. Marchant, éditeur.

34. *Guise ou les Etats de Blois* (avec M. de Saint-Georges), en 3 actes, musique d'Onslow, 8 septembre 1837. Barba, éditeur.

35. *Le Perruquier de la Régence* (avec P. Duport), en 3 actes, musique d'Ambroise Thomas, 30 mars 1838. Barba, éditeur.

36. *Marguerite*, en 3 actes, musique de M. Adrien Boïeldieu, 18 juin 1838. Barba, éditeur.

37. *Thérèse*, en 2 actes, musique de Caraffa, 25 septembre 1838.

38. *La Mantille*, en 1 acte, musique de L. Bordèse, 31 décembre 1838.

39. *Les Deux Bergères*, en 1 acte, musique d'Ernest Boulanger, 3 février 1843.

40. *On ne s'avise jamais de tout*, en 1 acte, musique de ......, 3 avril 1843.

41. *Mina ou le Ménage à Trois*, en 3 actes, musique d'Ambroise Thomas, 10 octobre 1843.

42. *Les Deux Gentilhommes*, en 1 acte, musique de Cadaux, 17 août 1844.

43. *Le Caquet du Couvent* (avec M. de Leuven), en 1 acte, musique de Henri Potier, 5 août 1846.

44. *Le Bouquet de l'Infante* (avec M. de Leuven), en 3 actes, musique d'Adrien Boïeldieu, 27 avril 1847. Michel Levy, éditeur.

45. *La Cachette*, en 3 actes, musique d'Ernest Boulanger, 10 août 1847.

46. *Le Farfadet*, en 1 acte, musique d'Adolphe Adam, représenté au Théâtre-Lyrique le 19 mars 1852. Giraud, éditeur.

47. *Les Deux Jacket*, en 1 acte, musique de J. Cadaux, 12 août 1852.

48. *Colette*, en 3 actes, musique de J. Cadaux, 20 octobre 1853. M. Levy, éditeur.

VAUDEVILLES.

1. *Le Grand Marronier*, vaudeville en 1 acte, représenté au Théâtre-Favart, le 9 juin 1818.

2. *Le Notaire de Moulins* (avec Paul Duport), comédie-vaudeville, 1824.

3. *Le Lit de circonstance*, en 2 actes, représenté au théâtre du Vaudeville le 4 décembre 1827. Bezon, éditeur.

4. *Le Caleb de Walter-Scott* (avec Achille d'Artois), représenté au théâtre du Vaudeville le 12 décembre 1827. Barba, éditeur.

5. *Madame Evrard*, comédie-vaudeville, 1833.

6. *Monsieur Bonhomme*, vaudeville en 3 actes, 9 février 1836. Barba, éditeur.

En tout, 67 pièces.

Eugène Planard a laissé quelques autres écrits :

Almédan ou *le Monde renversé*, imité d'une ancienne chronique, Paris, Papinot, 1825, 3 vol. in-12.

Discours prononcé à la séance publique de la Société académique des Enfants d'Apollon, le jeudi 4 mai 1826, 85e année de sa fondation, Paris, Plassan, 1826, in-8°, 24 p.

Des articles dans les *Ephémérides*, publiées par une Société de gens de lettres, 1836, 13 vol. in-8°.

Discours prononcé sur la tombe d'Hérold, le 21 janvier 1833 (journaux du temps).

Il a paru dans un journal de Seine-et-Oise, après 1848, des extraits de mémoires de M. Planard. Ces mémoires n'ont pas été retrouvés après sa mort.

Le général PRESTAT.

J'ai souvent entendu dire : « La nature impressionnable des habitants de Villefranche les rend propres aux beaux-arts ; les sciences et le génie militaire leur sont incompatibles. » Rien de plus faux que cette assertion. En passant en revue les hommes d'élite de mon pays, je n'en ai pas trouvé un seul qui se soit fait un nom dans les arts; tandis que les sciences nous présentent un astronome distingué, Borelly, un jeune savant qui nous promet de beaux travaux, Adrien Lafon, et les armes Gautier, Claude Polier, le maréchal de Belle-Isle, le capitaine Treille, ennobli pour ses exploits, et le général de brigade Prestat, dont nous allons donner la biographie.

Prestat, Jean-Charles, naquit à Villefranche-de-Rouergue le 21 octobre 1760, du mariage de François Prestat, pharmacien, et de Charlotte Féral. Il était l'aîné de dix-sept enfants. Son éducation fut confiée à son oncle Féral, curé de Villeneuve-d'Aveyron. Dès son enfance il avait manifesté un penchant très vif pour la profession des armes ; aussi, le 1er novembre 1779, s'engagea-t-il dans le régiment de Forez, devenu le 14e régiment d'infanterie. Il y obtint rapidement les premiers grades. Le 13 octobre 1786, il se retira, par congé de grâce, à Sédan, où il contracta mariage avec une demoiselle Wyrïc, et où il fut, pendant six ans, employé au bureau du service militaire de cette place. Mais quand les armées autrichiennes vinrent menacer nos frontières, il s'arracha aux douceurs de la famille, et il vola à la défense de la patrie avec le grade de capitaine de la garde nationale que les Sédanais lui offrirent le 25 juillet 1789. Le 16 mai 1792, il fut acclamé par eux chef de bataillon.

C'est avec ce grade qu'il partit pour l'armée le 10 octobre

suivant, à la tête de quatre compagnies de chasseurs volontaires. Le 23 mai 1793, il fut nommé chef du 16ᵉ bataillon d'infanterie légère.

Au début de la campagne de 92 il donna, dans les moments les plus dangereux, des preuves d'un courage si intrépide, que le pouvoir exécutif l'éleva, le 8 pluviôse an II, au grade de général de brigade, et l'employa, en cette qualité, dans les villes de Rocroi, Mariembourg, Philippeville, Givet, Charlemont, Mézières, Sédan, Verdun et Montmédy. Prestat pourvut à la défense de ces places et s'attira l'estime de leurs habitants. Il servit successivement sous les ordres des généraux Augereau, Barbou, Béginot, Charbonnier, Desjardins, Ernouff, Hélie, Jourdan, Loison, Marceau, Mayer, Moreau, de Rocroi et Sionville, qui rendirent un éclatant témoignage de son zèle et de son intelligence.

C'est surtout sur le champ de bataille qu'il mérita les plus grands éloges. « De tous les traits d'héroïsme qui ont signalé
» la trop courte carrière du général Prestat, nous n'en cite-
» rons que deux. Le premier concerne la levée du blocus de
» Maubeuge par les Autrichiens, qui avaient non-seulement
» investi cette place, mais aussi le camp dans lequel les
» Français s'étaient retranchés. L'ennemi avait sous les murs
» de cette ville un fort parc d'artillerie et une redoute qui en
» défendait l'approche. Pendant que Jourdan gagnait la ba-
» taille de Watignies, le 16 octobre 1793, Prestat, alors co-
» lonel, conçut le projet d'enlever la redoute et d'enclouer
» l'artillerie, et en fixa l'exécution à la nuit suivante. Il de-
» manda quarante hommes déterminés; quatre cents se pré-
» sentèrent. Ces braves, commandés par Prestat, prirent la
» redoute, sabrèrent les artilleurs et enclouèrent toutes les
» pièces du parc autrichien. Le lendemain, au point du jour,
» l'armée ennemie évacua ses positions, et la ville fut déli-
» vrée. Ce fait d'armes lui valut son grade de général de bri-
» gade. Le second est plus merveilleux encore. A la prise de
» Namur, le 16 juillet 1794, étant accompagné de deux offi-
» ciers, Vallabrègue, son aide-camp, et Lebreton, adjoint
» à l'état-major, il s'introduisit dans la place en escaladant les
» fortifications, désarma onze postes de troupes autrichien-

» nes, et reçut sur le rempart même les clefs de la ville,
» dans laquelle nos troupes entrèrent immédiatement (1). »

Comment un fait si glorieux a-t-il été oublié dans l'ouvrage qui a pour titre : *Victoires et conquêtes des Français depuis 1792?* Les auteurs de cet ouvrage avaient cependant reçu un certificat qui ne leur permettait pas de garder le silence. Voici ce que porte cette pièce :

« Nous soussignés, officiers municipaux de la ville de Na-
» mur, déclarons que, lors de la reddition de notre ville aux
» troupes de la République française, nous en avons remis
» les clefs, sur le parapet du rempart, au général Prestat,
» qui, étant accompagné des citoyens Vallabrègue, son ai-
» de-camp, et Lebreton, adjoint à l'état-major, s'étaient in-
» troduits dans la place en escaladant les fortifications, et,
» aidés ensuite des patriotes namurois, ont, après avoir dé-
» sarmé les troupes impériales, fait débarricader les portes,
» et les ont ouvertes à leurs troupes qui étaient dans l'ave-
» nue de Bruxelles ; ce que nous attestons en faveur de la
» vérité.

» Namur, 6 thermidor an II.

» Signé WASSEIGE, AZONDE, RIVORT, SIMON
» et PETITJEAN, officiers municipaux. »

A Fleurus, il rallia les troupes qui fuyaient devant l'ennemi, fit reprendre l'offensive à ses soldats auxquels il inspira le courage qui l'animait, et il assura la victoire. Et cependant le livre des *Victoires et conquêtes* s'est tu sur la grande part qui revient à Prestat dans cette bataille de Fleurus du 8 messidor ; il s'est tu sur le compte de ce général, dont le sang-froid, la valeur et les sages manœuvres contribuèrent tant au succès des journées des 18 et 19 du même mois. Un fait qui se rapporte à ces journées mérite d'être consigné ici. « Prestat, chargé de reconnaître la position de
» l'ennemi, longeait, avec quelques officiers de son état-
» major, un mur au bout duquel il se trouva en face d'une

---

(1) Lépine, correspondant de l'Académie de Rheims. — Eloge du général Prestat.

» patrouille autrichienne qui fit une décharge qui ne tua heu-
» reusement personne ; mais quelques officiers furent bles-
» sés, et Prestat reçut trois balles dans son chapeau, qui en
» firent sortir par le trou la coiffe en soie blanche, ce qui fit
» dire à ses compagnons : *Vive notre général à la cocarde
» blanche* (1) ! » Il comprit alors qu'il venait d'échapper à
un grand danger. Il est d'autres faits d'armes que, par modestie, Prestat ne révélait pas. Quel que soit néanmoins le silence
dans lequel il lui a plu de s'enfermer, quelle qu'ait été la partialité des *Victoires et conquêtes* à son égard, il est des
certificats qui rendent témoignage de sa bravoure, de ses talents militaires, de ce qu'il a fait à la bataille de Fleurus et
dans les journées des 18 et 19 messidor. Laissons parler les
généraux Mayer et Loison :

« Le général de brigade Prestat, attaché à notre division
» depuis le 28 prairial an II (16 juin 1794), n'a cessé de se
» distinguer par son zèle, sa bravoure et son courage vrai-
» ment héroïque ; il a, dans toutes les occasions, montré la
» plus grande intelligence et développé des talents militaires
» peu communs. Dans la journée du 8 messidor, à Fleurus,
» où il commandait la droite de la division, il a bravé les plus
» grands dangers pour soutenir et encourager les troupes
» qu'il commandait ; il s'est comporté en général déterminé à
» vaincre ou à mourir. L'on doit à son sang-froid, à sa va-
» leur et à ses sages manœuvres une partie des brillants suc-
» cès des journées des 18 et 19 du même mois (6 et 7 juillet
» 1794). »

Peu de temps après il fut chargé, par le général en chef
Réné Moreau, de dissiper des rassemblements qui se formaient dans les environs de Bastogne. Il n'eut qu'à se montrer pour tout calmer. Par les ordres du même général, « il
» prit le commandement de l'avant-garde du corps d'armée
» chargé d'investir Luxembourg ; il fit avec habileté la re-
» connaissance des abords de cette place, indiqua toutes les

---

(1) Lépine, correspondant de l'Académie de Rheims. — Eloge du général Prestat.

» positions que l'armée devait occuper, et contribua ainsi à
» la reddition de cette importante forteresse (1). »

La réorganisation de l'armée en l'an V, l'arrêta au milieu de sa carrière; il fut renvoyé dans ses foyers à Sédan, avec un traitement de réforme.

« Rappelé au service par le général Béginot, le 8 août
» 1799, il prit le commandement du bataillon auxiliaire des
» Ardennes, qu'il conduisit à l'armée Franco-Batave. Ce
» bataillon ayant été incorporé dans la 29ᵉ demi-brigade d'in-
» fanterie légère, il en quitta le commandement pour pren-
» dre, d'après les ordres du général de division Barbou,
» celui de la 21ᵉ demi-brigade, qu'il conserva jusqu'au 1ᵉʳ
» frimaire an IX, époque à laquelle le général Augereau l'in-
» vestit du gouvernement de Francfort (2). »

Dans son poste il sut allier la prudence à la fermeté. Aussi, en le quittant, emporta-t-il les regrets des magistrats et des habitants de Francfort.

Rentré à Sédan, où il reçut définitivement sa retraite, il s'abandonna aux douces joies de la famille, plein de tendresse pour sa femme et pour ses enfants. Napoléon, pour rémunérer ses services, ajouta à sa pension l'entrepôt de tabac de Saint-Omer que Prestat conserva jusqu'en 1816. Dans sa retraite, il fut un homme de bien, donnant l'exemple de toutes les vertus domestiques.

Il finit ses jours à Sédan, le 15 mai 1843, âgé de 83 ans.

Au début de cette biographie nous avons dit que le général Prestat était l'aîné de 17 enfants. Six de ses frères suivirent comme lui la carrière militaire ; cinq moururent au champ d'honneur : 1° François, capitaine, tué à Valmy; 2° Louis, quartier-maître, tué en Hollande ; 3° Emmanuel, capitaine, tué au siège de Landrecies; 4° Joseph, capitaine, mort de la peste en Egypte ; 5° Cyprien, capitaine, tué au camp d'Embleteuse ; le sixième, Jean-Baptiste, chirurgien-major, mourut à Villefranche. Deux de ses neveux sont morts en Russie

---

(1) Lépine, etc.
(2) Idem.

en 1812, sous les drapeaux. C'étaient deux fils de sa sœur Charlotte qui avait épousé Pourtier.

L. GUIRONDET.

L'adjudant-général PROMPT.

Prompt (Antoine), adjudant-général, né à Rodez le 29 avril 1758, mort à Tabago le 19 brumaire an XI, partit comme soldat au régiment de Piémont (3e d'infanterie) le 8 avril 1777, parcourut lentement les grades subalternes, et se trouvait lieutenant adjudant-major le 1er mai 1792. Les guerres de la révolution hâtèrent son avancement. Il fut fait chef de bataillon, au 82e régiment de ligne, le 14 thermidor an II; chef de la 152e demi-brigade, le 4 fructidor suivant, d'où il passa en l'an IV au commandement de la 39e; adjudant-général chef de brigade, le 10 floréal an VII; envoyé avec un commandement à l'île de Tabago, le 8 floréal an X.

L'adjudant-général Prompt, employé, de 1792 à l'an IX, à l'armée d'Italie, avait reçu plusieurs blessures et pris une part glorieuse aux principales affaires de ces campagnes célèbres.

(*États de services.*)

Le général REY.

Rey (le chevalier Antoine-Gabriel-Venance), général de division, né à Millau le 22 septembre 1768, s'était engagé au régiment de royal cavalerie où il servit plusieurs années avant la Révolution. Il servit sous Custine en 1792 et se fit remarquer dans les premières campagnes de la révolution. Elevé en 1793 au grade de général de brigade, il fut envoyé en Vendée où il remporta plusieurs avantages, entre autres à Parthenay et à Thouars, qu'il empêcha de tomber entre les mains de Lescure, le 14 septembre 1793. Les Vendéens avaient déjà emporté le pont de Vrinne et pénétraient dans les faubourgs, lorsque le général Rey survint et les obligea à opérer leur retraite. Nommé général de division, il commanda en 1795 l'armée des côtes de Brest, battit les chouans et fit arrêter un de leurs chefs nommé Cormatin; il les poursuivit encore en 1796 et dispersa ceux qu'avait rassemblés dans l'Ille-et-Vilaine La Vieuville. Cette même année, il passa en Italie où il fut envoyé avec un détachement pour renforcer l'armée aux ordres du général en chef Bonaparte, qui lui confia le commandement de sa réserve. Par la précision et l'habileté avec laquelle il exécuta les ordres du général en chef à la bataille de Rivoli, il contribua au succès de nos armes. En 1798, il prit une part glorieuse aux opérations du général Championnet, contribua à la destruction de l'armée napolitaine, et à la reprise de Rome; il fit partie de l'expédition dirigée sur Naples, battit les Napolitains au passage d'Itri, et à la tête du bataillon polonais qui faisait partie de sa division et qu'il guida en personne, il s'empara des redoutes et resta maître du passage. En janvier 1799, il attaqua Gaëte, et, après avoir incendié quelques maisons, l'obligea à capituler.

Quelques jours plus tard, après l'armistice de Capoue, Championnet le chargea de réprimer les insurgés napolitains. Rey occupa successivement Itri et Fondi, principaux refuges des bandes napolitaines, puis, Traëta, dans les montagnes, où il attaqua et dispersa les paysans insurgés et vint assiéger Castelforte où se trouvait une bande considérable. Les assiégés firent une résistance désespérée, et la position de la ville ne permettant pas au général français de faire usage de son artillerie, ce ne fut qu'après plusieurs assauts donnés par l'infanterie française et polonaise qu'il put l'emporter. Irrité par le massacre d'un de ses aides-de-camp et de tout un détachement, qui avait eu lieu peu avant à l'affaire de Traëta, le général Rey fit fusiller tous les habitants pris les armes à la main et mettre le feu à leurs maisons. Après cette expédition, le général Rey vint avec sa division rejoindre l'armée française, et prit le commandement de la réserve; il contribua à la conquête de Naples. Le général Rey fut enveloppé dans la disgrâce de Championnet et traduit avec lui devant un conseil de guerre. Après avoir été acquitté, il fut envoyé pour porter des secours au corps d'armée qui était en Irlande, mais il ne put arriver à temps pour empêcher la reddition du général Humbert et de ses braves compagnons. S'étant montré peu favorable à la révolution du 18 brumaire, il passa aux Etats-Unis d'Amérique en qualité de consul de France. Il en fut rappelé pour avoir eu des relation avec le général Moreau qui y était alors exilé, et resta disgracié jusqu'à la Restauration. A cette époque, il reçut la croix de Saint-Louis, et fut remis en activité. Il eut, en 1816, le commandement de la 19e division militaire, et plus tard, celui de la 21e. Il fut mis en disponibilité en 1823, et mourut à Valence (Drôme) au mois d'avril 1836. Il était commandeur de la Légion-d'Honneur. La biographie des contemporains a confondu avec le général Rey, dont nous venons de parler, deux autres généraux du même nom et a attribué à lui seul les faits relatifs à tous les trois. V. de BONALD.

Il y a un autre Rey qui était aide-de-camp et parent du général Rey, et qui, à la tête d'un détachement de cavalerie, attaqua le poste de la Torrella qui sépare les Etats-Romains de ceux de Naples et l'emporta après quelques minutes, en 1796. Je pense qu'il doit aussi appartenir à notre pays.

Le général comte RICARD.

Ricard (Etienne-Pierre-Sylvestre, comte), pair de France, grand-croix de la Légion-d'Honneur, chevalier de Saint-Louis, grand-croix de l'ordre de Saint-Ferdinand d'Espagne et grand-cordon de celui de Saint-Henri de Saxe, né le 13 décembre 1771, à Castres, en Albigeois (1), entra fort jeune dans la

---

(1) Le comte Ricard n'est point de l'Aveyron ; si nous lui avons donné place parmi nos célébrités, c'est que notre pays était devenu son pays adoptif, qu'il s'y était établi, qu'il y possédait sa fortune, qu'il y a passé, depuis son mariage, tout le temps qui n'était point pris par les devoirs de sa charge et que ses restes y reposent.

carrière des armes. Compagnon d'études de Napoléon à l'école militaire, il devint aussi son frère d'armes au régiment d'artillerie de La Fère où ils étaient tous les deux lieutenants en 1791.

Il fit avec distinction les premières campagnes, et passa rapidement par les premiers grades jusqu'à celui d'adjudant-commandant, auquel il fut promu à l'armée d'Italie, le 31 décembre 1800, six jours après la bataille de Pozzolo.

Il remplissait depuis quelques années les fonctions d'aide-de-camp du général Soult. Il devint général de brigade le 13 novembre 1806, et commandeur de la Légion-d'Honneur, le 7 juillet 1807, et fut autorisé, le 16 avril 1808, à porter la décoration de l'ordre de Saint-Henri de Saxe.

Après avoir fait d'une manière distinguée la campagne de 1809 contre l'Autriche, le général Ricard passa en Espagne l'année suivante et en fut rappelé en 1812 pour commander une brigade dans l'expédition de Russie. Le 4 juillet, il marcha sur Ponieviej et sur Baousck, sauva les magasins de Ponuwiez le 6, à la tête d'un détachement des hussards prussiens de la mort, et fit 160 prisonniers; enfin, il occupa Dunabourg le 1er août, après en avoir chassé les Russes, qui, en évacuant cette place, lui abandonnèrent 20 pièces de canon et 40 milliers de poudre.

Créé lieutenant-général le 10 septembre de la même année 1812, en considération de sa belle conduite à la bataille de la Moscowa, le comte Ricard fut mis à la tête d'une division du premier corps de la grande armée, et rendit d'importants services pendant la funeste retraite de Moscou. Le 18 novembre, sa division, formant l'avant-garde, se trouva en présence de l'armée ennemie. Animée par une courte et énergique allocution du général Ricard, elle enfonça et culbuta jusqu'à trois fois la première ligne des Russes, malgré le feu de mitraille de 50 pièces de canon placées dans une position avantageuse. Le prince Kutusow, dans son rapport à l'empereur Alexandre, ne put refuser un tribut d'admiration à cette conduite d'une poignée de braves réduits aux extrémités les plus cruelles. Le général Ricard et ses deux généraux de brigade Babanègre et Dufour furent blessés dans cette attaque,

Dans la campagne de 1813, il eut sous son commandement la 4e division du 3e corps de la grande armée, sous le prince de la Moscowa. Le 2 mai, il contribua au gain de la bataille de Lutzen, en reprenant sur les Prussiens le village de Kaya, et en résistant pendant longtemps aux efforts que fit le comte de Wittgenstein pour ressaisir cette position importante qu'il considérait comme la clef du champ de bataille, et qui en devint le point décisif par la défaite de l'armée ennemie. Le comte Ricard fut nommé grand-officier de la Légion-d'Honneur, le 10 août suivant. Il finit la campagne en Allemagne, fit la suivante en France, et se trouva à presque toutes les affaires, notamment à celles de la Rothière, de Champ-Aubert, de Montmirail et de Vaux-Champs, les 1er, 10, 11 et 12 février 1814, et à celle de Neuilly-Saint-Front, à la reprise de Reims, au combat de Fère-Champenoise et à la bataille de Paris, les 3, 12, 25 et 30 mars.

La chute de Buonaparte ayant ramené la paix et les Bourbons, le comte Ricard fut créé chevalier de l'ordre de Saint-Louis le 2 juin 1814, et appelé au commandement de la 10e division militaire (Toulouse).

Sa conduite pendant les Cent Jours lui mérita l'honneur d'être élevé à la pairie, le 17 août 1815. Il devint successivement conseiller d'Etat attaché à la section de la guerre, le 19 avril 1817; lieutenant-général attaché au corps royal d'état-major, le 6 mai 1818; membre du comité de la guerre, le 9 janvier 1822; grand-croix de la Légion-d'Honneur, le 2 octobre 1823, et grand-croix de l'ordre de Saint-Ferdinand-d'Espagne, en la même année, à la suite de la campagne d'Espagne, pendant laquelle le comte Ricard avait commandé la division qui fit avec succès le siége de Saint-Sébastien.

Il fut successivement nommé ensuite au gouvernement des 1re, 18e, 14e et 8e divisions militaires, et enfin, en 1828, au commandement d'une division d'infanterie de la garde. Précédemment, la sagesse et l'habileté de son esprit l'avait fait charger d'une mission au congrès de Vienne où il seconda M. le prince de Talleyrand.

« Fatigué par de longs travaux et de glorieuses blessures, il voulut sortir, avant le temps, d'une carrière qu'il avait si brillamment parcourue. Il se refugia dans la vie privée ; sa santé détruite réclamait les tendres soins de la famille et de l'amitié. Il vint alors fixer sa résidence à Millau et à Varès, où il trouva le respect et les sympathies dus à la noblesse de son caractère et à la supériorité de son esprit.

Capitaine distingué, négociateur habile, homme d'Etat éminent, le général Ricard possédait encore, comme homme privé, ces qualités qui, dans toutes les positions sociales, sont appréciées et recherchées. Un sens exquis en toutes choses, une longue vie passée au milieu des événements immenses qui ont rempli la fin du dernier siècle et la moitié de celui-ci donnaient à sa conversation un intérêt et un charme que venaient accroître encore la parole simple et l'esprit fin qui animaient ses récits.

Après un long affaiblissement, dont au reste sa vive intelligence et son cœur paternel n'ont jamais subi l'atteinte, il a terminé une vie honorable par une pieuse fin en expirant au milieu des embrassements de ses enfants et des consolations de la religion (1). »

Sa mort a eu lieu au château de Varès, le 6 novembre 1843, à 4 heures du soir.

Le peintre RICHARD.

Théodore Richard, éminent paysagiste, né à Millau en 1781, s'était fixé de bonne heure à Toulouse, et, depuis 1827, il était le lauréat privilégié des expositions de cette ville ; il avait depuis longtemps épuisé toutes les récompenses qu'un jury peut décerner, et la croix de la Légion-d'Honneur les avait couronné toutes en 1854.

Le musée de Toulouse possède plusieurs de ses tableaux

---

(1) Nécrologie du général Ricard dans l'*Echo de la Dourbie* du 12 novembre 1843

qui sont de beaux modèles, que les élèves consultent avec profit; ils constituent une leçon parlante. *Les bûcherons abattant des arbres dans une forêt*, et le *passage du Bac*, réunissent tout ce qui peut plaire et séduire dans un paysage; on y trouve une belle couleur, une grande harmonie et une touche large et facile, qualités qui sont l'apanage du grand artiste et qui avaient rendu Théodore Richard jusqu'à présent inimitable. Dans ses compositions, les figures sont touchées avec une supériorité que les peintres de paysage atteignent rarement.

La forêt de hêtres et les forêts de chênes et de sapins offrent encore des études variées où la nature est imitée avec habileté; la végétation y apparaît habilement groupée, énergique par la couleur et harmonieuse dans tous ses tons; on retrouve dans ses tableaux de l'air et de la profondeur.

L'année 1845 marqua plus heureusement encore que les précédentes les productions de Richard. Il embellit l'exposition artistique de Toulouse de onze tableaux tous remarquables à divers titres. On n'a pas oublié le *château de Pau, le lac, les chèvres et les brebis au pâturage*. Dans cette dernière composition, la peinture est grassement touchée, et les laines ont un caractère de souplesse telle que l'on serait tenté de plonger sa main dans cette riche et moelleuse toison.

Richard prenait souvent ses sujets d'étude dans sa patrie d'adoption. Les deux grandes toiles qui ornent le salon du cercle du commerce sont les vues de Toulouse les plus pittoresques qui aient encore été produites dans la contrée.

Cet habile artiste n'avait point oublié son pays natal : à peine la Société des Lettres, Sciences et Arts de l'Aveyron était-elle formée, qu'il s'empressa d'en faire partie. Dès 1837 il comptait parmi ses membres, et pour payer sa bien-venue, il enrichissait le musée de Rodez de plusieurs grands paysages qui font l'admiration des connaisseurs (1).

L'âge n'avait pas ralenti dans Richard l'inspiration artistique; il peignait encore quelques jours avant sa mort, et le

---

(1) Un loup dévorant une brebis. — La procession des Rogations. — Un autre joli paysage de plus petite dimension, aquarelle.

lot qu'il envoya au concours de Toulouse de 1858 rivalisait en mérite et en nombre avec les lots les plus féconds et les plus heureux. Encore là, on reconnaissait dans ces productions, qui devaient être malheureusement les dernières, une étude longue et sérieuse des différents règnes de la nature, étude que les paysagistes, en général, négligent beaucoup trop de nos jours, et sans laquelle ils ne parviendront jamais à reproduire ces variétés infinies d'arbres et d'arbustes qui peuplent nos campagnes, nos forêts et nos jardins.

Toulouse doit à Théodore Richard l'école nouvelle du paysage, presque inconnu avant la vulgarisation de ses modèles, et le monde artiste une de ses gloires dans la personne de M. Brascassat.

M. Richard est mort à Toulouse le 12 décembre 1859, à l'âge de 77 ans. Ses amis et ses anciens élèves reconnaissants ont formé une souscription pour élever un pieux monument sur sa tombe, et ils sollicitent de la ville la concession gratuite du terrain où reposera sa cendre, qu'ils se proposent de couvrir des fleurs que Richard aimait le plus.

Amans RODAT.

Rodat (Amans), ancien conseiller de préfecture, secrétaire perpétuel de la Société d'agriculture de l'Aveyron, chevalier de la Légion-d'Honneur, mort à Olemps, le 10 février 1846.

Voici le souvenir que lui a consacré M. de Guizard, préfet de l'Aveyron, dans son mémorable rapport de 1846 :

« En perdant M. Amans Rodat, non-seulement le département de l'Aveyron a perdu un des hommes les plus distingués qu'il ait jamais produits, mais un homme qui lui appartenait en propre, qui n'avait jamais secoué au loin la poussière de ses pieds, et qui, né pour être lui aussi une des gloires de la grande patrie, avait préféré rester fidèle aux montagnes, aux mœurs et aux occupations du pays natal.

» Attaché dès l'enfance aux idées de 89, M. Rodat en était dans son pays le représentant le plus vrai, et il savait mieux que personne les traduire dans le langage approprié à ses compatriotes. C'est ce qui donnait tant d'autorité aux écrits de circonstance qui s'échappaient de loin en loin de sa plume si naïve et si exercée, si agréable et si mordante à la fois.

» On peut le dire hardiment, peu d'hommes de notre temps, même sur les plus grands théâtres, possédèrent au même degré les grandes qualités du prosateur, ces qualités simples, naturelles, spontanées, qui font qu'en écrivant on obéit à son génie et non à l'imitation. Ce qui le prouve, c'est que chez lui la mémoire la plus riche et la plus exercée n'altérait jamais l'originalité du style. Il se souvenait de tout et ne copiait rien.

» Mais c'est surtout dans ses ouvrages d'agriculture qu'apparaît tout son talent d'écrivain. Rien n'est plus difficile que d'écrire avec agrément dans les sciences spéciales. Les mots techniques, les expressions consacrées altèrent le style ; la propriété de l'idée nuit à celle du langage, et pour être exact on devient barbare. M. Rodat avait su éviter ce danger, tant il y avait de sûreté dans son goût et de ressources dans son talent.

» Son *Cultivateur aveyronnais* tout entier et la plupart de ses écrits agronomiques, même les plus simples, se font remarquer par une rare perfection de composition et de style.

» Tant comme écrivain que comme simple agriculteur, cultivant sa propre ferme, il a été, en un mot, le véritable Olivier de Serres aveyronnais, le père et l'initiateur de l'agriculture perfectionnée dans nos régions. Depuis trente ans, il était à la tête de tous les progrès, joignant toujours l'exemple au précepte.

» On citerait bien peu d'innovations utiles dont il n'ait été le précurseur principal et qu'il n'ait efficacement contribué à populariser. Il suffira de citer l'introduction des instruments perfectionnés, l'art de soigner les animaux domestiques, spécialement de l'espèce ovine, et l'importation de races précieuses, enfin, le mérite si grand d'avoir donné une méthode raisonnée d'application pratique des plus saines théories agricoles au sol, aux usages et aux conditions économiques du pays auquel il avait voué ses veilles.

»A propos de M. Rodat, j'ai nommé tout-à-l'heure Olivier de Serres. On aurait pu nommer aussi Rabelais qu'il connaissait si bien, et dont il avait cette intarissable gaîté, ce mélange de verve bouffonne et de fine raison qui en font la merveille de notre ancienne littérature. Mais c'est surtout à La Fontaine qu'on songeait en voyant, en écoutant M. Rodat, en assistant à ses distractions, et surtout en épiant les allures diverses de sa constante, mais aussi parfois de sa malicieuse bonhommie. Comme La Fontaine aussi il était éminemment conteur, conteur infatigable. Et, sous ce rapport, que de choses il a emportées au tombeau qui n'avaient d'existence qu'en lui et par lui ! Que de traditions, que de souvenirs, que d'anecdotes piquantes ont disparu avec lui ! Le vieux Rouergue et les hommes d'autrefois, tout vivants encore dans ses écrits, ne seront plus pour la plupart d'entre nous que lettre morte. M. Rodat avait, en effet, à un haut degré une qualité rare et charmante, apanage des esprits d'élite et des âmes élevées : en même temps qu'il appartenait à l'époque moderne par les idées et les opinions, plus que personne il avait l'intelligence du passé, le goût des anciennes mœurs, le respect des traditions, le culte de la vie de famille….. »

Une réflexion nous est venue au sujet du nom qui fait l'objet de cet article ; c'est que ce nom dément avec éclat cette loi de l'humanité qui veut que dans les races les facultés intellectuelles ne brillent que par intervalles et laissent souvent de longues lacunes dans les générations successives…..

Antoine Rodat, d'Olemps, père du savant agronome, était un homme de beaucoup d'esprit et de savoir. Député du tiers-État à l'assemblée constituante, puis président de l'administration départementale, il n'eut que le tort, grave à nos yeux, de suivre un parti (1) qui nous mena à la dérive, prépara, dans son aveugle présomption, tous les maux qui ne tardèrent pas à fondre sur la France et dont il fut sur le point d'être lui-même la victime.

---

(1) Le parti fédéraliste ou girondin.

Le brillant éloge qu'on vient de lire nous dispense d'ajouter quelque chose sur son successeur, mais nous sommes heureux de trouver cette occasion de consacrer ici quelques lignes à la troisième génération de ces hommes d'élite destinés à vivre longtemps dans les souvenirs du pays.

M. Henri Rodat avait depuis quelque temps résilié de modestes fonctions dans le ministère public, quand la tourmente de 1848 éclata. Il ne balança pas à s'unir au parti de l'ordre et il en fut un des plus fermes défenseurs. On verra ailleurs (article Vesin) l'admirable courage qu'il déploya dans les plus mauvais jours de cette époque critique, et comment il vint à bout, de concert avec M. Vesin, à déjouer les sinistres projets de la démagogie.

Peu de temps après, les suffrages électoraux réunis en sa faveur pour la législature vinrent prouver d'une manière éclatante que ses concitoyens avaient dignement apprécié sa noble conduite.

M. H. Rodat a fidèlement rempli son mandat et n'a quitté l'arène législative où il se faisait remarquer par la modération des principes unie à la force du caractère, que lorsque des événements majeurs ont mis fin à l'existence de l'assemblée.

Dans ce moment critique, il montra toute l'abnégation que peut inspirer la noblesse des sentiments dans un cœur généreux.

Il était absent de la réunion (mairie du 10e arrondissement) où ses collègues furent arrêtés. Il arrivait, lorsqu'il aperçut l'appareil de la force déployée contre la représentation nationale et les députés entraînés par des soldats en armes. Rien ne lui était plus facile que de se tenir à l'écart et de laisser passer l'orage. Ce sentiment instinctif de la sûreté personnelle, si naturel à l'homme menacé d'un péril, n'eut chez lui aucune prise. Il hâte le pas, pénètre dans le cortège et demande à partager le sort de ses amis, honneur qui lui fut accordé. Un tel dévoûment mérite de vivre dans l'histoire.

Peu de temps après, les agents du nouveau pouvoir qui cherchaient à rallier dans tous les partis les hommes de mérite, firent à M. Rodat des avances, et il ne tint qu'à lui, à ce qu'on assure, d'être appelé au conseil d'Etat. Fidèle à ses convictions, il préféra rentrer dans la vie privée. Il revint dans sa ville natale où il exerce, depuis cette époque, avec une supériorité que rehausse encore sa modestie, les fonctions de jurisconsulte et d'avocat.

Le chevalier ROGÉRY.

Rogéry (Marie-Joseph-Bernard), né à Saint-Geniez le 6 août 1775, était frère du savant médecin qui administra pendant de longues années avec tant de distinction sa ville natale.

Parti soldat dans le 2e bataillon de l'Aveyron qui fut amalgamé dans la 85e demi-brigade le 4 juillet 1792, il fit dans les grades subalternes toutes les campagnes d'Italie, fut blessé à Brajac, en Tyrol, le 10 ventôse an V, passa en Egypte comme maréchal-des-logis dans le régiment des dromadaires, au commencement de l'an VII, et devint successivement sous-lieutenant et lieutenant dans le cours de cette glorieuse expédition.

De retour en France, Rogéry, dont la bravoure s'était faite remarquer, fut nommé lieutenant aux grenadiers à pied de la garde impériale le 16 messidor an X, et capitaine le 4 nivôse an XII. Il fit en 1806 et 1807 les campagnes de Prusse et de Pologne et fut blessé d'un boulet au pied droit à Eylau, le 8 février. Il passa de là en Espagne en 1808, retourna en Allemagne pour la campagne d'Autriche et fut promu au grade de chef de bataillon au 4e régiment de tirailleurs de la garde, le 5 avril 1809.

Ce brave officier rappelé en Espagne y combattit encore en 1810 et 1811; mais enfin, épuisé par les fatigues de la guerre, force lui fut de se retirer et il fut admis à la retraite le 1er juillet 1811.

Le lieutenant-colonel Rogéry avait été décoré de l'étoile des braves le 26 prairial an XII (6 mai 1804); il fut promu au grade d'officier de la Légion-d'Honneur le 14 mars 1806, et a été créé chevalier de l'Empire le 15 mars 1810.

Il est mort à Saint-Geniez, sa patrie, le 17 novembre 1823.

Le commandant SALZÈS.

Salzès (Joseph-Guillaume), de Saint-Geniez, chef de bataillon en retraite, chevalier de Saint-Louis, officier de la Légion-d'Honneur et chevalier de l'ordre de Saint-Ferdinand d'Espagne, était sorti comme sous-lieutenant de l'école militaire de Saint-Cyr au commencement de 1813 et avait été aussitôt dirigé sur la grande armée au-delà du Rhin. Il se distingua, l'année suivante, au siège d'Hambourg où il fut blessé et mérita par sa bravoure d'être porté à l'ordre du jour du 13e corps et de recevoir une lettre flatteuse du maréchal prince d'Eckmüll.

Il se trouva avec son régiment (108e de ligne) aux batailles de Fleurus et de Waterloo, et y reçut de nouvelles blessures. Nommé capitaine en 1818, il fit en cette qualité la campagne d'Espagne de 1823 et obtint la récompense des braves le 4 octobre de la même année.

M. Salzès avait été promu au grade de chef de bataillon au 16e régiment d'infanterie légère, le 27 avril 1838, et à celui d'officier de la Légion-d'Honneur le 24 avril 1842.

Il est mort à Saint-Geniez dans les premiers jours de décembre 1859.

Chargé de l'organisation et du commandement de la garde nationale de Saint-Geniez, en 1848, il sut rendre, par son énergie, dans ses nouvelles fonctions, de grands services à la chose publique.

Le général SARRET (1).

Sarret (Alexandre-Henri), fils du bailli de Millau, s'engagea de bonne heure ; il était arrivé très jeune au grade de général ; c'était un des officiers les plus distingués de l'armée d'Italie ; il était général de brigade à l'armée des Alpes et périt au mois de février 1794, à l'attaque du Mont-Cenis, âgé de 25 ans. Son corps s'était perdu dans les neiges.

(Dictionnaire des généraux français, t. IX.— Victoires et conquêtes, t. II).

Le président DE SÉGURET.

Amans-Joseph-Henri de Séguret naquit à Rodez, le 10 janvier 1784, de Joseph-François-Régis de Séguret et de Marie-Anne-Catherine Le Normand d'Ayssènes (2).

Son père représentait à Rodez, dans toute la gravité de ses vertus traditionnelles, cette ancienne magistrature française que le respect public considérait comme un autre sacerdoce, et qui s'associe dans les souvenirs du passé à tout ce que ces souvenirs ont de plus honoré.

Lorsque survint l'époque de nos grands troubles politiques, l'on sait quel fut le sort de la magistrature et avec quelle

---

(1) Le général Sarret ne compte point ici comme Légionnaire. Si nous le faisons figurer dans ce recueil, c'est à titre d'officier général et pour compléter la liste de nos illustrations militaires.

(2) On peut voir la généalogie de cette famille au t. IV des *Documents historiques*, p. 353.

dignité de maintien elle tomba sous le vent révolutionnaire. Le président du sénéchal de Rodez fut digne d'elle ; mis en réclusion avec toute sa famille, il obtenait de ses co-détenus les mêmes égards que ceux dont il était entouré sur son siége présidial, et si, pour oublier les longues heures de la captivité, la société, un peu trop frivole de ces temps-là, mise presque tout entière sous les verroux, y réveillait l'écho des plaisirs, elle cherchait à les éloigner de ses oreilles de manière à ne pas mériter d'être rappelée à l'attitude commandée par les malheurs du temps.

Ce fut là que le jeune Henri de Séguret reçut les premières impressions de la vie. La date de sa naissance indique assez celle de son âge. A cette funeste époque, il comptait huit à neuf ans, et ses premiers pas dans la vie lui offraient l'effrayant spectacle d'un pays sans justice, sans lois, sans règle, ou plutôt celui d'une horrible parodie de toutes ces choses saintes, que, pour sa part, il devait être appelé plus tard à restaurer et à montrer dans tout leur harmonieux éclat.

Lorsque l'ordre social, si violemment troublé, reprit son ascendant et que les gens de bien eurent recouvré la paix, par la guerre d'extermination que les pervers se firent entre eux, l'heure des études était arrivée pour le jeune prisonnier de la maison de réclusion, et cette même maison retournant à sa première destination (1), le jeune Henri de Séguret y reçut les premiers éléments des lettres et des langues, qui se ressentirent quelque temps de la perturbation générale : aussi, son père voulut-il qu'il allât terminer ses études dans une ville qui offrait plus de ressources et dans laquelle son fils devait retrouver près d'une tante respectable et chérie (2) les sollicitudes de sa propre famille et un témoin heureux de ses succès.

La carrière du jeune collégien était toute tracée devant lui. La magistrature l'appelait, en quelque sorte, par droit de naissance aux devoirs qu'elle impose. Les études en droit

---

(1) Les bâtiments du collége avaient été, pendant les mauvais temps de la Révolution, transformés en maison de réclusion.

(2) Mlle d'Ayssènes, à Toulouse.

devaient donc succéder aux humanités. Ce fut à Paris qu'il alla puiser les éléments de la science que tant de jeunes gens effleurent, et dans les difficultés de laquelle une rare aptitude devait le faire pénétrer sans efforts.

A cette époque de renaissance où les jeunes gens d'élite pouvaient juger de quelle période de véritable barbarie les révolutionnaires avaient menacé la France, il s'était fait une émulation et une ardeur de faire revivre le culte des sciences et des lettres qui enflammait les cœurs. Henri de Séguret sentit trop vivement ces nobles aspirations pour n'être pas de cette pléiade de jeunes adeptes qui devaient presque tous un jour briller au premier rang. Ce fut au milieu d'eux, dans cette *société de jurisprudence* qui était leur centre, qu'il s'initia, par un travail plein d'attraits pour lui, au talent de la parole publique. Richement organisé par la nature pour cet art qui est le premier de tous sans doute, parce qu'il est le plus rare et le plus difficile à acquérir, il fit, dès ses débuts, présager quelle serait bientôt sa supériorité.

Cette société de jurisprudence, prélude de travaux plus sérieux, offrait à la réorganisation de la justice des ressources précieuses. De son sein sortirent une foule de jeunes gens appelés à repeupler les rangs éclaircis de la magistrature. Henri de Séguret ne pouvait passer inaperçu au milieu d'eux; aussi, à peine avait-il terminé ses études de droit et touchait-il à ses vingt-quatre ans, qu'il fut appelé en qualité de conseiller auditeur à la cour impériale de Montpellier. Son penchant naturel qui l'attirait vers la parole publique fut bientôt reconnu et le fit attacher au parquet. Ce fut là qu'il développa dans les improvisations de l'audience cette merveilleuse facilité d'élocution, cette élégance et cette propriété du langage dans lesquelles il excella bientôt à ce haut degré qui captiva pendant vingt ans ses chefs, ses émules et le barreau.

On put voir de bonne heure et dès ses débuts que sa riche organisation pour la magistrature était de celles qui doivent s'affranchir des lois ordinaires de l'ancienneté des services, et qu'à quelque position qu'il fût placé, il serait à la hauteur de toutes, et qu'il suppléerait à l'autorité de l'âge et de l'expérience par les dons précoces qui en assurent tous les avantages, sans en subir les lenteurs. Heureuses natures qui promettent à la société ces rares supériorités dont elle a besoin pour les plus hautes fonctions !

Tel eût été sans doute le sort du jeune magistrat dont l'avenir s'ouvrait sous de tels auspices, mais d'autres préoccupations plus respectables que celles de l'ambition devaient l'entraîner : ces préoccupations étaient celles des traditions de famille et de l'amour du pays natal.

Nous avons parlé du père d'Henri de Séguret, des persécutions auxquelles il fut en butte et qu'attirait plus particulièrement sur lui sa qualité de chef de la magistrature sous l'ancien régime. Après ces temps d'épreuve, revinrent enfin des temps de pacification où l'on sentit le besoin de refaire l'édifice des lois et des tribunaux. L'ancien président du sénéchal de Rodez pouvait mieux que personne, malgré son grand âge, rendre à la magistrature la considération et le respect qui s'étaient tant altérés par l'intrusion sur les sièges des juges de la Terreur. Il reprit donc la tête du nouveau corps judiciaire, s'arrachant au repos que l'âge lui commandait, plus encore pour l'avenir de son fils que pour lui-même.

Ce fut un spectacle plein d'émotion que celui de la séance du tribunal de première instance de Rodez, où l'on vit Henri de Séguret, à peine âgé de 27 ans, et nommé président par décret impérial du 4 décembre 1811, se présenter devant son vénérable père, prêt à descendre du siège qu'il avait occupé sous deux régimes si différents, pour le céder à son fils, comme il l'avait reçu lui-même de son père, et continuer ainsi cette chaîne de services publics si honorablement transmis et reçus : « Venez, lui dit le vieillard qui résumait en lui la double autorité de la magistrature et de la paternité, venez, et que j'aie enfin la satisfaction de vous voir à une place honorable que je vous cède avec empressement et que je souhaite que vous occupiez dignement, plus longtemps encore que celui de vos aïeux qui l'a exercée au-delà d'un demi-siècle ! »

Ce fut avec un vif intérêt qu'on prêta une oreille attentive au récipiendaire, à qui la Providence offrait, dès son entrée dans ses belles fonctions, une occasion si favorable d'exprimer ses sentiments et de parler de ses devoirs. Nous nous bornerons à reproduire quelques passages qui suffiront à montrer combien il sut remplir l'attente publique et combien on devait espérer de lui dans l'exercice des fonctions dont il recevait l'investiture :

« Lorsque paraissant pour la première fois au milieu de vous j'osai former le vœu de consacrer à mes concitoyens ma vie et mes travaux, je cherchais, dans ces espérances lointaines, à satisfaire au désir d'être utile à un pays où toutes mes affections étaient concentrées. Chargé de la mission la plus douce et la plus flatteuse, je concourais à votre installation, et cette cérémonie touchante, si féconde en rapprochements, était encore un nouveau lien qui me rattachait au pays qui m'avait vu naître. Je sentis alors dans toute son étendue le prix de cette bienveillance unanime, de cette indulgence propice, de cette émotion dont les témoignages laissèrent dans mon cœur des impressions profondes et inaltérables. Toutes mes pensées se tournèrent vers cette cité, séjour de mes premières années, et qui m'exprimait d'une manière si touchante ces sentiments que je n'avais cessé de lui vouer.....

Eh! quelle plus douce ambition que celle de se retrouver au sein de sa patrie, d'être associé aux hommes que, dès son enfance, l'on apprit à chérir et à vénérer, de partager leurs efforts pour le bien public et de ne voir autour de soi rien d'étranger aux rapports d'une estime réciproque ou aux épanchements d'une amitié héréditaire!

C'est sous ces auspices que je viens au milieu de vous, mes chers collègues, et c'est vous dire assez de quel prix a été pour moi le nouveau bienfait de Sa Majesté. Appelé par sa confiance à exercer la première magistrature de cet arrondissement, l'importance et l'austérité de ces attributions me semblent moins effrayantes, lorsque je me sens étayé de votre expérience et de votre sagesse, et qu'environné de ces appuis tutélaires, je me trouve déjà fort des suffrages dont vous êtes depuis longtemps en possession.

Ce serait effaroucher votre modestie que de rappeler tous

vos titres à cette unanimité de respect et d'estime que vous avez inspirée. Mais puis-je passer sous silence ces vertus privées, ces mœurs pures et douces qui vous caractérisent parmi vos concitoyens, tandis que de longs services, des talents éprouvés et la sagesse de vos décisions vous ont honorablement distingués dans l'opinion publique. »

. . . .

« Faut-il que des regrets viennent se mêler au sentiment que j'éprouve! L'absence d'un magistrat chéri de ses collègues, recommandable par quarante ans de travaux et retenu loin de nous par une maladie douloureuse, enlève quelque chose à l'attrait de cette cérémonie. C'eût été un spectacle plus attachant encore de voir deux magistrats recevoir en même temps des auteurs de leurs jours le riche héritage de leurs travaux et de leurs vertus!..... Ah! du moins, plus heureux que moi, Monsieur le suppléant, il vous reste l'espérance de siéger bientôt auprès d'un père dont vous avez si dignement suivi les traces ; vous pourrez chaque jour demander ses conseils, invoquer son expérience, étudier vos devoirs dans sa conduite : le sentiment pénible d'une perte irréparable ne se mêle point à la satisfaction que vous éprouvez ; et moi!..... je cherche vainement à me soustraire au parallèle inévitable de ma position à la vôtre. J'ai voulu dissimuler mon émotion ; toutes les circonstances de cette cérémonie viennent l'accroître..... Ah! pourquoi hésiterais-je à épancher au milieu de vous les sentiments dont mon cœur est oppressé..... Je l'ai déjà dit, je suis au milieu de mes concitoyens, et les liens qui m'unissent à vous, Monsieur le président, peuvent-ils me rendre étranger aux regrets universels dont vous êtes l'objet! Que d'autres s'arrêtent à une délicatesse trop scrupuleuse : j'use du plus beau droit de cette solennité, et en offrant à mon prédécesseur un tribut de respect et d'amour, je satisfais à un devoir, j'accomplis la plus noble fonction de mon nouveau ministère.

Je le dis hardiment, Monsieur le président, trente années de travaux et de vertus laisseront de longs souvenirs dans cette cité. Vos services judiciaires et administratifs, la confiance du souverain et du peuple obtenue à toutes les époques, semblent même se présenter plus vivement à nos esprits dans ces adieux qui vont séparer votre existence politique de votre existence privée. Qui ne vous voit avec douleur abandonner ce siége où vous fûtes si longtemps l'interprète de la justice? Au fond de cette retraite que vous avez ambitionnée, la reconnaissance publique vous accompagnera; d'âge en âge, elle offrira votre longue magistrature pour modèle à vos successeurs. Votre mémoire vivra constamment parmi nous..... Ah! puisse-t-elle ne pas être un fardeau trop pesant pour celui que vous appelez à vous remplacer! Que vos exemples, que vos conseils le dirigent pendant de longues années : léguez-lui cette estime, cette amitié, cette confiance de vos collègues et de vos concitoyens qui deviendront son plus précieux héritage !

Et si, par un rapprochement étonnant, je suis appelé à remplir cette présidence, précisément au même âge où vous en fûtes investi, que ce soit pour moi le présage d'une imitation constante de vos vertus et une garantie pour mes justiciables contre l'inexpérience de ma jeunesse ! »

Tout ce qu'il y avait d'espérances pour son pays, dans les premiers pas de sa carrière, le jeune président les dépassa. Il faut avoir suivi pendant vingt ans ses audiences pour comprendre tout ce qu'il y avait de sagacité dans ses appréciations, de pénétration dans le dédale des affaires, de ressources de parole et, en même temps, de précision de langage, de dignité et d'élévation dans son caractère. Il faut l'avoir vu, passant des affaires civiles à la direction des débats de la cour d'assises, pour comprendre toutes les aptitudes de cet esprit, qui excellait dans tous les genres et semblait deviner tous les rôles, tant il y apportait de sûreté de vues et de justesse d'expression, et cependant, là ne se bornaient pas tous ses avantages; on les retrouvait les mêmes hors de l'enceinte de son tribunal, et soit qu'il appelât son esprit aux lettres, aux arts, à l'agriculture, il excellait toujours en toutes choses. Voici ce qu'écrivait de lui un de ses collègues (1)

---

(1) M. de Cabrières père, secrétaire perpétuel de la Société.

à la Société d'agriculture, lorsqu'une mort prématurée vint arrêter sa trop courte carrière :

« A tant d'autres titres, il faut joindre ceux que la Société
» d'agriculture dont il fit partie pendant vingt ans aima tou-
» jours à lui reconnaître ; il va sans dire que là comme par-
» tout il tenait le premier rang ; versé dans les sciences na-
» turelles, il était apte à prendre part à toutes les discussions;
» il les éclairait par ses lumières, les embellissait par le
» charme de sa diction et les terminait le plus souvent par
» les conclusions les plus judicieuses.

« Aussi zélé dans la pratique que savant dans la théorie,
» il tenait avec une égale habileté la balance de la justice, la
» plume d'administrateur et le manche de la charrue. C'est
» à regret que je fais entrer dans son éloge celui de cette
» activité prodigieuse, de cette incroyable facilité qui ont
» rendu sa vie si pleine et si courte ; nul doute que cette
» préoccupation continue, la fatigue, les veilles, les voya-
» ges, les intempéries n'aient contribué à en précipiter le
» cours. Ce qui suffisait à peine à alimenter son esprit a
» excédé les forces de son corps. Quelque robuste que fût
» son enveloppe, cette âme ardente l'a consumée. »

Son goût pour l'agriculture, qui fut de tout temps celui des plus grands esprits, tenait aussi chez lui à ce sentiment aveyronnais qui nous fixe au sol avec tant d'attaches et qui l'emporta chez lui sur les entraînements de l'ambition qui semblaient lui promettre les plus brillantes perspectives. Ce ne fut pas le trait le moins honorable de son caractère que cette prédilection pour son pays ; c'est à lui qu'il se voua tout entier, et ses concitoyens se montrèrent empressés de répondre à ce dévoûment par une confiance dont peu d'hommes ont reçu pendant leur vie plus de témoignages.

Dès 1813, il avait été nommé membre du conseil municipal et administrateur de l'hospice et du bureau de bienfaisance, par le gouvernement impérial, qui s'était réservé l'attribution exclusive des fonctions municipales; mais ce choix fut confirmé par la voix populaire lorsque les communes recouvrèrent plus de liberté.

La Restauration qui ramena la liberté avait mis à ses choix

des limites d'âge qui seules retardèrent le président de Séguret vers de plus hautes missions; mais à peine eut-il atteint sa quarantième année, que le grand collège, chargé de contrebalancer l'esprit souvent trop circonscrit des petites localités, en élevant les hommes d'une notoriété plus large, s'empressa de le nommer pour aller représenter le département à la Chambre.

La carrière législative de M. de Séguret ne fut point longue, mais elle fut utile et influente à un point de vue plus élevé que celui des petites faveurs et des pratiques électorales. Représentant d'un pays agricole, il tourna tous ses efforts vers les intérêts généraux. Il connaissait les besoins du pays et les points douloureux qui affectaient la propriété : l'impôt du sel était dans cet ordre en première ligne ; il en fit l'objet de ses études et en poursuivit le dégrèvement avec une persévérance qui, pour n'avoir pas été couronnée d'un succès immédiat, peut cependant être considérée comme ayant préparé dans l'avenir les voies réparatrices qui suivirent.

Un autre obstacle aux intérêts agricoles avait frappé M. de Séguret, c'était l'extrême morcellement des terres. Il importait d'en faciliter l'agglomération ; l'échange se présentait d'abord à la pensée, mais l'échange trouvait un obstacle dans les droits fiscaux : peu de propriétaires, dans l'état de gêne presque universel qui était le leur, avaient des idées assez justes sur les avantages de ce genre pour y sacrifier les droits d'enregistrement que ces actes devaient subir. M. de Séguret entreprit d'amener une réforme de la législation sur ce point, et, quoique nouvellement arrivé à la Chambre, il sut y conquérir assez d'autorité, par la parole et par sa discussion, pour qu'elle adoptât son projet et en fît une loi qui affranchit les échanges du droit de mutation.

Ce succès, que les envahissements incessants du fisc ont repris depuis au grand préjudice de l'agriculture, lui valut un témoignage flatteur du gouvernement, qui lui tenait ainsi compte autant des services qu'il avait rendus dans la magistrature, que de ceux qu'il rendait comme législateur. Le roi Charles X le nomma membre de la Légion-d'Honneur.

Rentré dans ses fonctions judiciaires à l'expiration de son

mandat, il reprit la suite de ses travaux ordinaires, s'appliquant à élever la justice au-dessus de la sphère des passions humaines qui l'entravent trop souvent, étonnant toujours par la manière claire, précise et juste du prononcé de ses jugements et par l'universalité de ses connaissances.

Après les honneurs de la représentation dont le mandat expira pour lui en 1827, un nouveau témoignage de confiance devait lui venir encore lorsque le département fut appelé à voter sur le choix des membres de son conseil. Il y remplit les fonctions de secrétaire jusqu'à sa fin. Ses collègues attristés du déclin de sa santé, virent encore un mauvais présage dans l'éclat plus brillant que jamais des derniers travaux qui devaient clore sa laborieuse carrière.

Ce fut dans toute la force de ses facultés qu'une mort prématurée vint le frapper et l'enlever à ses concitoyens, en laissant une large place vide dans tous les services publics qu'il rendait. Il se vit mourir avec la fermeté qui convient à un homme qui avait rendu toute sa vie la justice sans l'abaisser un seul instant au calcul de ses intérêts ou de ses passions, et d'un chrétien qui ouvre ses derniers regards vers les promesses immortelles de la religion.

Le jour de son décès fut le 5 octobre 1835. Un monument funéraire, le premier qui ait été introduit dans les sépultures du pays, lui fut érigé au cimetière du faubourg Saint-Cyrice.

G. DE CABRIÈRES.

Le général SOLIGNAC.

Solignac (le baron Jean-Baptiste), lieutenant-général, grand officier de la Légion-d'Honneur et chevalier de Saint-Louis, commandeur de l'ordre de la couronne de fer, grand'croix de l'ordre de la Tour et de l'Epée, naquit à Millau, département de l'Aveyron, le 22 novembre 1773. Se destinant à l'état militaire, il s'enrôla volontairement, en 1789, dans le régiment de Vermandois-infanterie, où il ne tarda pas à être fait sous-officier.

Nommé capitaine en 1794, à la première formation des bataillons de volontaires, il se trouva au commencement de la guerre d'Espagne à l'armée des Pyrénées-Orientales; se distingua dans les deux premières affaires sous les ordres du général Dagobert, qui l'attacha à son état-major, et le fit nommer chef de bataillon après le combat du 4 septembre à Olète et la bataille de Peyrestole; le 22 du même mois il fut fait adjudant-général et placé en cette qualité auprès du général de division Voulland, gouverneur de Mont-Louis. A la fin de 1793, il suivit ce général dans la 9e division militaire ainsi que dans la 8e division à Marseille, où il courut les plus grands dangers. Ayant sollicité et obtenu la mise en liberté de quelques personnes détenues comme fédéralistes, il fut dénoncé à la société populaire, et obligé de se présenter à la tribune pour se disculper; s'étant porté à des actes de violence envers un des représentants du peuple en mission dans le Midi, il fut obligé de prendre la fuite pour se soustraire aux ordres d'arrestation qui étaient lancés contre lui. Découvert dans une auberge à Montpellier, il fit arrêter son frère, qui lui servait de secrétaire, et parvint ainsi à se sauver de la main des gendarmes; après s'être caché quelque temps dans les montagnes de l'Aveyron, il se rendit à Paris, où le comité de sûreté générale parvint à le faire arrêter; il fut détenu à la Force pendant cinq mois, et obtint sa mise en liberté à la fin de prairial an III. N'ayant pas été compris dans le travail militaire du représentant Aubry, il continua de rester à Paris. Ce fut alors qu'il connut le général Bonaparte et se lia d'amitié avec lui.

Ce général lui confia le 13 vendémiaire les postes du Cul-de-sac Dauphin, du passage Venua et du manège, où commencèrent les premières hostilités; il fut réintégré dans son grade d'adjudant-général, et le 15 nommé chef d'état-major de la 1re division à Paris; mais le Directoire, ayant besoin de ses services, ne voulut point lui permettre de suivre le général en chef Bonaparte, nommé au commandement de l'armée d'Italie, et il fut spécialement chargé avec le général Brune du licenciement de la légion de police forte d'environ 4,000 hommes, opéra son désarmement et renferma tous les sous-officiers et soldats dans l'école militaire. Le gouvernement ne sachant comment se débarrasser de ces militaires, dont il redoutait la présence à Paris, appela auprès de lui M. Solignac, le consulta sur les moyens à prendre, et ayant adopté l'avis de les faire conduire sous bonne escorte jusqu'à Metz, pour y être disséminés dans les divers corps de l'armée, le chargea personnellement de cette expédition, qui eut le résultat le plus heureux.

Peu de temps après son retour, il renouvela ses sollicitations auprès du Directoire et obtint des lettres de service pour l'armée d'Italie, où il fut bien accueilli par le général en chef et placé de suite en qualité de chef d'état-major du général Masséna, commandant l'avant-garde. Il fit les premières campagnes d'Italie sous ce général, avec lequel il a été constamment lié de la plus étroite amitié, et se trouva ainsi à tous les combats et batailles qui conduisirent l'armée française jusqu'aux portes de Vienne.

Le général en chef Bonaparte, voulant intervenir directement dans les destinées futures de la France et faire opérer de grands changements parmi les premiers fonctionnaires de l'État, fit appeler M. Solignac à son quartier-général, et le chargea de parcourir toutes les divisions de l'armée pour les porter à faire des proclamations énergiques en faveur du nouveau système qu'il jugeait indispensable au maintien de la République : il réussit complètement dans sa mission. C'est en grande partie aux adresses de l'armée d'Italie qu'on doit attribuer la révolution du 18 fructidor.

Après le traité de Campo-Formio, il resta en Italie, suivit le général Masséna à l'armée de Rome, et rentra avec lui en France, par suite de l'insurrection des troupes ; il ne tarda point à reprendre du service dans l'armée d'Italie, et commanda une brigade d'infanterie, en l'an VII, sous le général Moreau ; après la bataille du 16 germinal, il fut nommé général de brigade, sur la demande du général Moreau. Blessé à la bataille de Novi, où il eut deux chevaux tués, il rentra en France, et se trouvait à Paris lors de l'arrivée du général en chef Bonaparte, qui lui parla plusieurs fois de l'état déplorable dans lequel se trouvait la République et du besoin indispensable de recourir à des moyens extraordinaires pour la sauver d'une destruction prochaine. Il fut appelé, le 17 brumaire, chez le général en chef, et reçut l'ordre de se trouver le lendemain, à sept heures du matin, en uniforme et à cheval devant son hôtel, rue Chanteraine; il le suivit aux Tuileries, et fut envoyé, vers les dix heures, au Luxembourg pour en prendre le commandement sous les ordres du général Moreau qui y était déjà. D'après ses instructions il devait envoyer à chaque heure un rapport au général en chef sans en donner communication au général Moreau; mais il jugea convenable d'agir tout autrement, et se conduisit avec les égards qu'il devait à son ancien chef. Le soir, vers les huit heures, étant à dîner avec le général Moreau chez le directeur Sieyes, on vint lui rendre compte que les directeurs Gohier et Moulin se disposaient à sortir du Luxembourg par une des portes du jardin; on crut ne pas devoir s'opposer à leur départ, et la dislocation du pouvoir exécutif se trouva ainsi opérée.

Le 19, à six heures du matin, M. Solignac fut mandé chez le général en chef, qui, après lui avoir dit qu'il avait envoyé la veille le général Serrurier pour commander à Saint-Cloud, lui ordonna de se rendre de suite auprès de ce général pour y servir sous ses ordres, prendre le commandement des troupes, placer tous les postes, et faire les dispositions nécessaires pour y recevoir les deux chambres qui devaient y tenir leurs séances. Le général en chef, en arrivant à Saint-Cloud, passa la revue des troupes, les harangua, fit la visite des postes et témoigna sa satisfaction aux généraux Serrurier et Solignac. Celui-ci se trouvait avec le colonel Dumoulin dans l'orangerie où siégeait le Conseil des Cinq Cents au moment où le général en chef s'y présenta seul et paraissait vouloir se diriger vers le fauteuil du président et la tribune. Tous les députés se levèrent en masse : alors le général Solignac et le colonel Dumoulin se rapprochèrent vivement du général en chef, le couvrirent de leur corps et parvinrent, après les plus grands efforts, à le ramener du côté de la porte, où ils craignirent un moment d'être étouffés par la pression des députés, qui d'un côté se portaient en foule vers le général en chef, avec des menaces plus ou moins violentes, tandis qu'un corps de troupes cherchait à pénétrer dans la salle pour le sauver.

Aussitôt que le général Bonaparte fut descendu dans la

cour et monté à cheval, il adressa un nouveau discours aux troupes, appela le général Solignac et lui dit de se rendre au Conseil des Anciens pour y demander la mise en arrestation de trois membres du Conseil des Cinq Cents, qu'il lui désigna nominativement; il remplit cette mission par l'intermédiaire d'un des inspecteurs de cette chambre et en rendit compte au général en chef, qui lui ordonna de prendre deux compagnies de grenadiers pour aller délivrer et ramener son frère Lucien, qui présidait le Conseil des Cinq Cents. M. Solignac, ne voulant pas violer le sanctuaire des lois par l'introduction dans son sein de la force armée, laissa ce détachement en dehors de la salle, où il entra seul. Ayant informé à voix basse le président Lucien de l'objet de sa mission, celui-ci prit la parole et fit un long discours dans lequel il chercha à excuser l'apparition de son frère dans la chambre; il rappela tous les services militaires qu'il avait rendus à la France, et il ajouta qu'il croyait devoir se rendre à l'invitation du général en chef, qui le faisait appeler pour se concerter avec lui sur les moyens à employer pour le rétablissement de l'union et de la concorde. Remplacé par le député Chazal, il sortit avec M. Solignac, monta à cheval et, à côté de son frère, improvisa un discours extrêmement violent contre la chambre, en déclarant aux troupes que le seul moyen de sauver la République était de disperser à l'instant même les députés. Le général en chef Bonaparte interrompant son frère, appela MM. Solignac et le colonel Dumoulin, leur ordonna de prendre un bataillon de grenadiers, d'entrer au pas de charge dans la salle où siégeait le Conseil des Cinq Cents, pour forcer les députés à évacuer le lieu de leurs séances ; MM. Solignac et Dumoulin s'étant concertés sur cette expédition si contraire aux lois, résolurent du moins de mettre dans l'exécution de leur ordre autant de sagesse, de calme et de modération que pouvait comporter une semblable entreprise; ils ordonnèrent aux tambours de battre la charge de pied ferme dans le vestibule, au bas de l'escalier, et laissèrent ainsi le temps aux membres du Conseil de sortir de l'Orangerie par les fenêtres qui donnent sur la terrasse et par le grand escalier, de manière à ne point exposer les membres aux insultes et à la violence des soldats, qui venaient d'être fortement exaspérés par le discours du président Lucien Bonaparte. Il ne restait plus dans la chambre qu'un groupe de députés entourant un des généraux les plus illustres de la République, le général Jourdan, qui semblait profondément affecté, et qui sortit avec ses collègues à la première sommation.

Le général en chef Bonaparte ayant été proclamé premier consul, témoigna le lendemain au général Solignac combien il était reconnaissant des services qu'il lui avait rendus la veille, et ajouta que désormais il resterait auprès de lui et serait attaché à sa personne. Le 23 M. Solignac fut introduit dans le cabinet du premier consul qui, après lui avoir parlé des craintes qu'il semblait avoir sur la manière dont le général Masséna, commandant l'armée du Danube, envisagerait la révolution des 18 et 19 brumaire et sur la détermination qu'il pourrait prendre à cet égard, voulut, malgré les représentations de M. Solignac, qu'il partît le même jour pour la Suisse, afin d'éclairer son ami le général Masséna sur les véritables motifs des changements qui s'étaient opérés et afin aussi d'avoir l'adhésion de la seule armée qui fût alors victorieuse. Il se rendit auprès du ministre de la guerre pour prendre ses lettres de service, et trouva chez ce ministre un billet de M. Bourienne, secrétaire particulier du premier consul, qui lui annonçait un changement de destination. Le premier consul lui dit le soir qu'ayant réfléchi sur toutes les choses rassurantes qu'il lui avait dites relativement au général Masséna, il se bornerait à lui écrire par M. Ducos, frère du troisième consul, l'un des aides-de-camp du général Masséna, qui était en mission à Paris.

Le 28, il chargea M. Solignac d'une mission très-importante dans la 8ᵉ division militaire, mission pour laquelle il fut investi de pouvoirs extraordinaires, et qui avait pour but de maintenir et de rétablir au besoin l'ordre et la tranquillité dans les départements de Vaucluse, des Bouches-du-Rhône et du Var; il lui était particulièrement recommandé d'empêcher que la place de Toulon ne tombât entre les mains des mécontents, qu'on savait être en grand nombre à Marseille, à Toulon et à Draguignan. M. Solignac fit la plus grande diligence dans son voyage; il apprit en arrivant à Aix que la population de Marseille était loin de vouloir reconnaître le nouveau gouvernement; que la sœur du premier consul, Mme Bacciochi et son époux, ainsi que le général Quantin, commandant la division, et le général Saint-Hilaire, commandant le département, avaient été obligés d'abandonner la ville ; qu'un mannequin représentant le premier consul avait été traîné dans les rues et jeté à la mer, aux cris mille fois répétés de mort au tyran. S'étant concerté avec le général Saint-Hilaire, qui s'était réfugié à Aix, il se rendit à Marseille, fit appeler les personnes qu'il savait avoir le plus d'influence sur l'esprit des habitants, leur peignit la déplorable situation où se trouvait la République, déchirée dans son intérieur par des factions qui étaient sur le point d'amener la guerre civile, tandis que les armées étrangères étaient au moment d'envahir son territoire, et leur fit sentir la nécessité de se rallier franchement au nouveau gouvernement. Après deux longues conférences, il parvint, le lendemain de son arrivée, à rétablir l'ordre; des proclamations d'adhésion aux journées des 18 et 19 brumaire furent publiées par les autorités. Les généraux Quantin et Saint-Hilaire, ainsi que la famille Bacciochi rentrèrent à Marseille, dont la population détrompée se livra aux plus vives démonstrations de joie ; il obtint les mêmes résultats à Toulon et à Draguignan.

Après avoir rempli sa mission dans la 8e division, il revint à Paris. Le premier consul le présenta à ses deux collègues, fit le plus grand éloge de sa conduite et lui annonça qu'il ne tarderait pas à recevoir la récompense de ses bons services, en lui représentant qu'il voulait l'attacher directement à sa personne. Il en fut tout autrement ; le général Masséna, remplacé par le général Moreau à l'armée du Danube, vint à Paris. M. Solignac s'empressa de voir son bienfaiteur, son meilleur ami, qui lui témoigna sa surprise et son mécontentement de la situation dans laquelle il s'était placé auprès d'un homme dont il admirait les grands talents militaires, mais qu'il regardait déjà comme l'ennemi des libertés de la France.

Les principes politiques de M. Solignac et les sages conseils du général Masséna le déterminèrent à renoncer aux avantages qui lui étaient offerts par le premier consul. Il demanda l'autorisation de suivre le général Masséna à l'armée d'Italie; elle lui fut accordée après une explication très vive, et il perdit ainsi pour toujours la bienveillance du chef du gouvernement.

Arrivé à Nice avec le général Masséna, des motifs de prudence l'empêchant de rester auprès de lui, il prit le commandement d'une brigade d'infanterie dans la rivière de Gênes, sous les ordres du général Suchet; fut blessé à l'affaire de Saint-Jacques, commanda ensuite l'arrière-garde jusqu'au pont du Var. Chargé de la défense de la tête du pont, il repoussa l'ennemi dans les diverses attaques qu'il fit pour enlever les ouvrages et pénétrer en France; après l'évacuation de Gênes, il rejoignit le général Masséna, rentra avec lui en Italie lors de la bataille de Marengo, se présenta chez le premier consul, à Milan, qui refusa de le recevoir; fit la campagne de l'an IX sous le général Brune, et passa ensuite dans la Toscane, sous le général Murat, qui lui donna le gouvernement de plusieurs provinces dans l'Etat-Romain, sur les bords de l'Adriatique. La discipline qu'il sut maintenir dans ses troupes, et l'ordre qu'il avait établi dans l'administration des subsistances fournies par les provinces furent justement appréciées par le pape Pie VII et par le cardinal Consalvi, son premier ministre. M. Solignac fut invité à se rendre auprès de Sa Sainteté, qui l'accueillit de la manière la plus honorable, le fit loger dans un de ses palais, et, après un mois de séjour à Rome, le combla des marques de son affection et de sa reconnaissance. Lorsqu'il retourna dans son gouvernement, où il resta jusqu'à l'évacuation du territoire Romain, il reçut une lettre extrêmement flatteuse de Son Excellence le cardinal Consalvi, avec le portrait du Saint-Père, sur une tabatière enrichie de diamants.

Après un court séjour à Paris, il retourna en Italie avec le général Murat qui l'honorait d'une bienveillance particulière; il resta auprès de lui quelque temps, et fut obligé de s'en éloigner par suite d'un ordre positif du premier consul. Il fit partie de l'armée d'occupation dans le royaume de Naples, sous le général Gouvion-Saint-Cyr; il revint à Milan après le départ du général Murat, qui était remplacé par le maréchal Jourdan. Chargé de porter à l'Empereur les félicitations de l'armée d'Italie sur son avènement à la couronne impériale, il fut admis deux fois dans le cabinet de l'Empereur, qui le reçut avec une extrême froideur. Napoléon ayant été se faire couronner roi d'Italie en 1805, sur la demande du maréchal Jourdan, M. Solignac fut promu au grade de général de division (1). Le maréchal Masséna remplaça le maréchal Jourdan en Italie. L'Empereur, au moment de passer le Rhin, écrivit au maréchal pour l'informer de la prochaine ouverture de la campagne et lui ordonner d'entrer en négociation avec le prince Charles, pour faire une convention d'après laquelle les deux armées en Italie ne pourraient commencer les hostilités qu'après s'être prévenues dix jours d'avance. L'Empereur voulait par ce moyen sauver son armée d'Italie d'un grand désastre, puisqu'elle n'était alors composée que de 25,000 hommes, les troupes venant du royaume de Naples étant encore très-éloignées, tandis que l'armée autrichienne était forte de plus de 100,000 hommes. Une aussi grande disproportion rendait la négociation tellement difficile, qu'on était presque résolu de ne point l'entamer, dans la crainte de donner des soupçons au prince Charles sur ses véritables motifs, quand M. Solignac, voulant dans tous les cas mettre la responsabilité du maréchal à couvert, lui proposa d'écrire une simple lettre de politesse au prince Charles, pour le complimenter sur son arrivée en Italie, se chargea d'en être le porteur, et prit l'engagement de tenter adroitement l'ouverture de la négociation sans compromettre en rien les intérêts et la sûreté de l'armée. Il partit pour le quartier-général du prince Charles, qui le reçut avec bonté, et qui, après plusieurs questions pour savoir si l'Empereur était toujours à Paris, si on croyait à la guerre dans l'armée française, finit par reconnaître la nécessité de ne point commencer les hostilités sans se prévenir réciproquement, et prit la détermination d'envoyer le lendemain à Véronne le général baron de Vincent, aujourd'hui (1825) ambassadeur en France, pour traiter de cette affaire. Le baron de Vincent, porteur des pleins pouvoirs du prince, s'étant rendu chez M. Solignac, qui commandait à Véronne, et celui-ci ayant également les pouvoirs

---

(1) Par décret du 17 novembre 1805.

du maréchal Masséna, il fut arrêté qu'on se préviendrait dix jours avant, ce qui fut d'autant plus avantageux pour l'armée française, que le prince Charles, apprenant quatre jours après l'entière défaite de l'armée de Mack, ne put rien entreprendre et resta forcément dans ses positions jusqu'au moment où le maréchal Masséna, apprenant, de son côté, les victoires remportées par l'Empereur en Allemagne, et ayant reçu l'avis de la prochaine arrivée des troupes venant de Naples, envoya M. Solignac dénoncer aux généraux autrichiens, commandant à Véronnette, la reprise des hostilités, et attaqua, dix jours après, sur toute la ligne, exécuta le passage de l'Adige, battit complètement l'ennemi et le força de se replier sur Caldiero, sur la chaussée de Montebello, et lui fit 500 prisonniers. Il fut détaché, deux jours après, pour marcher contre une division qui avait pris position sur les hauteurs de Véronnette. Après un léger combat, ayant manœuvré sur les flancs et sur les derrières de l'ennemi, il parvint à forcer le général Hiller à se rendre prisonnier de guerre avec les 7,000 hommes qu'il commandait. Il rejoignit l'armée le lendemain, et se trouva au combat de Saint-Jean, au passage du Tagliamento.

Le maréchal Masséna, étant à Laybach, envoya M. Solignac au quartier-général de l'Empereur pour l'informer des succès de l'armée d'Italie et recevoir ses ordres; il vit deux fois l'Empereur au château de Schœnbrunn : ce prince lui témoigna sa satisfaction des résultats de la campagne, et le chargea d'une lettre extrêmement flatteuse pour le maréchal.

Tombé dans la disgrâce de l'Empereur par suite de la résistance qu'il opposa aux insinuations et aux menaces des ministres et des conseillers d'Etat, qui voulaient compromettre l'honneur et la réputation du maréchal Masséna, il refusa de signer la déclaration qu'on exigeait de lui, fut destitué, et ne reprit du service, en qualité de général de brigade, qu'après avoir fait la campagne d'Iéna, et avoir reçu deux coups de feu en servant, comme simple volontaire, sous le prince Murat et dans le 6e corps d'armée; il fit le siège de Dantzick sous le maréchal Lefèvre, et celui de Grandents sous le maréchal Victor.

Après la paix de Tilsitt, M. Solignac fut envoyé, en 1808,

à l'armée de Portugal, sous le général Junot; il eut ordre de s'arrêter à Madrid pour une mission diplomatique. Devant correspondre avec le prince Murat à Bayonne, et se concerter avec M. de Beauharnais, notre ambassadeur en Espagne, il séjourna quinze jours à Madrid, et, après avoir rempli sa mission, se rendit en Portugal où il fut employé activement. Sous les ordres du général Loison, il commanda son avant-garde dans l'Alentejo, battit complètement, le 29 juillet, un corps portugais et espagnol devant Evora, fit 4,500 prisonniers de guerre et prit sept pièces de canon. La brigade du général Margazon l'ayant rejoint sur le plateau, le général Loison fit ses dispositions pour attaquer de suite la place d'Evora. M. Solignac fut chargé de se diriger vers la citadelle, d'escalader les remparts et de pénétrer dans la ville, qui, malgré la défense la plus opiniâtre, fut enlevée, après un carnage épouvantable, en moins de deux heures. Il reçut deux blessures extrêmement graves à la bataille de Vimeiro, dont une le priva entièrement de l'usage du bras gauche.

De retour en France, par suite de la convention de Cintra, il fut rétabli dans son grade de général de division et renvoyé en Espagne, sous les ordres du duc d'Abrantès (Junot). N'ayant pu joindre l'armée du maréchal Soult, destinée à reconquérir le Portugal, il fut nommé gouverneur de la vieille Castille et parvint, dans très-peu de temps, à rétablir la tranquillité dans ces provinces, après avoir battu, à diverses reprises, les insurgés et les avoir entièrement dispersés. Le roi Joseph loua son zèle et son activité, et fit de lui la mention la plus honorable. Après avoir pacifié la vieille Castille, il demanda et obtint le commandement d'une division active dans le 8ᵉ corps, sous le duc d'Abrantès, commanda le siège d'Astorga, passa ensuite, avec le 8ᵉ corps, sous les ordres du maréchal Masséna, fit les siéges de Ciudad-Rodrigo et d'Almeyda, et marcha en Portugal avec la nouvelle armée, où il conserva toujours le commandement de sa division.

Après cette campagne, à la fin de 1844, M. Solignac partagea de nouveau la disgrâce du prince d'Essling (Masséna), fut exilé dans le Limousin, et ne reprit du service qu'à la fin de 1813, où il fut envoyé à l'armée du Nord, sous les ordres du général en chef Maison. Nommé par ce général gouverneur de la place de Lille, il montra la plus grande activité pour faire compléter les approvisionnements de siége et mettre les fortifications dans le meilleur état de défense possible. Le général Maison, ayant retiré une partie des troupes qui étaient détachées sur la rive droite de l'Escaut, voulut marcher à l'ennemi. Il donna le commandement d'une division d'infanterie au général Solignac, qui battit le corps prussien du général Elvig à Menin, et culbuta l'avant-garde du général Thielman, le 30 mars, à Peteghem ; le 31, il commandait la droite de l'armée en avant de Courtrais, sur la route de Tournai, contre l'armée du général Thielman. Ayant débordé la gauche de l'ennemi, il battit complètement la division du prince Paul de Wurtemberg, lui fit beaucoup de prisonniers et le força de se retirer sur Oudenarde.

Dans les premiers jours d'avril 1814, l'armée se trouvant à Lille, il parvint à rétablir l'ordre parmi les soldats, qui, ne voulant point reconnaître le gouvernement des Bourbons, se portaient aux plus grands excès et inspiraient les plus vives craintes aux habitants.

Lors de la dislocation de l'armée, M. Solignac vint à Paris où il fut nommé au commandement d'une subdivision dans la 9ᵉ division militaire ; mais peu de temps après, ayant eu de vives discussions avec des membres des autorités civiles et ecclésiastiques, M. Solignac, ne voulant point attendre l'effet de leurs dénonciations, s'empressa de solliciter son remplacement pour être mis en état de disponibilité, ce qui lui fut accordé.

A Montpellier, dans les premiers jours du mois de mars 1815, on lui proposa de se rendre auprès de M. le duc d'Angoulême à Nîmes ; mais il observa qu'étant à la disposition du gouvernement, il devait attendre ses ordres. Il reçut le surlendemain une lettre du ministre de la guerre, qui le mettait à la disposition du duc d'Angoulême, et s'empressa alors de se rendre auprès de S. A. R., qui l'honora de sa bienveillance. Après être resté vingt jours au quartier-général de ce prince, il reçut l'ordre d'aller prendre le commandement d'un corps de troupes royalistes qu'on assurait devoir se réunir dans le département du Puy-de-Dôme ; cette partie de la France se trouvant alors sous la domination de Napoléon, il se vit obligé de prendre la direction de Paris, où il reçut, le jour même de son arrivée, l'ordre du ministre de la guerre de se rendre auprès du maréchal prince d'Esling, gouverneur de la 8e division militaire, afin de l'engager à se soumettre aux ordres de Napoléon, et à lui conserver surtout la place de Toulon, sur laquelle on craignait quelque entreprise de la part des Anglais. Ayant été informé de l'adhésion du maréchal aux vœux du nouveau gouvernement, M. Solignac se retira dans ses foyers, et fut nommé, par son département, membre de la Chambre des représentants (mars 1815), où il se montra constamment l'ennemi du pouvoir absolu.

Après la bataille de Waterloo, Napoléon étant de retour à Paris, plusieurs représentants annoncèrent l'intention de provoquer l'abdication de l'Empereur ou de faire prononcer sa déchéance. M. Solignac, informé qu'il persistait plus que jamais à vouloir conserver le pouvoir, et craignant qu'il n'employât la force pour dissoudre violemment la Chambre des représentants, qui était fortement soutenue par la garde nationale de Paris, se rendit, le 22 juin, à 4 heures du matin, chez le maréchal prince d'Eckmull, ministre de la guerre, pour l'informer de la détermination qu'il avait prise de se rendre auprès de Napoléon pour tâcher d'obtenir son abdication et épargner ainsi à la France les horreurs d'une guerre civile. Le ministre de la guerre ayant dit au général qu'il était inutile et dangereux de faire une pareille démarche, puisque l'Empereur s'était formellement prononcé la même nuit contre l'abdication, lui ayant observé surtout que sa situation particulière envers Napoléon, qu'il n'avait pas vu depuis cinq ans, le rendait peu propre à une telle négociation, il n'en persista pas moins dans sa résolution, se rendit à l'Elysée-Bourbon, et fit demander une audience à l'Empereur, qui le reçut dans son cabinet vers les huit heures du matin. Il resta environ une heure et demie avec Napoléon, et fut autorisé par lui à annoncer son abdication à la Chambre des représentants. En sortant du cabinet, il se trouva entouré par tous les ministres et grands-officiers qui attendaient, dans le premier salon, le résultat de cette longue conférence. Ayant pris en particulier le maréchal prince d'Eckmull, ministre de la guerre, et le duc de Vicence, ministre des relations extérieures, il leur rendit compte de ce qui venait de se passer. En arrivant à la Chambre des représentants, M. Solignac, voyant qu'on s'occupait déjà de faire déclarer la déchéance de Napoléon, monta précipitamment à la tribune, interrompit l'orateur qui parlait, et demanda la parole avec tant de chaleur qu'il parvint à l'obtenir; il fit cesser la discussion qui avait lieu, et obtint que la Chambre suspendrait la séance pendant deux heures pour donner le temps aux ministres d'apporter l'abdication de l'Empereur. En descendant de la tribune, il engagea les ministres secrétaires d'Etat, Regnault-de-Saint-Jean-d'Angély, Boulay de la Meurthe, Merlin de Douai et Defermont, à aller informer de suite Napoléon de l'engagement qu'il venait de prendre en son nom, en le priant de ne point différer l'envoi de son abdication, qui effectivement fut présentée à la Chambre des représentants vers midi.

Dans les séances suivantes, M. Solignac prit souvent la parole, toujours dans l'intérêt de Napoléon et de sa famille. La condition expresse de l'acte d'abdication, qui appelait au trône impérial Napoléon II, condition sans laquelle jamais Napoléon ne se serait rendu aux vives instances du général Solignac, lui fit un devoir d'insister fortement pour en obtenir l'exécution; il fit les plus grands efforts pour faire proclamer et reconnaître Napoléon II par les Chambres, et demanda que les autorités de l'Empire fussent tenues de lui prêter serment. Dans la dernière séance, il provoqua et fit adopter la permanence de l'assemblée, montra la plus grande résistance au moment où la séance fut levée, et tenta vainement de combattre la résolution du président. Etant parvenu à se procurer huit passeports signés en blanc par le ministre de la police générale, il se rendit, le 5 juillet, à l'armée de la Loire, et en distribua sept à ceux de ses camarades qu'il croyait en avoir besoin. De retour à Paris, il fut informé qu'on dressait les listes de ceux qui devaient être mis en jugement et de ceux qu'on devait exiler; il se présenta, le 20 juillet, chez le ministre Fouché pour savoir dans quelle catégorie on le plaçait; ce ministre avait eu de vives altercations, à la fin de juin, avec M. Solignac, qui voulait le dénoncer à la Chambre et le faire arrêter, ayant la preuve certaine de sa trahison; mais Fouché montra dans cette circonstance la plus grande générosité : il dit à M. Solignac qu'il était porté sur la première liste, mais que ne voulant pas qu'on pût supposer que ce fût par esprit de vengeance, il ne le comprendrait sur aucune des deux listes s'il prenait l'engagement de publier dans les journaux une lettre expliquant les véritables motifs de sa conduite à la Chambre des représentants depuis la bataille de Waterloo. M. Solignac promit la publication de cette lettre, en se réservant de le faire après que les ordonnances du roi auraient été insérées dans le *Moniteur*. Le 27 juillet, il porta au ministre cette lettre qui renfermait une profession de foi politique et des principes de liberté qui furent hautement désapprouvés par le duc d'Otrante. Ce ministre refusa de la faire insérer dans les journaux ministériels; aussi parût-elle seulement dans les journaux libéraux de cette époque.

Rentré au sein de sa famille dans le département de l'Aveyron, M. Solignac apprit par un courrier extraordinaire, à la fin de décembre, qu'on venait de le porter sur une liste supplémentaire, dressée par le duc de Feltre, pour être jugé à Montpellier. Il parvint à se soustraire à toutes les recherches des autorités, et rentra chez lui, deux mois après, quand il eut la certitude qu'on se bornait à le rayer des contrôles de l'armée et qu'il était réformé sans traitement. En 1818, il vint à Paris, se fit rétablir sur les contrôles et demanda de suite à être mis en retraite, ce qui lui fut accordé.

En 1820, il fut arrêté à Paris le 5 juin, accusé d'avoir pris une part active aux mouvements qui eurent lieu lors de la discussion de la loi des élections ; il resta vingt-quatre jours à la Conciergerie, dont douze au secret dans un cachot. Le ministre n'ayant point de preuves pour soutenir l'accusation, le fit mettre en liberté.

(*Extrait de la biographie nouvelle des contemporains*, par MM. Jouy, Norvins, etc.).

Le général Solignac se retira dès ce moment dans ses foyers où il demeura jusqu'à 1830 sans emploi et fort occupé d'entreprises industrielles. La révolution de juillet le rappela sur la scène politique. On lui confia vers la fin de l'année le commandement de la 9ᵉ division militaire. Au mois de novembre 1831 il fut envoyé en Corse. Mais bientôt après et dans les premiers jours de 1832, le ministre de la guerre, qui appréciait son caractère résolu et ses talents militaires, le chargea du commandement des départements de l'ancienne Vendée où le mécontentement des populations faisait craindre une prise d'armes. Il en fut rappelé brusquement au bout de quelques mois, et cette disgrace donna lieu à toute sorte de conjectures. On prétendit qu'il avait prêté l'oreille à des ouvertures qui lui furent faites de la part de Mme la duchesse de Berry, mais un profond mystère a toujours enveloppé cette partie de la vie politique du général Solignac, et on n'a jamais pu savoir d'une manière certaine par quels motifs le gouvernement lui avait retiré sa confiance.

Vers la fin de 1832, M. Solignac offrit ses services à dona Maria, reine de Portugal, alors menacée par le prince don Miguel, qui revendiquait à main armée ses droits sur la couronne dont on l'avait dépouillé. Ses offres furent acceptées. Il partit le 15 décembre de Paris, arriva à Porto le 1er janvier 1833, et fut aussitôt investi du commandement des troupes par don Pedro, au nom de la reine dona Maria, sa fille, et revêtu du titre de feld-maréchal et de major-général de l'armée, sous les ordres immédiats de don Pedro. Cette expédition n'eut pas de grands résultats, et soit que le général français fût découragé par les dissentions intestines qui déchiraient ce malheureux royaume, ou par les faibles ressources qu'offrait alors la cause qu'il s'était chargé de défendre, soit que la jalousie des nationaux lui suscitât de sérieux embarras, il donna sa démission au bout de quelques mois, quitta son poste le 13 juin, et retourna en France.

Rentré depuis cette époque dans la vie privée, M. Solignac habita alternativement Montpellier ou sa terre de La Beaume, sur le Larzac. Il avait épousé, à Limoges, la nièce du maréchal Jourdan, dont il a eu plusieurs enfans [1].

---

[1] Entre autres, Eugène baron Solignac, l'aîné, nommé chambellan honoraire de l'Empereur, par décret du 5 juin 1861; Napoléon Solignac, chef d'escadron d'artillerie, chevalier de la Légion-d'Honneur; Oscar Solignac, colonel du 80e de ligne, officier de la Légion-d'Honneur.

Le général Solignac est décédé à Montpellier le 10 novembre 1850, dans la 78ᵉ année de son âge. Ses dépouilles mortelles, d'après sa volonté, ont été apportées à Millau.

Le général TARAYRE.

Tarayre (Jean-Joseph), lieutenant-général, commandeur de la Légion-d'Honneur, né à Solsac le 21 mai 1770, se destinait à l'état ecclésiastique quand la Révolution éclata. Il s'engagea dans le 2ᵉ bataillon de l'Aveyron et fut élu capitaine à Rodez, le 4 juillet 1792.

Il passa l'année suivante en Italie avec ce bataillon, qui fut incorporé dans la 85ᵉ demi-brigade, prit part avec lui à cette suite non interrompue de campagnes qui, de l'an II à l'an VI, furent si glorieuses pour nos armées et pour le général qui les commandait. Les bulletins officiels de l'époque signalèrent la belle conduite du capitaine Tarayre à la bataille de Rivoli (1), lorsque aux abords du plateau, séparé du reste de l'armée, à la tête d'une poignée de braves, par un trait inouï d'audace et d'habileté, non-seulement il parvint à se tirer d'une position désespérée, mais encore à faire une diversion imprévue qui fut le signal et le commencement de la victoire.

Le jeune Tarayre suivit, dans l'été de 1798, le général Bonaparte en Egypte, et n'en revint, trois ans après, avec les débris de l'expédition, qu'après y avoir donné de nouvelles preuves de sa valeur et en avoir reçu l'honorable récompense.

Au siége de Saint-Jean d'Acre (germinal an VII), à la tête d'une compagnie d'éclaireurs, il prit deux fois la place d'armes de l'ennemi, tua les Turcs qui la défendaient et encloua leurs canons. Dans cette affaire, il reçut un coup de feu à la cuisse droite.

Le 29 floréal suivant, il s'empara de la tour de brèche, y

---

(1) 15 et 16 janvier 1797.

planta lui-même un drapeau et s'y maintint jusqu'à ce qu'il eût été mis hors de combat par un coup de feu qui lui traversa la poitrine. Il fut, en récompense, nommé au grade de chef de bataillon, sur le champ de bataille, par le général en chef Bonaparte.

A l'attaque du village de Matarich (29 floréal an VIII), bâti sur les ruines de l'ancienne Héliopolis, il conduisait une des deux colonnes qui, sous les ordres du général Reynier, emportèrent valeureusement cette position contre les janissaires.

Sa belle conduite pendant cette campagne lui mérita un rapide et légitime avancement (1), et le 22 juin 1801, il fut un des commissaires nommés par le général Béliard à l'effet de conclure la convention pour l'évacuation de l'Egypte par le corps des troupes françaises et auxiliaires aux ordres de ce général assiégées au Caire.

Un écrivain contemporain (2), rappelant les souvenirs de cette mémorable campagne d'Egypte nous a révélé, sur le siége d'Acre, quelques détails qui honorent à jamais la vie militaire du général Tarayre : « Une tour paraissait être un point important; il fut jugé nécessaire de s'en emparer. Le capitaine Tarayre de la 85ᵉ demi-brigade (3) reçut l'ordre de monter à l'assaut. Il prit quatre-vingts hommes avec lui et arriva le premier sur la tour, y planta son drapeau et confia la garde de l'étendard à un sous-officier; mais de toutes parts, les balles, les boulets, les obus pleuvaient sur les quatre-vingts braves. Vingt-cinq hommes restés dans le fossé y étaient étendus sans vie. Il ne restait en tout que dix sol-

---

(1) Chef de bataillon à la 85ᵉ demi-brigade le 24 floréal an VII (13 mai 1799); adjudant-commandant le 22 vendémiaire an IX (14 octobre 1800); chef de brigade ou colonel du 21ᵉ régiment d'infanterie légère le 7 floréal an IX (27 avril 1801).

(2) M. Arago, dans l'éloge de Monge, prononcé à l'académie des sciences.

(3) C'est par erreur que l'auteur du récit attribue à la 25ᵉ demi-brigade ce beau fait d'armes. Il appartient à une compagnie de la 85ᵉ, formée du 2ᵉ bataillon de l'Aveyron, qui se maintint toute une nuit dans cette tour en ruines, découverte et dominée par une autre tour d'où l'on fit pleuvoir sur nos braves les balles, les boulets et les obus.

dats sur la brèche. La position fut jugée désespérée, et le capitaine donna l'ordre de la retraite. A ce moment le sous-officier qui gardait l'étendard fut tué. Quand il est arrivé au bas de la tour, qu'il a mis ses hommes à l'abri, le capitaine se retourne, aperçoit son drapeau flottant encore sur la brèche ; aussitôt il s'élance, monte de nouveau à l'assaut sans se soucier des balles, arrache l'étendard et s'en vient, criblé de blessures, tomber au milieu de sa troupe mutilée (1). »

Revenu en France avec les débris de l'expédition après la capitulation d'Alexandrie, il fit partie, en 1803, de l'armée que Napoléon forma sur les côtes de l'Océan, et qui ne quitta ses positions qu'à l'ouverture de la campagne de 1805 contre l'Autriche. Ce fut au camp de Bruges qu'il reçut, avec ses valeureux compagnons d'armes, les premiers insignes de la Légion-d'Honneur, décernés par le premier consul Bonaparte (2).

Passé, le 15 juillet 1806, au service du roi de Hollande, il devint, le 27 novembre de la même année, colonel-général de la garde de ce prince. Il était gouverneur de Berg-op-zoom au mois d'août 1809, lorsque les Anglais, sous les ordres de lord Chatam, s'emparèrent des îles de la Zélande. Il les combattit et se fit remarquer par sa vigueur et ses talents militaires.

Rentré au service de France comme général de brigade, le 23 janvier 1812, il fut employé en cette qualité à l'état-major général de la grande armée, le 9 février suivant, et fit avec distinction la campagne de Russie.

Créé baron de l'Empire pendant la retraite, il fut appelé,

---

(1) M. Arago, qui avait gardé un souvenir profond de l'histoire racontée par son illustre ami, lorsqu'il s'agit pour lui d'écrire la biographie où nous empruntons ces détails, craignit de ne pas être bien servi par sa mémoire et demanda à l'ex-capitaine de la 85e demi-brigade si son récit était exact. Le vieux soldat répondit officiellement au secrétaire perpétuel de l'académie des sciences : « Rapport sur l'attaque de la tour de....... » et dans ce rapport il disait ces simples et sublimes paroles : « Je vis notre drapeau sur la tour ; je crus qu'il ne fallait pas l'abandonner ; je remontai le reprendre. »

(2) Membre de la Légion-d'Honneur le 19 frimaire an XII (11 décembre 1803), officier du même ordre le 25 prairial suivant (14 juin 1804).

le 1er mars 1813, au commandement d'une brigade du 1er corps d'observation du Rhin, et nommé commandant de la Légion-d'Honneur le 10 août suivant.

En non activité le 1er septembre 1814, il reçut la croix de Saint-Louis le 11 octobre suivant, et fut élevé enfin au grade de lieutenant-général, le 20 janvier 1815, par la Restauration.

L'Empereur, de retour de l'île d'Elbe, l'employa au 1er corps de l'armée du nord, le 6 avril, et le chargea, le 9 mai, de l'organisation des gardes nationales de la 13e division. Il faisait partie de l'armée de la Loire, le 30 juin, et subit le sort des chefs de cette armée, en rentrant en non activité le 1er août 1815.

L'ordonnance du 22 juillet 1818 le classa de nouveau parmi les lieutenants-généraux de cette catégorie. Nommé député de la Charente-Inférieure au mois de septembre 1819, son élection fut annulée par la chambre le 4 décembre à raison d'un simple défaut de forme, mais il fut réélu à la fin du mois d'avril 1820.

Le général Tarayre, enfant de la Révolution, s'était rangé sous le drapeau du libéralisme et appartenait à l'opposition la plus avancée. Une brochure qu'il fit paraître en 1819, sous ce titre : *De la force des gouvernements ou du rapport que la force des gouvernements doit avoir avec leur nature et leur constitution*, révéla le fond de sa pensée politique. Il demandait simplement qu'on supprimât les armées permanentes pour leur substituer les gardes nationales sédentaires et mobiles. On comprend la portée d'une pareille proposition ; l'on voit tout d'abord l'inévitable et fatale destinée d'un gouvernement, d'un pays même, qui, à notre époque, n'auraient pour se défendre que des citoyens armés.

Retiré dans sa terre de Billorgues (1), il se consola des

---

(1) La Société d'agriculture du département a rendu, depuis, un juste hommage à ses talents agricoles en lui décernant la présidence qu'il a exercé avec autant de zèle que d'intelligence jusqu'à sa mort. Elle lui a aussi accordé, en 1843, la grande prime d'agriculture, instituée en faveur des propriétaires qui se distinguent le plus dans la voie du progrès.

déceptions de la politique, en se livrant tout entier à l'agriculture dont il avait étudié les éléments et admiré les progrès dans les provinces du nord, et devenu bientôt maître en ce genre, il a eu la gloire de contribuer puissamment à ses progrès dans nos pays.

La Révolution de juillet arracha pendant quelques jours le général Tarayre à sa retraite et il prit d'abord le commandement des gardes nationales du département; mais éclairé bientôt sur les tendances du nouveau système, il déposa son épée pour retourner aux champs. A ses yeux, la Révolution faisait défaut à son principe, et un logicien comme lui n'était pas homme à se laisser traîner à la remorque d'une politique qui était en opposition avec ses sentiments et ses idées.

Il fut porté au conseil général du département par les électeurs de son canton, en 1843; il a siégé pendant plusieurs années dans cette assemblée, qui a eu maintes occasions d'apprécier ses lumières et son esprit de justice.

Dès 1831, M. Tarayre avait été relevé de la retraite et admis dans le cadre de réserve de l'état-major général; il fut définitivement retraité le 14 août 1835.

Cet officier général joignait à des principes d'un rigoureux républicanisme une grande modestie, des goûts simples et une aménité de caractère qui rendait son commerce agréable et facile. Son long séjour à la cour d'Amsterdam et la haute confiance dont l'honora le roi Louis, ses liaisons depuis un grand nombre d'années avec les chefs de l'opposition, l'avaient initié à beaucoup de secrets politiques et de faits intimes, qu'il racontait avec une piquante naïveté et qui jetaient un vif intérêt sur sa conversation.

M. Tarayre avait reçu le titre de baron de S. M. impériale, et la croix de Saint-Louis, de la Restauration. Mais nous devons à la vérité de dire qu'il dédaigna de faire expédier les lettres patentes de son titre, et qu'il n'a jamais fait plus de parade de ses grades que de ses rubans. Telle a été sa manière de protester contre des distinctions que dans son rigide puritanisme il regardait comme des hochets frivoles, mais qui n'en sont pas moins un mobile puissant d'honneur et d'émulation pour tous les hommes qui se dévouent au service de leur pays.

M. le général Tarayre avait épousé Mlle Cambier, fille de l'ancien ministre de la guerre du roi de Hollande, qui reçut du roi 200,000 fr. de dot. Il en a eu plusieurs enfants.

Il est mort à Rodez le 27 novembre 1855 (1).

Le général Tarayre a laissé, sur diverses matières, un grand nombre d'écrits qui décèlent un esprit sérieux, réfléchi et convaincu. On trouve dans quelques-uns des aperçus nouveaux et pleins de justesse.

Histoire des campagnes de la 21ᵉ demi-brigade, actuellement 21ᵉ régiment d'infanterie légère. Paris, 1803, in-8°, 195 pages.

Considérations rapides des causes de la supériorité de l'homme sur les autres animaux, pour éclairer l'opinion sur l'importance de la liberté de la presse, par J. Tarayre, maréchal-de-camp. Paris, 1814; in-8°, 16 pages.

Moyen de pacifier l'Europe, par un général français. Paris, imprimerie de Mme veuve Jeunehoman; in-8°, 7 pages.

De la nature et de l'organisation de la force armée qui convient à un gouvernement représentatif, par M. Tarayre, lieutenant-général. Paris, 1819; in-8°, 49 pages.

De la force des gouvernements ou des rapports que la force des gouvernements doit avoir avec leur nature et leur constitution. Paris, Aimé Comte, 1819; in-8° de 108 pages.

Discours contre le projet de loi d'élection, par le général Tarayre. Paris, 1820; in-8° de 16 pages.

Discours prononcé à la chambre des députés par M. le général Tarayre, en séance du 3 juillet 1820, sur le budget des voies et moyens. Paris, 1820, imprimerie Fain.

Opinion de M. le général Tarayre, député de la Charente-Inférieure, dans la discussion du projet de loi re-

---

(1) On peut consulter, pour le général Tarayre, une biographie fort étendue et pleine d'intérêt, publiée par M. J. Duval. Paris, 1860, in-8°, chez Ennuyer, rue du Boulevard des Batignoles, n° 7.

latif à l'exportation des grains. Paris, avril 1821, 10 p. in-8°.

Observations philosophiques et militaires sur l'occupation du nord de l'Afrique. Mémoires de la Société des lettres, sciences et arts de l'Aveyron ; 2ᵉ vol., p. 387-394.

Importance de l'Egypte sous le rapport du commerce, de la communication des peuples et de leur civilisation. Mémoires précités, 3ᵉ vol., p. 44-54. — Travail augmenté et reproduit sous ce titre, en 1845 : *Importance de l'Egypte et de l'isthme de Suez.* Mêmes Mémoires, tome V, p. 374-397.

Observations à M. Thiers sur son histoire qui traite de l'expédition des Anglais sur l'île de Walcheren et sur les chantiers d'Anvers. Rodez, 1855, in-8° de 15 pages.

Un grand nombre d'écrits d'agriculture et d'économie rurale, disséminés dans les recueils suivants :

Propagateur aveyronnais, 1827 à 1832.

Revue de l'Aveyron et du Lot, publiée à Rodez sous divers formats, de 1836 à 1843.

Bulletin de la Société d'agriculture de l'Aveyron, depuis 1838.

Mémoires de la Société des Lettres, Sciences et Arts de l'Aveyron. 8 vol. in-8°, 1837-1858.

Le général THILORIER.

Thilorier (Justin-Hénri-Philippe de), maréchal-de-camp, grand officier de la Légion-d'Honneur, chevalier de l'ordre royal et militaire de Saint-Louis, de l'ordre de Saint-Ferdinand d'Espagne et de celui des Deux-Siciles, né à Millau le 2 février 1780 (1).

---

(1) Le général de Thilorier est fils de Pierre-Antoine de Thilorier, d'abord mousquetaire noir, capitaine-commandant au régiment royal-cavalerie en 1788, riche propriétaire des Iles, que son mariage avec Constance-Agathe d'Albignac fixa à Millau.

Ce fut dans la marine que débuta le jeune Thilorier. Il fut embarqué dans le port de Rochefort, le 15 avril 1799, sur la corvette de l'Etat *La Diligente*, qui partait pour remplir une mission à Saint-Domingue. Il fit en qualité d'aide-commissaire chef d'administration, sur ce bâtiment, les campagnes de 1799 et 1800, dans les mers des Antilles. De retour en France, en 1801, il repartit peu de temps après avec l'expédition de Saint-Domingue comme enrôlé volontaire dans la 11ᵉ demi-brigade légère, embarquée sur le vaisseau le *Jemmapes*, dans le port de Brest. Il débarqua avec les premières troupes sur les rivages du Cap, prit part aux diverses affaires de cette campagne, durant laquelle les fatigues, les privations et la fièvre jaune firent plus que décimer l'armée et y conquit ses premiers grades jusqu'à celui de capitaine, qui lui fut provisoirement conféré par le général en chef, le 1ᵉʳ juillet 1802.

Ce fut en cette qualité qu'il remplit, quelque temps après, diverses missions à la nouvelle Angleterre, au Mexique, à la Havane et, en dernier lieu, pendant que la guerre européenne éclatait de nouveau, il fut envoyé, en 1803, à Curaçao, comme agent de la colonie de Saint-Domingue, revêtu de pleins pouvoirs par le général en chef Rochambeau, qui avait succédé au général Leclerc. Il se trouvait dans cette île lorsque l'armée française évacua Saint-Domingue. Il y prit le commandement d'un corps de volontaires *français-hollandais*, pour la défense de la colonie contre un débarquement anglais. C'était en mai 1804. L'attaque fut vive et la défense opiniâtre. Mais enfin, après vingt jours de combats, les Anglais, au nombre de 1,200 hommes, furent repoussés avec perte et obligés de regagner leurs vaisseaux.

Parti de Curaçao, quelque temps après, pour retourner en France, le capitaine Thilorier tomba au pouvoir des Anglais dans les parages de la Jamaïque, et trouva le moyen de s'évader miraculeusement sur une frêle embarcation, avec laquelle il aborda dans l'île de Cuba, d'où, après s'être rendu à la Havane, il put parvenir dans sa patrie par la nouvelle Angleterre.

Confirmé dans son grade de capitaine provisoire par l'Empereur, le 12 janvier 1806, Thilorier fut dirigé sur le régiment de *Latour-d'Auvergne*, qui s'organisait à Phalsbourg, partit avec ce corps pour l'Italie où il fit, dans le royaume de Naples, les campagnes de 1806, 1807, 1808 et 1809.

Nommé chef de bataillon, le 10 février 1810, il fut mis à la tête d'une troupe d'élite pour former l'avant-garde de la division Partounneaux, destinée à débarquer la première en Sicile, lors de l'expédition commandée par le roi Murat (1).

Il continua ensuite les campagnes de 1810, 1811, 1812 et 1813, tant dans la haute Italie que dans le Tyrol et la Bavière, dans le corps d'armée du prince Eugène, vice-roi d'Italie, qui lui confia le commandement de 1,200 grenadiers ou voltigeurs, composant l'avant-garde de la division du Tyrol, sous les ordres du général Giflingue, aide-de-camp de l'Empereur. Il culbuta l'ennemi à la première rencontre qui eut lieu, le 3 octobre, devant le village de Bruncksen, fut mis à l'ordre de l'armée pour le combat du 23 du même mois, où il s'empara du bourg de Saint-Marco, sur l'Adige, occupé par des forces supérieures, et fit plus de 300 prisonniers; reçut, le 3 décembre suivant, la croix de la Légion-d'Honneur, pour avoir contribué, avec sa troupe d'élite, à la prise de Hâla, sur l'Adige, et des positions formidables de Caldiero, devant Vérone.

Son bataillon se trouvant alors désorganisé par suite des pertes qu'il avait éprouvées dans ces diverses affaires, le vice-roi lui donna le commandement d'un bataillon du 1er régiment de ligne (brigade Mazuquelli), avec ordre de se porter sur *Brescia*, qu'occupaient les Autrichiens. Il reçut là sa nomination de major (lieutenant-colonel), datée du 25 novembre 1813, et fut aussitôt dirigé sur le 18e régiment d'infanterie légère, employé dans l'armée qui couvrait Lyon (division Marchand), sous les ordres du maréchal Augereau. Chargé de prendre l'offensive sur l'ennemi qui marchait sur Grenoble, il le joignit au pont de Beauvoisin, n'ayant sous ses ordres qu'une demi-brigade d'artillerie et quelques pièces

---

(1) Il reçut, à cette occasion, le 17 octobre 1809, la croix de chevalier des *Deux-Siciles*.

de canon, lui enleva le village des Echelles, le chassa du poste fortifié de la Grote qu'il fit escalader, et le poursuivit la baïonnette aux reins jusques dans Chambéry. Un ordre du jour de l'armée consacra ce beau fait d'armes du major Thilorier, qui fut en même temps proposé pour le grade de colonel.

Après l'envahissement du territoire français, il fut chargé de protéger la retraite des troupes qui se trouvaient à Carouge, sous Genève. Il ramena le parc d'artillerie, sans perdre une seule pièce, en combattant tous les jours jusqu'au fort Barreau. Là, les événements survenus à Paris mirent fin aux hostilités; l'armée française fut licenciée, et, par suite, le major Thilorier privé de l'avancement qui lui avait été promis et auquel sa glorieuse conduite lui donnait tant de droits.

Rappelé cependant en 1815 au 4e régiment d'infanterie légère, il y reçut, comme par une sorte de compensation, la croix de Saint-Louis et le grade d'officier de la Légion-d'Honneur.

Après la deuxième rentrée des Bourbons, il fut nommé lieutenant-colonel de la légion de la Seine et promu au grade de colonel de la légion de l'Orne, devenue 34e régiment de ligne, le 10 mars 1819. Ce fut à la tête de ce régiment qu'il fit la campagne de 1823, en Espagne (1), pendant laquelle il culbuta, le 24 août, avec dix compagnies, une colonne espagnole, forte de 1,800 hommes, qui était sortie de Taragonne pour attaquer le quartier-général du maréchal Moncey à Altafuilla. Son nom mis à l'ordre du jour de l'armée, la croix de commandeur de la Légion-d'Honneur et celle de Saint-Ferdinand d'Espagne furent la récompense de la part qu'il avait prise à cette brillante affaire.

En 1828, M. de Thilorier reçut le brevet de colonel du 5e régiment d'infanterie de la garde royale, ce qui lui donna le grade de maréchal-de-camp. Mais bientôt après, licencié avec son régiment par suite des événements de 1830, et mis à la réforme, il resta quelque temps sans emploi; on le rappela deux ans après, et il reçut le commandement du dépar-

---

(1) 4e corps, commandé par le duc de Damas, en Catalogne.

tement de la Lozère, auquel fut joint, en 1837, celui de l'Aveyron, commandement qu'il a conservé jusqu'au 2 février 1842. A cette époque, il a été placé dans le cadre de réserve, et s'est retiré dans ses foyers sans avoir obtenu le grade de lieutenant-général qui semblait pourtant devoir être la juste satisfaction de sa longue carrière militaire et de tant de services rendus à son pays.

Le 19 avril 1843, il a été élevé à la dignité de grand-officier de la Légion-d'Honneur.

Le général Thilorier est décédé le 5 octobre 1851, au château de Bellesaigne, près de Mende, lieu de son habitation.

Le conseiller VAYSSETTES.

François Vayssettes, conseiller à la cour royale de Montpellier, chevalier de la Légion-d'Honneur, né à La Palmerie, commune de Luc, le 15 juin 1738, décédé le 17 juin 1817, fut nommé par le roi, en 1785, sur la présentation de l'intendant de la province, consul de Rodez. Il remplit ces fonctions administratives jusqu'en 1790, époque à laquelle les suffrages de ses concitoyens le portèrent à la présidence du directoire du département. Il fut ensuite successivement commissaire national près le tribunal criminel, procureur de la commune, et président d'une des sections du tribunal civil. En l'an VIII, le premier consul l'investit des fonctions de président du tribunal criminel de l'Aveyron et de juge à la cour d'appel de Montpellier. Il fut un des quatre Aveyronnais députés par le collége électoral du département, le 4 juillet 1804, pour aller complimenter l'empereur sur son avènement au trône, et ce fut à cette occasion qu'il reçut la croix de la Légion-d'Honneur et le titre de chevalier de l'empire. Enfin, à l'organisation des cours impériales, en 1811, M. Vayssettes fut nommé conseiller à celle de Montpellier, et il y a rempli ses fonctions jusqu'à sa mort.

M. Vayssettes était un magistrat intègre, très versé dans la procédure criminelle, doué de beaucoup de pénétration et dont l'esprit fin se révélait souvent dans la conversation par d'heureuses saillies.

VERGNES DE CASTELPERS.

Vergnes, Jean-François, né à Castelpers, d'une famille obscure, était professeur de philosophie au collége de Rodez en 1792. S'étant fait remarquer par son ardeur républicaine au club dont il était membre, l'administration du département le nomma commissaire pour aller hâter le recrutement dans le district de Sauveterre, au mois de mars 1793. Il prononça devant la société populaire de cette ville un discours véhément qui fut imprimé à 2,000 exemplaires. Son patriotisme lui acquit des protecteurs et lui valut l'emploi d'adjoint aux commissaires des guerres.

Il fut ensuite employé à l'armée du Rhin, et nommé commissaire des guerres à Béziers le 15 floréal an VI.

Il exerça les mêmes fonctions à Rodez dans les premières années de l'Empire, et passa plus tard en Espagne où il demeura pendant toute la guerre en qualité de commissaire ordonnateur.

Réformé à l'époque de la Restauration, il fut rappelé à l'activité en 1830, et nommé intendant de la 10e division militaire. Il a été mis en disponibilité par ordonnance royale du 4 novembre 1839.

M. Vergnes avait fait son entrée dans la carrière législative aux élections du 14 mai 1815. Il était alors commissaire ordonnateur et chef de division au ministère de la guerre. Elu député quinze ans après (23 juillet 1831) par le collége électoral de St-Affrique, il a été maintenu à la chambre par le suffrage des mêmes électeurs jusqu'en 1846. M. Vergnes siégeait depuis la même époque au conseil général de l'Aveyron qui lui a constamment décerné la présidence, depuis la mort de M. Merlin jusqu'à 1848.

Il avait été nommé chevalier de la Légion-d'Honneur au mois de février 1813, officier du même ordre le 20 novembre de la même année, et commandeur en mai 1834.

M. Vergnes était aussi chevalier de Saint-Louis.

M. Vergnes, instruit par l'expérience du danger des doctrines révolutionnaires, a mis, pendant la durée de ses fonctions législatives, autant de zèle à soutenir la prérogative royale qu'il en avait déployé dans sa jeunesse à faire triompher la liberté.

On lui rend généralement cette justice qu'il a, pendant sa longue carrière, rempli les importantes fonctions dont il était revêtu avec honneur et probité, et qu'il est revenu les mains pures de ces guerres de la Péninsule où tant d'autres avaient fait de si scandaleuses fortunes.

Nous nous empressons d'ajouter que son obligeance à l'égard de ses compatriotes ne s'est jamais démentie, et que ceux qui ont réclamé son assistance ont trouvé en lui une protection toujours bienveillante et souvent efficace.

M. Vergnes avait épousé en premières noces Mlle Donadieu, de Villefranche, dont il n'eut pas d'enfants. Mlle de Monseignat, sa seconde femme, l'a rendu père d'une nombreuse famille, entre autres de : Vergnes (Jean-de-Dieu), capitaine au 5e régiment de lanciers; Charles, avocat, membre du Conseil général de l'Aveyron; Henri, sous-intendant militaire adjoint, etc.

Il est décédé à Rodez le 22 septembre 1852, dans des sentiments de piété qui n'étaient pas nouveaux pour lui, car il remplissait depuis grand nombre d'années, avec un zèle sincère, tous ses devoirs religieux. Il était âgé de 83 ans.

VESIN, ancien tribun.

Jean-François Vesin, avocat, né en 1764, à Monrepos, près de Gaillac, canton de Laissac, fut élu membre du conseil du département de l'Aveyron le 4 septembre 1791, député au conseil des Cinq Cents le 20 germinal an IV, et membré du Tribunat aux élections de l'an VIII. Il paraît que ses opinions favorables au coup d'Etat de brumaire lui valurent cette dernière faveur de la part du Sénat conservateur, chargé, comme on sait, de composer cette assemblée.

A la même époque, il fut envoyé comme délégué des consuls dans les départements du Rhône, de la Loire, Haute-Loire, Puy-de-Dôme et Cantal, mission qu'il remplit à la satisfaction des esprits modérés.

Elu membre du Corps législatif le 6 janvier 1813, et de la Chambre des représentants le 15 mai 1815, M. Vesin fit partie, dans ces deux occasions, de la députation aveyronnaise chargée de porter une adresse aux pieds du Trône.

Il avait d'abord été nommé conseiller à la cour impériale de Montpellier ; mais, en 1812, il passa à celle de Nîmes où il a siégé jusqu'à sa mort, arrivée le 18 février 1824, toujours environné de l'estime de ses collègues, de la considération publique et d'une grande popularité.

L'Empereur l'avait distingué dans des occasions importantes, ainsi que Joseph, roi d'Espagne. Il était particulièrement lié avec Lucien Bonaparte ; le 18 brumaire, il se rendit à Saint-Cloud dans la voiture de Lucien, qui lui confia le dernier mot de cette mémorable journée.

M. Vesin, dont l'éducation scolaire avait été négligée, fut l'un des hommes de notre pays les mieux doués des facultés oratoires ; c'était une belle âme, un cœur brûlant et passionné ; de ces nobles foyers jaillissaient parfois des traits de flamme, que relevaient une voix forte et sonore, une haute stature et une tête énorme, alors superbe dans son animation comme celle de Mirabeau.

M. Vesin était chevalier de la Légion-d'Honneur et de l'ordre de la Réunion.

M. Emile Vesin, fils de celui qui fait l'objet de cet article, exerçait à Rodez les fonctions de procureur du roi lorsque éclata la tourmente de 1848, et son nom se trouve honorablement mêlé à une page intéressante de notre histoire locale. Personne n'a oublié les grands services qu'il rendit à la cause de l'ordre à cette époque critique.

L'autorité publique, confiée aux plus mauvaises mains,

soulevait elle-même toutes les passions populaires pour faire disparaître jusqu'aux traces de l'ancien ordre social. Un club, inauguré dans l'un des faubourgs de la ville (1), servait de rendez-vous aux agitateurs de toute espèce et retentissait des motions les plus subversives. Dans ce péril, quelques hommes résolus tentèrent d'opposer une force passive aux efforts de la démagogie en formant une assemblée rivale (2), où se groupèrent à l'instant tout ce que la ville comptait de citoyens dévoués aux principes conservateurs de la société

M. Vesin en fut un des membres les plus actifs. Mais c'est surtout dans une occasion importante et, nous oserons dire, décisive, que son courage civique se déploya d'une manière admirable. Nous voulons parler de ces séances orageuses des 20 et 22 mars 1848, où, de concert avec son ami H. Rodat, il tint tête à une foule de perturbateurs qui avaient envahi la salle et fit avorter leurs sinistres projets.

L'honorable M. Louis Foulquier (3), l'un des avocats les plus distingués du barreau de Rodez, présidait la séance dont nous allons reproduire les principaux traits.

Club de la Fraternité. — Séance du 20 mars.

« Citoyens, dit M. Foulquier, j'ai une bonne nouvelle à vous annoncer. La liberté triomphe. Le gouvernement provisoire a publié une proclamation dont les termes font cesser le sentiment d'épouvante qu'avait répandu dans toute la France une circulaire du ministre de l'intérieur (4).

M. Foulquier donne ensuite lecture de la proclamation du gouvernement et des belles paroles adressées à une députa-

---

(1) Club des *Travailleurs*, tenu dans le local des prisons, au faubourg Sainte-Marthe.

(2) Club de *La Fraternité*, au palais de justice.

(3) M. Louis Foulquier, homme de cœur et de talent, a été enlevé par une mort prématurée à ses nombreux amis et au parti de l'ordre dont il était un des plus fermes appuis, le 12 août 1853.

(4) M. Ledru-Rollin. La circulaire dont il s'agit avait été rédigée, à ce qu'on assure, par Mme Georges Sand.

tion d'un club de Paris par M. de Lamartine. M. H. Rodat prend la parole et, dans une improvisation animée, il s'élève contre toute atteinte portée à la liberté des suffrages. Après avoir applaudi aux nobles paroles par lesquelles M. de Lamartine a protesté du respect du gouvernement provisoire pour cette précieuse liberté et à la proclamation du gouvernement qui impose à ses représentants l'obligation de s'abstenir de faire peser l'autorité dont ils sont investis sur le scrutin qui va s'ouvrir, il regrette qu'au milieu de nous des principes si sages aient été méconnus. Il donne lecture d'une circulaire adressée par le citoyen Raginel, commissaire du gouvernement, aux instituteurs primaires du département, et dans laquelle on remarque ces mots : « Je vous enverrai dix noms choisis par moi, de concert avec le comité électoral de Rodez ; adoptez-les avec confiance ; ils seront comme moi vos amis, etc. » Cette lecture terminée, l'auditoire s'écrie : *A bas la circulaire ! brûlez la circulaire !*

M. Rodat, qui la tenait dans les mains, la livre aux flammes au milieu d'un applaudissement général.

Séance du 22 mars.

La foule se presse de bonne heure dans la salle. Elle est très-animée. La présence d'un grand nombre des habitués du *Club des Travailleurs*, qui ne tient pas séance aujourd'hui, leur agitation, leur attitude, annoncent des projets sinistres.

La manifestation qui a eu lieu à la dernière séance de la réunion de la *Fraternité*, un discours violent prononcé la veille au club des Travailleurs sont dans tous les esprits. Il est clair que les démagogues viennent chercher leur revanche.

M. Vesin demande et obtient la parole. Il s'adresse d'abord aux habitués du club des Travailleurs ; il se félicite de pouvoir se faire entendre d'eux, dit que si le club des Travailleurs avait tenu séance aujourd'hui, son intention était de s'y présenter et d'y demander la parole. Il pense que rien ne serait plus malheureux que cette séparation complète qu'on cherche à établir entre les diverses classes de la société. Il adjure tous ceux qui l'écoutent de résister aux efforts que l'on fait pour opérer cette scission, proteste des sentiments de vive fraternité et d'union sincère qui animent tous les habitués de la réunion devant laquelle il parle en ce moment.

M. Vesin est amené à parler d'un discours prononcé la veille au club des Travailleurs, discours dont quelques expressions méritent la réprobation générale. La manière originale et incisive dont l'orateur a flétri ce discours excite les applaudissements et les acclamations d'une grande partie de l'assemblée.

M. H. Rodat succède à M. Vesin. Il fait, lui aussi, un appel à l'union, à la fraternité. A ce dernier mot, une voix s'écrie : *Il n'y a point de fraternité ici!* L'interrupteur n'est autre que l'orateur du club des Travailleurs, celui-là même que M. Vesin vient de traiter d'une manière si poignante (1).

Cet orateur se dirige vers la tribune. A peine y paraît-il, que des cris d'indignation éclatent dans une partie de la salle. Il essaie de parler et le peu de paroles qu'il peut faire entendre ne font qu'accroître cette indignation. Plusieurs orateurs se montrent à côté de lui : aucun ne parvient à se faire écouter.

Le tumulte et le désordre sont au comble. Une masse d'ouvriers s'est portée au pied de la tribune en poussant des cris sauvages et proférant les plus dures menaces. Le moindre emportement, la moindre imprudence de la part des hommes d'ordre, en ce moment en scène, peuvent amener une collision sanglante. Ils demeurent impassibles et calmes, promenant leurs regards assurés sur cette foule furieuse. L'orage gronde ainsi pendant près d'une heure. A la fin, M. Vesin parvient à dominer le tumulte. Il revient sur la circulaire aux instituteurs, la discute, la flétrit avec une verve de plus en plus incisive ; il signale les courtiers électoraux que l'autorité envoie dans les cantons, « moyen de corruption tellement audacieux, dit-il, que jusqu'ici aucun gouvernement n'avait osé s'en servir. »

---

(1) Le sieur Dufort, professeur de seconde au lycée de Rodez, l'un des promoteurs les plus ardents des nouvelles idées démocratiques.

La fierté de son action oratoire a triomphé complétement des scènes de tumulte préparées à l'avance ; les émeutiers s'écoulent à petit bruit ou gardent le silence ; son discours est vivement applaudi. »

Certes, voilà des titres que MM. Vesin et Rodat ont acquis à la gratitude éternelle de tous les honnêtes gens. Leur énergie ranima le courage défaillant des bons citoyens ; on serra plus étroitement le faisceau formé contre l'anarchie, et toutes les manœuvres des artisans du désordre ne purent triompher de cette cohésion des forces conservatrices réunies.

Bientôt après, vint le jour des élections, et l'immense majorité obtenue dans le département par nos deux honorables amis (1) fut une double et éclatante manifestation des véritables sentiments politiques du pays et de sa juste reconnaissance.

De tous ces faits ressort un haut enseignement : c'est que la droiture et le courage sont dans les temps difficiles le plus sûr guide de la conduite et la meilleure garantie du succès ; c'est qu'il suffit aux bons citoyens d'être unis et de vouloir pour résister à toutes les tentatives de désordre des brouillons et des factieux.

M. Vesin remplit noblement sa tâche dans les deux assemblées nationales de ce gouvernement républicain que d'incroyables événements avaient fait appesantir sur la France.

Quand cette forme fut brisée, M. Vesin vint dans son pays reprendre sa profession d'avocat, et il l'exerce à Rodez avec une distinction qui nous permet de dire, sans crainte d'être démenti, que jamais, parmi nous, la défense, dans les causes criminelles, ne trouva de plus habile interprète, ni l'art oratoire d'aussi vigoureux joûteur.

---

(1) M. Vesin, 60,467 suffrages pour la Constituante.
44,660 suffrages pour la Législative.
M. Rodat, 38,331 suffrages pour la Constituante.
45,085 suffrages pour la Législative.

Le général VIALA.

La province qui a donné le jour au général Viala compte dans ses annales des officiers généraux dont le nom est plus illustre ; il est douteux qu'elle en ait produit aucun d'une bravoure plus éprouvée.

Sébastien Viala naquit à La Mouline, près de Rodez, le 11 mars 1763.

Il fit ses études au collége de Rodez, qui était alors sous la direction de l'évêque du diocèse et comptait plusieurs professeurs distingués. Il fut le condisciple de MM. Frayssinous, de Monseignat, Boyer de Paume, Gaston, etc.

Au sortir du collége, le 4 novembre 1784, il entra comme volontaire dans le régiment de Vermandois, préférant ainsi la carrière militaire à l'état ecclésiastique que sa famille voulait lui faire embrasser.

Il était sergent-fourrier depuis deux ans et on lui offrait l'épaulette d'officier de fortune lorsqu'il demanda et obtint son congé le 9 octobre 1789.

Il revint à Rodez pour entrer dans le commerce, mais la gravité des évènements politiques qui s'annonçaient le fit hésiter.

Sur ces entrefaites on organisa la garde nationale de Rodez, et Viala fut élu d'abord capitaine, puis commandant en second.

Il faisait partie du détachement envoyé à Soulages pour escorter la dépouille mortelle de Boyer-Venasque. L'assassinat de cet homme, qui ne manquait pas de popularité à Rodez, avait produit une telle irritation que les hommes du détachement se partagèrent en deux camps prêts à en venir aux mains : les uns voulant soit aller rechercher la main de l'assassin qu'on supposait se trouver cachée dans le château de Soulages, soit dévaster ce château ; les autres, parmi lesquels étaient Viala, s'opposant énergiquement à cet acte de violence. L'intervention héroïque d'un habitant du pays où le crime avait été commis, M. Vesin (1) qui se plaça entre les deux camps, put seule arrêter l'effusion du sang.

Lorsque la province fut divisée en districts, Viala fut attaché à l'administration de celui de Rodez.

Il se décida à rentrer dans l'armée active en 1792 et s'enrôla dans le 2ᵉ bataillon de volontaires de l'Aveyron, espérant bien rentrer dans ses foyers après la campagne qui allait s'ouvrir. Il fut élu successivement par ses camarades lieutenant, capitaine et second lieutenant-colonel.

Lorsque ce bataillon quitta l'Aveyron, il comptait dans son sein plusieurs hommes qui devaient s'élever haut dans la hiérarchie militaire ou mourir glorieusement sur le champ de bataille. Il suffira de nommer ici les généraux Tarayre, Béteille, Bernard, les colonels Higonet, Rogéry.

En l'an II, le deuxième bataillon de l'Aveyron fut amalgamé avec un autre pour former la 56ᵉ demi-brigade, et Viala fut nommé commandant du premier bataillon de cette demi-brigade.

Deux ans après la 56ᵉ demi-brigade fut amalgamée à son tour avec une autre pour former la 85ᵉ demi-brigade; Viala fut encore promu au commandement du premier bataillon de la 85ᵉ demi-brigade.

Ecrire une notice sur le général Viala, c'est en quelque sorte suivre pas à pas en Italie, en Egypte et en Allemagne, cette glorieuse phalange d'enfants de l'Aveyron, depuis son départ en 1792 jusqu'à la célèbre bataille d'Iéna où ce qui en restait, après tant de combats et de vicissitudes diverses, fut à moitié détruit.

La 85ᵉ demi-brigade s'appelait à Iéna 85ᵉ régiment de ligne; elle avait, avant d'arriver à Iéna, joué un rôle important en Italie et en Egypte.

En l'an II, Viala assista, à la tête de son bataillon, à la bataille du Puget-Teniéres, en Italie; s'empara de Rodda à la

---

(1) Père du membre de la Constituante de 1848 et de l'Assemblée législative.

tête de 200 hommes, contribua à la prise d'Isola en chassant l'ennemi d'une hauteur du sommet de laquelle il arrêtait le mouvement des troupes françaises;

Se trouva à la prise de Guilhaume, de Saint-Etienne, eut beaucoup de petites affaires dans les montagnes du comté de Nice;

Durant la même année, il passa à l'armée des Alpes; chassa l'ennemi de la vallée de Morin;

Prit part au siége de Toulon et se trouva aux attaques des redoutes et de la montagne de Pharamond, assistant ainsi à la première action d'éclat de celui qui devait être le plus grand capitaine des temps modernes;

Contribua à la prise de Saorgio et d'autres postes occupés par les Piémontais jusqu'au col de Tende, et fit partie de la colonne qui marcha sur Coni.

L'an III s'écoula sans que le bataillon commandé par Viala jouât un rôle bien actif.

Il n'en fut pas de même de l'an IV.

Au mois de frimaire de cette année, ce bataillon livra un assaut à la redoute de Saint-Bernard-sur-Garregio, et contribua aux prises de Céva, St-Michel et Mondovi, en Piémont.

La 85ᵉ demi-brigade fut durant la même année embarquée sur le lac de Guarde, débarqua à Corbole et marcha sur Rovereddo, après avoir chassé l'ennemi de Nago, Mori et Liganne.

Enfin, durant la même année, elle assista à la prise de Lavis, en avant de Trente.

L'an V fut laborieux aussi pour la 85ᵉ demi-brigade.

Le 12 brumaire elle attaquait Segonzano et les hauteurs. Le 13 elle reprenait les postes de Pinet, Rizzolaga et Lapiazza.

Le 14, le commandant Viala ayant sous ses ordres trois bataillons, défendait pendant une journée entière ces trois postes contre une armée autrichienne forte d'environ 10,000 hommes et commandée par un prince en personne.

Le 16 et le 17 Viala, à la tête d'un seul bataillon, se plaça sur les hauteurs qui dominent Rovereddo, et il s'y maintint vaillamment jusqu'à ce que l'armée française, qui battait en retraite, eût défilé.

Le 27, il chassa l'ennemi de divers postes qui se trouvaient à la gauche de la division Joubert.

Le 28, il prit une part active à la bataille de Rivoli, dans laquelle les Français cédèrent au nombre.

Le 2 frimaire l'armée française et la 85ᵉ demi-brigade prirent leur revanche de la journée du 28 brumaire. Rivoli retomba au pouvoir des Français, et la part que le commandant Viala prit à cette seconde bataille de Rivoli mérite d'être mentionnée.

Une demi-brigade d'infanterie légère qui formait la tête de la colonne se replia tout à coup, et le commandant Viala, qui suivait cette demi-brigade, se trouva bientôt au premier rang en face d'un ennemi victorieux. La 85ᵉ demi-brigade hésite. Il ne reste autour du commandant qu'une vingtaine de braves grenadiers disposés à mourir à côté de leur chef. Cette contenance héroïque arrête le flottement qui se manifestait dans toute la colonne. Les rangs se resserrent à la suite du brave commandant de la 85ᵉ et l'ennemi est mis en déroute. Viala fait plus de 800 prisonniers et prend à l'ennemi son artillerie et ses bagages.

Le 5 nivôse, vingt jours avant la célèbre bataille de Rivoli, il prit part à quelques engagements à La Coronna.

Le 26 du même mois fut un jour mémorable pour le premier bataillon de la 85ᵉ. Ce bataillon reçut l'ordre d'attaquer l'ennemi qui se trouvait en arrière de Caprino. L'ordre donné fut énergiquement exécuté. Viala fit 3,000 prisonniers et poursuivit l'ennemi jusqu'à l'escalier de la Coronna.

En l'an VI le 1ᵉʳ bataillon de la 85ᵉ demi-brigade fut embarqué à Marseille pour l'Egypte.

Le 21 prairial il attaquait l'île de Gozo et s'emparait de la ville et des forts.

Le 14 messidor il débarquait en Egypte et contribuait à la prise d'Alexandrie.

Le 26 du même mois il assistait à la bataille de Chabraïs ;

Le 3 thermidor à la bataille des Pyramides ;

Et le 20 il se battait à Elhanka contre les Arabes réunis aux Mamelouks d'Ibrahim Bey.

Le 21 pluviose an VII, Viala, à la tête de son bataillon,

assistait au siège d'Ellarich et contribuait devant cette place à la prise du camp des Mamelouks.

Le 30 ventôse il participait au siège de Saint-Jean-d'Acre.

Durant ce siège et en germinal, il reçut l'ordre de conduire de l'artillerie, le long de la mer, de Saint-Jean-d'Acre à Jaffa, d'où il devait revenir escortant un fort convoi de munitions et de chameaux.

Il exécuta de point en point l'ordre qu'il avait reçu, bien qu'ayant constamment sur les bras une armée de 6,000 Arabes ou Napelousins.

A son retour, le général en chef Bonaparte l'invita à sa table et le félicita hautement.

Pendant la durée du siège de Saint-Jean-d'Acre, le premier bataillon de la 85ᵉ prit part à plusieurs assauts, son commandant en tête, repoussa de nombreuses sorties, détruisit des travaux extérieurs de l'ennemi sur la gauche de l'armée française et encloua les pièces.

Pendant le cours de ce siège périlleux le colonel de la 85ᵉ demi-brigade fut tué. Les officiers du corps s'empressèrent de faire une démarche auprès du général en chef et le supplièrent de mettre à la tête de la 85ᵉ le commandant Viala, dont ils avaient admiré l'impassible courage pendant les assauts. Ce dernier fut nommé, bien que le général en chef Bonaparte eût adopté la règle de ne prendre jamais les colonels parmi les officiers du corps qu'ils avaient commandés. La nomination du colonel Viala remonte au 30 floréal an VII.

Il assista, le 29 ventôse an VIII, à la bataille d'Héliopolis et à la prise du camp ennemi.

En germinal même année, il contribua à la prise du fort de Belbeïs, au combat de Koraïm et au siège du Caire.

En l'an IX il assista à la bataille d'Aboukir et reçut devant le Caire une blessure grave.

Le brave Higonet et lui observaient de près les mouvements ou la position de l'ennemi. Higonet tenait la longue vue. Tout-à-coup l'instrument d'optique tombe. Une balle vient de traverser la main qui le tenait. Viala veut le relever. Une autre balle l'atteint lui-même à la figure et va se loger sous la peau du côté opposé de la face.

Durant cette même année Viala reçut la mission d'aller, à

la tête d'un corps de cent dromadaires, apporter au Caire, place alors assiégée à la fois par des corps Turcs, Anglais et Mameloucks, des dépêches au général Menou. Les cent dromadaires, après avoir parcouru le désert, arrivèrent à l'improviste devant le Caire, traversèrent les lignes des assiégeants et pénétrèrent dans la ville.

Il prit une part glorieuse à la bataille de Canope et alla, après cet effort suprême, se réfugier dans Alexandrie avec le général Menou.

Viala rentra en France avec l'ensemble de l'armée expéditionnaire (1).

La 85ᵉ demi-brigade avait perdu de bons soldats, de braves officiers, tels que le capitaine Cayron, tué au siège du Caire. Plusieurs officiers avaient été promus à des grades supérieurs, tels que Tarayre et Higonet qui étaient devenus chefs de brigade ; Béteille, qui avait obtenu le grade de chef de bataillon ; Bernard qui avait été nommé aide-de-camp du général Lagrange. Néanmoins, la 85ᵉ demi-brigade possédait encore beaucoup de soldats et d'officiers aveyronnais.

La 85ᵉ demi-brigade alla d'abord tenir garnison à Albi, d'où elle ne tarda pas à être dirigée sur Sarre-Libre, où elle tint garnison pendant l'an X et l'an XI. Elle passa par Rodez, et les personnes d'un âge avancé se rappellent encore l'accueil enthousiaste qui fut fait par la population ruthénoise

---

(1) Le colonel Viala débarqua à Toulon où se trouvait le général Menou. Ce dernier lui écrivit pendant qu'il était encore en quarantaine une lettre qui contient le passage suivant : « Il y a longtemps » qu'on cherchait à faire évacuer l'Égypte. Je n'entrerai ici à cet » égard dans aucun détail. J'attendrai que le gouvernement m'ait » donné les ordres, et s'il lui convient de savoir la vérité, je la dirai » avec toute l'énergie dont je suis capable. »

La correspondance du général Viala contient une autre lettre du général Menou. Cette lettre remonte à l'époque où le général fut nommé administrateur-général et commandant en chef du Piémont. Elle contient un passage propre à faire connaître ce personnage.

Le gouverneur du palais, Duroc, écrivit, le 10 frimaire an X, au colonel Viala une lettre où il est dit que les renseignements qui ont été donnés au premier consul sur la 85ᵉ demi-brigade *ont toujours été avantageux pour elle.*

à ce corps éprouvé par tant de batailles, qui avait concouru à tant de victoires.

La 85ᵉ demi-brigade n'avait pour ainsi dire pas d'uniforme. Soldats et officiers portaient encore leurs costumes d'Afrique tels qu'ils avaient pu se les procurer dans ce pays lointain. Habits et casques, tout laissait apercevoir le glorieux passage des balles ennemies.

La 85ᵉ demi-brigade fut appelée à faire partie du camp de Boulogne. Viala y reçut la croix de chevalier de la Légion-d'Honneur au moment de la création de l'ordre, de la main même de Bonaparte. Le 26 prairial de la même année, il fut promu au grade d'officier du même ordre. Il commanda la 3ᵉ division du camp de Bruges (ans XII et XIII).

Après la dissolution du camp de Boulogne, la 85ᵉ demi-brigade fut incorporée dans la division Davout et dirigée sur l'Allemagne.

La demi-brigade que commandait le colonel Higonet fit aussi partie de ce corps d'armée.

La 85ᵉ occupa pendant assez longtemps, après la bataille d'Austerlitz, le château de Kirberg, appartenant au prince Hohenloé, et Viala eut pour le prince et sa puissante famille des égards qui lui valurent l'attachement du prince, attachement dont on trouve la preuve dans sa correspondance.

Pendant les années 1804, 1805 et 1806 Viala fit partie de la grande armée.

Ce fut durant cette dernière année qu'eut lieu la bataille d'Iéna, au gain de laquelle le 85ᵉ et son colonel contribuèrent avec la plus grande distinction.

Pour bien saisir l'importance du rôle assigné au 85ᵉ régiment, quelques explications sont nécessaires.

On sait que la victoire d'Iéna eut pour conséquence la soumission entière de la Prusse.

L'empereur Napoléon et le roi de Prusse prirent en personne part à la bataille.

L'armée française était divisée en plusieurs corps. Le plus important avait été placé près d'Iéna et il était commandé par l'empereur en personne.

A plusieurs lieues à gauche se trouvait le corps du maréchal Davout composé de 26,000 hommes.

Plus loin encore du corps principal, était Bernadotte à la tête de 12 ou 15,000 hommes.

L'armée prussienne était, elle aussi, divisée en plusieurs corps. Le plus considérable se composait de 80,000 hommes. Il était commandé par le roi et le maréchal de Brunswick, général en chef des armées prussiennes. Le prince royal en faisait partie.

Ce corps ne se porta pas contre celui que commandait l'empereur, ainsi que ce dernier s'y attendait.

Il se dirigea sur celui du maréchal Davout qu'il espérait bien écraser. Davout, informé du péril, va trouver Bernadotte qu'il supplie de se joindre à lui, lui proposant, s'il le désire, le commandement en chef des deux corps d'armée. Soit jalousie, soit tout autre motif, Bernadotte resta inflexible.

L'intrépide Davout, livré à lui-même, se décide à faire du moins acheter cher la victoire.

Entre l'armée prussienne qui s'avance et le corps du maréchal Davout, si inférieur en nombre, se trouve, sur une hauteur, le village de Hassen-Hausen. Ce village va devenir le pivot de la bataille.

Davout place à la hâte à l'entrée du village et à cheval sur la grand'route le 85ᵉ, à la tête duquel se trouve le colonel Viala.

Il donne des ordres pour que deux autres régiments, appartenant aussi à l'immortelle et invincible division Gudin, secondent la résistance du 85ᵉ qui va avoir une armée entière sur les bras.

La confiance du maréchal Davout ne fut pas trompée. Le 85ᵉ fit son devoir. « Il se comporta, dit M. Thiers, dans son
» *Histoire du Consulat et de l'Empire* (1), avec une valeur
» héroïque. Refoulé dans l'intérieur du village, il en barrait
» le passage avec une indicible fermeté, répondant par un
» feu continu et adroitement dirigé, à la masse épouvantable
» des feux prussiens. Ce régiment avait déjà perdu la moitié
» de son effectif qu'il tenait ferme sans s'ébranler......... »

(1) Tome VII, p. 138.

Le colonel eut deux chevaux tués sous lui. Atteint lui-même presque à bout portant par un soldat embusqué, son corps fut abandonné sur le champ de bataille et la nouvelle de sa mort fut insérée dans le *Moniteur*.

Heureusement la blessure, quoique d'une extrême gravité, ne fut pas mortelle, grâce surtout au dévouement d'une jeune négresse qu'il avait achetée en Egypte et qui ne le quitta jamais.

Le silence gardé par les *Annales militaires* sur ce glorieux fait d'armes préoccupa quelques-uns des officiers du régiment. L'un d'eux, M. Lourde, de l'Ariège, en exprimait son étonnement mêlé d'indignation au général Viala. On lit dans une lettre écrite au général Viala que le régiment perdit à Hasse-Hausen 1,400 hommes, dont 38 officiers.

Le corps du maréchal Davout mit en déroute les 80,000 Prussiens, tua le prince royal, blessa le maréchal de Brunswick et remporta l'une des plus belles victoires mentionnées dans nos annales.

Bonaparte, qui croyait avoir eu affaire lui-même à Iéna, au gros de l'armée prussienne, se montra d'abord incrédule au récit des événements qui s'étaient passés à Awerstaedt. Mais il ne tarda pas à en comprendre la gravité et il se hâta d'en récompenser les principaux acteurs. Davout fut nommé duc d'Awerstaedt. Le colonel Viala fut promu immédiatement et avant toute présentation au grade de maréchal-de-camp (1).

---

(1) « C'est à votre mérite seul, lui écrivait le général de division Gudin, dans une lettre datée de Varsovie 4 décembre 1806; c'est à votre mérite seul que vous devez votre avancement. Votre belle conduite à l'affaire du 14 a été connue de Sa Majesté et il s'est empressé de vous en témoigner sa satisfaction, car votre nomination a précédé toutes demandes qu'on aurait pu faire. »

On lit dans cette lettre que l'empereur accorda 130 décorations à la division.

Le brave général de brigade Gautier lui écrivit, le 29 octobre 1806, de Malchow, près de Berlin, une lettre qui commence ainsi :

« De tous les actes de justice dont l'empereur vient de combler la
» division, aucun ne m'a fait plus de plaisir que votre promotion,
» non pas que j'aie à m'en féliciter particulièrement, puisque je
» perds le meilleur des colonels, mais parce que l'opinion de tous

Le colonel Higonet aurait eu le même avancement, mais malheureusement il fut tué dans cette grande bataille.

Le général Viala rentra en France dans un état de santé qui inspirait les inquiétudes les plus sérieuses.

L'empereur lui confia un commandement, *à son choix*, dans la neuvième division militaire. (1) Le général Viala opta pour le commandement du département de l'Aveyron, son pays natal, où les généraux Béteille et Tarayre avaient projeté de se joindre à lui à la fin de leur carrière militaire (2).

Plus tard il fut appelé au commandement des Hautes-Pyrénées (3), où il devait avoir sous ses ordres une colonne mobile de 1,200 hommes.

Le général Viala fit l'essai de ses forces, mais il se vit contraint de demander un poste qui exigeât moins d'activité physique.

Il reçut alors l'ordre de débloquer l'importante place de Figuières où était assiégé un détachement de l'armée française. Le général Viala exécuta heureusement la mission qui lui avait été confiée, et il s'établit dans le fort de Figuières dont il prit le commandement. Il resta dans le fort pendant environ deux années, après quoi il se vit forcé, par l'état de sa santé, de demander et obtint la retraite bien qu'il n'eût que 45 ans. Avant de la lui accorder, l'empereur le nomma gouverneur de l'hôtel des Invalides de Louvain (4), mais Viala préféra à ce poste si honorable et si élevé une vie paisible dans sa ville natale, au milieu de ses amis et de sa famille.

Rentré à Rodez, le général Viala fut investi des fonctions de Maire de cette ville, le 11 juillet 1811, fonctions dont il

---

» ceux qui vous connaissent vous avait assigné le rang qui vient de
» vous être donné. Le 85e sentira longtemps le vide que votre absence
» va laisser. Je vous chercherai souvent...... »

La promotion porte la date du 23 octobre 1806. La bataille avait eu lieu le 14.

(1) Octobre 1807.

(2) Ce projet est énoncé dans une lettre du général Tarayre, datée de La Haye. (Voir la biographie du général Tarayre, par M. Jules Duval).

(3) Juin 1808.

(4) Novembre 1809.

se démit au bout de deux années, bien résolu à passer le reste de ses jours dans la retraite à l'abri des soucis qu'entraînent après elles les fonctions publiques.

En juin 1815, le général Viala fut nommé chef de légion des gardes nationales de l'Aveyron.

Le parti qui triompha en 1830 essaya inutilement de l'arracher à la vie privée. Il ne put lui faire accepter les fonctions de maire de Rodez dont une ordonnance royale venait de l'investir.

L'empereur, outre le maximum de la retraite, avait donné au général Viala une dotation en Allemagne d'un revenu annuel de 4,000 fr. Il lui avait conféré en même temps le titre nobiliaire de chevalier par lettres patentes du 22 octobre 1810. Les armoiries sont *d'argent au palmier arraché de sinople, fruité de sable, bordure de gueules du tiers de l'écu, au signe des chevaliers légionnaires posé au 3e point en chef. Pour livrées les couleurs de l'écu; le vert en bordure seulement.*

Le nom du général Viala est inscrit sur l'arc de triomphe de l'Etoile. Il doit vraisemblablement cette distinction glorieuse à sa belle conduite à Hassen-Hausen.

Il est décédé à Rodez, le 20 janvier 1849, à l'âge de 86 ans.

Quelques jours après son décès, le *Journal de l'Aveyron* publiait, dans son numéro du 24 janvier 1849, une notice sur son compte, due à la plume du général Tarayre, qui voulut ainsi payer un tribut à l'amitié qui l'unit si longtemps à son vieux compagnon d'armes.

On y lit « que le général Viala fut toujours aimé de ses
» officiers et de ses soldats pour la bravoure, la justice et la
» bienveillance. Les qualités militaires qui le distinguaient,
» étaient le sang-froid, un courage au-dessus de tous les évé-
» nements, la résignation la plus complète. Personne mieux
» que lui ne savait, dans les circonstances où la fatigue
» domptait la valeur de ses soldats, se mettre à propos à leur
» tête, leur communiquer son énergie et ranimer leur élan.»

Le général Viala avait eu un fils, qui était lieutenant d'infanterie à la désastreuse bataille de Leipsick, où il fut tué. Il était très jeune et sortait de l'école militaire.

B. LUNET.

DE VILLARET, évêque de Casal.

Villaret (Jean-Chrysostôme), ancien évêque de Casal et chancelier de l'Université, baron de l'Empire, né à Rodez, le 27 janvier 1739, d'un conseiller au présidial, fit ses études avec succès au séminaire de Saint-Sulpice, prit les ordres, et devint dans la suite grand-vicaire, chanoine et théologal de Rodez.

Lorsque l'on forma, sous le ministère de M. Necker, les états de la Haute-Guienne, il en fut nommé vice-président et eut la principale part à la direction des affaires. En 1789, le clergé de Villefranche le députa aux Etats-généraux, où l'abbé de Villaret siégea toujours au côté droit. Pendant la Révolution, il resta dans sa patrie et vécut ignoré dans une campagne.

Nommé évêque d'Amiens après le Concordat, il fut sacré le 23 mai 1802, et gouverna son diocèse avec sagesse. On le chargea, en 1803, de mettre à exécution la bulle du 1er juin de cette année sur l'organisation des églises du Piémont, et M. Villaret fut transféré à un des sièges conservés, celui d'Alexandrie de la Paille. Mais peu après, Buonaparte ayant voulu faire d'Alexandrie une place très-forte et ayant ordonné la démolition de la cathédrale, le siége épiscopal fut porté à Casal, et M. Villaret en prit le titre. On n'a point oublié dans le Piémont que ce fut sur ses représentations fortes et réitérées que la vente des biens ecclésiastiques fut révoquée.

Il était aumônier de Joseph Bonaparte, et lors de la formation de l'Université, il en fut nommé chancelier, place qui était la première après celle de grand-maître. Il assista au concile de 1811. Lorsque le Piémont eut été rendu au roi de Sardaigne, M. de Villaret donna sa démission de l'évêché de

Casal et obtint une pension. Il se retira dans une petite campagne près de Paris, mais ses infirmités croissant l'obligèrent, en 1823, à retourner dans la capitale. Il y mourut le 9 mai de l'année suivante dans sa 86ᵉ année. M. de Villaret se faisait remarquer par la vivacité de son esprit et par sa parole brillante et facile. La bienveillance chez lui égalait son aptitude aux affaires, et il contribua à faire entrer dans l'Université un grand nombre d'hommes de mérite.

LÉGIONNAIRES OMIS DANS LES PRÉCÉDENTES LISTES.

PÉRAULT (Ed.-Charles-Antoine), de Montreuil-sur-Mer, brigadier de gendarmerie à Rodez, ✱ le 10 avril 1835. Employé ensuite dans les bureaux de la préfecture et décédé à Rodez.

LAURET (Antoine-Marius-Numa), capitaine en non-activité à Millau, ✱ le 15 avril 1846. Etait entré au service comme jeune soldat en 1830. Sous-lieutenant en 1838; lieutenant en 1843; capitaine le 9 décembre 1847. Campagnes d'Afrique de 1837 à 1847, plus en 1859.

TABLE ALPHABÉTIQUE DES LÉGIONNAIRES.

	Pages.
Adhémar-Panat (comte d'), Restauration	196
Affre (Denis-Auguste), Louis-Philippe	214
Agussol (Jacques), premier Empire	187
Alauzet, deuxième Empire	235
Alaux (Antoine-Jean), Louis-Philippe	211
Albignac (Maurice d'), premier Empire	186
Albignac (Aymar d'), premier Empire	186
Albis (d') de Gissac (Henri), Restauration	193
Albis (François d'), de Millau, Restauration	202
Albis (d') président, Louis-Philippe	220
Alibert (Jean-Louis, baron), Restauration	204
Alliez (Joseph-Jacques), Louis-Philippe	218
Alméras (Antoine), premier Empire	182
Almes, premier Empire	187
Andrieu, deuxième Empire	229
Annat (l'abbé), Louis-Philippe	212
Ardourel (Antoine), premier Empire	190
Arlabosse, deuxième Empire	236
Armand, premier Empire	188
Arnal (Joseph), premier Empire	173
Arnal (Régis), deuxième Empire	225
Artières (Joseph), premier Empire	182
Astorg (Guillaume-Alexis) premier empire	185

Aubriot (Joseph-Charles), premier Empire	176
Augelou (Jean-Bernard), deuxième Empire	226
Auzouy (Hippolyte), premier Empire	171
Auzouy (Pierre-François-Henri), Louis-Philippe	217
Aymé (Marie), premier Empire	177
Ayrignac (Joseph), deuxième Empire	226
Bagou (Louis), premier Empire	188
Balat (Louis), Louis-Philippe	216
Balsac (Auguste-Marie de), Restauration	191
Balsac (Marie-Auguste-Isidore de), Louis-Philippe	214
Bannes (David-Paul), premier Empire	181
Barascut (Raymond), Louis-Philippe	209
Barascut, avocat, Louis-Philippe	220
Barrau (Jean-Auguste de), Louis-Philippe	209
Barrau (Justin-Hippolyte de), deuxième Empire	227
Bastide de Faveyroles, premier Empire	189
Bastide (Jean-François-Sylvain), Louis-Philippe	212
Bastide (Joseph-Gabriel), Louis-Philippe	222
Bastidé (Jean-Antoine), deuxième Empire	226
Baudemont (Antoine-Pierre), premier Empire	177
Baumélou, deuxième Empire	235
Baurez (Victor), premier Empire	184
Benazet (François), Louis-Philippe	205
Benoît, de Millau, Louis-Philippe	217
Benoît (Joseph-Raymond), Restauration	200
Bergon (comte), premier Empire	175
Bergon, directeur des contributions, Louis-Philippe	224
Bernard (Léonard), premier Empire	168
Bernard (Ignace), premier Empire	171
Bernard-Saint-Affrique, premier Empire	188
Bernard (Pierre-Jean), Louis-Philippe	218
Besset (Hugues-Victor), premier Empire	175
Bessière (Louis-Antoine), premier Empire	177

Bessière (Joseph), premier Empire.................	190
Bessière (Pierre-Amans), deuxième Empire.........	236
Bessodes (Jean-Joseph), premier Empire...........	187
Bessuéjouls-Roquelaure, évêque, premier Empire...	170
Béteille (Alexis), premier Empire................	183
Béteille, deuxième Empire........................	229
Bez (Antoine), premier Empire....................	173
Bignon, deuxième Empire..........................	228
Biron (Jean-Amans), premier Empire...............	168
Blondel, deuxième Empire.........................	228
Boissonnade, architecte, Louis-Philippe..........	213
Bonald (Vicomte de), Restauration................	195
Bonald (Réné de), Restauration...................	196
Bonald (Victor de), recteur, Restauration........	199
Bonald, archevêque, Louis-Philippe...............	211
Bonald (Gustave de), Louis-Philippe..............	220
Bonenfant (Louis), Restauration..................	197
Bonhomme (Gabriel), premier Empire...............	180
Boniface (Joseph), premier Empire................	186
Bonnefous (Frédéric), Restauration...............	193
Bonnefous (Jean-Bernard), Louis-Philippe.........	217
Bonnet, de Rodez, premier Empire.................	185
Bosc (Alexis-Etienne-Isidore), Louis-Philippe....	222
Bosc, de Millau, deuxième Empire.................	232
Boscary (François-Mar.), Louis-Philippe..........	213
Boscus (Pierre-Hippolyte), deuxième Empire.......	226
Boudène (Joseph), premier Empire.................	182
Boudet, deuxième Empire..........................	227
Bouloud, Louis-Philippe..........................	210
Bourgade (l'abbé), deuxième Empire...............	229
Bourzès (Alphonse-Joseph de), Louis-Philippe.....	208
Bousin (Louis), Louis-Philippe...................	211
Bousquet (Pierre), premier Empire................	185
Boutet (François), Restauration..................	192

	Pages.
Boutet (André), Louis-Philippe....................	210
Boutonnet, premier Empire......................	188
Boutonnet, prêtre, deuxième Empire.............	235
Boyer (André-Louis-Anne), premier Empire.........	184
Bras, deuxième Empire.........................	236
Brassat (Antoine), premier Empire...............	179
Brassat-Murat, Restauration......................	198
Brassat-Saint-Parthem, Louis-Philippe.............	207
Brioudes (François), premier Empire..............	183
Brondel de Roquevaire, Louis-Philippe.............	206
Bros (Jean), premier Empire.....................	170
Buterin (Alphonse), Louis-Philippe................	215
Cabanel, de Belmont, deuxième Empire............	231
Cabantous, professeur, Louis-Philippe.............	209
Cabantous (Michel), Louis-Philippe................	210
Cabrol du Motet, premier Empire.................	184
Cabrol (François-Gracchus), Restauration..........	201
Cabrol (Pierre), Louis-Philippe...................	211
Cabrières (Gaspard de), Restauration..............	195
Cabrières (Théodore de), deuxième Empire.........	228
Cabrolier (Jean-François), Restauration............	195
Calvet (Jean-Joseph), premier Empire.............	177
Calvet-Rogniat, deuxième Empire.................	230
Cambiaire, chanoine, Louis-Philippe..............	223
Cambiaire, général, Louis-Philippe...............	215
Camboulas (Victor), Restauration.................	191
Canivenc (Alexis-François), Louis-Phillippe.........	214
Capelle (baron), premier Empire..................	175
Capelle (Victor), Restauration....................	198
Carcenac (Régis), premier Empire................	177
Carcenac (Jean-Baptiste-François), premier Empire...	179
Carcenac-Bourran (Jean-Antoine), Restauration......	201
Cardonel (Honoré), deuxième Empire.............	231

Pages.

Carles (Jean-Baptiste), premier Empire............ 177
Carrié-Boissy, général, premier Empire........... 169
Carrié-Cancé, Restauration..................... 193
Carrier (Amans), Louis-Philippe................. 205
Cassan (Louis), Louis-Philippe.................. 222
Casses (Alexandre), deuxième Empire............. 235
Castan, deuxième Empire....................... 232
Castel (Alexandre), premier Empire............... 185
Causse (Antoine-Victor), premier Empire.......... 188
Cavalier (Gabriel), premier Empire............... 176
Cayre (Etienne), premier Empire................. 183
Caseneuve, Restauration....................... 191
Cazes (Jean-Antoine), premier Empire............. 180
Celles (Bernard), premier Empire................ 174
Celles (Alexandre), Restauration................. 196
Celles (Hippolyte-Bernard), deuxième Empire....... 228
Chalret-Durieu, Restauration................... 200
Chapt de Rastignac, général, premier Empire...... 171
Château (Guillaume), Louis-Philippe.............. 208
Chatelet (Denis), Restauration.................. 197
Chazelles (comte de), Restauration............... 192
Cibiel père, Louis-Philippe..................... 210
Cibiel (Vincent), Louis-Philippe................. 217
Clauzel (Michel), premier Empire................ 172
Clauzel de Coussergues, premier Empire........... 176
Clerc (Marie-Léon), Louis-Philippe............... 208
Collière (Jacques), premier Empire............... 178
Collière (Jean-Baptiste), premier Empire.......... 182
Colomb, maire de Rignac, deuxième Empire........ 228
Combes (Joseph), premier Empire................ 174
Combes (Jean-Pierre), premier Empire............. 178
Combes, deuxième Empire...................... 233
Comeyras (Hercule), premier Empire............. 181
Comeyras (de La Couvertoirade), premier Empire.... 187

	Pages.
Comeyras, deuxième Empire	234
Conquet (Antoine), premier Empire	186
Constans (Edouard), Restauration	197
Constans-Saint-Estève, Louis-Philippe	209
Constant, curé, deuxième Empire	230
Costes (Jean-Raymond), premier Empire	169
Costes (Adolphe), Louis-Philippe	218
Costes (Adrien), deuxième Empire	228
Couderc (François), Louis-Philippe	208
Couderc (Adolphe), deuxième empire	233
Couffinhal (Jean-François), Louis-Philippe	205
Couly (Pierre), deuxième Empire	228
Couret du Terrail, Louis-Philippe	211
Cournet (Emile), deuxième Empire	234
Courtois (Léon de) Restauration	193
Couzy (Guillaume), premier Empire	190
Cruzy-Marcillac (marquis de), Restauration	203
Cruzy-Marcillac (chevalier de), Restauration	203
Cuc (Alexis), premier Empire	183
Cure (Pierre), Restauration	198
Cussac (Guillaume), premier Empire	176
Dardenne (Charles), Restauration	203
Dardenne (Siméon), Louis-Philippe	216
Dardié, premier Empire	189
Darnal (Louis), premier Empire	187
Dauché (Pierre), premier Empire	181
Daude (Claude-Victor), Louis-Philippe	207
Daugnac (Dominique), Restauration	196
Dausse, de Rodez, Louis-Philippe	222
Dejean, deuxième Empire	237
Delauro-du-Bez, premier Empire	172
Delauro, maire de Rodez, Restauration	195
Delmas, de Paulhe, premier Empire	188

Delmas (Jean-Antoine), premier Empire	189
Delmas (Jean), premier Empire	180
Delmas (Jean-Baptiste), Louis-Philippe	206
Delmas, de Cornus, premier Empire	189
Delmas (Léon), Louis-Philippe	224
Delort, deuxième Empire	233
Delpech (Charles), Louis-Philippe	215
Delpech (Edouard), deuxième Empire	226
Delrieu (Antoine), Louis-Philippe	222
Delrieu, poète, Louis-Philippe	209
Delshens (Edmond), deuxième Empire	232
Delsescaux (Jean-François), Restauration	196
Desclaux, Restauration	203
Desmazes, Louis-Philippe	219
Devic (Joseph-Pierre), Restauration	194
Dianoux (Jacques-Victor), Louis-Philippe	208
Dièche (J.-L.-F.), Louis-Philippe	206
Dijols (Etienne), premier Empire	183
Dissez (Charles), Restauration	203
Donat (Jean-Louis), premier Empire	182
Dornes (Joseph-Philippe-Marie), premier Empire	183
Drulhe (Jean-Calixte), premier Empire	190
Dubruel (Pierre-Jean-Joseph), Restauration	192
Dubruel (Ferdinand), Louis-Philippe	219
Duchesnes (Jean-Claude), Louis-Philippe	214
Dulac (Melchior), Restauration	199
Dur (Pierre), premier Empire	172
Durand (Charles), Louis-Philippe	214
Durand (l'abbé), deuxième Empire	226
Duriol (Jean-Baptiste), Louis-Philippe	216
Enjalbert (François), Louis-Philippe	209
Enjalran (Edouard), premier Empire	178
Escudier (Joseph), premier Empire	173

	Pages.
Escudier (Baptiste), premier Empire	183
Escudier (Eugène), deuxième Empire	236
Fabre (Jean-Jacques), premier Empire	180
Fabry (Henri), deuxième Empire	229
Fages (Joseph-Charles), premier Empire	188
Faramont, de Melvieu, Louis-Philippe	212
Faudet (l'abbé), Louis-Philippe	219
Ficat (Antoine), premier Empire	189
Filhol (Jean-Pierre), premier Empire	180
Flaugergues (Pierre), Restauration	192
Fleys (l'abbé), Louis-Philippe	210
Flottes (Antoine), premier Empire	184
Foucras (Jean-Victor), premier Empire	184
Foulquier (J.-A.), Restauration	204
Foulquier (évêque), deuxième Empire	231
Fournols (Jean-Joseph-Louis), premier Empire	189
France de Lorne, Restauration	198
Frayssinous (évêque), Restauration	195
Frayssinous (Clément), Restauration	199
Frayssinous (Amable), Restauration	199
Gaches, de Sévérac, premier Empire	187
Galat (Nicolas), Restauration	195
Galtier (Pierre-Louis), Louis-Philippe	217
Galtier (président), Louis-Philippe	218
Garabuau (général), premier Empire	170
Gardet (Claude), Louis-Philippe	215
Gaujal (baron de), Restauration	197
Gaujal-Saint-Maur, Louis-Philippe	210
Gaujal (Victor de), Louis-Philippe	212
Gaujal (Charles de), deuxième empire	231
Gaujal (Hippolyte de), Louis-Philippe	221

	Pages.
Gayrard (graveur), Restauration..................	199
Gayrard (capitaine), Louis-Philippe...............	206
Gayrard (Paul-Raymond-Joseph), deuxième Empire...	230
Genieys (Michel), premier Empire.................	171
Géraldy, Restauration...........................	201
Gervais, Louis-Philippe.........................	205
Ginestet, Louis-Philippe	237
Ginestet (Alphonse), Louis-Philippe...............	248
Girbal (David), premier Empire...................	179
Girard (l'abbé), Restauration....................	196
Girels, sous-préfet, Louis-Philippe...............	249
Girou de Buzareingues, Louis-Philippe.............	206
Girou de Buzareingues, député, deuxième Empire...	230
Glandines (Amans), premier Empire................	183
Glayrose (Louis), premier Empire.................	173
Gleyrose (André), premier Empire.................	176
Gombert, deuxième Empire.......................	233
Grand (Charles), Louis-Philippe...................	223
Grand (Emile), Louis-Philippe....................	223
Grand-Pradeilhes, Louis-Philippe..................	223
Grandsaigne (Gilles-Antoine), premier Empire.......	172
Grandsaignes (colonel), premier Empire............	186
Grandsaigne-d'Hauterive (J.-P.-C.), Restauration....	202
Grandsaigne-d'Hauterive (L.-J.-G.-E.), Restauration..	202
Granier (Louis), Louis-Philippe...................	208
Grégoire, d'Entraygues, Louis-Philippe............	249
Guibal (Baptiste), deuxième Empire...............	232
Guieysse (Pierre), premier Empire................	187
Guiraud, juge, Louis-Philippe....................	249
Guizard (Louis de), Louis-Philippe................	208
Higonet (Joseph), premier Empire.................	170
Higonet (Philippe), premier Empire................	173

	Pages.
Hombres (d'), Louis-Philippe	224
Hot (Bernard), premier Empire	175
Jalabert (Louis-Delphin), premier Empire	172
James (Joseph-Lucien), Restauration	203
Joanny (Jean-Baptiste-Raymond), Louis-Philippe	214
Joly de Cabanous, deuxième Empire	235
Joulié (Louis), Restauration	200
Joulié (Victor), deuxième Empire	233
Juery (Jean-Pierre), premier Empire	175
Julien de Roquetaillade, Restauration	202
Laçam (Jean-Pierre), Louis-Philippe	224
Lacoste (Joseph), Louis-Philippe	220
Lacour (Louis), premier Empire	180
Lacroix (évêque), Louis-Philippe	218
Lacroix (Louis-Pierre), Louis-Philippe	221
Lafont (Jean), premier Empire	173
Lafont (Georges), Restauration	200
Lagriffoul (Jean), Louis-Philippe	216
Lalo (Victor), premier Empire	185
Lapanouse (comte de), Restauration	204
Laparra de Salgues (Philibert), premier Empire	185
Laqueilhe, deuxième Empire	234
Laur (Thomas), Restauration	196
Laurens, Louis-Philippe	213
Lauret (Antoine-Maurice-Numa), Louis-Philippe	520
Lautard (Pierre-Jean-Antoine), Louis-Philippe	206
Lavabre (Jean), premier Empire	170
Lavalette (Jean-François-Auguste), premier Empire	178
Lavergne, deuxième Empire	234
Lescure, de Lavernhe, Louis-Philippe	219
Liquier (Antoine), Restauration	202
Liquier (Paul-Casimir), Louis-Philippe	241

Lombard (Hercule), Louis-Philippe	218
Loubière (David), premier Empire	182
Loussert-Dugrolès, deuxième Empire	235
Lyssorgues (Jean-Baptiste), deuxième Empire	226
Malaval (Joseph), premier Empire	180
Marcillac (Guillaume), premier Empire	174
Marcillac, gendarme, deuxième Empire	230
Martin (Jean-Baptiste), premier Empire	180
Martin-Saint-Ange père, premier Empire	184
Martin-Saint-Ange, naturaliste, Louis-Philippe	222
Martin (d'Estaing), premier Empire	185
Martin (Valentin), Restauration	202
Martin (Louis), Louis-Philippe	208
Marty (l'abbé), Restauration	198
Marty (Auguste-Charles), deuxième Empire	233
Massabiau, Louis-Philippe	211
Massabiau (Léon), deuxième Empire	230
Mathieu (Maurice, général), premier Empire	169
Mathieu, Louis-Philippe	221
Maury (Pierre), Louis-Philippe	211
Maynier (de), Restauration	196
Mayran, deuxième Empire	232
Mazarin, deuxième Empire	234
Mazerand (Pierre-Cyprien), deuxième Empire	225
Mazuc (Henri), Louis-Philippe	216
Méjanès-Puellor, Restauration	204
Méjanès-Veillac, Louis-Philippe	217
Mercier (Amans), Restauration	192
Merlin, Louis-Philippe	206
Meunier (Antoine), premier Empire	174
Milhet (Armand), premier Empire	189
Miquel-d'Alton (Jean-Antoine), premier Empire	184

	Pages.
Miquel (Jean-Louis), Louis-Philippe	214
Mirabel (Alexandre), Restauration	196
Moly (Guillaume-Antoine), Restauration	200
Monestier, de Sévérac, premier Empire	170
Monestier, de Laissac, Louis-Philippe	210
Monseignat (Félix-Hippolyte), premier Empire	176
Monseignat (Félix), Louis-Philippe	222
Monseignat (Hippolyte), Louis-Philippe	216
Montcalm (marquis de), Restauration	203
Monteil (Alexis), Restauration	193
Montet (André), premier Empire	184
Montety, deuxième Empire	233
Montjaux (Antoine), premier Empire	180
Montvallat, curé, Restauration	200
Morlhon, évêque, deuxième Empire	234
Mostuéjouls (comte de), Restauration	194
Mostuéjouls (Amédée de), Restauration	200
Mouls (l'abbé), deuxième Empire	236
Moysset, deuxième Empire	229
Nellessen (François), premier Empire	173
Nicouleau (Etienne), premier Empire	179
Noel (Jean-Napoléon-Laurent), Louis-Philippe	213
Nogaret (baron), premier Empire	170
Olier (Augustin)	238
Ollié (Jean-Antoine), premier Empire	170
Olier, de Saint-Georges, deuxième Empire	236
Orcibal (Jean-Baptiste), premier Empire	180
Orsal (Antoine), deuxième Empire	235
Ozil (Jean-Louis), premier Empire	174
Pagès (François), Louis-Philippe	221

	Pages.
Pal (Louis), deuxième Empire	227
Palangier (Jean-Antoine-Henri), Louis-Philippe	212
Palmier (Louis-Cyrille-Martin), premier Empire	175
Pas de Beaulieu, premier Empire	177
Passelac (Jean-Joseph), premier Empire	169
Passelac (Jean-Antoine), Restauration	195
Passelac (Zéphirin), deuxième Empire	231
Patris (Paul de), premier Empire	185
Pechverty (Pierre), premier Empire	179
Péguayrolles (Léopold de), Restauration	194
Pellégonon (Amans), premier Empire	181
Pérault (Edmond-Charles-Antoine), Louis-Philippe	520
Perrin-Lasfargues, Restauration	199
Perségol (Louis-Africain), Louis-Philippe	210
Peyre (Antoine-Gabriac-Maurice), Louis-Philippe	220
Peytavin, deuxième Empire	232
Pistres (Jacques), deuxième Empire	227
Planard (Eugène), Restauration	198
Planard (Amédée), Restauration	192
Pons (Joseph), de Peyrusse, premier Empire	190
Pons (François-Mathieu), Restauration	197
Pons, commissaire des guerres, Restauration	201
Pons, caporal, Restauration	197
Pons (Justin), Louis-Philippe	217
Portier, deuxième Empire	226
Pouget, conseiller, Louis-Philippe	221
Poujade-Ladevèze, prêtre, Restauration	199
Pourquié (Joseph-Louis), deuxième Empire	226
Poux, deuxième Empire	234
Pradié (Jean-Guillaume), deuxième Empire	227
Prestat (Charles), premier Empire	189
Prestat (Cyprien), premier Empire	189
Privat (Jean-Louis), deuxième Empire	229
Puech, de Brasc, Louis-Philippe	209

	Pages.
Puech (Laurent-Joseph), deuxième Empire	226
Puech (Fortuné), deuxième Empire	230
Puech, deuxième Empire	234
Querbes (Antoine), premier Empire	172
Rat (l'abbé Le), premier Empire	188
Raynaldy (Louis), Restauration	204
Recoules, de Sers, premier Empire	181
Recoules (Pierre-Paul), Louis-Philippe	211
Régis (l'abbé), deuxième empire	230
Rey, général, premier Empire	175
Reynés (Félix-Louis), Restauration	203
Ricard (comte), premier Empire	186
Ricard (François), premier Empire	177
Ricard (Pierre-Jean), Louis-Philippe	207
Richard, d'Espalion, premier Empire	185
Richard (Théodore), deuxième Empire	231
Rodat (Amans), Louis-Philippe	209
Rogéry (Marc.-Joseph-Bernard), premier Empire	169
Rogéry (Simon), Restauration	194
Rolland (Guillaume), Louis-Philippe	220
Rols, médecin, deuxième Empire	234
Romain, deuxième Empire	235
Romiguière (la), Restauration	204
Roquefeuil (marquis de), Restauration	192
Roquefeuil (Édouard de), Restauration	192
Roquefeuil (Auguste de), deuxième Empire	235
Roquefeuil du Brusquet, deuxième Empire	237
Roqueplo (Amable-Honoré), Louis-Philippe	223
Roquetaillade (François de), Louis-Philippe	223
Roquevaire (Sylvain de), Louis-Philippe	223
Rouanet (Louis-Joseph-Gaspard), Louis-Philippe	207

	Pages.
Rouch (Jean-Baptiste), deuxième Empire	227
Rouquette, deuxième Empire	229
Rouquette, deuxième Empire	236
Roulié (Jean), Louis-Philippe	243
Rousset (Jean-Baptiste), premier Empire	179
Rouvelet (Aristide), Louis-Philippe	242
Rouvellat de Cussac (Joseph-Henri), premier Empire	180
Rouvellat de Cussac, conseiller, Louis-Philippe	216
Rouvellat de Cussac (Alphonse), deuxième Empire	227
Rouziès, Restauration	204
Royer (Amans), deuxième Empire	232
Rozier (Claude-Joseph)	184
Rozier, président, Louis-Philippe	223
Rozier (Adrien), deuxième Empire	234
Rozier, d'Espalion, deuxième Empire	235
Roziès (Charles), premier Empire	170
Roziès (Armand), premier Empire	189
Sabde (Jacques-Maurice), Louis-Philippe	243
Sahut, de Millau, deuxième Empire	229
Saincric (Pierre-Thadée), premier Empire	181
Sainpaul (Antoine-Guillaume), Louis-Philippe	217
Salsès (Joseph-Guillaume), Restauration	197
Salvat (Frédéric), premier Empire	188
Sambucy (Charles de), premier Empire	187
Sambucy (Joseph de), Restauration	202
Sanguinetti, Louis-Philippe	243
Sanguinetti, deuxième Empire	234
Sanhes (Jean-Baptiste), deuxième Empire	228
Sarrus, Louis-Philippe	243
Sasmayous, premier Empire	186
Saunhac (Eugène de), Louis-Philippe	249
Saunhac (Casimir de), deuxième Empire	237

	Pages.
Sauvaire (Pierre-Luc), Restauration	197
Séguret (Jean-Baptiste), premier Empire	174
Séguret (Henri de), Restauration	199
Selves, deuxième Empire	233
Serieys (Thomas), Louis-Philippe	219
Sarmensan, deuxième Empire	233
Serres-Saint-Roman, Restauration	194
Solanet, Restauration	191
Solignac, général, premier Empire	171
Solignac (Napoléon), deuxième Empire	230
Solignac, colonel, deuxième Empire	236
Soulié de Vaureilles, Louis-Philippe	207
Soulié-Lagrézie, Louis-Philippe	221
Soulié (Louis), Louis-Philippe	217
Souris, premier Empire	182
Souyri (Louis), Louis-Philippe	223
Tarayre (Jean-Joseph, général), premier Empire	169
Tauriac (Antoine-Guillaume-Louis de), Restauration	204
Tauriac (Auguste de), Restauration	199
Taurines (Pierre), Louis-Philippe	219
Tayrac (Jules), deuxième Empire	230
Teissier (Louis), premier Empire	188
Teyssier (Eugène de), Louis-Philippe	212
Thérondel, premier Empire	189
Thilorier, général, premier Empire	178
Thomas de Cabanous, Louis-Philippe	220
Toulouse, Louis-Philippe	206
Trémolières, premier Empire	178
Trémolet (Laurent), premier Empire	182
Turc (Pierre), premier Empire	183
Unal (Etienne-Jean-Baptiste), Louis-Philippe	220
Urre (baron d'), Restauration	199

	Pages
Vaissière-Saint-Martin-Valogne, Restauration	194
Vaissière-Saint-Martin (Hugues-Paulin), Louis-Philippe	206
Vaissière-Saint-Martin (Euclide), Louis-Philippe	207
Valentin (Michel), Louis-Philippe	220
Valette-Deshermaux, Louis-Philippe	207
Vasilière, deuxième Empire	229
Vassas (Paul-Louis-Hector), Louis-Philippe	224
Vaysse (Victor), Louis-Philippe	212
Vaysse, deuxième Empire	236
Vayssettes (François), premier Empire	171
Verdier, de Chaniez, Restauration	198
Verdier de Suze, Restauration	202
Verdier (Victor), deuxième Empire	232
Vergnes (François-Charles), premier Empire	178
Vernhet-Laumière, Louis-Philippe	215
Vernhette (Amédée), Restauration	198
Vernhette (Auguste), Louis-Philippe	216
Vesin (Jean-François), premier Empire	187
Vesin (Emile), Louis-Philippe	218
Vesins (comte de), Restauration	200
Vesins, évêque, deuxième Empire	229
Vesins (de), deuxième Empire	233
Viala, général, premier Empire	169
Viala (Pierre), premier Empire	182
Viala, de Saint-Jean-du-Bruel, premier Empire	187
Viala, de Rodez, deuxième Empire	229
Vialard (Jean-Pierre), premier Empire	178
Viany (Joseph), premier Empire	179
Vignasse (Joseph-Dominique), premier Empire	178
Vignoles (Louis de), Louis-Philippe	223
Vigourous (Antoine), premier Empire	175
Vigouroux (Jean-Amans), premier Empire	170
Vigouroux, de Rodez, deuxième Empire	231

	Pages.
Viguier (Jean-Antoine), premier Empire	173
Viguier (Antoine), premier Empire	179
Viguier (François), premier Empire	184
Viguier (Emile), deuxième Empire	232
Villaret, évêque, premier Empire	174
Villeneuve (J.-P.), Louis-Philippe	208
Waiss (Charles), Louis-Philippe	207
Yence, maire de Rodez, Louis-Philippe	219

SUPPLÉMENT

AUX

DOCUMENS HISTORIQUES, etc.,

SUR LES

Familles du Rouergue.

DE CRUZY DE MARCILLAC.

ADDITION A L'ARTICLE SUR CETTE FAMILLE, t. II, p. 545.

Cette noble famille, originaire des environs de Castel-Sarrazin, s'établit en Rouergue à la fin du XVIIe siècle, par suite d'une alliance avec la maison de Bénavent, et y posséda les terres de Mels, de Savignac, de Lieucamp et d'Emparc.

Il est rapporté dans la filiation (p. 547), que Grimond de Cruzy, seigneur de Fauroux et de la Cardonne, eut de son mariage avec Françoise de Goût, dame de Marcillac, entre autres enfants, Bertrand de Cruzy, seigneur du Rozier, qui fit branche. C'est de cette branche qui existe encore dont nous allons parler (1).

BRANCHE DES SEIGNEURS BARONS DE SAUVETERRE, EN QUERCI.

IV. BERTRAND DE CRUZY DE MARCILLAC, seigneur de Rouziès, cinquième fils de Grimond de Cruzy et de Françoise de Goût, capitaine d'infanterie, gentilhomme ordinaire de la chambre du roi, marié en premières noces, le 23 juillet 1634, à Catherine de Goût, et en deuxièmes noces à N......, dame de Sauveterre. Du premier lit est issu :

---

(1) Les titres des Cruzy de Sauveterre ont passé sous nos yeux, et leur origine y est parfaitement établie.

V. SYLVESTRE DE CRUZY DE MARCILLAC, seigneur et baron de Sauveterre et de Cazalens, maintenu dans sa noblesse en 1667, marié : 1° en 1661 à Marie de Cours, fille de messire Carbon de Cours, seigneur de la Salle-Duprat, et d'Anne de Goût, sœur de Catherine, dont il n'eut pas d'enfants; 2°, le 28 novembre 1664, à Jeanne-Germaine Léobard de Durfort, dont il eut :

1° CHARLES DE CRUZY DE MARCILLAC, seigneur de Saint-Geniez, marié, le 28 octobre 1705, à Jeanne de Recais, mort sans enfants;

2° MARGUERITE, mariée en premières noces à Pierre-Louis du Breuilh, le 16 octobre 1695, et en deuxièmes noces à messire Gaspard de Chabanes;

3° PIERRE, dont l'article suit;

4° GABRIELLE DE CRUZY DE MARCILLAC, mariée à Claude de Cormont;

5° ANNE-THÉRÈSE DE CRUZY DE MARCILLAC, mariée à messire Guillaume de Constans, seigneur d'Ispanie;

6° CLÉMENCE DE CRUZY DE MARCILLAC, qui épousa le seigneur de Lile de Montgaillard.

VI. PIERRE DE CRUZY DE MARCILLAC, seigneur et baron de Sauveterre, épousa Jeanne de Castanié, fille de messire Pons de Castanié, seigneur d'Aussac, et de Jeanne d'Escayrac de Lauture, dont il eut :

1° MARIE-ANNE DE CRUZY DE MARCILLAC, mariée, le 6 septembre 1745, dans le château de Sauveterre, à messire Jean-Pierre de Bonnefons, seigneur de Mercadié, fils de messire Bertrand de Bonnefons, seigneur de Caminel, et d'Angélique de Gairal;

2° FRANÇOIS-ALEXANDRE, qui suit;

3° LOUIS DE CRUZY DE MARCILLAC, capitaine au régiment de Joyeuse.

VII. FRANÇOIS-ALEXANDRE DE CRUZY DE MARCILLAC, seigneur et baron de Sauveterre, héritier dès l'an 1737, par testament daté du 19 décembre, de messire François-Alexandre de Castanié, seigneur de Loubéjac. Depuis cette époque, il porte le titre de seigneur et baron de Sauveterre et de Loubéjac. Il épousa, en 1746, Jeanne de Dagès de la Bouissette, dont il eut :

1° MELCHIOR, dont l'article suit ;
2° JEAN DE CRUZY DE MARCILLAC, officier dans le régiment de Vermandois ;
3° LOUIS-PIERRE DE CRUZY DE MARCILLAC, seigneur d'Aussac, officier dans le régiment de Vermandois ;
4° JEAN-PIERRE DE CRUZY DE MARCILLAC, officier dans le régiment d'Aunis.

VIII. MELCHIOR DE CRUZY DE MARCILLAC, seigneur et baron de Loubéjac, l'Honor, de Cos, etc., pour lesquelles seigneuries son père, François-Alexandre, et lui, ont prêté serment aux rois Louis XV et Louis XVI, comme héritiers des seigneurs de Castanié, épousa, en 1787, Marie-Marthe-Armande-Félicité d'Alesme, fille de haut et puissant seigneur Charles-Nicolas d'Alesme, marquis de Saint-Pierre de Limeuil, gouverneur de l'île et citadelle d'Oléron, ministre plénipotentiaire de France auprès de l'Electeur Palatin, chevalier de Saint-Louis, et de haute et puissante dame Joséphine-Caroline-Françoise, comtesse de Welbruck, marquise d'Alesme. De ce mariage sont issus :

1° CHARLOTTE DE CRUZY DE MARCILLAC, mariée, en premières noces, à M. de Marcillac, et, en secondes noces, à M. Dupoy de Guitard ;
2° HENRIETTE DE CRUZY DE MARCILLAC, mariée à M. de la Fargue ;
3° CHARLES DE CRUZY DE MARCILLAC, mort jeune.
4° LOUISE DE CRUZY DE MARCILLAC, mariée à M. de Fauchey ;
5° HONORINE DE CRUZY DE MARCILLAC, mariée à M. d'Aubuisson ;
6° HENRI DE CRUZY DE MARCILLAC, aujourd'hui chef de la famille, et non marié ;
7° ARMANDE DE CRUZY DE MARCILLAC, mariée à M. d'Espourrins ;
8° ARMAND DE CRUZY DE MARCILLAC, marié, le 27 juillet 1828, à Eugénie-Françoise-Laurence de Gironde, fille du comte Jean-Octavien de Gironde, et de Mlle Olympe de Marmiesse de Lussan, dont :

A Mathilde de Cruzy de Marcillac, mariée au comte Victor de Vassal ;
B Henri de Cruzy de Marcillac ;
C Charles de Cruzy de Marcillac, mort en bas-âge,
D Victor de Cruzy de Marcillac ;
E Elisabeth de Cruzy de Marcillac, morte en bas-âge.

ADDITION, p. 549, MÊME ARTICLE.

Pierre-Louis-Auguste de Cruzy, marquis de Marcillac, successivement sous-préfet de Villefranche en 1812 et colonel d'état-major, décédé à Paris en 1824, avait épousé, en 1808, Anne-Olympe-Roseline Huet de Froberville, dont il n'eut que deux filles :

1º Claudine-Asterye-Françoise-Aglaé de Cruzy ;
2º Iphigénie-Clotilde.

DE SCORAILLE,

Seigneurs de Bourran, près de Rodez.

ADDITION, t. III, p. 70.

Une branche de la famille de Scoraille de Bourran existe encore au château de Sangruère, près de Villeneuve-sur-Lot.

Il paraît qu'elle s'était détachée de la souche au commencement du XVIe siècle. Un acte qu'elle possède démontre la communauté d'origine : c'est le contrat de mariage, passé à Monclar-d'Agenais, le 23 mai 1530, entre *noble homme Guillaume de Bourran, chevalier,* et *noble damoiselle Cécille de Douzon.*

Dans ce contrat, le futur est dit assisté du seigneur de Bourran, demeurant en son château, en Rouergue, son cousin-germain.

GAUJAL DE MONTALÈGRE.

ADDITION, t. IV, p. 243.

Il est rapporté dans l'article sur cette famille que Jean-Marc-Alexandre de Gaujal de Montalègre fut condamné à mort par arrêt du parlement de Toulouse, en date du 24 mars 1740, pour crime de meurtre sur la personne de Marie-Jeanne de Boziat de Mantelet, sa femme.

M. de Gaujal parvint à se soustraire aux rigueurs de la justice et à se sauver en Espagne où il obtint du service et fit son chemin.

Il laissait en France une fille, Jeanne-Anne de Gaujal, qui s'allia, en 1759, à Jean-Pierre de Cambiaire, du Fraysse. Tout cela a été rapporté dans l'article dont il est ici question; mais ce que nous n'avons pas dit, parce qu'alors nous l'ignorions, c'est que M. de Cambiaire, aussitôt après son mariage, engagea devant le parlement de Toulouse une instance en révision de l'arrêt du 24 mars 1740; que la famille de Boziat de Mantelet, sur les poursuites de laquelle avait été rendu l'arrêt de contumace, s'empressa d'intervenir et engagea une lutte acharnée contre les époux de Cambiaire.

La procédure fut longue et contradictoire, et après plusieurs années de débats, le parlement, par un nouvel arrêt, mit à néant la condamnation prononcée en 1740. C'est à la faveur de cet arrêt abolitif, qu'en 1778, Alexandre de Gaujal, devenu officier général, put venir en France voir sa fille et remercier son gendre.

DE SAMBUCY DE LUZANÇON.

ADDITION, t. IV, p. 294.

Jean-Baptiste de Sambucy, coseigneur de Luzançon et de Saint-Georges, eut de son mariage avec Charlotte de Neyrac :

- 1° CHARLES DE SAMBUCY, ingénieur en chef des ponts-et-chaussées, marié à Aurélie de Castaneo ;
- 2° VICTOR, établi et mort aux Iles ;
- 3° ANTOINE-FRANÇOIS-JOSEPH, établi à Paris, et qui avait épousé Antoinette de Castaneo, sœur de la femme de son frère aîné ;
- 4° HIPPOLYTE, célibataire, demeuré à Saint-Georges ;
- Et trois filles, la première, femme de M. Vivié de Lauras ; la seconde, de M. de Pomayrols, et la troisième, de M. Olier, de Saint-Georges.

Victor de Sambucy, établi à la Martinique pendant la Révolution, eut un fils qui, avant l'âge de 30 ans, époque de sa mort, avait été substitut, avocat-général et puis conseiller à Marie-Galante.

Antoine-François-Joseph de Sambucy, troisième frère, comte palatin (1), commandeur de la Légion-d'Honneur (2),

---

(1) Brevet du 22 mars 1816.

(2) 20 juillet 1854.

chevalier de l'ordre royal et militaire de Saint-Jean-de-Latran et de celui de la milice d'or, chevalier de Malte (1), membre de l'Académie des Arcades, colonel de la 3e légion de la garde nationale parisienne, décédé en 1856, eut d'Antoinette de Castaneo, sa femme, Ernest et Léonie de Sambucy, qui se sont fixés à Paris.

La famille de Castaneo était devenue l'alliée de celle de Bonaparte, et voici comment :

Le marquis de Castaneo, de Gênes, grand'père de mesdames de Sambucy, étant émigré à Ajaccio, épousa une sœur du prince de Lucques Bacciochi, qui devint plus tard beau-frère de l'empereur Napoléon Ier, par son mariage avec la princesse Elisa, l'aînée des trois sœurs de l'empereur (2), d'où il résulte que mesdames de Sambucy, nées Castaneo, étaient petites nièces de l'ancien prince de Lucques, époux de la princesse Elisa.

A la page 295 lisez, au lieu de musée *royal*, musée moral.

---

(1) Reçu le 19 novembre 1816.

(2) Cette parenté a été reconnue par la famille Bonaparte, notamment dans une lettre adressée à Mme Joseph de Sambucy, en date de Trieste, le 29 novembre 1831, par la princesse Caroline, sœur de Napoléon Ier, qui se termine ainsi : « Je n'ai point oublié que vous êtes alliée de ma famille, et lorsqu'on vous a connue, on ne peut vous oublier. »

CLAUSEL DE COUSSERGUES:

CORRECTIONS ET ADDITION, t. IV, p. 303.

Page 303. — Dans une note insérée au bas de la page, il est dit qu'un frère de François-Amable eut en apanage la terre de la Gratarelle et s'y établit. Ce n'était point un frère de François-Amable, mais de Jean, le premier mentionné dans l'article.

Page 304. — Le fils aîné de François-Amable s'appelait *Jean-Claude*, et non Jean-François-Amable, comme on l'a nommé par erreur. C'est celui qui a été de nos jours conseiller à la cour de cassation et député.

Page 304. — Elisa, fille de Jean-Claude, n'épousa pas le comte Duplessis de Grénedan, député sous la Restauration, mais bien son fils.

NOTES.

Rose Gros de Besplas, femme de François-Amable de Clausel, avait pour frère aîné messire Gros, seigneur de Besplas, président à la cour des comptes, aides et finances de Montpellier, lequel eut deux filles : Mme de Nayrac (Sophie Gros), morte naguère à 96 ans, et Mme de Courtois, mère de Léon de Courtois (1).

Une sœur de Rose de Besplas avait épousé le comte Dupac de Bellegarde, dont le fils cadet, mort à Paris en septembre 1830, contre-amiral honoraire et cordon rouge, avait été proviseur du lycée de Rodez de 1810 à 1818.

Un frère de ce dernier, officier de marine comme lui, avait péri dans l'expédition de Lapeyrouse.

Les Dupac de Bellegarde et les Dupac de Badens, anciens seigneurs, barons de Belvezet, sur les montagnes d'Aubrac, sont deux branches de la même famille, la dernière est éteinte, et la première près de s'éteindre.

(1) La famille de Courtois, originaire de Savoie, s'était fixée à Beaucaire depuis la seconde moitié du xviie siècle.

« Une branche de ma famille avait appartenu à la cour des comptes de Montpellier, presque depuis la création de cette compagnie. Sous Richelieu, qui ne plaisantait pas comme vous savez, un de ses membres eut la sottise d'entrer dans je ne sais plus quelle conspiration; en expiation de quoi il fut condamné à perdre la tête, ou plutôt la vie; car le Père Griffet, dans son histoire de Louis XIII, raconte qu'il fut, hélas! pendu, ainsi que ses complices. Je me souviens d'avoir lu ce lamentable récit; mais je ne puis vous en dire aujourd'hui ni la page, ni le volume, attendu que ma bibliothèque vient d'être détruite aux trois quarts (1), et que ses tristes débris gisent encore dans le plus affreux pêle-mêle. Quoiqu'il en soit de la fin du pauvre conspirateur, sa famille, pour en consacrer la douloureuse mémoire, ajouta une *larme* à ses armes.

» Mon père m'a plus d'une fois raconté qu'ayant été envoyé à Montpellier, vers sa vingtième année, pour y achever ses études de droit, il y trouva une vieille demoiselle, dernier rejeton de cette famille, laquelle l'accueillit avec un extrême empressement, en lui témoignant le désir de l'instituer son héritier. Malheureusement ladite demoiselle, pleine de qualités d'ailleurs, était, paraît-il, peu récréative; et, de son côté, mon père ne savait pas encore *s'ennuyer*. Malgré ses avances et ses bontés pour lui, il ne tarda pas à négliger, puis à délaisser complètement cette vieille parente; si bien que, se voyant dédaignée, elle se détermina, non sans regret, à laisser sa succession, qui n'était nullement méprisable, à un autre de ses parents du nom de *Lavit*, avec condition d'ajouter à son nom celui de sa bienfaitrice; d'où la famille *Lavit de Clausel*, établie aujourd'hui en Bourgogne, où elle occupe un rang honorable.

» Un membre de cette dernière famille, celui-là même, à ce que je crois, qui avait hérité de la vieille demoiselle, fut maire de Sceaux, près de Paris, sous la Restauration. Il avait émigré et était chevalier de Saint-Louis. »

(*Lettre de M. de Clausel*, 31 août 1860).

---

(1) Par une funeste imprudence, le château de Coussergues est devenu la proie des flammes dans l'été de 1860.

La note bibliographique insérée au bas de la page 309 est fort incomplète et contient plusieurs erreurs. Voici l'état exact des ouvrages publiés par M. Clausel de Coussergues :

1° *Accusation contre le duc Decazes*, Paris, 1820, in-8°.

2° *Discours sur les fonds secrets de la police*, prononcé le 16 juin 1821, brochure in-8°, 2e édition.

3° *Quelques considérations sur la marche du parti libéral*, Paris, 1822, brochure in-8°.

4° *Quelques considérations sur la révolution d'Espagne et sur l'intervention de la France*, Paris, 1823, brochure in-8°.

5° *Du sacre des rois de France*, Paris, 1825, vol. in-8°.

6° *De la liberté et de la licence de la presse*, Paris, 1826, brochure in-8°.

7° *Considérations sur l'origine, la rédaction, la promulgation et l'exécution de la Charte*, Paris, 1830, volume in-8°.

8° *De la souveraineté du peuple et du serment demandé*, Paris, 1831, brochure in-8°.

9° *De la succession au Trône d'Espagne et de la convocation des Cortès pour le 20 juin 1833*, Paris, 1833, brochure in-8°.

10° *Nouvelles considérations sur la succession d'Espagne*, Paris, 1833, brochure in-8°.

11° *Du serment politique depuis 1789 jusqu'en 1830*, Paris, 1834, brochure in-8°.

—

L'*Itinéraire de Bonaparte de l'île d'Elbe à l'île Sainte-Hélène* et le *Génie de la Révolution considéré dans l'éducation*, mal à propos attribués à M. de Clausel, sont de M. Fabry, de Cornus, mort en janvier 1821.

ROZIER.

ERRATUM, t. IV, p. 370.

Jeanne-Victoire-Antoinette Rozier eut de Claude-Charles-Richard de *Cendrecourt* (et non Gondrecourt), inspecteur des domaines à Villefranche, entre autres enfants, une fille, mariée en premières noces à M. de Saint-Surin, et en deuxièmes à M. de Montmerqué (et non Montmajour), conseiller à la cour impériale de Paris (et non à la cour de cassation) et membre de l'académie des inscriptions et belles lettres.

C'est à ce dernier et à M. de Saint-Surin qu'est due la plus complète et la meilleure édition de Mme de Sévigné.

Baron CAPELLE.

ADDITION, t. IV, p. 425.

Emile Capelle, né à Millau en 1795, chef d'escadron en retraite, chevalier de l'ordre de Saint-Ferdinand d'Espagne, ancien page de l'Empereur, marié, le 6 avril 1843, à Charlotte-Maria Corneille de Moynalty, fille de John Corneille de Moynalty et Kilbeg, écuyer, secrétaire-général de l'instruction publique en Irlande, petite-fille du feld-officier Daniel Corneille de Moynalty et Kilbeg, gouverneur de l'île Sainte-Hélène, et, maternellement, arrière petite-fille d'Etienne de Gualy, écuyer, capitaine d'infanterie et gouverneur de Terre-Neuve pour S. M. Britannique, frère cadet émigré de Marc-Antoine de Gualy de Lhom-d'Auriac, chevalier, seigneur de Creissel, etc. De ce mariage sont nés Sophie et Henri-Dieudonné Capelle.

GARIBAL.

Armes : *De gueules, au coq d'or sur une montagne du même ; à trois étoiles d'or en chef. Timbré, d'un casque fermé et grillé, posé de fasce.*

La famille Garibal apparaît à Villefranche dans le xve siècle. Sire Olivier Garibal était quatrième consul en 1476. Sire Jean Garibal, trésorier en la comté de Rodez, était consul en 1604.

Jean fut le père de Raymond Garibal, conseiller au parlement de Toulouse. Ce dernier épousa Marguerite Senaux. Les deux époux n'ayant pas d'enfants résolurent, d'un consentement mutuel, d'entrer en religion. Marguerite devint religieuse de l'ordre de Saint-Dominique dans le monastère de Sainte-Catherine de Toulouse, sous le nom de Marguerite de Jésus. Garibal entra dans la maison des Chartreux de Toulouse, et peu de temps après sa profession il fut nommé prieur de celle de Villefranche (1625), où il mourut dans le mois de mars 1630 (1).

(1) Moréri. Art Senaux. — Manuscrits Cabrol.

D'une autre branche est sorti Jean de Garibal, président au grand conseil, baron de Saint-Sulpice et de Bias, qui prit femme dans la maison de Jean de Bertier Moncade, premier président au parlement de Toulouse. Il vint de ce mariage Jean-Louis de Garibal, conseiller au parlement de Grenoble, mort sans postérité, et Gabrielle de Garibal, qui épousa Nicolas de la Reynie, conseiller d'Etat, lieutenant général de police de la ville, prévôté et comté de Paris (1).

Jean-Louis de Garibal donna des maisons qu'il possédait au quartier du Pech, pour la construction de l'église des Pénitents Noirs ou Frères de la Croix, lorsqu'il fut reçu membre de la confrérie de ce nom.

Une demoiselle de Garibal se maria avec Nicolas de Campmas, trésorier de France. On voyait leurs armes et leurs noms sur une belle lampe d'argent qu'ils avaient donnée à l'église Notre-Dame des *Treize-Pierres*.

En 1638 vivait un Garibal, maître des requêtes, homme plein de probité et de mérite. Ayant des doutes au sujet des biens considérables que lui avaient laissé ses parents comme aîné de la famille, il s'adressa, pour les faire lever, à de savants docteurs de Sorbonne qui le renvoyèrent au chanoine Bonal, de Villefranche, savant théologien. Garibal s'en remit aux lumières de Bonal d'une manière absolue. Après plusieurs conférences qu'il eut avec ce saint prêtre, il fit diverses restitutions et brûla tous les contrats que Bonal jugea être usuraires. Pendant son séjour à Villefranche, il fut un modèle de piété et d'édification. Louis XIII l'ayant fait intendant d'Auvergne, il se conduisit avec tant de prudence et de sagesse, qu'en soutenant les intérêts du roi, il ne blessa pas ceux des pauvres et des personnes opprimées (2).

En 1665, un Garibal fit saisir, sur la tête de Flammette Dumas, épouse de M. de Lucas, l'ancienne vicomté d'Elves et le fief de Saint-Remy.

---

(1) Tablettes généalogiques et historiques, partie VII. — *Dictionnaire généalogique, héraldique et historique*, t. II.

(2) Manuscrits de Cabrol sur le chanoine Bonal.

L'ancienne vicomté d'Elves avait appartenu à la famille d'Arpajon. René d'Arpajon se qualifiait, en 1532, seigneur d'Elves, quoique cette terre fût sortie des mains de sa famille. La famille Patras avait fait l'acquisition de la terre d'Elves.

Sire Antoine Patras est qualifié de seigneur d'Elves dans une requête présentée contre lui, le 24 avril 1559, au sénéchal de Rouergue. Il n'était point seigneur, parce qu'il n'était pas noble. D'après l'ordonnance de Blois de 1579 qui supprima l'usage de s'ennoblir par les fiefs, les terres nobles ne rendent pas nobles ceux qui les possèdent, et un marquisat ou un comté ne font ni marquis ni comte ceux qui les ont acquis.

En 1568 la terre d'Elves était entre les mains de Jean Dumas, premier consul de Villefranche la même année. Il se qualifiait sieur d'Elves. A suite de la saisie pratiquée sur la tête de Flammette Dumas par Garibal, Nicolas de Campmas, trésorier de France, devint acquéreur d'Elves.

Ce fut à la même époque que la terre de Saint-Remy advint à la famille de Campmas. En 1670, Villefranche a pour premier consul Guillaume de Campmas, seigneur d'Elves et de Saint-Remy, qui avait ajouté le nom de Garibal à son nom patronymique.

L. Guirondet.

SUR LES COSEIGNEURS DE LA TERRE DE CANILLAC AU XVIIIe SIÈCLE.

Addition au tome Ier, p. 733.

La baronnie de Canillac, très étendue dans le Gévaudan, comprenait en Rouergue les terres de Saint-Laurent, d'Estables, de Bonneterre, etc., et la seigneurie d'Aurelle. Ces terres successivement possédées par les puissantes familles de Canillac, de Beaufort et de Montboissier, furent aliénées au commencement du XVIIIe siècle par cette dernière maison et passèrent en diverses mains.

Le château de Canillac et les terres dépendantes furent acquis, le 23 octobre 1732, par MM. Jurquet de Montjusieu, de Nogaret, Perrin de Viviers et de Vidal-Saint-Urbain.

MM. de Saint-Urbain et de Nogaret achetèrent, vers la même époque, la seigneurie des montagnes de Saint-Urcise et de Lespinouse, tandis que le château de Saint-Laurent (1) et le fief des Hermeaux passaient aux mains de M. de Valette.

Vers 1728, M. de Fajolle, de Saint-Geniez, était devenu adjudicataire de la baronnie d'Aurelle qui fut possédée ensuite par la famille de Layrolles.

---

(1) C'est dans ce château que les barons de Canillac avaient fait pendant longtemps leur résidence.

NOTE SUR LA FAMILLE DE VIDAL SAINT-URBAIN.

Jean-François de Vidal, qui figure parmi les acquéreurs des terres ci-dessus, appartenait à une honorable famille de Saint-Laurent-d'Olt, et avait acheté, en 1683, à M. de Frézal de Beaufort, le fief de Saint-Urbain, dont ses descendants ont depuis porté le nom (1), et pour lequel il fit hommage au roi, le 17 octobre 1733, devant la chambre de Navarre. Ce fief mouvait de la châtellenie de La Roque-Valzergues, et par conséquent du roi, comme comte de Rodez.

I. JEAN-FRANÇOIS DE VIDAL DE SAINT-URBAIN épousa, le 19 décembre 1710, Brunette de Pot-de-Vigne, de Saint-Urcise, fille de N. de Pot-de-Vigne, conseiller du roi et trésorier-général de France, dont :

    1° Jean-Joseph, qui suit ;
    2° Marguerite, mariée, le 24 janvier 1754, à M. de Fajolle, de Saint-Geniez ;
    3° Jeanne, religieuse à Saint-Geniez.

II. JEAN-JOSEPH DE VIDAL DE SAINT-URBAIN, coseigneur de Canillac et des montagnes de Saint-Urcise, prit alliance, le 7 novembre 1756, avec Marie-Louise du Verdier de Mandillac, du Mur-de-Barrez, fille de Jérôme du Verdier et d'Antoinette de Pélamourgues.

Il en eut :

    1° André, tué le 17 septembre 1793, à la bataille de Peyrostortos (Pyrénées-Orientales) étant adjudant-général adjoint à l'état-major ;
    2° Jacques-Joseph-Philippe entré, en 1780, dans la petite gendarmerie, s'embarqua, en 1782, sur la frégate l'*Aigle*, faisant partie du détachement de M. de La Grange. La frégate, commandée par M. de La Touche-Tréville, fut prise par les Anglais, sur les côtes d'Amérique, le 14 septembre 1782, et on n'a plus entendu parler depuis cette époque du jeune Vidal ;
    3 Jean-Baptiste, qui suit.

III. JEAN-BAPTISTE DE VIDAL DE SAINT-URBAIN, docteur-médecin, épousa, en 1814, Marie-Louise-Hélène de Bancarel, fille de Raymond et de Marie-Marguerite du Verdier de Mandillac, et mourut à Saint-Laurent, le 21 septembre 1850, âgé de 81 ans, laissant de son mariage :

IV. JEAN-JOSEPH-HIPPOLYTE-RAYMOND DE VIDAL DE SAINT-URBAIN, marié, en 1844, à Elise de Bancarel, fille de Philippe de Bancarel et d'Adolie de Cassan-Fluyrac.

                                    (*Titres de famille*).

(1) Un jugement en rectification des actes de l'état civil, rendu par le tribunal de Millau, en 1860, a rétabli le droit dont avaient usé dans les actes publics, les membres de cette famille jusqu'à la Révolution, de faire précéder leur nom de *la particule*.

FAMILLES DU ROUERGUE

ENNOBLIES PAR LETTRES PATENTES ET PAR CHARGES.

Ces états sont plus complets que ceux qui ont été publiés dans le 1ᵉʳ vol. des *Documents historiques*, etc., p. 189 et suivantes.

FAMILLES DU ROUERGUE ENNOBLIES PAR LETTRES PATENTES.

Pierre du Mas, d'Aubin, ennobli par le comte Jean Iᵉʳ d'Armagnac en 1329. (*Bosc*, III, 327).

Jean Gaffier, du bourg de Rodez, ennobli, en juin 1346, par Jean, duc de Normandie et d'Aquitaine, fils aîné de Philippe de Valois, roi de France, lequel confirma l'ennoblissement par lettres patentes datées d'Arras en juin 1347.

(*Lettre du roi sur parchemin*).

Amat, en Rouergue. Lettres patentes accordées par le roi Jean-le-Bon à Pierre Amat, de Saint-Affrique, et sa postérité, en mai 1355; expédiées le 7 juin, moyennant une finance de 600 livres.

(*Réveil du Midi*, 1ᵉʳ juin 1847).

Nattes. Bérenger de Nattes, premier consul du bourg de Rodez. Lettres patentes de Charles V, en date du 4 mars 1369. (*Lettres du roi*).

D'Agens. Pons d'Agens, de Villefranche, ennobli par Edouard, roi d'Angleterre, et confirmé par Charles V en 1373. (*Annales de Villefranche*).

Lemercier, de Villefranche. (*Idem*).

Colomb. Bernard Colomb, de Villefranche, trésorier du domaine de Rouergue, ennobli par le roi Charles V à la même époque. (*Idem*).

Valette. Bernard Valette, ennobli par le roi en 1382.
(*Registre de la cour des aides de Paris*).

Serres. Georges Serres, de Rodez ; lettres d'ennoblissement accordées, le 10 mars 1394, par Bernard d'Armagnac, comte de Rodez, en faveur de la personne et biens de Georges Serres, fils de Hugues, et de toute sa postérité de l'un et de l'autre sexe.
(*Lettres originales aux archives de la société*).

Vigourous. George Vigourous, seigneur de Gamarus, ennobli par lettres patentes du roi Louis XI, datées d'Amboise au mois de novembre 1470. (*Titres de famille*).

Boissière. Jean Boissière, de Rodez, ennobli par lettres du même roi en février 1474.
(*Archives de la maison de Saunhac*).

Malroux. Antoine Malroux, marchand de Villefranche, député aux états-généraux de Tours, ennobli en 1484.
(*Annales de Villefranche*).

Glandières. Pierre de Glandières, seigneur de La Boissonnade, ennobli par lettres du roi Charles VIII, datées d'Amboise au mois de juin 1489, en récompense de ses mérites.
(*Titres de famille*).

CAMPMAS. Nicolas Campmas, conseiller du roi, ennobli en 1635. (*Titres de famille*).

JOUGLA DU FRESNE, barons de Saint-Rome-du-Tarn, famille ennoblie par lettres patentes du mois d'octobre 1643.
(*Nobiliaire de la généralité de Montauban*).

GACHES. Louis et Jacques Gaches, seigneurs de Belmont, ennoblis en 1668.
(*Registre de la chambre des comptes et cour des aides de Paris*).

GUÉRIN, Antoine, seigneur des Arènes, capitaine au régiment royal, ennobli par lettres du mois de janvier 1668.
(*Nobiliaire de la généralité de Montauban*).

MAILHES, médecin, de Villefranche, ennobli par le roi en récompense des services qu'il avait rendus à Marseille pendant la terrible peste de 1720.
(*Biographies*, par M. Guirondet).

MASSON. Jean-Antoine de Masson, seigneur de la Teule, etc., ennobli par lettres patentes du roi Louis XV, données en mai 1723, en récompense de ses services militaires et civils.
(*Titres de famille*).

TREILLES. François Treilles, de Villefranche, capitaine d'infanterie et chevalier de Saint-Louis, ennobli en juillet 1723. (*D'Hozier*).

CHIRAC. Pierre Chirac, de Conques, premier médecin du roi, ennobli en 1728.

DE NEYRAC, Charles-Alexandre, subdélégué, ennobli par lettres du 23 février 1775. (*Titres de famille*).

BOSCARY DE VILLEPLAINE (Jean-Baptiste-Joseph), originaire de Saint-Côme, négociant à Paris, ennobli, en 1814, par Louis XVIII, au titre de baron, pour services éclatants rendus à la famille royale dans la funeste journée du 10 août 1792.

DUBRUEL (Pierre-Jean-Joseph), de Rignac, ancien député, ennobli par lettres du mois de décembre 1814.

SALTEL, maire de Saint-Jean-du-Bruel, ennobli par lettres du mois de janvier 1817.

HIGONET, Philippe, de Saint-Geniez, maréchal de camp, créé baron en 1818.

GAUJAL (Marc-Antoine-François), premier président de la cour royale de Limoges, créé baron par lettres du 2 avril 1822.

BALSAC (Marie-Auguste de), préfet de l'Oise, créé baron par le roi Louis XVIII en 1822.

FRAYSSINOUS (Denis-Antoine-Luc), évêque d'Hermopolis, créé pair au titre de comte le 31 octobre 1822.

MAYNIER (Pierre-Louis-Joseph), procureur du roi près le tribunal de première instance de Rodez, ennobli par lettres du 27 septembre 1823.

ALIBERT (Jean-Louis), de Villefranche, professeur à la faculté de médecine de Paris et premier médecin du roi, créé baron le 31 octobre 1827.

VERNHETTE (Blaise-Joseph-Henri-Amédée), de Montjaux, préfet des Vosges, créé vicomte par Charles X en 1829.

CONSEILLERS A LA COUR DES AIDES ET DES COMPTES.

ARNAUD DE RIGNAC, du Rouergue, pourvu d'une charge de maître en la chambre des comptes de Languedoc le 31 octobre 1571.

ETIENNE TEXORIS OU TEXIER, de Saint-Antonin, procureur-général en la cour des comptes de Montpellier en 1572.

Jacques de Vignoles, conseiller en la cour des aides de Montpellier en 1594.

Paul de Colonges, conseiller id. en 1628.

Etienne de Guilleminet, conseiller en la cour des aides et chambre des comptes de Montpellier en 1644.

Pierre de Guilleminet, fils du précédent, occupait la même charge en 1731.

Jean-Etienne de Gaujal, seigneur du Claux, correcteur en la même cour en 1729.

Antoine de Sambucy, châtelain de Compeyre, vivant en 1739, était conseiller du roi et avocat-général en la cour des aides et finances de Montauban.

François-Amable Clausel de Coussergues était conseiller en la cour des comptes du Languedoc en 1754.

Un tableau imprimé de la cour des comptes, aides et finances de Montpellier, pour l'année 1784, porte les noms suivants :

Aides. — Pierre-Charles-Antoine Neyrac, seigneur du Cros, conseiller.

Comptes. — Pierre-Jean Layrolle, seigneur de Layrolle, vicomte de la Rivaldie, baron d'Aurelle, etc., président.

François Pas de Beaulieu, conseiller-maître.

Amablé-François Clausel (le même que dessus), seigneur de Coussergues, Favars et du Rey, idem.

Barthélemi-Robert Nogaret, seigneur de Nogaret, coseigneur de Canillac et des montagnes de Saint-Urcise et de Lespinouse, idem.

Comptes. — Antoine-Bernard de Teissier, seigneur de Cadapeau, conseiller-auditeur.

Jean Cassan, seigneur de Floyrac, idem.

Jean-Baptiste de Sambucy, seigneur de Luzançon, Linas, coseigneur de Saint-Georges, idem.

Jacques Vayssière, seigneur de Saint-Martin, idem.

Joseph-Jean-François Peyrot-Restaurand, id.

Pierre-Louis Molinier-Sapientis, idem.

Antoine-Marie de Planard, originaire de Saint-Geniez, et fixé depuis à Millau, pourvu, quelques années avant la Révolution, d'une charge de maître des comptes au bureau des finances de Montauban.

SECRÉTAIRES DU ROI, MAISON ET COURONNE DE FRANCE EN DIVERSES CHANCELLERIES DU ROYAUME.

Arnaud Bérengues, de Cassagnes-Bégonhès, secrétaire du roi, par lettres patentes de Charles VIII, en date du 9 février 1493.

Antoine Brenguier, seigneur d'Onet et d'Arvieu, était secrétaire du roi en 1530.

André Targas, de Saint-Antonin, contrôleur général des gabelles du département du Rouergue, pourvu d'une charge de secrétaire du roi, le 22 janvier 1635.

François Bancarel, de Rodez, secrétaire du roi en la chancellerie présidiale de Rodez, le 15 octobre 1635, et Jean, son fils, le 17 mai 1674.

Etienne-Julien de Pégayrolles, seigneur du Cros et de Saint-Agnan, était secrétaire du roi, en la chancellerie de Montpellier, en 1677.

François de Villaret, seigneur de La Calçade, habitant de Sévérac-le-Château, idem, en 1694.

Jean de Fajolle, seigneur de La Ferrière, reçu secrétaire du roi, le 3 janvier 1701.

Antoine de Barthélemy, seigneur de Las Cases, habitant à Sévérac, était secrétaire du roi en 1702.

Marc de Benoît, de Saint-Geniez, seigneur de Césals, reçu en 1704.

Pierre du Vivier, de Saint-Georges-de-Luzançon, était secrétaire du roi au commencement du XVIIIe siècle. *(Titres de la famille de Bonald)*.

Raymond de Jouery de Brussac était, en 1706, secrétaire du roi en la chancellerie près la cour des aides de Montauban.

Jean-Victor de Lisle, de Saint-Geniez, reçu secrétaire du roi en 1704.

Giles de Gransaigne, baron de Brousse, seigneur de Monclar, etc., conseiller, secrétaire du roi, mort en 1724.

Etienne de Grandsaigne, seigneur d'Auberoque, frère du précédent, pareillement conseiller secrétaire du roi, vivant en 1709.

Louis-Giles de Grandsaigne, vicomte d'Hauterive, fils du précédent, vivant en 1730, posséda la même charge.

François Le Normand-d'Ayssène, secrétaire du roi en la chancellerie de Montauban vers 1716.

Pierre-Jean de Layrolle, de Sévérac, idem, en 1732.

Pierre de Malbois, seigneur du Caussonel, habitant au Viala-de-Saint-Jean, conseiller secrétaire du roi en la chancellerie de Montpellier en 1733.

François de Sambucy de Courtines, maire de Millau, était, en 1743, conseiller secrétaire du roi de l'ancien collége, en la chancellerie du Languedoc près le Parlement de Toulouse.

Cayron, seigneur de Montmaton, secrétaire du roi vers 1756.

Antoine-Amans de Balsa, sieur de Vialatelle, habitant de Rodez, était, en 1782, conseiller du roi secrétaire vétéran en la chancellerie près la cour des aides de Montauban (*Papiers de Camboulas*).

Bernard Carcenac, de Rodez, seigneur de Bourran, acheta, le 12 octobre 1772, de M. de Balsa, l'office de conseiller secrétaire du roi en la chancellerie de Montauban, et l'exerça jusqu'à son décès, arrivé le 13 juin 1787.

François-Bernard Carcenac de Bourran, fils du précédent, eût la même charge après lui.

Jean-Ignace de Vidal, sieur de La Coste, originaire d'Entraygues, jurisconsulte distingué du barreau de Toulouse, secrétaire du roi avant 1789.

Joseph-François-Régis de Séguret, dernier lieutenant-général, juge-mage et président au présidial de Rodez, était secrétaire du roi en la chancellerie de Montauban en 1781.

Louis-Félix de Monseignat, habitant à Rodez, reçu secrétaire du roi en la chancellerie de Paris, le 2 août 1782.

Jean-François de Cabrières, conseiller secrétaire du roi en la chancellerie de Douai, vers la même époque.

Marie-Jean-Antoine-Régis de Lavernhe, pourvu de la charge de secrétaire du roi, que fit passer sur sa tête M. de Séguret, son beau-père, en 1788.

PRÉSIDENTS TRÉSORIERS DE FRANCE.

Jean-Georges de Caulet, seigneur de Cadars, président trésorier de France à la fin du xvie siècle.

Nicolas de Campmas, en 1635, lors de la création du bureau des finances de Montauban.

Bertrand Planard, de Rodez, trésorier général de France en la généralité de Montauban, vivait en 1656 (1).

Charles de Montlauseur, président trésorier de France à Montauban, en 1666.

Jean de Tullier, seigneur de La Roquette, idem, vers 1668.

Louis de Rech, seigneur de Pinet, idem, vers 1696.

Antoine de Moly, sieur des Ondes, idem, en 1698.

Paul-Joseph de Moly, sieur de Cadayrac et de Maleville, fils du précédent, idem, en 1755 et 1788.

Courtines, de Millau, idem, au commencement du xviiie siècle.

Peyrot, de Millau, sieur de Vailhauzy, idem, avant 1740.

Guillaume-Jean--Philippe Du Verdier de Mendillac, seigneur de Vallon, idem, pourvu le 12 juillet 1754.

Armand-Régis Le Normand, capitaine d'infanterie, était président trésorier de France en 1781.

---

(1) Avait épousé, le 30 mai de cette année, Anne de Bonal, fille de Raymond et de Claire de Baudinel.

Guillaume Rodat, seigneur de Druelle, pourvu en 1774.

Du Verdier de Marcillac exerçait en 1781.

Des Lendes des Combettes, idem.

Dufau, ancien officier d'infanterie, idem.

Jean-François Dufau, de Saint-Santin, ancien officier d'infanterie, greffier en chef, idem.

Belmont-Malcor, idem.

Dubruel, de Villefranche, idem.

Solanet, de Rodez, idem.

Dans deux actes authentiques, l'un de 1784, le 3 mai, Gui, notaire de La Salvetat; l'autre de 1786, le 23 novembre, Mazenc, notaire à La Gardelle, Jean-Joseph de Tayrac, habitant à La Salvetat, ancien conseiller au bureau de l'élection de Villefranche, est qualifié trésorier de France.

Il avait épousé N. Dardenne, et avait succédé dans l'emploi de secrétaire du roi à M. Moly-Maleville.

CAPITOULS DE TOULOUSE.

Alary (Jacques), docteur, seigneur de Tanus, 1543.

Valiech (Albert de), docteur et avocat, 1570.

Valiech (Jean de), bourgeois, 1576-90.

Rudelle (Guillaume de), docteur et avocat, 1608.

Cat de La Boissonnade (François), bourgeois, 1629.

Caulet (Jean-Georges de), sieur de Cadars, écuyer, 1665.

Gaston (Bernard-Albert), sieur de Larguiez, vers 1716.

Pomarède de La Viguerie (Bernard), avocat à Toulouse, originaire de Cassagnes, 1741.

Sambucy (Marc-Antoine), avocat, 1745.

D'Ambès (Guillaume), sieur de Brenac, avocat, 1745.

Delfau (François), écuyer, seigneur de La Roque-Bouillac, coseigneur de la baronnie de Camboulié, 1746.

Belmon (Jacques), sieur de Malcor, écuyer, 1760.

Moly (Guillaume), avocat, sieur de Billorgues, 1764.

Valette Des Hermeaux (Antoine-Alexis), avocat, 1766.

Dufau (Jean-Joseph-François), écuyer, sieur de La Roque-Toirac et Saint-Affre, 1772.

TABLE DES MATIÈRES.

TEMPLIERS.

I.

	Pages.
Etablissements des Templiers en Rouergue	1
Premières fondations en leur faveur	1
Préceptoreries ou commanderies	4
Templiers du Rouergue	22

II.

Notice historique sur l'ordre	28
Sa Constitution	49
Succession des grands-maîtres	31

III.

PROCÈS ET CONDAMNATION DES TEMPLIERS.

1° Relâchement et conduite imprudente des Templiers après leur retour d'Orient. — Leur perte est résolue par le roi. — Leur arrestation. — Actes de l'information primordiale par les commissaires du roi. — Réclamations et acquiescement du Pape.. 55

2° Continuation de la procédure sous l'autorité du Pape. — Chefs d'accusation. — Mauvais traitements. — Templiers d'Alais..................	64
3° Enquête de la commission papale. — Curieuses dépositions de quelques Templiers du Rouergue...	70
4° Conciles provinciaux chargés des jugements partiels des provinces. — Condamnations. — Abolition de l'ordre au concile général de Vienne. — Supplice du grand-maître.................	94
5° Réflexions	99
Addition à la liste des Templiers du Rouergue.......	105

IV.

Franc-maçons et nouveaux Templiers............... 107

V.

Auteurs qui ont écrit sur les Templiers............. 113

ORDRE DE SAINT-JEAN-DE-JÉRUSALEM OU DE MALTE.

Courte notice sur l'ordre....................... 119
Commanderies du Rouergue.................... 133
Chevaliers appartenant à des familles du Rouergue.... 144

LÉGION-D'HONNEUR.

	Pages.
Notice sur l'ordre de la Légion-d'Honneur	155

Tableau raisonné des légionnaires du département de l'Aveyron, en quatre séries, savoir :

Premier Empire	168
Restauration	191
Règne de Louis-Philippe	205
République de 1848 et deuxième Empire	225

ARTICLES BIOGRAPHIQUES.

Affre (Denis-Auguste), archevêque de Paris	249
Albignac-Triadou (comte d'), lieutenant-général	285
Albignac de Montal (baron d'), maréchal-de-camp	288
Aubriot, lieutenant-colonel de gendarmerie	290
Auzouy (Hippolyte), capitaine de la vieille garde	291
Bergon (comte), conseiller d'État	292
Bernard, de Saint-Côme, maréchal-de-camp	293
Bessodes, major	294
Béteille, général de brigade	295
Boyer-Peyreleau, colonel	299
Brassat, chef d'escadron	304

	Pages.
Cabantous, professeur........................	302
Cabrières, administrateur..	306
Cambiaire, général...........................	309
Capelle (baron), préfet et ministre................	312
Carcenac (Régis), colonel......................	319
Carrié de Boissy, maréchal-de-camp..............	321
Costes (Raymond), capitaine de sapeurs...........	325
Cussac (Rouvellat de), chef de bataillon...........	327
Delauro-Dubez, magistrat......................	329
Delauro, maire de Rodez......................	333
Delrieu, auteur tragique.......................	335
Dijols, colonel...............................	337
Dornes, général de brigade.....................	338
Escudier, commandant.........................	338
Flaugergues, député...........................	340
Gaches, chef de bataillon..	347
Garabuau, général de brigade......	347
Gayrard, graveur et statuaire................	348
Girard (l'abbé), homme de lettres..............	352
Girou de Buzareingues, écrivain.................	356
Grandsaignes, colonel.........................	367
Higonet, colonel du 108e................... ...	370
La Romiguière, professeur de philosophie et auteur..	375

	Pages
Marty (l'abbé), auteur......................	383
Mathieu-Maurice, général de division.............	399
Merlin, député...........................	407
Monseignat, jurisconsulte.....................	409
Monteil, homme de lettres....................	415
Murat, médecin..........................	422
Najac, comte de l'Empire.....................	425
Nogaret (baron), préfet......................	426
Pas de Beaulieu, lieutenant-colonel et député.......	429
Passelac, maréchal-de-camp...................	435
Perrin de Viviers, député.....................	437
Planard (Eugène), auteur dramatique.....	438
Prestat, général de brigade....................	447
Prompt, adjudant-général.....................	452
Rey, général de division......................	452
Ricard (comte), général de division...............	454
Richard, peintre...........................	457
Rodat, agronome...........................	459
Rogéry, lieutenant-colonel.....................	463
Salsès, chef de bataillon......................	464
Sarret, général de brigade.....................	465
Séguret, président..........................	465
Solignac (baron), général de division..............	474

	Pages
Tarayre, général de division	490
Thilorier, général de brigade	496
Vayssettes, magistrat	500
Vergnes de Castelpers, député	501
Vezin, ancien tribun	502
Viala, général de brigade	508
Villaret, évêque de Cazal	519
Légionnaires omis dans les précédentes listes	520
Table alphabétique des légionnaires du département	521

SUPPLÉMENT aux Documents historiques, *etc.*, *sur les familles du Rouergue.*

Cruzy (de) Marcillac	544
Scoraille (de), seigneurs de Bourran	545
Gaujal de Montalègre	546
Sambucy de Luzançon	547
Clausel de Coussergues	549
Rozier	552
Capelle (baron)	553
Garibal	554
Coseigneurs de la terre de Canillac au XVIIIe siècle	557
Note sur la famille de Vidal-Saint-Urbain	558
Etat complet des familles du Rouergue ennoblies par lettres patentes ou par charges	559

EXTRAIT DU PROCÈS-VERBAL DE LA SÉANCE GÉNÉRALE TENUE PAR LA SOCIÉTÉ DES LETTRES, SCIENCES ET ARTS DE L'AVEYRON, LE 20 AOUT 1861.

Sur une réclamation de M. H. de Monseignat, la Société délibère que la distribution du cinquième volume des *Documents historiques sur le Rouergue* sera suspendue; qu'une notice biographique sur M. de Monseignat père sera imprimée à la fin de ce volume; que cette notice sera proposée par la famille de Monseignat et soumise, avant l'impression, au Comité permanent; que M. de Barrau pourra faire suivre cette notice de ses observations et de l'indication des documents dont il a fait usage; mais son travail devra aussi être soumis préalablement au Comité permanent.

Extrait du procès-verbal de la séance tenue par le Comité permanent de la Société des Lettres, Sciences et Arts de l'Aveyron, en date du 22 septembre 1861.

Il est donné lecture d'une lettre par laquelle M. H. de Monseignat demande que la notice nécrologique sur son père, publiée par le *Journal de l'Aveyron*, le 9 décembre 1840, et le discours prononcé dans le sein de la Société d'agriculture, dans la séance du 13 décembre 1840, et reproduit par le même journal dans le numéro du 16 du même mois, remplacent la notice dont la Société, dans sa séance du 20 août 1861, avait autorisé l'insertion à la suite du volume sur les ordres équestres, édité sous son patronage.

Il est donné aussi lecture d'une note de M. de Barrau, indiquant les sources où il a puisé les documents qui ont servi de base à la biographie de feu M. de Monseignat père (1) et dont il demande l'insertion à la suite du même volume.

Le Comité délibère qu'il ne voit aucun inconvénient à la reproduction des deux documents indiqués par M. H. de Monseignat, ces pièces étant depuis longtemps acquises à la publicité; il délibère aussi que cette reproduction sera suivie de la note présentée par l'honorable président de la Société des Lettres, Sciences et Arts.

PIÈCES SOUMISES AU COMITÉ.

Extrait de la lettre adressée par M. de Monseignat au Comité.

La famille de M. de Monseignat, profondément touchée des marques de sympathie qu'elle a reçu de la Société des Lettres, Sciences et Arts de l'Aveyron, et usant du droit qui lui est donné de faire figurer à la fin de ce volume la rectification d'un précédent article qu'elle a trouvé contenir des insinuations injustes contre un de ses chefs vénéré, se borne à remettre au jour les documents suivants qui avaient été inspirés à leurs auteurs, il y a plus de vingt années, et qu'on ne pourra, par suite, supposer avoir été dictés par un esprit de famille et suspecter de partialité.

Extrait du JOURNAL DE L'AVEYRON *du 9 décembre 1840.*
NÉCROLOGIE.

Elles s'en vont une à une les vieilles et solides illustrations de notre Rouergue; la brillante génération du dix-huitième siècle s'est éteinte peu à peu parmi nous, et c'est à peine si celle qui est appelée à lui succéder peut aspirer à la remplacer. Depuis quelque temps la mort s'est montrée cruelle pour notre province; ses coups ont frappé et menacent peut-être en-

(1) Voir cette biographie à la page 409 du présent volume.

core des têtes chères et glorieuses, et nos colonnes en deuil ne publient que trop souvent les notices nécrologiques des victimes marquantes qui tombent autour de nous presque sans interruption.

M. de Monseignat père est un de ces illustres morts dont nous avons la triste mission d'enregistrer les funérailles. Notre dernier numéro contenait quelques lignes qui étaient la première expression de notre douleur et de la douleur publique. Mais nous devons à sa mémoire, nous devons à nos lecteurs un témoignage plus étendu de nos regrets, un tribut plus complet de nos souvenirs et de nos derniers hommages.

Il naquit à Rodez dans l'année 1774. Ses études classiques, signalées par les plus heureux succès, furent la base et le premier gage de cette haute culture littéraire qui devait plus tard, au service d'une intelligence élevée, en multiplier les forces, en assurer l'éclat et la puissance.

Ce fut auprès de la faculté de droit de Toulouse, qui était alors dans tout l'éclat de sa renommée, que le jeune de Monseignat conquit ses grades juridiques, et c'est là qu'il posa les fondements de cette profonde science de jurisconsulte qui devait un jour l'élever au rang des législateurs.

Comme tous les esprits généreux, il s'associa au grand mouvement de 1789; mais il se retira à l'écart lorsqu'il vit que cette liberté qui avait été revendiquée comme le droit et le patrimoine des gens de bien, devenait le tyrannique privilége et l'immunité des méchants. Il commit le crime, alors capital, de refuser de servir dans ses emportements cette révolution dégénérée qui pourtant était venue le trouver en 93 et lui avait donné une place de juge au tribunal de Rodez. Trop honnête pour se mêler aux sanguinaires violences de la terreur, il faillit en devenir la victime pour n'avoir pas voulu en être le complice; et ce ne fut qu'à la révolution du 9 thermidor que s'ouvrirent devant lui, pour le rendre à la liberté, les portes de ces cachots qui ne s'ouvraient jusque-là que pour mener à la mort.

Il reprit alors sa carrière longtemps interrompue du barreau, et y brilla au premier rang. Echappé comme par miracle à la proscription politique, il se voua à la défense d'autres proscrits, et quelques-uns d'entre eux qui existent encore et dont il arracha la tête à l'échafaud sont comme un vivant témoignage de la puissance de sa parole.

Nommé, en 1798, commissaire près l'administration centrale du département, il déploya dans ces fonctions les qualités les plus heureuses d'un habile administrateur. Nous pourrions citer un grand nombre d'actes qui lui donnent des titres à la reconnaissance publique ; mais nous n'en rappellerons qu'un seul qui est signalé dans les œuvres de M. Monteil. C'est à une innocente et ingénieuse ruse du spirituel commissaire que la ville de Rodez doit la conservation de la magnifique tour de la cathédrale menacée de destruction par le vandalisme impie de l'époque (1).

En 1799, les suffrages de ses compatriotes l'envoyèrent au conseil des Cinq-Cents ; il n'en sortit que par suite du coup d'Etat du 19 brumaire an VIII et pour entrer dans le Corps législatif dont il fut membre jusqu'en 1812. C'est dans cette assemblée qu'il fit preuve d'une vaste étendue de connaissances et d'une incontestable supériorité d'esprit. Membre et bientôt président de la commission de législation *civile et criminelle*, il fut chargé, en 1810, du rapport sur le 3e livre, titre 2, chapitre 1er du Code pénal (Des crimes et délits contre les personnes). Il faut lire cet admirable travail pour comprendre à quel point le savant rapporteur savait allier à la profondeur des idées la vigueur et l'élégance du style. Dans ses dernières années, M. de Monseignat a eu le bonheur d'entendre se réveiller les applaudissements dus à son œuvre; car c'est à elle que la cour de cassation a demandé des arguments pour introduire un changement radical dans la jurisprudence relative au *duel*, et cette circonstance, en appelant l'attention de tous les hommes de loi sur ce rapport, en a mieux fait sentir le mérite et la portée. M. le procureur général Dupin, auquel il faut attribuer tout l'honneur de cette modification dans les arrêts de la juridiction suprême, en a fait pu-

---

(1) Les démolisseurs barbares et sacrilèges de l'époque voulaient détruire cet admirable monument ; M. de Monseignat parvint à les en détourner, en insinuant qu'il fallait le consacrer à la liberté.

bliquement le plus grand éloge, et il disait naguère, dans une conversation particulière et en un langage dont la gaîté spirituelle, mais frivole, ne convient peut-être pas au ton de cette notice : « Dans la question du duel, M. de Monseignat a été mon second. »

M. de Monseignat quitta la carrière politique en 1842. C'est alors qu'abdiquant les légitimes ambitions que lui promettaient ses brillants antécédents et de hautes facultés, il se confina, pour ne plus en sortir, dans les modestes fonctions de conseiller de préfecture, se bornant à appliquer à l'utilité d'un département des aptitudes puissantes qui avaient servi sur le plus grand théâtre. L'homme qui avait été une des lumières du Corps législatif se réduisit à être le guide d'un simple tribunal administratif, content de savoir qu'il faisait beaucoup de bien dans une sphère plus resserrée, et que, dans les questions contentieuses, son nom et son opinion formaient autorité au Conseil d'Etat.

Il dirigea pendant plusieurs années, avec une rare habileté, les délibérations du Conseil général, et Rodez n'a pas à se plaindre de la part que lui valut son influence dans la répartition des faveurs et des deniers départementaux.

Quelques mots suffiront pour faire apprécier l'homme privé. Une gaîté et une égalité inaltérable d'humeur, une modestie souvent excessive, une étonnante activité d'esprit fécondée par une imperturbable habitude d'ordre qui voulait chaque chose à sa place et chaque action à son heure, une étincelante vivacité de conception contenue par une érudition profonde, une bienveillance permanente qui ne comprenait pas la haine, une disposition constante à prêter l'appui de son crédit et de son talent au malheur et au besoin, telles étaient les principales qualités de cet homme de bien qui ne donna jamais à personne le droit de se plaindre et imposa à un si grand nombre l'obligation de le bénir.

Très spirituel, mais uniquement pour être plus aimable sans jamais être blessant, il ne sacrifia jamais son cœur à son esprit, ni ses amitiés à un bon mot. C'est surtout par la gracieuse aménité des formes qu'il se faisait remarquer. Il appartenait à cette génération éminemment française des règnes de Louis XV et Louis XVI, dont les débris clairsemés au milieu de la société démocratisée, mais un peu dépolie, du siècle actuel, représentent encore le ton excellent et l'exquise urbanité du siècle dernier, et prouvent, par leur exemple, que de bonnes manières n'ôtent rien à l'indépendance du caractère, ni la politesse à la dignité.

Tel était celui que le département vient de perdre ; modèle comme homme public, modèle comme homme privé, réunissant en lui les qualités solides et aimables qui sont le but de la perfectibilité humaine, l'ornement et le charme de la vie sociale. Entouré jusqu'au dernier moment des secours de la religion et des soins affectueux d'une famille d'élite dont il était l'idole, il s'est éteint doucement et presque sans souffrances, conservant entières, jusqu'au seuil de la mort, des facultés qui avaient brillé d'un si vif éclat pendant la vie. Deux de ses nombreux enfants manquaient seuls aux adieux de la dernière heure : une fille que les généreux instincts et les pieuses traditions de sa race ont enrôlée sous la bannière de Saint-Vincent-de-Paule et consacrée au soulagement de toutes les infortunes ; un fils, l'unique héritier de son nom, que les honneurs aujourd'hui périlleux de la députation ont arraché au culte des affections domestiques et aux saintes obligations de la piété filiale ; tandis que notre jeune député, esclave de son mandat, remplit dans des conjonctures menaçantes l'austère devoir que lui ont imposé les suffrages si honorables de ses concitoyens, son père meurt à deux cents lieues de distance, privé de la suprême consolation d'expirer entre ses bras ; et lui, à qui va maintenant revenir le fardeau d'un nom à porter et un patrimoine d'honneur à conserver, n'aura pas même le triste dédommagement de recueillir les derniers conseils de son père mourant, la dernière pression de sa main défaillante, son dernier regard et sa dernière parole de bénédiction. Que d'amertume dans les distinctions humaines ! Que d'inanité dans les gloires d'ici-bas !

***.

A LA MÉMOIRE DE M. DE MONSEIGNAT, PRÉSIDENT DE LA SOCIÉTÉ D'AGRICULTURE.

Discours prononcé par M. A. RODAT, *secrétaire de cette Société, dans sa séance du 13 décembre 1840.*

Messieurs,

En m'ordonnant de consacrer à la mémoire de M. de Monseignat l'hommage des sentiments qui remplissent vos cœurs dans cette triste circonstance, vous m'avez confié un emploi que j'ambitionnais, je l'avoue. Je l'ai accepté avec reconnaissance, bien que cette tâche ait son côté pénible et douloureux ; car peut-on jeter les yeux sur la vie de cet homme remarquable, sans découvrir de plus en plus toute l'étendue de la perte que nous venons de faire ?

Ma première pensée a été de composer l'éloge historique de votre vénérable président ; mais j'ai senti de suite qu'un pareil travail était au-dessus de mes forces, et que je n'avais ni le temps ni tous les documents nécessaires. Je me contenterai de saisir dans cette vie si active et si remplie quelques-uns des traits qui me semblent les plus propres à la caractériser.

M. de Monseignat a paru avec distinction dans les trois principales carrières de la vie civile : le barreau, l'administration, la législature.

Tout le monde sait quel rang il occupait dans le barreau, dans ce barreau de Rodez, si justement renommé, auquel il n'a manqué qu'un plus grand théâtre, où l'on a vu, où l'on voit encore des avocats pleins de talents et de connaissances. Mais ce que l'on peut avoir oublié et dont je me souviens, c'est que, dans la nouveauté de l'institution du jury, de cette institution qui établissait la publicité et les débats contradictoires en matière criminelle, M. de Monseignat entra le premier avec éclat dans cette lice ; de telle sorte qu'on peut dire qu'il a créé parmi nous l'art de la défense au criminel, art difficile et délicat, dont il n'existait point alors de modèles.

J'étais à cette époque, Messieurs, dans un âge trop voisin de l'enfance pour être en état d'apprécier tout le mérite du nouveau débutant dans l'emploi de défenseur officieux; mais j'étais témoin de l'enthousiasme qu'il excitait; je recueillais avec avidité et avec une joie mêlée d'orgueil patriotique les éloges que les connaisseurs lui prodiguaient. Nous courions en foule pour l'entendre.

J'étais écolier, et, l'esprit rempli des plaidoyers de Cicéron, il me semblait voir ressusciter ces débats que les anciens nommaient *altercations*, dont je regrettais de ne pas trouver quelques exemples dans nos livres classiques, d'autant plus qu'ils ont été, dit-on, la partie la plus saillante du talent de l'orateur romain.

Au milieu de ces débats si nouveaux et si intéressants pour nous, on admirait dans le jeune orateur ruthénois la présence d'esprit, l'à-propos des questions, la finesse des remarques, la vivacité des reparties.

A cette époque le talent était chéri et honoré; plus tard il devint pour M. de Monseignat, comme pour bien d'autres, un titre de proscriptions; plus tard encore on l'a systématiquement érigé en motif de dédain, de froideur, d'exclusion. Les talents de M. de Monseignat le portèrent rapidement à la tête de l'administration départementale, de là au conseil des Cinq Cents, et enfin au Corps législatif de l'empire.

C'est dans le sein de cette dernière assemblée qu'il a fait ce rapport, destiné à préparer l'adoption de l'un de nos codes, et qui en est devenu le meilleur commentaire; monument annexé à ce même code et qui doit durer autant que lui; titre de gloire impérissable, surtout depuis que, pour fixer un point douteux de la jurisprudence criminelle, il a été cité par l'illustre orateur qui préside au parquet de la cour suprême. Un nom qui a trouvé une place honorable dans un réquisitoire de M. Dupin a reçu un brevet d'immortalité. Le nom de Monseignat vivra dans la mémoire des jurisconsultes à venir; triste, mais douce consolation pour nous, pour tous ses amis, pour sa famille désolée.

Ici se présente une réflexion qui me pénètre du sentiment de la plus affectueuse, de la plus tendre reconnaissance : j'ai à signaler un trait de la vie de M. de Monseignat, dont le pays doit lui tenir un grand compte. Au moment même où le Corps législatif, par un témoignage de haute confiance, venait de l'investir de la plus brillante candidature, certes son ambition pouvait concevoir les plus légitimes espérances. Eh bien! en bon Aveyronnais, il tourne son cœur et ses yeux vers les pauvres montagnes de son pays natal ; il vient se confiner dans des fonctions, très-honorables sans doute, mais, j'ose le dire, trop au-dessous de sa réputation et de sa capacité. Le poste où il pourra servir son pays de plus près est à ses yeux le plus beau.

Je ne dirai rien, Messieurs, de ses talents en matière d'administration, de ses longues et puissantes études, de sa sagacité à démêler les points les plus difficiles, les nuances les plus délicates dans le labyrinthe quelquefois obscur du droit administratif. Je parle en présence de deux honorables collègues qui trouveraient mes paroles trop faibles ; en présence de M. le Préfet qui, mieux qu'un autre, a su apprécier et plus d'une fois mettre à profit pour le bien du pays ses lumières et son expérience. C'est à eux que je laisse le soin de le louer dignement, sous ce rapport, et de rendre témoignage à sa haute capacité.

Enfin, Messieurs, cette activité infatigable, cette ardeur de servir, qui sont les traits les plus caractéristiques de celui dont nous déplorons la perte, lui firent désirer de s'associer à vos travaux.

La Société d'agriculture le choisit pour son président. Certes il n'apportait pas ici l'expérience d'un praticien agricole ; mais il n'était pas étranger aux notions de la théorie. Il a été l'âme de la Société ; son zèle ranimait le nôtre. Vous savez quel agrément il avait le don de répandre sur nos séances. Car cet homme laborieux (et c'est ici encore un des traits distinctifs de son caractère), cet homme enseveli dans les occupations arides, rebutantes de sa profession, à peine échappé de son cabinet, portait dans le monde une gaîté imperturbable, une humeur enjouée, et, si j'ose le dire, ces formes d'une frivolité légère qui sont un charme de plus quand elles partent d'un esprit solide et occupé. Tel a été M. de Monseignat au sein de la Société d'agriculture : il était pour nous, en quelque sorte, le point de ralliement. Plus d'une fois sans doute on s'est rendu à la séance, poussé par le désir de le voir et de causer avec lui.

A présent, Messieurs, que j'ai tâché d'être le fidèle interprète de vos pensées et de vos sentiments, m'accorderez-vous un instant de retour sur moi-même? Me sera-t-il permis de dire qu'en remplissant le devoir funèbre qui m'était imposé, j'éprouvais l'impulsion des motifs personnels les plus puissants? Pourrais-je oublier que M. de Monseignat avait été le collègue, l'ami de mon père, et qu'il se plaisait à publier que celui-ci par de bons procédés et d'importants services, l'avait mis en quelque sorte au rang de ses enfants? Lorsqu'une mort prématurée vint frapper mon respectable père dans mes bras, M. de Monseignat remplit envers lui le triste office dont je cherche à m'acquitter aujourd'hui. Il publia à sa louange des lignes qui respiraient la plus touchante sensibilité. Elles sont encore gravées au fond de mon cœur. Puissent celles que je viens de tracer pénétrer dans le cœur de son digne fils, de cette fille, modèle de toutes les vertus, qui a consolé sa vieillesse et soigné ses derniers instants, de tous ses enfants, de toute cette honorable et intéressante famille que la considération publique environne. Puissent mes expressions et les souvenirs qu'elles rappellent verser dans leur cœur ce doux attendrissement qui est le seul remède que la nature accorde aux douleurs cruelles dont l'âme est déchirée!

Pour copie conforme :

H. DE MONSEIGNAT,

<small>Vice-président de la Société des Lettres, Sciences et Arts de l'Aveyron,</small>

Simple énoncé des faits qui ont servi de base aux appréciations de M. de Barrau dans son article sur la vie politique de M. de Monseignat.

I.

RÉGIME CONSTITUTIONNEL.

Monseignat (Félix-Hippolyte de), avocat, nommé membre du conseil permanent de la ville de Rodez, créé le 5 août 1789, à l'époque de l'alerte générale connue sous le nom de *peur* (*Registre de la commune de Rodez*).

Porte-drapeau de la garde nationale, le 29 août 1789 (*Id.*).

II.

RÉGIME RÉPUBLICAIN SOUS LES GIRONDINS.

Procureur de la commune de Rodez, le 8 décembre 1792, jusqu'au 6 octobre 1793 (*Reg. de la commune de Rodez*).

L'un des commissaires pour la première visite des suspects de Rodez, le 30 avril 1793 (*Registre des arrêtés du directoire du département*).

Au mois de juin suivant, chargé par le conseil du département de rédiger avec Arsau et quelques autres une adresse à la Convention contre les Montagnards, au sujet des évènements du 31 mai, et délégué avec Cambes de Verfeil pour porter cette adresse à Paris (*Registre des délibérations du conseil du département. — Séance du 15 juin. Pièce imprimée*).

Le 20 juillet 1793, signataire, en qualité de président de la société populaire de Rodez, d'une adresse très-véhémente en faveur de Géráldy et contre le *capucin Chabot* (Pièce imprimée).

III.

RÉGIME RÉPUBLICAIN SOUS LES JACOBINS OU MONTAGNARDS.

Le 13 septembre 1793, l'un des commissaires adjoints pour presser la levée en masse (*Liste émanée de la société populaire*).

Le 24 septembre 1793, juge du tribunal du district de Rodez où il était suppléant. Démissionnaire avant l'épuration du 21 brumaire par les délégués du représentant du peuple Taillefer (*Arrêté de la commission civile révolutionnaire du 21 brumaire an II* (11 novembre 1793), *et registre de la commune de Rodez*).

Président de la société populaire de Rodez au mois de brumaire an II (*Présidence mentionnée dans la séance du 27 frimaire an II, registre des délibérations de la société populaire*, p. 25).

Nommé, le 22 nivôse an II, par la société populaire montagnarde de Rodez, pour rédiger une adresse à la convention en faveur du *capucin Chabot*, décrété d'accusation (*Registre des délibérations de la société populaire*, p. 51).

Député avec trois autres membres par la société populaire vers la municipalité de Rodez, pour l'inviter de donner l'exemple aux autres districts, en faisant abattre de suite les clochers de sa commune (*Même registre*, p. 49. *Séance du 21 nivôse* (10 janvier 1794, p. 49).

Chargé, le 15 pluviôse an II, par la société populaire, de faire le récit de ce qui s'est passé ledit jour au Temple de la raison, où les citoyens de Rodez, *détrompés des erreurs du mensonge et de la superstition*, ont renoncé au culte public (*Même registre*, p. 67. *Séance du 15 pluviôse*, 3 février 1794; pièce imprimée).

Nommé, le 24 pluviôse an II, agent de la commune de Rodez pour diriger les opérations de l'atelier général de salpêtre, établi d'abord dans l'église des anciens Jacobins, puis à la cathédrale (*Registre des arrêtés de la commune*).

Arrêté inopinément et conduit à Paris, par ordre du comité de sûreté générale, dans le mois de messidor an II (à suite de quelque dénonciation secrète); délivré après le 9 thermidor.

Séance extraordinaire de la société montagnarde de Rodez, le 6 thermidor an II, et motion en faveur du citoyen Monseignat, détenu. L'extrait authentique en est rapporté dans cet ouvrage, p. 414 (*Registre de la société populaire, n° 246*).

IV.

RÉACTION THERMIDORIENNE.

Nommé le 9 germinal an III, avec Bo, Arsau et Mazars, par la société populaire de Rodez régénérée, commissaire pour faire *un relevé des délibérations commandées par les terroristes de la commune de Rodez et des actes vexatoires dont ils se sont rendus coupables* (*Rapport lu à la séance de la société populaire le 3 floréal an III. Pièce imprimée*).

Était à cette époque président de ladite société populaire (*Même rapport*).

V.

DIRECTOIRE.

Nommé par l'administration du département commissaire du pouvoir exécutif près le tribunal de Rodez, le 3 brumaire an IV. Démissionnaire le 14 du même mois.

Commissaire du pouvoir exécutif près l'administration centrale du département, le 7 prairial an VI,

Député au conseil des Cinq-cents le 9 germinal an VII (9 avril 1799) par l'assemblée électorale du département qu'il présida.

VI.

CONSULAT.

Le 4 nivôse an VIII (25 décembre 1799) député au Corps législatif.

Le 22 ventôse an X (23 mars 1802) nommé par le Sénat, avec les quatre cinquièmes de l'assemblée précédente, pour faire partie du nouveau Corps législatif.

VII.

EMPIRE.

Nommé membre de la commission de législation civile et criminelle au Corps législatif, le 9 décembre 1809. D'abord rapporteur de cette commission et au mois de juillet 1811 président.

Chevalier de la Légion d'Honneur le 29 janvier 1810.

Conseiller de préfecture par décret impérial du 19 décembre 1811.

Le 18 février 1812 élu député au Corps législatif par le collége électoral de l'arrondissement de Rodez.

VIII.

1re RESTAURATION.

Conservé par le gouvernement de Louis XVIII dans son emploi de conseiller de préfecture.

IX.

CENT JOURS DE NAPOLÉON.

Le 14 mai 1815, élu représentant à la chambre des députés par le collége de l'arrondissement de Saint-Affrique.

Vers la même époque, nommé sous-préfet de l'arrondissement de Rodez, fonctions qu'il n'exerça point.

X.

2ᵉ RESTAURATION.

Forcé, en 1816, sous l'administration du préfet d'Estourmel, de se démettre de ses fonctions de conseiller de préfecture.

Renommé conseiller de préfecture par ordonnance royale de Louis XVIII, le 27 juillet 1821.

XI.

RÈGNE DE LOUIS-PHILIPPE.

Conservé dans son emploi de conseiller de préfecture en 1830.

Décédé à Rodez, le 4 décembre 1840, après avoir fait passer sa charge sur la tête de son fils.

—

Sont entre les mains de l'auteur :

1° Les registres de la société populaire de Rodez.

2° Récit de ce qui s'est passé au temple de la Raison lorsque les citoyens de Rodez ont renoncé au culte public. Pièce imprimée.

3° Le rapport imprimé des commissaires chargés de présenter le tableau des actes tyranniques du parti jacobin.

Toutes les autres pièces citées appartiennent aux archives publiques.

www.ingramcontent.com/pod-product-compliance
Lightning Source LLC
Chambersburg PA
CBHW070329240426
43665CB00045B/1215